Gold und Kult der Bronzezeit

Gold und Kult der Bronzezeit

Germanisches Nationalmuseum, Nürnberg
22. Mai bis 7. September 2003

Verlag des Germanischen Nationalmuseums

Ausstellungskatalog

Herausgeber
Germanisches Nationalmuseum, Nürnberg
Generaldirektor G. Ulrich Großmann

Gesamtleitung
Tobias Springer

Assistenz
Martin Baumeister

Katalogredaktion
Anja Grebe, Tobias Springer, Martin Baumeister
unter Mitarbeit von Stephanie Schmidt

Übersetzung der fremdsprachigen Beiträge
Tobias Springer, Karin Weiskopf, Anja Grebe

Umschlagmotiv
Goldkegel von Ezelsdorf (Gestaltung: Armin Stingl)

Satz, Herstellung und Druck
PASSAVIA Druckservice GmbH, Passau
Schriftart: Futura
Papier: Gedruckt auf Offsetpapier holzfrei weiß,
doppelt mattgestrichen, Dacostern satin, 115 g/m²

Bibliografische Information der Deutschen Bibliothek
Die Deutsche Bibliothek verzeichnet diese Publikation
in der Deutschen Nationalbibliografie; detaillierte
bibliografische Daten sind im Internet über
‹http://dnb.ddb.de› abrufbar.
ISBN 3-926982-95-0

Verlag des Germanischen Nationalmuseums
Nürnberg 2003

Ausstellung

Konzeption und Planung
Tobias Springer, Martin Baumeister

Sekretariat
Helga Schäfer

Ausstellungsreferat
Petra Krutisch, Liselotte Mirle, Barbara Rök

Restauratorische Betreuung
Susanne Koch, Karl-Heinz Flöhr und weitere Mitarbeiter
des Instituts für Kunsttechnik und Konservierung

Kunsttransporte
Schenker Deutschland, Abteilung Kunsttransporte,
Düsseldorf

Ausstellungsarchitektur
Johannes Laskarides

Künstlerische Details der Ausstellungsgestaltung
Anna Bien, Doris Bordon, Roland Ehmig

Bildmaterial mit freundlicher Genehmigung des ESO
European Southern Observatory, Garching

Vitrinenbau
Glas+Spiegel-Schulz GmbH & Co. KG, Kiel

Ausstellungstechnik
Horst Gollwitzer, Werkstätten des GNM

Fotoarbeiten
Jürgen Musolf

Beschriftungen
Wolfgang Schanderl

Öffentlichkeitsarbeit
Christian Vogel

Werbegrafik
Armin Stingl

Die Ausstellung wird unterstützt von
Eckart GmbH & Co. KG, Herr Carl Friedrich Eckart, Fürth

Inhaltsverzeichnis

7 Leihgeber
7 Dank
8 Vorwort

Gold und Kult der Bronzezeit

Tobias Springer
10 Gold und Kult der Bronzezeit

26 Gold and Cult in the Bronze Age

Sonnenmythos

Flemming Kaul
36 Der Mythos von der Reise der Sonne. Darstellungen auf Bronzegegenständen der späten Nordischen Bronzezeit

Herstellung

Walter Fasnacht
54 Die Goldschale von Zürich-Altstetten im Lichte neuester werkstoffanalytischer Untersuchungen

Barbara Armbruster
64 Edelmetallgefäße der Bronzezeit – eine technologische Betrachtung

Hermann Born
86 Herstellungstechnische Voruntersuchungen am Berliner Goldhut

Susanne Koch
98 Herstellungstechnische Untersuchungen am Goldkegel von Ezelsdorf

Albrecht Jockenhövel
106 Querverbindungen in Handwerk und Symbolik zwischen Gold- und Bronzetoreutik

Einzelne Fundkomplexe von goldenem Kultgerät

Urs Leuzinger
120 Goldbecher von Eschenz (Kanton Thurgau, Schweiz)

Bettina Stoll-Tucker
126 Zur Goldschale von Krottorf

Stefan Wirth
132 Die Goldbecher von Unterglauheim

Inga Ullén
142 Zwei Goldschalen aus Schweden

Rupert Gebhard
148 Zwei Goldornate der Bronzezeit

Hilke Hennig
154 Die Goldschale aus Grabhügel 8 von Wehringen

Besondere Fundorte

Detlev Ellmers
162 Die Aussagen der Goldschatzfunde von Langendorf, Eberswalde und Lienewitzer Forst zur Nutzung des Gewässernetzes zwischen Elbe und Oder

Beatriz Comendador Rey
176 Der Schatz von Leiro (Galicien): Ein Einzelfund?

Goldene Hüte

Sabine Gerloff
190 Goldkegel, Kappe und Axt: Insignien bronzezeitlichen Kultes und Macht

Lothar Sperber
204 Wer trug den goldenen Hut? – Überlegungen zur gesellschaftlichen Einbindung der Goldkegel vom Typus Schifferstadt

Wilfried Menghin
220 Goldene Kalenderhüte – Manifestationen bronzezeitlicher Kalenderwerke

Tobias Springer
238 Der Goldkegel von Ezelsdorf-Buch. Ein Einzelfund und seine Parallelen

Kalender

Jens May und Reiner Zumpe
252 Ein Buckel – ein Tag. Zur Nutzbarkeit buckeldekorierter Schilde, Hängebecken und Amphoren der jüngeren Bronzezeit als Kalender

Max Gschaid
266 Ein keltischer Kalender: Der Bronzekalender von Coligny

273 **Katalog**

Anhang

324 Literaturverzeichnis

338 Abbildungsnachweis

339 Zeittafel

340 Karten

344 Ortsregister

Leihgeber

Augsburg, Römisches Museum der Städtischen Kunstsammlungen Augsburg

Berlin, Staatliche Museen zu Berlin, Museum für Vor- und Frühgeschichte

Bonn, Rheinisches Landesmuseum

Cagliari, Soprintendenza Archeologica per le Province di Cagliari e Oristano

Chalon-sur-Saône, Musée Vivant Denon

Dublin, National Museum of Ireland

Frauenfeld, Amt für Archäologie des Kantons Thurgau

Haderslev, Haderslev Museum

Halle/Saale, Landesamt für Archäologie, Landesmuseum für Vorgeschichte Sachsen-Anhalt

Hannover, Niedersächsisches Landesmuseum, Urgeschichtsabteilung

Højbjerg, Moesgård Museum

Kopenhagen, Nationalmuseet

La Coruña, Museo Arqueológico

London, The Royal Collection, Ihre Majestät Queen Elizabeth II.

Madrid, Museo Arqueológico Nacional

München, Archäologische Staatssammlung

Nürnberg, Bayerisches Landesamt für Denkmalpflege, Abt. Bodendenkmalpflege, Außenstelle Nürnberg

Saint-Germain-en-Laye, Musée des Antiquités Nationales

Sammlung von Bergmann

Schleswig, Archäologisches Landesmuseum Schleswig-Holstein, Schloss Gottorf

Speyer, Historisches Museum der Pfalz

Stockholm, Statens Historiska Museum

Tübingen, Institut für Vor- und Frühgeschichte der Eberhard Karls-Universität

Villena, Museo Arqueológico »José María Soler«

Wiesbaden, Museum Wiesbaden, Sammlung Nassauischer Altertümer

Zürich, Schweizerisches Landesmuseum

Für Hinweise, Rat und Hilfe danken wir

den Teilnehmern des Kolloquiums »Goldenes Sakralgerät der Bronzezeit«, Nürnberg, 17.5.–20.5.2001:

Dr. Barbara Armbruster, Toulouse
Dr. Lothar Bakker, Augsburg
Hermann Born, Berlin
Dr. Beatrix Comendador Rey, La Coruña
Dr. Wolfgang David, München
Prof. Dr. M. K. H. Eggert, Tübingen
Prof. Dr. Clemens Eibner, Heidelberg
Prof. Dr. Detlev Ellmers, Bremerhaven
Dr. Christiane Eluère, Paris
Walter Fasnacht, Zürich
Dr. Rupert Gebhard, München
Prof. Dr. Sabine Gerloff, Erlangen
Dr. Max Gschaid, München
Prof. Dr. Albrecht Jockenhövel, Münster
Flemming Kaul, Kopenhagen
Dr. Ludwig Kreiner, Landau a. d. Isar
Dr. Urs Leuzinger, Frauenfeld
Jens May, Wünsdorf
Prof. Dr. Wilfried Menghin, Berlin
Dr. Carola Metzner-Nebelsick, Berlin
Martin Nadler M. A., Nürnberg
Dr. Joachim Neumaier, Freiburg
Dr. Jörg Petrasch, Tübingen
Dr. Alfred Reichenberger, Halle
Dr. Lothar Sperber, Speyer
Dr. Bettina Stoll-Tucker, Halle
Dr. Kocku von Stuckrad, Bremen
Dr. Mark Schmidt, Tübingen
Prof. Dr. Biba Torzan, Berlin
Dr. Inga Ullén, Stockholm
Dr. Stefan Wirth, Augsburg
Dr. Gabriele Zipf, Berlin
Reiner Zumpe, Wünsdorf
Dr. Christian Züchner, Erlangen

Vorwort

1953 tauchte der fast völlig zerstörte »Goldkegel« von Ezelsdorf-Buch nahe Nürnberg auf. Kein Sondengänger hatte versucht, fragwürdige Geschäfte mit dem Fund zu machen, der Kegel war vielmehr bei Rodungsarbeiten gefunden worden und gelangte über einen Zahnarzt, der das Material als Gold identifizierte, ans Germanische Nationalmuseum. Erst die Restaurierungswerkstatt des Römisch-Germanischen Zentralmuseums in Mainz, 1852 als archäologisches Parallelinstitut zum GNM gegründet, machte aus den Goldfragmenten wieder einen Kegel. Nach den Kegeln von Schifferstadt und dem französischen Avanton, die schon im 19. Jahrhundert entdeckt wurden, stellte der Nürnberger Goldkegel lange Zeit das dritte bekannte Exemplar dar. Erst vor wenigen Jahren tauchte ein weiterer Kegel auf, der die Forschungssituation revolutionieren sollte. Denn das 1996 vom Berliner Museum für Ur- und Frühgeschichte angekaufte Stück war nicht als Kegel, sondern als Hut mit Krempe erhalten und bestätigte die Vermutung, dass es sich auch bei den anderen Exemplaren um goldene Kopfbedeckungen gehandelt haben muss.

Von wem und für welche Gelegenheiten der »Berliner« Goldhut angefertigt wurde, darüber können nur Vermutungen angestellt werden. Erschwert wird die Erforschung des ursprünglichen Verwendungszusammenhangs auch dadurch, dass der Fundort des Stückes unbekannt ist. Dem Archäologen hilft das Gerücht zunächst wenig, demzufolge der aus schweizerischen Händlerkreisen stammende Kegel wohl aus Süddeutschland stammen soll. Solange der tatsächliche Fundort verborgen bleibt, ist eine umfassende wissenschaftliche Analyse des Goldhutes nicht möglich. Denn die wissenschaftliche Methode der Archäologie lehrt, dass gerade Fundumstände wesentlich zur Aussage beitragen, doch genau diese sind bei vielen spektakulären Goldfunden meist unbekannt.

Bei den Hauptwerken der Bronzezeit ist man daher vielfach darauf angewiesen, ohne die Kenntnis von Fundkontexten zu Schlüssen oder wenigstens zu Hypothesen zu kommen. Wie das Beispiel des »Berliner« Goldhutes gezeigt hat, konnte auf der Basis einer genauen Betrachtung und wissenschaftlichen Analyse des Objekts die Frage nach der Funktion der »Goldhüte« und bronzezeitlicher Goldobjekte insgesamt neu gestellt werden. Neben der Neubewertung der Kegel ist der Zusammenhang der Goldhüte mit der vorgeschichtlichen Beobachtung des Laufs der Gestirne dabei eine besonders wichtige Erkenntnis. Welche Bedeutung die Träger der Goldhüte tatsächlich aufgrund ihres Wissens um den Lauf der Sterne in der damaligen Gesellschaft hatten, kann nur erahnt werden. Doch solche Fragen zeigen auch, wo die Forschung weiterarbeiten muss und versuchen muss, prähistorische Kultstätten archäologisch zu erfassen, bevor Raubgräber ihr diese Arbeit abnehmen.

Die Ausstellung im GNM beschäftigt sich nicht nur mit den Goldhüten, sondern mit zahlreichen Funden und Fundkomplexen, die zu einer besseren Kenntnis der Goldobjekte und der Kultur der Bronzezeit als gesamteuropäischem Phänomen beitragen. Nur großräumige Kooperationen, nationale und internationale Zusammenarbeit, der Austausch von Wissen und, im Falle der Ausstellung, von Leihgaben, bringt unsere Kenntnis voran und ermöglicht es, dem Besucher einen neuen Wissensstand zur Bronzezeit zu präsentieren. Das endgültige Wissen über die Bronzezeit wollen und können wir dabei nicht versprechen. Forschung ist ein langer und spannender Prozess, bei dem viele neue Antworten noch mehr Fragen wecken – je mehr wir über ein Thema wissen, um so mehr wollen wir noch dazu erfahren. Und wie jeder wissenschaftliche Aussteller hoffen auch wir, mit diesem Thema einen Meilenstein der Forschungsgeschichte aufzustellen, einer Forschungsgeschichte, an der Dutzende von Forschern Anteil haben. Wir danken allen, die ihr Wissen – und ihre Objekte – für unsere Ausstellung zur Verfügung gestellt haben, allen voran den Referenten der Fachtagung, die wir 2001 zur Vorbereitung der Ausstellung durchgeführt haben. Ein Teil der damaligen Vorträge konnte nunmehr als Bestandteil des Ausstellungskataloges veröffentlicht werden. An dieser Stelle danke ich Anja Grebe, die die Redaktionsarbeit des Kataloges besorgt hat. Ausdrücklich danke ich den festen und freien Mitarbeitern des Germanischen Nationalmuseums, die an der Ausstellung »Gold und Kult der Bronzezeit« mitgewirkt haben, hier vor allem dem zuständigen Abteilungsleiter Tobias Springer, seinem Mitarbeiter Martin Baumeister und den Restauratoren Susanne Koch und Karl-Heinz Flöhr für die langjährige Vorbereitung der Ausstellung, die wissenschaftlichen Recherchen und die publikumswirksame Umsetzung auch von wissenschaftlich trocken wirkender Materie in eine attraktive und gemeinverständliche Präsentation – mit ihnen hoffe ich auf eine lebhafte Diskussion über Gold und Kult der Bronzezeit.

G. Ulrich Großmann

Gold und Kult der Bronzezeit

Abb. 1: Der Goldkegel von Ezelsdorf-Buch.

Tobias Springer
Gold und Kult der Bronzezeit

Das Germanische Nationalmuseum birgt in seinen Sammlungen einen wichtigen Schatz von kultur- und religionsgeschichtlicher Bedeutung, den Goldkegel von Ezelsdorf-Buch (Abb. 1). Da sich in den Jahren seit 1995 der Kenntnisstand zu diesem und verwandten Objekten entscheidend geändert hat, erachteten wir es für erforderlich, diesem Umstand durch eine besondere Ausstellung Rechnung zu tragen und den Goldkegel von Ezelsdorf-Buch mit all jenen Objekten zu vereinen, die es uns ermöglichen, seine Funktion zu begreifen. Vorbereitend dazu wurde vom 17. bis 20. Mai 2001 ein Kolloquium unter dem Titel »Goldenes Sakralgerät der Bronzezeit« mit internationaler Beteiligung von mehr als dreißig Wissenschaftlern abgehalten.

Wesentlicher Effekt des Kolloquiums war es, die Ausstellung Gold und Kult der Bronzezeit nicht zu einer reinen Schau »exotischer« alteuropäischer Goldpretiosen werden zu lassen, sondern sie auf ein solides wissenschaftliches Fundament zu gründen. Der folgende Überblick stellt die wichtigsten Stationen und Objekte der Ausstellung, die auch in den Katalogbeiträgen behandelt werden, vor und möchte als eine Art imaginärer Rundgang zur weiteren Beschäftigung mit den Goldobjekten der Bronzezeit einladen.

Sonnenmythos

Für das Konzept der Ausstellung erwies sich der Beitrag von **Flemming Kaul** über den Mythos der Sonnenreise als wichtige Einstimmung in die bronzezeitliche Weltsicht. Obwohl dieser Beitrag von Beobachtungen an einer ganz anderen Gruppe von Gegenständen, von Darstellungen auf Rasiermessern, ausgeht, finden sich dennoch in dichter Folge Bezüge zu den zentralen Objekten der Ausstellung, wie es bei dem Sonnenwagen von Trundholm (Kat. Nr. 11) in prächtigster Weise zum Ausdruck kommt.

Die genauen Inhalte der bronzezeitlichen Religion sind, da es keinerlei schriftliche Aufzeichnungen gibt, nicht mehr zu rekonstruieren. Deutlich wird aber durch die besonders häufigen Kreissymbole, vor allem auf Gegenständen aus Gold oder golden glänzender Bronze, dass die Sonne ganz deutlich im Zentrum der Glaubensvorstellungen stand. Einzig Bilder führen uns etwas über diese Grenze des Erkennens hinaus. Rasiermesser der Nordischen Bronzezeit zeigen Darstellungen, die sich als Einzelmomente einer ganzen Geschichte erkennen lassen. F. Kaul hat einen Sonnenmythos daraus rekonstruiert, den er in seinem Katalogbeitrag »Der Mythos der Sonnenreise. Darstellungen auf Bronzegegenständen der späten Nordischen Bronzezeit« skizziert. In der Ausstellung werden sieben Rasiermesser aus der Nordischen Bronzezeit gezeigt. Vier Beispiele stellte uns das Dänische Nationalmuseum in Kopenhagen zur Verfügung, eines kommt aus dem Moesgård Museum und zwei stammen aus eigenen Beständen (Kat. Nr. 1). Weitere Belege für den von F. Kaul rekonstruierten Sonnenmythos finden sich auch auf Fibeln oder in Votivgaben, wie den Goldschiffen von Nors (Kat. Nr. 2b).

Besonders bezeichnend für diesen Mythos ist der Aufsatz eines Stabes, der vermutlich aus Jütland stammt (Kat. Nr. 2c). Es handelt sich um einen Bernstein mit kreuzförmiger Durchbohrung und bronzener Fassung, der, wenn er vom Licht durchstrahlt wird, das Bild eines vierspeichigen (Sonnen-)Rades enthüllt. Wir haben uns zu dem Wagnis entschlossen, die lebensgroße Figur eines bronzezeitlichen Priesters oder Magiers in der Ausstellung zu präsentieren, die wir mit der Nachempfindung eines solchen »Zauberstabes« ausgestattet haben (Kat. Nr. 38).

Die ältesten Goldgefäße

Nach dieser thematischen Einstimmung werden vier hinsichtlich ihrer Typologie und Verzierung als früh einzustufende Goldgefäße gezeigt, die in ihrer Materialwahl einen Bezug zum Sonnenkult annehmen lassen. Sie stammen aus Rillaton (Cornwall)[1] (Kat. Nr. 3, Abb. 2), Eschenz (Kanton Thurgau) (Kat. Nr. 5), Wachtberg-Fritzdorf (Rhein-Sieg-Kreis) (Kat. Nr. 4) und Gölenkamp (Grafschaft Bentheim) (Kat. Nr. 6, Abb. 3). Die zwei erstgenannten Gefäße zeigen eine wellblechartige, horizontale Zonengliederung. Gefäßumriss und Verzierung erinnern an ältere kupferzeitliche Glockenbecher, bei denen es sich um besondere Gefäße einer in Westeuropa von Portugal bis Dänemark verbreiteten spätneolithischen Kultur handelt. Einzig die Henkel der Gefäße von Rillaton und Wachtberg-Fritzdorf sowie die metallische Prägnanz der Umbruchsgestaltung des letztgenannten Bechers belegen eine entschieden eigenständige Formauffassung. In seinem Beitrag zum »Goldbecher von Eschenz (Kanton Thurgau)« zieht **Urs Leuzinger**

Abb. 2: Der Goldbecher von Rillaton (Cornwall).

Abb. 3: Der Goldfund von Gölenkamp (Grafschaft Bentheim).

ebenfalls die keramischen Vorbilder der Glockenbecherzeit als Parallelen heran und befasst sich mit unterschiedlichen Interpretationsansätzen, die auch den Fundkontext miteinbeziehen.

Denn während die drei erstgenannten Gefäße ohne markanten Kontext gefunden wurden und auch bis auf konstruktive Merkmale unverziert waren, ist der buckelverzierte Becher von Gölenkamp im Bereich eines Grabhügelfeldes der späten Bronzezeit und frühen Eisenzeit auf einem Geländerücken geborgen worden. Er diente als Abdeckung eines Gefäßes, in dem sich weißer Sand befand. Einen unzweifelhaften Beleg für einen Grabfund kann man darin nicht erkennen, der deutliche kultische Bezug ist aber an einem derart herausgehobenen Fundplatz mit Sicherheit gegeben.

Werkstattfunde

Frappierend erscheint vor allem die Präzision, mit der bereits die frühen Gefäße gefertigt worden sind, und mehr noch die Sorgfalt und Qualität, die sich an den im Zentrum der Ausstellung stehenden Goldkegeln erkennen lässt. Ein eigener Bereich der Ausstellung ist daher der Herstellung dieser Gegenstände und der Schmiedetechnik der Bronzezeit gewidmet. Es ist uns gelungen, einen erstaunlichen Werkstattfund aus Oberbayern (Kat. Nr. 7) für diese Ausstellung zu gewinnen, der unlängst vom Museum für Vor- und Frühgeschichte in Berlin erworben wurde. Es handelt sich um eine Vielzahl sehr exakter Kreispunzen, darunter eine größere Anzahl exakt ineinanderpassender Positiv- und Negativpunzen (Matrizen und Patrizen), die in dieser Art bislang völlig unbekannt waren. Zu weiteren Bestandteilen des Fundensembles gehören auch Bruchstücke anderer Gegenstände, Armreife oder Gewandnadeln, von denen man annehmen kann, dass sie auch sekundär zur Abformung verwendet worden sind.

Auch das Germanische Nationalmuseum besitzt in seiner Sammlung Werkzeuge, die mit dem Bronze- bzw. Goldschmiedehandwerk in Verbindung zu bringen sind. Vermutlich aus dem Bereich der Lausitzer Kultur stammt ein Stempel mit vierkantigem Griff und einer runder Platte mit vier konzentrischen Kreisrippen (Kat. Nr. 8a). Ein solcher Stempel mag zur Herstellung von Verzierungen auf den Goldobjekten gedient haben. Aus Rudolstadt stammen ein Griffdornmesser und ein Hammer mit dachartiger Bahn, der für Treib- und Dengelarbeiten geeignet scheint und zusammen mit zwei weiteren Griffdornmessern gefunden wurde (Kat. Nr. 8b).

Bereits in der 2. Hälfte des 19. Jahrhunderts wurde in Garz an der Oder (Kreis Angermünde, Brandenburg) ein sehr feines, 7,9 cm langes Tüllenbeil aus Bronze mit konzentrischer Kreiszier gefunden. Zwar diente das Beil, dessen Fundumstände unklar sind, nicht der Metallbearbeitung, vielmehr besitzt es logistische Bedeutung. In seinem Beitrag »Die Aussagen der Goldschatzfunde von Langendorf, Eberswalde und Lienewitzer Forst zur Nutzung des Gewässernetzes zwischen Elbe und Oder« vermutet **Detlev Ellmers**, dass der Tüllendechsel zum Aushöhlen von Einbäumen diente, die wiederum als Verkehrsmittel ein Teil der notwendigen wirtschaftlichen Grundlage waren, durch die es möglich wurde, entsprechend große

Goldmengen zu akkumulieren. Eine besondere Bedeutung der verkehrsgeographischen Situation liegt auch bei dem in der Ausstellung gezeigten Fund aus dem spanischen Leiro (Provinz La Coruña) vor (Kat. Nr. 31).

Dem vorgenannten Werkstattfund aus Oberbayern in manchem vergleichbar ist ein vorzüglicher Hortfund eines Goldschmiedes aus Génelard (Saône-et-Loire). Der 1975 bei Ausschachtungsarbeiten zutage gekommene Fund enthält neben Rohmaterial ebenfalls eine Vielzahl von Kreispunzen sowie einen Amboss mit erstaunlicher technischer Prägnanz (Kat. Nr. 9). Aus nächster Nähe, dem Nürnberger Stadtteil Mögeldorf, stammt ein besonders schöner Bronzestempel mit konzentrischer Kreiszier, der zusammen mit einer ganzen Reihe von vollständigen und zerbrochenen Schmuckgegenständen in einem Gefäß verborgen war (Kat. Nr. 10, Abb. 4). Der Stempel lag zuunterst in dem Gefäß, über ihn waren, sorgfältig nach Art ausgewählt, die übrigen Gegenstände in Schichten gepackt. Zuoberst befanden sich Brillenspiralen, wie sie in der Ausstellung bei der Behandlung der Sonnensymbolik auf Schmuck und Trachtzubehör (Kat. Nr. 46) begegnen.

Auch heute noch stehen wir fasziniert vor den Goldkegeln und fragen, wie die Handwerker damals das Gold so dünn und gleichmäßig ausgetrieben haben und wie sie die Verzierungen machten. Bei gewöhnlichen Schalen oder Scheiben ist die Herstellungstechnik relativ einfach zu erkennen, bei den großen Goldkegeln erscheint sie jedoch ungleich komplexer. Mit Fragen der Herstellungstechnik, wie etwa die Verzierungen bis in die oberste Spitze kamen, beschäftigen sich Walter Fasnacht, Barbara Regine Armbruster, Hermann Born und Albrecht Jockenhövel in diesem Band.

Walter Fasnacht geht in seinem Beitrag »Die Goldschale von Zürich-Altstetten im Lichte neuester werkstoffanalytischer Methoden« unter anderem der Frage nach, wo das Material gewonnen wurde, aus dem die Goldschale von Altstetten besteht. Bei seinen Untersuchungen konnte er feststellen, dass eine deutliche Abweichung zum Schweizer Fluss- oder Berggold besteht, die nicht ausschließt, dass eine Vermengung von verschiedenen Goldwerkstoffen, auch mit Bronzeschmelzresten, stattgefunden hat. Diese Vermutung könnte nach W. Fasnacht auch auf andere bronzezeitliche Objekte zutreffen. Möglicherweise war es bronzezeitlichen Schmieden weniger daran gelegen, die Reinheit des Goldes zu erhalten, als gewisse Gewichtsstandards einzuhalten, zumal Gold ja ein sehr rares Material war.

Barbara Regine Armbruster befasst sich in ihrem Beitrag »Edelmetallgefäße der Bronzezeit – eine technologische Betrachtung« mit den Möglichkeiten, die bronzezeitlichen Metallhandwerkern zur Verfügung standen, um Goldgefäße, wie sie in der Ausstellung gezeigt werden, anzufertigen. Bei ihren Betrachtungen, die auf Funden aus ganz Westeuropa beruhen, stellt sie fest, dass die bronzezeitlichen Edelmetallarbeiten ohne Ausnahme durch plastische Verformung aus einem gegossenen Vorprodukt hergestellt wurden. Dies ist durch eindeutige Schmiedespuren belegt, die von Ambossen aus Stein oder Bronze herrühren. Sie erkennt, dass die Gefäße durch das sogenannte Auftiefen in einem einzigen Schmiedevorgang hergestellt wurden und beschreibt diverse Vorgänge, die zu den jeweiligen Formdetails führten. Dabei sind durchaus an einzelnen Gegenständen individuelle Herstellungsweisen zu erkennen. Weiterhin beschäftigt sie sich mit den Verzierungsmöglichkeiten und den Anwendungen verschiedener Punzen. Ein Exkurs zur Gusstechnik rundet den allgemeinen Teil ihrer Darstellung ab. Beispielhaft werden die einzelnen Arbeitsschritte bei der Herstellung von Goldgerät an dem im Jahre 1963 gefundenen Schatz von Villena (Provinz Alicante) (Kat. Nr. 29) erläutert, der auch deshalb von besonderer Bedeutung ist, weil er die beiden ältesten Eisengegenstände, die bislang auf der Iberischen Halbinsel entdeckt wurden, enthält. Die detaillierte Untersuchung ermöglicht einen anschaulichen Blick in eine bronzezeitliche Goldschmiedewerkstatt.

Abb. 4:   Hortfund aus Nürnberg-Mögeldorf.

Als Restaurator des Museums für Vor- und Frühgeschichte in Berlin hat sich **Hermann Born** mit dem dort 1996 erworbenen Goldkegel (Kat. Nr. 35) intensiv befasst und stellt seine Ergebnisse im Beitrag »Herstellungstechnische Voruntersuchungen am Berliner Goldhut« vor. Seine Untersuchungen bauen auf den Erkenntnissen von Maiken Fecht aus dem Jahre 1986 auf, welche diese an den Kegeln von Avanton, Ezelsdorf und Schifferstadt gewinnen konnte. H. Born beschreibt den gesamten Herstellungsprozess und stellt Vermutungen über die verwendeten Werkzeuge an. So sieht er für die Aufbringung der Verzierung die Verwendung von außen aufgebrachter Hohlpunzen gegeben, was er auch durch gelegentlich erkennbare Überschneidungen von Punzabdrücken, die durch Verrutschen beim Aufsetzen und Aufdrücken des Werkzeuges entstanden sind, belegt sieht.

Susanne Koch hat aus Anlass der Ausstellung nochmals »Herstellungstechnische Untersuchungen am Goldkegel von Ezelsdorf« unternommen und eigene Überlegungen zur Ornamentaufbringung entwickelt, die in einigen Punkten von den bisherigen Auffassungen abweichen. So hält sie es für möglich, dass die Ornamente mit Hilfe von Schablonen einzeln eingezeichnet, eingedrückt und eingerieben wurden.

Albrecht Jockenhövel gelingt es, in seiner Darstellung zu »Querverbindungen zwischen Gold- und Bronzetoreutik«, die Entwicklung des metallverarbeitenden Handwerks der frühen Bronzezeit bis in die Eisenzeit in enger Verflechtung mit den auf den Objekten erkennbaren Motiven aufzuzeigen. Bei seinen Betrachtungen geht A. Jockenhövel von einer Reihe besonderer Objekte aus, die eine Verknüpfung der hauptsächlich von Goldgegenständen bekannten Motive mit Gegenständen aus anderen Materialien erkennen lässt. Ein entscheidender Gedanke ist dabei, dass Schmiede nicht nur die Motive angefertigten, sondern auch deren Inhalte vermittelten. Dem Schmiedehandwerk ist immer auch eine gewisse magische Absicht immanent, die die Fähigkeit einbezieht, Stoffe zu verwandeln. So finden sich auf neuen Formen archaische Motive, und neue Motive werden wiederum mit archaischen Motiven verquickt, wie bei Darstellungen der Sonnenbarke besonders deutlich zu erkennen ist.

Sonnenscheiben

Kreisförmige Platten aus dünnen Goldfolien sind wohl die eindeutigsten Belege für die große Bedeutung, welche die Verehrung der als Gottheit angebeteten Sonne in der Bronzezeit besaß. Das eindrucksvollste Beispiel für diese Art ist der Sonnenwagen von Trundholm (Kat. Nr. 11). Betrachtet man den Wagen von links nach rechts fahrend, so zeigt er die Sonne, die vom Sonnenpferd über den Zenit gezogen wird. Sieht man den Wagen dagegen von rechts nach links gezogen, symbolisiert er die Reise der Sonne bei Nacht wieder zurück nach Osten, denn die Rückseite der Scheibe trägt zwar die nahezu identische Verzierung, doch ist sie nicht mit Goldblech überzogen. Diese Deutung der Motive geht, genau wie bei den Darstellungen auf den eingangs erwähnten Rasiermessern, von einer Betrachtung des Himmelsgewölbes mit Blick auf den Zenit der Sonne, das heißt nach Süden aus. In dieser Perspektive bewegt sich die Sonne von links nach rechts. Nachts muss sie – nach bronzezeitlicher Vorstellung – unter der Erdscheibe hindurch und nicht leuchtend wieder nach Osten reisen. Wie vielfältig die Ornamentausstattung der goldenen Scheiben sein kann und wie unterschiedlich ihre Größen sind, zeigen beispielhaft für die mehr als 35 bekannten Goldscheiben[2] drei einfache Sonnenscheiben aus Moordorf, Glüsing (Abb. 5) und Worms (Kat. Nr. 12, 13, 14).

Abb. 5: Die Sonnenscheibe von Glüsing.

Goldgefäße der jüngeren Bronzezeit

Die markanteste Objektgruppe neben den Goldkegeln, die diesen hinsichtlich ihrer dreidimensionalen Gestaltung, Materialwahl und Verzierung besonders nahesteht, sind goldene Schalen. Allein in Deutschland fanden sich derartige Gefäße an elf Fundorten. In der Ausstellung werden die deutschen Funde durch Leihgaben aus Schweden, Frankreich, Spanien und der Schweiz ergänzt, um das europaweite Vorkommen solcher Schalen zu veranschaulichen. Für das Verständnis der

Objekte ist es besonders wertvoll, wenn sich die Gefäße nicht allein, sondern zusammen mit weiteren Gegenständen fanden, wie es bei sogenannten Hortfunden, vor allem aber bei Gräbern, der Fall ist. Auffällig ist, dass die meisten Goldschalen ohne weiteren Kontext gefunden wurden, so etwa die Schale von Krottorf (Kat. Nr. 18), mit der sich der Beitrag von **Bettina Stoll-Tucker** befasst.

Einer der wenigen Grabfunde, die ein Goldgefäß enthielten, wurde 1884 bei Gönnebek (Kreis Segeberg, Schleswig-Holstein) entdeckt (Kat. Nr. 15, Abb. 6). Die Vermutung, dass es sich um ein Brandgrab gehandelt haben könnte, besteht ebenfalls bei dem Fund von Unterglauheim (Kreis Dillingen) (Kat. Nr. 19), den **Stefan Wirth** in seinem Beitrag behandelt. Der Fund enthielt neben zwei Goldbechern auch zwei Bronzekessel mit sogenannten Kreuzattaschen, das heißt doppelkreuzförmigen Beschlägen mit Ösen zur Befestigung zweier Henkel, sowie einen zweihenkligen Bronzeeimer mit der Darstellung einer Sonnenbarke. Die Sonnenbarke, ein wichtiges Motiv der bronzezeitlichen Religion, tritt in Darstellungen erst relativ spät auf und wird ausführlich in den Beiträgen von F. Kaul und A. Jockenhövel behandelt. Engste Parallelen zum Bronzeeimer von Unterglauheim finden sich unter anderem in Funden aus Gevelinghausen (Kreis Meschede) und Vejo (Quattro Fontanili)[3].

Für die Ausstellung haben wir uns entschlossen, regionale und chronologische Aspekte hinsichtlich der Präsentationsreihenfolge zu kombinieren. Durch die geringen, allenfalls aus der Typologie resultierenden Datierungsmöglichkeiten der zahlreichen einzeln oder in Kombination mit gleichartigen Gefäßen gefundenen Schalen sind die Zeitgrenzen unscharf. So ist die erste Gruppe von fünf Fundkomplexen aus Deutschland (Kat. Nr. 15–19) in die Zeit vom 14.–11. Jahrhundert v. Chr. zu stellen[4]. Jünger sind die skandinavischen Vergleichsstücke des 11.–8. Jahrhunderts, darunter zwei Einzelfunde aus Schweden – Smörkullen und Mjövik (Kat. Nr. 21, 22) –, die **Inga Ullén** in ihrem Beitrag behandelt, und zwei Schalen, ursprünglich Tassen, deren angenietete Henkel fehlen, aus Ladegård (Dänemark) (Kat. Nr. 20). Die Tassen waren laut Fundbericht im Boden kugelartig zusammengefügt und enthielten eine Substanz aus organischem Material, die aber nach der Auffindung sofort zerfiel.

Die aus Ladegård bekannte Möglichkeit, in einem Goldgefäß etwas zu verwahren, ist auch bei den Funden aus Huisheim (Nördlinger Ries) (Kat. Nr. 23) genutzt worden. Zwar fehlt ein Fundbericht, doch lassen die Patinaspuren erkennen, dass hier die zwei kleineren Schälchen und das Fläschchen in den beiden größeren Schalen, die zu dem Fund gehören, verpackt waren. Die Funde aus Huisheim gehören zu einer weiteren, jüngeren Gruppe von Goldschalen aus dem 10.–9. Jahrhundert v. Chr. aus Deutschland. Die Datierung ist in diesem Falle durch die markante Form des Fläschchens möglich.

Ein weiteres Goldgefäß wurde im Lienewitzer Forst (Kat. Nr. 24, Abb. 7) gefunden. Es besitzt, neben den von vielen anderen Goldfunden bekannten Ornamenten, eine Zierzone mit einer umlaufenden Reihe stilisierter Wasservögel. Das Motiv tritt zwar in der Urnenfelderzeit in anderen Zusammenhängen und in anderer Ausführung öfter auf, seine nächste Parallele findet es aber auf zwei Goldkalotten aus Axtroki in Spanien (Kat. Nr. 30). Bei dem Fund aus dem Lienewitzer Forst geben die beiden mitgefundenen Armbänder einen näheren Datierungshinweis. Der sehr umfangreiche Schatzfund von Eberswalde

Abb. 6: Der Goldfund von Gönnebek.

Abb. 7: Der Goldfund vom Lienewitzer Forst.

(Kat. Nr. 25)⁵, 2,6 kg schwer und aus purem Gold, stammt etwa aus dem 13.–10. Jahrhundert v. Chr. und besteht aus 81 Teilen, darunter acht reich verzierte Trinkschalen sowie Hals- und Armbänder, Spiralringe und einige Barren. Dieser wohl größte vorgeschichtliche Goldfund Deutschlands war 1913 in einem Tongefäß auf dem Gelände eines Messingwerkes nahe Eberswalde bei Bauarbeiten gefunden worden. Die große Wertschätzung, die dieser Schatz gleich nach seiner Auffindung erfuhr, spiegelt sich auch in den galvanoplastischen Kopien wider, die in den Württembergischen Metallwarenfabriken (WMF) hergestellt worden waren. Durch sie ist es heute möglich, trotz der kriegsbedingten Unzugänglichkeit der Originale, einen dreidimensionalen Eindruck von den Gegenständen zu vermitteln⁶.

Goldschalen aus Westeuropa

Zwei Fundkomplexe aus Frankreich sowie eine Goldschale und drei Schatzfunde aus Spanien belegen verwandte Gefäßformen, Zierweisen, Deponierungssitten und letztlich auch gemeinsame religiöse Vorstellungen in Südwest- und Westeuropa. Sie lassen sich, teilweise wieder durch Beifunde, in die Zeit vom 12.–8. Jahrhundert v. Chr. datieren.

So enthielt ein Goldgefäß aus Rongères (Kat. Nr. 26) unter anderem ein gegossenes Goldarmband mit spiralig aufgerollten Enden, das sehr dem Armband aus dem Lienewitzer Forst ähnelt. Die beiden Gefäße aus Villeneuve-Saint-Vistre (Kat. Nr. 27, Abb. 8) besaßen zwar auch Beifunde, ein Golddrahtbündel, zwei Goldblechbänder und drei Fingerringe, doch sind diese von so schlichter Form, dass sich eine nähere Zeitstellung nicht erkennen lässt.

Abb. 8: Goldfund von Villeneuve-Saint-Vistre.

Eine große Besonderheit stellt die Goldschale von Zürich-Altstetten (Kat. Nr. 28) dar. Sie zeigt keine Kreisornamente, vielmehr ist ihre Oberfläche über und über mit Perlpunzbuckeln strukturiert, wobei durch Aussparungen die Umrisse von hirschartigen und anderen Tieren sowie mehrfach Sonne und Mond zu erkennen sind. Schon die Tatsache, dass hier der übliche Ornamentkanon völlig aufgehoben ist, wie auch die strichhafte Bildauffassung, die typisch für Darstellungen der frühen Eisenzeit ist, weisen darauf hin, dass diese Schale wohl am Ende der hier verfolgten Gefäßentwicklung steht. In der Art der Oberflächenbehandlung bestehen gewisse Parallelen zu Gefäßen aus dem Schatz von Villena (Kat. Nr. 29), dem größten Goldschatz der Bronzezeit aus Spanien. Auch dieser ist vermutlich, ebenso wie die mit ihm gefundenen ältesten Eisengegenstände aus Spanien, ganz am Ende der Bronzezeit in die Erde gelangt.

Goldene Schalen oder Kopfbedeckungen?

Zwei weitere Funde aus Spanien führen uns näher zu den als Kopfbedeckung gedeuteten Goldkegeln hin. Zum einen handelt es sich um die beiden Schalen aus Axtroki (Kat. Nr. 30), die einen Durchmesser von 19,7 bzw. 21,3 cm besitzen, und damit groß genug sind, um als Kopfbedeckungen Verwendung zu finden. Als Verzierungsbesonderheit weisen sie ein Band mit kleinen S-förmigen, aneinandergereihten Motiven auf, eine Darstellung, die man als Prozession hintereinander watschelnder Enten deuten könnte. Vögel, insbesondere Wasservögel, spielen in der Ikonographie der Urnenfelderzeit eine große Rolle.

Wohl eindeutig eine Kopfbedeckung stellt der Goldgegenstand aus Leiro (Kat. Nr. 31) dar, der beim Bau einer Fischerhütte am Nordufer der Mündung des Flusses Ulla in einem sehr schlichten Tongefäß gefunden wurde. Auf der Kalotte sitzt ein kleiner, 2,3 cm langer, massiver Dorn. Der Durchmesser der Kopfbedeckung beträgt 19,5 cm, sie kann damit gut aufgesetzt werden. **Beatriz Comendador Rey** hat sich mit dem Fund vor allem im Hinblick auf die verkehrsgeographisch auffällige Position des Fundortes befasst. Die Fundregion bot und bietet, wie sie mit Blick auf die günstige verkehrsgeographische Lage nachweist, die Möglichkeit zum Erwerb von Reichtum und zu kulturellem Austausch. Zugleich ist durch andere Funde ein regelhaftes Opferbrauchtum in der Region belegt, das anzeigt, dass man hier offensichtlich Einfluss auf göttliche Kräfte nehmen wollte.

Ähnliche verkehrsgeographische Bezüge konnte auch D. Ellmers für die Goldschatzfunde von Langendorf, Eberswalde und vom Lienewitzer Forst erkennen. Obwohl die spanischen und deutschen Fundorte über 2000 km voneinander entfernt sind, zeigen sich dennoch ganz ähnliche ursächliche Zusammenhänge. Die spanischen Goldhauben von Axtroki und Leiro bezog **Sabine Gerloff** 1995 in ihre Argumentation ein, als sie erstmals die Funktion der Goldkegel als Kopfbedeckungen postulierte. Sie wies auch auf mehrere Funde aus Irland hin, darunter das in der Ausstellung gezeigte Goldhutfragment (Kat. Nr. 32), dessen Funktion ob seiner fragmentarischen Erhaltung jedoch nicht ohne weiteres erkennbar ist. In ihrem Beitrag »Goldkegel, Kappe und Axt: Insignien bronzezeitlichen Kultes und Macht« legt sie ihre Argumentation mit zahlreichen Ergänzungen nochmals dar.

Goldene Hüte

Die Goldkegel selbst bilden mit nur vier bekannten Exemplaren eine vergleichsweise kleine Gruppe unter den mit Kreismotiven verzierten Gegenständen aus getriebenem Gold. Obwohl der älteste Fund dieser Gruppe, der Goldene Hut von Schifferstadt (Kat. Nr. 33) mit seiner erhaltenen Krempe bereits seit jeher als Kopfbedeckung angesprochen wurde, kamen an einer solchen Verwendung wegen der Fragilität der erhaltenen Vergleichsstücke Zweifel auf. Besonders die dünnen Fragmente des bei der Auffindung völlig zerhackten Kegels von Ezelsdorf-Buch mit einer Stärke von nur 0,02 mm, aber auch der stark fragmentierte Cône d'Avanton (Kat. Nr. 34, Abb. 9), ließen die Forschung dazu tendieren, diese Objekte als Kultpfahlbekrönungen zu interpretieren. S. Gerloff widersprach dieser Ansicht mit fundierten Argumenten, die durch das Bekanntwerden des Berliner Goldhutes bestätigt wurden.

Ausgehend vom Goldenen Hut von Schifferstadt, der als einziger durch die mitgefundenen bronzenen Absatzbeile zeitlich näher einzugrenzen ist und durch seine vergleichsweise einfache Verzierung einen »relativ alten« Eindruck macht, beschäftigt sich **Lothar Sperber** mit der Frage: »Wer trug den goldenen Hut?« und stellt Überlegungen zu den Trägern und Auftraggebern der goldenen Hüte an.

Den Goldkegel von Ezelsdorf-Buch stellt **Tobias Springer** vor. Der zunächst auf den Ezelsdorfer Fund bezogene, ursprüngliche Titel des Kolloquiumsvortrags: »Ein Einzelfund bleibt verloren ohne Parallelen«, lässt sich auf viele in dieser Ausstellung gezeigte Objekte übertragen. Auch wenn nicht alle Gegenstände, die für die Interpretation der Goldobjekte in Betracht kommen, in der Ausstellung versammelt werden konnten – sehr viele werden in den Aufsätzen im Katalog genannt und abgebildet –, so sollte wenigstens in begrenztem Rahmen und für befristete Zeit die Möglichkeit gegeben werden, in der direkten Gegenüberstellung der Objekte eigene Vergleiche anzustellen und damit eine Vorstellung von einem Aspekt des religiösen Lebens der Bronzezeit zu gewinnen.

Einen wesentlichen Impuls für die Beschäftigung mit dem Thema gab das Bekanntwerden und die Erwerbung des Goldhutes für das Museum für Vor- und Frühgeschichte in Berlin (Kat. Nr. 35) durch W. Menghin. Gleichzeitig mit dem Kauf erwarb W. Menghin auch das Problem, für den Gegenstand einen seinem Wert entsprechenden wissenschaftlichen Erkenntniszuwachs zu ermitteln. Hilfreich war hier der gute Erhaltungszustand, der zu der Gewissheit beitrug, dass es sich tatsächlich um eine Kopfbedeckung handelte. Obwohl ohne Fundort und ohne Kontext, gelang es darüber hinaus, dem Kegel ein Geheimnis zu entlocken, das zugleich eine wissenschaftliche Sensation darstellt. »Goldene Kegelhüte, Manifestationen bronzezeitlicher Kalenderwerke« betitelte **Wilfried Menghin** seinen Katalogbeitrag, in dem er das komplexe Zahlengefüge und die Zahlenrhythmik erklärt, die im Ornament der Kreisverzierungen zu finden sind. Die Untersuchungen von W. Menghin zeigen im Vergleich mit den drei anderen bekannten Kegeln, dass die festgestellte Zahlenrhythmik frappierende Bezüge zu den stets wiederkehrenden Werten aufweist, wie sie bei astronomisch-kalendarischen Beobachtungen

Abb. 9: Der »Cône d'Avanton«.

auftreten. Vermutlich sollte die Übertragung der Ergebnisse dieser so intensiven Beobachtung der Gestirne auf das Ornament des Kegels in magischer Weise die Verbindung des Priesters zur verehrten Gottheit, der Sonne, fördern. Man darf annehmen, dass der Beginn solcher Beobachtungen schon viele Generationen früher erfolgte.

Beim Versuch, uns ein Bild von der Welt und dem Leben der Menschen vor 3000 Jahren zu machen, greifen wir auf die Dinge zurück, die aus dieser Zeit erhalten blieben. Hierbei fallen organische Materialien nahezu vollständig aus. Häuser waren aus Holz errichtet, von ihnen blieben allein die Standspuren als dunkle, erdige Verfärbungen der Pfosten im Boden zurück. Bemalungen und Schnitzereien, Einrichtungsgegenstände, Geräte und Textilien sind im Laufe der Jahrtausende vergangen. Was bleibt, sind Scherben und aus Metall, vor allem aus Bronze gefertigte Gegenstände. Grabfunde enthalten davon ein aus dem persönlichen Besitz des Toten mit Bedacht ausgewähltes Spektrum. In den Grabfunden der Bronzezeit zeichnen sich jedoch soziale Unterschiede weit weniger markant ab als in der darauffolgenden Eisenzeit mit ihren reichen Fürstengräbern. Die meisten der prächtigen Goldgegenstände der Bronzezeit sind durch ihren Fundkontext nicht als persönlicher Besitz einer bestimmten Person zu erkennen, wie dies im Falle eines Grabfundes eindeutig möglich wäre.

Dennoch gab es offensichtlich Priester oder Magier, durchaus mit erheblichem weltlichem Einfluss, die sich durch entsprechendes Ornat, vor allem durch goldene Kopfbedeckungen, weit von anderen Menschen unterschieden. Wie ein Priester des bronzezeitlichen Sonnenkultes auf seine Mitmenschen gewirkt haben mag, zeigt in der Ausstellung eine lebensgroße Figur, in ihrer Erscheinung überhöht durch den Goldenen Hut. Es handelt sich um die Kopie des Ezelsdorfer Goldhutes, die um eine Krempe ergänzt wurde, deren Ornament auf den von W. Menghin ermittelten Zahlenwerten beruht, die dieser im Vergleich mit den drei anderen Kegeln berechnet hatte.[7] Um die Figur zu beleben, haben wir uns entschlossen, sie mit einem Stab auszustatten, der als Bekrönung die Nachempfindung eines kleinen Sonnenradsymbols aus Bernstein in einer Bronzefassung trägt, dessen Original aus Jütland stammt (Kat. Nr. 2).

Die Figur steht vor einem 30 x 7 m großen, von hinten beleuchteten Wandbild, das einen Sonnenaufgang, und damit einen für die Beobachtung der Sonnenbewegung wichtigen Moment zeigt. Die Landschaft ist idealisiert. Rechts oben im Bild erkennt man den Mond und das Sternbild der Plejaden – Gestirne, deren Bedeutung für die Berechnung des Jahresablaufs schon in der Bronzezeit erkannt wurde.

Wie bronzezeitliche Riten zelebriert wurden, wissen wir nicht, aber es gibt eine Reihe von bronzezeitlichen Musikinstrumenten, deren größte Zahl (mehr als dreißig Stück) uns aus Opferfunden aus dänischen Mooren bekannt ist. Einzelne Instrumente wurden auch in Deutschland gefunden, so zum Beispiel eine Lure aus Garlstedt (Osterholz-Scharmbeck). Deren Nachbau vom Beginn des 20. Jahrhunderts ist auch heute noch spielbar, wie die Klangimprovisationen von Joachim Schween zeigen, die in der Ausstellung über Lautsprecher zugänglich sind. Solche Klänge ertönten in der Bronzezeit unter anderem wohl bei kultischen Handlungen. Auch bei diesen Instrumenten ist der solar-sakrale Bezug in der Form des Schalllochs gegeben, das als Sonnenscheibe mit Kreisverzierung ausgebildet ist. In der Ausstellung findet sich die Kopie einer Lure aus Brudevælte (Dänemark) (Kat. Nr. 37).

Zentrale Personen bei sakralen Handlungen waren die Priester. Wie die Priester, abgesehen von den Goldenen Hüten, gekleidet waren, wissen wir nicht. Es haben sich aber in wenigen Fällen Goldbleche erhalten, von denen man annehmen kann, dass sie als Gewandschmuck dienten. Eher von der Bekleidung eines Götterbildes mögen die Besatzstücke aus dem Goldfund von Bernstorf stammen (Kat. Nr. 39). Die sehr dünnen Fragmente waren gefaltet und wurden, umhüllt von lehmigen Klumpen, leider bereits sekundär und sehr zufällig, 1998 bei Rodungsarbeiten auf einer Randhöhe des Ampertales gefunden, wie **Rupert Gebhard** in seinem Beitrag schildert. Ornament und Gestaltung der Bleche lassen den weitgespannten kulturellen Austausch dieser Zeit bis in die Ägäis und damit den mykenischen Kulturkreis erkennen.

Ein weiterer Fund aus der näheren Region wurde 1990 bekannt. Es handelt sich um einen Hortfund des 12.–9. Jahrhunderts v. Chr., der in einem Tongefäß auf dem Bullenheimer Berg (Kreis Neustadt/Aisch – Bad Windsheim und Kreis Kitzingen) bekannt wurde (Kat. Nr. 40). Neben vier teilweise zerbrochenen Bronzeschmuckstücken und sieben Werkzeugen fanden sich als auffälligste Gegenstände zwei langovale Bleche aus Gold mit Kreisverzierung und rückwärtiger Bronzeblechverstärkung, außerdem sechs sehr kleine goldene Schälchen mit am Rand umlaufenden kleinen Befestigungslöchern von nur 57–65 mm Durchmesser, dazu noch sechs goldene Spiralringe. Bei den Blechen und bei den Schälchen darf man annehmen, dass sie auf einem Gewand aufgenäht waren, welches von einem Würdenträger zu besonderen, wohl sakralen Anlässen getragen wurde. Mit diesem Fund befasst sich ebenfalls ausführlich der Beitrag von R. Gebhard.

Nördlich der Alpen finden sich kaum figürliche Darstellungen, die uns ein Bild von den Trägern konischer hoher Hüte vermitteln. In mehreren Kolloquiumsbeiträgen, so von L. Sperber, S. Gerloff, W. Menghin sowie in der früheren Publikation von Peter Schauer[8], wurden Vergleiche, die bis in den Vorderen Orient reichen, herangezogen, darunter auch sardische Bronzefiguren. Es gelang, zwei derartige Stücke für die Ausstellung auszuleihen (Kat. Nr. 41).

Gegenstände mit kultischen Motiven

Eines der besonderen Phänomene bronzezeitlicher Kultur ist die Tatsache, dass sich auf allen erhaltenen Gegenständen nur eine ganz begrenzte Auswahl von Motiven finden lässt. Zu diesen zählen unter anderem Vogeldarstellungen, wie wir sie aus der Sammlung des Germanischen Nationalmuseums in Form einer Rassel aus Mondschütz sowie einem kleinen Gefäß aus Lerchenberg zeigen (Kat. Nr. 42, Abb. 10). Man könnte sich vorstellen, dass der Vogel, insbesondere der Wasservogel, als Mittler zwischen Wasser, Erde und Himmel (Sonne) aufzufassen ist. Ein weiteres häufiges Motiv sind Darstellungen von Stieren. Der Stier dürfte als Tier mit hoher Vitalität ein Symbol für Lebenskraft gewesen sein. Das Stiergehörn erinnert an eine Mondsichel, die ebenfalls dem wechselnden Zyklus von Vollmond und Neumond entsprechend in übertragenem Sinn Symbol für Lebenskraft und Erneuerung ist. Mondsichel- und Vogelmotiv kombiniert begegneten bereits auf dem Bronzeeimer von Unterglauheim in Form der sogenannten Sonnenbarke. Die Kombination des Sonnen- oder Radmotivs mit zwei Stieren und Vögeln tritt auch bei dem Kultwagen aus Frankfurt/Oder auf (Kat. Nr. 43). Die drei Räder dieses Wagens sitzen auf einer Achse. Die gegabelte Deichsel greift zwischen die Räder, auf ihr stehen stilisierte Stiere. Hinter den Stieren und auf der Tülle der Deichsel sind stilisierte Vögel zu sehen. Leider ist das Original des Objektes zerstört, und es sind nur noch Kopien erhalten. Ein fast identisches Vergleichsstück zu diesem Fund stammte aus Burg (Landkreis Spree-Neiße) und befindet sich im Museum für Vor- und Frühgeschichte in Berlin.

Äxte und Beile spielten offensichtlich bei kultischen Handlungen ebenfalls eine besondere Rolle. Deutlich wird dies beispielsweise durch die Vergesellschaftung von Beilen mit anderen Kultobjekten, wie beim Goldenen Hut von Schifferstadt mit drei Absatzbeilen oder dem Bullenheimer Hortfund mit den Goldblechen und Schälchen des priesterlichen Ornats. Zu denken ist auch an eine Vielzahl von hier nicht ausgestellten Beilhorten, bei denen die Anzahl von drei Beilen auffallend häufig gefunden wurde. In einem Grab in Kivik (Schonen) waren die Wände der Grabkammer aus Steinplatten gefügt, die mit Bildern verziert waren. Eine leider zerstörte Platte zeigte ein kegelförmiges Objekt mit Krempe über einem stilisierten Boot, flankiert von zwei spindelförmigen Motiven – möglicherweise Äxte in Aufsicht – und zwei aufwendig gestalteten Kultäxten in Seitenansicht. Deutlich wird der kultische Charakter auch bei besonders großen Äxten, wie dem Beispiel aus Bredebækgård (Kat. Nr. 44), das mit seiner ungewöhnlichen Länge von 46 cm absolut unbrauchbar war. Es ist besonders aufwendig verziert, sein Knauf ist als Sonnensymbol zu deuten. Betrachtet man den Umriss der Axt, so erinnert sie an einen Menschen mit rundem Hut und langem, kurzärmeligem Mantel. Die große Materialmenge, die für die Herstellung der Axt nötig war, wirft ein zusätzliches Licht auf die herausragende Bedeutung des Gegenstandes, der auch von F. Kaul und S. Gerloff in die Argumentation einbezogen wird.

Nicht nur aufwendige Metallgegenstände sind Träger sakraler Bedeutungsinhalte. So können wir aus eigenen Beständen von der befestigten Siedlung der Urnenfelderzeit auf dem Hesselberg einen »Sonnenstempel« zeigen (Kat. Nr. 45)[9], auf den auch A. Jockenhövel in seinem Beitrag eingeht. Eine Gruppe von Objekten ungeklärter Funktion wird als sogenannte Feuerböcke angesprochen. Objekte dieser Art haben eine Verbreitung vom Südostalpenraum und Böhmen bis in die Schweiz und nach Frankreich. Wegen ihrer besonderen Gestalt werden sie auch als Mondidole bezeichnet. In der nach oben spitz ausgezipfelten Gestaltung der Enden mit einem Punkt (einem Auge?) eines Feuerbockes vom Hesselberg lassen sich möglicherweise zwei Vogelköpfe erkennen (Kat. Nr. 45). Der Gesamtumriss erinnert an ein Stiergehörn. Stellt man sich über einem solchen Gegenstand die sinkende oder aufgehende Sonne vor, so ergäbe sich das Bild einer Sonnenbarke, wie es als künstlerische Nachempfindung in der Ausstellung auf dem Weg von den Goldkegeln zur Rekonstruktion der Gestalt eines bronzezeitlichen Magiers zu sehen ist. Ein weiteres, weitaus aufwendiger verziertes Fragment eines Feuerbockes ist ebenfalls in der Vitrine mit Funden vom Hesselberg ausgestellt (Kat. Nr. 45). Der einstige Siedlungscharakter der Fundstelle wird durch weitere Funde belegt[10].

Dass Sonnenmotive in der Bronze- und Urnenfelderzeit nicht nur für die Gestaltung herausragender Kultgegenstände Verwendung fanden, wird an vielen Schmuck- und Trachtbestandteilen aus profaner Verwendung deutlich (Kat. Nr. 46). So sind beispielsweise sogenannte Radnadeln (Abb. 11), die weitverbreitet zum Verschluss von Gewändern dienten, wie

Abb. 10: Vogelgefäß aus Lerchenberg (links), Vogelrassel aus Mondschütz (rechts).

Abb. 11: Radnadel aus Bohlsen.

Beispiele aus Kämmerzell (Kreis Fulda) und eine Lüneburger Radnadel aus Bohlsen zeigen, den Trägern dieser Nadeln durchaus als Symbole der Sonne bewusst gewesen. Gleiches trifft für sogenannte Radanhänger, wie jene aus Waizenhofen, zu. Die Spiralplatten einer Fibel aus Kunersdorf dürften neben ihrem Schmuckcharakter ebenso wie die runde Gürteldose aus Dörmte mit ihren Kreisornamenten an die Sonne erinnert haben.

Besonders einprägsam ist eine sogenannte Armberge aus Hessen mit einer breiten Manschette und zwei großen gegenläufigen Spiralscheiben. Auf der Manschette ist in feinen Ritzlinien ein spindelförmiges Gebilde, vielleicht ein Schiff, zu sehen, von dessen Mitte zwei sanduhrförmige Motive ausgehen, die mit ihren seitlich ansetzenden schmalen Dreiecken stilisierte Menschen darstellen. Den Überlegungen von F. Kaul folgend ließen sich in den Spiralen die Sonne des Tages und die Sonne der Nacht erkennen, das spindelförmige Gebilde wäre die Sonnenbarke und die sanduhrförmigen stilisierten Menschen dessen Besatzung. Zwei Gräber aus Illschwang und Schutzendorf enthielten Trachtensembles mit sogenannten Stachelscheiben, deren Name von der charakteristischen Verzierung mit zentralen konzentrischen Kreisen um einen Mittelstachel herrührt. Sie waren vermutlich als Colliers um den Hals getragen worden. Zu anderen Trachtvarianten gehören sogenannte Brillenspiralen, die in mindestens zwei oder mehr Exemplaren am Gürtel getragen wurden. Die hier gezeigten Beispiele aus Eiting, Untermainbach und Cadolzburg stammen aus Hortfunden und waren vermutlich Opfergaben.

Der Niedergang des Sonnenkults

Das Ende der Bronzezeit ist gekennzeichnet von einschneidenden Veränderungen. Der Wechsel in den Bestattungssitten von der Brand- zur Körperbestattung zeigt auch religiöse Veränderungen an, denn dieser Wandel ist Spiegel einer geänderten Vorstellung vom Weg in das Jenseits und von den Bedürfnissen, die der Verstorbene dort hat. Zögerlich, unbeholfen und strichmännchenhaft tasten sich die Künstler der Hallstattzeit, der frühen Eisenzeit, ähnlich wie jene der geometrischen Kultur des Mittelmeerraumes, an neue Bildinhalte heran. Menschendarstellungen und andere neue Motive, für bronzezeitliche Verhältnisse noch undenkbar, treten zunehmend auf.

Soziale Veränderungen sind in Bestattungen, aber auch in herausragenden Befestigungsanlagen abzulesen. Zwar begegnen während der Bronzezeit durchaus reiche Bestattungen, doch finden sich kaum Belege, dass sich einzelne Menschen in der Art von Fürsten zu Herrschern über ganze Länder aufschwingen konnten. In der Hallstattzeit (sog. Hallstattstufe C) begegnen bis auf wenige, chronologisch jedoch umstrittene Ausnahmen, ausschließlich Männergräber mit Waffenbeigabe, darunter auch Bestattungen mit aufwendigen Goldgegenständen. Ein in der Ausstellung gezeigtes Beispiel stammt aus Grabhügel 8 des Gräberfeldes von Wehringen I (Hexenbergle) bei Augsburg (Kat. Nr. 48), der im Beitrag von **Hilke Hennig** beschrieben wird. Eine Goldschale, wie sie aus bronzezeitlichen Verhältnissen bekannt ist, ist hier in einer sehr dünnwandigen Ausführung zu sehen, von der man annehmen möchte, dass sie als Verkleidung eines Schälchens aus organischem Material gedient hat. Sie lag in der Art eines Schöpfgefäßes in einem Vorratsgefäß für Getränke. Die einfache, geradezu archaische Gestaltung der Verzierung ließe ohne den hallstattzeitlichen Fundkontext eine Datierung in die Bronzezeit durchaus zu, und es ist nicht auszuschließen, dass das Stück wesentlich älter ist, ursprünglich sakral genutzt und in der Hallstattzeit profaniert wurde.

Das wohl prominenteste Grab der Hallstattzeit, bereits der Stufe D zuzurechnen, wurde unter einem schon verebneten riesigen Grabhügel bei Hochdorf, westlich von Stuttgart, südlich des Hohenasperg, gefunden. Der profan genutzte Reichtum an Gold, bis hin zu den goldblechverbrämten Schuhen, wäre für bronzezeitliche Verhältnisse undenkbar gewesen. Zu fragen ist, woher das Gold zur plötzlichen Deckung des privaten Bedarfs stammte. Dabei ist durchaus in Betracht zu ziehen, dass es von solchem goldenem Sakralgerät der Bronzezeit herrührte, das nicht durch Verbergung im Boden einer Profanierung entging.

Vom Bullenheimer Berg stammt eine außergewöhnlich große Anzahl von bronzezeitlichen Hortfunden (mindestens 25), darunter auch der bereits genannte Fund mit dem Priesterornat. Einer dieser Horte befindet sich in den Beständen des Germanischen Nationalmuseums. Es handelt sich um einen Fund von Bronzeblechscheiben, sogenannten Phaleren, und Schaukelringen, die als Fußringe getragen wurden. Die Funktion dieser Phaleren ist unklar, auch ihre Lage im Hortfund konnte darüber keinen Aufschluss geben. Möglicherweise handelt es sich um Beschlagstücke und Abdeckungen von Riemenkreuzungen eines oder mehrerer Pferdegeschirre. Zu denken wäre auch an Beschlagstücke von Rüstungen aus dickem Leder. Eine weitere Möglichkeit wäre, dass diese Scheiben beim Tanz geschwenkt wurden und dabei golden in der Sonne blinkten und mit den klappernden Anhängeblechen Geräusche erzeugen. Eine genaue Festlegung ist jedoch nicht möglich. Auch diese Scheiben mögen die Menschen der späten Bronzezeit neben ihrer praktischen Funktion an das Bild der Sonne erinnert haben. Unser besonderes Augenmerk richtet sich vor allem auf die bei einigen Scheiben anhängenden Bleche, die eindeutig anthropomorph gestaltet sind und möglicherweise die Abhängigkeit und Verbundenheit der Menschen mit der Sonne symbolisiert haben.

Abb. 12: Deckel einer Ziste aus Klein-Klein.

Die Veränderungen der religiösen Vorstellungen gingen nicht abrupt vonstatten, wie eine Vielzahl von Belegen aus verschiedenen Gegenden deutlich macht. Aus der Steiermark, genauer dem bedeutenden Bestattungsplatz hallstattzeitlicher Fürsten von Klein-Klein (Abb. 12), besitzt das Germanische Nationalmuseum einige Fragmente. Wir zeigen den Deckel eines zylindrischen Blechgefäßes, eine sogenannte Ziste, mit zwei markanten Zierzonen. Die innere besitzt omegaförmige Motive – die stilisierte Sonnenbarke – und die äußere Radmotive – das Sonnenrad. Rund um den Deckel hängen viele kleine dreieckige Klapperbleche (Kat. Nr. 49). Von anderen Gefäßen aus dem gleichen Grab stammen zwei weitere Bleche (Kat. Nr. 50). Das eine zeigt einen großen Fisch, der einen Menschen verschluckt, so dass dessen Füße gerade noch aus dem Maul herausragen. Dieses Motiv war umlaufend auf dem Gefäß aufgebracht, wie die übrigen, im Museum Joanneum in Graz erhaltenen Teile belegen. Das andere Blech zeigt kleine Böckchen. Beide Bleche sind Ausdruck der erst in der Hallstattzeit neu beginnenden Lust an Darstellungen, die über den streng begrenzten Kanon bronzezeitlicher Motive hinausgehen. Hier in der Steiermark liegt, von der Adria kommend, ein intensiver mediterraner Einfluss vor.

Kalender

Auch andere mit Kreisornamentik verzierte Gegenstände lassen kalendarische Bezüge erkennen, wie **Jens May** und **Reiner Zumpe** in ihrem Beitrag mit dem Titel »Ein Buckel – ein Tag. Zur Nutzbarkeit buckeldekorierter Schilde, Hängebecken und Amphoren der jüngeren Bronzezeit als Kalender« herausstellen. Beispiele sind ein Schild aus Dänemark und zwei sogenannte Herzsprungschilde (Kat. Nr. 51). Alle diese Gegenstände sind mit Punzbuckel- oder Kreisornamenten verziert, die Anzahl der Einzelornamente und ihre Anordnung lassen sich ähnlich wie bei den Goldkegeln, allerdings weniger verschlüsselt und deutlicher, in Bezug zu astronomischen Gegebenheiten und den sich daraus ergebenden kalendarischen Abläufen setzen. Inwieweit hier die direkte Verwendung als Kalender anzunehmen ist, bleibt dahingestellt. Auch hier dürfte eher ein magisches Motiv für diese besondere Ausprägung der Verzierung vorliegen. Als Kalender eignen sich einfacher herzustellende Einteilungen auf Holz oder Leder im täglichen Gebrauch mit Sicherheit besser. Die Notwendigkeit, Kalender zu besitzen, ist einem Menschen des 21. Jahrhunderts bewusst, und Kalender sind in unserer Zivilisation in jedem Schreibwarengeschäft verfügbar, wie es in vorgeschichtlicher Zeit selbstverständlich nicht möglich war. Dennoch waren gerade bei starker Abhängigkeit von der Agrarwirtschaft präzise Kenntnisse über den Ablauf des Jahres unbedingt nötig. Sie waren wichtig für Aussaat, Ernte und die Regelung der Vorratshaltung. Die Beobachtungen des als wichtigster Gottheit verehrten Gestirns am Firmament, der Sonne, erbrachten die notwendigen Informationen. Der Wille dieser Gottheit führte die Menschen durch das Jahr.

Die erforderlichen astronomischen Kenntnisse wurden offensichtlich über einen sehr langen Zeitraum erworben, gemehrt und tradiert. Der Beginn dieser Entwicklung dürfte in den neolithischen Kreisanlagen zu finden sein. Deren bekanntester Vertreter ist Stonehenge, in seiner letzten Bauphase aus Stein errichtet. Es gab solche Bauten aber auch als einfache Graben- und Wallanlagen in Mitteleuropa bereits im Mittelneolithikum[11]. Die Traditionen sind, wie der von **Max Gschaid** beschriebene keltische Kalender von Coligny (Ain) (Kat. Nr. 52) erkennen lässt, trotz erheblicher kultureller und religiöser Veränderungen bis in die römische Zeit nicht abgerissen.

Die Himmelsscheibe von Nebra

Bereits 1998 oder 1999 dürfte wohl einer der wichtigsten Funde für das hier dargestellte Thema von Raubgräbern auf dem Mittelberg bei Nebra, südöstlich des Harz in Sachsen-Anhalt, ausgegraben worden sein (Kat. Nr. 53). Erst Anfang 2002 konnte die sogenannte »Himmelsscheibe« von der Polizei sichergestellt werden, und seither erst ist die Erforschung des Objekts, seiner Beifunde und der Fundstelle möglich. Aufgrund der noch laufenden Untersuchungssituation ist es uns nicht gelungen, die Scheibe für die Ausstellung zu gewinnen. Die »Himmelsscheibe von Nebra« hat einen Durchmesser von etwa 30 cm, besteht aus Bronze und zeigt mit dünner Goldfolie eingelegte astronomische Darstellungen. Die Bronzescheibe war in einer kleinen Grube aufrechtstehend deponiert worden. Zusammen mit ihr hatte man zwei kostbare Bronzeschwerter, zwei Bronzebeile, einen Bronzemeißel und zwei Armspiralen niedergelegt. Diese Beifunde datieren den Fundkomplex in die frühe Bronzezeit, das heißt vor rund 3600 Jahren, was zeitlich in etwa der letzten Ausbauphase von Stonehenge entspricht. Die Schwerter lassen weitreichende Beziehungen bis in den östlichen Mittelmeerraum erkennen. Ihre Form stammt aus dem ungarisch-donauländischen Bereich, während die Art der Verzierung ihre nächsten Parallelen im griechischen Mykene besitzt.

Die Bedeutung des Fundes

Die Himmelsscheibe von Nebra zeigt die älteste bekannte konkrete Himmelsdarstellung der Menschheitsgeschichte. Sie erlaubt einen tiefen Einblick in die astronomischen Kenntnisse des vorgeschichtlichen Menschen und ist damit ein Schlüsselfund für die europäische Vorgeschichte, die Astronomiegeschichte und die frühe Religionsgeschichte. Die Darstellungen auf der Bronzescheibe setzen generationenlange Beobachtungen des Sternenhimmels voraus. Auf der Bronzescheibe waren 32 kleine Goldblättchen angebracht, die als Sterne zu interpretieren sind. Sieben davon stellen mit allergrößter Wahrscheinlichkeit das Siebengestirn, die Plejaden, dar. Dieses Sternbild spielte in der Vorzeit eine wichtige Rolle bei der Bestimmung der Aussaat und der Erntezeit. Auch die »Sonne« und die »Mondsichel« stellen mit Sicherheit astronomische Objekte dar, sind jedoch nicht zweifelsfrei anzusprechen. Die Sonne kann auch den Vollmond bedeuten, die Mondsichel eine partielle Mond- oder Sonnenfinsternis.

Die zwei seitlichen goldenen Randbögen, von denen nur einer erhalten ist, können als östliche und westliche Horizontbögen aufgefasst werden, die den Lauf der Sonnenauf- und Sonnenuntergangspunkte im Jahreslauf darstellen. Deren Winkel von etwa 82 Grad entspricht dem Sonnenlauf für die frühe Bronzezeit auf der geographischen Breite Sachsen-Anhalts. Das gefiederte, sichelförmige Element kann als mythische Sonnenbarke, die zwischen Sonnenaufgang und -untergang hin- und herfährt, gesehen werden. Die winzigen Striche zu beiden Seiten dieser Sonnenbarke sind als Ruder zu interpretieren, was einen Eindruck davon geben kann, wie ungeheuer groß sich der Schöpfer der Himmelsscheibe von Nebra diese Sonnenbarke vorgestellt hat.

Besondere Bedeutung gewinnen die Darstellungen durch die Kenntnis des genauen Fundplatzes. Der Mittelberg trug eine heute kaum noch sichtbare Ringanlage aus Wall und Graben von rund 160 m Durchmesser, wie archäologische Ausgrabungen mittlerweile zweifelsfrei belegt haben. Am Tag der Sommersonnenwende ging die Sonne über dem 80 km entfernten Brocken, dem markantesten Berg des Harzes, unter. Zum Brocken bestand bei klarem Wetter (und fehlenden Bäumen) ebenso Sichtverbindung wie zum Kulpenberg, dem Hauptberg des Kyffhäusers. Hinter diesem ging die Sonne am 1. Mai unter. Die bisherigen Ausgrabungsergebnisse zeigen, dass der Mittelberg möglicherweise bis in die frühe Eisenzeit, etwa 700 v. Chr., benutzt wurde, doch bleiben noch viele Fragen offen. Nach dem derzeitigen Kenntnisstand handelt es sich bei der Anlage um das älteste vorgeschichtliche Observatorium, zu dem mit der »Himmelsscheibe« nun auch das zugehörige »Gerät« gefunden werden konnte[12].

Zum Abschluss dieses Überblicks soll noch eine Stimme aus der Bronzezeit erklingen, die aus dem zwar entfernten, aber durch Meer und Handelswege doch vielfach mit dem alten Europa verbundenen Ägypten stammt. Sie kann als Äußerung einer religiösen Haltung verstanden werden, die wohl weit über Ägypten hinaus auch die Menschen des alten Europa ergriff, deren Sonnenverehrung uns in archäologischen Funden deutlich wird. Die Stimme gehört Amenophis IV, der von 1365 bis 1348 in der späten 18. Dynastie Ägypten regierte. Amenophis hatte den Namen Echnaton, Sohn des Aton, das heißt Sohn der Sonne, angenommen und den Sonnenkult zur einzigen Religion seines Reiches erhoben. In seiner von ihm neu gegründeten Hauptstadt Amarna hat Echnaton das nachfolgende Lied oder Gebet, den sogenannten Sonnengesang[13], verfasst:

Du erscheinst so schön im Lichtorte des Himmels,
du lebendige Sonne, die zuerst zu leben anfing!
Du bist aufgeleuchtet im östlichen Lichtorte
und hast alle Lande mit deiner Schönheit erfüllt.
Du bist schön und groß,
glänzend und hoch über allen Landen.
Deine Strahlen umfassen die Länder,
bis zum Ende all dessen,
was Du geschaffen hast;
du bist die Sonne
und dringst eben deshalb bis an ihr äußerstes Ende.
Du bändigst sie deinem geliebten Sohne.
Du bist fern
und doch sind deine Strahlen auf der Erde;
du bist im Angesicht des Menschen,
und doch kennt man deinen Weg nicht.
Gehst du zur Ruhe im westlichen Lichtorte
(Rüste – um dich wieder zu Rüsten)
so ist die Welt in Finsternis, wie im Tode.
Die Schläfer sind in der Kammer,
die Häupter verhüllt. ...
nicht kann ein Auge das Andere sehen. ...

Es ist ein wesentliches Anliegen dieser Ausstellung, museale Präsentation und wissenschaftlichen Austausch zu einer Synthese zu führen. Daher wurde bereits, wie eingangs erwähnt, im Mai 2001 ein öffentliches Symposium mit dem Titel »Goldenes Sakralgerät der Bronzezeit« durchgeführt, bei dem 32 Referenten aus dem In- und Ausland über die vier erhaltenen Goldkegel und Vergleichsobjekte aus ganz Europa diskutiert haben. Betrachtungsinhalte waren Motive und kulturelle Grundlagen, die zur Herstellung dieser Objekte führten, die Herstellungstechnik, das soziale Milieu, in dem solche Objekte zur Anwendung kamen, die Funktion solcher Objekte und schließlich die Gründe für ihre Verbergung im Boden.

Die verschiedenen Aspekte, die bei der Tagung in den Beiträgen zur Sprache kamen, sind, soweit thematisch passend, in diesem Ausstellungskatalog wiedergegeben, um die Besucher an der wissenschaftlichen Diskussion Anteil haben zu lassen. Es hätte den Umfang dieses Kataloges allerdings gesprengt, wenn alle Beiträge darin abgedruckt worden wären. Ein Teil der Beiträge wird daher im Anzeiger des Germanischen Nationalmuseums 2003 veröffentlicht. Hierbei handelt es sich zumeist um Aufsätze, die sich nicht vorrangig mit den Objekten in der Ausstellung beschäftigen, sondern mit allgemeinen wissenschaftskritischen und theoretischen Aspekten, religionswissenschaftlichen Gesichtspunkten oder entfernteren, nicht direkt vergleichbaren Funden aus ähnlichen Funktionszusammenhängen bzw. mit verwandten Interpretationsansätzen.

Um die Spannweite der im Anzeiger des Germanischen Nationalmuseums behandelten Themen zu umreißen, seien die Inhalte hier kurz vorgestellt. Die ersten vier Beiträge befassen sich kritisch unter wissenschaftstheoretischen und religionswissenschaftlichen Aspekten mit dem Thema. Manfred Eggert versucht in seiner Betrachtung »Über das Sakrale in der Archäologie« eine kritische Einschätzung der religionswissenschaftlichen Bemühungen in der vor- und frühgeschichtlichen Forschung. Dabei betrachtet er mit sakralen Interpretationen verbundene Fundkategorien und wendet sich dann entsprechenden konkreten Beispielen zu. Dabei stellt er deutliche Unzulänglichkeiten der archäologischen Interpretation fest. Er spricht sich abschließend dafür aus, dass Ergebnisse und Diskussionen der Nachbarwissenschaften, insbesondere der Ethnologie und der Religionswissenschaften, im Detail berücksichtigt werden müssen und nicht mit leichter Hand zu »autarker« Theorienbildung und Interpretation nivelliert werden dürfen.

Konzeptuelle und wissenschaftssystematische Überlegungen stellt Gabriele Zipf in ihrem Beitrag »Religion und Rituale in der Archäologie« an, in dem sie sich dem Begriff des Sakralen von Seiten der Ethnologie und der Religionswissenschaft nähert. Sie sucht Antworten auf die Fragen, welche Konzepte religiöser Praktiken und Projektionen moderner Verhältnisse der Begriff »sakral« impliziert und welche Besonderheiten sogenannte »sakrale« Gegenstände aufweisen, welche Funktionen diese hatten und wie sie in vorgeschichtlichen Fundzusammenhängen erkannt werden können. Im speziellen Fall der Goldblechkegel sieht sie ein Interpretationsproblem im weitgehenden Fehlen regelhafter Befunde, die Hinweise auf die mit den Objekten verbundenen Rituale geben könnten. Nach den von ihr vorgeschlagenen Kriterien ist ein sakraler Charakter nicht zu beweisen.

Kocku von Stuckrad beschäftigt sich in seinem Beitrag »Religion und Kalender: Systematische Überlegungen zur qualitativen Bestimmung von Zeit« mit antiken Schriftquellen des Vorderen Orients und Ägyptens zur Bedeutung von Kalendern und prüft, ob diese Angaben zum besseren Verstehen von vorgeschichtlichen Kalenderbauten in Europa herangezogen werden können. Er geht dabei vor allem auf die Kreisanlagen ein und zeigt auf, wie wichtig die gesellschaftliche und soziale Funktion von Kalendern ist. Zu den ihm hinsichtlich ihrer kalendarischen Qualität als umstritten geltenden Goldkegeln will er, ebenso wie zu anderen Einzelbefunden, jedoch keine Aussagen treffen.

Mark Schmidt warnt in seinem Text »Von Hüten, Kegeln und Kalotten oder das blendende Licht des Orients« kritisch vor nachträglichen Bedeutungskonstitutionen und äußert seine Skepsis, ob es überhaupt der Archäologie gelingen könne, die Interpretation der fraglichen Objekte voranzutreiben. Dabei finden sich in seiner Darstellung, verbunden mit der Kritik an Vergleichen mit weit entfernt liegenden, vagen Ähnlichkeiten, durchaus sehr positive Details zur Einordnung der Ornamente der fraglichen Objekte in die Motivik der europäischen Bronzezeit.

Die folgenden fünf Beiträge richten das Augenmerk auf den Ostalpenraum und südosteuropäische Verbindungen zur Bronze- und Urnenfelderzeit Mittel- und Westeuropas. Wolfgang David befasst sich in seinem Aufsatz unter dem Titel »Betrachtungen zum Ornament der Goldkegel vor dem Hintergrund altbronzezeitlichen Symbolgutes Mittel- und Südosteuropas« mit einer großen Anzahl verzierter Gold- und Bronzegegenstände, darunter Gürtelbleche, die spezifische Ornamente aufweisen, bei denen es sich um Zeichen mit festgelegtem Bedeutungsinhalt handelt. Bezüge nach West- und Nordeuropa belegen einen intensiven Ideenaustausch.

»Eine bronzezeitliche Grabausstattung aus Haidlfing, Gde. Wallersdorf, Niederbayern« und ihre mögliche Beziehung zum Goldhut von Ezelsdorf ist das Thema von Ludwig Krainer. Hintergrund des Berichtes ist der Fund eines Gürtelbleches mit südosteuropäischen Parallelen, dessen Verzierungsmotive er mit den Symbolen des bronzezeitlichen Sonnenkults in Verbindung bringt.

Carola Metzner-Nebelsick berichtet unter dem Titel »Der Schatzfund von Michalkov in Galizien. Ein Beitrag zu seiner Struktur und Deutung« von einer Fundstelle, die, obwohl weit östlich des Hauptverbreitungsgebietes der im Rahmen des Kolloquiums diskutierten Objektgruppe gelegen, eine Reihe von Gegenständen erbracht hat, die als Schmuckattribute mit Symbolcharakter nicht nur hinsichtlich der Kreissymbolik während der Bronzezeit im alten Europa als Insignien besonderer Personen begriffen wurden. Eine Differenzierung in profan oder sakral ist nach den Befunden aus Michalkov nicht vorzunehmen. Im Depotkontext als solchem ist der sakrale Bezug gegeben. Es handelt sich um eine Fundstelle, an der am Übergang der Bronze- zur Eisenzeit mehrfach über einen längeren Zeitraum Deponierungen vorgenommen worden waren, möglicherweise im Zusammenhang mit einem Heroenkult. Der Lage in Osteuropa entsprechend ist eine Berührung und gegenseitige Beeinflussung des europäischen und des vorderasiatischen Kulturkreises sowohl im Fundgut als auch in der Behandlung der Objekte erkennbar.

In Ihrem Beitrag »Goldohrringe in der späten Bronze- und frühen Eisenzeit – Zeichen des Sakralen?« beschäftigt sich Biba Teržan mit einer Reihe weiblicher bronzezeitlicher Bestattungen aus dem Südostalpenraum. Goldohrringe weisen die Bestatteten als Frauen von besonderem Rang aus. Diese Beobachtung wird verbunden mit eindeutigen Frauendarstellungen mit sakralem Bezug aus späterer Zeit, die ebenfalls Ohrringe tragen. Der hallstattzeitliche kleine Kultwagen aus Strettweg (Steiermark) dient als Aufhänger für die anschließenden Überlegungen. Die zentrale weibliche Götterfigur dieses Wagens trägt bei sonst eher schlichter Gestaltung der Einzelfiguren Ohrringe, ein besonders auffälliges Detail mit Intention. Dies lässt vermuten, dass (goldene) Ohrringe als Attribut einer Göttin und ihrer Priesterinnen aufzufassen sind; eine bereits bronzezeitliche Vorstellung, die erst durch die reichere Bildwelt der Hallstattzeit erklärt wird.

Zwei weitere Beiträge sind bildlichen Darstellungen gewidmet, die als erklärende Dokumente herangezogen werden können. Auf die hallstattzeitliche Bildwelt des Südostalpenraums greift Alfred Reichenberger bei seinen Betrachtungen über »Goldblechkegeldarstellungen auf hallstattzeitlichen Urnen von Sopron?« zurück. Er hat sich, ausgehend von den realen Goldkegeln und verschiedenen Bildern, die sich als Kegeldarstellungen interpretieren lassen, mit zwei Zeichnungen auf Keramik aus Sopron (Ödenburg) an der ungarischen Grenze zum österreichischen Burgenland beschäftigt. Die stark stilisierte hallstattzeitliche Zeichenweise lässt eine eindeutige Interpretation nicht zu, es kann aber nahezu ausgeschlossen werden, dass es sich bei dem auf einem Wagen dargestellten Objekt um einen Menschen handelt, da Menschen zwar ebenfalls stilisiert, jedoch in sehr eindeutiger, anderer Weise wiedergegeben werden. Reichenberger geht zurecht davon aus, dass die Zeitgenossen keinerlei Probleme damit hatten, das »Richtige« in der verkürzten Darstellung zu erkennen, ähnlich wie uns die Bedeutungen der heutigen Verkehrsschilder vertraut sind.

Christian Züchner erweitert mit »Felsbilder – Ihr Beitrag zum Verständnis goldenen Sakralgeräts der Bronzezeit« die häufig zitierten Gegenstände, die sich mit den Goldkegeln verbinden lassen, um eine Gravierung aus dem oberitalienischen Valcamonica. Dabei schließt er in seine Betrachtung konzentrische Kreise bzw. Wellenkreise auf Felsbildern ein, die in weit voneinander entfernten Gebieten auftreten. Die Parallele, die zwischen den auf Felsbildern dargestellten Objekten und der Auswahl der Gegenstände in Opferdepots besteht, lässt Züchner vermuten, dass eine gleiche Intention bei Herstellung der Felsbilder und bei Niederlegung der Opfergaben vorlag. Weiter geht er davon aus, dass es sich bei dem goldenen Sakralgerät um kostbarer gearbeitete Nachbildungen profaner Gegenstände aus gewöhnlich minderem oder vergänglicherem Material handelt, die speziell für das Opfer hergestellt wurden. Dabei mag die Kreisornamentik mit ihren zölestischen Bezügen ähnliche Bedeutung gehabt haben wie das Kreuz des christlichen Abendlandes. Joachim Neumaier beschreibt und vergleicht die in seinem Beitrag »Das bronzezeitliche

Goldsakralgerät der Iberischen Halbinsel: die Goldkalotten von Axtroki, Rianxó und Villena« die genannten Funde und versucht, das Phänomen des Auftretens solcher, auf der Iberischen Halbinsel fremd anmutender Formen mit west- bzw. mitteleuropäischen Bezügen zu erklären. Dabei führt er unter anderem die hinsichtlich der Verzierung formal verwandten Gefäße der Boquique-Keramik und mediterrane Verbindungen an. Doch erweisen sich die stilistischen Vergleiche als nicht ausreichend, und so schließen seine Ausführungen mit dem Hinweis auf Objekte, die erkennen lassen, dass das urnenfelderzeitliche Symbolgut auch auf der Iberischen Halbinsel verstanden wurde. Solche Gegenstände, beispielsweise Feuerböcke, können als Indikatoren für zumindest ähnliche religiöse Vorstellungen gewertet werden.

Jörg Petrasch befasst sich unter dem Titel »Eberswalde und die WMF: Geschichte der galvanoplastischen Kopien« mit den Galvanoplastiken, die ab 1906 von der Württembergischen Metallwarenfabrik gefertigt wurden. Zu diesen zählt glücklicherweise auch seit den 1930er Jahren der Fundkomplex von Eberswalde, dessen Originale bei Kriegsende von den Sowjets beschlagnahmt wurden und trotz ihres Status als Kulturgut bis heute von der russischen Duma als Beute einbehalten werden. Dank der Galvanoplastiken stehen der Forschung wenigstens die Kopien zur Verfügung. Auf diese Weise können unter anderem die Ornamente der acht Goldschalen verglichen werden, welche das Ensemble von 73 Goldgegenständen und mit einem Gesamtgewicht von 2,543 kg enthielt.

Anmerkungen

1   Ein ganz ähnlicher Becher wurde zu Beginn des Jahres 2002 bekannt, blieb bis auf Zeitungsmeldungen und Internet-Vorberichte bislang jedoch unpubliziert. Es handelt sich um den Fund eines Sondengängers aus 45 cm Tiefe auf einem Feld bei Ringlemere (Woodnesborough Parish, Kent). Der sehr deformierte Becher ist nach den veröffentlichten Fotografien horizontal wellblechartig gerippt, der Boden ist unverziert und gerundet. Der glatte Rand zeigt lediglich eine zarte Perlpunzreihe unmittelbar an der Randlippe. Die Punzungen sind teilweise perforiert. Der am Rand ebenfalls gerippte, bandförmige Henkel wird von vier mit rhombischen Beilagscheiben unterlegten Nieten gehalten. Nachuntersuchungen ergaben, dass der Becher aus einem runden Grabhügel mit mehr als 30 m Durchmesser stammt. Er war von einem rund 2 m tiefen Graben umgeben. Ein Skelett wurde, vermutlich wegen des dortigen kalkarmen Bodens, nicht gefunden. Weitere fünf bis sechs Grabhügel liegen in der Nähe.
2   Karl Hermann Jacob-Friesen: Einführung in Niedersachsens Urgeschichte, Bd. 2: Bronzezeit (bearb. v. G. Jacob-Friesen). 4. Aufl., Hildesheim 1963.
3   Georg Kossack: Studien zum Symbolgut der Urnenfelder und Hallstattzeit Mitteleuropas (Römisch-Germanische Forschungen, Bd. 20). Berlin 1954, S. 26–28, 126, Taf. 8, 15–16. Wilfried Menghin – Peter Schauer: Der Goldkegel von Ezelsdorf. Kultgerät der späten Bronzezeit (Die vor- und frühgeschichtlichen Altertümer im Germanischen Nationalmuseum, Bd. 3). Nürnberg 1983, S. 35.
4   Ein sechster Fund aus Depenau (Kreis Plön, Schleswig-Holstein) konnte für die Ausstellung nicht zur Verfügung gestellt werden. Am sogenannten Bocksberg wurde 1836 ein großer Stein beseitigt, der beim Ackern hinderlich war. Darunter entdeckte man in etwa 60 cm Tiefe zwei ineinandergestellte Goldschalen. In einer von ihnen wurde ein goldener Handgelenksring gefunden. Datierung: Nordische Bronzezeit, Periode. Bz IV/V, 1200–750 v. Chr. Verbleib: Schleswig-Holsteinisches Landesmuseum für Vor- und Frühgeschichte, Schleswig, Schloss Gottorf. Vgl. den Fundbericht in: Bericht der Schleswig-Holstein-Lauenburgischen Gesellschaft für die Sammlung und Erhaltung vaterländischer Alterthümer, Bd. 1, 1836, S. 22, Taf. 2a-c. W. Menghin – P. Schauer (Anm. 3), S. 80–82.

5   Eberswalde wurde, zusammen mit den durch Schliemann in der Türkei ausgegrabenen und vom türkischen Staat für das doppelte des damals geforderten Preises gekauften Goldfunden aus Troja sowie vielen anderen Funden, vorwiegend aus Deutschland, Beute der Sowjetischen Truppen. Die Funde befinden sich noch heute in Russland und werden auf Beschluss der Duma zurückgehalten. Der Verlust der Stücke aus Eberswalde und von anderen deutschen Orten überwiegt aus kulturhistorischer Sicht bei weitem den Verlust des Schliemann-Goldes, obwohl jenes in der Öffentlichkeit weit größere Beachtung findet.
6   Ein Beitrag von Jörg Petrasch zu »Eberswalde und die WMF: Geschichte der galvanoplastischen Kopien« erscheint im Anzeiger des Germanischen Nationalmuseums, 2003.
7   33 Abdrücke des Stempels Nr. 17 mit je sieben Ringen ergeben eine Zierzone auf der Krempe mit 231 Ringen, wie W. Menghin in seinem Beitrag darlegt.
8   Peter Schauer (Hrsg.): Die Goldblechkegel der Bronzezeit (Monographien des Römisch-Germanischen Zentralmuseums, Bd. 8). Bonn 1986.
9   Georg Diemer: »Tonstempel« und »Sonnenscheiben« der Urnenfelderkultur in Süddeutschland. In: Aus Frankens Frühzeit. Festgabe für Peter Endrich (Mainfränkische Studien, Bd. 37). Würzburg 1986, S. 37–63.
10   Arthur Berger: Der Hesselberg. Funde und Ausgrabungen bis 1985 (Materialhefte zur Bayerischen Vorgeschichte, Reihe A, Bd. 66). Kallmünz 1994.
11   Helmut Becker: Kultplätze, Sonnentempel und Kalenderbauten aus dem 5. Jahrtausend v. Chr. Die mittelneolithischen Kreisanlagen in Niederbayern. In: Archäologische Prospektion, Luftbildarchäologie und Geophysik (Arbeitshefte des Bayerischen Landesamtes für Bodendenkmalpflege, Bd. 59). München 1996, S. 101–122.
12   Diese Information wurde nahezu unverändert von dem vom Landesamt für Archäologie Sachsen-Anhalt und Landesmuseum für Vorgeschichte, Halle, herausgegebenen Informationstext übernommen.
13   Der Originaltext ist achtmal so lang. Übersetzung von Kurt Sethe, abgedruckt in: Jürgen Settgast u. a.: Nofretete – Echnaton, Ausst. Kat. Haus der Kunst, München. München 1976 (o. S.).

Tobias Springer
(Translation: Martin Baumeister)

Gold and Cult in the Bronze Age

Within its collections, the Germanisches Nationalmuseum safeguards an archaeological treasure of great importance for our understanding of Bronze Age civilisation and religion: the Golden Cone from Ezelsdorf-Buch (Fig. 1)[1]. Scientific interpretation of this rare artifact (and related objects) has undergone significant change since its discovery and initial studies in 1955. It was therefore considered necessary to recognise these advances by organising a special exhibition. One of its aims was to display our museum's golden cone in direct proximity with a range of objects that allow us to reconstruct and comprehend its original function. In preparation of this, the museum held an international scientific conference titled »Golden Ritual Artifacts of the Bronze Age« in May 2001.

An important effect of this conference was to provide a solid scientific basis for the exhibition, which was not supposed to be just another show of ancient and »exotic« gold baubles. The following introduction is intended to present the main displays and prominent objects, which are treated in depth in the contributions of this catalogue. It is conceived as a sort of imaginary tour, hopefully whetting the appetite for further studies of the golden artifacts from the Bronze Age.

The Myth of the Sun's Voyage

An introduction into Bronze Age conceptual thinking is provided by Flemming Kaul's reconstruction of the ancient myth of the sun's voyage. Although his deductions are made by an analysis of engraved depictions of solar symbols on bronze razor blades, a source less conspicuous than the gold cones, they nevertheless show marked parallels to these more prominent displays of our exhibition. The solar wagon from Trundholm with its representation of a horse drawing the sun-disc (Cat. No. 11), an image that is frequently found on razors, is a good example of this comparability.

Owing to a lack of written source material, it may at first seem very difficult to reconstruct Bronze Age religion with any degree of accuracy beyond the obvious fact that the frequent use of circular ornaments (often found on artifacts made of gold) mirrors the supreme importance of the sun in religious beliefs. This restricted vision, however, can be widened by taking into consideration the pictorial evidence of the razor blades from Scandinavia and northern Germany. **Flemming Kaul**, in his contribution entitled »The Myth of the Voyage of the Sun Depicted on Late Bronze Age Nordic Bronzes« (Der Mythos von der Reise der Sonne. Darstellungen auf Bronzegegenständen der späten Nordischen Bronzezeit), has been able to establish evidence for a solar myth by piecing together a series of recurrent images on razor blades to form a sort of story line.

The exhibition shows seven examples of these razor blades from the Nordic Bronze Age, four from the National Museum in Copenhagen, one from Moesgård Museum, and two from our own collection (Cat. No. 1). Further evidence for Kaul's theory is provided in the form of a fibula, a kind of brooch, with comparable decorative motifs, and the small model ships made of gold from Nors (Cat. No. 2). Another find, probably from Jutland, is exceptionally illustrative of this myth and its ritual significance: a disc of amber with a cruciform perforation, mounted in a ring of bronze, with a handle probably intended for attachment to a staff. Light shining through this disc would have revealed the image of the four-spoked wheel familiar to Bronze Age worshippers as one of the symbols of the sun. The life-size figure of a Bronze Age priest or mage displayed in the exhibition has therefore been reconstructed holding a staff with a likeness of this cleverly made little disc (Cat. No. 38).

Early Gold Vessels

Having thus been introduced to the main theme of the Bronze Age solar cult, the visitor is next shown an array of early gold vessels, whose association with the sun is made plausible by their precious and shining material. These cup-size objects were found in Rillaton[2] (Cat. No. 3, Fig. 2), Eschenz (Cat. No. 5), Wachtberg-Fritzdorf (Cat. No. 4), and Gölenkamp (Cat. No. 6, Fig. 3).

In the first two of these vessels the corrugated surface is noteworthy, while their shape in general and their ornament are reminiscent of earlier Copper Age bell beakers, a type of pottery characteristic of a late neolithic cultural group extending from Portugal to Denmark. The handles of the cups from Rillaton and Wachtberg-Fritzdorf, on the other hand, and the pronounced curve in the silhouette of the latter are clear testimony to an independent concept of design. A contribution by **Urs**

Leuzinger, »The Golden Cup of Eschenz, Kanton Thurgau« (Der Goldbecher von Eschenz, Kanton Thurgau), compares another gold vessel, the cup from Eschenz, with these ceramic forerunners from the beaker culture and discusses a number of possible interpretations of these objects, especially in the light of their find situations.

While no record exists of the circumstances in which the first three of the cups on display were found, the fourth example, from Gölenkamp, which differs in its punchmark decoration, was recovered in one of a group of late Bronze Age/early Iron Age barrows situated on a low ridge. It had been used as a lid for a vessel containing white sand. While this can only tentatively be interpreted as a funerary situation, the general ritual context is clearly shown in the prominent siting of the find.

Finds from Workshops
While the precise workmanship of these early vessels is astonishing, this quality is even more marked in the centrepieces of the exhibition, the four golden cones. This was reason enough for us to include a section on the crafting of these artifacts, and Bronze Age metalworking in general, in the exhibition tour.

We were able to secure the loan of an exceptional new find of tools from the region of Upper Bavaria (Cat. No. 7), which is at the moment undergoing scientific analysis in the Museum für Vor- und Frühgeschichte in Berlin. This assemblage contains a large number of finely crafted circular metal dies, of which many are matching pairs (of a negative and positive die) of a kind hitherto unknown. Among the complementary objects of the find some fragments of bracelets and pins are thought to have been used in a secondary function as models for mould making.

Some fine specimens of tools used in metalworking (of both bronze and gold) are also included in the collections of the Germanisches Nationalmuseum: A circular die with a concentric pattern and a square butt, which is attributed to the Lausitz Culture of eastern central Europe (Cat. No. 8a), was probably used for stamping ornaments on objects like the golden cups or cones. A tanged knife and a hammer suited for chasing and embossing are part of a find from Rudolstadt (which included another two knives, not displayed) (Cat. No. 8b).

A delicate socketed bronze adze (length: 7,9 cm) bearing an ornament consisting of concentric circles was discovered in Garz an der Oder (Brandenburg) in the second half of the 19th century. This implement (whose exact provenance is unknown), while not directly used in metalworking, is displayed here as representing an important logistical factor: **Detlev Ellmers**, in his contribution entitled »The Testimony of the Gold Hoards from Langendorf, Eberswalde and Lienewitzer Forst on the Use of the Waterways between Elbe and Oder« (Die Aussagen der Goldschatzfunde von Langendorf, Eberswalde und Lienewitzer Forst zur Nutzung des Gewässernetzes zwischen Elbe und Oder), states that these tools were used for building dugout boats. These, in turn, were a vital means of transportation on the network of European waterways, and thus a prerequisite for the distribution and accumulation of the large amounts of gold that made the production of the ritual gold vessels and cones possible.

Another display emphasising this importance of geographic location and accessibility is the find from Leiro (Cat. No. 31). A splendid find of a goldsmith's hoard from Génelard (Cat. No. 9) is comparable to the tool assemblage from Bavaria mentioned above. The find was accidentally discovered in 1975 and consists of raw material, an array of circular dies, and an anvil. Not far from our Museum, in Nürnberg-Mögeldorf, a finely crafted circular die was uncovered along with a hoard made up of intact and fragmented bronze jewellery (Cat. No. 10, Fig. 4). The bronze die lay at the bottom of a ceramic vessel and was covered by layers of items sorted by type.

Looking at the golden cones, one can only marvel at the way the ancient goldsmiths managed to hammer the gold foil to such an even and minimal thickness, and wonder how the detailed ornaments were applied. In simple shapes like bowls or discs this process is relatively easy to discern, the golden cones, however, would have demanded a more complex technical approach. Barbara Regine Armbruster, Hermann Born and Albrecht Jockenhövel, in their respective contributions, address such questions as how the ornamental stamping was applied to the narrow tip of the cones. **Walter Fasnacht**, in »The Golden Bowl from Zurich-Altstetten in the Light of New Research on Material Properties« (Die Goldschale von Zürich-Altstetten im Lichte neuester werkstoffanalytischer Methoden), attempts to pinpoint the possible source of the raw material from which the gold vessel from Altstetten was made. He was able to discern a marked difference from the gold found in the Swiss mountains and rivers, although the possibility of this being due to a mixture of several different materials or pollution with bronze residue during melting is not to be discounted. According to Fasnacht, this may well be true for a wider range of objects from the Bronze Age. Quite possibly goldsmiths of the period were more intent on maintaining requirements of size and weight than purity of material, especially as gold was always a very rare commodity.

Barbara Regine Armbruster, in her contribution on »Vessels made of Precious Metal from the Bronze Age – a Technological View« (Edelmetallgefäße der Bronzezeit – eine technologische Betrachtung), discusses the range of techniques Bronze Age metal workers could draw on for the production of golden cones like the ones displayed in the exhibition. Taking into consideration a wide range of artifacts from western Europe, she reaches the conclusion that, without exception, the golden ritual artifacts of the Bronze Age were beaten from a precast lump of raw material. Proof for this hypothesis can be found in marks, resulting from hammering, on anvils of stone or bronze. According to Armbruster, gold vessels were formed by a single continuous process of hammering. She goes on to describe the diverse steps of the production resulting in different details of the artifact's final appearance, including individual technical solutions on some objects. In addition, the possible modes of ornamentation and the use of different dies and punches are discussed, with a description of the casting process closing her general deliberations. The separate steps of the manufacturing process are then explained, using the treasure hoard from Villena (Cat. No. 29), which was found in 1963, as an example. This find is of additional interest as it contains the earliest two iron artifacts hitherto discovered in Spain. The detailed analysis of this find offers an instructive glimpse into a Bronze Age goldsmith's workshop.

Hermann Born, as a conservator, was able to closely study the golden cone acquired by the Museum für Vor- und Frühgeschichte in Berlin in 1996 (Cat. No. 35). The result is presented in his contribution on »Preliminary studies, concerning Production Methods, on the Berlin Gold Hat« (Herstellungstechnische Voruntersuchungen am Berliner Goldhut), which builds on conclusions reached by Maiken Fecht in 1986 in her study on the golden cones from Avanton, Ezelsdorf und Schifferstadt. Born describes the complete manufacturing process and discusses the tools that were probably used. In his opinion, overlapping imprints are proof that the ornaments were stamped into the gold foil of the cones from the outside with a negative die. A different theory is propounded by **Susanne Koch** in »Studies Concerning the Production Methods Used on the Ezelsdorf Gold Cone« (Herstellungstechnische Untersuchungen am Goldkegel von Ezelsdorf). Her personal close scrutiny and analysis regarding the application of the ornaments lead her to the conclusion that the decorative motifs were individually delineated with the aid of a stencil, and then pressed or rubbed in.

Albrecht Jockenhövel's contribution on »Connections between Gold and Bronze Metalworking in Handicrafts and Symbolism« (Querverbindungen zwischen Gold- und Bronzetoreutik) offers a broad perspective on the development of metalworking, from the early Bronze Age well into the Iron Age. Using selected finds, he is able to demonstrate that motifs seen on the golden ritual objects also appear on artifacts made from other materials. Emphasis is placed on the role of the goldsmiths, who were not only responsible for executing the ornamentation, but for relaying the message of these motifs as well. Considering that the work of smiths in general, as a result of their ability to transmute metal, has always had a subtle connotation of magical manipulation, it is not so surprising that the ornamentation of ritual objects can vary, new shapes bearing archaic motifs or new motifs mingling with traditional ones. A good example of this creative use of symbolic ornaments can be seen in the many variations of depictions of the sun and its boat.

Sun Discs

Circular discs made of thin gold foil are among the more obvious pieces of evidence for the great importance attached to the adoration of the sun in the Bronze Age, a most impressive example being the one mounted on the so called sun-chariot from Trundholm. One side of the disc is covered with gold foil and represents the sun during its daytime journey, while the darker bronze side symbolises the sun during its nocturnal journey through the underworld. The direction in which the sun is drawn by the attached bronze horse reinforces this interpretation. As in the depictions on the bronze razors mentioned above, the daytime sun, with the observer looking south, moves from left to right, while the return journey takes it from the right to the left. The diversity of sizes and ornamentation within the group of 35 known solar discs[3] is shown by three examples displayed in the exhibition, from Moordorf, Glüsing (Fig. 5) and Worms (Cat. No. 12, 13, 14).

Late Bronze Age Vessels

Next to the gold cones, the most impressive objects are a group of vessels made of gold that show many parallels to the former in design, material and ornament. Eleven of these vessels were discovered in Germany, they are displayed in our exhibition along with loans of comparable pieces from Sweden, France, Spain and Switzerland, demonstrating the wide distribution of this artifact type. Reconstruction of the former significance and function of these objects is made easier when they are found together with other artifacts. This is the case with so-called hoards, and especially with burial finds. Unfortunately, most gold vessels were not found in such a context. An example for this situation, the find from Krottorf (Cat. No. 18), is described by **Bettina Stoll-Tucker** in her contribution »Concerning the Gold Bowl from Krottorf« (Zur Goldschale von Krottorf).

A rare occurrence of a gold vessel in a burial was discovered in 1884 near Gönnebek in northern Germany (Cat. No. 15, Fig. 6). A possible interpretation as a cremation burial is discussed by **Stefan Wirth** for the find of »The Gold Cups from Unterglauheim« (Cat. No. 19). This consisted of two golden cups, two bronze cauldrons and a bronze bucket with a depiction of the sun-boat. This motif of the sun being transported by a boat or ship, obviously of great religious importance, was developed relatively late in the Bronze Age[4]. It is discussed in some detail in the contributions by F. Kaul and A. Jockenhövel. The sequence of displays in the exhibition was arranged according to a combination of chronological and geographical aspects. As the dating of the objects (usually found singly or with others of the same type) is mostly dependent on typological characteristics, and therefore of little precision, chronological divisions in the exhibition are rather general.

Thus, the early vessels from Germany mentioned above (Cat. No. 15–19) are roughly datable to the 14th through 11th century BC[5]. Comparable pieces from Scandinavia are slightly younger, dating to the 11th through 8th century BC. Two of these finds, from Sweden, Smörkullen and Mjövik (Cat. No. 21, 22), are discussed by **Inga Ullén** in her contribution on »Two Golden Bowls from Sweden« (Zwei Goldschalen aus Schweden). Another pair of bowls from this group, discovered in Ladegård, Denmark, whose handles had been removed, lay in the ground placed one against the other, forming a sort of capsule in which a residue of an unknown organic substance was found (Cat. No. 20).

The custom of using the golden vessels as containers is further documented in a find from Huisheim (Cat. No. 23). Although a find report was missing, patina marks show that two small bowls and a small bottle were placed within two stacked larger bowls. This find assemblage is part of a group of later Bronze Age gold vessels from Germany dating to the 10th and 9th centuries BC. Another contemporary gold vessel was discovered in Lienewitzer Forst (Brandenburg) (Cat. No. 24, Fig. 7). In addition to the circular ornaments seen on other golden ritual objects, it displays a frieze of stylised waterfowl. Although this motif is frequently encountered in the Urnfield period, in a variety of context and artistic execution, the closest parallels are to be found in two golden hemispherical caps from Axtroki (Spain) (Cat. No. 30). Dating the vessels was facilitated in this case by a bracelet, of a well known type, accompanying the find from Lienewitzer Forst.

A substantial hoard found in Eberswalde (Cat. No. 25) is dated to the 13th through 10th century BC[6]. It consisted of 81 gold objects weighing some 2,6 kg, including lavishly decorated drinking bowls, necklaces, bracelets, spiral rings, and a couple of ingots. This largest of prehistoric gold hoards ever discovered in Germany was found in 1913, deposited in a ceramic vessel, on the grounds of a brass factory. Public enthusiasm for this discovery was great and led to a production of copies by the Württembergische Metallwarenfabriken (WMF). As the originals are not available for study, having been taken as booty at the end of World War II, it is fortunate that the copies allow us to obtain a three-dimensional impression of the objects.

Gold Vessels from Western Europe

Two find assemblages from France, a golden bowl from Switzerland and three hoards from Spain demonstrate the similarity of vessel shapes, ornamentation, deposition as well as religious concepts throughout south-western and western Europe in the Bronze Age. They can be dated to the 12th through 8th century BC, and again, this is possible mainly through the artifacts accompanying the golden vessels. A find from Rongères (Cat. No. 26), for instance, consisted of a gold vessel containing a golden bracelet similar to the one found in Lienewitzer Forst. In another case, however, from Villeneuve-Saint-Vistre, the additional objects, gold wire, strips of gold foil, and three simple rings, were of little use for chronological analysis (Cat. No. 27, Fig. 8). The golden bowl from Zurich-Altstetten (Cat. No. 28) is distinct by its differing ornamentation, which does not show the familiar circular motifs. Instead, the bowl is almost completely covered with small punchmarks. Small patches of smooth surface left between these marks form shapes such as horned animals, the sun and the moon. The rendition of the images and the deviation from the regular set of motifs show the bowl to be a very late example of its kind. The surface decoration on the Zurich bowl shows parallels to the find from Villena, the largest Bronze Age hoard from Spain. This assemblage includes the earliest iron implements found in this region, and was probably hidden at the very end of the Bronze Age.

Golden Vessels or Headdresses?

Two further finds from Spain bring us closer to the subject of the headdress theory proposed for the gold cones. The two hemispherical vessels from Axtroki with their diameters of 19,7 and 21,3 cm respectively, could well have been used as headdresses. They are decorated with a frieze of S-shaped motifs that could be interpreted as a procession of ducks, waterfowl being a major iconographic element of Urnfield period art. An interpretation as a headdress is even more likely for the gold object found deposited in a ceramic vessel in Leiro (Cat. No. 31) at the mouth of the river Ulla. A massive little spike protrudes from its hemispherical crown. The diameter of the brim (19,5 cm) is suitable for wearing it on a head. An interesting aspect of this find is its geographical location. **Beatriz Comendador Rey**, in »The Leiro Hoard (Galicia): The Lonely Find?« (Der Schatz von Leiro [Galicien]: Ein Einzelfund?), demonstrates the advantages that the area had to offer for settlement or exchange. Further finds from the region indicate regular attempts to gain favour with supernatural powers through sacrificial deposits.

It is possible to recognise a lot of similarities in the geographical situation of the hoards from Axtroki and Leiro and those from Eberswalde and Lienewitzer Forst despite the distance of some 2000 km between these and the Spanish finds. The finds from Axtroki und Leiro were included as pivotal evidence in her discussion when **Sabine Gerloff** 1995 first proposed the function of the golden cones as headdresses. She also mentioned a group of fragments of related objects from Ireland, among them the example displayed in the exhibition (Cat. No. 32). Her arguments are repeated and augmented with further evidence in her contribution to this catalogue called »Gold Cone, Cap and Axe: Insignia of Ritual and Power in the Bronze Age« (Goldkegel, Kappe und Axt: Insignien bronzezeitlichen Kultes und Macht).

Golden Hats
The four gold cones, the focus of this exhibition, constitute but a small group within the golden ritual objects with circular ornamentation. The first of these to be found, the »Golden Hat« from Schifferstadt (Cat. No. 33), which survived intact and complete with its brim, was regarded as a headdress from the very beginning. Doubts concerning this function arose when two comparable objects were discovered, whose fragile and fragmented state seemed to indicate that they were never intended for practical use. This was especially the case with the gold cone from Ezelsdorf-Buch (Cat. No. 36), whose fragments of gold foil measure no more than 0,01 cm in thickness, but also for the cone from Avanton (Cat. No. 34, Fig. 9). Common scientific opinion thus went in favour of an interpretation of the cones as finials of ritual posts. This view was again rejected by S. Gerloff with well-founded arguments which were subsequently confirmed by the discovery of the Berlin gold cone in 1996.

In his contribution »Who Wore the Golden Hat?« (Wer trug den goldenen Hut?) **Lothar Sperber** speculates on the possible wearers of the gold hats. He focuses on the cone from Schifferstadt, the only one of the group found in context with datable objects, namely three bronze axes. Their shape and the cone's simple ornamentation suggest that this is the earliest of the four known golden hats. The golden cone found in Ezelsdorf-Buch is presented in detail by **Tobias Springer**. The original title of his paper for the preparatory conference, »A Single Find Will Remain Isolated Without Parallels« (Ein Einzelfund bleibt verloren ohne Parallelen), is applicable to many of the items shown in the exhibition. Despite attempts to gather together as many of the relevant objects as possible, a number of these are not displayed. They are dealt with, however, in a series of contributions presented in this catalogue. The selection of objects displayed, however, allows, for a limited time, to compare them directly and thus gain an impression of a special aspect of religious practice in the Bronze Age.

The discovery of the fourth gold cone and its subsequent acquisition for the Museum für Vor- und Frühgeschichte in Berlin (Cat. No. 35) by **Wilfried Menghin** gave added impetus to the debate on the function of the gold cones. In buying this artifact, Menghin also acquired the difficult task of extracting from it scientific information equal to its material value. It was fortunate that its fine state of preservation facilitated an interpretation as a headdress. Although information on find situation or context are lacking, the cone nevertheless surrendered a secret which may be regarded as a scientific sensation. In Menghin's contribution for this catalogue, which bears the title »Golden Cone Hats, Manifestations of Bronze Age Calendars« (Goldene Kegelhüte, Manifestationen bronzezeitlicher Kalenderwerke) he treats us to an analysis of the complex numerical patterns of the circular ornamentation on the cones. According to Menghin, comparisons with the other cones show these arrangements to be related to numerical patterns in long-term astronomical observations and the calculations of calendars. It seems likely that the transfer of the result of these calculations onto the gold hats was intended to magically reinforce the connection of the priests wearing them to the deified sun.

In our attempt to reconstruct the life and times of people from 3000 years ago, we are forced to rely on artifacts surviving from that distant epoch. Organic material, of course, has deteriorated almost completely, buildings for instance, which were constructed of timber, are recognisable only by the dark remains of the rotted posts visible as mere stains in the ground. Paintwork, carvings, furnishings, tools and textiles are equally lost to us. Only ceramic and metal objects survive to tell their tale. When found in graves, such finds obviously constitute an intentional selection of personal possessions of the deceased. Such a selection may be taken to reflect social status. It is interesting to note that Bronze Age burials usually show only minor differences in this respect, especially when compared with the later princely burials of the Iron Age. The spectacular gold objects from the Bronze Age, in contrast, cannot be attributed to individual persons through their find context. Nevertheless, there must have been individuals, priests or mages, who were able to wield enormous secular power and demonstrate this by wearing the gold hats and other golden ritual vestments. One can easily understand the awesome impression they must have made on the average worshipper by standing in front of the reconstructed figure which is displayed in the exhibition. Its height is enhanced by the gold hat on its head, a copy of the Ezelsdorf find, with a brim added which was reconstructed according the numerical calculations made by W. Menghin in comparison with the other cones. In addition, the figure has been given a staff, crowned by the replica of a solar disc, made of amber, from Jutland (Cat. No. 2). This figure is posed in front of a huge illuminated mural measuring 30 by 7 m. This shows a Bronze Age landscape at sunrise, a moment of great importance for astronomical observations of the priests of the sun-cult. To the right, the crescent moon and the seven sister stars, the Pleiades, can be seen, these being of great relevance for the priest's calculation of the annual seasons and crop cycles.

We know little about the actual rituals of Bronze Age religion, but some elements are discernible. Music played an important part, large numbers of horn-like instruments having been found in northern Europe. Some of these so-called lurs have been reconstructed, and one of these, a replica of the find from Garlstedt, has been successfully used by musical archaeologist Joachim Schween to test its performance. The result can be enjoyed when standing in front of the display of another replica, of a lur from Brudevælte (Cat. No. 37). The assumption that these instruments were used in rituals is supported by their solar decoration, the wider end of the horn being decorated with a disc which in turn shows circular bosses.

Priests were central to the rituals. Apart from the gold hats, their attire is difficult to ascertain. There are some finds, however, containing objects of ornamented gold foil, that may have belonged to ritual garments. A find from Bernstorf (Cat. No. 39) is more likely to have been used to decorate a cult idol or post, the fragments being very thin and fragile. As it was discovered by accident, in 1998, without a clear find context, it is impossible to be sure. This assemblage and its far-ranging connections to the Aegean region and the Mycenaean culture are discussed by **Rupert Gebhard** in his contribution.

A comparable assemblage was discovered in 1990 on the plateau of the Bullenheimer Berg in southern Germany (Cat. No. 40). This hoard, dating to the 12th through 9th centuries BC, was hidden in a ceramic vessel and consisted of bronze ornaments, seven tools, six spirals of gold wire, two longish oval objects made of gold foil mounted on a bronze backing and six small golden domes whose rim was perforated. The oval and domed objects were possibly intended to be sewn onto a textile garment which may have been worn by priests on ritual occasions. Pictorial evidence for the costume of the priests and their wearing of the gold hats is scarce north of the Alps. Papers prepared for the conference by L. Sperber, S. Gerloff, W. Menghin as well as a previous study by Peter Schauer[7], were able to detect comparable depictions from as far away as the Near East. An important group of finds in this respect comes from Sardinia, small bronze statuettes showing, among other types, priestly persons with conical hats. Two examples are displayed, one from the National Museum in Cagliari, and the other from a private collection (Kat. Nr. 41).

Artifacts with religious Ornaments

It is one of the distinctive characteristics of Bronze Age art that artifacts bear only a limited range of decorative motifs. The depiction of birds is one of these. Two exhibits, from the collections of the Germanisches Nationalmuseum, are variations of this theme: a kind of rattle in the shape of a bird from Mondschütz, and a small vessel from Lerchenberg (Cat. No. 42, Fig. 10). The religious significance of birds, especially waterfowl, may have been linked to their obvious connection with the elements (earth, water, air). Depictions of bulls or their horns are another popular ornament, in this case the animal's vitality and strength were considered symbols of life. The resemblance between horns and the crescent moon, another symbol of death and renewal, and thus of life itself, sometimes makes it difficult to determine which is encountered in a specific motif. Combinations of these basic images are frequent, for instance in the crescent with birds' heads on the bronze vessel from Unterglauheim, which can be interpreted as yet another recurring motif, the sun's boat. Another complicated combination can be seen in the display of a small cult vehicle from Frankfurt/Oder (Cat. No. 43). Its three wheels are solar symbols, and they are accompanied by several bulls' heads and birds fixed to the carriage.

Bronze axes seem to have played an important part in rituals, as they have been in several cases found in connection with golden ritual objects. A good example is the find of the gold hat from Schifferstadt which was accompanied by three axes. This threefold appearance of axe-heads in hoards has been observed in several other finds. Rare pictorial engravings of axes were found on stone slabs lining a barrow grave in Kivik. One of these slabs (now lost) showed a central conical object flanked by two elaborate axes, with a boat-like motif below. Ritual significance is obvious for outsized and richly decorated axe-heads like the example from Bredebækgård (Cat. No. 44). It is covered with solar symbols, and its mass of material attests to its special status, which is emphasised by F. Kaul and S. Gerloff in their contributions. It is not only metal objects that bear ritual significance. A ceramic disc with concentric circular grooves, from the collections of the Germanisches Nationalmuseum, was found on the hill-fort of the Hesselberg (Cat. No. 45)[8]. It is discussed by A. Jockenhövel in his contribution.

Another interesting group of objects is commonly called »Feuerböcke« (literally »fire-dogs«) although their function is still open to debate. Examples are found from the south-east Alps and Bohemia to Switzerland and France. Considering their crescent shape, they may well have been moon idols, or representations of bulls' horns. Their surface is sometimes richly decorated. An example from our collections is displayed, again from Hesselberg, which has small indentations on its tips that may be taken to represent eyes[9]. As comparable finds sometimes show distinct birds heads on both tips, this could indicate that the idols are meant to symbolise boats. To complete the motif of the sun-boat, one only needs to use the object to sight on the real sun. A use of the idols as a sort of astronomical instrument has actually been suggested, but not proven. Nevertheless, we have mounted a silhouette of a sun-boat in front of the great mural to enable visitors to experience this theoretical employment of the idols for themselves.

Throughout the Urnfield period, solar motifs were never restricted to ritual objects. Mundane objects, jewellery or dress accessories were decorated likewise (Cat. No. 46). The display includes long wheel-headed fastening pins (Fig. 11) from Kämmerzell and Bohlsen whose owners were surely aware of the symbolic significance of the wheel-cross. The same goes for wheel-cross pendants from Waizenhofen or objects decorated with spiral and circular engravings, like the spiral terminals of a fibula or brooch from Kunersdorf and a round belt disc from Dörmte. A fine example of solar decoration is the large bracelet, found somewhere in Hessia, which is made up of two spiral terminals connected by a broad band on which a very stylised ship is depicted, consisting of a spindle-like hull and two crew members. If the interpretation by F. Kaul is correct, and the two spiral terminals are taken to represent the sun at night and during the day, the ship could well be the sun-boat on its voyage.

Another typical female costume accessory with solar connotations, spiked bronze discs with concentric circular ornaments, were worn as necklace pendants. They are represented here by two finds from burials, Illschwang and Schutzendorf. Two or more bronze spiral pendants were worn hanging from the belt. The examples displayed, from Eiting, Untermainbach and Cadolzburg, were found in hoards which were probably intended as sacrificial deposits.

There was no general abrupt cut in the evolution of religious concepts, some evidence for a gradual transformation exists. From Styria, we have some bronze fragments which were found in grave mounds of the princely Hallstatt-era necropolis of Klein-Klein (Fig. 12). One of these belongs to a lid for a cist, a large bucket-like vessel. It is divided into two concentric zones of ornamentation, the innermost consisting of omega-shaped motifs – a stylised version of the sun's boat – and the outer showing circular motifs – the sun itself. There is also a row of triangular pendants dangling from the outer rim, perhaps similar in function to those pendants on the discs from the Bullenheimer Berg (Cat. No. 49). There are some more ornamented bronze sheet fragments from Klein-Klein (Cat. No. 50). On one of these the depiction of what seems to be a man being swallowed by a fish can be seen, on another there appear to be horned animals. These and other figural scenes are a marked deviation from the strict canon of Bronze Age art, and may reflect Mediterranean influences.

Calendars

While the gold hats are certainly the most spectacular finds to bear ornamentation which was an expression of astronomical knowledge, there are other objects, of bronze sheet metal, equally as interesting for calendric studies. These items are discussed in a contribution entitled »One Boss – One Day. On the Use as Calendars of Embossed Amphorae, Shields and Belt-disc« (Ein Buckel – ein Tag. Zur Nutzbarkeit buckeldekorierter Amphoren, Schilde und Hängebecken der jüngeren Bronzezeit als Kalender) by **Jens May** and **Reiner Zumpe.** The examples presented are a shield of unknown provenance from Denmark and two shields from Herzsprung (Cat. No. 51). A mathematical analysis of the embossed ornamentation is less complicated than for the gold hats and again reveals connections to the basic numerical patterns already mentioned.

It is unclear, however, whether the objects would have been used as practical calendars or merely as symbolic or even magical representations of calendric principles. Calendars for everyday use could easily have been made from organic material. The constant reliance of modern man on calendars should not blind us to the fact that Bronze Age society, being agrarian, was absolutely dependent on the precise management of crop cycles that regulated the time for sowing and harvesting as well as the organisation of storage. Observing the annual path of the deified sun, the priesthood was able to obtain these vital information. By the positive intervention of this divine force, survival was assured.

The astronomical knowledge necessary for such management had been obtained by generations of patient observation and calculations, accompanied by the evolution of myths and traditions. This development had probably begun with neolithic henge monuments, of which Stonehenge is one of the most advanced examples. Earlier sites from central Europe, consisting of simple ditches and ramparts of earth date to the middle Neolithic period[10].

The uninterrupted tradition of this calendric system of ancient Europe continued well into the Roman period, for which late but spectacular evidence exists in the Celtic bronze calendar from Coligny. This last exhibit is discussed by **Max Gschaid** in »A Celtic Calendar: The Bronze Calendar from Coligny« (Ein keltischer Kalender: Der Bronzekalender von Coligny) (Cat. No. 52).

The Nebra Disc

A find of utmost importance for the subject of our exhibition was discovered in 1998 or 1999: The so called Nebra Disc (or Sky Disc) was found by illegal treasure hunters on the

Mittelberg near Nebra, south-east of the Harz mountains in Sachsen-Anhalt (Cat. No. 53). In 2002, the police was finally able to track down and secure this priceless artifact. Scientific analysis began immediately and is still going on at the moment, sadly preventing us from displaying this popular archaeological celebrity.

The disc is 30 cm in diameter and is made of a thin body of beaten bronze, with several inlaid astronomical images of thin gold foil. It was allegedly found in a small filled-in ditch together with two precious bronze swords, two axe-heads, a chissel and two spiral bracelets. These complementary objects date the whole assemblage to the early Bronze Age, some 3600 years ago, or roughly contemporary with the final construction phase of Stonehenge. The swords indicate far-reaching relationships with the eastern Mediterranean, they are of a shape frequently found in the Danubian basin (Hungary), while the ornamentation has its closest parallels in the Mycenaean culture in Greece.

The Significance of the Nebra Disc

The disc is the earliest depiction of celestial phenomena made by man that we know of. It enables science to understand something of the ancient astronomers' knowledge and capabilities. It can thus be rated as a prime source of information on European prehistory. It is clear that the depictions on the disc are the result of a long-term effort spanning countless generations. The disc is speckled with some 32 small discs of gold foil. These are thought to represent stars, though only one distinct group of seven such applications is identifiable as the Pleiades or Seven Sisters. The annual appearance of this constellation was of great importance for the agrarian cycle. The two large applications, a disc and a crescent, may represent either the sun and moon, or full and new moon respectively. The crescent may even depict a partial eclipse. Two curved pieces of gold foil originally flanked this arrangement (one of these is missing). They are thought to be indicators for the angle between sunset and sunrise in its annual graduation between the solstices. These arcs correspond with the eastern and western horizon, their angle, roughly 82 degrees, is appropriate for the site where the disc was found.

The remaining application is enigmatic, a possible interpretation for this curved piece of gold foil is a representation of the sun's boat on its daily journey, taking the tiny lines with which it is rimmed to be the many oars of this gigantic celestial vessel. The disc's importance is increased by our knowledge of the site where it was, as far as we can tell, found, deposited and originally used. The Mittelberg hill, where excavations were hurriedly carried out after the site of the disc's discovery became known, is topped by the remains of a scarcely visible circular rampart and ditch, measuring some 160 m in diameter. On the day of the summer solstice, given a clear day (and a hilltop cleared of trees) the sun could be seen to set behind the distant Brocken mountain, the most easily recognisable landmark of the Harz range. Another alignment is visible on the first of May, towards the Kyffhäuser mountain. The first results of the excavations on the Mittelberg indicate that it may have remained in use until the beginning of the Iron Age, ca. 700 BC. A lot of questions still need to be answered, however. Nevertheless, it is possible to state that the Mittelberg site is the earliest prehistoric observatory yet, and that the Nebra disc may be regarded as the astronomical tool necessary for its proper use[11].

In closing, we would like to let a voice from the Bronze Age say the final words. Even though these come from far-off Egypt, one should keep in mind that this country had many ties with ancient Europe, especially through trade links across the Mediterranean sea. The following words can thus be seen as representing a common religious sentiment that the sun-worshipping inhabitants of Europe would have easily understood. The voice we are hearing belongs to Amenophis IV, who reigned in Egypt from 1365 until 1348 BC, in the time of the 18th dynasty. He had assumed the name of Akhenaten, son of Aton, the sun, and he had made the worship of the sun the sole religion of his state. In his new capital city, Amarna, he sat down to compose the following hymn dedicated to the sun[12]:

Thou appearest beautifully on the horizon of heaven,
Thou living Aton, the beginning of life!
When thou art risen on the eastern horizon,
Thou hast filled every land with thy beauty.
Thou art gracious, great, glistening, and high over every land;
Thy rays encompass the lands to the limit of all that thou hast made:
As thou art Re, thou reachest to the end of them;
(Thou) subduest them (for) thy beloved son.
Though thou art far away, thy rays are on earth;
Though thou art in their faces, no one knows thy going.
When thou settest in the western horizon,
The land is in darkness, in the manner of death.
They sleep in a room, with heads wrapped up,
Nor sees one eye the other.
All their goods which are under their heads might be stolen,
(But) they would not perceive (it).
Every lion is come forth from his den;
All creeping things, they sting.
Darkness is a shroud, and the earth is in stillness,
For he who made them rests in his horizon.

Notes

1   Figure numbers refer to the German version of the article (»Gold und Kult der Bronzezeit«).

2   A similar cup, as yet unpublished (apart from newspaper articles and Internet pages) was discovered in 2002. It was found by an amateur with a metal detector in a field near Ringlemere (Woodnesborough Parish, Kent). The deformed cup is corrugated, like the Rillaton example, with an undecorated and rounded bottom, while its brim is ornamented with a row of small punchmarks just below the rim. The handle was attached by four rivets with lozenge-shaped washers. The cup had lain in a round tumulus of more than 30 m diameter, surrounded by a ditch of 2 m depth. Owing to the low calcium content of the soil no skeletal remains were found.
A further five or six barrows lay nearby.

3   Karl Hermann Jacob-Friesen: Einführung in Niedersachsens Urgeschichte, Bd. 2: Bronzezeit (bearb. von G. Jacob-Friesen). 4. Aufl., Hildesheim 1963.

4   Georg Kossack: Studien zum Symbolgut der Urnenfelder und Hallstattzeit Mitteleuropas (Römisch-Germanische Forschungen, Bd. 20). Berlin 1954, S. 26–28, 126, Taf. 8, 15–16. Wilfried Menghin – Peter Schauer: Der Goldkegel von Ezelsdorf. Kultgerät der späten Bronzezeit (Die vor- und frühgeschichtlichen Altertümer im Germanischen Nationalmuseum, Bd. 3). Nürnberg 1983, S. 35.

5   Another find, from Depenau (Schleswig-Holstein), of two golden bowls and a gold bracelet, is not displayed: W. Menghin – P. Schauer (Anm. 3), S. 80–82.

6   The find from Eberswalde, along with Schliemann's finds from Troy and many other objects, was plundered by Russian troops at the end of World War II. The objects are still being held back in Russia by order of the Duma. From the scientific point of view the loss of the Eberswalde find is more grievous than that of the Trojan treasure, despite greater public appreciation of the latter.

7   Peter Schauer (Hrsg.): Die Goldblechkegel der Bronzezeit (Monographien des Römisch-Germanischen Zentralmuseums, Bd. 8). Bonn 1986.

8   Georg Diemer: »Tonstempel« und »Sonnenscheiben« der Urnenfelderkultur in Süddeutschland. In: Aus Frankens Frühzeit. Festgabe für Peter Endrich (Mainfränkische Studien, Bd. 37). Würzburg 1986, S. 37–63.

9   Arthur Berger: Der Hesselberg. Funde und Ausgrabungen bis 1985 (Materialhefte zur Bayerischen Vorgeschichte, Reihe A, Bd. 66). Kallmünz 1994.

10   Helmut Becker: Kultplätze, Sonnentempel und Kalenderbauten aus dem 5. Jahrtausend v. Chr. Die mittelneolithischen Kreisanlagen in Niederbayern. In: Archäologische Prospektion, Luftbildarchäologie und Geophysik (Arbeitshefte des Bayerischen Landesamtes für Bodendenkmalpflege, Bd. 59). München 1996, S. 101–122.

11   This information is cited according to the informational text handed out by the Landesamt für Archäologie Sachsen-Anhalt and the Landesmuseum für Vorgeschichte, Halle.

12   The original hymn is about eight times as long.

Sonnenmythos

Abb. 1: Der Sonnenwagen von Trundholm (Nördliches Seeland, Dänemark). Die glänzende goldene Sonnenscheibe des Tages fährt nach rechts, auch das Sonnenpferd schaut nach rechts. Die dunklere, nicht goldene Nachtsonne fährt nach links.

Flemming Kaul

Der Mythos von der Reise der Sonne
Darstellungen auf Bronzegegenständen der späten Nordischen Bronzezeit

Einleitung

Bei der Beschäftigung mit prähistorischer Ikonographie und vorgeschichtlichen Kultobjekten empfiehlt es sich, religionswissenschaftliche Aspekte, Religionsdefinitionen und klassifizierenden Systeme der Religionsphänomenologie in die Betrachtung mit einzubeziehen[1]. Dabei kann eine enggefasste Definition von Religion verwendet werden, worunter das Wirken transempirischer Kräfte oder transzendenter Mächte zu verstehen wäre, oder eine weitgefasste, in der Religion als eine soziale Kraft definiert wird, die vornehmlich aus Ritualen besteht, wobei wir aber nicht notwendigerweise Anzeichen für eine glaubhafte Existenz transempirischer Kräfte, Wesen oder Kreaturen finden müssen. Gerade wenn wir uns mit prähistorischer Religion beschäftigen, ist es meist schwer, eine enggefasste Definition von Religion zu verwenden, weil es weder genaue Beweise für ihre Existenz und Erscheinungsweisen gibt noch eine Beschreibung der göttlichen Mächte durch eine überlieferte Mythologie.

Was jedoch die Nordische Bronzezeit betrifft, scheint es möglich, Spuren einer solchen Mythologie zu finden und damit Spuren eines transempirischen Charakters der Religion. Es sind vor allem Darstellungen auf Bronzeobjekten, die uns den mythologischen Aspekt der Religion erkennen lassen. Aus der Nordischen Bronzezeit sind auch andere religiöse Phänomene gut vertreten. So finden sich Rituale als »aktive« Elemente der Religion auf Felsritzungen dargestellt, die auch Kultobjekte wie Luren und Kultäxte, häufig auf Schiffen, im rituellen Gebrauch zeigen[2]. Solche Kultobjekte blieben erhalten und stehen für Untersuchungen zur Verfügung. Darüber hinaus scheint es in einigen wenigen Fällen möglich zu sein, die Ausführenden der Rituale, die Priester, zu identifizieren. So fanden sich in Priester-Grabstätten, etwa dem Grab von Hvidegård (Periode III der Nordischen Bronzezeit), verschiedene Objekte von offensichtlicher magischer Bedeutung und eine besondere Bekleidung, die Parallelen zu den Figuren von Grevensvænge aufweist, die ebenfalls Kultäxte tragen. Auch das Grab von Jægersborg Hegn (Periode II der Nordischen Bronzezeit), in dem eine mit »Sonnenornamenten« und konzentrischen Kreisen verzierte Goldfolien-Scheibe gefunden wurde, kann als Beispiel für die Bestattung eines Mannes gelten, der eine priesterliche Funktion hatte und Rituale ausführte[3]. Es wurden auch zahlreiche Kultgebäude gefunden, in einigen Fällen in der Nähe von Grabhügeln, die deutlich machen, dass manche rituellen Handlungen in einem architektonisch festgelegten Rahmen stattfanden[4]. Es gibt demnach viele klassifizierende Aspekte, die zur Beschäftigung mit der Religion in der Nordischen Bronzezeit herangezogen werden können. Im folgenden werden wir uns vor allem mit Darstellungen auf Bronzegegenständen der späten Bronzezeit beschäftigen, welche uns über die Mythologie dieser Zeit Auskunft geben.

Zu Beginn der Nordischen Bronzezeit, um 1600 v. Chr., trat eine Veränderung in der Schaffung und Wahrnehmung von Kunst und bildlichen Darstellungen ein. Nach Jahrhunderten, die von einer geometrischen Kunst beziehungsweise einer Kunst ohne figürliche Darstellungen geprägt waren, wurden innerhalb einer relativ kurzen Zeitspanne tatsächliche Figurenmotive eingeführt und verbreiteten sich über weite Teile Dänemarks, Schwedens und Norwegens. Die häufigsten Motive sind das Schiff und das Pferd, daneben findet sich auch der Fisch, und wahrscheinlich tritt auch die Schlange schon in der frühen Bronzezeit auf. Zudem wurden etliche neue Motive eingeführt, die keine Figuren darstellen, wie die Spirale oder ein fächerförmiges Symbol.

In diesem ersten Teil der Nordischen Bronzezeit, etwa 1600–1400 v. Chr., entwickelte sich eine aristokratische Elite. Reich ausgestattete Hünengräber tauchen zeitgleich mit der neuen Ikonographie auf[5]. Grundlage waren wahrscheinlich religiöse Veränderungen und neue, komplexere Vorstellungen über das Jenseits. Wie man aus der Verbreitung der neuen Ikonographie schließen kann, sind diese Vorstellungen in einem relativ großen Gebiet Süd- und Mittelskandinaviens (Dänemark, Schonen, Bohuslän, Mittelschweden, Westnorwegen und Trondelag) und später in Norddeutschland akzeptiert worden, wobei Dänemark und der südlichste Teil Schwedens das Kerngebiet bildeten. Schiffe des frühen Typs, wie man sie auf einem Bronzeschwert aus Rørby (Seeland, Dänemark) sieht, findet man auch auf Felsritzungen in den erwähnten Gebieten[6].

Auch wenn wesentliche Teile der bronzezeitlichen Ikonographie in der frühen Bronzezeit bereits um 1400 v. Chr., kurz vor und zu Beginn der Periode II der Nordischen Bronzezeit, auftreten, ist es vor allem die komplexere Ikonographie der späten Bronzezeit, wie man sie etwa auf Rasiermessern sehen kann, in deren Rahmen das Schiff, das Pferd, der Fisch und die Schlange in ihrem mythologischen Zusammenhang auftauchen. Solche Darstellungen bieten die besten Hinweise zum Verständnis von Teilen der Mythologie. Dabei tragen die Rasiermesser der späten Bronzezeit (Periode IV-VI der Nordischen Bronzezeit, etwa 1100–500 v. Chr.) die variantenreichsten und komplexesten Motive.

Sehr wahrscheinlich hatten sie, abgesehen von ihrer Funktion als Messer, auch eine wichtige symbolische bzw. rituelle Bedeutung. Es wurde vorgeschlagen, dass die verzierten Messer jungen Männern von entsprechendem Rang anlässlich ihrer ersten Rasur gegeben wurden und diese dann für den Rest ihres Lebens begleiteten[7]. Darüber hinaus könnte man vermuten, dass das Rasiermesser einem jungen Mann in Zusammenhang mit oder als Abschluss der Initiationsriten überreicht wurde, die als besonderes Ereignis den Übergang vom Knaben zum erwachsenen Mann markierten. Sobald der junge Mann sein Rasiermesser erhalten hatte und in Mythen, Geschichten und Traditionen, das heißt in das mythologische und kosmologische Konzept der Welt, eingeführt worden war, war die Übertragung dieses Wissens auf die nächsten und zukünftigen Generationen gesichert. Somit diente das Rasiermesser sowohl als Symbol für das Erwachsensein als auch als Symbol für religiöses und kosmologisches Wissen[8]. Abnutzungsspuren und Zeichen des Schärfens belegen, dass die Rasiermesser tatsächlich benutzt wurden[9]. Vermutlich blieb ein Messer ein Lebens lang im Besitz seines Inhabers und begleitete ihn schließlich ins Grab.

Das wichtigste Objekt des weiblichen Lebensbereichs, das Darstellungen aufweist, ist der Halsring mit ovalen Endplatten und Verschlusshaken, die in markanten Spiralen auslaufen. Er gehört, im Gegensatz zu den Rasiermessern, die fast ausschließlich in Bestattungen gefunden wurden, zu einer anderen Fundkategorie, und zwar den Votivdepots, vornehmlich in oder in der Nähe von Feuchtgebieten, Sümpfen und Wiesen. Die vielen Halsringdepots aus Periode V (und in geringerem Umfang aus Periode VI) (um 900–500 v. Chr.) entsprechen dem Hauptaufkommen derartiger Depots in der Nordischen Bronzezeit, wobei die Halsringe ein wesentliches Element der sogenannten Multiobjekt-Horte sind. Hier kommen sie zusammen mit anderen Bronzeobjekten vor, die sich unter dem Begriff »Frauenschmuck« zusammenfassen lassen, oder mit Schmuckstücken wie den sogenannten Hängeschalen und mit Gürtelschmuck[10]. Die Schiffsdarstellungen auf den ovalen Endplatten der Halsringe sind eher einheitlich, fast stereotyp, und lassen nicht die gleiche Variationsbreite und gestalterische Freude wie die Rasiermesser erkennen. Darüber hinaus sind Schiffsdarstellungen auf den Halsringen meist symmetrisch und zeigen deutlich Bugformen, die eher wie Wasservögel aussehen und nicht wie Pferdeköpfe, die man auf den Rasiermessern findet. Anders gesagt, die Ikonographie, die zum weiblichen Bereich gehört, scheint stärker stilisiert zu sein und gleichzeitig einem allgemeineren internationalen Formengut zu entsprechen, während die Schiffe auf den männlichen Rasiermessern detaillierter gearbeitet sind und oft deutlichere »nordische« Bezügen aufweisen.

Schiff, Pferd und Sonne: Ikonographie, Struktur, Mythologie
Das wichtigste und charakteristischste der dargestellten Motive der späten Nordischen Bronzezeit ist das Schiff. Man findet es auf verschiedenen Arten von Bronzeobjekten wie etwa Halsketten, Messern, Pinzetten oder Kleiderschmuck[11]. Die meisten Schiffsdarstellungen finden sich jedoch auf Rasiermessern, und zwar mit deutlich erkennbaren Variationen, in komplexesten Formen und in Verbindung mit anderen Figuren und Symbolen. Auch bei einer anderen Kunstform der Nordischen Bronzezeit, den Felsritzungen, stellt das Schiff das wichtigste Motiv dar und tritt deutlich häufiger auf als andere Motive. In der »realen« Welt diente das Schiff als Verkehrsmittel, das unter anderem auch den Zugang zur Bronze ermöglichte. In der kultischen Welt könnten Schiffe als bewegliche Bühnen gedient haben, um Rituale mit Luren und Kultäxten zu vollziehen, wie dies verschiedene Felsritzungen zeigen. Darüber hinaus könnte das Schiff in der göttlichen oder himmlischen Welt als Transportmittel oder Diener der Sonne auf ihrer täglichen Reise gedacht worden sein, wie dies auf den Rasiermessern dargestellt ist. Das Schiff galt somit als das höchste, machtvollste und bedeutendste aller Symbole und als wichtiges Instrument der Bewegung in allen Sphären.

Die Fahrtrichtung der Schiffe, nach links oder rechts, gibt einen der entscheidendsten Hinweise, um in die Struktur und Bedeutung der Ikonographie auf Bronzeobjekten einzudringen. Die Schiffe und die mythologischen Sonnenschiffe der Nordischen Bronzezeit waren nicht symmetrisch wie ihre südlichen Gegenstücke der Urnenfelder-Kultur. Das Vorderteil der Schiffe trägt eine markante und stark hochgezogene Kielverlängerung, die hintere Kielverlängerung dagegen ist kurz und horizontal. Anhand der Fahrtrichtung der Schiffe und durch die systematische Analyse der begleitenden Motive und ihren Bezug zu den nach rechts oder links gerichteten Schiffen lassen sich signifikante Regeln erkennen[12]. So treten Sonnenabbildungen niemals zusammen mit nach links segelnden Schiffen auf. Wenn wir eine Zeitlang vergessen, dass die Erde rund ist, und alles außer acht lassen, was mit heutigem Landkarten-Lesen und Kompass-Richtungen zu tun hat, werden wir erkennen, dass die wahrnehmbare »Reise«-Richtung der Sonne auf der nördlichen Hemisphäre stets von links nach rechts geht. Somit stellen die Schiffe, die nach rechts segeln und mit Sonnenabbildungen verbunden sind, die Sonnenreise bei Tage dar. Um diese Weltanschauung und Kosmologie zu verstehen, müssen wir die Erde als Scheibe betrachten. Wenn die Sonne am Abend untergeht, muss sie zu ihrem Ausgangspunkt der Dämmerung zurückkehren, indem sie gleichsam durch das Wasser und durch die Unterwelt wandert. So kann die Segelrichtung nach rechts nach der Vorstellung der Bronzezeit den Tag, die Aufwärtsbewegung, den Himmel und das Licht darstellen, die Richtung nach links dagegen die Nacht, die Abwärtsbewegung, die Erde oder das Meer, die Unterwelt und die Dunkelheit darstellen.

Die Segelrichtung zeigt an, an welchem Punkt des täglichen Zyklus die verschiedenen Motive angesiedelt, und ob sie mit der Nacht oder dem Tag, dem Morgen oder dem Abend verbunden sind. Die Sonnenpferde bewegen sich fast immer nach rechts. Der Fisch und die Schlange sind, was ihre Richtung betrifft, etwa gleich häufig vertreten, was anzeigt, dass ihr Tätigkeitsfeld nahe dem Horizont liegt. Sie sind oberhalb und unterhalb des Horizonts und sowohl bei Tage als auch bei Nacht anzutreffen. Somit könnten mit Hilfe der Links-Rechts-Struktur die mythologischen Zusammenhänge der Reise der Sonne in ihrem täglichen Zyklus wie in einer Art Zeichentrickfilm auf Bronze dargestellt sein. Die Tiergestalten als Helfer oder Manifestationen der Sonne hatten entsprechend spezielle »Funktionen« oder »Spitzenzeiten«.

Für die beschriebene Links-Rechts-Logik gibt es ein recht frühes Beispiel, den »Sonnenwagen von Trundholm«, aus dem nördlichen dänischen Seeland, um 1350 v. Chr. (Abb. 1). Die goldene Sonnenscheibe mit einem strahlenden Lichthof wird von einem Sonnenpferd nach rechts gezogen und zeigt somit den Verlauf der Sonne während des Tages an. Die dunklere, nicht vergoldete Seite der Sonnenscheibe derselben Sonne ohne strahlenden Lichthof wird dagegen sichtbar, wenn der Sonnenwagen umgedreht und nach links gezogen wird. So repräsentiert er die Reise der Sonne bei Nacht im erloschenen, nicht strahlenden Zustand. Das Sonnenpferd konnte also sowohl nachts als auch während des Tages der Begleiter der Sonne sein. »Der Sonnenwagen« – oder, besser gesagt, »Das Sonnenpferd und die Sonne« von Trundholm – ist der prächtigste Ausdruck religiöser Vorstellungen der frühen Nordischen Bronzezeit, nach welchen die Sonne gezogen und ihr vom göttlichen Sonnenpferd geholfen wurde, durch den strahlenden Himmel bei Tag (nach rechts) und durch die unheimliche Unterwelt während der Nacht (nach links) zu wandern. Die Bronzegegenstände der späten Bronzezeit zeigen eine komplexere Version, bei der der Fisch und die Schlange (und das Schiff) die nächtlichen Funktionen übernommen haben bzw. stark erweitern.

Auf der Grundlage der soeben erarbeiteten Funktionen der Bildelemente, das heißt der tiergestaltigen Wesen im mythologischen Tag-und-Nacht-Zyklus, soll nun versucht werden, jedes Rasiermesser oder jedes Motiv auf einem Rasiermesser in eine vollständige Erzählung dieses kosmologischen Mythos einzugliedern. Geht man davon aus, dass die Richtung nach rechts und aufwärts den Morgen repräsentiert und jene nach rechts und abwärts den Nachmittag, so lassen sich in vielen Fällen Überschneidungen zwischen den einzelnen Darstellungen beobachten, die im Zusammenhang eine volle Bildsequenz ergeben.

Wir beginnen beim Morgen. Eines der bildhaftesten Rasiermesser, dessen Fundort leider unbekannt ist, lässt auf anschauliche Weise erkennen, wie der Sonnenaufgang im zyklischen Mythos der Bronzezeit wahrgenommen wurde. Mittels der erhöhten Kielverlängerung ist es möglich, die Richtung zweier Schiffe abzulesen und zu erkennen, wie die Rechts-Links-Logik funktioniert. Das Nacht-Schiff unten segelt nach links, und darüber segelt das Tag- oder Morgen-Schiff nach rechts. Offensichtlich übergibt das Nacht-Schiff von der Spitze seines Bugs die Sonne gerade dem Fisch, der auf seinem Weg nach oben und nach rechts zum Tag-Schiff ist (Abb. 2). Andere Rasiermesser zeigen, dass der Fisch auch eine Zeitlang auf dem Schiff mitsegeln durfte. Auf einem Rasiermesser von Torupgårds Mark (Abb. 3) scheint der Fisch von einem Raubvogel verschlungen zu werden. Die Sonne befindet sich nun auf dem Schiff. Rechts ist eine Gruppe von stilisierten Sonnenpferden bereit, die Sonne abzuholen.

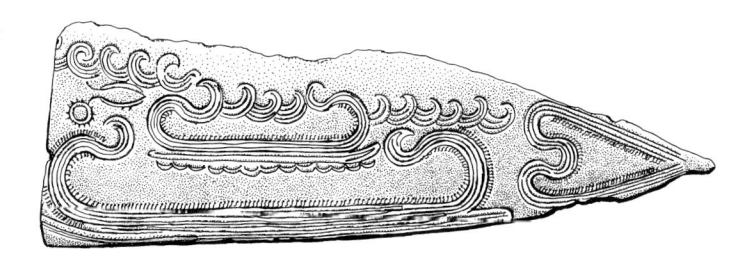

Abb. 2: Das Rasiermesser (um 800 v. Chr., ohne Fundortangabe, vermutlich aus Jütland) zeigt die wichtige Rolle des Fisches bei Sonnenaufgang. Hier segelt ein Schiff nach rechts über einem Schiff, das nach links fährt. Auf letzterem ist ein Fisch zu sehen, der die Sonne nach oben zum direkt darüber befindlichen, nach rechts fahrenden Schiff zieht.

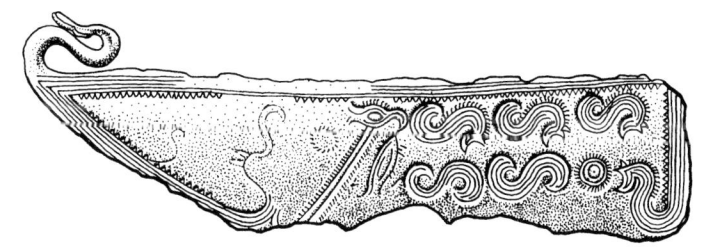

Abb. 3: Rasiermesser aus Torupgårds Mark (Nord-Jütland, Dänemark) (Zeichnungen: Bjørn Skaarup).

Die Funktion des Pferdes kann man am besten auf einem Rasiermesser von Neder Hvolris im nördlichen Mittel-Jütland erkennen, wo ein herrliches Pferd die Sonne vom Schiff wegzieht. Es ist wahrscheinlich das Sonnenpferd, das mittags den Transport vom Morgen-Schiff übernimmt (Abb. 4). Auf einem anderen Rasiermesser aus Vandling (Süd-Jütland) scheint das Pferd tatsächlich auf dem Schiff zu landen. Dieses Motiv ist demnach als der Moment zu interpretieren, in dem das Sonnenpferd, das auf dem Nachmittags-Schiff landet, die Sonne diesem Schiff zum Transport übergibt (Abb. 5). Schließlich scheint eine große Schlange die Sonne vom Schiff zu übernehmen. Dargestellt ist diese Szene auf einem Rasiermesser aus Knuthenborg auf der Insel Lolland. Wahrscheinlich handelt es sich um die Schlange, welche die Sonne in die nächtliche Unterwelt und später auf der nach links gerichteten Reise begleitet (Abb. 6).

Hinsichtlich der Motive Schiff und Schlange und bezüglich goldener oder vergoldeter Objekte ist ein Rasiermesser aus Arnitlund (Süd-Jütland) besonders erwähnenswert. Dieses Rasiermesser, dessen Griff einen Wasservogel darstellt, datiert in die Per. IV der Nordischen Bronzezeit (1100–900 v. Chr.) und zeigt auf seinem Rücken ein Schiff[13], das aus einem in Gold eingelegten Band besteht. Oberhalb des Schiffes befindet sich die Gestalt einer Schlange. Sie ist mit einer pechartigen Substanz intarsiert[14] (Abb. 7). Der linke Vordersteven des Schiffes ist teilweise S-förmig ausgebildet und endet in einer Spiralwindung, während der rechte Vordersteven mit einem Kreis am Ende der Kiellinie abschließt, wahrscheinlich eine Darstellung der Sonne. Vielleicht könnte auch der Griff des Rasiermessers als rechter Vordersteven des Schiffes interpretiert werden. Oberhalb des Schiffes sieht man eine Schlange mit vierzehn Windungen. Die Schlange schaut vermutlich nach links, wo ihr Kopf angedeutet zu sein scheint.

Zwei Linien scheinen das Bild der Sonne mit dem vogelhalsartigen Griff des Rasiermessers zu verbinden, was darauf hinweist, dass der Griff tatsächlich als integrierter Bestandteil des Motivs aufzufassen ist. Nach Ernst Sprockhoff[15] kann das Motiv am Griff als Vogel interpretiert werden, der ein Schiff zieht, welches die Sonne trägt. Andernfalls könnte der Griff auch als rechter Vordersteven eines Schiffes wahrgenommen werden. Möglicherweise sollen die beiden Verbindungslinien andeuten, dass das Rasiermesser selbst das Schiff ist, welches die goldene Sonne nach rechts zieht. Dabei ist zu betonen, dass sich die Schlange nach links zu bewegen scheint. Wenn wir annehmen, dass sich das goldene Schiff nach rechts bewegt, dann ist es mit dem Tag zu verbinden, bewegt sich die Schlange hingegen nach links, könnte sie mit der Nacht verbunden werden.

Dieser Interpretation steht entgegen, dass, wenn wir das Rasiermesser mit seinem Griff (Bug) als Schiff selbst betrachten, es hinsichtlich der Motive auf dem Kopf steht. Drehen wir aber das Rasiermesser um, stehen das goldene Schiff und die Schlange auf dem Kopf. Betrachtet man das goldene Schiff in aufrechter Position, dann befindet sich die Schlange oberhalb des Schiffes, nicht darunter, wie man gemäß der oben erwähnten Links-Rechts- und Unten-Oben-Logik erwarten sollte. Helfen kann hier die Farbsymbolik: Das Schiff und die Sonne sind golden dargestellt, was Licht und Tag bedeuten könnte, während die Schlange dunkel ist, gekennzeichnet durch die Einlage aus Pech, was für Nacht und Dunkelheit stehen dürfte. Die anscheinend so verwirrende Mehrdeutigkeit der Motive

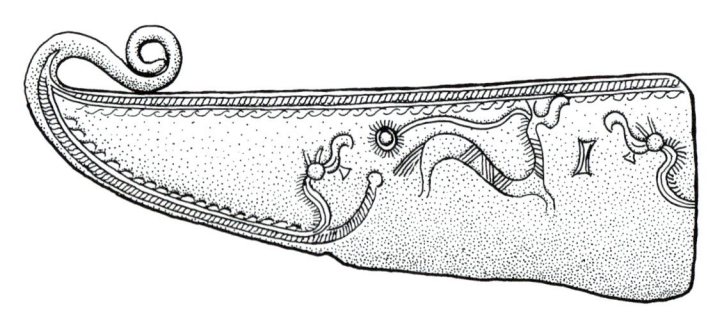

Abb. 4: Rasiermesser aus Neder Hvolris (Mittel-Jütland, Dänemark), um 900 v. Chr. (Zeichnung: Bjørn Skaarup).

Abb. 5: Rasiermesser aus Vandling (Süd-Jütland, Dänemark), um 900 v. Chr.

Abb. 6: Rasiermesser aus Knuthenborg (Insel Lolland, Dänemark), um 800 v. Chr. (Zeichnung: Bjørn Skaarup).

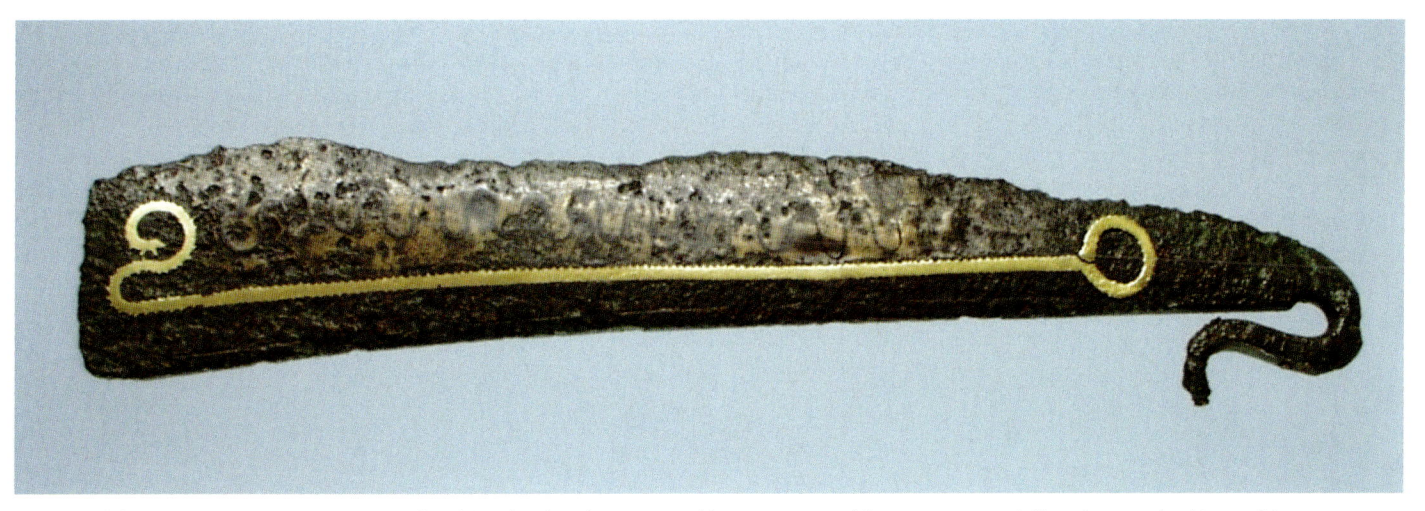

Abb. 7: Rasiermesser aus Arnitlund (Süd-Jütland, Dänemark) mit einem goldenen Sonnenschiff und einer dunklen Schlange.

des Rasiermessers von Arnitlund sollte nicht zu sehr irritieren, denn sie lassen sich als ein Beispiel dafür betrachten, wie die Situation des Sonnenuntergangs oder -aufgangs in der Symbolsprache der Nordischen Bronzezeit wiedergegeben wurde. Eine Erklärung für das Phänomen wäre, dass es sich dabei genau um den Moment handelt, in dem die Richtung links und rechts und die Orientierung oben und unten wechselt und die Sonne auf den trennenden Horizont trifft, an dem Nacht- und Tagesschiffe ihre Richtung ändern und für einen Moment auf dem Kopf stehen können. In diesem entscheidenden Moment des Sonnenaufgangs (oder Sonnenuntergangs) kann die dunkle linksgerichtete Schlange die Sonne dem goldenen Schiff des Morgens übergeben, unterstützt von dem anderen Schiff, das heißt dem Rasiermesser, welches in diesem außerordentlichen Moment auf dem Kopf stehend seine Aufgabe erfüllt. Auf jeden Fall kann dieses Rasiermesser mit seiner besonderen Motivik beispielhaft zeigen, welche Möglichkeiten und Grenzen es beim Versuch, die Kosmologie und die Weltsicht der Bronzezeit zu verstehen, gibt.

Manchmal vermischen sich die Pferdedarstellungen richtiggehend mit anderen Motiven, so kann das Schiff beispielsweise einen pferdekopfartigen Bug erhalten, ähnlich dem Sonnenschiff der Urnenfelder-Kultur, der Vogel-Sonnen-Barke, mit ihrem Wasservogel-Bug. In einigen Fällen scheinen Phantasietiere vorzukommen, beispielsweise, wenn sich Pferd und Schlange zu einem Schlangen-Pferd vermischen, das einer Kreatur mit dem rautenförmigen Kopf und dem gewundenen Körper einer Schlange ähnelt, jedoch eine Pferdemähne und vier Pferdebeine besitzt (Abb. 8). Die Schlange scheint mit der Reise der Sonne bei Nacht und der Abenddämmerung in Beziehung zu stehen, während das Sonnenpferd am Mittag seine Hauptzeit hat. Bei der Erschaffung des Mischtieres wurden die Eigenschaften von Schlange und Pferd vereint, so dass diese Kreatur die vollständige Reise der Sonne symbolisieren kann und somit ein wirkungsmächtiges Symbol darstellt, das der Sonne bei Tag und Nacht dient, sowohl bei der Morgen- als auch während der Abenddämmerung[16].

Auf einigen Rasiermessern aus der späten dänischen Bronzezeit findet man eine seltsame kleine Kreatur, ein doppeltes Pferd, welches einige Probleme damit zu haben scheint, wohin es gehen soll, da es an beiden Enden einen Kopf besitzt und ein Paar Beine, die nach links und nach rechts laufen. Wenn man die Richtungen rechts und links betrachtet – rechts für den Tag, links für die Nacht –, so müssen wir in Betracht ziehen, dass das Pferd in der späten Bronzezeit auch nachts eine Aufgabe hatte, und dass sich das Motiv wieder auf die gesamte Reise der Sonne, sowohl bei Tag als auch bei Nacht bezieht, wobei Tag- und Nachtpferd hier vereint wurden.

Ein anderes Motiv der bronzezeitlichen Ikonographie, das Radkreuz, war mit einer Vielfalt von Assoziationen verbunden.

Abb. 8: Rasiermesser (ca. 900 v. Chr., Dänemark, ohne Fundortangabe). Zwei entgegengesetzte Schlangenpferde blicken sich an.

Zunächst ist das Radkreuz als Abbild der Sonne anzusehen, aber vermutlich war seine Bedeutung noch viel weiter gefasst. Es kann als Abbildung eines Rades mit vier Speichen gesehen werden und gleichzeitig als Symbol für die zyklische Bewegung der Sonne. Es ist sicher richtig, die Religion der Nordischen Bronzezeit als Sonnenreligion zu betrachten. Präziser noch wäre es, in dieser Religion die Fokussierung der göttlichen Kräfte der Sonne zu sehen, der mächtigen kosmischen Kräfte, welche die ewigen himmlischen Bewegungen bewirken. Aus dieser Perspektive betrachtet, wird das Radkreuz sowohl zum Symbol der Sonne als auch für deren zyklische Bewegung während des Tages und der Nacht und somit zum Symbol der ewigen kosmologischen Kräfte. Dabei ist zu beachten, dass das Radkreuz niemals auf den Klingen von Rasiermessern erscheint – hier wird die Sonne immer durch einen Kreis oder konzentrische Kreise dargestellt, oft mit einem Lichthof. Jedoch findet man auf einigen Felsritzungen das Radkreuz in einer ähnlichen Position wie die konzentrischen Kreise auf den Bronzen und zwar dann, wenn die Sonne mit einem Pferd, dem Sonnenpferd, verbunden ist. In anderen Fällen ist das

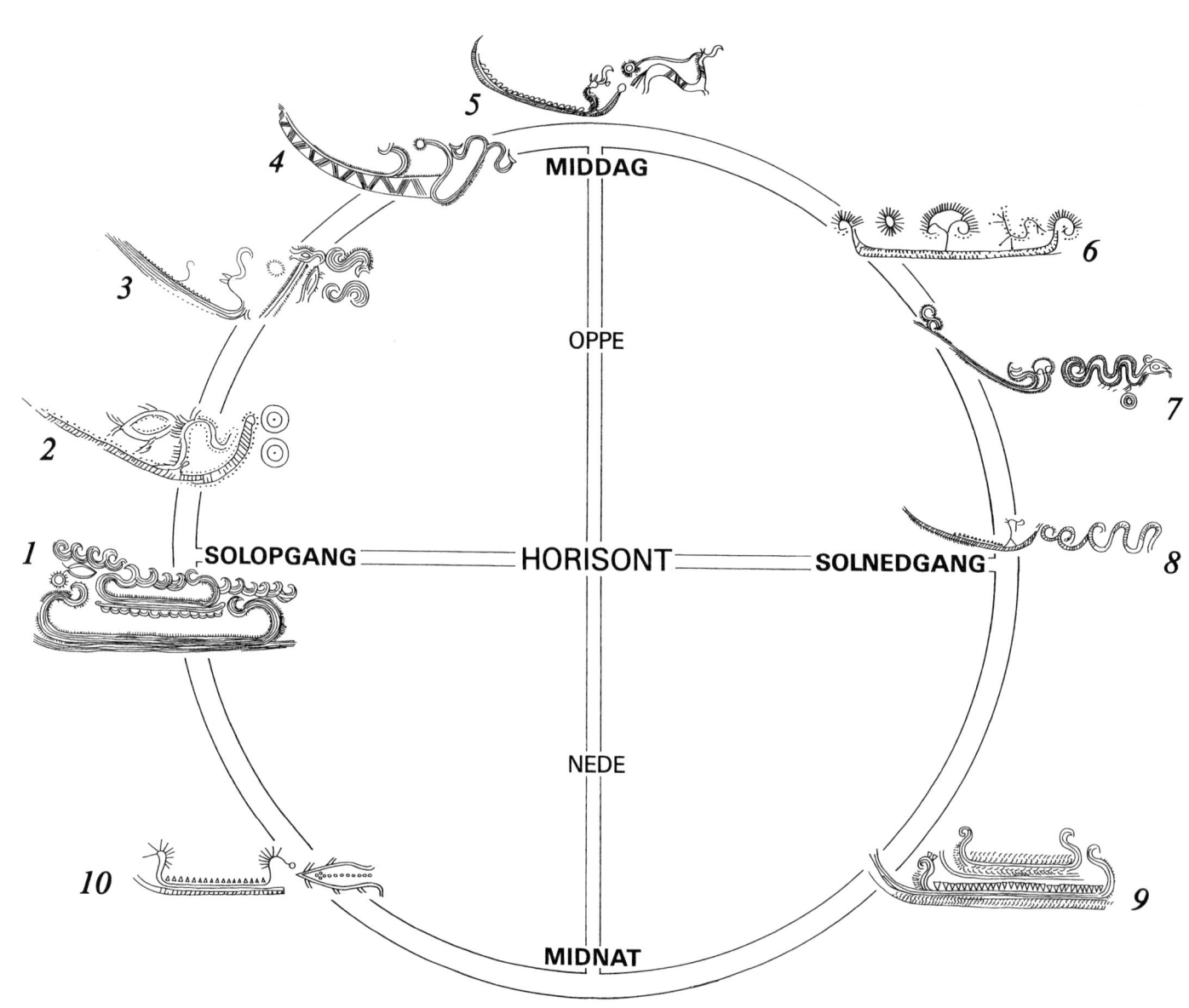

Abb. 9: Motive von verschiedenen Rasiermessern, welche die einzelne Momente der Sonnenbewegung zeigen, die hier in Bezug zur Figur des Radkreuzes gesetzt ist (Zeichnung: Skalk, nach F. Kaul 1999).

Radkreuz auf Felsritzungen als Darstellung eines Kultobjektes zu verstehen, etwa wenn es auf einem Podest zu sehen ist oder an Bord eines Schiffes.

Die mit dem mythologischen Geschehen der Sonnenreise verbundene Ikonographie der späten Bronzezeit scheint die wichtigen Zeitpunkte im Zyklus von Tag und Nacht zu betonen, und zwar den Sonnenaufgang, den Mittag und den Sonnenuntergang. Entsprechend der bronzezeitlichen Vorstellung der Welt als Scheibe beschrieb die Sonne folgerichtig auf ihrer Bahn während des Tages und der Nacht einen Kreis. Wenn die Oberfläche der Erde als eine waagerechte Linie gesehen wird, die den Horizont bildet, reist die Sonne auf einem halbkreisförmigen Weg bzw. einer Umlaufbahn über den Himmel, von der linken zur rechten Ecke des Horizonts. Die horizontale Linie eines Radkreuzes wäre dann der Horizont, und die Schnittpunkte auf dem Kreisrand könnten Morgen und Abend, Morgendämmerung und Abenddämmerung symbolisieren. Wenn überdies eine vertikale Linie hinzugefügt wird, die Mittag und Mitternacht verbindet, entsteht das vollständige Radkreuz.

Versuchsweise habe ich einige der Motive auf Rasiermessern der späten dänischen Bronzezeit, die verschiedene Momente des täglichen Zyklus zeigen, mit dem Radkreuz in Verbindung gebracht (Abb. 9). Das Radkreuz bzw. das Vier-Speichenrad war in ganz Europa bekannt und stellt gleichzeitig ein Sonnensymbol und ein Symbol für die Bewegung der Sonne dar. Es ist damit ein fundamentales Symbol der kosmologischen Ordnung und der (zyklischen) Zeit.

Die vier wesentlichen Punkte des Tageszyklus, Morgen, Mittag, Abend und Mitternacht, lassen sich auch auf den Jahreszyklus übertragen: Der Morgen entspricht dem Frühling, der Mittag dem Sommer, der Abend dem Herbst und Mitternacht dem Winter. Somit entspricht der Morgen (Sonnenaufgang) der Wiedergeburt der Sonne, des Lichts und des Lebens, dem Sommerleben und dem Wachstum. Abend (Sonnenuntergang) und Nacht entsprechen dem Tod und der Dunkelheit: Auf und ab, links und rechts, Tag und Nacht, Licht und Dunkelheit, Leben und Tod, jährliche und tägliche Zyklizität. Die kosmologische Ordnung und die mächtigen Kräfte, die hinter dem System stehen, vereinen sich in einem allumfassenden Symbol, dem Radkreuz. Es ist eine einfache, vielleicht zu einfache Art, mit der das Radkreuz in seiner beinahe pythagoräischen Harmonie und Schönheit uns zu helfen scheint, einige Grundlagen der Philosophie und Weltanschauung der Bronzezeit zu erklären.

Oben wurden die phantastischen Kreaturen, das Schlangenpferd und das Doppelpferd, erwähnt (Abb. 8). Es ist gezeigt worden, wie in der Verbindung dieser Figuren die symbolische Darstellung einer vollständigen Sonnenreise entstand. Sowohl das Radkreuz als auch das Schlangenpferd scheinen eine Abstraktion von ein und derselben Idee zu sein, der vollständigen zyklischen Reise der Sonne. Es mag seltsam erscheinen, dass so unterschiedliche Bilder wie das Schlangenpferd und das Radkreuz in mancher Hinsicht dieselbe Bedeutung hatten. Einer der schönsten Belege für das Phänomen, dass auch herausragende dekorative Kunst eine tiefere Bedeutung besaß, findet sich auf einem hölzernen Häuptlingssitz aus Trondheim (Zentral-Norwegen), der in die späte Nordische Bronzezeit, um 700 v. Chr., datiert wird[17]. Hier flankieren zwei Doppelpferde ein zentrales Radkreuz. Die Doppelpferde besitzen jedoch keinen richtigen, sondern eher einen sich biegenden Körper von gleichbleibender Dicke, wie der einer Schlange (Abb. 10). Das Doppelpferd, das Schlangenpferd und das Radkreuz bilden eine elegante und subtile Synthese und geben in ihrer Verschmelzung Hinweise auf den kosmologischen Mythos von der zyklischen Sonnenreise und auf das damalige Weltbild.

Dieses zyklisch-mythologische System scheint auch ohne die Beteiligung von anthropomorphen Göttern gut zu funktionieren[18]. Die Sonne wurde nicht in Gestalt eines Menschen dargestellt, vielmehr haben wir es primär mit der Sonne als nicht personifizierter Manifestation der höchsten Macht zu tun. Wenn Menschen oder menschenähnliche Gestalten auf Felsritzungen auftauchen, kann man sie als Figuren betrachten, die Rituale ausführen. Jedoch sollte man die Möglichkeit nicht ausschließen, dass Götter während der späten Bronzezeit, in der nordischen Per. V., das heißt um 800 v. Chr., bereits in Erscheinung treten, jedoch nicht als ganzer Götterhimmel,

Abb. 10: Verzierter hölzerner Häuptlingssitz aus Bynesset (Trondheim, Norwegen), späte Bronzezeit, um 700 v. Chr. Die Schnitzerei zeigt das Doppelpferd bzw. das doppelte Schlangenpferd, welches ein Radkreuz umgibt.

sondern in Gestalt einer einzigen Gottheit, des Sonnengottes, der allerdings von doppelter Wesensart ist.

Das Auftreten anthropomorpher Figuren auf Bronzeobjekten ist ziemlich selten. Das beste Beispiel findet man auf einem Rasiermesser aus dem Süden der Halbinsel Jütland (Abb. 11), wo zwei menschenähnliche Wesen in einem Schiff rudern. Die Köpfe haben die Form von Sonnendarstellungen mit Lichthof. Es könnte die älteste anthropomorphe Darstellung von Göttern sein, in diesem Falle des Sonnengottes, mit einem Kopf, der wie eine Sonne mit Strahlen gezeichnet ist. Der Sonnengott ist als die Sonne selbst dargestellt. Da zwei identische Figuren abgebildet sind, ist es naheliegend, dass eine Figur die Sonne bei Tag, die andere dagegen ihre nächtliche Phase darstellen soll. Auf einem anderen Rasiermesser der späten Bronzezeit Dänemarks, aus Voel (Jütland), tauchen ebenfalls zwei Figuren mit »Sonnen-Köpfen« auf. Aufgrund der Lichthöfe um ihre Köpfe geht man davon aus, dass es sich um ein Zwillingspaar von Sonnengöttern handelt[19].

Ähnliche Tendenzen zur Anthropomorphisierung lassen sich im ikonographischen Material der späten Urnenfelder- und frühen Hallstattkultur beobachten. Man kann in der Zeit um 700 v. Chr. ein wachsendes Interesse an der Darstellung menschenähnlicher Wesen feststellen, vor allem in Form von plastischen Figuren und bei verschiedenen Verzierungen. Dies könnte eine zunehmend »individualisierte« Vorstellung von übermenschlichen Kräften andeuten, die eine Voraussetzung für die tatsächliche Personifizierung einer Gottheit ist. Einige menschenähnliche Figuren werden in einer ähnlichen Anordnung wie die Sonne auf der mitteleuropäischen Vogel-Sonnen-Barke gezeigt. Sie sind hier anscheinend an Stelle der zentralen Sonnenscheibe an deren angestammtem Platz auf dem göttlichen Schiff plaziert, wie auf etlichen Vergleichsstücken von Vogel-Sonnen-Barken sowohl in der östlichen Urnenfelderkultur als auch in der nord- und mittelitalienischen Villanova-Kultur zu sehen ist[20].

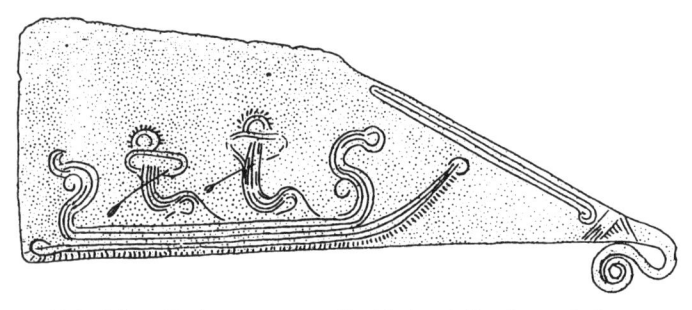

Abb. 11: Rasiermesser aus Süd-Jütland, Fundort unbekannt, um 800 v. Chr. Es zeigt zwei menschenartige Figuren, möglicherweise zwei Erscheinungsweisen des Sonnengottes, der auf dem Sonnenschiff paddelt (Zeichnung: Eva Koch).

Das Radkreuz und sein Gebrauch als Kultobjekt

Bei Kultzeremonien war das Radkreuz ein reales Objekt. Besonders die Felsritzungen der Nordischen Bronzezeit liefern etliche Darstellungen von Kreisabbildungen und Radkreuzen auf einem Stab oder Sockel, manchmal von einer Person getragen, manchmal auf einem Schiff plaziert (Abb. 12). Solche Darstellungen auf Felsen zeigen, wie Radkreuze bei rituellen Handlungen benutzt wurden. Wenn Radkreuze auf einem Pfahl oder Sockel dargestellt werden, dann handelt es sich nicht um abstrakte Abbildungen, sondern um realistische Darstellungen[21] und somit um Abbildungen von Gegenständen,

Abb. 12: Beispiele für Radkreuze in ritueller Verwendung auf einer Halterung oder einem Griff.

12 a: Felsbild aus Backa (Bohuslän, Schweden), späte Bronzezeit.

12 b: Felszeichnung eines Schiffes aus Egely (Bornholm, Dänemark) mit zwei Radkreuzen, d.h. Sonnenbildern, auf einem Ständer. Späte Bronzezeit.

die bei zeremoniellen Handlungen Verwendung fanden und ihrerseits Abstraktionen kosmologischer Vorstellungen sind.

In einigen wenigen Fällen sind zeremonielle Gegenstände, die Abbildungen von Radkreuzen tragen, erhalten. Damit ist deutlich bewiesen, dass eine solche Sonnenabbildung oder ein Radkreuz als tatsächliche Gegebenheit zu betrachten sind. Von besonderem Interesse ist die Miniaturversion einer Sonnenabbildung auf einem Standfuß oder Griff eines Gegenstandes aus Dänemark mit unbekanntem Fundort (Abb. 13), der nur 7 cm hoch ist. Eine bernsteinfarbene Scheibe ist in einer runden bronzenen Halterung plaziert. Die bernsteinfarbene Scheibe hat eine kreuzförmige Perforation von einer Schmalseite zu anderen, die, wenn man sie gegen das Licht bzw. die Sonne hält, ein (Rad-)Kreuz zu erkennen gibt. Auf fast mysteriöse Weise enthüllt die Sonnenabbildung mittels der Sonnenstrahlen selbst das versteckte heilige und machtvolle Bild des Radkreuzes.

1999 fand man eine kugelförmige Steinskulptur in einer spätbronzezeitlichen Siedlung bei Moselund, nahe Jægerspris (Nördliches Seeland)[22]. Der runde Stein mit einem Durchmesser von rund 17 cm trägt Darstellungen von Radkreuzen mit schalenförmigen Dellen zwischen den Speichen (Abb. 14). Er hat eine kleine, sorgfältig gearbeitete Standfläche mit vier, durch Pickung geglätteten »Punkten«. Er ist als tragbarer Kultgegenstand zu betrachten, der bei bestimmten Gelegenheiten auf einen Pfosten gesetzt werden konnte. Obwohl diese »tragbare« vollplastische Skulptur nicht aus Bronze oder Gold, sondern aus Stein besteht, ist sie dennoch ein wichtiges Kultobjekt, das bei Zeremonien in der Bronzezeit Verwendung fand. Das grobe Material Stein macht es nicht »weniger religiös« als Sonnenabbildungen oder Kultgegenstände aus wertvolleren Materialien. Wahrscheinlich waren Sonnenstelen weit häufiger in Gebrauch und verbreiteter als bisher bekannt[23], und einige der sogenannten Amulette der Urnenfelderkultur stehen vermutlich mit solchen Stelen in Verbindung.

Abb. 13: Miniatursonnenbild (ohne Fundortangabe, späte Bronzezeit) auf einem Ständer mit einem Radkreuz, das in einer Bernstein-Sonne verborgen ist. Material: Bronze und Bernstein. Dänisches Nationalmuseum.

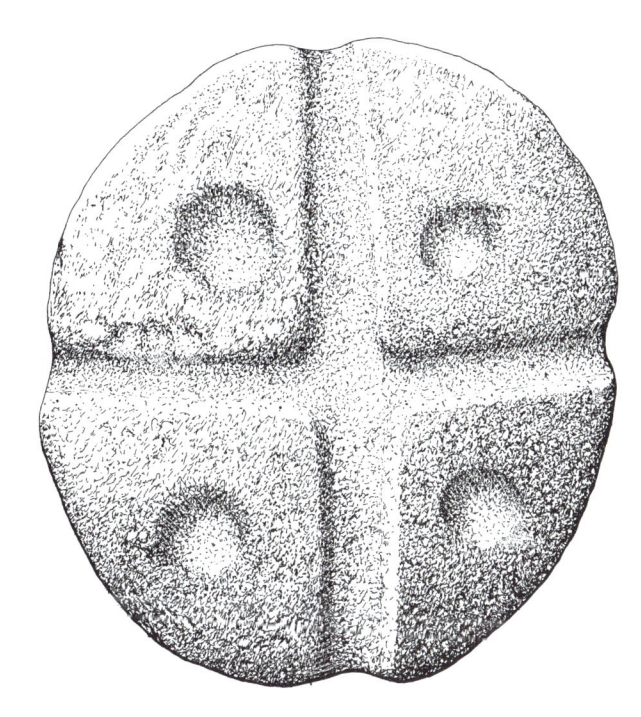

Abb. 14: Kugeliger Stein mit Radkreuz und Schalen aus Moselund (Nördliches Seeland, Dänemark). Es handelt sich um ein tragbares, vollplastisches Sonnenzeichen (Zeichnung: Bjørn Skaarup).

Die Beziehung von Goldobjekten und Religion in der Nordischen Bronzezeit

Einige nordische Darstellungen des (Sonnen-)Schiffs sind symmetrisch aufgebaut, und ihr Bug hat die Form stilisierter Wasservogelköpfe auf gekrümmten Hälsen, was auf eine Verbindung zur Urnenfelderkultur und der mitteleuropäischen Version des Sonnenschiffes hinweist, das ebenfalls die Reise der Sonne darstellt. Die Verzierung einer großen, mit Gold belegten Brillenfibel aus Voldtofte (Fünen) (Per. V, um 800 v. Chr.) besteht aus konzentrischen Kreisen, die eine zentrale Schiffsdarstellung umgeben. Diese umfängt ihrerseits eine Sonnenabbildung aus konzentrischen Kreisen (Abb. 15). Jede dieser kreisförmigen, mit dünner Goldfolie bedeckten Bronzeplatten gibt ein stilisiertes Sonnenschiff mit Vogelkopfbug im Urnenfelderstil wieder[24]. In diesem Falle sieht man die mitteleuropäische Vogel-Sonnen-Barke auf einem nordischen Objekt. Ähnliche Brillenfibeln, allerdings ohne Goldbelag und mit noch stilisierter erscheinenden Schiffen, sind aus Schweden, Dänemark und Norddeutschland bekannt[25]. Eine etwas ältere Brillenfibel aus dem Grab eines wohlhabenden Mannes bei Håga in Uppland (Schweden) (Per. IV, um 1000 v. Chr.) besitzt ebenfalls mit Goldfolie bedeckte Platten, doch hier besteht die Verzierung ausschließlich aus konzentrischen Kreisen.

Es erscheint schwierig, in der Erzählung des kosmologischen Grundmythos Platz für den Mond zu finden. Sollte sich ein Mond auf den Rasiermessern befinden, so konnte der Code, der eine Unterscheidung zwischen Sonne und Mond ermöglichen würde, bislang nicht geknackt werden. Es ist wahrscheinlicher, dass sich die Kunst der Rasiermesser nicht auf Monddarstellungen erstreckte. Die Scheiben einer großen, mit Goldfolie bedeckten Brillenfibel aus Harridslev (Fünen) (Nordische Bronzezeit, Per. V) sind beide mit 23 halbmondförmigen Zeichen verziert, wahrscheinlich Darstellungen des Neumonds (Abb. 16). Auf der einen Scheibe umgibt die halbmondförmige Figur eine kreisförmige Figur mit sechs Strahlungslinien, wahrscheinlich die strahlende Sonne. Auf der an-

Abb. 15: *Große Brillenfibel aus Voldtofte (Insel Fünen, Dänemark) mit zentraler Zeichnung einer stilisierten Sonnenbarke. Späte Bronzezeit, 900–700 v. Chr.*

15 a: *Gesamtansicht.*

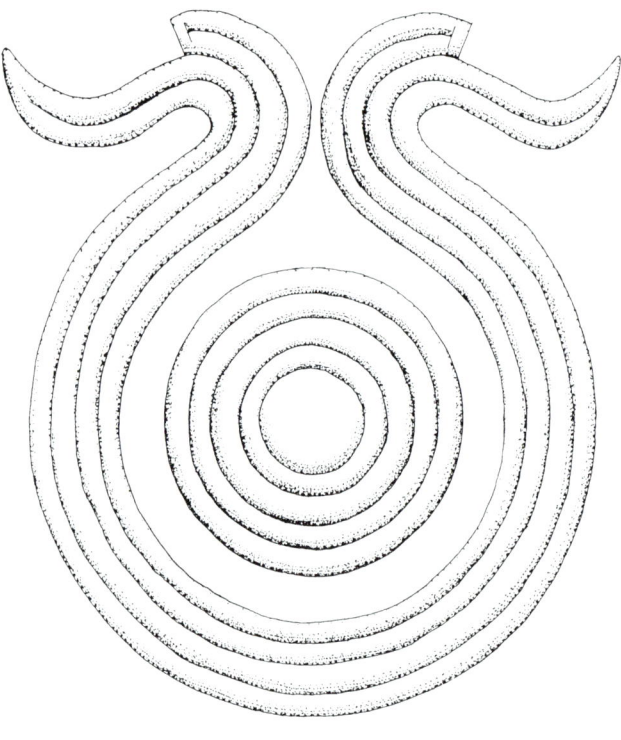

15 b: *Das Motiv der Sonnenbarke (Zeichnung nach L. Jørgensen – P. Vang Petersen 1998).*

Abb. 16: *Große Brillenfibel aus Harridslev (Insel Fünen, Dänemark), späte Bronzezeit, 900–700 v. Chr.*

deren Scheibe besteht die zentrale Figur aus konzentrischen Kreisen. Es ist anzunehmen, dass die strahlende Figur die Sonne und die konzentrische Figur den Vollmond darstellt[26].

Andererseits könnte die strahlende Figur die glänzende Tagessonne, die konzentrischen Kreise hingegen die dunkle Nachtsonne darstellen. Wenn wir davon ausgehen, dass die halbmondförmigen Figuren den Neumond bezeichnen, wäre auch der Vollmond anzunehmen. Dagegen ließe sich vermuten, dass, wenn der Mond (hier in Gestalt des Neumonds) gezeigt wird, die beiden zentralen kreisförmigen Motive Darstellungen der Sonne sind, allerdings in unterschiedlichen Positionen. Das eine stellt die Sonne des Tages mit ihrer Aura dar, das andere die Dunkelheit, das heißt die nicht strahlende Sonne der Nacht in der Unterwelt. Der Neumond kann zeitgleich mit der Sonne des Tages am Tageshimmel gesehen werden, aber auch am verdunkelten Nachthimmel, während die Sonne in der Dunkelheit hinter dem Horizont verschwindet. Folglich ist anzunehmen, dass wir hier die Sonne in ihren zwei Erscheinungen sehen, umgeben von Neumonden, wobei die 23 halbmondförmigen Monde vermutlich in irgendeiner Weise als Zeitmarkierungen gedacht waren. Doch dies sind nur Interpretationsvorschläge, tatsächlich ist die nahezu abstrakte Motivik der Fibel von Harridslev nach wie vor nur schwer zu deuten.

Dass der Mond eine wichtige Rolle als Zeitmarkierung und Tageszähler besaß, geht aus den Felsritzungen von Aspeberget (Gem. Tanum, Bohuslän, Westschweden) hervor. Hier scheint eine Figur in ihrer übertrieben großen Hand insgesamt 28 Schalenzeichen zu halten, von denen jeweils sieben in einer Reihe angeordnet sind (Abb. 17). Möglicherweise ist hier eine Person dargestellt, die Kenntnis vom Mondmonat der 28 Sonnen hatte – dann würde jede Schale in dieser Darstellung für die Sonne oder den Sonnenaufgang stehen. Diese Möglichkeit scheint durch eine zusätzliche Schale über den vier Reihen bestätigt zu werden: Der richtige Mondmonat hat nämlich zeitweise Bedarf für einen Extratag, wenn der Mondmonat von 28 Tagen auf 29 Tage angepasst werden muss[27]. Wenn wir diese Felsritzung als Abbildung der Mondphasenordnung auffassen und somit als einen Beweis für die vierfache Unterteilung des Mondmonats, entsprechend unserer heutigen Unterteilung in vier siebentägige Wochen, dann ließe sich sagen, dass die Viererteilung des Radkreuzes nicht nur die Tages- und Jahreszeiten wiedergibt, sondern darüber hinaus auch die vier Mondphasen und folglich die übergeordneten zyklischen oder »pythagoräischen« Beobachtungen der Bronzezeit. Der Frage, ob der Sonn-Tag möglicherweise schon während der Bronzezeit gefeiert wurde, ist mit Vorsicht zu begegnen: Falls der Aspeberget-Petroglyph das einzige Beispiel ist, bei dem die Zahlen 4, 7 und 28 (29) in dieser Art und Weise angeordnet sind, handelt es sich zunächst um einen zufälligen »Beweis«, der bislang durch kein anderes Beispiel aus der Nordischen oder mitteleuropäischen Bronzezeit bestätigt wird.

Abb. 17: Felszeichnung aus Aspeberget (Bohuslän, Schweden), die einen Menschen zusammen mit runden schälchenförmigen Vertiefungen zeigt, die in ihrer Anordnung vermutlich kalendarische Bedeutung haben.

Unter den Goldobjekten sind mehr als hundert Schiffe aus Goldfolie von besonderem Interesse. Sie sind 10–17 cm lang, mit Reling und Spanten aus dünnen Kupferstreifen, und wurden 1885 bei Nors in Thy (Nordwest-Jütland) in einem Topf gefunden, der von einem flachen Stein bedeckt war (Abb. 18). Einige der Schiffe sind mit konzentrischen Kreisen, das heißt Sonnenmotiven, verziert[28]. Vor kurzem vorgenommene Metallanalysen unterstützen die Vermutung, dass die Goldschiffe aus der (frühen) Bronzezeit stammen. Schiffsabbildungen, Goldfolie und eingeprägte konzentrische Kreise haben wir als typische Erscheinungen der Bronzezeit kennengelernt. Die Fertigungstechnik der Goldfolie für die Schiffe von Nors und ihrer konzentrischen Kreise hat Parallelen in jener der Goldfolie auf der Sonnenscheibe des »Sonnenwagens von Trundholm«, in den Goldfolienscheiben aus der frühen Bronzezeit, etwa Jægersborg[29], der oben erwähnten Brillenfibel und den Goldhüten aus Deutschland und Frankreich[30]. Alles spricht dafür, diese Boote der Bronzezeit zuzuordnen; es handelt sich um die heiligen Sonnenschiffe der Religion der Bronzezeit.

Die fünf frühbronzezeitlichen Goldfolien-Scheiben aus Jægersborg (Nördliches Seeland), Solhoj, Kogehoj (beide Nord-Jütland) und Glüsing (Norderdithmarschen)[31] sind ebenfalls als Kultgegenstände aufzufassen, jedoch einer Art von Kultobjekten, die im Gegensatz zu den Kultäxten als Grabbeigaben dienten. Bei vielen anderen Objekten der Bronze-

Abb. 18: Einige der Goldschiffe aus Nors (Nordwest-Jütland, Dänemark).

Abb. 19a: Goldschalen der späten Bronzezeit aus Dänemark (Borgbjerg Banke, West-Seeland und andere dänische Fundorte).

19 b: Verschiedene Goldschalen der späten Bronzezeit aus Dänemark (Zeichnungen nach J. Jensen 1983).

zeit, bei denen es sich nicht notwendigerweise um richtiggehende Kultobjekte handeln muss, sind Teile mit Goldfolie oder Goldfäden bedeckt. Beispiele sind der pferdekopfförmige Griff eines Rasiermessers und die runde Scheibe auf einer Pinzette aus einem Grab bei Love (Westliches Seeland) aus der späten Bronzezeit, Per. V (900–700 v. Chr.)[32], bei denen die Manifestation der Sonne, das Sonnenpferd bzw. sein Kopf, und die Sonne selbst vergoldet wurden.

Viele dänische und schwedische Goldtassen oder Goldbecher der späten Bronzezeit, die zur Familie der goldenen, heiligen Kultgefäße der späten europäischen Bronzezeit gehören, tragen konzentrische Kreise, die als Sonnenabbildungen verstanden werden können[33] (Abb. 19). Das Sonnenpferd als wichtige Erscheinungsform der Sonne taucht auch als Henkel auf und ist so mit den Goldtassen eng verbunden. Der Henkel kann als Schiffsbug interpretiert werden, womit die »Sonnentassen« zu Sonnengefäßen werden, die vom Sonnenpferd gezogen werden, vielleicht symbolisieren sie auch das pferdeköpfige Sonnenschiff. Auf jeden Fall handelt es sich bei den Goldgeräten um ganz herausragende Belege des Sonnenkultes.

Die goldenen Armringe der späten Bronzezeit, die sogenannten Schwurringe, sind ebenfalls als Sakralgegenstände zu verstehen. In den achtziger und neunziger Jahren des 20. Jahrhunderts fand man eine Anzahl solcher Ringe nahe Boeslunde (Neble, Südwestliches Seeland). Das Gesamtgewicht der fünf Ringe von Boeslunde beträgt rund 2,5 kg. Zusammen mit den Funden der Goldtassen vom nahegelegenen Borgbjerg Banke, der als markanter runder Hügel möglicherweise eine Art »heiliger Berg« war, stammen aus dieser Gegend beinahe 5 kg Gold der Bronzezeit, mehr als von irgendeinem anderen Ort in Dänemark. Diese Konzentration von Goldfunden, ergänzt durch andere Weihedepots einschließlich der Luren, zeigt, dass in der späten Bronzezeit Borgbjerg ein wohlhabender Zentralort, aber auch ein religiöses Zentrum gewesen sein muss, mit dem Borgbjerg Banke als Mittelpunkt[34].

Eine erst kürzlich gefundene Kultaxt der frühen dänischen Bronzezeit und das Fächersymbol

Im folgenden geht es um fächerförmige Symbole, die neben anderen Symbolen, etwa dem pilzförmigen Symbol, in der späten Bronzezeit besonders häufig waren. Strukturanalysen von Darstellungen auf Bronzegegenständen der späten Bronzezeit zeigen, dass die Symbole Bezüge zur Sonne und den Tageszeiten aufweisen, denn sie wurden nur in Zusammenhang mit Schiffen gefunden, die nach rechts segeln. Häufig treten sie gemeinsam mit Sonnendarstellungen auf. Das Fächersymbol ist folglich mit Begriffen wie »Tag«, »aufwärts«, »Sonne« und »Licht« in Verbindung zu bringen[35]. Eine erst kürzlich gefundene Kultaxt aus Bredebækgård (Nördliches Seeland) belegt das Vorkommen dieses Symbols auch für die frühe Bronzezeit, um 1400 v. Chr. Neben verschiedenen anderen Zierelementen findet sich das Fächersymbol, das auf der Spitze einer großen dreieckigen Figur »balanciert« (Abb. 20). Schon die frühesten Belege für dieses Motiv zeigen es in einer ausgeprägten, fast heraldischen Form, womit bewiesen wird, dass es bereits in der frühen Bronzezeit, und damit der prägenden Phase der religiösen Kunst der Nordischen Bronzezeit, nahezu vollständig entwickelt war.

Ebenso wie das Pferd und das Schiff, war das Fächermotiv beinahe während der ganzen Bronzezeit von Bedeutung. Interpretieren wir die gekrümmte Figur unterhalb des Schaftloches der Axt als Darstellung einer Schlange, dann taucht auch dieses Motiv, das mit der Reise der Sonne in Verbindung steht, schon in der frühen Bronzezeit auf. Möglicherweise lassen sich alle Motive auf diesem Beil als eine Darstellung der kosmologischen Ordnung deuten. In diesem Sinne »blickt« das fächerartige Motiv nach oben, es ist ein Symbol für »aufwärts«, Tag, Licht und Sonne, während es ist mit der Erde durch sein hohes

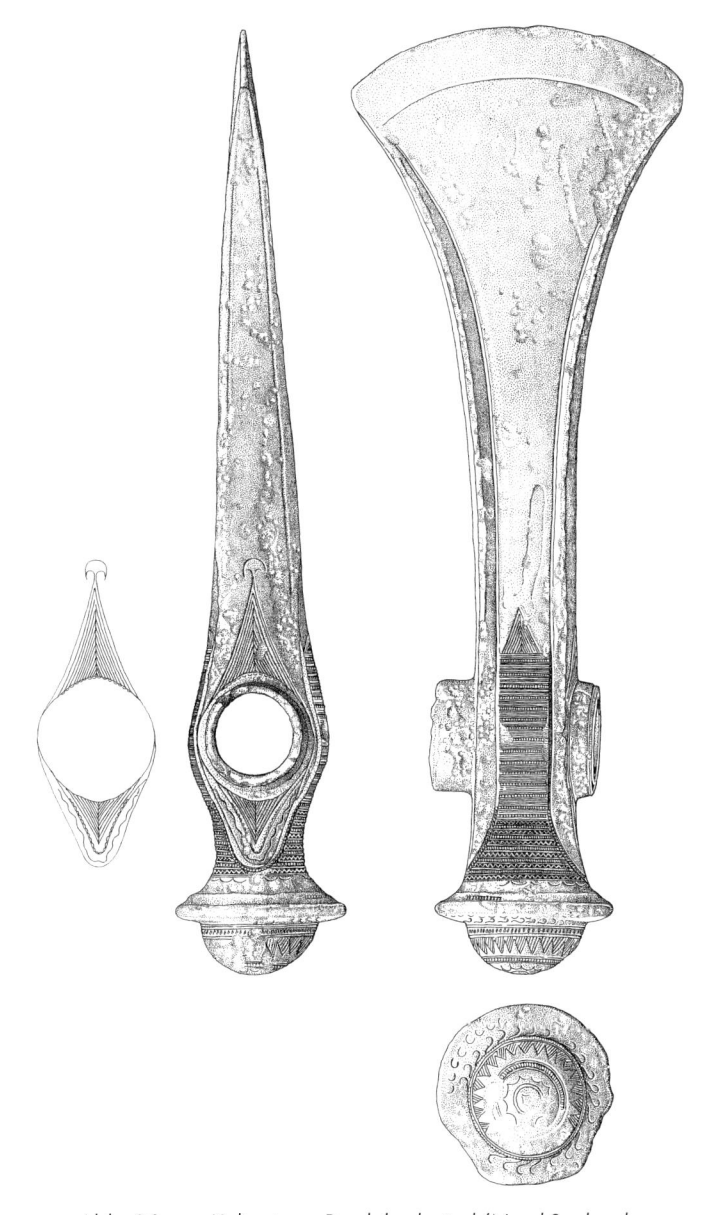

Abb. 20a: Kultaxt aus Bredebækgård (Nord-Seeland, Dänemark), um 1400 v. Chr. Der runde Nacken ist mit hakenartigen (schiffförmigen) Zeichen verziert, die eine Sonnendarstellung umgeben. Der Beilkörper ist ober- und unterhalb des Schaftloches verziert. Auf der einen Seite ist ein fächerartiges Symbol über einem hohen schraffierten Dreieck zu sehen, auf der anderen Seite über einem niedrigeren Dreieck eine geschlängelte Linie, möglicherweise eine Schlange (Zeichnung: Bjørn Skaarup).

dreieckiges Podest verbunden ist. Die Schlange unter ihm ist entsprechend ein Symbol der Nacht, für »unten« und Dunkelheit. Auch könnte die Nackenscheibe eine symbolische Darstellung der kosmologischen Ordnung sein. Die Sonne ist von

20 b: Detail der Kultaxt mit dem fächerförmigen Symbol, das auf einem hohen Dreieck balanciert.

Schiffsbugen umgeben, die nach links und rechts segeln und somit die Reise der Sonne sowohl bei Nacht als auch während des Tages darstellen[36].

Die Einführung des Fächersymbols ließe sich als eine auf den Norden begrenzte lokale Erscheinung betrachten, eng angelehnt an einige Grundwerte der Axt und der Axtform. Möglich wären jedoch auch ausländische Einflüsse. Sucht man nach gestalterischen Parallelen, so weist etwa das Kultbeil von Bredebækgård größte Ähnlichkeiten mit hethitischen Königs-Siegeln aus der großen Zeit des hethitischen Königreichs um und vor 1300 v. Chr. auf[37]. Neben anderen Motiven und Symbolen zeigen diese königlichen Machtzeichen eine halbkugelige Form mit nach innen gedrehten unteren Enden, die auf der Spitze einer großen dreieckigen Figur balancieren, wie sie auch auf dem Beil von Bredebækgård zu sehen ist. Die Bedeutung dieses Zeichens in seinem hethitischen Kontext ist nicht ganz klar. Es ist vorgeschlagen worden, dass es ein Symbol des besonders wichtigen Himmels- und Wettergottes sein könnte und etwas Gutes oder Positives bedeutet. Der Zusammenhang mit dem Hethiterreich scheint weit hergeholt. Allerdings haben Wissenschaftler immer wieder verschiedene auffällige Erscheinungen der Nordischen Bronzezeit als Reflex eines möglichen Einflusses aus Anatolien und dem östlichen Mittelmeer gedeutet[38].

Schlussbemerkungen
Akzeptiert man den Vorschlag, dass einige der Symbole, die in der Entstehungsphase von Ikonographie und Religion der Nordischen Bronzezeit (Per. I und frühe Per. II) auftreten, ausländische Einflüsse widerspiegeln, dann ist zu überlegen, woher und auf welchen Wegen diese Einflüsse nach Norden kamen. Vielleicht sollten wir diese formgebende Periode nicht nur als eine Phase betrachten, in der »Verbreitung« stattfand, sondern eher als Zeit eines aktiven und nach nordischen Gesichtspunkten bewusst selektierenden Prozesses. Die verschiedenen figürlichen und symbolischen Elemente der Ikonographie und folglich der Religion wurden von Angehörigen einer besonderen Elite der nordischen Gesellschaften bewusst aufgenommen. Diese Personengruppe war weitgereist und kannte »die Geheimnisse der Welt«. In dieser formgebenden Phase wurden ganz bewusst verschiedene Elemente ausgewählt und in Übereinstimmung mit den nordischen Kulturtraditionen, Systemen und Vorstellungen neu angeordnet. So gesehen, könnte das Schiff bzw. das Sonnenschiff die Kenntnis der ägyptischen Religion widerspiegeln. Das Pferd und das Radkreuz würden dann von einer Verwandtschaft zum mykenischen Griechenland und zu Mitteleuropa zeugen. Die Schlange könnte die Kenntnis von der Religion des Minoischen Kreta oder Ägyptens belegen und die fächerartigen Zeichen die Kenntnis der hethitischen Symbole. All diese Motive kamen recht bald, nach den Traditionen der nordischen Künstler neu geordnet, zusammen und formten dann die grundlegenden ikonographischen Elemente der Religion der Nordischen Bronzezeit – einer Religion inmitten der Religionen der bekannten Welt –, die in den folgenden tausend Jahren Bestand hatte.

Die außerordentlich komplexe und abwechslungsreiche Ikonographie der späten Nordischen Bronzezeit liefert eine exzellente Grundlage für Interpretationen, besonders, nachdem die Beziehungen der Motive zu einer grundlegenden kosmologischen und zyklischen Mythologie erkannt wurde. Die nordische Ikonographie kann mit jener der Urnenfelderkultur verglichen werden, wobei sich zeigt, dass es einige gemeinsame Grundgedanken gab. Darstellungen, die mit der Sonne und der Idee des Sonnenschiffes verbunden sind, treten in weiten Gebieten Nord- und Mitteleuropas auf. Auch das alte Ägypten darf bei einer solchen allgemeinen und weitgespannten Strukturanalyse nicht unberücksichtigt bleiben. Die nordische zyklische Sonnenreligion erscheint somit als Teil einer großen Familie ähnlicher bronzezeitlicher Religionen.

Anmerkungen

1 Siehe z. B. Armin W. Geertz: Definitions as Analytical Strategy in the Study of Religion. Historical Reflections. New York 1999.
2 Kurt Schier: Skandinavische Felsbilder als Quelle für die germanische Religionsgeschichte? Einige einführende Überlegungen über Möglichkeiten und Grenzen der religionswissenschaftlichen Felsbildinterpretation. In: Reinhard Bech – Herbert Jankuhn – Reinhard Wenskus (Hrsg.): Germanische Religionsgeschichte. Quellen und Quellenprobleme (Ergänzungsbände zum Reallexikon der Germanischen Altertumskunde). Berlin 1992, S. 162–228.
3 Beide Begräbnisstätten stammen aus Seeland nördlich von Kopenhagen. Ekkehardt Aner – Karl Kersten: Frederiksborg und Københavns Amt (Die Funde der älteren Bronzezeit des nordischen Kreises in Dänemark, Schleswig-Holstein und Niedersachsen, Bd. 1). Kopenhagen – Neumünster 1973, Nr. 399, 417. Ebbe Lomborg: Et tøjstykke fra Hvidegårdsfundet. Det skabende menneske, Teil 1. In: Robert Egevang (Hrsg.): Kulturhistoriske skitser tilegnet P. V. Glob. Kopenhagen 1981, S. 64–84, bes. S. 79 ff. Flemming Kaul: Ships on Bronzes. A Study in Bronze Age Religion and Iconography (National Museum, Studies in Archaeology and History, Bd. 3,1–2). Kopenhagen 1998, S. 16–20.
4 Flemming Kaul: Sandagergård. A Late Bronze Age Cultic Building with Rock Engravings and Menhirs from Northern Zealand, Denmark. In: Acta Archaeologica, Bd. 56, 1985 (1987), S. 31–54.
5 Helle Vandkilde: From Stone to Bronze. The Metalwork of the Late Neolithic and Earliest Bronze Age in Denmark (Jutland Archaeological Society Publications, Bd. 32). Århus 1996. Helle Vandkilde: Material Culture and Scandinavian Archaeology: A Review of the Concepts of Form, Function and Context. In: Deborah Olausson – Helle Vandkilde (Hrsg.): Form, Function and Context. Material Culture Studies in Scandinavian Archaeology (Acta Archaeologica Lundensia, Series in 8°, Bd. 31). Lund 2000, S. 3–49.
6 F. Kaul (Anm. 3), S. 73–76.
7 Henrik Thrane: Bronzealderbarbering. In: Fynske Minder, 1987, S. 13–31, bes. S. 26.
8 F. Kaul (Anm. 3), S. 154–155.
9 Hans Drescher: Untersuchungen der Technik einiger bronzezeitlicher Rasiermesser und Pinzetten. In: Die Kunde, N. F., Bd. 14, 1963, S. 125–142. Michael Meier: Zur Herstellung und zum Gebrauch eines bronzenen Rasiermessers aus Liebenau, Landkreis Nienburg. In: Die Kunde, N. F., Bd. 43, 1992, S. 115–127.
10 F. Kaul (Anm. 3), S. 157–161.
11 Ernst Sprockhoff: Nordische Bronzezeit und frühes Griechentum. In: Jahrbuch des Römisch-Germanischen Zentralmuseums, Bd. 1, (1953) 1954, S. 28–110. Ernst Sprockhoff: Das bronzene Zierband von Kronshagen bei Kiel. In: Offa, Bd. 14, 1955, S. 1–120.
12 F. Kaul (Anm. 3).
13 F. Kaul (Anm. 3).
14 Es handelt sich nicht um eine Einlegearbeit aus Eisen, wie man bisher annahm. Vgl. Wolfgang Kimmig: Seevölkerbewegung und Urnenfelderkultur. In: Raphael von Uslar – Karl J. Narr (Hrsg.): Studien aus Alteuropa, Kurt Tackenberg gewidmet, Bd. 1. Köln 1964. F. Kaul (Anm. 3).
15 E. Sprockhoff: Nordische Bronzezeit (Anm. 11), S. 100.
16 F. Kaul (Anm. 3), S. 226–228.
17 Sverre Marstrander: Zur Holzschnitzkunst im bronzezeitlichen Norwegen. In: Acta Archaeologica, Bd. 50, 1980, S. 61–88.
18 F. Kaul (Anm. 3), S. 242 ff.
19 E. Sprockhoff: Nordische Bronzezeit (Anm. 11). Henrik Thrane: Ships with Crews. In: Oldtidens Ansigt, Faces of the Past, Til Hendes Majestæt Dronning Margrethe II, 16. april 1990. Kopenhagen 1990, S. 84–85.
20 Georg Kossack: Studien zum Symbolgut der Urnenfelder- und Hallstattzeit Mitteleuropas (Römisch-Germanische Forschungen, Bd. 20). Berlin 1954, S. 74–76. Georg Kossack: Religiöses Denken in dinglicher und bildlicher Überlieferung Alteuropas aus der Spätbronze- und frühen Eisenzeit (9.–6. Jahrhundert v. Chr.) (Bayerische Akademie der Wissenschaften, Philosophisch-Historische Klasse, Abhandlungen, N. F., Bd. 116). München 1999, S. 188 ff.
21 F. Kaul (Anm. 3), S. 23 ff.
22 Flemming Kaul: Solsymbolet. In: Skalk, Bd. 6, 2000, S. 28–31.
23 G. Kossack: Religiöses Denken (Anm. 20), Abb. 67.
24 Lars Jørgensen – Peter Vang Petersen: Guld, Magt og Tro. Gold, Power and Belief. Ausst. Kat. Nationalmuseum Kopenhagen. Kopenhagen 1998, S. 112–113.
25 Oscar Montelius: Minnen från vår forntid, Bd. 1: Stenåldern och bronsåldern. Stockholm 1917, S. 89–90. E. Sprockhoff: Das bronzene Zierband (Anm. 11), S. 56. Jørgen Jensen: Fra Bronze- til Jernalder (Nordiske Fortidsminder, Serie B, Bd. 15). Kopenhagen 1997, S. 280.
26 L. Jørgensen – P. Vang Petersen (Anm. 24), S. 110–111.
27 F. Kaul (Anm. 3), S. 197–198.
28 L. Jørgensen – P. Vang Petersen (Anm. 24), S. 90–91.
29 E. Aner – K. Kersten (Anm. 3), Nr. 417.
30 Persönliche Mitteilung von Dr. Barbara Armbruster.
31 Karl Kersten: Zur älteren nordischen Bronzezeit (Veröffentlichungen der Schleswig-Holsteinischen Universitätsgesellschaft, Reihe 2, Nr. 3). Neumünster 1935. Mogens Schou Jørgensen: Oldtidsguld. In: Mogens Schou Jørgensen (Hrsg.): Guld Fra Nordvestsjælland. Holbæk 1975, S. 42–43, 99–101. L. Jørgensen – P. Vang Petersen (Anm. 24), S. 87–88.
32 M. Schou Jørgensen (Anm. 31), S. 47. L. Jørgensen – P. Vang Petersen (Anm. 24), S. 57–58, 89.
33 Jørgen Jensen: Et rigdomscenter fra yngre bronzealder på Sjælland (Aarbøger for nordisk Oldkyndighed og Historie, 1981). Kopenhagen 1983. L. Jørgensen – P. Vang Petersen (Anm. 24), S. 96 ff.
34 J. Jensen (Anm. 33). Jørgen Jensen: Man skal ikke spå… Om danetæ fra bronzealderen. In: Nationalmuseets Arbejdsmark, 1994, S. 163–171. L. Jørgensen – P. Vang Petersen (Anm. 24), S. 74–78.
35 F. Kaul (Anm. 3), S. 188 ff.
36 Flemming Kaul: En sjælden kultøkse fra bronzealderen. In: Nationalmuseets Arbejdsmark, 2001, S. 30–59.
37 Oliver Robert Gurney: The Hittites. London 1962, S. 140, 148, 203–206.
38 Jan Bouzek: The Aegean, Anatolia and Europe: Cultural Interrelations in the Second Millenium B.C. Prag 1985. Peter Schauer: Spuren orientalischen und ägäischen Einflusses im bronzezeitlichen nordischen Kreis. In: Jahrbuch des Römisch-Germanischen Zentralmuseums, Bd. 32, 1985, S. 123–195. Klavs Randsborg: Kivik, Archaeology and Iconography. In: Acta Archaeologica, Bd. 64, Heft 1, 1993, S. 1–147.

Herstellung

Abb. 2:   Die Goldschale von Zürich-Altstetten in restauriertem Zustand.

Walter Fasnacht

Die Goldschale von Zürich-Altstetten im Lichte neuester werkstoffanalytischer Untersuchungen

Einleitung

»Or, Aurum: sakrales Wort, meint es das Gold der Morgen und Abendröten, der Gestirne, das Gold im Fluss, im Berg, Schatz der Elben, der Wasser- und Felsengötter, das mythische Aurum und Arcanum der Alchemisten und das jenseitige, hinter schattenden Zweigen schimmernde Gold des Engels im Christbaum.« (Erika Burkart)

Aus der Sicht der Schweizer Lyrikerin ist nicht nur das Gold als Material, sondern bereits das Wort an sich sakral.[1] In einem Artikel über Goldanalysen wird gezwungenermaßen beides strapaziert: das Material für die Probeentnahme, das Wort für den Bericht. Wir waren jedoch bemüht, uns der Goldschale von Altstetten so umsichtig wie möglich zu nähern.

Die Goldschale von Zürich-Altstetten soll hier unter dem Gesichtspunkt der fortschreitenden Metallanalytik aufgegriffen werden. Die sich etablierende analytische Methode der Massenspektrometrie mit induktiv gekoppeltem Plasma (ICP-MS), vor allem jene mit Laserablation, zeigt Möglichkeiten der Analytik auf, welche über eine Materialcharakterisierung im Spuren- und Ultraspurenbereich und eventuelle Hinweise auf die Materialherkunft hinausgehen und detaillierte Untersuchungen zur gesamten Herstellungs-, Lebens-, Gebrauchs-, Deponierungs-, Lagerungs- und Restaurierungsgeschichte ermöglichen. Dabei sind der Materialverlust und die Beeinträchtigung des Objektes sehr klein und vom kuratorischen wie konservatorischen Standpunkt vertretbar. Nach einer allfälligen Probeentnahme steht die Probe weiterhin für Nachuntersuchungen, Laborvergleiche usw. zur Verfügung.

Bemerkungen zur Forschungsgeschichte der Goldschale

Die Goldschale von Zürich-Altstetten wurde im Zuge von Geleisebauten der Schweizerischen Bundesbahnen am 17. Oktober 1906 – im gleichen Jahr und unter gleichen Voraussetzungen wie der Goldbecher von Eschenz im Kanton Thurgau – von einem Bauarbeiter gefunden. Bei der Goldschale, dem gewichtigsten urgeschichtlichen Goldfund der Schweiz, handelt es sich, wie bei dieser Fundgattung üblich, um einen Zufallsfund. Aus der Beschreibung der Fundumstände geht jedoch klar hervor, dass die Goldschale als geordnet deponierter Weihe- oder Grabfund angesprochen werden darf. Die bei der Bergung arg beschädigte Schale (Abb. 1) gelangte nach lobenswerter Umsicht der Verantwortlichen der Bundesbahnen als Geschenk an das Schweizerische Landesmuseum, wo sie heute unter der Inventarnummer A-86063 aufbewahrt wird (Abb. 2).

Bereits 1907 verfasste Jakob Heierli den grundlegenden Artikel zur »goldenen Schüssel von Zürich«[2]. Details zur Auffindung und Fundlage, Resultate der Nachgrabung, Objekt- und Materialbeschreibung, Datierung, kulturelle Einordnung, all diese Aspekte wurden ausführlich erarbeitet. Jede Neuuntersuchung des Fundes kommt nicht ohne diese – insgesamt jedoch beschränkte – Informationsbasis aus. Inzwischen beschäftigten sich Generationen von Archäologen und Archäologinnen mit der Goldschale, zuletzt Barbara Armbruster[3], fußend auf der umfassendsten und sorgfältigsten neueren Arbeit an diesem Fund von Patrick Nagy[4]. In beiden Arbeiten liegt der Schwerpunkt auf handwerklich-technologischen Aspekten, Materialuntersuchungen wurden keine zusätzlichen unternommen. Aus der Sicht des Archäometallurgen ist die dringlichste Aufgabe die möglichst genaue Charakterisierung des Werkstoffes. Die Frage nach der Materialherkunft ließ

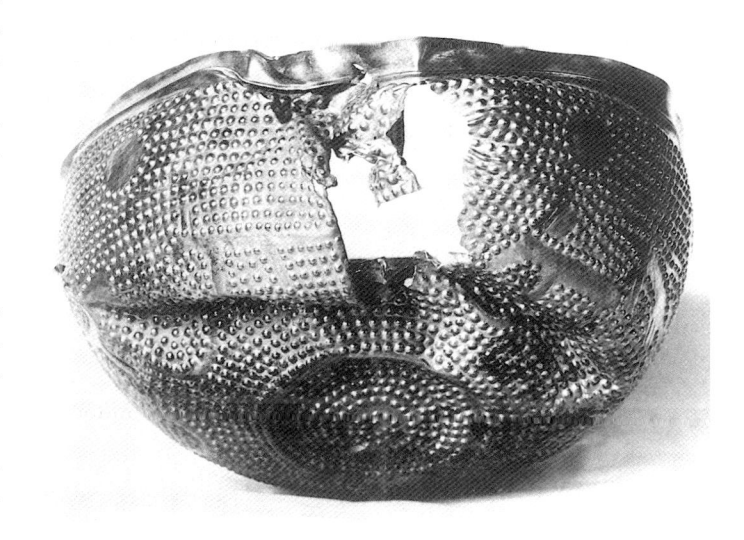

Abb. 1: Die Goldschale von Zürich-Altstetten gleich nach der Auffindung.

P. Nagy angesichts der ihm damals zur Verfügung stehenden Analysen mit dem Hinweis offen, dass »aufgrund der Analysenresultate weder eine eindeutige chronologische Aussage noch eine geographische Herkunftsbestimmung erfolgen kann und darf«[5].

Die annähernd halbkugelförmige Schale misst 25 cm im Durchmesser, 12 cm in der Höhe und weist eine Wandstärke von 0,4 mm am Körper und bis zu 2 mm am Rand auf. Das Gewicht des Objektes wurde in der Originalpublikation von 1907 mit 910 g, von Nagy mit 907,3 g angegeben. Dreifach abgesicherte Nachwägungen ergaben 907,8 g. Es fehlt jedoch ein Stück, welches bei der Auffindung vom Pickel des Bahnarbeiters herausgeschlagen wurde (Abb. 1, 3). Die Größe der rhomboidförmigen fehlenden Stelle in der Gefäßwand beträgt 2,8 x 2,5 cm, was bei einer Wandstärke von 0,4–0,45 mm ein zusätzliches und bislang nirgends erwähntes Gewicht von 5,4–6 g Gold ergibt. Es ist deshalb mit einem Originalgewicht der Schale zwischen 913,2–913,8 g zu rechnen. Die Frage nach standardisierten Gewichtseinheiten von Goldobjekten in der Ur- und Frühgeschichte ist mit dem singulären Fund von Zürich-Altstetten nur schwer anzugehen, soll aber weiter unten im Zusammenhang mit den Analysenresultaten wieder aufgegriffen werden.

Zur Datierung sei hier ebenfalls nur angemerkt, dass die Schale schon von P. Reinecke in der Publikation von J. Heierli als eindeutig nicht eisenzeitlich, sondern am ehesten in die späte Bronzezeit datiert wurde. Anschließend wurde die Goldschale mit Vorliebe in die Hallstattzeit versetzt; die jüngere Forschergeneration schließt sich jedoch wieder der bronzezeitlichen Datierung an[6]. Die Neuorientierung bei der Deutung von systematisch repetitiven Ornamenten auf Goldobjekten als Kalender gibt natürlich auch der Goldschale von Zürich-Altstetten eine neue Dimension[7]. Deren sonnen- und mondsichelförmige Aussparungen, welche über verschiedenen Tierdarstellungen schweben, laden unter diesem Lichte geradezu ein zu einer intensiven Beschäftigung mit dem Verzierungsgut der Schale, zu der jedoch hier der Raum fehlt.

Materialcharakterisierung der Goldschale

Bereits kurz nach der Auffindung wurde das Gold mit einem Gehalt von 22 Karat charakterisiert. Materialanalysen im Stuttgarter Labor ergaben rund sechzig Jahre später eine Zusammensetzung von etwas über 85% Gold, 14% Silber, 0,4% Kupfer und 0,24% Zinn. Solch hohe Zinnwerte wurden als typisch für Flussgold interpretiert[8]. Aber ist die Annahme, dass in der Prähistorie die bisweilen mitgewaschenen Zinnerzpartikel auch wirklich in die Goldschmelze gelangten, tatsächlich erwiesen oder überhaupt beweisbar?

Für die vorliegende Arbeit wurde an der bei der Auffindung beschädigten Stelle ein Stückchen von 3 x 3 mm der Wand weggesägt (Abb. 3). Diese Probe liegt noch weitgehend unversehrt vor und kann für weitere Untersuchungen angefordert werden. Die punktweisen Analysen fanden an der Außenseite, der Innenseite und am Sägeschnitt statt, wo mit dem Laser Punkte von innen nach außen gemessen wurden. Dieses Vorgehen wurde gewählt, um einerseits die Homogenität des Materials auf derselben Fläche zu testen und andererseits mögliche Materialveränderungen von innen nach außen zu erfassen.

Die Analysen (Taf. 1) 10c05–16 wurden an einem metallurgischen Schliff eines kleinen Stückchens der Schalenwand,

Abb. 3: Bei der Auffindung der Goldschale von Zürich-Altstetten beschädigte Stelle mit Markierung der Probeentnahme für die vorliegenden Analysen.

das beim Absägen der Probe anfiel, gemacht. Die Analysen 10j10–16 stammen von der Außenseite, die Analysen 10i11–16 von der Innenseite. Die Analysen 10e13–10f16 wurden an der Schnittfläche des herausgesägten Stückchens ausgeführt, mit vier Messpunkten von der Innen- zur Außenseite der Gefäßwand. Die ICP-MS-Methode mit Laserablation analysiert nicht direkt an der Oberfläche des Metalls, sondern bohrt einen Minikrater von etwa 30 Mikrometer Tiefe und 30–80 Mikrometer Durchmesser. Das quantifizierte Messresultat ist demnach eine integrierte Tiefenanalyse von zehn bis dreißig Mikrometer, wobei Oberflächenablagerungen nicht erfasst werden. Nebst dem Gold wurden die Nebenelemente Silber, Kupfer und Zinn sowie die Spurenelemente Chrom, Zink, Arsen, Selen, Kadmium, Antimon, Wolfram, Blei und Wismut untersucht. Als weitere nichtmetallische Elemente wurden Natrium, Silizium und Kalzium einbezogen. Die Werte liegen meist unter 0,5%. Mit diesen Elementen kann festgestellt werden, ob mit dem Laserstrahl ein größerer Einschluss im Gold getroffen wurde; diese Daten müssen dann verworfen werden.

Generell zeigt sich ein einheitliches Bild der Haupt-, Neben- und Spurenelemente (Abb. 4–6). Der Goldgehalt liegt zwischen 81–83% (Abb. 4), der Silbergehalt entsprechend zwischen 14–12% (Abb. 5). Kupfer liegt bei maximal 0,38%, vorwiegend jedoch unter 0,3% und Zinn nicht über 0,14%, vorwiegend um 0,12%. Diese Werte liegen im Rahmen der von P. Nagy zitierten Vergleichswerte[9], dass heißt die hochempfindliche Methode der Massenspektrometrie liefert auch für die Bestimmung der Haupt- und Nebenelemente gute Resultate.

Materialcharakterisierung von Fluss- und Berggold

Wenn nun die Goldschale von Zürich, wie allgemein angenommen, aus Seifengold besteht, dann ist es empfehlenswert, nicht nur die Goldschale den neuesten werkstoffanalytischen Methoden zu unterwerfen, sondern auch schweizerische Fluss- und Berggolde genauer unter die Lupe, respektive das

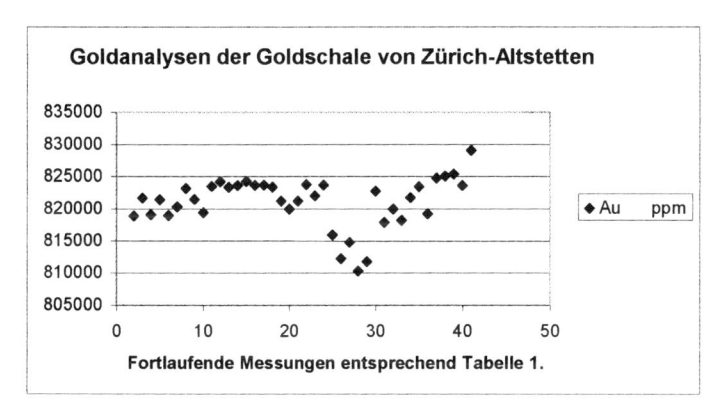

Abb. 4: Darstellung der Goldwerte. Die Werte von Nr. 12–18 stammen von der Gefäßaußenseite und sind die konstantesten, sie belegen entweder eine vereinheitlichende »Korrosion« des Objektes oder eine bewusste goldanreichernde Behandlung an der sichtbaren Oberfläche. Die Daten von Nr. 19–24 belegen eine unruhigere Innenseite. Die Daten ab Nr. 30 belegen eine tendenzielle Zunahme des Goldgehaltes von innen nach außen, auch dies ein Hinweis auf korrosive Einwirkung oder beabsichtigten Effekt. Die Werte von Nr. 25–30 stammen von Messungen mit einem Pit von 30-Mikrometer Durchmesser und sind zu vernachlässigen, sie zeigen zu tiefe Werte an.

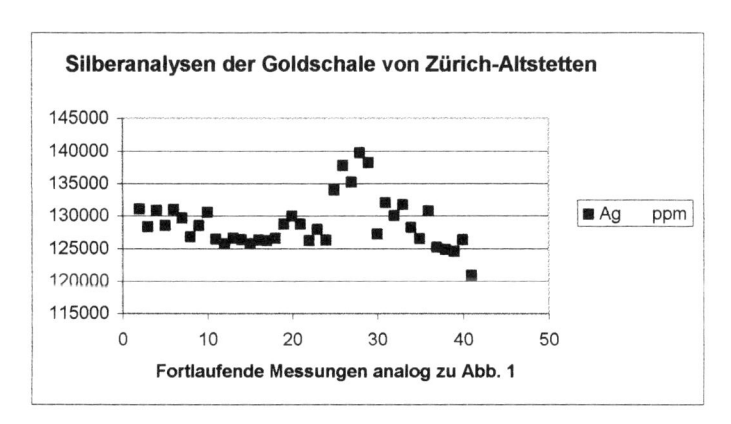

Abb. 5: Darstellung der Silberwerte. Sie zeigen eine exakte Gegenläufigkeit zu den Goldwerten. Auch hier sind die Werte von Nr. 25–30 zu verwerfen.

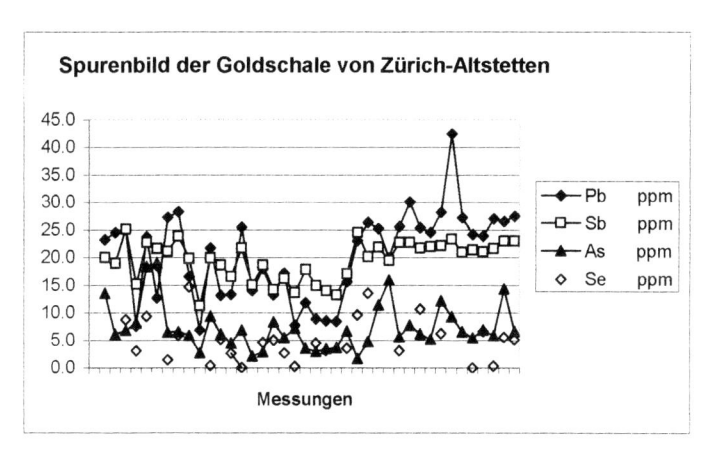

Abb. 6: Das Spurenbild von Blei, Antimon, Arsen und Selen zeigt ein einheitliches Verhalten innerhalb der einzelnen Messstellen, jedoch geringe Abweichungen zwischen außen und innen sowie höhere Gehalte auf der Schnittfläche. Die tiefsten Werte stammen von Analysen der Innenseite. An der Außenseite werden die Spurenelemente demnach angereichert, Silber gemäß Abb. 5 jedoch abgereichert. Spurenelemente in diesen niedrigen Gehalten haben keinen Einfluss auf die Materialeigenschaften. Der erhöhte vereinzelte Bleiwert zeigt einen isolierten Bleieinschluss in der Goldmatrix an.

Abb. 7: Stark abgeplatteter Goldflitter aus dem Rhein bei Disentis, Kanton Graubünden. Länge: 5,5 mm.

Spektroskop zu nehmen. Damit soll in keiner Weise impliziert werden, die Schale von Zürich müsse aus Schweizer Gold bestehen – es geht hier zunächst um die Erarbeitung eines Ausschlussverfahrens.

Geologische Informationen zu den alpinen und voralpinen Goldvorkommen liegen zahlreich vor, von universitären Instituten bis hin zu Hobby-Goldwäschern. Persönlichen Informanten zufolge konnte noch vor zehn bis zwanzig Jahren viel mehr Gold gewaschen werden als heute. In den letzten Jahren des weitgehend verdeckt gehaltenen Goldrushes wurden die Schweizer Gewässer nachgerade ausgefischt. In zehn Jahren hat einer der aktivsten Goldwäscher in Schweizer Flüssen über 1 kg Gold gewaschen, die größten Nuggets wiegen über 20 g. Lange Regenperioden oder ein starker Sturm bringen jeweils einen bescheidenen Nachschub und sind deshalb von Goldwäschern gerngesehene Naturphänomene. Sensationelle Funde von schweizerischem Berggold erregen auch heute noch sporadisch die Gemüter, so kürzlich ein Einzelfund mit einem Goldgewicht von 1,4 kg[10].

Von verschiedenen Institutionen und Privatpersonen wurden dem Autor für diesen Beitrag über dreißig Goldflitter aus der Schweiz, Italien und Portugal zur Verfügung gestellt. Die Flitter wogen alle unter 0,2 g und wurden zuerst unter dem optischen Mikroskop untersucht (Abb. 7) und anschließend mittels LA-ICP-MS von Thomas Pettke am Institut für Isotopengeologie an der ETH Zürich zusammen mit dem Fragment der Goldschale analysiert. An den einzelnen Goldflittern wurden je drei Analysen durchgeführt (Taf. 2).

Diskussion der Resultate

Die Interpretation dieser Resultate darf die vorliegenden, beschränkten Daten nicht allzusehr strapazieren, hierfür sind die Bedingungen ausreichender und systematischer Analysen von archäologischen Objekten und geologischen Goldproben aus dem Raume Schweiz und Umgebung nicht erfüllt. Auf den ersten Blick scheint mit den vorliegenden Analysen klar zu sein, dass die Goldschale von Zürich-Altstetten nicht aus Schweizer Fluss- oder Berggold besteht. Die signifikant abweichenden Werte der wichtigsten Nebenelemente Silber, Kupfer und Zinn könnten entsprechend der traditionellen Argumentationsweise für diesen Schluss ausreichen. Beim genaueren Hinschauen löst sich dieses Fixierbild jedoch in einen vielschichtigen Komplex von möglicherweise ineinandergreifenden Werkstoffen auf. Ausgangspunkt für die weitere Diskussion waren die frappant abweichenden Kupfer- und Zinnwerte des archäologischen Goldobjektes vom geologischen Goldwerkstoff (Abb. 8). Dies ließ den Verdacht aufkommen, dass die Goldschale, wie vielleicht viele archäologische Goldobjekte, mit Bronzeschmelzresten verunreinigt oder absichtlich mit Bronzemetall versetzt wurde. Diese Vermutung ist nicht neu; Axel Hartmann hat sie schon vor zwanzig Jahren geäußert, wenngleich er eigenartigerweise nur von »absichtlich zulegiertem Kupfer« spricht[11]. Dass mit derselben Schmelzeinrichtung und denselben Gerätschaften wie für Bronze auch Gold gegossen werden kann, haben eigene Experimente gezeigt[12].

Kein einziger der analysierten Goldflitter beinhaltet auch nur annähernd soviel Kupfer und Zinn wie die Goldschale – und offensichtlich die meisten Goldobjekte der Prähistorie –, was kein Zufall sein kann (Abb. 9). Mit Kupferwerten von unter 400 und allen Zinnwerten unter 100 Mikrogramm pro

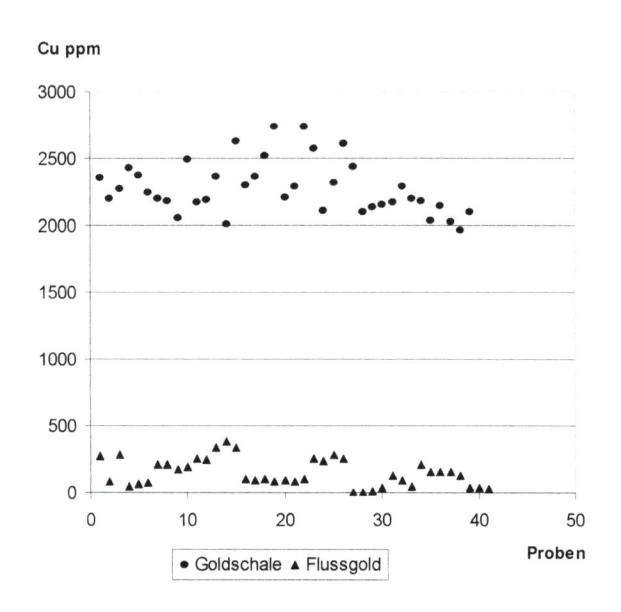

Abb. 8: Darstellung der Kupfergehalte der Goldschale von Zürich-Altstetten und der geologischen Proben (Fluss- und Berggold).

Gramm fällt das hier vorgestellte geologische Gold weit außerhalb der von A. Hartmann in SAM 3 und SAM 5 definierten Materialgruppen für bronzezeitliche Goldobjekte. Diesem Aspekt widmet sich, speziell auf die Iberische Halbinsel bezogen, ein Artikel von Volker Pingel. Ihm fiel zudem auf, »dass Zinn bei den Naturgoldanalysen insgesamt kaum eine Rolle spielt«[13], er enthält sich jedoch weiterer Spekulationen. Seine aufgeführten iberischen Naturgoldanalysen sind hier insofern von Bedeutung, als sie belegen, dass selbst für den vielzitierten Goldschatz von Villena – mit Analysedaten, die jenen der Goldschale von Zürich-Altstetten überraschend ähnlich sind[14] – die Rohstoffquelle noch nicht ausfindig gemacht werden konnte.

Wenn jedoch Gold mit Bronze verunreinigt wurde, sollte das Kupfer/Zinnverhältnis in Goldobjekten dem der Bronzeobjekte gegebener Epochen und Gebiete entsprechen, das heißt sich etwa zwischen 5:1 und 20:1 bewegen. Bei der Goldschale von Zürich-Altstetten liegt es bei 2:1, bei einigen Objekten von Villena 1:1 oder sogar 1:2. Dieses Phänomen bleibt zu klären, vielleicht kann hier in naher Zukunft die Zinn-Isotopenanalyse ihren Beitrag leisten. Es fällt jedoch auf, dass die an Bronze gebundenen Begleitelemente Arsen und Blei bei der Züricher Goldschale ebenfalls höher liegen als bei den geologischen Proben. Antimon hingegen, ebenfalls ein an die Kupferkomponente von Bronzelegierungen gebundenes Element, liegt bei gewissen geologischen Proben signifikant höher.

Bezüglich der Kupfer- und Zinnverhältnisse besteht bei den analysierten geologischen Proben kein signifikanter Unterschied zwischen Fluss- und Berggold, und das Verhältnis bewegt sich innerhalb einer fassbaren Bandbreite (Abb. 10). Mit ausreichender Analysenzahl sollte dieses Verhältnis mathematisch definiert und vielleicht sogar bestimmten Revieren zugewiesen werden können. Dasselbe gilt natürlich für weitere Spuren- und Ultraspurenelemente.

Die Konsequenzen der Hypothese, dass Gold, wie systematisch auch immer, mit Bronze verunreinigt wurde, sind allerdings weitreichend. Damit kann mit dem Spurenbild von Goldobjekten a priori nicht mehr mit einer Zuweisung zu einem Goldherkunftsgebiet gerechnet werden. Es wären hierfür zwei unterschiedliche geologische Fingerprints auseinanderzufädeln, welche gegenläufig oder sich verstärkend sein können. Die Kombinationsmöglichkeiten von Dutzenden von Elementen sind schwindelerregend hoch, und nur mit Glück lassen sich klar diskriminierende Elemente ausfindig machen. Im Falle der Goldschale von Zürich-Altstetten gelingt dies mit dem Element Antimon. Die Goldschale enthält Antimon in der Größenordnung von 20 Mikrogramm pro Gramm. Die geologischen Proben aus der Schweiz enthalten zwischen 0 und über 1800 Mikrogramm Antimon pro Gramm, wobei die Proben aus dem Raum Disentis-Lukmanier-Surselva mit den höchsten Werten klar herausstechen. Wenn auch das Verhalten der einzelnen Spurenelemente bei mehrfachem Umschmelzen von Gold zuerst noch genauer definiert werden muss[15], darf doch mit großer Sicherheit behauptet werden, dass die Goldschale von Zürich-Altstetten nicht aus Gold aus dem schweizerischen Vorderrhein besteht. Darüber hinaus können jedoch keine gesicherten Aussagen getroffen werden.

Welche Argumente können nun aber archäologisch für die aktive Unterstützung der Vermehrung von Gold durch Bronze ins Feld geführt werden? Von Bedeutung ist dabei die Frage, ob Bronze unbemerkt, ungestraft oder ungewollt in eine Goldschmelze gelangen konnte. Es ist mit Sicherheit anzunehmen, dass einem Gießer und Goldschmied wohl kaum Bronze für Gold verkauft wurde, wenn auch die Farbvariationen von

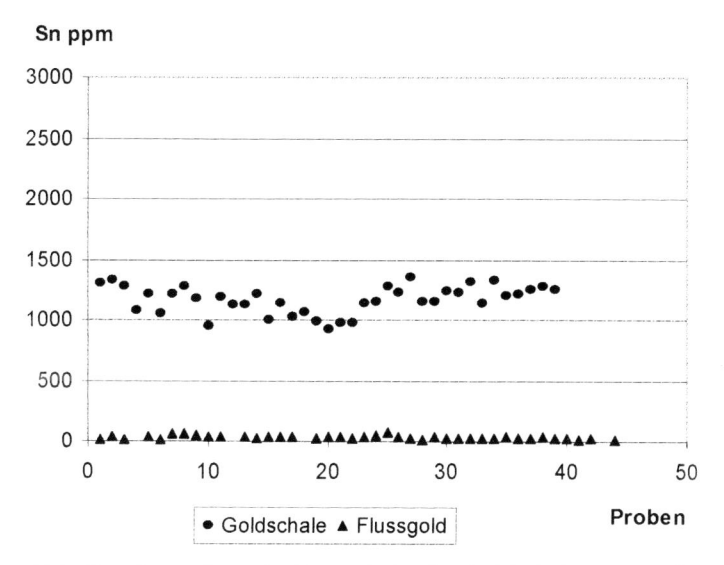

Abb. 9: Darstellung der Zinngehalte der Goldschale von Zürich-Altstetten und der geologischen Proben (Fluss- und Berggold).

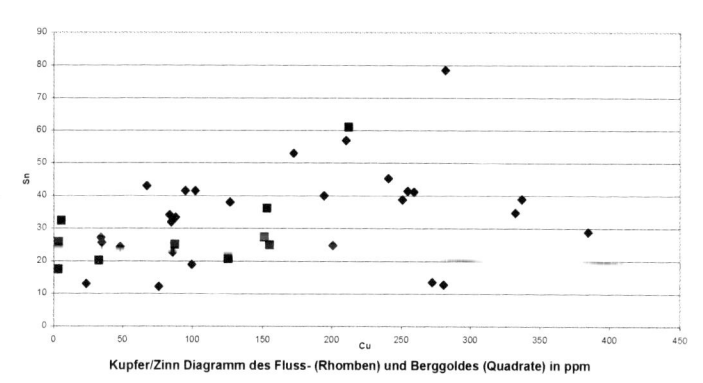

Abb. 10: Darstellung der Kupfer- und Zinngehalte der geologischen Proben (Fluss- und Berggold).

Gold verschiedenster Reinheiten problemlos mit Bronzelegierungen imitiert werden können. Gewicht und Materialeigenschaften sind klar verschieden und waren in prähistorischen Zeiten mit Sicherheit auch prüfbar.

In diesem Zusammenhang muss nun der vielfach vernachlässigten Frage nachgegangen werden, ob Goldobjekte in bestimmten Kulturen einem fixierten Gewichtsschema zu gehorchen hatten. Die entsprechende Literatur belegt in vielen Fällen ein Einhalten von Gewichtsnormen von unter 1 g Genauigkeit, bei schwereren Objekten immer noch innerhalb von wenigen Gramm[16]. Objekte im Bereich von nahezu 1 kg Gewicht sind allerdings zu selten, um eine verlässliche Vergleichsbasis garantieren zu können. Bei knapper Versorgung mit Gold könnte aber sehr wohl Bronze »eingesprungen« sein. Die Einhaltung eines Gewichtsstandards wäre dann stärker tabuisiert gewesen als die Reinheit des Goldes.

Schlussbemerkungen

Die vorgestellte Arbeit ist erst ein bescheidener Schritt in Richtung Materialcharakterisierung von schweizerischen Goldfunden auf dem neusten Stand der Analytik. Die Erarbeitung einer Referenzdatei von Analysen archäologischer Goldartefakte und geologischer Goldproben »mit entsprechenden neuen Fragestellungen sowie Analysen- und Auswertungsmethoden«[17] erfordert einen großen zeitlichen und finanziellen Aufwand. Als unmittelbares Forschungsdesiderat ist allerdings nicht eine analytische, qualitative, quantitative oder geographische Ausweitung des Projektes angestrebt, sondern zuerst eine materialwissenschaftliche, archäologische und vor allem methodische Vernetzung dieser ersten Resultate in bestehenden Goldforschungsprojekten[18].

Anmerkungen

1 Ich bedanke mich herzlich für die Unterstützung dieser Arbeit bei Dr. Thomas Pettke, Institut für Isotopengeologie und Mineralische Rohstoffe der ETH Zürich, Dr. Alexander Koch und Dr. Dione Flühler, Schweizerisches Landesmuseum Zürich, Patrick Nagy, Kantonsarchäologie Zürich, Dr. Barbara Armbruster, CNRS Toulouse, Dr. J. P. Northover, Universität Oxford, Vladimir Pusec, Hannes Weiss, Dr. Jürgen Wahl und Regula Wahl-Clerici.

2 Jakob Heierli: Die goldene Schüssel von Zürich. In: Anzeiger für Schweizerische Altertumskunde, Bd. 9, Heft 1, 1907, S. 1–7.

3 Barbara Armbruster: Goldschmiedekunst und Bronzetechnik. Studien zum Metallhandwerk der Atlantischen Bronzezeit auf der Iberischen Halbinsel (Monographies Instrumentum, Bd. 15). Montagnac 2000, S. 157–161.

4 Patrick Nagy: Technologische Aspekte der Goldschale von Zürich-Altstetten. In: Jahrbuch der Schweizerischen Gesellschaft für Ur- und Frühgeschichte, Bd. 75, 1992, S. 101–116.

5 P. Nagy (Anm. 4), S. 114.

6 Geneviève Lüscher: Zentren des Reichtums und der Macht. In: Andres Furger – Felix Müller: Gold der Helvetier. Ausst. Kat. Schweizerisches Landesmuseum. Zürich 1991, S. 59–70, bes. S. 63. B. Armbruster (Anm. 3), S. 160.

7 Wilfried Menghin: Der Berliner Goldhut und die goldenen Kalendarien der alteuropäischen Bronzezeit. In: Acta Praehistorica et Archaeologica, Bd. 32, 2000, S. 31–108. Wilfried Menghin: Der Berliner Goldhut. In: Ludwig Wamser – Rupert Gebhard (Hrsg.): Gold – Magie, Mythos, Macht. Gold der Alten und Neuen Welt. Ausst. Kat. Archäologische Staatssammlung München. Stuttgart 2001, S. 56–63.

8 Zuletzt bei Josef Riederer: Die Beurteilung der Zusammensetzung des Berliner Goldhutes. In: Wilfried Menghin: Der Berliner Goldhut und die goldenen Kalendarien der alteuropäischen Bronzezeit. In: Acta Praehistorica et Archaeologica, Bd. 32, 2000, S. 107.

9 P. Nagy (Anm. 4), S. 113.

10 Hans Krähenbühl: Bonanza in Surselva. In: Bergknappe. Zeitschrift über Bergbau in Graubünden und der übrigen Schweiz, Bd. 3, 2001, S. 33.

11 Axel Hartmann: Prähistorische Goldfunde aus Europa, Bd. 2 (Studien zu den Anfängen der Metallurgie, Bd. 5). Berlin 1982, S. 34, Tab. 35.

12 Walter Fasnacht: Zehn Jahre Kupfer- und Bronzeguss im Experiment – oder die wiederholte Erfindung des Rades. In: Zeitschrift für Archäologie und Kunstgeschichte, Bd. 58, Heft 1, 2001, S. 67–72.

13 Volker Pingel: Das Goldblech von Gandul und die Anfänge der Goldmetallurgie auf der Iberischen Halbinsel. In: Heiko Steuer – Ulrich Zimmermann (Hrsg.): Montanarchäologie in Europa. Sigmaringen 1993, S. 57–66, bes. S. 63.

14 A. Hartmann (Anm. 11), S. 92–93.

15 Andreas Hauptmann – Thilo Rehren – Ernst Pernicka: The Composition of Gold from the Ancient Mining District of Verespatak/Rosia Montana, Romania. In: Giulio Morteani – Jeremy P. Northover (Hrsg.): Prehistoric Gold in Europe. Dordrecht 1995, S. 369–381.

16 Maria Ruiz-Gálvez: Weight Systems and Exchange Networks in Bronze Age Europe. In: Christopher F. E. Pare (Hrsg.): Metals Make the World Go Round. Oxford 2000, S. 267–279.

17 V. Pingel (Anm. 13), S. 65.

18 Béatrice Cauuet (Hrsg.): L'or dans l'antiquité. De la mine à l'objet (Aquitania, Supplément, Bd. 9). Bordeaux 1999.

Taf. 1: Analysen der Goldschale von Zürich-Altstetten. Methode: LA-ICP-MS. Angaben von Gold und Silber in Milligramm pro Gramm, alle übrigen Elemente in Mikrogramm pro Gramm. Institut für Isotopengeologie und Mineralische Rohstoffe, ETH Zürich.

Probe	Au mg/g	Ag mg/g	Cu µg/g	Zn µg/g	As µg/g	Se µg/g	Cd µg/g	Sn µg/g	Sb µg/g	W µg/g	Pb µg/g	Bi µg/g
ma10c05	819	131	2358	22	13.6			1299	20	0.3	23.3	2.6
ma10c06	821	128	2203	14	6.1		2.2	1335	19	0.4	24.5	3.6
ma10c07	819	130	2270	13	6.8	8.8	1.0	1272	25	0.4	25.2	4.5
ma10c08	821	128	2428	19	8.1	3.1	10.7	1074	15	0.1	7.6	0.2
ma10c09	819	131	2374	24	18.4	9.4	2.9	1219	23		23.8	2.5
ma10c10	820	130	2242	31	19.1	18.6		1053	22		12.7	0.1
ma10c11	823	128	2196	21	6.5	1.5	0.9	1218	21	0.1	27.2	8.6
ma10c12	821	128	2181	20	6.6	5.9	0.8	1276	24	0.2	28.3	4.3
ma10c13	819	131	2055	18	5.9	14.7	0.2	1180	20	7.6	16.6	3.4
ma10c14	823	126	2493	22	2.8		1.4	951	11		6.8	1.7
ma10c15	824	126	2169	22	9.5	0.5	0.6	1190	20	0.1	21.7	7.1
ma10c16	824	127	2193	24	6.2	5.2	1.5	1120	19	0.3	13.2	4.8
ma10j11	824	126	2364	45	4.5	2.7	9.4	1130	17	0.1	13.4	1.7
ma10j12	824	126	2011	23	6.9	0.1	1.0	1212	22	2.2	25.5	10.3
ma10j13	824	126	2624	45	2.2		15.3	1004	15	0.1	14.1	3.2
ma10j14	824	126	2299	44	2.9	4.6	10.3	1145	19	0.1	18.1	3.0
ma10j15	823	127	2363	40	8.4	5.0	9.3	1023	14	0.0	13.3	4.6
ma10j16	821	129	2520	48	5.5	2.7	16.1	1067	16	0.7	17.2	2.6
ma10i11	820	130	2736	27	7.2	0.3	1.2	987	14	0.1	7.8	1.0
ma10i12	821	129	2207	29	3.6		2.2	929	18	0.1	11.9	1.0
ma10i13	824	126	3826	25	3.0	4.5	1.1	1021	15	21.1	8.9	0.6
ma10i14	822	128	2288	25	3.5	3.2	2.9	976	14		8.6	0.9
ma10i15	824	126	2737	27	3.7		1.5	978	13	0.5	8.5	0.8
ma10i16	816	134	2571	157	6.7	3.6	4.4	1142	17	0.4	15.7	6.0
ma10e13	812	138	2109	20	1.7	9.7	4.3	1147	25	2.6	23.1	1.1
ma10e14	815	135	2316	47	4.8	13.6		1278	20		26.4	28.7
ma10e15	810	139	2605	41	11.5		1.9	1222	22	9.3	25.2	2.5
ma10e16	812	138	2436	76	16.0			1358	20	41.2	19.9	2.0
ma10f05	823	127	2104	20	5.6	3.1	0.2	1150	23	0.3	25.6	3.7
ma10f06	818	132	2139	28	7.8			1156	23	15.8	30.1	3.6
ma10f07	820	130	2151	23	6.2	10.7	1.9	1245	22	0.3	25.4	3.8
ma10f08	818	132	2177	23	5.2		0.6	1228	22		24.5	3.7
ma10f09	822	128	2290	68	12.2	6.3	1.3	1313	22	0.9	28.3	14.7
ma10f10	823	127	2196	207	9.3		1.2	1135	23	51.6	42.4	1.9
ma10f11	819	130	2184	23	6.6		0.3	1325	21	2.7	27.2	2.7
ma10f12	825	125	2039	17	5.5	0.1	4.9	1198	21	0.3	24.2	5.7
ma10f13	825	125	2141	21	6.9	6.7	0.8	1213	21	9.1	23.9	3.7
ma10f14	825	125	2023	18	5.9	0.4	0.2	1250	22	0.3	27.1	4.7
ma10f15	824	126	1968	19	14.4	5.6	0.2	1280	23	0.7	26.6	4.4
ma10f16	829	121	2099	20	6.7	5.2	3.1	1258	23	0.7	27.5	6.3

Herkunft und Charakterisierung der geologischen Goldproben (für Taf. 2):

Glatt bei Gossau SG	1 Flitter, Flussgold, plattig	Rüebisbach, Kloten ZH	3 Flitter, Flussgold, platt, gefaltet
Bisitobel, Waldkirch SG	1 Flitter, Flussgold, reststufige Hohlräume	Lukmanierschlucht, Disentis GR	3 Flitter, Flussgold, reststufig
Chellenbach, Andwil SG	1 Flitter, Flussgold, plattig	Miglieglia TI	1 Flitter, Berggold
Wildbach, Hinwil ZH	3 Flitter, Flussgold, reststufig	Surselva GR	1 Flitter, Berggold
		Brusson, Val d'Ayez, Aosta, Italien	3 Flitter, Berggold, blockig-kantig

Taf. 2: Analysen von geologischen Goldproben (Fluss- und Berggold). Methode: LA-ICP-MS. Angaben von Gold und Silber in Milligramm pro Gramm, alle übrigen Elemente in Mikrogramm pro Gramm. Institut für Isotopengeologie und Mineralische Rohstoffe, ETH Zürich.

Herkunft	Au mg/g	Ag mg/g	Cr µg/g	Cu µg/g	Zn µg/g	As µg/g	Se µg/g	Cd µg/g	Sn µg/g	Sb µg/g	W µg/g	Pb µg/g	Bi µg/g
Gossau	809	141		272		1.4	16.5	1.4	14	10	0.5	1.3	18.0
	818	132	73.5	84	2	1.3	25.9	4.4	34	4	2.5	1.0	3.2
	805	145	17.8	281			9.3	3.3	13	20	0.2		0.8
Waldkirch	823	127		46			17.7	1.7			0.9		
	824	126		67	2.9				43	1		1.3	
	826	124	8.2	76			5.0		12	1	0.1	1.4	
Andwil	771	179		212	15				61		0.5	3.8	3.7
	773	177		210				6.5	57	5	0.5		6.7
	773	177		173					53	16			3.4
Hinwil	903	46		195	11				40				
	902	47		251				15.5	39	3			
	903	47		247						2			
Kloten	848	102		332	17				35				
	851	99		385	10				29	3			6.5
	851	99		337					39	4	1.0		
Disentis	765	185		102					42	71			24.9
	767	183		95					42	67	1.7		33.9
	772	178		101						79			5.3
Disentis	762	187	0.6	86	1	3.2	3.0	0.3	23	431		6.3	1.9
	751	199	29.1	88		3.6		2.9	33	367	0.3	2.2	
	764	186		85			37.0		32	492			0.4
	759	190	5.5	100	8			2.0	19	507	0.6		1.5
Obersaxen	870	79		259	3	3.6	48.1		41			1.5	
	868	81	21.5	241					45			0.3	
	868	81	12.5	282		9.9			78		1.0		
	870	79		255		3.9		0.7	41	1	0.8		61.0
Miglieglia	643	306	21.5	4	1	3.7	6.3	2.8	26	259	0.1	1.5	1.1
	609	340	8.3	3	7	0.4		1.4	17	297		0.2	
	591	359		6	5	229			32	355		8.8	0.5
Surselva	726	223	0.1	33		1.3		5.9	20	832	0.5		
	711	238	4.4	126	26	0.4	1.3	1.5	21	643		17.3	5.5
	699	250	2.3	87	10	5.9	19.0	1.7	25	336	0.1	8.2	1.0
Surselva	724	226	9.1	48	9	0.8	9.4	3.1	24	1774		0.7	
	727	222		212					25	1837	0.3		0.5
	716	233		153			70.4	0.2	36	1417		13.9	0.3
Brusson	844	106	27.7	155				1.0	25	44		0.9	6.3
	844	105		151	1			2.4	27	46		1.3	0.6
	842	107		127	1		0.6	0.2	38	41	0.1		0.2
Lukmanier	728	221		34	3	9.3		2.3	27	143		15.6	
	726	223	39.6	35			6.1	1.0	26	255			
	720	230		24	16	12.2	14.4		13	101	0.3	52.6	0.2
Três Minas	919	30			9	61.3		10.6	20	3		30.7	3.4
	931	19	90.5		13	9.6	49.1	24.6		1		13.8	
	931	18			9	22.7	19.2	4.5	18			9.3	16.0

Medel-Rhein, Disentis GR   1 Flitter, Flussgold, umgebogene Stufe
Val Gronda, Obersaxen GR   1 Flitter, Flussgold, zerquetschte Stufe mit Quarzeinschlüssen
Três Minas, Portugal[1]   1 Flitter, Berggold

[1] Jürgen Wahl: Três Minas. Vorbericht über die archäologischen Ausgrabungen im Bereich der römischen Bergwerke. 1986/87. Hans-Gert Bachmann: Zur Metallurgie der römischen Goldgewinnung in Três Minas und Campo de Jales in Nordportugal. In: Heiko Steuer – Ulrich Zimmermann (Hrsg.): Montanarchäologie in Europa. Sigmaringen 1993, S. 123–152, 153–160.

4a: Schmieden von Gefäßen mit Treibfaust und ungeschäftetem Steinhammer.
Handwerkerszene aus dem Grab des Rhekmara (Theben, um 1450 v. Chr.).

Barbara Regine Armbruster

Edelmetallgefäße der Bronzezeit – eine technologische Betrachtung

Bei der Erforschung der technologischen Aspekte archäologischer Metallfunde werden zahlreiche technische und formale Gegebenheiten, die sowohl die Bearbeitungsweisen und Werkzeuge als auch die Möglichkeiten und Grenzen der Formgestaltung bestimmen, berücksichtigt[1]. Unter Technologie verstehen wir in Bezug auf die Gefäßherstellung die Gesamtheit der zur Bearbeitung des Metalls nötigen Werkzeuge, Prozesse und Arbeitsgänge, das dabei eingesetzte technische Wissen und die Gesamtheit der technischen Kenntnisse, Fähigkeiten und Möglichkeiten. In der Regel weisen Metallfunde Werkzeugspuren und Verfahrensmerkmale auf, anhand derer die Herstellungstechniken und die Werkzeuge erschlossen werden können.

Die Werkstoffeigenschaften des Materials begrenzen die für die Bearbeitung in Betracht kommenden Werkzeuge und Verfahren. Die Objektmaße – und im Falle der Gefäße auch das Fassungsvermögen – stehen in Abhängigkeit zum Verhalten des Materials bei der Bearbeitung, zu den angewendeten Verfahren und zu der Funktion des Gegenstandes. Die Form eines Werkstückes – hohl, ein- oder mehrteilig, dick- oder dünnwandig – und die Verzierung – plastisch verformt, gegossen oder appliziert – sind ebenfalls maßgeblich an der Entscheidung beteiligt, welche Technik angewendet wird. Eine durch plastische Verformung angebrachte Verzierung kann neben einer rein dekorativen Eigenschaft auch zur Stabilisierung des Gefäßes dienen. Die Materialmenge eines Gegenstandes hängt in technischer Hinsicht von den Bearbeitungstechniken und den Werkstoffeigenschaften ab. Doch auch die Verfügbarkeit der Werkstoffe und die Entfernung der Werkstatt zu den Rohstoffquellen haben Einfluss auf die verarbeitete Metallmenge und damit auch auf Form und Technik. Beim Studium der Herstellungstechnik spielen auch die formalen Merkmale des Metallobjektes, wie äußere Gestalt, Dekor und Funktion eine Rolle.

Mit den technologischen Aspekten geschmiedeter Goldgefäße der Bronzezeit befassten sich bisher nur wenige Autoren. Am Beispiel der Schale von Zürich-Altstetten im Kanton Zürich (Abb. 1), die typologisch und technisch eng mit elf Schalen aus dem Depot von Villena (Prov. Alicante) (Abb. 2) verwandt ist, gab Patrick Nagy[2] nach Unterrichtung durch einen erfahrenen Gold- und Silberschmied eine anschauliche und korrekte Beschreibung der Fertigungsschritte. Interessante Studien zur Herstellung und Verzierung von Goldgefäßen und -kegeln führten Ernst Foltz[3] und Maiken Fecht[4] in den Werkstätten des Römisch-Germanischen Zentralmuseums in Mainz durch. Auch über die Techniken und Werkzeuge von geschmiedeten Gold- und Silberflaschen, insbesondere zum Auftiefen und Ziselieren, sowie von im Wachsausschmelzverfahren gegossenen Goldbechern wurden neue Ergebnisse vorgelegt[5]. Zuvor wurden das autogene Schweißen und das Druckschweißen für die geschmiedeten Flaschen aus Villena und die gegossenen Becher aus Caldas de Reyes (Prov. La Coruña) in Erwägung

Abb. 1: Schale von Zürich-Altstetten (Kanton Zürich).

1a: Schale von Zürich-Altstetten (Kanton Zürich).

1b: Detail, Schmiedespuren.

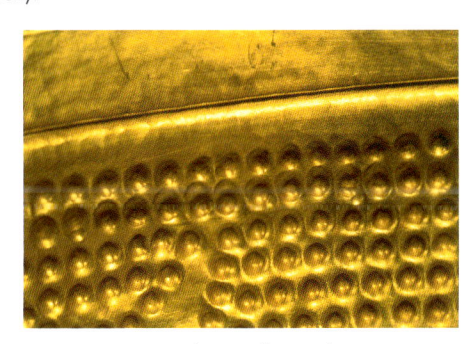

1c: Detail, Randbereich innen, zurückgedrückte Buckel.

Abb. 2: Schalen aus dem Hort von Villena (Prov. Alicante).

2a: Schalen aus dem Hort von Villena (Prov. Alicante).

2b: Detail, Buckel innen.

2c: Detail, Buckel außen mit Werkzeugspuren des Absetzens des Buckelrandes.

gezogen[6]. Die Verbindungstechnik des Schweißens konnte indes weder an Gefäßen noch an anderen Blecharbeiten der Bronzezeit festgestellt werden. Die bronzezeitlichen Edelmetallarbeiten sind ohne Ausnahme durch plastische Verformung aus einem gegossenen Vorprodukt gearbeitet. Andere Autoren nahmen an, dass allein Holzwerkzeuge bei der bronzezeitlichen Gefäßherstellung eingesetzt wurden[7], obgleich eindeutige Schmiedespuren erkennbar sind, die von Hämmern und Ambossen aus Stein oder Bronze herrühren.

Im folgenden werden vornehmlich Gefäße aus dem westlichen und nördlichen Europa berücksichtigt und Fundbeispiele aus Dänemark, Deutschland, Frankreich, Spanien und der Schweiz vorgestellt.

Pluridisziplinärer Forschungsansatz
Die Erforschung der technologischen Aspekte von Metallgefäßen basiert auf einem pluridisziplinären Forschungsansatz, der Informationen verschiedener Wissenschaftsgebiete miteinander verknüpft. Es bieten sich einerseits optische und naturwissenschaftliche Untersuchungsmethoden an, die das direkte Studium am Original erfordern, und andererseits solche, die im Analogieschluss Erklärungsmodelle zur Rekonstruktion der Herstellung suchen.

Die optische Untersuchung der Werkzeugspuren und der Oberflächentexturen mit Hilfe von Lupen mit drei- bis vierzigfacher Vergrößerung dient der Feststellung der äußerlich sichtbaren Herstellungsmerkmale. Das Rasterelektronenmikroskop wird erfolgreich bei vergleichenden Studien zur Identifizierung von Punzabdrücken eingesetzt[8]. Dabei kann mit Hilfe von Silikonabdrücken der Objektoberfläche, die alle Spuren im Detail abformen, auch fern vom Originalobjekt im Labor geforscht werden[9]. Mit Röntgenaufnahmen können Werkzeugspuren und Konstruktionselemente sichtbar gemacht werden, die mit bloßem Auge und mit Lupen nicht erkennbar sind[10] (Abb. 3).

So werden beispielsweise Schmiedespuren, die durch Schleifen und Polieren der Oberfläche abgetragen wurden, durch Röntgenstrahlen sichtbar gemacht[11]. Die Metallographie ermöglicht das Verständnis der mechanischen und thermischen Belastungen, denen das Werkstück während seiner Bearbeitung, seinem Gebrauch und eventuell auch noch nach seiner Niederlegung ausgesetzt war[12]. Da metallographische Untersuchungen jedoch nur an geschliffenen Schnittflächen eines Metallobjektes durchgeführt werden können und naturgemäß mit einer teilweisen Zerstörung einhergehen, ist diese Untersuchungsmethode nur selten an Goldobjekten anwendbar. Die Analyse der Materialzusammensetzung gibt Auskunft über die Bestandteile und Spurenelemente der Gold- oder Silberlegierungen, was besonders bei zusammengesetzten Stücken für die technologische Untersuchung von Belang ist.

Abb. 3: Goldschale, Armring und Zierdrähte aus dem Männergrab von Gönnebek (Kr. Segeberg).

3a: Goldschale, Armring und Zierdrähte aus dem Männergrab von Gönnebek (Kr. Segeberg).

3b: Röntgenaufnahme, Schmiedespuren der Schale.

Bildliche Darstellungen von Goldschmieden beim Schmieden und Verzieren von Metallgefäßen, wie sie in altägyptischen Gräbern zu finden sind, geben eine Vorstellung von den Arbeitsprozessen, den Werkzeugen und deren Handhabung in einer Goldschmiedewerkstatt. Beispielsweise ist auf Wandgemälden das Schmieden und Verzieren von Gefäßen mit verschiedenen Werkzeugen dargestellt[13]. Handwerkerszenen aus dem Grab des Rhekmara (Theben, um 1450 v. Chr.) zeigen Goldschmiede, die mit speziellen Treibfäusten und Steinhämmern ohne Schäftung arbeiten (Abb. 4a). Außerdem ist der Ziseliervorgang mit einer Metallpunze und einem ungeschäfteten Schlagstein sowie die Nachbearbeitung von Gefäßen durch Polieren dargestellt.

Gelegentlich enthalten antike und mittelalterliche Schriftquellen Hinweise über Metalle und technische Beschreibungen zu ihrer Bearbeitung. Der Informationswert solcher Schriftquellen für die Erforschung der Metalltechnik hängt in hohem Maße von den technischen Kenntnissen des Übersetzers ab, der damit gleichzeitig eine Interpretation der Texte vornimmt. Zwei Quellen über die Goldschmiedekunst und Bronzegießerei aus dem 12. und dem 16. Jahrhundert sind für das Verständnis der Gefäßherstellung von besonderer Bedeutung. Der Benediktinermönch und versierte Kunsthandwerker Theophilus beschrieb in seiner »schedula diversarium artium« in der 1. Hälfte des 12. Jahrhunderts die Herstellung von Edelmetallgefäßen durch Auftiefen einer gegossenen scheibenförmigen Platte[14]. Eine ähnliche Vorstellung vermittelte auch Benvenuto Cellini (1500–1571), der auf die Herstellung und Verzierung von Gold- und Silbergeschirr einging. Diese Beschreibungen stellen die Gefäßherstellung in der Weise dar, wie sie auch für die geschmiedeten bronzezeitlichen Goldschalen und Flaschen zu konstatieren ist. B. Cellinis Beschreibung zur Fertigung eines eiförmigen Gefäßes ist für das Verständnis der Flaschenherstellung von besonderem Interesse[15].

Die ethnologische Forschung und die experimentelle Archäologie bieten in Hinblick auf die technologischen Aspekte vor- und frühgeschichtlicher Metallobjekte Informationen, die im Analogieschluss die Grundlage für Erklärungsmodelle bilden. In besonderen Fällen kann eine enge Verbindung zwischen ethnoarchäologischen und experimentellen Untersuchungen geschaffen werden. Soweit Werkzeugspuren, Form und Material neuerer Metallerzeugnisse mit den prähistorischen vergleichbar sind, können beim Beobachten traditioneller Herstellungstechniken gleichsam Experimente mit erfahrenen Meistern durchgeführt werden[16]. In diesem Zusammenhang ist nicht nur der Werkvorgang selbst von Bedeutung, vielmehr ergeben gerade Untersuchungen über zeitliche Abläufe bei traditionellen Handwerkern unter Umständen besonders verlässliche Aussagen über die Dauer von Werkvorgängen und den Aufwand an Arbeitskraft[17]. Die experimentellen Untersuchungen von Artur Pietzsch[18], die sich eingehend mit dem Schmieden von Bronze und der Herstellung von Bronzegefäßen befassen, sind für das Verständnis der Technik der bronzezeitlichen Metallgefäße von grundlegender Bedeutung. Die Versuchsbeschreibungen vermitteln ein klares Bild der einzelnen Arbeitsschritte, die auch für die Goldgefäße Gültigkeit haben. Untersuchungen in südindischen Werkstätten, in denen Kupfergefäße geschmiedet werden, dienten als Analogieschluss zum Verständnis bronzezeitlicher Treibfäuste der Gefäßherstellung[19]. Eine Studie zu wikingerzeitlichen Metall-

Abb. 4b: Punzieren einer Flasche mit Punze und ungeschäftetem Steinhammer. Handwerkerszene aus dem Grab des Rhekmara (Theben, um 1450 v. Chr.).

gefäßen auf Gotland ist trotz der chronologischen Diskrepanz zur Bronzezeit von methodologischem Interesse[20]. Für die künftige Erforschung der handwerklichen Arbeit und der Funktion bronzezeitlicher Goldschalen, -becher oder -flaschen wären weitere ethnoarchäologische und experimentelle Studien zur Gefäßherstellung sinnvoll.

Gefäßformen der Bronzezeit

Die Gold- und Silbergefäße der Bronzezeit kommen in Form von Bechern, Schalen, Flaschen, Henkelbechern und -tassen sowie Dosen vor. Schüsseln beziehungsweise sehr große Schalen, wie diejenigen aus Borgbjerg in West-Seeland (Abb. 5), aus Zürich-Altstetten und eine Schale mit Dornfortsatz aus Rianxó (Prov. La Coruña), erweitern den Formenschatz. Ferner können auch die Goldblechkegel in den Kreis der Goldgefäße gestellt werden. Zu der Gruppe des bronzezeitlichen Sakralgerätes aus Edelmetall werden schließlich auch die Sonnenscheiben gerechnet.

Die Mehrzahl der bronzezeitlichen Goldgefäße ist aus einem Stück durch Schmieden und Auftiefen gefertigt. Lediglich drei gegossene Goldbecher sind bekannt. Henkelgefäße und Dosen sind hingegen meist aus zwei oder mehreren Elementen zusammengesetzt. Bisweilen sind unedle Metalle angefügt, so zum Beispiel in Form einer Randseele zur Verstärkung des Randes (Abb. 6). Mehrere Henkelbecher dänischer Gefäßhorte sind mit Henkeln aus Bronze, die wiederum mit Golddraht umwickelt sind, versehen (Abb. 7).

Die Funktion der Edelmetallgefäße, ihre Symbolik und ihr gesellschaftlicher Wert – als Opfer- oder Grabbeigaben, Prestigegüter, Kultgeräte, Trinkgefäße bei festlichem Gelage,

Abb. 5: Gefäße aus dem Hort von Borgbjerg (West-Seeland, Dänemark).

Abb. 6: Schalen aus dem Hort von Axtroki (Spanien).

5a: Gefäße aus dem Hort von Borgbjerg.

6a: Detail, tordierte Randseele und Punzzier mit konzentrischen Kreisen.

5b: Detail eines Gefäßrandes, tordierte Randseele.

6b: Detail, runde Randseele und vogelförmige Punzzier.

Abb. 7: Henkelbecher aus dem Hort von Mariesminde, Dänemark.

7a: 5 Henkelbecher.

7b: Bronzegefäß.

oder zu transportieren. Nicht alle bronzezeitlichen Goldgefäße sind mit einem Standboden versehen. Es müssen folglich Vorkehrungen zum Stützen dieser Behältnisse getroffen worden sein. Einige Henkelgefäße aus Dänemark haben schwere Bronzehenkel. Aufgrund des hohen Gewichts der Henkel im Verhältnis zum geringen Gewicht des Körpers können diese Gefäße nicht ohne Unterstützung aufrecht stehen.

Herstellungstechniken und Werkzeuge
Zu den Herstellungsweisen eines Gefäßes aus Edelmetall zählen die Verfahren der Formgebung, der Verzierung, der Stabilisierung von Gefäßkörper oder -rand, die Verbundtechniken, die Nachbearbeitung der Oberfläche und schließlich die Reparaturen. Auf dem Weg vom Rohmaterial bis zum Endprodukt werden verschiedene Verfahren in einer technisch bedingten Reihenfolge eingesetzt. Für die Bronzezeit sind Werkzeuge aus Stein, Bronze, gemagertem Ton, Holz, Knochen, Leder und Horn vorauszusetzen. Aus dem archäologischen Fundmaterial sind zahlreiche Werkzeugformen bekannt, die zum Guss und für die plastische Verformung bei der Gefäßproduktion verwandt wurden[21]. Die ältesten Goldgefäße sind geschmiedet. Das gilt ebenso für Grabfunde des 4. und 3. Jahrtausends v. Chr. im östlichen Mittelmeerraum, in Anatolien oder dem Kaukasus (Maikop) und für die Schachtgräber des 2. Jahrtausends auf Kreta wie für die frühbronzezeitlichen Becher aus Rillaton (Cornwall) (Abb. 8), Eschenz (Kanton Thurgau), Gölenkamp (Grafschaft Bentheim) und Fritzdorf (Rhein-Sieg-Kreis).

Tauschobjekte oder Gastgeschenke – können nur hypothetisch erfasst werden. Geht man davon aus, dass, abgesehen von rituellen, symbolischen oder demonstrativen Aufgaben, die Gefäße zum Einschenken, Schöpfen, Aufbewahren, Trinken oder rituellen Vergießen von Flüssigkeiten genutzt wurden, so muss die Gefäßwandung dicht und gegebenenfalls nebst Henkel stabil genug sein, um das Objekt mit Inhalt zu heben

Abb. 8: Becher von Rillaton (Cornwall).

Geschmiedete Gefäße und Werkzeuge der Formgebung

Die Fertigung und Verzierung des überwiegenden Teils der bronzezeitlichen Gefäße beruht auf Techniken der plastischen Verformung. Beim Schmieden von Gefäßen aus Gold und Silber geht man prinzipiell in der gleichen Weise vor wie bei Bronzegefäßen. Bei der Formgebung geschmiedeter Metallgefäße werden zwei Verfahren unterschieden, das Aufziehen und das Auftiefen. Unter dem Aufziehen eines Hohlkörpers versteht man die Verformung einer Blechronde durch Faltenschlagen und anschließendes Zusammenschlagen der Falten. Das Aufziehen ist ein modernes Verfahren der Gefäßherstellung[22]. Die Verformung des Ausgangsproduktes vollzieht sich unter Schonung der Mitte bei Verformung und Stauchung des Randes. Der äußere Umfang des Ausgangsbleches verringert sich bei der starken plastischen Formveränderung erheblich. Soweit kein industriell vorgefertigtes Blech zur Verfügung steht, ist die Vorarbeit zur Herstellung eines geschmiedeten Ausgangsproduktes sehr aufwendig.

Beim Auftiefen geht man dagegen von einer gegossenen Metallplatte aus, die durch plastische Verformung an Tiefe und Form gewinnt[23]. Das Auftiefen zeichnet sich durch eine Schonung des Randes bei starker Dehnung der Mitte aus (Abb. 9). Der Durchmesser des Endproduktes weicht in der Regel nur geringfügig von demjenigen des Ausgangsproduktes ab. An den fertigen Produkten ist eine Unterscheidung der beiden Verfahren schwer möglich, da man die Goldgefäße nicht auftrennen kann, um metallographische Untersuchungen durchzuführen.

Heute hat sich in den Gold- und Silberschmiedewerkstätten das Aufziehen durchgesetzt, da maschinell vorgefertigte, gewalzte Bleche als Halbzeug verfügbar sind. Wegen des enormen Arbeitsaufwandes zur Fertigung des Ausgangsbleches ist es jedoch äußerst unwahrscheinlich, dass das Aufziehen bereits in der vor- und frühgeschichtlichen Gefäßherstellung eingesetzt wurde. Für die vorgeschichtliche Gefäßherstellung ist folglich das Auftiefen als die wahrscheinlichere Methode anzusehen. Die ersten detaillierten Schriftquellen zur Gefäßherstellung gehen ausschließlich auf das Auftiefen aus einem gegossenen Vorprodukt ein[24]. Dieses Verfahren kann somit als das Ursprüngliche angesehen werden. Eine Variante des Auftiefens besteht darin, als Ausgangsprodukt statt einer gegossenen Platte ein kalottenförmiges Gussstück zu wählen, wie es von M. Fecht[25] als eine Möglichkeit der Herstellung bronzezeitlicher Goldkegel beschrieben wurde. Bisher sind kalottenförmige Vorprodukte in Edelmetall jedoch nicht bekannt. In seiner Untersuchung zur Herstellung von Bronzegefäßen machte A. Pietzsch[26] auf kalottenförmig gegossene Vorprodukte aus Bronze aufmerksam, die im bronzezeitlichen Gefäßdepotfund von Riesa-Gröba bei Dresden gefunden wurden. Geschmiedete und ziselierte Bronzeschalen, zu deren Herstellung A. Pietzsch die Verwendung kalottenförmiger Vorprodukte annimmt, sind in ihrer Form und Herstellung mit zahlreichen Goldgefäßen der Bronzezeit vergleichbar.

Beim Auftiefen beginnt man mit dem Schmieden einer runden Platte aus einem gegossenen Vorprodukt. Zur Orientierung für die anschließende Treibarbeit wird der Mittelpunkt der Platte markiert. Um die Hammerschläge gezielt setzen zu können, werden zusätzlich konzentrische Kreislinien mit einem Zirkel vom Mittelpunkt aus in regelmäßigen Abständen gezogen[27]. Um eine Versprödung des Materials und die Bildung von Rissen während des Schmiedens zu vermeiden, wird das Werkstück wiederholt zwischengeglüht und dann abgekühlt. Die auf dem Amboss liegende Platte wird mit einem gerundeten Treibhammer aufgetieft (Abb. 9,1–3), wobei die zukünftige Gefäßinnenseite mit kräftigen Hammerschlägen bearbeitet wird. Man plaziert dabei die Hammerschläge, vom Mittelpunkt der Platte oder des Vorproduktes ausgehend und gleichzeitig das Werkstück fortwährend drehend, kreis- oder schneckenförmig von innen nach außen. Da der Rand der runden Platte zunächst unbearbeitet bleibt, wölbt sich der innere Bereich der Goldplatte durch die starke Dehnung nach außen.

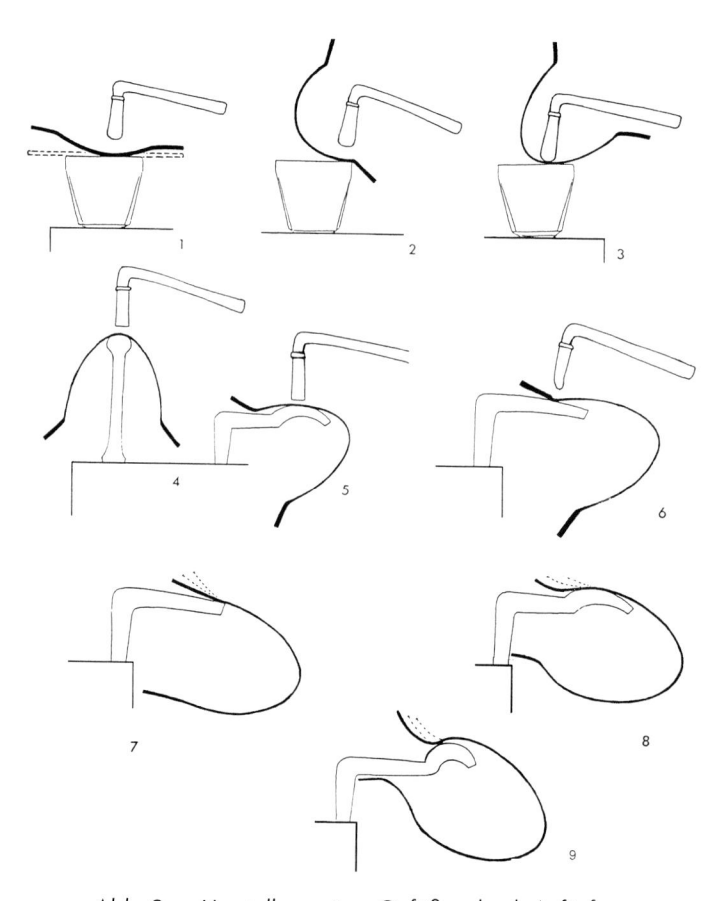

Abb. 9: Herstellung eines Gefäßes durch Auftiefen.

Somit prägt sich eine Wölbung entgegen der mit dem Hammer bearbeiteten Seite aus. Das noch wenig bearbeitete Material des Randes dient später zur Ausarbeitung von Gefäßrand und -hals.

Sobald die Gefäßinnenseite so stark gewölbt ist, dass der Hammer und sein Schlagradius nicht mehr den für die Schmiedearbeit nötigen Platz finden, dreht der Goldschmied das Werkstück, um mit dem Planieren beziehungsweise Schlichten von außen zu beginnen (Abb. 9,4–5). Dazu verwendet er einen Planierhammer mit gerader Bahn und Steckambosse, sogenannte Fäuste (Abb. 10, 11), die gerade oder gekröpft sein können (Abb. 9,4–9). Diese passen wegen ihrer charakteristischen gerundeten Form einer geballten Faust auch in stark gewölbte und enghalsige Gefäße, wie zum Beispiel Flaschen, hinein[28]. Aus Kreta ist bislang die einzige bronzezeitliche Treibfaust aus Bronze bekannt (Abb. 10). Die Anwendung von Treibfäusten in der Gefäßherstellung, wie sie schon im 2. Jahrtausend auf ägyptischen Grabmalereien dargestellt ist (Abb. 4a-b), kann noch heute in Silber- und Kupferschmiedewerkstätten beobachtet werden (Abb. 11).

Das Ausarbeiten des Schalenrandes oder Flaschenhalses erfolgt durch Einziehen des Randes beziehungsweise Halses an geeigneten Sperrhaken. Dabei wird das Material durch Stauchen und der Rand durch Strecken leicht geweitet. Nach Abschluss der Formgebung wird der Rand gestaucht. Schleifen und Polieren mit feinem Sand oder Asche schließen die Arbeit ab. Die hier dargelegte Technik gilt gleichermaßen für Schalen wie auch für Flaschen. Bei letzteren erfordert jedoch die Ausarbeitung des engen Flaschenhalses noch einige zusätzliche Arbeitsschritte des Einziehens von Hals und Rand[29] (Abb. 9,7–9).

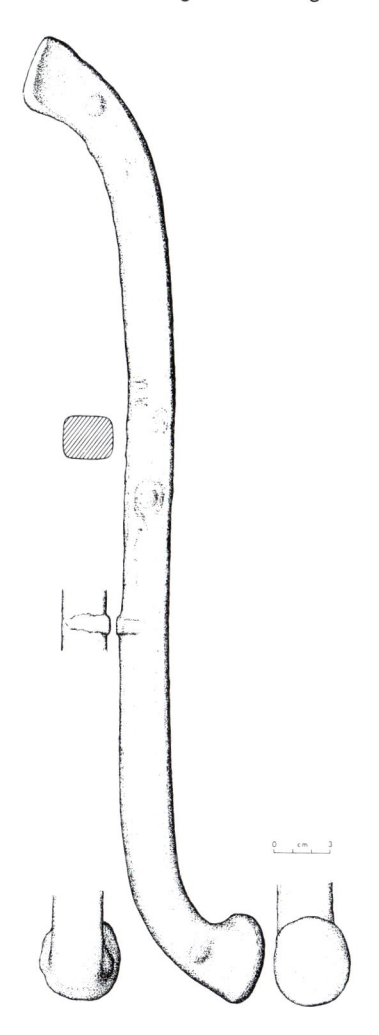

Abb. 11: Südindischer Kupferschmied mit Treibfaust zur Gefäßherstellung.

11a: Treibfaust in einem Holzblock fixiert.

Abb. 10: Kretische Treibfaust aus Ajíra Triáda (Zeichnung nach H.-J. Hundt 1986, Abb. 1,2).

11b: Anwendung.

Randverstärkung

Die Ränder der Goldgefäße sind in der Hauptsache durch Stauchen verstärkt. Zum Stauchen eines Randes stellt man das Gefäß auf ein mit Sand gefülltes Lederkissen, auf dem das Werkstück festen Halt findet und gleichzeitig als Auflage etwas nachgibt, so dass die Unterseite des Stückes beim Schlagen nicht beschädigt wird[30]. Dabei hält und dreht man den Gegenstand mit der einen Hand, während die andere Hand den Hammerschlag auf den Rand führt. Durch wiederholtes Schlagen, Verdichten und Stauchen der Blechkante bei ständigem Drehen des Objektes verbreitert und verfestigt sich der Gefäßrand.

Ein seltener angewandtes Verfahren der Randverstärkung ist das Einfalzen von Draht[31]. Eine Randseele, meist in Form eines Bronzedrahtes, wird bei dieser Technik in den Blechrand eingearbeitet. Für Goldblechkegel wurde dafür ein breiter Flachdraht gewählt[32]. Vier dänische Stücke aus dem Gefäßdepot von Borgbjerg, darunter zwei Becher mit pferdekopfförmigen Henkeln und zwei große Schalen, tragen eine Randverstärkung in Form eines tordierten Vierkantdrahtes, der in den nach außen gebördelten Rand eingeschlagen ist (Abb. 5b). Die Torsion, bei der sich die Kanten des Drahtes in einer regelmäßigen Windung abzeichnen, drückt sich durch den umgebördelten Blechrand. Es entsteht der Eindruck, man habe den Rand quer gekerbt. An den Goldschalen aus dem nordspanischen Hort von Axtroki (Prov. Guipúzcoa) lassen sich zwei unterschiedliche Randverstärkungen beobachten. Eine der beiden Schalen ist in Bezug auf die Randverstärkung mit den Gefäßen aus Borgbjerg vergleichbar, wobei der Rand des Stückes aus Axtroki nach innen geschlagen ist[33]. Die zweite Schale aus Axtroki ist dagegen mit einem Runddraht verstärkt, der in den nach außen geschlagenen Rand einfügt ist (Abb. 6b).

Henkel

Die bandförmigen Henkel der frühbronzezeitlichen Becher aus Rillaton (Abb. 12) und Fritzdorf sind mit Nieten an Gefäßrand und -körper befestigt. Um der Nietverbindung festen Halt zu bieten, wurden kleine rautenförmige Unterlegbleche verwendet. Die schweren Bronzehenkel spätbronzezeitlicher Goldbecher aus Dänemark sind mit Nieten aus Bronze befestigt, deren Köpfe mit Goldblech verziert wurden (Abb. 13). Die französische Goldschale von Paimpont (Dép. Ille-et-Vilaine) ist mit einer genieteten ösenförmigen Handhabe, in die kleine Goldringe eingefügt sind, versehen[34].

Technische Besonderheiten ausgewählter Blechgefäße

Es sei noch auf einige technische Besonderheiten von Einzelstücken hingewiesen. Das spätbronzezeitliche Goldgefäß von Rianxó weist einen Dornfortsatz auf. Zu seiner Herstellung wur-

Abb. 12: Detail des Bechers von Rillaton, Nietverbindung des Henkels.

Abb. 13: Gefäße aus Mariesminde mit Nieten zur Henkelbefestigung, mit Goldblech überzogen.

de ein Vorprodukt ungewöhnlicher Form verwendet, das aus einer gegossenen Platte oder Kalotte mit massivem Dorn bestand, der am Plattenmittelpunkt plaziert war. Aus diesem Gussstück mit Dorn schmiedete man die Schale. Der nahtlose Übergang zwischen dem geschmiedeten und ziselierten Blechkörper und dem massiven Dorn sowie die Gussoberfläche im Zentrum der Gefäßinnenseite sind deutliche Hinweise darauf, dass Dorn und Schale aus einem Stück bestehen (Abb. 14).

Aus dänischen Gefäßhorten der jüngeren Nordischen Bronzezeit, wie aus Mariesminde (Fünen) und Borgbjerg, sind zahlreiche Exemplare mit angefügten Henkeln bekannt. Die schweren Henkel in Form von Pferdeköpfen bestehen aus Bronze und sind mit dünnem Goldblech und mit Golddraht ummantelt. Zur Befestigung am Gefäßkörper dienen Bronzenieten, die mit Goldblech überzogen sind. Da die Verzierung der Goldbecher und -schalen zur Henkelbefestigung flachgeschlagen wurde und Gefäßkörper und Henkel stilistische wie auch technische Unterschiede aufweisen, kann man davon ausgehen, dass die Henkel nachträglich angebracht wurden. An Stücken mit fehlendem Henkel, wie den Schalen aus Ladegård, ist ersichtlich, dass die Nietlöcher mit einem Dorn durch die Gefäßwandung geschlagen wurden.

Abb. 14: Goldschale von Rianxó (Prov. La Coruña).

14a: Detail innen, Dornansatz.

14b: Punzenabdrücke mit konzentrischen Kreisen.

Ziertechniken

Die bronzezeitlichen Edelmetallgefäße sind ausnahmslos durch Techniken der plastischen Verformung verziert. Das gilt ebenso für die geschmiedeten wie für die gegossenen Exemplare. Als Ziertechniken sind nachgewiesen: das Anreißen, das Ziselieren, das Punzieren, das Nieten mit Zierköpfen und in manchen Fällen auch das Umbördeln des Randes. Die Gravur kann für das bronzezeitliche Sakralgerät aus Gold und Silber ausgeschlossen werden. Experimente haben gezeigt, dass mit Bronzemeißeln oder -stichen weder Gold und Silber noch Bronze graviert werden können[35]. Einen Einblick in alte Anwendungsbereiche des Ziselierens und Punzierens geben die Werke von Theophilus[36] aus dem 12. und von B. Cellini[37] aus dem 16. Jahrhundert. Das Ziselieren und Punzieren, wie es an vorgeschichtlichen Metallfunden zu beobachten ist, wurde schon seit Ende des 19. Jahrhunderts erforscht und experimentell nachvollzogen[38].

Beim Ziselieren und Punzieren wird die Metalloberfläche auf Kosten der Blechdicke vergrößert. Bei der Bearbeitung dünner Bleche dehnt man das Material. Dagegen wird das Metall an massiven Gegenständen, wie etwa an den gegossenen Henkelbechern aus Caldas de Reyes, gestaucht. Vorzeichnungen, die dazu dienen, die zur Verfügung stehende Fläche aufzuteilen und das Anbringen des Dekors zu erleichtern, werden auf der Metalloberfläche mit Hilfe einer Reißnadel angerissen. Dabei wird die Metalloberfläche angeritzt, ohne Material zu entfernen. Angerissene Vorzeichnungen sind mehrfach an prähistorischen Goldschmiedearbeiten belegt, zum Beispiel an mittel- bis spätbronzezeitlichen Goldblechkegeln[39] oder an der spätbronzezeitlichen Goldschale von Zürich-Altstetten[40]. Ein Reißstock diente zum Messen und Anzeichnen horizontal verlaufender Linien, wie etwa bei den Flaschen aus dem Hort von Villena. Wenn die Spuren der Vorzeichnungen überschliffen sind, kann auf Hilfsmittel zur Einteilung allein aufgrund der Dekoraufteilung geschlossen werden.

Der Goldschmied verwendet beim Ziselieren und Punzieren Punzen und Meißel als indirekte Schlagwerkzeuge, einen Hammer oder Stein als Schlagwerkzeug und einen Schlagrezeptor aus Treibkitt, Leder oder einem anderen nachgebenden Material[41]. Als Punze, Meißel, Dorn oder Reißnadel werden verschiedene Metallstifte mit je einem glatten und einem besonders ausgearbeiteten Ende bezeichnet. Der Metallstift wird mit einer Hand geführt, während mit der anderen Hand mittels eines Schlagwerkzeuges auf den Punzkopf geschlagen wird.

Anhand von Punzenabdrücken, die im Rahmen der Studien an punzierten oder ziselierten bronzezeitlichen Edelmetallgefäßen beobachtet wurden, ist die Verwendung folgender Punzen nachzuweisen: meißelförmige Schrot- beziehungsweise Ziehpunzen, Setzpunzen, Planierpunzen, Modellierpunzen, Kugelpunzen, Hohlpunzen, Muster- oder Zierpunzen und Faulenzerpunzen. Bei den Abdrücken von Zierpunzen dominieren verschiedene Varianten von konzentrischen Kreismotiven und Buckeln. Man kann anhand der unterschiedlich ausgeprägten Werkzeugspuren an bronzezeitlichen Fundstücken darauf schließen, dass zum Ziselieren und Punzieren als Schlagunterlage Materialien unterschiedlicher Härte verwendet wurden. Es kommen Holz, Leder, Ton und Sandkissen, vor allem aber

Ziselier- beziehungsweise Treibkitt in Frage. Bei der Bearbeitung von Hohlkörpern kann bisweilen von der Innenseite her gearbeitet werden, während das Gefäß in Kitt eingebettet ist. Oder aber man arbeitet von der Außenseite her, während das hohle Werkstück mit Kitt gefüllt ist. Die Bearbeitung von Gefäßen ist auf einem Wandgemälde im oben erwähnten Grab des Rhekmara bei Theben abgebildet (Abb. 4b). Der ägyptische Goldschmied verziert eine Metallflasche, indem er mit der einen Hand eine Punze und mit der anderen einen ungeschäfteten flachen Steinhammer führt. Das Gefäß ist mit Kitt gefüllt und gegen eine weiche Unterlage gelehnt, um die Gefäßwand nicht zu verletzen.

Moderner Treibkitt ist eine zähe, leicht schmelzbare Masse, hergestellt aus Ziegelmehl, Pech, Kolophonium und Wachs. Moderne Zusammenstellungen von Treibunterlagen und Kittzusammensetzungen weichen kaum von den älteren Rezepturen ab[42]. Je nach den Anforderungen der Ziselierarbeit kann man seine Härte durch unterschiedliche Mengen der Bestandteile bestimmen. Er fixiert das Werkstück, hat in kaltem Zustand eine harte Konsistenz und ist gleichzeitig elastisch sowie plastisch verformbar. Schließlich verhindert der Kitt, dass die Punze das Blech beim Ziselieren durchschlägt. Der Treibkitt muss in flüssiger Form auf einen Träger aufgebracht werden, der je nach Größe des Werkstückes und Art der Treibarbeit gewählt wird. So kann der Kitt auf ein Brett aufgetragen oder in ein Gefäß gefüllt werden.

Die grundlegenden Ziseliertechniken sind das Schroten oder auch Ziehen von Linien sowie das Modellieren und das Absetzen eines Reliefs. Die mit einer Schrotpunze erzeugte Linie entsteht durch das Aneinanderreihen von Punzschlägen, wobei die Punze in Linienrichtung gezogen wird[43]. Das bedeutet, dass die Punze bei jedem Schlag auf den Punzkopf weiterbewegt wird. Sie darf aber nur so weit bewegt werden, dass noch ein Teil der Punzbahn im gerade erzeugten Abdruck verweilt. In gleicher Weise wird bei der plastischen Bearbeitung von Reliefs oder gewölbten Flächen vorgegangen. Beim Ziselieren sind grundsätzlich immer mehrere Punzschläge nötig. Mit gebogenen Schrotpunzen oder mit Hohlpunzen wird für das Absetzen von Buckeln an der Außenseite vorgegangen, die zuvor mit einer Kugelpunze von der Innenseite ziseliert wurden (Abb. 2b-c). Weitere Verwendungsmöglichkeiten für Hohlpunzen sind das Durchhauen von Löchern und das Ausformen von Nietköpfen. Setz- und Planierpunzen verwendete ein Goldschmied bei der Ausarbeitung der Verzierung an den Flaschen von Villena[44].

Beim Punzieren wird mit einem einzigen Punzschlag ein bestimmtes, wiederholbares Muster in ein Blech oder in die Oberfläche eines massiven Gegenstandes abgedrückt. Es unterscheidet sich demnach vom Ziselieren, bei dem mehrere Punzschläge ein Relief aus der Fläche herausarbeiten. Musterpunzen werden auch als Zierstempel oder -punzen bezeichnet. Beim Punzieren von dünnem Blech auf elastischem Untergrund bewirkt die eingetriebene Vertiefung auf der Rückseite eine Erhöhung[45]. Als Verzierung kann demnach der erhabene oder der vertiefte Punzenabdruck dienen. An Hohlkörpern, deren Form keine Möglichkeit bietet, von der Innenseite her die Punze zu führen und mit einem Schlaginstrument zu arbeiten, kann der erhabene Abdruck folglich mit Hilfe einer Zierpunze mit hohl gearbeitetem Zierkopf erzeugt werden[46].

Zahlreiche Zierpunzen, die einen Punzenabdruck mit konzentrischen Kreisen hinterlassen, kommen im Depot von Génelard (Dép. Saône-et-Loire) zusammen mit mehreren Tüllenhämmern und einem Bronzeamboss vor[47]. Aus diesem bedeutenden Werkzeugensemble stammen sogar zwei formgenau zueinander passende Punzen mit konzentrischem Muster (Abb. 15b). Auch aus dem Werkzeugdepot von Larnaud (Dép. Jura), kennen wir zwei unterschiedliche Zierpunzen, eine mit konzentrischen Kreisen, die andere mit zwei unter-

Abb. 15: Depot von Génelard (Dép. Saône-et-Loire).

15a: Zierpunzen.

15b: Zueinander passende Punzen mit konzentrischem Muster.

Abb. 16: Faulenzerpunzen aus Bronze, Depot von Génelard.

Abb. 17: Muster von Faulenzerpunzen.

17a: Detail Schale von Gönnebek.

17b: Detail eines Gefäßes aus dem Hort von Borgbjerg.

schiedlichen Mustern an den einander gegenüberliegenden Enden[48]. Ein seltenes Exemplar einer großen stempelförmigen Zierpunze mit konzentrischen Kreisen, die zu ihrer Verwendung mit einem Schaft versehen wurde, wurde im süddeutschen Bronzehort von Mögeldorf gefunden[49].

Faulenzerpunzen sind eine Weiterentwicklung der Muster- oder Zierpunzen. Die leicht gewölbte Prägefläche einer Faulenzerpunze ist mit mehreren Zierelementen versehen. Aneinandergereiht ergeben ihre Abdrücke eine Serie von Verzierungen. Ein anschauliches Beispiel ist die Faulenzerpunze zum Herstellen einer Punktlinie, die mit mindestens zwei Höckern versehen ist, aber auch mit mehreren in einer Reihe angeordneten Höckern ausgestattet sein kann. Um eine fortlaufende Zierreihe zu erzeugen, setzt man das eine Ende stets am letzten Punzeinschlag wieder neu an. Die kordelartigen Muster auf zahlreichen Goldschalen (Abb. 17) sind mit derartigen Faulenzerpunzen erzeugt. Aus den schon genannten bronzezeitlichen Werkzeugdepots von Génelard und Larnaud sind Faulenzerpunzen aus Bronze überliefert (Abb. 16).

Nachbearbeitung

Nach der Formgebung und dem Verzieren wird die Oberfläche durch Schleifen und Polieren geglättet. An einigen Stücken sind die Schmiedespuren durch Schleifen weitgehend entfernt. Zum Schleifen und Polieren konnten zum Beispiel feiner Sand, gemahlener Bimsstein, Kohle oder Asche verwendet werden. Diese Schleifmittel werden in Verbindung mit einem Schleifmittelträger aus Holz oder Fasern eingesetzt.

Wachsausschmelzverfahren – Gegossene Henkelgefäße aus dem Goldhort von Caldas de Reyes (Prov. La Coruña)

Unter den Goldgefäßen der europäischen Bronzezeit sind die drei goldenen Henkelbecher aus dem mittelbronzezeitlichen Hort von Caldas de Reyes in Nordwestspanien die einzigen Gussprodukte[50]. Die drei Henkelgefäße wurden zusammen mit 28 geschmiedeten offenen Ringbarren in verschiedenen Größen von Hals- und Armringen, einem Kamm, verzierten Blechfragmenten und Draht- und Barrenfragmenten aufgefunden (Abb. 18). Die heute noch erhaltenen Goldgegenstände, die etwa die Hälfte des Fundes ausmachen, haben ein Gesamtgewicht von 14,9 kg. 13,75 kg des ehemaligen Ensembles sind verschollen.

Die drei schweren Henkelgefäße aus Caldas de Reyes haben eine bauchige Form und tragen teilweise Verzierungen (Abb. 19, 22). Vom Nordwesten der Iberischen Halbinsel sind direkte Parallelen weder aus Edelmetall noch aus Keramik bekannt. Ihre Herstellung beruht auf dem Wachsausschmelzverfahren, wobei die Wachsmodelle über Tonkerne modelliert wurden. Nachweisbar ist das Verfahren an der rauhen Gussoberfläche der Gefäßinnenseiten (Abb. 20), der dicken

75

Abb. 18: Goldhort von Caldas de Reyes (Pontevedra, Spanien).

Abb. 20: Caldas de Reyes, rauhe Gussoberfläche der Gefäßinnenseite.

Abb. 19: Caldas de Reyes, Henkelgefäße.

Gefäßwandung und dem im Verhältnis zu der geringen Gefäßhöhe hohen Metallgewicht (541–630 g): Das Gefäß mit Sonnenmotiv aus Caldas wiegt 640 g bei einer Höhe von 78 mm und einem Randdurchmesser von 85 mm, das Gefäß mit angesetztem Henkel 630 g bei einer Höhe von 72 mm und einem Randdurchmesser von 50 mm, und das unverzierte Gefäß hat ein Gewicht von 541 g bei einer von Höhe 84 mm und einem Randdurchmesser von 80 mm. Im Vergleich dazu wiegen frühbronzezeitliche geschmiedete Goldgefäße, die in der Literatur mit den Gefäßen aus Caldas de Reyes verglichen werden, deutlich weniger, wie die Beispiele aus Fritzdorf mit 221 g (Höhe 121 mm, Durchmesser 122 mm) und Eschenz mit 135 g (Höhe 111 mm, Durchmesser 112 mm) zeigen. Auf der Iberischen Halbinsel erreichen erst wieder die größten Exemplare der geschmiedeten Goldschalen aus dem spätbronzezeitlichen Hort von Villena Gewichte um ein halbes Kilogramm[51].

Auf die Gusstechnik des Wachsausschmelzverfahrens weist neben der Gussoberfläche auch die Gesamtform der Gefäße hin. Gegenstände mit einziehendem Rand können nicht im Zweischalenguss hergestellt werden, da sie nach dem Guss nicht aus der Form gelöst werden könnten. Vorgeschichtliche Gussobjekte mit Unterschneidungen sind in der Regel im Wachsausschmelzverfahren hergestellt. Das Verfahren wurde nicht nur zur Formgebung der Gefäße, sondern auch als Überfangguss zum Anfügen von Teilen und für Reparaturen angewandt. Während die Innenseiten mit ihrer rauhen Gussoberfläche roh belassen wurden, sind die Außenseiten durch Schleifen und Polieren intensiv bearbeitet worden. Bei zwei Exemplaren wurden Gefäßkörper, Boden und Henkel durch Anreißen und Punzieren verziert. Die massiven Henkel sind bei dem einen Becher mitgegossen, bei dem zweiten durch Überfangguss angefügt (Abb. 21,1) und beim letzten nachträglich eingesetzt worden (Abb. 21,2). Die Verzierungen in Form von Leiterbändern und strichgefüllten Dreiecken auf Gefäßkörper, Boden und Henkel sind mit einer Reißnadel geritzt und mit einer meißelförmigen Punze eingeschlagen.

Die Goldbecher von Caldas de Reyes wurden wiederholt mit frühbronzezeitlichen Edelmetallgefäßen west- und mitteleuropäischer Herkunft in Beziehung gesetzt und in das 16.–15. Jahrhundert v. Chr. datiert[52]. Weiter werden mit ihnen Keramikformen frühbronzezeitlicher Hügelgräber aus der Bretagne[53] sowie Gefäße aus Bernstein und Tonschiefer verglichen. Das Tongefäß von Botsorhel (Dép. Finistère) und das Bernsteingefäß von Hove (Sussex)[54] sind ihrer äußeren Erscheinung nach die besten Parallelen.

Maria Ruiz-Gálvez[55] führt als Parallele den Becher von Rillaton aus der Wessex-Kultur an[56]. Dieses Fundstück unterscheidet sich von den Gefäßen aus Caldas de Reyes jedoch nicht nur in seiner äußeren Form, sondern in wesentlicher Hinsicht auch in Bezug auf Herstellungstechniken, Gewicht und Materialstärke. Der Henkelbecher von Rillaton ist aus dünnem Goldblech geschmiedet. Seine in gleichmäßigen Abständen gewellte Oberfläche ist das Resultat eines Ziseliervorgangs, der Henkel wurde durch Nieten befestigt (Abb. 12). Das Nieten war neben dem Überfangguss die vorherrschende Verbindungstechnik vor der Einführung der Löttechnik. Auch die beiden henkellosen Goldbecher von Eschenz und Gölenkamp sind Schmiedeprodukte und haben ziselierte Gefäßkörper. Der Becher aus Fritzdorf und der schon genannte aus Rillaton sind die einzigen geschmiedeten Goldbecher mit Henkel[57], der an die Gefäßwände in beiden Fällen durch Lochen und Nieten angefügt wurde. Die zwei geschmiedeten Gefäße aus dünnem Goldblech unterscheiden sich dadurch, dass das eine durch Ziselieren eine gerippte Oberfläche erhielt, während die Oberfläche des anderen glatt belassen und nur mit einem Umbruch in der Gefäßform versehen wurde. So hält, entgegen den Behauptungen in der Literatur[58], in technischer und formaler Hinsicht keines der frühen Edelmetallgefäße einem Vergleich mit den Stücken aus Caldas de Reyes stand. Verbreitungskarten frühbronzezeitlicher Edelmetallgefäße erwecken auf dieser Materialbasis einen falschen Eindruck[59]. Mit den Henkelgefäßen von Caldas de Reyes liegt eine für den Nordwesten der Iberischen Halbinsel singuläre Erscheinung vor, deren Herkunft noch nicht geklärt werden konnte. Sie müssen daher bezüglich ihrer Form und Technik bis auf weiteres als Einzelformen behandelt werden.

Fermín Bouza Brey[60] stellte bei der ersten Veröffentlichung des Depots von Caldas de Reyes die Vermutung an, dass alle Fundgegenstände gegossen und anschließend poliert worden seien. Die Verzierungen sah er als Gravuren an. Die Henkel seien durch Öffnungen in den Gefäßwänden befestigt

Abb. 21:   Caldas de Reyes.

21a: Henkelbefestigung.

21b: Henkelbefestigung an einem weiteren Becher.

Abb. 22:   Caldas de Reyes, gepunzte Verzierung auf einem Becher.

worden, wobei die Enden in die geöffneten Löcher eingepasst und mit »Hammerarbeit befestigt« worden wären. Auch wenn diese technische Beschreibung ungenau und teilweise falsch ist – das Gravieren war während der Bronzezeit unbekannt, die Henkel wurden nicht durch Hammerarbeit befestigt, und einige der Objekte sind auch geschmiedet –, so ist es doch ein früher Versuch, technische Fragen in der wissenschaftlichen Bearbeitung archäologischer Funde zu berücksichtigen.

Auch Volker Pingel[61] vermutete, dass die Grundformen im Gussverfahren hergestellt wurden, geht jedoch nicht näher auf die technischen Möglichkeiten ein. Unverständlich erscheint vor diesem Hintergrund sein Vergleich der Stücke aus Caldas de Reyes mit den geschmiedeten Blechgefäßen der frühen Bronzezeit anderer geographischer Räume. Goldbecher, wie derjenige aus Fritzdorf, sollen seiner Auffassung nach Formen und Techniken von westeuropäischen Edelmetallgefäßen übernommen haben. Als Verbindungselement westeuropäischer Zentren der Frühbronzezeit wie der Wessex-Kultur, bretonischen Hügelgräbern und dem Nordwesten der Iberischen Halbinsel nennt V. Pingel[62] Form- und Dekorübereinstimmungen sowie technische Details, beispielsweise die Henkelbefestigungen. Nach eingehender Untersuchung sind jedoch weder Form, Dekor noch Henkelbefestigung der genannten Stücke mit Caldas de Reyes vergleichbar. Nach Luis Monteagudo[63] und M. Ruiz-Gálvez[64] sollen die Goldarbeiten durch das kräftige Zusammenschlagen von Goldstückchen bei geduldigem Hämmern, gefolgt von Polieren, gefertigt sein. Diese Auffassung zeigt das völlige Unverständnis bezüglich prähistorischer Techniken und macht die Notwendigkeit gesicherter technologischer Untersuchungen in Verbindung mit der Typologie deutlich. Die rauh erscheinende Oberfläche der Innenseite belegt nicht das Schmieden, sondern das Gießen. Seine Herstellungsbeschreibung für die schweren Goldtassen, laut der die Goldstückchen durch Druck bei geduldigem Schmieden zu vereinen seien, ist nicht nur für den Fundstoff unzutreffend, sondern in der Praxis des Goldschmiedens nicht durchführbar.

Ob mit dem Depot von Caldas de Reyes eine kultische Weihegabe, ein Versteckfund, ein Goldschmiededepot oder Rohmaterial für den Metallhandel vorliegt, entzieht sich unserer Kenntnis. Die Fragmente eines Blechschmuckstücks, einer »gargantilla de tiras«, bilden das einzige durch Vergleichsfunde zuweisbare Stück. Sollte sich die Zeitstellung an das Ende der Früh- beziehungsweise den Beginn der Mittelbronzezeit als richtig erweisen, so würde, eine lokale Herstellung vorausgesetzt, die Kenntnis des Wachsausschmelzverfahrens ein Technikniveau darstellen, das bisher erst für die Spätbronzezeit angenommen wurde. In der Mitte des 2. vorchristlichen Jahrtausends war das Verfahren sowohl im östlichen und zentralen Mittelmeerraum als auch im Nordischen Kreis bekannt. Jedoch konnten auch in diesen Bereichen keine vergleichbaren gegossenen Gefäße identifiziert werden. Vermutlich wurde ein Fund aus Troja, das zweihenkelige Goldgefäß, das Schliemann für das von Homer als »depas amphikypellon« bezeichnete Gefäß hielt[65], ebenfalls im Gussverfahren hergestellt. Die beiden Henkel des 600 g schweren Stückes scheinen allerdings hohl und mit dem gegossenen Gefäßkörper durch Löten verbunden zu sein. Solange keine technologische Studie vorliegt, kann dieser Fund jedoch nicht als Vergleich zu Caldas de Reyes herangezogen werden. Eine gesicherte Einschätzung und eine eindeutige chronologische Zuordnung der Goldfunde von Caldas de Reyes müssen solange offenbleiben, bis datierbare Vergleichsfunde verfügbar sind.

Der Schatz von Villena (Prov. Alicante)

Der im Jahre 1963 in Villena an der Rambla del Panadero als Zufallsfund geborgene Hort enthält Goldobjekte mit einem Gesamtgewicht von rund 9 kg, darunter Flaschen, Schalen, Blecharbeiten, Armringe, einen Goldknopf mit Bernstein, Silberflaschen von insgesamt etwa einem halben Kilogramm Gewicht sowie zwei Schmuckfunde aus Eisen[66]. Das hohe Edelmetallgewicht, die seltenen Silbergegenstände, der Bernstein und zwei der ersten Eisenobjekte[67] der Iberischen Halbinsel lassen diesem spätbronzezeitlichen Schatzfund eine besondere Bedeutung zukommen.

Die 28 zylindrischen Armringe mit unterschiedlichen Profilen gehören dem Typ Villena/Estremoz an (Abb. 23) und zählen zur Goldschmiedekunst der Atlantischen Bronzezeit[68]. Unter den Gefäßen befinden sich elf halbkugelige, buckelverzierte Schalen (Abb. 2a), zwei mit Rippen verzierte bauchige Goldflaschen (Abb. 24) und drei nur schlecht erhaltene Silberflaschen gleicher Form. Für die Tafelgefäße aus Villena sind aus dem atlantischen Raum der Iberischen Halbinsel drei Ver-

Abb. 23: Villena (Prov. Alicante), zwei Armringe aus dem Goldhort.

gleichsfunde bekannt, für die Armringe dagegen vierzehn Exemplare, während zu den Blecharbeiten keine Parallelen angeführt werden können. Durch Goldanalysen der Gegenstände von Villena wurde festgestellt, dass man zur Herstellung der Goldschmiedearbeiten Flussgold verwendete[69]. Der Erhaltungszustand der Goldobjekte ist gut, dagegen sind die Silberflaschen durch Korrosion stark angegriffen. Es liegen weder Silber- noch Eisenanalysen vor. Die beiden Eisenfunde, ein Armring und eine kleine, mit ziseliertem Goldblech belegte Eisenkalotte, sind schlecht erhalten.

Seit der frühen Bronzezeit sind aus dem prähistorischen Europa zahlreiche Goldschalen bekannt, die in der Regel geschmiedet und durch Ziselieren oder Punzieren verziert sind[70]. Darunter findet sich als einzige direkte Parallele zu den Schalen von Villena die Goldschale von Zürich-Altstetten. Schon Wilhelm Schüle[71] stellte die Schalen aus Villena als spätbronzezeitliche Metallerzeugnisse heraus und setzte sie mit der Schale von Zürich-Altstetten in Beziehung. Der spätbronzezeitlichen Datierung der Goldfunde aus Villena schlossen sich weitere Autoren an[72]. Aufgrund der vergleichbaren typologischen Merkmale räumte W. Schüle die Möglichkeit ein, die Goldgefäße könnten in der gleichen Werkstatt hergestellt worden sein, wobei er von einer Produktionsstätte auf der Iberischen Halbinsel ausging. Gegenteilig äußerte sich André Coffyn[73], der für die Schalen wie auch für die Armringe mitteleuropäische Techniken annahm und diese Ansicht mit der Schale von Zürich-Altstetten bestätigt sah. Wegen der Eisenobjekte datierte er das Depot von Villena um 800–700 v. Chr. M. Almagro-Gorbea[74] teilte die elf Villena-Schalen in fünf typologisch unterschiedliche Gruppen ein, wobei er angab, sich an mitteleuropäischen Vorbildern zu orientieren, die er jedoch nicht nannte. Für die Flaschen propagierte er eine mediterrane Herkunft, deren Zeitstellung er um 800 v. Chr. ansetzte. Andere Autoren plädierten wegen angeblicher Parallelen aus dem Westhallstattkreis für eine eisenzeitliche Datierung der Armringe und Schalen aus dem Hortfund von Villena[75]. Wolfgang Kimmig[76] stellte, ebenso wie Christiane Eluère[77], die Schale von Zürich-Altstetten und vergleichend damit die Schalen von Villena in den Kreis der goldenen Trinkschalen des Fürstengräber-Horizontes der Späthallstattzeit. Geneviève Lüscher[78] verwarf diesen Vergleich und sprach sich für eine Datierung der Goldschale von Zürich-Altstetten in die Spätbronzezeit aus. Sie legte Argumente zur Unterscheidung in Gewicht, Verzierung und Deponierungsform der Altstettner Schale im Vergleich mit den späthallstattzeitlichen Grabbeigaben dar. Der bronzezeitlichen Datierung der Altstettner und der Villena-Schalen schloss sich P. Nagy[79] an, der, wie erwähnt, die erste ausführliche Untersuchung und Dokumentation der technologischen Aspekte der Schale von Zürich-Altstetten vorgenommen hat. Er stellte die bronzezeitlichen und die eisenzeitlichen Goldschalen in anschaulichen Grafiken nach Gewichten, Größenverhältnissen und Metallzusammensetzung gegenüber, um die Unterschiede aufzuzeigen, auf die auch G. Lüscher hingewiesen hatte[80]. Bei genauerer Untersuchung und Gegenüberstellung von Goldschalen des Westhallstattkreises und der Villena-Schalen zeigt sich, dass sich außer der Funktion der Goldarbeiten als Gefäße keine Gemeinsamkeiten, weder in Form, Verzierung, Gewicht oder Materialzusammensetzung, feststellen lassen[81].

Bisher wurde der Schatzfund von Villena vorwiegend typologisch beschrieben, neuerdings auch unter Berücksichtigung sozioökonomischer und technologischer Gesichtspunkte gedeutet[82]. Das Depot wurde als »Goldschmiede-« beziehungsweise »Gießer-«Depot interpretiert, daneben wurde eine Deutung als persönlicher Besitz in Erwägung gezogen[83]. Die technologischen Aspekte der Funde von Villena wurden, obwohl verschiedentlich angesprochen und vor allem für die Armringe kontrovers diskutiert, während der langen Forschungsgeschichte des Schatzes weitgehend fehlinterpretiert[84]. Uns interessieren hier vor allem die elf Edelmetallgefäße aus Villena. Von der Iberischen Halbinsel sind weitere drei geschmiedete Goldschalen der Spätbronzezeit bekannt, wovon zwei aus Axtroki stammen. Die dritte Goldschale wurde am Strand bei Rianxó gefunden und, da sie mit einem massiven Dornfortsatz versehen ist, in der Literatur als Helm interpretiert[85]. Dazu kommen noch zwei goldene und drei silberne Edelmetallflaschen aus Villena. Bei Sepúlveda (Prov. Segovia) sollen in einem Schatz, der in der Literatur lediglich erwähnt ist und als verschollen gilt, »Kronen« und Edelmetallgefäße gefunden worden sein, die zu den Goldschalen gezählt wurden[86]. Da keine Zeichnung und nur eine vage Beschreibung dieser Funde vorliegt, wird hier auf eine typologische und chronologische Zuordnung verzichtet. Die einzigen älteren Goldgefäße der

Abb. 24: Villena, Goldflaschen.

Iberischen Halbinsel stammen aus dem mittelbronzezeitlichen Schatzfund von Caldas de Reyes. Diese drei dickwandigen Henkelgefäße wurden im Wachsausschmelzverfahren hergestellt und können folglich als Vorläufer der geschmiedeten und ziselierten Edelmetallgefäße nicht direkt herangezogen werden.

Die Technik der Goldschalen fand in den Veröffentlichungen der Schatzfunde weniger Interesse als die der Armringe. Nur A. Perea beschrieb den Herstellungsprozess und sah es dabei als erwiesen an, dass die Gefäße mit Hilfe von Holzwerkzeugen aus einer Blechronde aufgezogen wurden[87]. Aufgrund der mit bloßem Auge sichtbaren Werkzeugspuren an den Schalen und Flaschen von Villena können zur Herstellung folgende Werkzeuge und Hilfsmittel vorausgesetzt werden: Schlagwerkzeuge wie Treib- und Planierhämmer, Arbeitsunterlagen wie Amboss, Treibfäuste und Holzunterlagen, überdies Reißnadel, Zirkel, Lineal und Reißstock zum Anreißen der Verzierungen, ferner Kitt, Sandkissen, Kugel-, Hohl-, Schrot- und Flachpunzen zum Ziselieren und Punzieren.

Die rundbodigen kalottenförmigen Schalen sind, bis auf eine Ausnahme, mit einer ziselierten Randleiste und einem ausladenden, durch Stauchen verdickten Rand versehen (Abb. 26). Von den elf Goldschalen des Schatzes ähneln sich acht Exemplare, die sich geringfügig im Dekor, in der Ausgestaltung und der Anordnung der ziselierten Buckel unterscheiden (Abb. 25), aber die gleiche handwerkliche »Handschrift« besitzen. Die Buckelverzierungen variieren zwischen Bogengirlanden, Buckelreihen, sternförmigen Buckellinien und -bändern sowie flächendeckender Verzierung. Die restlichen drei Schalen unterscheiden sich in Größe, Verzierung und Form von den acht obengenannten Stücken. Davon sind zwei kleine Schalen in der Gestaltung der Gefäßform und der leicht ausladenden Randlippe formal mit den größeren Stücken vergleichbar. Eine dieser beiden kleinen Schalen trägt eine flächendeckende Buckelverzierung. Die dritte abweichende Schale hebt sich von den anderen Gefäßen durch eine hellere Metallfarbe, die Gefäßform, eine eigenständige Verzierung und einen geraden Rand ab.

Bei der Herstellung der Goldschalen lassen sich vier Hauptphasen unterscheiden: Vorprodukt, Formgebung, Verzierung und Nachbearbeitung. Sie sollen hier kurz resümiert werden. Beim Vorprodukt erfolgt das Gießen eines Rohlings in Form eines Bleches oder eines kalottenförmigen Vorproduktes. Bei der anschließenden Formgebung wird das Vorprodukt aufgetieft, in der Mitte unter Schonung des Randes gedehnt und von außen über einer Treibfaust planiert. Zur Formgebung gehört auch das Ziselieren der horizontal verlaufenden, abgesetzten Randleiste zur Verstärkung der Gefäßwandung, das Dehnen des ausladenden Randes für die ausgebogene Randlippe, das Stauchen des Randes zur Verstärkung der Materialdicke und das Schleifen der Oberfläche, um sie für die Ziselierung vorzubereiten.

Die Arbeitsschritte der Verzierung sind das Einteilen der Ornamentzonen mit Zirkel und Messinstrumenten, das Anreißen der Anordnung der Buckelverzierung mit einer Reißnadel, das Ziselieren und Punzieren der Buckelverzierung von innen und außen, während die Schale zunächst in Kitt eingebettet und bei anderen Arbeiten mit Kitt gefüllt ist, schließlich die Nachbearbeitung der Buckelränder von außen mit Hilfe einer Hohlpunze und das Absetzen von unebenen Flächen mit einer Setzpunze. Nachbearbeitet wird mittels Schleifen und Polieren der Oberfläche.

Abb. 25:   Villena, zwei Goldschalen mit Buckelverzierung.

Abb. 26:   Villena, abgesetzter und gestauchter, leicht ausladender Rand, Buckelverzierung.

Die Herstellung der drei weiteren spätbronzezeitlichen Goldschalen der Iberischen Halbinsel, jener von Axtroki und Rianxó, unterscheidet sich in einigen Details von derjenigen der Villena-Schalen, vor allem betreffend der Ausführung der Verzierungen, die an den Stücken von Axtroki und Rianxó ziseliert und mit Zierpunzen ausgeführt ist. Zudem unterscheidet sich die Ausgestaltung des Randes, der an den Axtroki-Schalen um einen Draht gebördelt und somit verstärkt wurde und an der Schale von Rianxó gerade verläuft. Im Falle des Gefäßes von Rianxó kommt als besonderes Unterscheidungsmerkmal noch das mit einem massiven gegossenen Dorn versehene Vorprodukt hinzu.

Die Ergebnisse der vorliegenden Untersuchung zu den technologischen Aspekten der Villena-Schalen stimmen bezüglich der einzelnen Arbeitsschritte des Herstellungsprozesses mit den von P. Nagy[88] an der Schale von Zürich-Altstetten beobachteten Merkmalen überein. Die darauffolgende, von P. Nagy gemeinsam mit der Verfasserin vorgenommene Untersuchung der schweren (910 g) Altstettener Schale, ergab eine bemerkenswerte Übereinstimmung der Werkzeugspuren an den Objekten der beiden Fundorte. Unterschiede ließen sich lediglich in der Anordnung und Aufteilung der Verzierungen beobachten: am schweizerischen Stück liegen zwischen den flächendeckend angeordneten Buckeln als ausgesparter Tierfries glatte Metalloberflächen, die Verzierungen der iberischen Exemplare sind dagegen meist so angelegt, dass die glatten Metallflächen die geometrische Anordnung der Buckel zur Geltung kommen lassen. Damit kann zwar die eingangs erwähnte Vermutung W. Schüles, die Exemplare aus Villena und Altstetten stammten aus derselben Werkstatt, noch nicht bewiesen werden, die übereinstimmenden Werkzeugspuren, die formalen Aspekte und das hohe Goldgewicht zeigen jedoch eine enge Beziehung der Goldarbeiten. Sie sprechen eindeutig gegen eine späthallstattzeitliche Datierung der Schale von Zürich-Altstetten und einen Vergleich mit den Goldschalen des Fürstengräber-Horizontes.

Die Gold- und Silberflaschen aus dem Depot von Villena haben einen kugeligen Körper und einen kleinen Standboden. Der hohe, enge Hals hat eine geschwungene Form und mündet in einen leicht ausladenden Rand. Die Blechdicke schwankt zwischen 0,5 mm und 1 mm. Die Flaschen sind mit sechs vertikalen und zwei horizontalen, plastisch hervortretenden Rippen am kugeligen Unterteil sowie mit zwei vertikalen Rippen am Hals verziert. Diese Zierleisten interpretierte W. Schüle[89] als Nachahmungen von Schnurverspannungen zur Aufhängung keramischer Flaschen der Südwestbronzezeit. Zu den Villena-Flaschen gibt es keine Vergleichsfunde aus Metall. Geschmiedete Flaschen sind, anders als Schalen, während der Bronzezeit im allgemeinen selten anzutreffen. Zwei Goldgefäße mit eingezogenem Hals und punzierter Verzierung, die allerdings in Größe, Gewicht und Herstellung von den Villena-Flaschen abweichen, kommen zum Beispiel im mittelbronzezeitlichen Depot von Villeneuve-Saint-Vistre-et-Villevotte (Dép. Marne), vor[90].

Das einzige, abgesehen von den fehlenden Zierleisten, formal mit den Villena-Flaschen vergleichbare Stück stammt aus dem nordkaukasischen Kurgan von Majkop[91]. Das Stück mit fast zylindrischem, engem Hals und eiförmigem Körper wird in das 3. Jahrtausend v. Chr. datiert und ist somit wesentlich älter als die Villena-Flaschen. In Anatolien treten, chronologisch und geographisch von Villena ebenfalls weit entfernt, zum Beispiel in Horoztepe und Alaca Höyük, frühbronzezeitliche geschmiedete und ziselierte sowie mit einem Henkel versehene Gold- und Silberflaschen zahlreicher auf[92].

Die Herstellung der Flaschen von Villena stimmt in den ersten Arbeitsschritten mit derjenigen der Goldschalen überein, unterscheidet sich jedoch in der weiteren Ausformung des eingezogenen Flaschenhalses. Zum Ausarbeiten von Flaschenhals und -rand wurde der Hals an geeigneten Sperrhaken durch Stauchen stark eingezogen und der Rand durch Strecken leicht geweitet. Schleifen und Polieren mit feinem Sand oder Asche schlossen den Arbeitsprozess für die Grundform ab.

Werkzeugspuren an den Flaschen belegen, dass die Zierrippen von der Außenseite her ziseliert wurden (Abb. 27). Besonders in der Auf- und Bodenansicht zeigt sich, dass die Höhe der Rippen nie die höchste Erhebung der zwischen ihnen liegenden Flächen übersteigt (Abb. 28). Die zu den Rippen hin einziehende Gefäßwandung belegt daher eindeutig deren Erzeugung durch Ziselieren mit Absetzen des Grundes, das heißt Absetzen der Flächen von außen nach innen. Durch die enge Gefäßmündung der Flaschen war ein anderes Verfahren

Abb. 27: Villena, ziselierte Rippen einer Flasche, Seitenansicht.

Abb. 28: Villena, ziselierte Rippen einer Flasche, Bodenansicht.

Für die Aufteilung der Ziselierung sind geometrische Grundkenntnisse und die Verwendung von Messinstrumenten wie Zirkel und Reißstock vorauszusetzen. Die regelmäßige Sechsteilung eines Flaschenkörpers mit kreisrundem Querschnitt erlangte man durch den sechsmaligen Abtrag des Kreisradius mit einem Zirkel. Die ausgesparten Zonen zwischen den zukünftigen Rippen wurden mit Zirkel und Reißstock an der Außenseite eingeteilt und die Rippen mit einer Reißnadel angerissen. Die Flächen neben den vorgezeichneten Linien wurden von außen mit einer Schrotpunze geschrotet und dann mit einer Setzpunze mit flacher Punzbahn abgesetzt, das Werkstück war dabei mit Treibkitt gefüllt. Hierbei blieben die Rippen stehen, während das Metall seitlich der Rippen durch Dehnen tiefergelegt wurde. Durch die leicht gewölbten und zur Mitte hin langsam ansteigenden Flächen erhielt der Gefäßkörper eine »Spannung«, die nicht nur gestalterisch bedeutsam ist. Die markant hervortretenden Leisten und die gespannten Flächen bewirkten auch eine Verstärkung der Gefäßwandung. Während des Ziseliervorganges legte der Goldschmied die mit Kitt gefüllte Flasche auf eine weiche Unterlage, möglicherweise ein Sandkissen, um die aufliegende Metalloberfläche nicht zu verletzen. Nach Beendigung der plastischen Verzierung wurde der Treibkitt ausgeschmolzen. Reinigen, Schleifen – eindeutige Spuren sind neben den Rippen zu sehen – und Polieren schlossen den Herstellungsprozess ab.

Gérard Nicolini[93], der sich mit der Flaschenherstellung befasste, vertrat dagegen die Ansicht, sie seien aus einzelnen Blechteilen autogen verschweißt. Zu dieser Annahme veranlassten ihn die regelmäßig angeordneten Rippen der Flaschen. Andere Autoren vermuteten, die Rippen seien beim Ausformen ausgeschlossen. Während Schalen mit weiter Gefäßöffnung abwechselnd von innen und außen ziseliert wurden, musste man sich, da die Punzen im Gefäßinnenraum nicht zu handhaben waren, beim Ziselieren der Flaschen auf die Außenseite beschränken (Abb. 29).

Abb. 29: Ziselierte Verzierung der Flaschen von Villena (Zeichnung Barbara Regine Armbruster).

29,1: Sechsteilung des Kreises.

29,2: Bodenansicht mit Vorzeichnungen.

29,3: Ziseliervorgang, Absetzen der Flächen neben den Rippen.

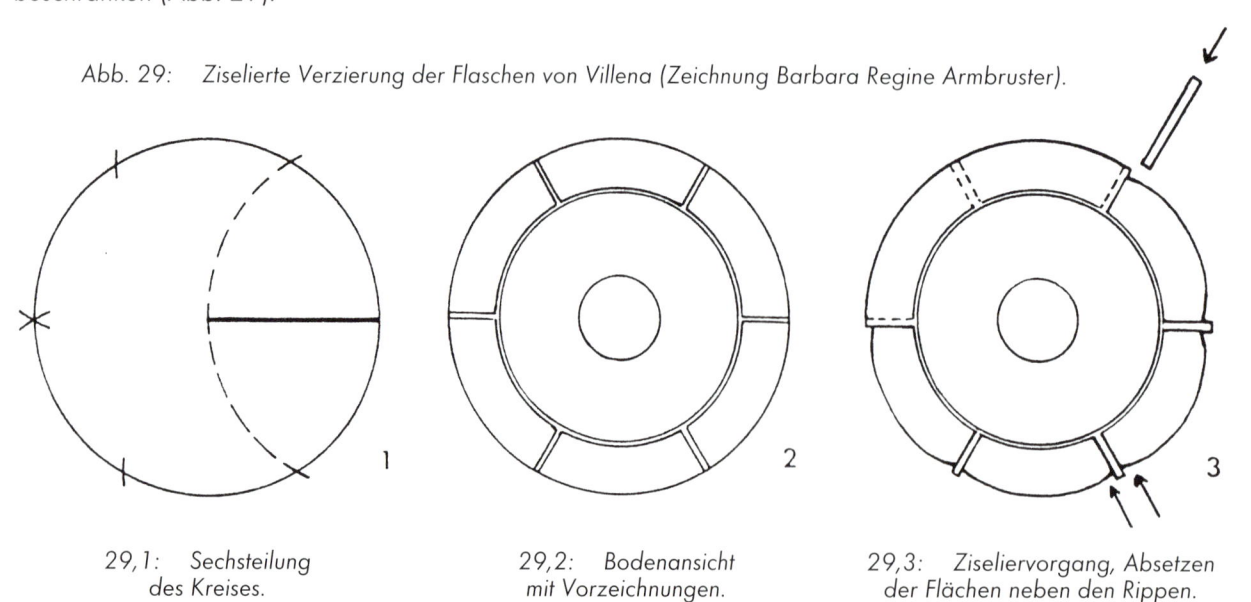

des Flaschenhalses aus dem Gefäßinneren mit einem Meißel herausgetrieben worden[94], die Gefäßform sei zuvor mit Holzwerkzeugen hergestellt worden. Es sind an den Goldobjekten jedoch weder Spuren des Schweißens noch einer plastischen Bearbeitung von der Innenseite her zu beobachten. Die genannten Vorschläge zur Treib- und Verzierungstechnik sind zudem in der Praxis nicht durchführbar. Das liegt einerseits darin begründet, dass »autogenes Schweißen« zwar ein in der Eisenbearbeitung, nicht aber in der Goldbearbeitung angewandtes Verfahren ist. Goldbleche können nicht autogen verschweißt werden. Andererseits sind bei der Bearbeitung von Gold die Formen der Schalen und Flaschen nicht allein mit Holzwerkzeugen zu erzielen. Zudem kann das Aufziehen zwar für die prähistorische Gefäßherstellung nicht vollständig ausgeschlossen werden, es ist jedoch anzunehmen, dass zum Schmieden von Gefäßen stattdessen das Auftiefen verwendet wurde. Ferner können die Rippen der Flaschen während des formgebenden Schmiedevorganges unmöglich von der Gefäßinnenseite her getrieben worden sein. Die einzige Möglichkeit, Buckel oder andere Erhebungen aus einem enghalsigen Gefäß von innen herauszutreiben, ist das Prellen[95], das zur Herstellung der Villena-Flaschen allerdings nicht eingesetzt wurde.

Anmerkungen

1 Barbara Regine Armbruster: Goldschmiedekunst und Bronzetechnik. Studien zum Metallhandwerk der Atlantischen Bronzezeit auf der Iberischen Halbinsel (Monographies Instrumentum, Bd. 15). Montagnac 2000, S. 19–33.
2 Patrick Nagy: Technologische Aspekte der Goldschale von Zürich-Altstetten. In: Jahrbuch der Schweizerischen Gesellschaft für Ur- und Frühgeschichte, Bd. 75, 1992, S. 101–116.
3 Ernst Foltz: Einige Beobachtungen zu antiken Gold- und Silberschmiedetechniken. In: Archäologisches Korrespondenzblatt, Bd. 9, 1979, S. 213 222.
4 Maiken Fecht: Handwerkstechnische Untersuchungen. In: Peter Schauer (Hrsg.): Die Goldblechkegel der Bronzezeit. Ein Beitrag zur Kulturverbindung zwischen Orient und Mitteleuropa (Monographien des Römisch-Germanischen Zentralmuseums, Bd. 8). Bonn 1986, S. 80–103.
5 Barbara Regine Armbruster: Zur Technik der Goldflaschen aus dem bronzezeitlichen Schatzfund von Villena (Alicante). In: Madrider Mitteilungen, Bd. 36, 1995, S. 165–171. Barbara Regine Armbruster: Zu den technologischen Aspekten der Goldfunde aus dem bronzezeitlichen Schatzfund von Caldas de Reyes (Prov. Pontevedra). In: Madrider Mitteilungen, Bd. 37, 1996, S. 60–73.
6 Luis Monteagudo: Orfebrería del noroeste hispánico en la Edad del Bronce. In: Archivo Español de Arqueología, Bd. 26, 1953, S. 269–312, bes. S. 308. Gérard Nicolini: Techniques des ors antiques. La bijouterie ibérique du VIIe au IVe siècle. Paris 1990, S. 21.
7 Alicia Perea: Orfebrería prerromana. Arqueología del oro. Madrid 1991, S. 104.
8 Ceth Mortimer – M. Stoney: A Methodology for Punchmark Analysis Using Electron Microscopy. In: Anthony Sinclair – Elisabeth Slater – John Gowlett (Hrsg.): Archaeological Sciences 1995. Proceedings of a Conference on the Application of Scientific Techniques to the Study of Archaeology (Oxbow Monographs, Bd. 64). Oxford 1997, S. 118–122.
9 Benner Larsen: SEM-Identification and Documentation of Tool Marks and Surface Textures on the Gundestrup Cauldron. In: James Black (Hrsg.): Recent Advances in the Conservation and Analysis of Artifacts. London 1987, S. 393–394.
10 Hermann Born: Archäologische Bronzen im Röntgenbild. In: Hermann Born (Hrsg.): Archäologische Bronzen, antike Kunst, moderne Technik. Berlin 1985, S. 112–125.
11 Wilfried Menghin: Der Berliner Goldhut und die goldenen Kalendarien der alteuropäischen Bronzezeit. In: Acta Praehistorica et Archaeologica, Bd. 32, 2000, S. 31–108, bes. S. 105, Abb. 54.
12 David A. Scott: Metallography and Microstructure of Ancient Historic Metals. London 1991.
13 Bernd Scheel: Egyptian Metalworking and Tools. Aylesbury 1989, Abb. 36, 37, 42–44.
14 Erhard Brepohl: Theophilus Presbyter und die mittelalterliche Goldschmiedekunst. Wien – Köln – Graz 1987, S. 165–168, Abb. 59.1.
15 Benvenuto Cellini: Abhandlungen über die Goldschmiedekunst und die Bildhauerei. Übers. v. Max Fröhlich u. Ruth Fröhlich. Basel 1974, S. 76–86. Es stehen mehrere Übersetzungen der Werke von Theophilus und Cellini zur Verfügung, wovon die beiden hier genannten durch handwerklich versierte Goldschmiedemeister vorgenommen wurden.
16 Barbara Regine Armbruster: Traditionelles Goldschmiedehandwerk in Westafrika und bronzezeitliche Metallverarbeitung in Europa. Technologien im ethnoarchäologischen Vergleich. In: Beiträge zur Allgemeinen und Vergleichenden Archäologie, Bd. 5, 1995, S. 111–201, bes. S. 139–151.
17 B. R. Armbruster (Anm. 1), S. 26.
18 Artur Pietzsch: Rekonstruktionen getriebener Bronzegefäße. In: Arbeits- und Forschungsberichte der Sächsischen Bodendenkmalpflege, Bd. 18, 1968, S. 105–127.
19 B. R. Armbruster (Anm. 1), S. 55, Abb. 23–24.

20 Gustaf Trotzig: Craftsmanship and Function. A Study of Metal Vessels Found in Viking Age Tombs on the Island of Gotland, Sweden (The Museum of National Antiquities Stockholm Monographs, Bd. 1). Stockholm 1991.
21 Barbara Regine Armbruster: Metallguß. In: Reallexikon der Germanischen Altertumskunde, Bd. 19. Berlin – New York 2001, S. 622–642. Barbara Regine Armbruster: Zu bronzezeitlichen Werkzeugen der plastischen Verformung im nördlichen und westlichen Europa. In: Willy H. Metz – B. L. van Beek – Hannie Steegstra (Hrsg.): Patina. Essays Presented to Jay Jordan Butler on the Occasion of his 80th Birthday. Groningen 2001, S. 7–26.
22 Oppi Untracht: Metal Techniques for Craftsmen. New York 1968, S. 240–257.
23 E. Foltz (Anm. 3), S. 214–216.
24 E. Brepohl (Anm. 14), S. 165–168. B. Cellini (Anm. 15), S. 76–86.
25 M. Fecht (Anm. 4), S. 88, Abb. 46a-e.
26 A. Pietzsch (Anm. 18), S. 238, Abb. 1.
27 B. Cellini (Anm. 15), S. 77.
28 B. R. Armbruster (Anm. 1), Abb. 23, 24.
29 B. R. Armbruster: Zur Technik (Anm. 5).
30 T. Franklin Evans: Hammered Metalwork. London 1937, S. 221, Taf. 25.
31 T. F. Evans (Anm. 30), S. 239, Taf. 43.
32 Wilfried Menghin – Peter Schauer: Der Goldblechkegel von Ezelsdorf. Kultgerät der späten Bronzezeit. Ausst. Kat. Germanisches Nationalmuseum Nürnberg. Mainz 1983, S. 56. W. Menghin (Anm. 11), S. 37.
33 Barbara Regine Armbruster: Techniques d'orfèvrerie préhistorique des tôles d'or en Europe atlantique des origines à l'introduction du fer. In: Béatrice Cauuet (Hrsg.): L'or dans l'antiquité. De la mine à l'objet (Aquitania, Supplément, Bd. 9). Bordeaux 1999, S. 237–249, bes. S. 244, Abb. 20.
34 Christiane Eluère: Das Gold der Kelten. München – Fribourg 1987, Abb. 17.
35 Herbert Maryon – Harold James Plenderleith: Fine Metal-Work. In: Charles Singer – Eric John Holmyard – A. Rupert Hall (Hrsg.): A History of Technology. Oxford 1958, S. 623–683, bes. S. 648.
36 E. Brepohl (Anm. 14), S. 165–178, 237–239.
37 B. Cellini (Anm. 15), S. 42–54.
38 S. Müller: Zur Bronzealter-Frage. Notizen zu den Gegenbemerkungen der Herren Professoren Genthe, Lindenschmidt und Hostmann. In: Archiv für Anthropologie, Bd. 10, 1878, S. 27–40. P. R. Lowery – R. D. A. Savage – Robert L. Wilkins: Scriber, Graver, Scorper, Tracer: Notes on Experiments in Bronzeworking Technique. In: Proceedings of the Prehistoric Society, Bd. 37, 1971, S. 167–182.
39 M. Fecht (Anm. 4), S. 94–96.
40 P. Nagy (Anm. 2), S. 106, Anm. 23.
41 Paul Hugger – Alfred Mutz: Der Ziseleur (Schweizerische Gesellschaft für Volkskunde, Abt. Film, Reihe Altes Handwerk, Bd. 40). Basel 1976.
42 Herbert Maryon: Metalwork and Enamelling. 5. Aufl., New York 1971, S. 117. Oppi Untracht: Jewelry Concepts and Technology. London 1982, S. 119–122.
43 Herbert Maryon: Metalworking in the Ancient World. In: American Journal of Archaeology, Bd. 53, Heft 2, 1949, S. 93–125, bes. S. 116, Abb. 18a-c.
44 B. R. Armbruster: Zur Technik (Anm. 5), S. 170, Abb. 3.
45 H. Maryon (Anm. 43), S. 116, Abb. 18b.
46 M. Fecht (Anm. 4), Abb. 50–51.
47 Jean-Paul Thévenot: Un outillage de bronzier: Le dépôt de la Petite Laugère, à Génelard (Saône-et-Loire, F). In: Claude Mordant – Michèl Pernot – Valentin Rychner (Hrsg.): L'atelier du bronzier en Europe du XXe au VIIIe siècle avant notre ère, Bd. 2. Paris 1998, S. 123–144. B. R. Armbruster: Zu bronzezeitlichen Werkzeugen (Anm. 21), Abb. 15.
48 Jean-Pierre Nicolardot – Gilles Gaucher: Typologie des objets de l'Âge du Bronze en France, Bd. 5: Outils (Société Préhistorique Française, Commission du Bronze). Paris 1975, S. 36, Abb. 2, 3.
49 Martin Nadler: Der Hortfund von Mögeldorf (Beiträge zur Archäologie in Mittelfranken, Sonderheft 3). Büchenbach 1998.
50 B. R. Armbruster: Zu den technologischen Aspekten (Anm. 5).
51 Wilhelm Schüle: Der bronzezeitliche Schatzfund von Villena (Prov. Alicante). In: Madrider Mitteilungen, Bd. 17, 1976, S. 142–159, bes. S. 174.
52 Maria Ruiz-Gálvez: El Bronze Antiguo en la fachada atlántica peninsular: un ensayo de periodización. In: Trabajos Prehistoricos, Bd. 36, 1979, S. 151–172, bes. S. 168, Abb. 6,1–8.
53 Jacques Briard: Chalcolithique et Âge du Bronze en France (Poterie et civilisations, Bd. 2). Paris 1989, S. 7, Abb. 1, 38–40.
54 David V. Clarke – Trevor G. Cowie – Andrew Foxon: Symbols of Power at the Time of Stonehenge. Edinburgh 1985, S. 117.
55 Maria Ruiz-Gálvez: Breve esquema para la revisión cronológica del tesoro de Caldas de Reyes. In: XV Congreso Nacional de Arqueología. Zaragoza 1979, S. 573–580, bes. S. 575.
56 D. V. Clarke – T. G. Cowie – A. Foxon (Anm. 54), S. 116, Abb. 4, 44.
57 W. Menghin – P. Schauer (Anm. 32), S. 68–73.
58 M. Ruiz-Gálvez (Anm. 55), S. 575. Volker Pingel: Bemerkungen zu den Schatzfunden von Caldas de Reyes (Prov. Pontevedra). In: Madrider Mitteilungen, Bd. 26, 1985, S. 29–44, bes. S. 30–32.
59 C. Eluère (Anm. 34), S. 165, Abb. 160,1–6 (»Bronze Ancien«). V. Pingel (Anm. 58), Abb. 1.
60 Fermín Bouza Brey: El tesoro prehistórico de Caldas de Reyes (Pontevedra) (Informes y Memorias de la Comisaría General de Excavaciónes Arqueológicas, Bd. 2). Madrid 1942, S. 12.
61 Volker Pingel: Die vorgeschichtlichen Goldfunde der Iberischen Halbinsel. Eine archäologische Untersuchung zur Auswertung der Spektralanalysen (Madrider Forschungen, Bd. 17). Berlin 1992, S. 56, Anm. 264.
62 V. Pingel (Anm. 58), S. 31.
63 L. Monteagudo (Anm. 6), S. 308.
64 Maria Ruiz-Gálvez: El tesoro de Caldas de Reyes. In: Trabajos Prehistoricos, Bd. 35, 1978, S. 165–192, bes. S. 174.
65 Wladimir P. Tolstikow – Michail J. Trejster: Der Schatz von Troja. Schliemann und der Mythos des Priamos-Goldes. Ausst. Kat. Puschkin-Museum. Stuttgart 1996.
66 José Maria Soler García: El oro de los tesoros de Villena (Servicio de Investigación Prehistorico. Trabajos varios, Bd. 136). Valencia 1969.
67 Martin Almagro-Gorbea: La introducción del hierro en la Península Ibérica. Contactos precoloniales en el Período Protoorientalizante. In: Complutum, Bd. 4, 1993, S. 81–94, bes. S. 82.
68 Barbara Regine Armbruster: Instruments rotatifs dans l'orfèvrerie de l'Âge du Bronze de la Péninsule Ibérique. Nouvelles connaissances sur la technique des bracelets du type Villena/Estremoz. In: Trabalhos de Antropologia e Etnologia, Bd. 33, Heft 1–2, 1993, S. 265–283.
69 W. Schüle (Anm. 51), S. 146–147, 178–179.
70 W. Menghin – P. Schauer (Anm. 32). Peter Schauer (Hrsg.): Die Goldblechkegel der Bronzezeit. Ein Beitrag zur Kulturverbindung zwischen Orient und Mitteleuropa (Monographien des Römisch-Germanischen Zentralmuseums, Bd. 8). Bonn 1986.
71 Wilhelm Schüle: Die Meseta-Kulturen der Iberischen Halbinsel. Mediterrane und eurasische Elemente in früheisenzeitlichen Kulturen Südwesteuropas (Madrider Forschungen, Bd. 3). Berlin 1969, S. 36.
72 W. Menghin – P. Schauer (Anm. 32). V. Pingel (Anm. 61). Barbara Regine Armbruster – Alicia Perea: Tecnologia de herramientas rotativas

durante el Bronce Final Atlántico. El depósito de Villena. In: Trabajos de Prehistoria, Bd. 51, Heft 2, 1994, S. 69–87.
73   André Coffyn: Le Bronze Final Atlantique dans la Péninsule Ibérique. Paris 1985, S. 238.
74   Martin Almagro-Gorbea: Orfebrería del Bronce Final en la Península Ibérica. El tesoro de Abía de la Obispalía, la orfebrería tipo Villena y los cuencos de Axtroki. In: Trabajos de Prehistoria, Bd. 31, 1974, S. 39–90, bes. S. 55–62.
75   C. Eluère (Anm. 34), S. 166. Majolie Lenerz de Wilde: Iberica Celtica. Archäologische Zeugnisse keltischer Kultur auf der Pyrenäenhalbinsel. Stuttgart 1991, S. 175–178.
76   Wolfgang Kimmig: Edelmetallschalen der späten Hallstatt- und frühen Latènezeit. In: Archäologisches Korrespondenzblatt, Bd. 21, 1991, S. 241–253, bes. S. 244–246.
77   C. Eluère (Anm. 34), S. 120.
78   Geneviève Lüscher: Zentren des Reichtums und der Macht. In: Andres Furger – Felix Müller: Gold der Helvetier. Ausst. Kat. Schweizerisches Landesmuseum. Zürich 1991, S. 59–70, bes. S. 63.
79   P. Nagy (Anm. 2).
80   P. Nagy (Anm. 2), S. 113–114.
81   W. Schüle (Anm. 51), S. 164–165. P. Nagy (Anm. 2), Abb. 16–20.
82   B. R. Armbruster (Anm. 68). B. R. Armbruster (Anm. 1). B. R. Armbruster – A. Perea (Anm. 72).
83   J. M. Soler García (Anm. 66). M. Almagro-Gorbea (Anm. 74). W. Schüle (Anm. 51). A. Perea (Anm. 7). V. Pingel (Anm. 61).
84   B. R. Armbruster (Anm. 1), S. 144–145.
85   Mário Cardozo: Valioso achado arqueológico em España. In: Revista de Guimarães, Bd. 86, 1976, S. 173–176.
86   V. Pingel (Anm. 61), S. 61–62. C. Eluère (Anm. 34), S. 166.
87   A. Perea (Anm. 7), S. 104.
88   P. Nagy (Anm. 2).
89   W. Schüle (Anm. 51), S. 165.
90   C. Eluère (Anm. 34), Abb. 54, 108. P. Schauer (Anm. 70), Taf. 38,1–5.
91   Ralf Busch (Hrsg.): Gold der Skythen. Schätze aus der Staatlichen Eremitage St. Petersburg (Veröffentlichungen des Hamburger Museums für Archäologie und die Geschichte Harburgs, Helms-Museum, Bd. 67). Neumünster 1993, S. 34.
92   Hamit Zübeyr Kosay: Alaca Höyük Kazisi. Ankara 1951, Taf. 132, 176.
93   G. Nicolini (Anm. 6), S. 19–21.
94   W. Schüle (Anm. 51), S. 174; A. Perea (Anm. 7), S. 104.
95   P. Hugger – A. Mutz (Anm. 41), S. 27–30, Abb. 12–13.

Abb. 8: Berliner Goldhut, Detail. Vertikaler Nadelriss von der Gliederung des Goldkegels vor den Punzarbeiten.

Hermann Born
Herstellungstechnische Voruntersuchungen am Berliner Goldhut

1996 konnte vom Museum für Vor- und Frühgeschichte, Staatliche Museen zu Berlin Preußischer Kulturbesitz, ein sehr bemerkenswertes bronzezeitliches Goldobjekt erworben werden (Abb. 1). Im vorliegenden Beitrag soll gezeigt werden, wie komplex die möglichst interdisziplinär durchzuführende Gesamtuntersuchung eines solchen Objektes sein muss. Ziel der weitgehend noch im Planungsstadium befindlichen Untersuchungen ist neben der archäologisch-kunsthistorischen vor allem die herstellungstechnische Beschreibung und die Einordnung des »Berliner Goldhutes« innerhalb des alteuropäischen und des ägäisch-vorderasiatischen Goldhandwerks.

Die jüngsten technischen Aussagen zu den drei bisher bekannten Goldkegeln oder Goldhüten (Avanton, Ezelsdorf, Schifferstadt) erwiesen sich als nicht ausreichend. Auch der Berliner Goldhut ist bedauerlicherweise bereits mit mangelhaften Aussagen in die Literatur eingegangen. Einer der Mängel ist in den Goldanalysen zu sehen, die bereits in der ersten umfangreicheren Zusammenfassung zu den bisherigen Forschungen zum Berliner Goldhut publiziert wurden[1]. Diese Analysen, 1996 mit modernster Technik in Berlin und Paris an einer vom Verfasser absichtlich zweigeteilten Goldblechprobe ausgeführt, sind völlig unterschiedlich ausgefallen: Während das Institut für Metallkunde an der TU Berlin mit der Mikrosonde 9,77% bzw. 9,85% Silber analysierte, waren es in Paris im Laboratoire de Recherche des Musées de France mit einer Protonenfluoreszenzanalyse (PIXE = Proton-Induced-X-Ray Emission Spectroscopy) immerhin 14,26% bzw. 15,51%. Dieser Unterschied von 5–6% ist nicht nur für die Beurteilung und Einordnung innerhalb der prähistorischen Goldlegierungen[2] unbefriedigend, sondern auch für die geplanten experimentellen Arbeiten zu den Herstellungstechniken gravierend. Ebenso divergieren die Zinnwerte aus diesen Analysen erheblich, nämlich zwischen 0,09% und 0,55%. Solche Ergebnisse sind, selbst bei kritischer Beurteilung der unterschiedlichen Analysenmethoden, in dieser hohen Differenz nicht akzeptabel. Es bedarf daher neuer Untersuchungen.

Weitere Verwirrung brachte der Umgang mit einem dichten schwarzen, manchmal rötlich-schwarzen Material auf der noch im Fundzustand vorliegenden Oberfläche im unteren Teil des Goldhutes, das von Anfang an bereits als eine charakteristische Ablagerung auf archäologischen Goldoberflächen

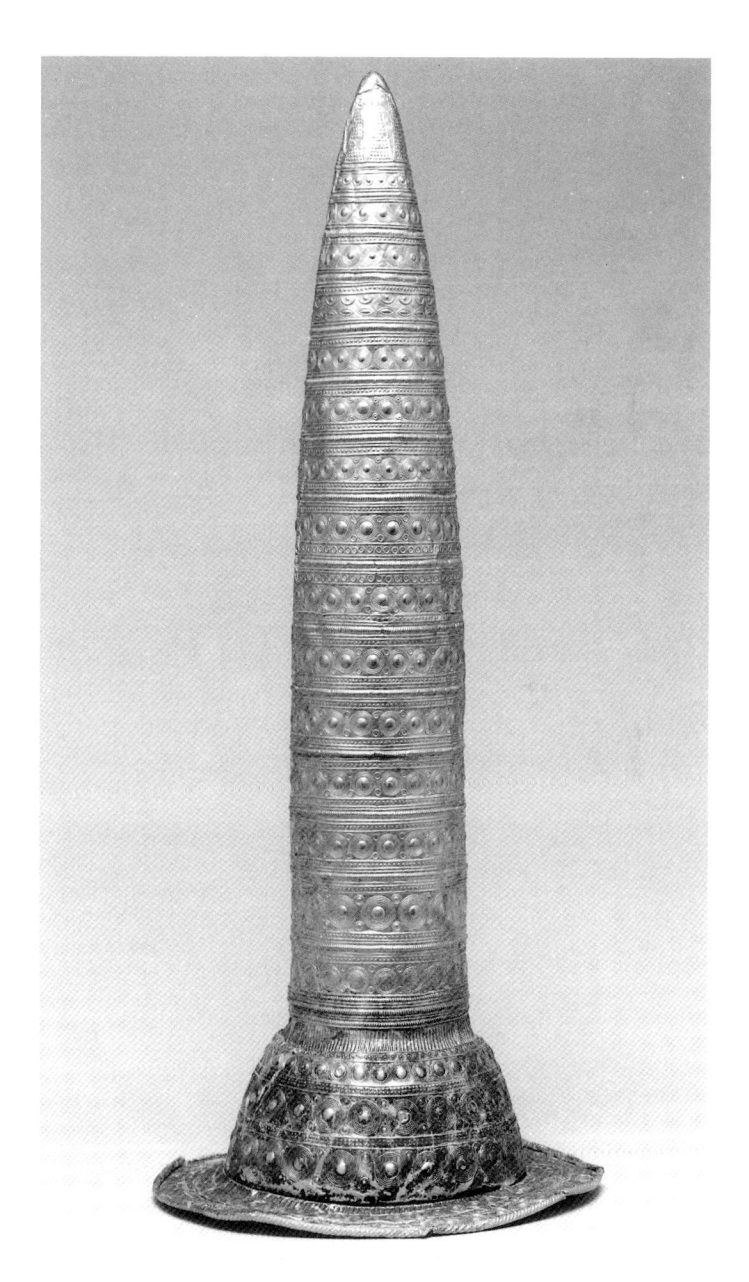

Abb. 1: Der Berliner Goldhut. Museum für Vor- und Frühgeschichte, SMB-PK (Inv.-Nr. MVF II c 6068).

bzw. als eine »Goldpatina« identifiziert werden konnte (Abb. 2). Das Material wurde jedoch zunächst als eine organische Treibkittmasse angesehen, da einige Fachleute mit der Punzverzierung des Goldes von innen und somit dem Erhalt von Treibkitt auf der Oberfläche rechneten. Die Analyse des Materials war in Paris angeblich durch den Klebstoff eines verwendeten »scotch«- Klebeträgers nicht möglich. Dennoch wurde die vermeintlich »organische« Probe untersucht. Als Negativergebnis konnten unter anderem Mangan, Kupfer und Tonpartikel identifiziert werden. Damit liegt ein Konglomerat einer Kupferkorrosion aus dem Silberanteil des Goldes mit mineralischen Bestandteilen aus dem umgebenden Erdreich vor. Auch hier muss noch einmal sorgfältig nachuntersucht werden, um sämtliche irregeleiteten Spekulationen, vor allem zur Herstellungstechnik, auch analytisch restlos auszuschließen.

Das technologische Interesse am Berliner Goldhut bezieht sich vor allem auf die mit ganz unterschiedlichen Überlegungen und Meinungen behaftete treibtechnische Herstellung des Objektes, die scheinbar einfach, jedoch in den Details überaus komplex und in der Ausführung meisterhaft ist. Grundlegendes zur Herstellung der »Goldblechkegel der Bronzezeit« wurde bereits 1986 von Maiken Fecht auf der Basis ihrer Untersuchungen im Römisch-Germanischen Zentralmuseum in Mainz an den drei bekannten Goldhüten von Avanton, Ezelsdorf und Schifferstadt publiziert.[3] Gerade an dem stark zerstörten Hut von Ezelsdorf sind ihre Aussagen besonders präzise ausgefallen. Der Berliner Goldhut ist dagegen glücklicherweise vollständig und nahezu unversehrt, so dass sich alle bisher gemachten Aussagen gut überprüfen und bestätigen, verbessern oder widerlegen lassen. Auch wenn die Punzmuster der Goldhüte wie am Ezelsdorfer Hut manchmal überschneidend oder mit zum Teil anderen Ornamentpunzen angelegt wurden, wenn Goldblechstärken erhebliche Unterschiede zeigen und die Gewichte der Goldhüte zu variieren scheinen, gibt es doch große Zusammenhänge und Gemeinsamkeiten, die es neu zu beschreiben und akribisch zu überprüfen gilt. Eine an dieser Stelle nur begrenzt mögliche Darstellung der Herstellungstechnik des Berliner Goldhutes soll einen ersten Überblick geben. Über die Bodenlagerung, Erhaltung und Deformationsmerkmale sowie über eine erste, bereits im Kunsthandel vorgenommene Reinigung des Goldhutes kann hier allerdings nicht berichtet werden.

Die Ausgangsform

Dem Goldhut muss eine vollständig verzierte Vorlage – vorstellbar ist beispielsweise ein bemaltes Modell im Maßstab 1:1 mit sämtlichen Maßeinteilungen aus Holz – für die Durchführung und Überprüfung der Arbeiten zugrundegelegen haben. In seiner vorerst gemessenen Höhe von 745 mm wurde der Goldhut nahtlos aus einem Stück Gold von weniger als

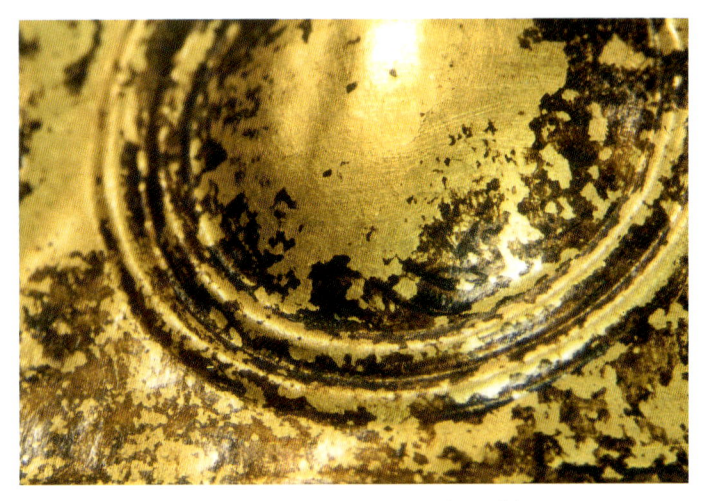

Abb. 2: Berliner Goldhut, Detail »Goldpatina«.

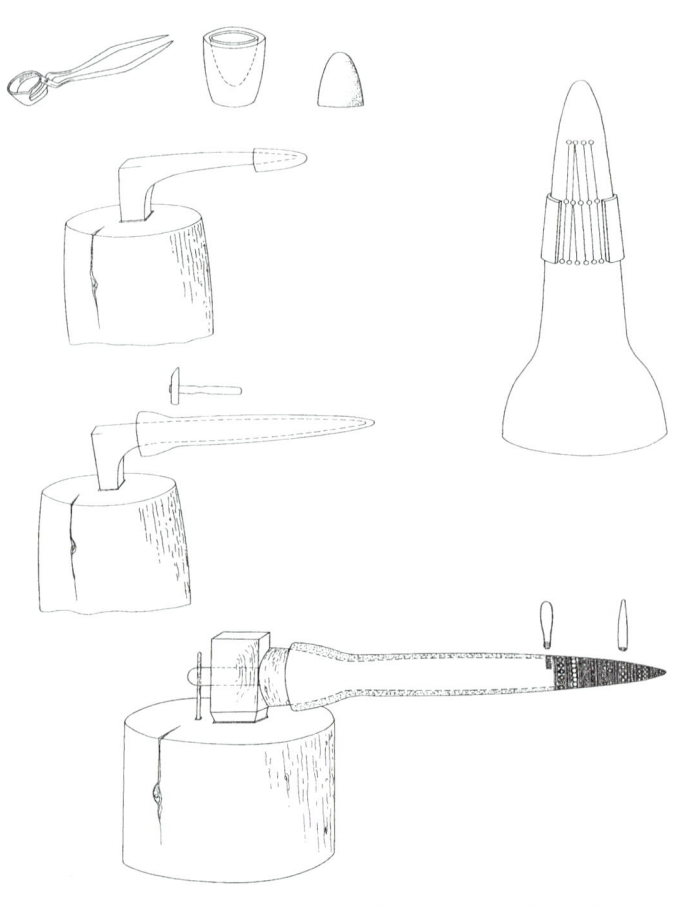

Abb. 3: Schematische Darstellung zur Herstellung der Goldblechkegel oder Goldhüte der Bronzezeit (Zeichnung nach M. Fecht 1986).

400 g Gewicht gearbeitet – das zur Stabilisierung eingearbeitete Bronzeband und ein Bronzering müssen noch exakt aus dem bisher angegebenen Gewicht von 490 g herausgerechnet werden[4].

Die Herstellung des Goldkegels (Abb. 3) wurde aus einer beliebigen, nicht mehr rekonstruierbaren gegossenen Ausgangsform (Kegel, Ronde, Barren oder Plansche) auf einem entsprechend aus Hartholz geschnitzten Ambosshorn vorgenommen. Hierauf wurde der Goldhut mit dem Hammer getrieben und aufgezogen und dadurch das Gold schließlich auf eine Blechdicke von nur 0,06 mm (60 micron/µ: etwa die Dicke von Schreibmaschinenpapier) geschmiedet. Eine 2001 eingeleitete rasterelektronenmikroskopische Untersuchung bestätigt die bereits noch vor dem Erwerb des Goldhutes 1996 mit einer Mikrometerschraube sorgfältig an mehreren beschädigten, daher offenen Stellen gemessene Goldblechstärke, die auch aus einer Probe vom unteren Teil des Kegels ermittelt wurde[5] (Abb. 4).

Wiederholte Überlegungen in der archäologischen Literatur, es habe gewalzte Bronze- oder Goldbleche gegeben, entbehren der Grundlage. Bis ins Mittelalter hinein gibt es ausschließlich geschmiedete, getriebene, geschlagene und anschließend geschliffene oder mit dem Planierhammer bzw. mit Poliersteinen geglättete Bleche. Das Walzen von Blech ist nach bisherigen Untersuchungen tatsächlich erst eine Erfindung des 15. Jahrhunderts, und die ersten Erwähnungen werden bekanntermaßen Leonardo da Vinci zugeschrieben. Metallographische Untersuchungen an prähistorischen und antiken toreutischen Arbeiten zeigen ausschließlich Kaltverformungen durch Schmieden. Röntgenuntersuchungen bestätigen darüber hinaus bei allen prähistorischen, antiken und frühmittelalterlichen Blecharbeiten die Abschläge von länglichen Hammerfinnen oder kugelköpfigen Treib- und Planierhämmern, selbst wenn diese mit dem bloßen Auge nicht auszumachen sind[6].

Die Goldblechbearbeitung

Beim Treiben oder Gold-«schmieden» des Kegels oder Hutes, einschließlich seines helmförmigen Unterteils, musste zwischengeglüht, das heißt das Gold im Feuer entspannt werden, was bei der Größe und dem immer dünner werdenden Goldblech bereits eine Meisterschaft voraussetzt. Die abschließende minutiöse Treibarbeit bzw. Planierung oder Verdichtung der Goldoberfläche fand mit einem kleinen Planierhammer statt, dessen Abschläge mit einem Durchmesser von etwa 3 bis maximal 4 mm auf den Röntgenaufnahmen gemessen werden konnten (Abb. 5). Nach dieser Arbeit wurde die Oberfläche mit Poliersteinen, -hölzern oder -knochen geglättet, mit feinstem

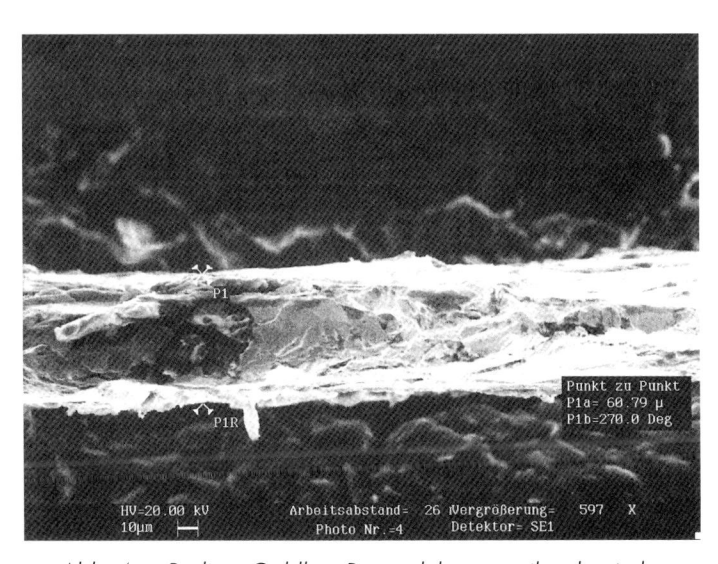

Abb. 4: Berliner Goldhut. Rasterelektronenmikroskopische Messung des Goldblechs.

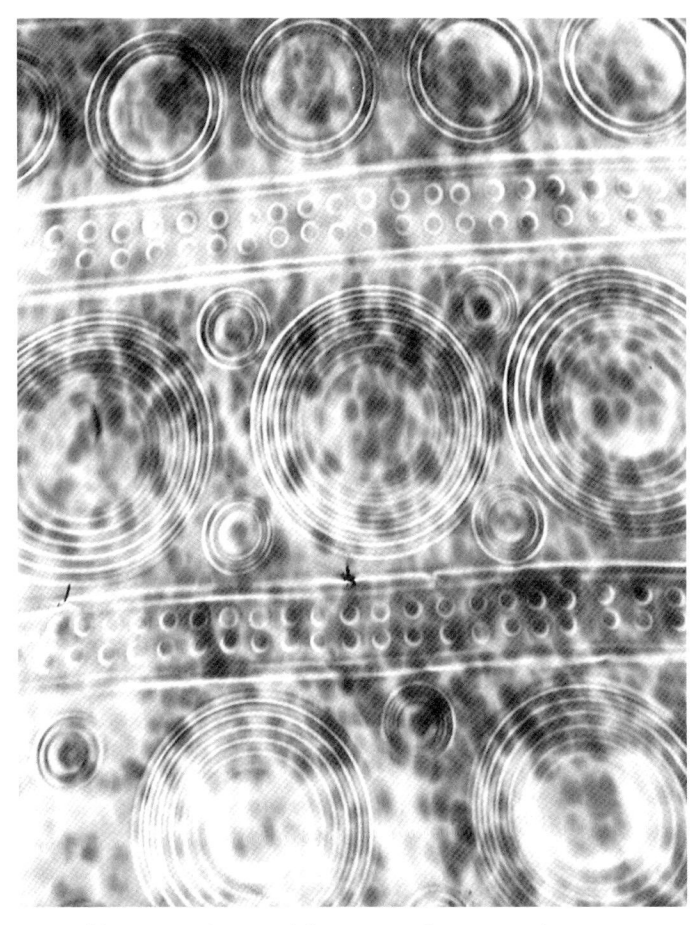

Abb. 5: Berliner Goldhut. Vergrößerter Ausschnitt einer Röntgenaufnahme mit flächendeckenden Treibhammerabschlägen in der Goldmatrix (»Treibwolken«).

Sand- oder Kräutergemischen, vielleicht auch mit Kalk geschliffen, geputzt oder poliert und dadurch auch die zunächst sichtbaren, in der Goldoberfläche liegenden Planierhammerspuren weitgehend vernichtet.

Vermutungen, die bereits Eingang in die Literatur gefunden haben[7], der Berliner Goldhut sei mehrteilig hergestellt worden, bestätigen sich nicht. Dutzende von Röntgenaufnahmen schließen neben sorgfältigen mikroskopischen Untersuchungen diese Theorie vollkommen aus. Auch die horizontal zum Kegel stehende Krempe ist kein Einzelteil, das etwa durch Falzung, das heißt eine Verbindung von Blech mit Blech ohne Vernietung oder Verlötung, angesetzt worden wäre. Vielmehr wurde eine scharfe Bördelung des Goldblechs um 180 Grad um ein Bronzeband vorgenommen, welches über das vorläufige Ende des Goldkegels, die ausgeschmiedete ovale Helm- oder Hutform, stramm aufgeschoben wurde (Abb. 6). Eine konventionelle Röntgenaufnahme liefert für die Einteiligkeit des Goldhutes und das bislang kontrovers diskutierte Detail den eindeutigen herstellungstechnischen Nachweis (Abb. 7).

Das erwähnte Bronzeband hatte gleich mehrere Vorteile: Zunächst stabilisierte es das Hutoval, ließ aber gleichzeitig die Bördelung des dünnen Goldes um sich herum ausgezeichnet zu und ermöglichte dadurch die wiederum um 90 Grad abbiegende horizontale Krempe durch Strecken und Einziehen des dünnen Goldblechs in einer nun senkrechten Kopfüber-Lagerung des Goldkegels. Dadurch wurde das Bronzeband unsichtbar. Dem äußeren Krempenrand wurde schließlich ein exakt angepasster und tordierter, mit einem überlappend zusammengebogenen Verschluss (auf den Röntgenaufnahmen

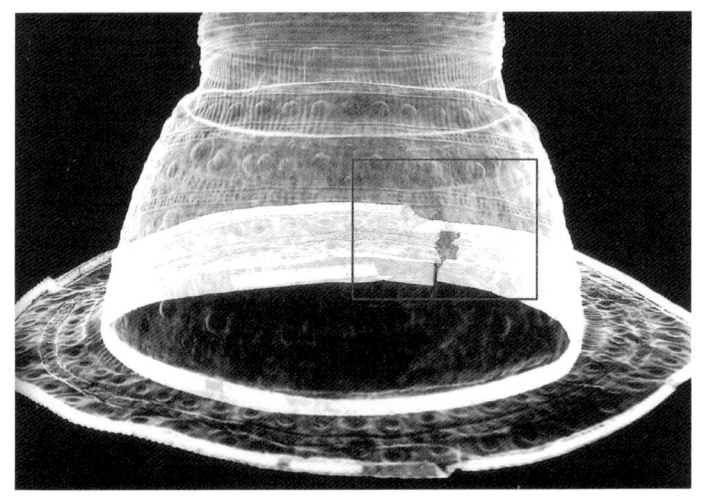

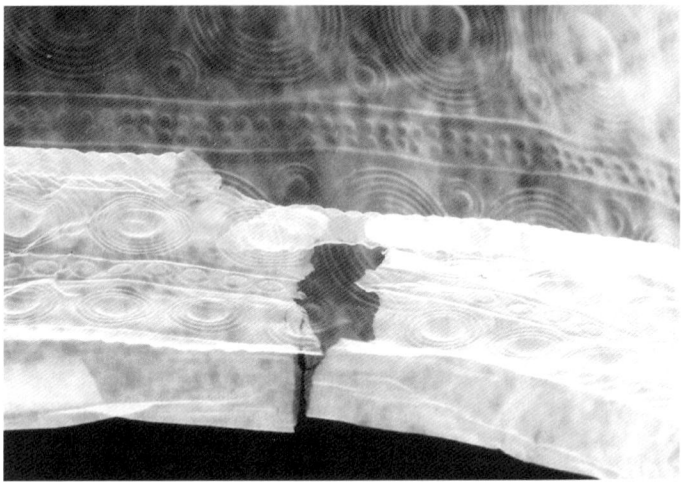

Abb. 7: Berliner Goldhut. Röntgenaufnahme mit Ausschnittvergrößerung einer Bruchstelle zum Nachweis der Einteiligkeit des Goldobjektes im abbiegenden Krempenbereich (Bronzeband) und Sichtbarmachung des umbördelten, hutovalen und tordierten Bronzeringes.

Abb. 6: Berliner Goldhut, Detail. Ein- und Aufsicht der Unterseite mit eingearbeitetem Bronzeband und der Bördelung des Goldblechs um den tordierten Bronzering.

gut zu erkennen) versehener Bronzering als Randstabilisierung eingearbeitet. Durch die Bördelung des dünnen Goldes auf die Krempenoberseite um diesen Bronzering herum wurde dessen Torsion in das dünne Goldblech übertragen.

Mit einer nicht näher bestimmbaren Vorrichtung, einer oder mehrerer Lehren oder Schablonen, wurde der Kegel nun ausschließlich vertikal durch zahlreiche Ritzlinien – es finden sich keine horizontalen Linien – gegliedert. Diese waren für den Handwerker gut erkennbar, denn sie glänzten in der matten, weil noch in der Bearbeitung befindlichen Goldoberfläche. Zur Verbesserung der Sichtbarkeit dieser feinen Linien hätte beispielsweise auch Ruß oder Kalk eingerieben werden können. Heute sind diese feinen Nadelrisse nur noch bruchstückhaft zu erkennen (Abb. 8). Mit der Nadel gerissene Vorzeichnungen lassen sich bei genauesten Untersuchungen auf nahezu allen ornamentierten toreutischen Arbeiten der Bronze- und Eisenzeit nachweisen[8].

Der Treib- und Ziselierkitt

Der bis hierher unverzierte Goldhut wurde nun noch einmal im Holzkohlenfeuer gleichmäßig entspannt und danach im Innern mit einer vielleicht 1 cm dicken Schicht Treibkitt ausgeschwenkt. Anschließend wurde er auf ein neues oder auf das entsprechend abgearbeitete und drehbar umgearbeitete alte Ambosshorn aus Holz stramm aufgeschoben. Die Frage der unterschiedlichen Zusammensetzung und Konsistenz von Treibkitten – etwa Naturharze, Wachse, Teere (Peche) – ist eine außerordentlich bedeutende Frage, denn die Beschaffenheit der Kittmischung musste einerseits weich und nachgiebig bis mittelhart sein, andererseits aber auch gut haftend eingestellt werden, um den weichgeglühten Goldkegel zu fixieren und in einem Durchgang verzieren, das heißt punzen zu können. Fichten- und Tannenharz sind vom Schifferstädter Goldhut als mögliche Kittmasse bereits bekannt[9]. Untersuchungen von Treibkittresten aus altvorderasiatischen, stark reliefierten Bronzeblecharbeiten des 1. Jahrtausends zeigen andererseits asphalthaltige bzw. bituminöse Zusammensetzungen[10].

Die Gliederung der Zierzonen

Die gesamte ornamentale Gestaltung der Goldhutoberfläche fand von außen statt. Zunächst erfolgte die horizontale Gliederung durch die Abrollung von unterschiedlich breiten Kerbmustern, die am Berliner Goldhut gleichzeitig auch die räumlich höchste Reliefausbildung darstellen. Die Werkzeuge für die Herstellung dieser horizontalen Kerbleisten, die sich bereits durch die Untersuchungen an den Goldhüten von Avanton und Ezelsdorf als »Punzrädchen« oder »Rollpunzen« erkennen ließen, entstanden nach ersten Untersuchungen und Experimenten über Positive auf der Basis von Drahtwicklungen, wie sie von bronzezeitlichen Fibeln bekannt sind: beispielsweise die Wicklungen auf Bügelfibeln, die Spiralfedern an Harfenfibeln, die großen Spiralfedern der Fibeltypen und die aus Draht gerollten Schmuckperlen bei den Etruskern. Wicklungen von Draht auf Achsen mit unterschiedlichen Durchmessern oder mit unterschiedlichen Drahtdicken – wir erkennen drei verschieden breite Kerbleisten am Berliner Goldhut – wurden halbseitig mit Wachsscheibchen von unbekanntem Durchmesser, die mittig auf einem als Achse benötigten Holz- oder Metallstab verklebt waren, abgerollt. Diese Wachsmodellrädchen konnten dann im Wachsausschmelzverfahren gegossen werden und ergaben mit einer entsprechenden Schäftung das Rollwerkzeug (Abb. 9).

Abb. 9: Rekonstruiertes Kerbleisten-Rollwerkzeug mit den Arbeitsschritten seiner Herstellung und Verwendung.

In ihrer praktischen Anwendung können diese Werkzeuge mit zwei Händen sicher geführt und mit einem konstanten Druck auf die vorgezeichnete Goldoberfläche aufgesetzt werden. Sie waren gut zu kontrollieren und nach vorne abrollbar oder in Position zu halten, während der Goldhut selbst auf seinem hölzernen Futter von einem zweiten Handwerker langsam um seine Achse gedreht werden musste. Die Brillanz oder Schärfe aufgrund der abgeformten Drahtwicklungen findet sich zwar im gegossenen Bronzerädchen, das heißt dem Werkzeug wieder, verrundet jedoch durch die Abrollung im duktilen Gold und der nachträglichen Polierarbeiten auf der Goldoberfläche.

Innerhalb dieser Kerbleisten auftretende »Versatz- oder Absatzmarken« (Abb. 10) konnten bisher noch nicht genau erklärt werden, haben aber mit der Abrollung der Kerbleisten-Rollpunzen offensichtlich nur indirekt zu tun. Vielleicht entstanden sie durch das Ab- und wieder Aufsetzen des Werkzeuges völlig unregelmäßig innerhalb des Kerbleistenmusters. Die auffällig leichte Schrägstellung der Kerbleisten resultiert übrigens aus der stets unwillkürlich einseitig verzogenen Wicklung des Drahtes für die Wachsmodellherstellung des Rädchens oder Werkzeugs. Eine noch zu überprüfende Alternative zu den zumindest für die Goldhüte in Berlin und Nürnberg (Ezelsdorf) postulierten Rollpunzen (Abb. 11) stellen die sogenannten »Faulenzerpunzen«[11] dar. Diese nur in einer begrenzten Anzahl mit demselben Muster hintereinander fortlaufend verzierten Bronzestempel konnten, ebenso wie die weiter unten besprochenen Ornamentpunzen, auf dem dünnen Goldblech abgeschlagen oder in einer Wiegebewegung aufgedrückt bzw. aufgeprägt werden und finden sich gelegentlich sogar im archäologischen Fundgut wieder[12]. Untersuchungen zur Verwendung beider hier aufgezeigten Werkzeuge für eine

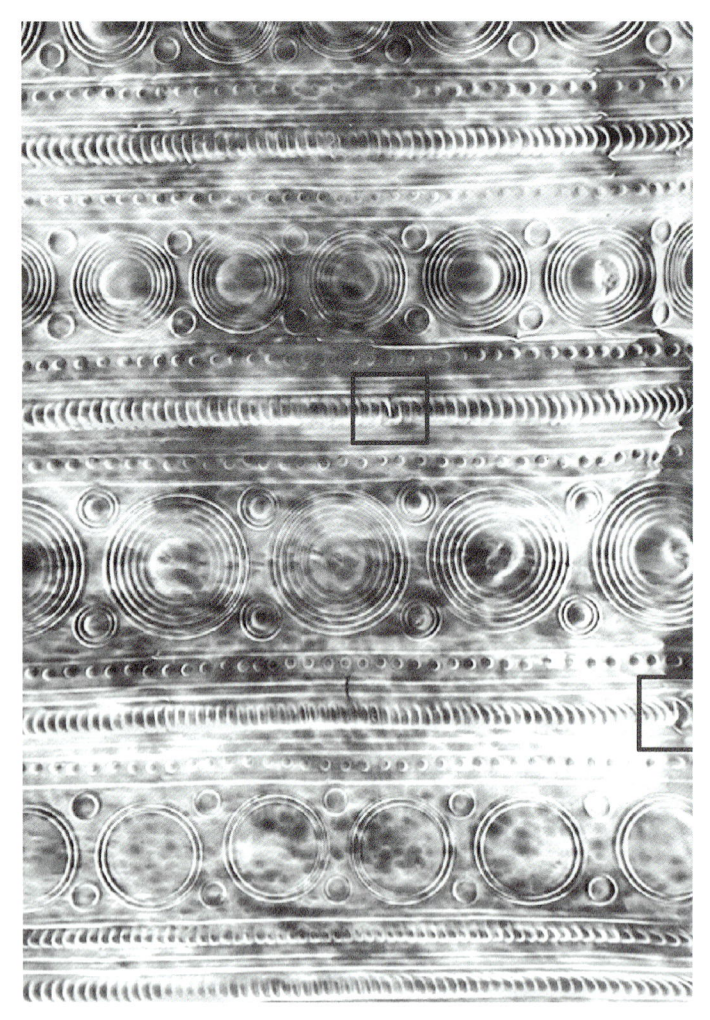

Abb. 10: Berliner Goldhut. Röntgenaufnahme mit zwei markierten »Versatzmarken« innerhalb von Kerbleistenabrollungen.

Abb. 11: Moderne Schuhmacherwerkzeuge zur Rändelung des Leders.

Kerbleistenverzierung völlig unterschiedlicher bronzezeitlicher Goldblecharbeiten stehen noch aus, versprechen jedoch nach ersten Beobachtungen und Vergleichen interessante Resultate. Für den Berliner Goldhut kommt jedoch aufgrund der nahezu absatzlosen und sauberen Abrollung nur eine Kerbleisten-Rollpunze in Betracht.

Die »Endlos-Kerbleistenzonen« am Berliner Goldhut entstanden noch vor den horizontalen Rippen. Deren jeweils erster Rippenansatz ergab sich durch den Andruck und der dadurch entstandenen Begrenzungslinien der Kerbleistenrollen ganz von selbst. Das Einarbeiten der fast immer dreifachen Rippenlinierungen sowie der tiefer gelegenen Flächen für die nachfolgende Ornamentpunzierung entstand nun durch eine Goldschmiedetechnik, die uns bereits durch Theophilus im 12. Jahrhundert mit als »Grund absetzen« oder durch »Ziselieren mit abgesetztem Grund« als alte Technik schriftlich überliefert ist[13]. Bei dieser Punztechnik wird nämlich eine Rippenprofilierung, verbunden mit einer Absenkung des darin befindlichen Grundes, an Hohlkörpern von außen vorgenommen, obgleich man dies in der optischen Beurteilung zunächst nur von innen heraus für möglich hält. Dazu werden die Konturen zunächst mit einer Schrotpunze markiert und dann wird innerhalb dieser Linien das Metall mit einer Setzpunze zurückgesetzt bzw. abgesenkt. Beim papierdünnen Material des Goldhutes war diese Technik durch ein »Drückverfahren«, wahrscheinlich auch mit Werkzeugen aus Hartholz oder Knochen anstatt aus Bronze, relativ leicht umzusetzen. Hierbei, und auch bei allen nachfolgenden Punzarbeiten, kommt der verwendeten Treibkittmischung als Ziselierkitt, wie bereits erwähnt, eine besonders wichtige Rolle zu.

Die Punzwerkzeuge

Die mit einem sichtlich begrenzten Vorrat an symbolischen Zeichen innerhalb der Rippenprofile ornamentierten Goldhüte wurden ebenfalls von außen mittels verschiedener Hohlpunzen (Matrizen) verziert, wie bereits M. Fecht belegt hat[14]. Es sei hier neben der gelegentlichen Überschneidung von Punzabdrücken (Abb. 12) nur beispielhaft auf das Verrutschen beim Aufsetzen und Aufdrücken des Werkzeuges und der damit verbundenen unterschiedlichen Höhen und Schärfen der Prägekanten hingewiesen, sowie auf sich wiederholende kleine Fehler oder Macken im Werkzeug selbst. Allein diese wenigen Beobachtungen reichen zur Beweisführung des Punzverzierens der Goldhüte von außen bereits vollständig aus.

Die »Prägungen« der Ornamente im Goldblech erscheinen innen schärfer als außen, was nicht verwundert, da die Außenseite des Hutes nach Abschluss sämtlicher Arbeiten natürlich nachgearbeitet, das heißt etwa mit Kreide oder Kräutern poliert werden musste. Dieser Vorgang wurde über einen unbekannt langen Zeitraum sicherlich wiederholt. Schließlich ist zu bedenken, dass von innen nach außen geführte Stempelwerkzeuge, also Positivpunzen (Patrizen), notwendig gewesen wären, die in der vorliegenden Qualität und Präzision von innen niemals hätten aufgesetzt und abgedrückt, geschweige denn abgeschlagen werden können. Matrizen und Patrizen, also Negativ- und Positivwerkzeuge und deren Abdrücke oder Abschläge werden in der archäologischen Literatur häufig verwechselt und selten korrekt interpretiert.

Der vielzitierte Werkzeugdepotfund von Génelard (Dép. Saône-et-Loire), um 1000 v. Chr. datiert, zeigt beispielsweise drei gegossene Punzen, eine Patrize und zwei Matrizen, die von innen bzw. von außen abgeschlagen oder abgedrückt werden mussten, wenn ihr innerer Buckel oder ihre Vertiefung auf dem jeweiligen Metall (Bronze oder Gold) positiv erscheinen sollte[15]. Eben dieser negative Punzentypus (Matrize)

Abb. 12: Berliner Goldhut, Detail. Beispiel einer Überschneidung von Punzabschlägen.

wurde bei den Goldhüten verwendet. Im spätbronzezeitlichen Hortfund von Nürnberg-Mögeldorf[16] hingegen findet sich eine kräftige Stempelpunze für Bronzeblechobjekte, die möglicherweise auch für die Lederprägung verwandt wurde. Es handelt sich um eine Patrize, die bei Blecharbeiten von der Rückseite her eingeschlagen werden musste, um auf der Vorderseite eines Objektes das Motiv positiv zu produzieren. Dieses relativ grobe Werkzeug einer großen Kreis- oder Ringbuckelpunze wurde, wie auch die Punzen aus Frankreich, zunächst in Wachs modelliert und geschnitten und dann in der verlorenen Form in Bronze gegossen und kalt nachgearbeitet. An der Stempelpunze von Nürnberg-Mögeldorf wurde interessanterweise ein Gussfehler durch die Technik des Überfanggusses repariert.

Der Berliner Goldhut zeigt insgesamt 23 unterschiedliche Ornamente bzw. Symbole, die mit 24 verschiedenen Punzwerkzeugen, überwiegend Kreis- oder Ringbuckelpunzen (Matrizen), hergestellt wurden. Einfache Werkzeuge, etwa für die Linierung der horizontalen Rippenprofile, wurden bei dieser Aufzählung nicht berücksichtigt. Die Herstellung der nur aus harter Gussbronze langlebig funktionsfähigen Punzwerkzeuge für die vielen Abschläge/Abdrücke der Ornamente des Berliner Goldhuts kann in diesem Beitrag nur stark verkürzt aufgezeigt werden. Sämtliche Hohl- bzw. Ringbuckelpunzen (Matrizen) wurden offensichtlich zunächst durch ein Zirkelwerkzeug präzise in ein Wachsmodell eingedreht und mit einer mittigen halbkugeligen Vertiefung versehen, schließlich im Wachsausschmelzverfahren in Bronze gegossen. Alternativ wäre ein abformbares, gedrechseltes Hartholzmodell zu überdenken und nachzubauen. Einige aus Kunststoff rekonstruierte, zum Teil auch geschäftete Hohlpunzen (Abb. 13) zum Abdrücken der Motive aus dem Repertoire des Berliner Goldhutes sowie die bereits beschriebene Rollpunze (Abb. 9) konnten in den Werkstätten des Museums für Vor- und Frühgeschichte in Berlin erprobt werden.

Die Nachbearbeitung der Oberfläche

Durch das von außen erfolgte Abdrücken der Musterpunzen in der Absenkung zwischen den Rippenprofilen wurde das Gold des Hutes zusätzlich verdichtet, und es entstand dadurch ein, wenn auch bei der Goldblechstärke von 0,06 mm nur sehr geringer Verformungsprozess. Dieser konnte im Umfeld der einzelnen Punzabdrücke mit kleinen, unterschiedlich geformten Poliersteinen oder -hölzern leicht »ausgebügelt« werden. Auch die Punzung der Hutkrempe geschah von »außen«, das heißt von der Seite der Unteransicht her, und nicht, wie man glauben möchte, von oben aus, was der Vergleich der Punzabdrücke, Überschneidungen etc. deutlich beweist.

Bei dem ständigen Glätten zwischen den Mustern während der Punzarbeiten und einer abschließenden Politur des Goldhutes wurden auch die restlichen Planierhammerspuren und die kaum noch sichtbaren Vorzeichnungen, die oben erwähnten Nadelrisse (Abb. 8), auf der Goldoberfläche nahezu vollständig vernichtet. Die Hammerspuren sind jedoch in der inneren Goldstruktur als sogenannte »Treibwolken« hervorragend erhalten (Abb. 5, 10), während sich die Reste der zahllosen vertikalen Nadelrisse vor allem noch in den Tiefen der Rippenprofile zeigen. Hier finden sich auch die meist horizontalen Abzieh- oder Polierspuren der Goldoberfläche, die nach Fertigstellung des unverzierten Goldhutes entstanden sind, während auf den Rippen selbst, das heißt auf den neben den Kerbleisten am höchsten gelegenen Stellen, die Abnutzung

Abb. 13: Rekonstruierte Hohlpunzen (geschäftet und ungeschäftet) und Kerbleisten-Roller.

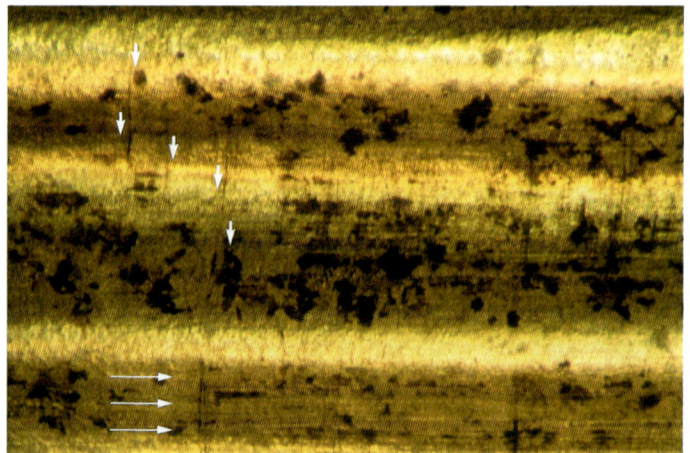

Abb. 14: Berliner Goldhut, Detail. Vertikale Nadelrisse (dicke Pfeile) und horizontale Abziehspuren (dünne Pfeile) in den Rippenprofilen.

Abb. 15: Bronzezeitlicher Depotfund mit drei Goldblechkragen (hier nur zwei abgebildet), Kettengehängen und anderen Schmuckgegenständen. Museum für Vor- und Frühgeschichte, Berlin, SMB-PK.

und der Verlust von Schärfe durch »Verputzen« während der Benutzerzeit des Hutes deutlich spürbar werden (Abb. 14).

An zahlreichen Goldschmiedearbeiten des späten 2. bzw. frühen 1. Jahrtausends zeigen sich solche treibtechnischen Bearbeitungsspuren wie Hammerabschläge gelegentlich deutlich an den Goldoberflächen selbst, wie etwa an drei Goldblechkragen auf Kupfer- oder Bronzeunterlagen aus einem Depotfund mit weiteren Beigaben, der erst 2001 vom Museum für Vor- und Frühgeschichte in Berlin erworben werden konnte und dessen vollständige Untersuchung noch aussteht (Abb. 15).

Diese Goldobjekte wurden interessanterweise auf indirektem Wege mit Dekor versehen, indem das papierdünn ausgeschmiedete Goldblech bzw. die Goldfolie auf die gegossenen, über verzierte Wachsmodelle entstandenen dünnen Bronzebleche gedrückt wurde (Goldplatierung oder Pressblechtechnik)[17] (Abb. 16). Es finden sich somit auf den Vorderseiten der drei ähnlich ornamentierten Goldkragen die positiven, aber indirekt eingebrachten Ornamentabdrücke. Die gegossenen, circa 0,5 mm dicken Bronzebleche wurden schließlich zusammen mit den nur 0,02 mm dicken Goldfolien zugeschnitten und gemeinsam mit diesen in die vorliegende Kragenform gebogen. Zur Befestigung des Goldes wurden die absichtlich überstehenden Kanten der Folie um das Bronzeblech gebördelt. Durchgestochene Löcher dienten zusätzlich der Befestigung der Goldkragen auf organischem Material, etwa

Abb. 16: Berliner Goldblechkragen, Detail des Goldblechs mit indirekten Punzabdrücken.

den ledernen oder textilen Kragen von Bekleidungsstücken. An den auslaufenden Enden der rückseitigen Bronzebleche finden sich beidseitig Reste von angenieteten Bronzeschlaufen, die zur Aufnahme einer (organischen) Verschnürung hinter dem Hals des Trägers dienten.

Die überaus präzisen und erstaunlich scharfen Werkzeugabdrücke der positiven Punzverzierung auf den erhaltenen Bronzeblechfragmenten (Abb. 17, 18) weisen die verwendeten Bronzewerkzeuge zur Herstellung des Wachsmodells als noch um vieles feiner gearbeitet aus als jene für die von außen und somit durch »direkte Punzung« in das nahezu dreimal dickere Blech (0,06 mm) des Berliner Goldhutes eingebrachten Ornamente (Abb. 12). Die Punzwerkzeuge hierfür wurden, wie oben beschrieben, bereits experimentell erprobt[18]. Auf die nähere Beschreibung und Interpretation der Technik einer »indirekten Punzung« und den Gebrauch formidentischer bzw. ineinander passender Matrizen und Patrizen, etwa mit Kreisbuckelverzierung zur Ornamentierung von bronzezeitlichem Gold, wie sie an den Berliner Goldfolienkragen vorliegt, kann hier nicht näher eingegangen werden[19].

Der Berliner Goldhut ist das derzeit größte, am besten erhaltene und am aufwendigsten verzierte Goldobjekt seiner Zeit aus Alteuropa, an dem sich viele Goldschmiedetechniken vereint finden. Ein umfassendes Untersuchungsprojekt am Berliner Goldhut erscheint auch daher sinnvoll, als dadurch die in jüngster Zeit vermehrt stattfindenden Grundlagenforschungen zu den Herstellungstechniken bronzezeitlicher Goldarbeiten allgemein erheblich bereichert werden könnten. Wichtig ist eine möglichst zerstörungsarme Untersuchung, die durch experimentelle Arbeiten ergänzt werden sollte. Zu den Untersuchungsvorhaben zählen erstens eine lasergestützte Vermessung zusammen mit einer computergestützten Mikroskopie, das Anfertigen einer Fotodokumentation und von Rekonstruktionsgrafiken von Techniken und Werkzeugen. Zweitens sollte eine konventionelle Radiographie mit computergestützten Vergrößerungen von Details vorgenommen werden. Wichtig ist zudem eine Analyse des Goldes, des Bronzebandes und -ringes und der Patina auf dem Gold. Gleichzeitig sollten experimentelle Studien zu Materialien (Goldlegierung, Treibkitte) und der Herstellung der Werkzeuge sowie die Anfertigung von Arbeitsproben (Treibvorgänge und Punzung) unternommen werden. Und schließlich sollten vergleichende analytische Untersuchungen zu den Legierungen von bronzezeitlichen Goldblecharbeiten allgemein, zu Blechstärken und Gewichten, zu Werkzeugen und Herstellungstechniken angefertigt werden. Diese Untersuchungen sind nur im Verbund und Vergleich mit ähnlichen bronzezeitlichen Goldobjekten sinnvoll, etwa mit dem Ezelsdorfer Hut. Wünschenswert wäre eine umfassende, auf den neuesten Stand gebrachte, herstellungstechnisch-analytische Studie in Verbindung mit neuesten archäologisch-kulturhistorischen Erkenntnissen zu den bronzezeitlichen Goldblecharbeiten insgesamt.

Abb. 17: Berliner Goldblechkragen. Detail des gegossenen, rückseitigen Bronzeblechs mit direkten Punzabdrücken vom Wachsmodell.

Abb. 18: Berliner Goldblechkragen. Detail des gegossenen, rückseitigen Bronzeblechs mit direkten Punzabdrücken vom Wachsmodell.

Anmerkungen

1 Wilfried Menghin (mit einem Anhang von Hermann Born, Josef Riederer und Christiane Eluère): Der Berliner Goldhut und die goldenen Kalendarien der alteuropäischen Bronzezeit. In: Acta Praehistorica et Archaeologica, Bd. 32, 2000, S. 31–108.
2 W. Menghin (Anm. 1).
3 Maiken Fecht: Handwerkstechnische Untersuchungen. In: Peter Schauer (Hrsg.): Die Goldblechkegel der Bronzezeit. Ein Beitrag zur Kulturverbindung zwischen Orient und Mitteleuropa (Monographien des Römisch-Germanischen Zentralmuseums, Bd. 8). Bonn 1986, S. 80–103.
4 W. Menghin (Anm. 1).
5 W. Menghin (Anm. 1).
6 Hermann Born: Zu den Herstellungstechniken der Bronzen des Gefäßdepots aus dem Saalegebiet. Mit einem Beitrag von Thomas Schmidt-Lehmann. In: Acta Praehistorica et Archaeologica, Bd. 29, 1997, S. 69–96. Hermann Born – Svend Hansen: Helme und Waffen Alteuropas (Sammlung Axel Guttmann, Bd. 9). Berlin – Mainz 2001.
7 W. Menghin (Anm. 1).
8 H. Born (Anm. 6). H. Born – S. Hansen (Anm. 6).
9 M. Fecht (Anm. 3).
10 Hermann Born – Ursula Seidl: Schutzwaffen aus Assyrien und Urartu (Sammlung Axel Guttmann, Bd. 4). Berlin – Mainz 1995, S. 128.
11 Sie werden im Lederhandwerk als »Filete« bezeichnet und finden sich z. B. als Stempel für Buchbinder mit bogenförmiger Prägefläche.
12 Barbara Regine Armbruster: Zu bronzezeitlichen Werkzeugen der plastischen Verformung im nördlichen und westlichen Europa. In: Willy H. Metz – B. L. van Beek – Hannie Steegstra (Hrsg.): Patina. Essays Presented to Jay Jordan Butler on the Occasion of his 80th Birthday. Groningen 2001, S. 7–26. Christiane Eluère – Jean-Pierre Mohen: Problèmes des enclumes et matrices en bronze de l'Âge du bronze en Europe occidentale. In: Christiane Eluère (Hrsg.): Outils et ateliers d'orfèvre des temps anciens. Saint-Germain-en-Laye 1993, S. 13–22.
13 Erhard Brepohl: Theophilus Presbyter und die mittelalterliche Goldschmiedekunst. Wien – Köln – Graz 1987, S. 168.
14 M. Fecht (Anm. 3).
15 B. R. Armbruster (Anm. 12). C. Eluère – J.-P. Mohen (Anm. 12).
16 Martin Nadler: Der Hortfund von Mögeldorf (Beiträge zur Archäologie in Mittelfranken, Sonderheft 3). Büchenbach 1998.
17 Möglicherweise handelt es sich auch um unlegiertes Kupfer; die Analysen hierzu stehen noch aus.
18 Eine wissenschaftliche Sensation lieferte ein im März 2002 dem Museum für Vor- und Frühgeschichte in Berlin aus Privatbesitz vorgelegter, im März 2003 erworbener (Inv. Nr. MVF IIc 6296/1-27) und angeblich aus Süddeutschland stammender bronzezeitlicher, etwa um 1000 v. Chr. datierter Werkzeugdepotfund, bestehend aus 27 bronzenen Werkzeugen einschließlich eines kleinen Ambosses aus dem Umfeld eines Goldschmiedes. Es sind dies u. a. zwei kleine Hämmerchen, Kreis- oder Ringbuckelpatrizen und zugehörige Matrizen, Faulenzerpunzen mit Kerbschnitt-, Schrägstrich- und Punktverzierung, kleinste Punkt- und Augenpunzen und möglicherweise eine Kerbleisten-Rollpunze (ein ungeschäftetes, profiliertes Bronzerädchen, vielleicht die Zweitverwendung eines Nadelkopfes) für die Ausführung feinster Kerbleistenbänder auf Goldfolie. Durch den Inhalt dieses Hortfundes wird die herstellungstechnische Aufarbeitung der Goldkegelherstellung in der Veröffentlichung von M. Fecht (Anm. 3) nahezu lückenlos bestätigt.
19 Hermann Born: Herstellungstechnische Voruntersuchungen an den Metallobjekten eines spätbronzezeitlichen Goldkragen-Depotfundes. In: Acta Praehistorica et Archaeologica, Bd. 35, 2003 (im Druck).

Abb. 4: Goldkegel von Ezelsdorf-Buch. Ornamentüberschneidungen in Zierzone 69.

Susanne Koch
Herstellungstechnische Untersuchungen am Goldkegel von Ezelsdorf

Zustandsbeschreibung

Der Goldkegel von Ezelsdorf wird um 1000 v. Chr. datiert und gehört zu den bedeutendsten Objekten der Sammlung Vor- und Frühgeschichte im Germanischen Nationalmuseum (Abb. 1). Seine maximale Höhe ist 88,3 cm und der leicht ovale Kalottendurchmesser beträgt maximal 19,7 cm. Die Blech- bzw. Folienstärke des Kegels ist nur am unteren Kalottenrand am Ansatz der fehlenden Krempe messbar. Die mittlere Materialstärke beträgt 0,08 mm. Eine Krempe wurde am Fundort nicht entdeckt. Dem Goldkegel können noch weitere unverzierte, lose Folienfragmente und Goldflitter mit Materialstärken bis zu 0,025 mm zugeordnet werden, die während der Restaurierung in den 1970er Jahren in den Werkstätten des Römisch-Germanischen Zentralmuseums in Mainz nicht mehr angepasst werden konnten bzw. zu den Bestandteilen der verlorengegangenen Krempe gehören. Neben diesen Folienfragmenten existiert noch der aus Bronzefragmenten zusammengesetzte, deformierte Bronzereif, der aber unvollständig erhalten ist. Er war der Umfassungsreif der Kalotte, an dem die Goldfolie gebördelt war und einst in die Krempe überging. Während der Restaurierung in den 1970er Jahren wurde der bronzene Umfassungsreif durch Plexiglas ersetzt. Die Randverstärkung der Krempe bestand aus einem schmalen Bronzering, von dem nur noch ein kleines Fragment existiert.

Die beim Auffinden geborgenen, ornamentverzierten Folienfragmente des Goldkegels wurden im Zuge der oben erwähnten Restaurierung mit Epoxidharz zusammengeklebt. Zahlreiche Fehlstellen wurden mit demselben Epoxidharz geschlossen und koloriert. Aus Stabilitätsgründen verstärkte man die gesamte Innenfläche des Kegels mit Epoxidharz und Glasfasergewebe. Der komplette Goldkegel ist bis in die Spitze hinein mit Polyurethanschaum (PU) ausgefüllt (Abb. 2), der alterungsbedingten Oxidationsprozessen unterliegt und sich weder mechanisch noch durch chemische Lösungsmittel herauslösen lässt, ohne die empfindliche Goldfolie zu beschädigen bzw. die stabilisierenden Hinterklebungen anzulösen. Zur Stabilisierung des Goldkegels war die Goldfolie möglicherweise mit einem Innenfutter aus organischem Material, beispielsweise Textil oder Leder ausgekleidet, vielleicht auch mit Stroh gefüllt. Durch die Ornamentierung und die Längskanneluren am Übergang zur Kalotte gewinnt die dünne Folie an

Abb. 1: Gesamtansicht des Goldkegels von Ezelsdorf.

Abb. 2: PU-Ausschäumung der Innenseite des Goldkegels von Ezelsdorf.

Abb. 3: Längskanneluren am Übergang zur Kalotte in Zierzone 140.

Formstabilität und hat ähnliche Eigenschaften wie Wellblech (Abb. 3). Viele Ornamente sind eingedrückt, beschädigt oder zerstört und unterbrechen den Ornamentkanon.

Problematik der Ornament-Herstellung
Der Ezelsdorfer Goldkegel hebt sich aufgrund seiner ornamentalen Struktur technologisch von den drei bekannten Goldkegeln Berlin, Schifferstadt und Avanton ab. Die Ornamentstruktur auf dem Ezelsdorfer Goldkegel zeigt keine scharfen Grate und ist unregelmäßig. Keiner der »Stempelabdrücke« ist miteinander identisch. Der Ornamentcharakter gleicht einer Handschrift mit mehr oder weniger sorgfältiger Ornamentsetzung. Vermutlich stellt die Ornamentik eine Art Schrift dar, die von außen durch Handarbeit ziseliert wurde. Ausgehend von dieser Erkenntnis wurde eine neue Herstellungstheorie entwickelt: Diese Theorie geht von der Annahme aus, dass die Ziselierung des mit Treibkitt gefüllten Kegels mittels eines spitzen Werkzeugs aus Holz oder Metall in Form eines Schreibgeräts geprägt wurde. Feingoldblech müsste aufgrund seiner Duktilität eine derartige »handschriftliche« Ziselierarbeit zulassen[1].

Aufgrund aktueller mikroskopischer Untersuchungen und eingehender Studien über die Ornamentaufbringung am Nürnberger Goldkegel im Institut für Kunsttechnik und Konservierung des Germanischen Nationalmuseums ist dieses Denkmodell alternativ zu Maiken Fechts[2] Darlegungen entwickelt worden. M. Fecht geht davon aus, dass die Ornamente von außen mittels Musterpunzen auf den mit Treibkitt gefüllten Goldkegel geprägt wurden. Während beispielsweise der Berliner, der Schifferstädter und der Goldhut von Avanton exakt gesetzte, nahezu regelmäßige Musterornamente aufweisen, die auch auf Stempelprägungen von außen schließen lassen, fällt die gesamte ornamentale Reliefgestaltung des Ezelsdorfer Goldkegels hingegen viel flacher aus. Die Ornamente überschneiden sich beim Ezelsdorfer Goldkegel vielfach (Abb. 4), und es existieren fehlerhafte Ornamente, die bei direkter Stempelprägung nicht vorkommen dürften, wie weiter unten (»Technische Beobachtungen und Besonderheiten«) erläutert werden wird. Es gibt keine gedachte senkrechte Linie oder Nahtstelle auf der Oberfläche. Die Ornamente wurden in einem ununterbrochenen Arbeitsgang einzeln von Hand gesetzt.

Die Musterornamente des Ezelsdorfer Goldkegels fallen bezüglich ihrer Unregelmäßigkeit und Ungleichmäßigkeit aus dem Rahmen. Diese Besonderheiten wurden bis vor kurzem auf unsachgemäße Handhabung, wie etwa das Ausstreichen der Folienfragmente kurz nach der Auffindung, zurückgeführt. Wären für die Bearbeitung der Kegeloberfläche tatsächlich Stempel verwendet worden, so müssten Abdrücke mit ebener Prägefläche nachweisbar sein. Bei einer Spezialanfertigung mit gewölbter Druck- oder Schlagfläche hätte man die Stempel abrollen müssen, um gleichmäßige Strukturen zu erhalten. Die Präzision der Ornamentik bei singulären Motiven, wie beispielsweise den Kreismotiven, wäre ein Hinweis auf eine arbeitsteilige Produktionsweise. Einerseits findet man auf der Kegeloberfläche explizite, nahezu gleichmäßig ausgeführte Ornamentreihen, andererseits sind die Füllornamente, wie Rippen-, Punktleisten und Kegelornamente, sehr ungleichmäßig und flüchtiger ausgeführt und mit abgerundeten Graten versehen.

Erhabene Ornamente sind durch Stauchen und Dehnen der Goldfolie mit Ziselierwerkzeugen freihändig und spanlos gearbeitet, während die Flächen hingegen durch Druck mit einem stumpferen Ziselierwerkzeug tiefer abgesetzt wurden. Die

Abb. 5: Horizontal verlaufende Vorritzungen (siehe Pfeile) zwischen den Füllornamenten in den Zierzonen 100–107.

Dreidimensionalität wird auf diese Weise besonders hervorgehoben.

Eingeritzte Hilfslinien[3], wie sie beim Berliner Goldhut als Vorzeichnung zur Gliederung des Ornamentkanons gedeutet werden, sind ebenfalls beim Ezelsdorfer Goldkegel unter dem Mikroskop und im Streiflicht zu finden. Sie verlaufen in vertikaler und horizontaler Richtung. Da beim Ezelsdorfer Goldkegel die Richtung der vertikalen Ritzlinien keine Systematik bezüglich der Ornamentgliederung aufweist, können diese vorerst nicht gedeutet werden. In Bereichen der Rippenleisten findet man horizontal verlaufende Vorritzungen, die auf eine Zierzonenabgrenzung zwischen den Füllornamenten – den Punkt- und Kerbleistenzonen – schließen lassen (Abb. 5).

Technische Beobachtungen und Besonderheiten

Im folgenden sollen einige Ornamente untersucht und technische Besonderheiten herausgestellt werden. Der Ezelsdorfer Goldkegel stellt eine handwerkliche Arbeit mit freihändiger Ornamentgestaltung dar, bei der die Ornamente nicht stereotyp, sondern individuell aufgebracht wurden. Im Rahmen der Untersuchungen am Ezelsdorfer Goldkegel wurden, analog zum Berliner Goldhut, Röntgenaufnahmen angefertigt[4] (Abb. 6, 7). Zur Verdeutlichung der Treibspuren, welche die papierdünne Folie als Hammerarbeit ausweisen, wurden die Röntgenfilme in den Hohlraum der Kalotte geschoben und an die Innenwand angelegt. Deutlich lassen sich gezielt gesetzte Treibhammerspuren als dunkle Abzeichnungen in vertikaler Linienführung erkennen, welche die Streckung des Bleches bewirkten. Die Abschläge der Hammerfinne auf der unteren Hälfte der Kalotte (Abb. 6) sind oval und messen 5,1 auf 1,9 cm

Abb. 6: Röntgenaufnahme der Zierzonen 140–156 mit ovalen Treibhammerspuren.

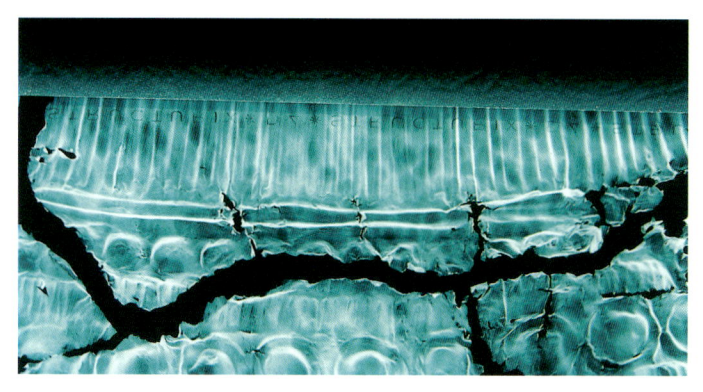

Abb. 7: Röntgenaufnahme der Zierzonen 140–147 mit runden Treibhammerspuren.

bzw. 6,9 auf 2,8 cm. In der Folie der Längskanneluren sind runde und wesentlich kleinere Hammerabschläge mit einem Durchmesser von 1,9–2,3 cm nachweisbar, die gruppenweise vorkommen (Abb. 7). In diesem Zusammenhang wäre es aufschlussreich, den Ezelsdorfer Goldkegel hinsichtlich der Hammerschläge durchgehend auf diese Weise zu röntgen. Hierzu wäre es jedoch erforderlich, den mit Ausnahme der Kalotte bis zur Spitze ausgeschäumten Goldkegel von seiner PU-Ausschäumung zu befreien.

Bei den Ornamentsetzungen lässt sich, insbesondere aufgrund der Überschneidungen von Kreismotiven, die Aufbringungsrichtung erkennen und das erste und letzte Ornament identifizieren (Abb. 4). Daraus kann man den Schluss ziehen, dass die Ornamente von links nach rechts gesetzt wurden. Für die Verwendung eines Stempels sprechen die Überlappungen und Überschneidungen vieler Kreissymbole. Die Anzahl der Ornamente in den jeweiligen Zierzonen ist vermutlich ausschlaggebend für die kalendarische Deutung des Goldkegels, weshalb oft mehr oder weniger größere Überschneidungen der Kreissymbole herstellungsbedingt nicht zu vermeiden sind.

Die rationelle Arbeitsweise eines Rollrädchens für die Kerbleisten oder die Verwendung einer Faulenzerpunze bei den Dreifachbuckelchen können beim Ezelsdorfer Goldkegel nicht nachgewiesen werden. Beim Abrollen eines Rollrädchens würden sich immer wieder dieselben kleinen Unregelmäßigkeiten in regelmäßigen Abständen wiederholen. Dagegen variieren sowohl die Länge als auch Richtung und Tiefe der Rippen und Kerben (Abb. 8). Bei den Dreifach-Punktleisten verhält es sich ähnlich. Hier variieren die Abstände der Punkte zueinander und deren Form und Ausprägung. Überdies müsste man um jeden dieser Punkte und Buckel Randbegrenzungen, das heißt rillenförmige Vertiefungen vom Einschlagen des Ornamentpunzens erkennen können, wenn eine Punzierung von außen erfolgt wäre.

Die Reihenfolge der Ornamentaufbringung lässt sich mit ziemlicher Wahrscheinlichkeit rekonstruieren. Zuerst wurden die Rippenleisten entlang der horizontalen Vorritzungen hergestellt, anschließend die Füllornamente, wie Kerbleisten und Dreifach-Punktleisten, und schließlich wurden die Musterelemente in die vorhandenen Zwischenräume eingesetzt. Zum Schluss erfolgte das Nachfahren der Kerbleisten mit einem feinen stabförmigen Werkzeug zur Hervorhebung der Plastizität (Abb. 3, 9). Die Spuren des Nachfahrens mit einem »Schreibwerkzeug« lassen sich sehr deutlich in den Zierzonen der Kegelmotive erkennen (Abb. 9). Aus dem Rahmen fällt die markante Rille auf den Längskanneluren parallel zur Rippenleiste (Abb. 3), die nachträglich gezogen wurde und möglicherweise eine Abgrenzung darstellt. Obwohl man beim Augenmotiv (Abb. 10, 11) zunächst von der Verwendung eines Stempels ausgehen könnte, ist dies aufgrund der individuellen »Zeichnung« auszuschließen. Deutlich lassen sich kleine Abweichungen feststellen: Man stößt auf ein Augenornament mit überzogenen Rändern, bei dem man den Eindruck hat, dass es von außen in die Goldfolie eingedrückt wurde, während ein anderes Augenornament eine nahezu regelmäßige Form wie nach einer Stempelprägung aufweist.

Eine andere Unregelmäßigkeit ist auf dem Kegeldekor bei zwei Zierzonen zu beobachten. Bei genauerer Betrachtung ist das Ornament schmaler, manchmal breiter, die Spitzen sind gerade oder nach rechts geneigt und unterschiedlich lang. Das Kegelmuster auf Zierzone 135 besteht aus zehn, in einem Fall sogar aus elf Rippen (Abb. 9). Wenn ein Stempel verwendet worden wäre, so müsste die Anzahl der Rippen immer gleich sein. In einem anderen Fall findet man bei den sechsreihigen Kreisornamenten in Zierzone 88 ein Ornament mit nur fünf Kreisringen und einem größeren Kreisbuckel

Abb. 8: Unregelmäßige Rippen, Kerben und Dreifach-Punktleisten in den Zierzonen 128–132.

Abb. 9: Kegelmotive in Zierzone 135, darunter eines mit elf Rippen (siehe Pfeil).

Abb. 10: Augenmotive in Zierzone 92.

Abb. 12: Radmotiv in Zierzone 120.

Abb. 11: Fünfreihiges Kreisornament neben sechsreihigen Kreismotiven in Zierzone 88.

(Abb. 11). Ein besonderes Motiv, dem Beachtung geschenkt werden sollte, ist das achtspeichige Radmotiv in Zierzone 120 (Abb. 12). Die Abstände der Speichen und ihre Längen sind individuell verschieden. Im Gegensatz dazu sind die zwei äußeren Kreisringe sehr kräftig reliefiert und gleichmäßig geformt. Zumindest hier könnte man auf die Verwendung einer Kreisschablone schließen.

Schlussbetrachtung

Hinsichtlich der beschriebenen Beobachtungen und des neu erstellten, alternativen Denkmodells wäre es in Zukunft erforderlich, der Theorie die Praxis folgen zu lassen. Den herstellungstechnischen Untersuchungen am Ezelsdorfer Goldkegel sind Grenzen gesetzt. Die Untersuchungen haben durch genaue Beobachtungen am Objekt und deren Interpretation zu neuen Erkenntnissen geführt und Alternativen aufgezeigt. Begrüßenswert wäre es, in Zusammenarbeit mit Archäologen, Restauratoren, Naturwissenschaftlern, Gold- und Silberschmieden ein interdisziplinäres Forschungsprojekt über kalendarische Sakralgeräte der Bronzezeit anzugehen.

Anmerkungen

1   Für die konstruktive Diskussion danke ich Prof. Ulla Mayer, Präsidentin der Akademie der Bildenden Künste, Nürnberg, und Leiterin der Gold- und Silberschmiedeklasse.
2   Maiken Fecht: Handwerkstechnische Untersuchungen. In: Peter Schauer (Hrsg.): Die Goldblechkegel der Bronzezeit. Ein Beitrag zur Kulturverbindung zwischen Orient und Mitteleuropa (Monographien des Römisch-Germanischen Zentralmuseums, Bd. 8). Bonn 1986, S. 80–103.
3   Wilfried Menghin: Der Berliner Goldhut und die goldenen Kalendarien der alteuropäischen Bronzezeit. In: Acta Praehistorica et Archaeologica, Bd. 32, 2000, S. 31–108.
4   An dieser Stelle danke ich Josef Pröll, Germanisches Nationalmuseum, Nürnberg, für die Anfertigung der Röntgenaufnahmen. Röntgentechnische Daten: Spannung des Generators: 70 kV, Stromstärke: 3 mA, Aufnahmezeit: 150 sec, Filmmaterial AGFA, D4 – Film.

Abb. 2,1: Amphore von Gevelinghausen (Hochsauerlandkreis), Bronze.

Albrecht Jockenhövel

Querverbindungen in Handwerk und Symbolik zwischen Gold- und Bronzetoreutik

Betrachtet man Spitzenprodukte bronzezeitlicher Goldschmiede, wie die Goldhüte, die Goldgefäße und die großen Goldscheiben, fällt auf, dass sie eine bestimmte, auf Kreise, Strahlen und Sterne reduzierte, sogenannte »astrale« Ornamentsyntax aufweisen, die sich nur in wenigen Fällen auf gleichzeitigen Bronzen, auch verwandter Funktion, wiederfindet[1]. Es scheint sich um mehr oder weniger getrennte Welten, sowohl handwerklicher als auch symbolisch-religiöser Art, zu handeln. Insofern bewegen sich die bisher, etwa von Peter Schauer oder Wilfried Menghin angestellten Vergleiche für die Goldornamentik zumeist in der Materialgruppe »Gold«[2]. Nur ausnahmsweise wurde auf die Möglichkeiten einer weiteren und breiteren Verknüpfung aufmerksam gemacht, so von Georg Diemer mit seinen Hinweisen auf entsprechend verzierte Tonscheiben und Tonstempel[3]. Diese wiederum ermöglichen einen Vergleich mit weiteren Kreisgebilden auf Horn- und Knochenscheiben[4] und vor allem auf Bronzephaleren[5]. Allerdings sind entsprechende Zusammenstellungen noch in den Anfängen begriffen, so dass ich mich in diesem Beitrag auf einige handwerkliche[6] und symbolische Querverbindungen zwischen der Gold- und Bronzetoreutik beschränke.

Steinerne und metallene Ambosse und Hämmer sind auch Kennzeichen des bronzezeitlichen Gold- und Bronzeschmiedes. Metallene Ambossformen, vor allem Hornambosse, setzen, bis auf den mittelbronzezeitlichen Amboss von Porcieu-Amblagnieu, erst im Lauf der jüngeren Mittelbronzezeit und der frühen Urnenfelderzeit ein[7]. Dies gilt in gleichem Maße auch für die unterschiedlichen Formen der Tüllenhämmer, die relativ häufig erst seit dem Übergang von der Mittel- zur Jungbronzezeit europaweit in Depotfunden mit Ambossen vergesellschaftet sind[8]. Allerdings dürften auch Hämmer aus Knochen oder aus Hartholz zum Einsatz gekommen sein[9]. Metallene Ambosse und Tüllenhämmer gehen zeitlich zusammen mit dem Aufkommen einer ausgefeilten Toreutik[10], wie der Entwicklung von blechernen Schutzwaffen (Helme, Panzer, Schilde, Beinschienen)[11], Bronze- und Goldgefäßen[12] sowie Nebenprodukten der Blechschlägerei, wie große Gürtelbleche[13], »Phaleren«[14] und Kopfbleche[15].

Die herausragenden jungbronzezeitlichen Blecharbeiten stehen in einer langen, bis in das Jungneolithikum zurückreichenden Tradition von Blecharbeiten[16]. Jedoch wurden diese Blechstücke noch mit Hilfe von Steinhämmern und Steinambossen gefertigt. Die unlängst an einem Steinhammer von Künzing, Grab 3 (Niederbayern), nachgewiesenen Spuren von Kupfer bestätigten die bisherige Hypothese von Jan Derik van der Waals und Jay Jordan Butler von der Verwendung der endneolithischen und frühbronzezeitlichen »cushion stones« im Buntmetallhandwerk[17]. Sie gehören mittlerweile zum Standard-Inventar entsprechender Handwerkergräber des Endneolithikums und der Altbronzezeit, wo sie mitunter ganze Werkzeugsätze bilden. Als Fertigprodukte kommen alle kleineren und größeren Blecharbeiten sowie die Aushämmerung von Draht als Ausgangsprodukt zu Spiralen und Noppenringen in Betracht, darunter bereits bis zu 20 cm lange, ausgehämmerte Goldblechstreifen[18], Körbchen-Ohrringe[19] sowie klassische frühbronzezeitliche Produkte wie Scheiben- und Ruderkopfnadeln[20], Blechdiademe[21] oder die unzähligen Blechröllchen und Blechanhänger, ebenso auch die goldenen Spitzenprodukte dieser Zeit, die Lunulae[22], und die ältesten Gold- und Silbertassen[23].

Die Verwendung von jungbronzezeitlichen kleinen Steck- und Hornambossen aus Bronze im Goldschmiedebereich wird mittlerweile durch drei Befunde klar bewiesen, denn auf den Ambossbahnen von Lachen-Speyerdorf (Rheinland-Pfalz) (Abb. 1,1)[24], Lusmagh (Irland) (Abb. 1,2)[25] und Lichfield (England) (Abb. 1,3)[26] fanden sich kleinste Goldpartikel als Relikte. Zusammenfunde von Ambossen und Goldschmuck, wie in den Depotfunden von Fresné-la-Mère (Normandie)[27] oder Nová Ves (Böhmen)[28], legen auch für diese Stücke eine entsprechende Verwendung nahe, so dass wir diese kleinen Ambosse insgesamt für Kennzeichen von namenlosen Feinschmieden halten, die sowohl im Edel- als auch im Buntmetallhandwerk – auf dem Amboss von Lachen-Speyerdorf fanden sich auch Spuren von Bronzepartikeln – tätig waren, vergleichbar den berühmten Handwerkern in antiken und frühmittelalterlichen Quellen, wie Hephaistos und Laerkes oder Wieland und Eligius. Erinnert sei auch an die Hersteller der mosaischen »heiligen Geräte«, Bezalel und seinen Gehilfen Oholiab[29]. Es stellt sich die Frage, ob jeder Bronzeschmied auch Gold verarbeiten konnte und durfte. Denkbar ist in diesem Zusammenhang überdies, dass es, vom individuellen Zugang zum Edelmetall abgesehen, auch dem Material

Abb. 1: Im Goldhandwerk benutzte jungbronzezeitliche Feinschmiede-Ambosse aus Bronze.

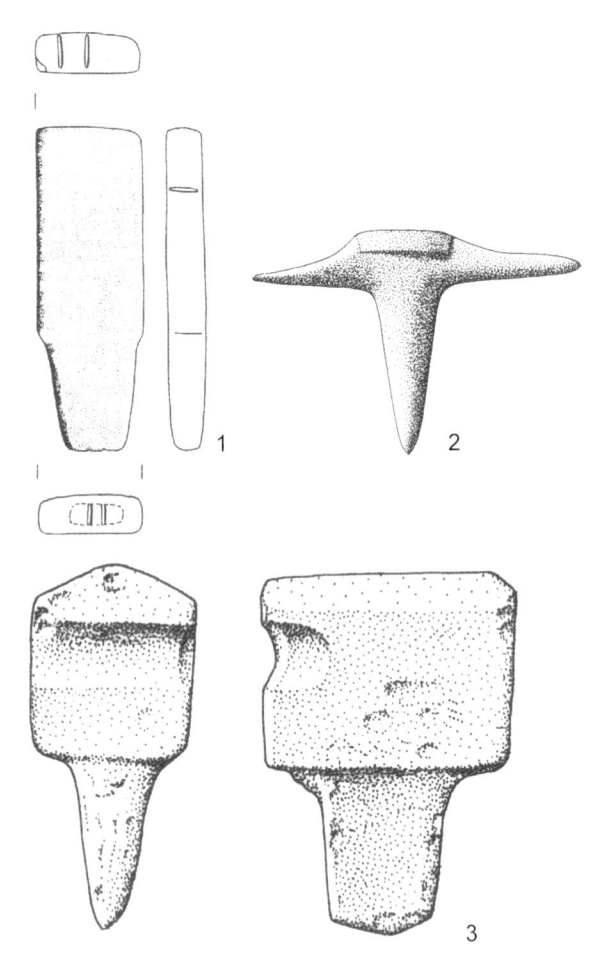

Abb. 2: Tordierte Bronzeringe als Randverstärkung.

1,1: Lachen-Speyerdorf (Deutschland) (nach L. Sperber).
1,2: Lusmagh (Irland) (nach H. Maryon).
1,3: Lichfield (Großbritannien) (nach S. Needham).

2,1: Gevelinghausen (Hochsauerland), Bronze.

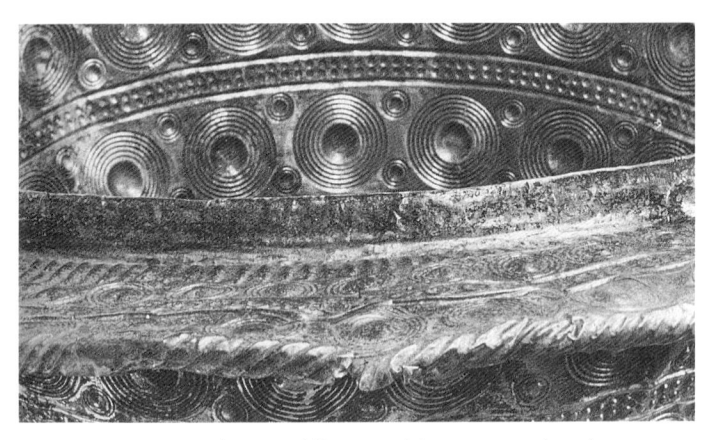

2,2: »Berliner Goldhut«, Gold mit Bronze/Kupfer (nach W. Menghin).

immanente magische Grenzen gab. Möglicherweise waren die Metalle in der Bronzezeit Alteuropas ebenfalls spezifische Bedeutungsträger, vergleichbar den alchemistischen Vorstellungen in der Antike und Nachantike.

Solche Polyhandwerker[30], das heißt Feinschmiede, die unterschiedlichste kostbare Materialien wie Stoffe, Leder, Edelhölzer, fossile Harze (Bernstein), Edel- und Buntmetalle, Glas, Edelsteine (auch auffällige andere Gesteine und Erden) verarbeiteten, gab es auch in der Bronzezeit, wie einige aus verschiedenen Materialien »zusammengebaute« Spitzenprodukte belegen. Ich erwähne für die Altbronzezeit den prunkvollsten Vollgriffdolch aus dem böhmischen Dolchhort von der Flur »Koží hřbty« (»Ziegenrücken«) (Gemeinde Prag-Suchdol)[31], an dem Bronze, Gold und Bernstein verarbeitet wurden, und die goldblechbelegten und bernsteinbesetzten älterbronzezeitlichen Vollgriffschwerter des Nordischen Kreises[32]. Auch an zwei Goldhüten sind Gold und Bronze verarbeitet worden. Dabei kommt der Bronze zwar optisch eine »unsichtbare«, jedoch insgesamt eine »tragende« bzw. stabilisierende Rolle zu. Jeweils ein flaches Band aus Bronze oder Kupfer diente bei dem »Berliner Hut« und dem Hut von Ezelsdorf als versteifendes Hutband[33].

Aufschlussreich ist die Randverstärkung am »Berliner Hut« (Abb. 2,2): Der Krempenrand ist um einen tordierten Kupfer- oder Bronzevierkantstab mit einem taschenartigen Steckverschluss gebördelt und somit kräftig verstärkt. Vielleicht war

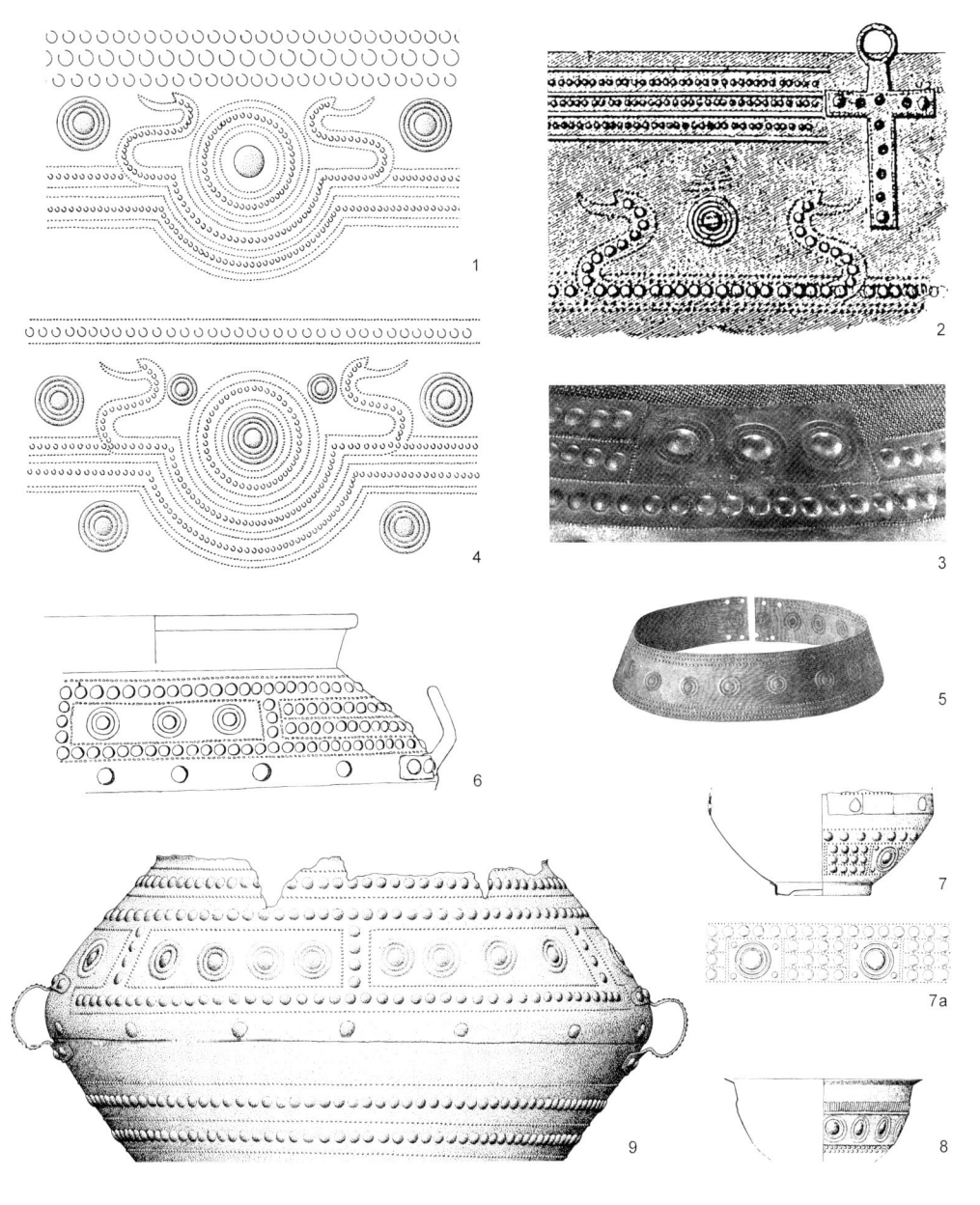

Abb. 3: Ringbuckel auf Ha B-zeitlichen Bronze-Gefäßen.

3,1: Gevelinghausen (Deutschland) (nach A. Jockenhövel).
3,2: Rossin (Deutschland) (nach E. Sprockhoff 1930).
3,3: Herzberg (Deutschland) (nach A. Jockenhövel/ W. Kubach 1994 Titelblatt [Ausschnitt]).
3,4: Vejo (Italien) (nach A. Jockenhövel 1974).
3,5: Långbro (Schweden) (nach O. Montelius 1917).
3,6: Rørbaek (Dänemark) (nach H. Thrane 1975).
3,7: Kelheim (Deutschland) (nach G. Jacob 1995).
3,8: Haltingen (Deutschland) (nach G. Jacob 1995).
3,9: Unia (Polen) (nach M. Gedl 2001).

auch der Ezelsdorfer Kegelhut an dieser Stelle entsprechend geschützt, wie der goldumwickelte bronzene Vierkantstab aus der Nachgrabung 1953 zeigt. Die Existenz einer bronzenen Randseele weist eindeutig in den Bereich von jungbronzezeitlichen Großgebilden, etwa Gefäßen oder Schilden aus Bronzeblech, die ebenfalls aus Kupfer, Bronze, Blei, Zinn (etwa an einigen Herzsprung-Schilden aus dem schwedischen Fröslunda)[34] und Eisen, aber auch aus Holz bestehen[35]. Jedoch gibt es nur ein Gefäß, die Amphore von Gevelinghausen (Gemeinde Olsberg, Hochsauerlandkreis)[36], an dem der Rand über einen tordierten Ring, ähnlich einem überdimensionierten Halsring, gebörtelt wurde (Abb. 2,1). Dabei fügt sich das Blech des Gefäßoberteiles so geschmeidig um den harten Ring, als ob es durch Aufglühen gefügig gemacht wurde – ein rein kaltmechanisches Verbinden ist meiner Meinung nach nicht möglich. Ob dieser Vorgang auch bei dem »Berliner Hut« notwendig war, sei dahingestellt, aber zumindest durch einen solchen oder vergleichbaren Vorgang können Gold und Bronze ihre Spuren auf den Feinschmiedeambossen (Lachen-Speyerdorf) hinterlassen haben.

Der Amphore von Gevelinghausen kommt noch in weiterer Hinsicht eine erhebliche Bedeutung zu, denn sie trägt in vollkommener Manier das zentrale religiöse Symbol der jüngeren Urnenfelderzeit, eine vollständige »Vogel-Sonnen-Barke« (Abb. 3,1)[37], die auf den Goldhüten und -gefäßen völlig fehlt. Auf einen wichtigen Unterschied zu den älteren Vorbildern der Gevelinghausener »Vogel-Sonnen-Barke« ist jedoch aufmerksam zu machen: Im Gegensatz zu den »Vogel-Sonnen-Barken« auf den Hajdúböszörmény-Eimern und ihrem Umfeld[38] wurden auf ihr Ringbuckel bzw. Kreisbuckel, bisweilen auch »Kreisaugen« genannt, als Motive einfügt. Diese sind wiederum direkt vergleichbar mit den Ring- und Kreisbuckeln auf den Goldhüten bzw. anderen Goldgegenständen. Wenn auch die Ringbuckel mittlerweile zu einer recht geläufigen Erscheinung auf Bronzegefäßen der ausgehenden Bronzezeit (Ha B3/ Periode V) (Abb. 3,1–4, 6–9) gehören und in der folgenden Alteisenzeit noch häufiger vorkommen, so steht für mich außer Frage, dass sie eine aus dem Goldhandwerk stammende Verzierungsart ist, die, wie im folgenden belegt werden kann, erst im Laufe ihrer Geschichte auf Bronzen übergreift.

Die ältesten Ringbuckel zieren in sehr kleiner Ausführung ein Goldblech aus dem frühbronzezeitlichen Grab 95 von Hainburg-Teichtal (Niederösterreich) (Abb. 4,1)[39]. Periode I-zeitlich wird ein langovales, ringbuckelverziertes Goldblech von Langvad (Amt Thisted, Jütland) datiert, das offenbar auf einen Träger, möglicherweise einen Fibelbügel, die im Nordischen Kreis generell jedoch erst ab der späten Periode II vorkommen, montiert war (Abb. 4,8)[40]. Damit erreichen wir bereits die Zeit der leisten-ringbuckelverzierten Goldtassen der Form Rongères[41], deren mittelbronzezeitliche Zeitstellung allgemein akzeptiert wird, sowie der großen Goldblechscheiben Westböhmens, die gleichfalls eine kreisförmig angeordnete Ringbuckelverzierung tragen[42]. In diesen zeitlichen Rahmen gehört auch das ringbuckelverzierte Goldblech aus dem Goldfund von Bernstorf (Oberbayern) (Abb. 4,11)[43]. Auf gleichzeitigen Bronzen sind keine Ringbuckel auszumachen. Ringbuckel sind

Abb. 4: Ringbuckel auf kupfernen (1), bronzenen (2–10) und goldenen (11) Objekten der Alt- (1), Mittel- (8, 11) und Jungbronzezeit (2–10).

4,1: Hainburg-Teichtal (Österreich) (nach E. Ruttkay).
4,2: Přestavlký (Mähren) (nach P. Mačala 1985).
4,3: Augsdorf (Österreich) (nach H. Müller-Karpe 1959).
4,4: Donji Petrovci (Serbien) (nach M. Garašanin).
4,5–7: Šimanovci (Serbien) (nach M. Garašanin).
4,8: Langvad (Dänemark) (nach W. E. Aner – K. Kersten – K. H. Willroth 2001).
4,9–10: Blanot (Frankreich) (nach J.-P. Thévenot 1992).
4,11: Bernstorf (Deutschland) (nach R. Gebhard 1999).

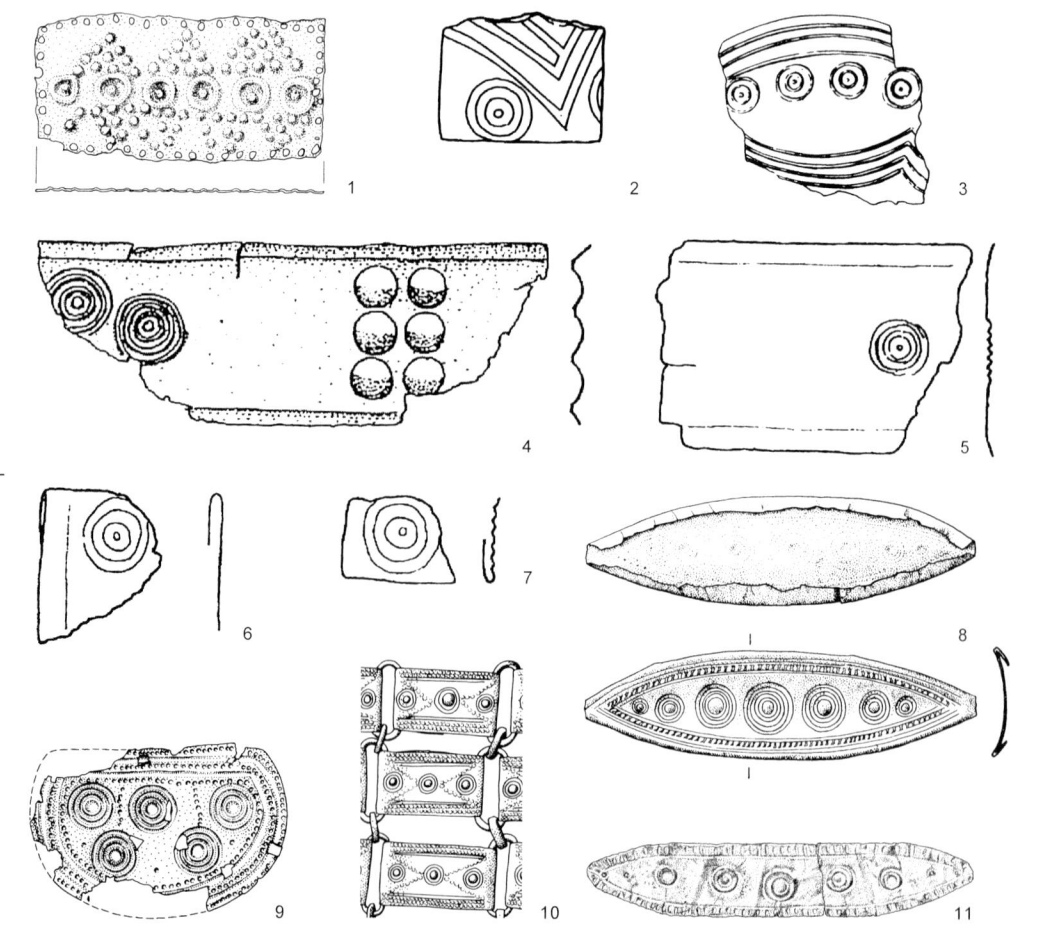

zugleich ein Grundmuster des früh- und älterurnenfelderzeitlichen »Gold-Diademstils«[44], dessen jüngste Vertreter die ringbuckelverzierten Goldbleche vom sogenannten »Goldfund vom Bullenheimer Berg« (Franken)[45] sind. Erst in der frühen und älteren Urnenfelderzeit tauchen an einigen wenigen Bronzeobjekten Ringbuckel auf, etwa auf dem rippenverzierten Fragment einer größeren Blechscheibe von Augsdorf (Kärnten) (Abb. 4,3)[46], das sicherlich ein Schrottimport aus dem pannonischen Donauraum ist, wo solche Scheiben in größerer Anzahl vorliegen[47]. Aus den serbischen Horten von Šimanovci und Donji Petrovci, datierbar in die ältere Urnenfelderzeit, liegen ringbuckelverzierte Blechstreifen vor (Abb. 4,4–7)[48]. Ebenfalls in die frühe und ältere Urnenfelderzeit gehören die von den leistenbuckelverzierten Goldgefäßen beeinflussten Bronzetassen der Art Milavče/Očkov[49]. Besonders die Tasse aus dem Kesselwagengrab von Milavče (Böhmen) ist als eine direkte Imitation einer Goldtasse anzusehen, nicht nur hinsichtlich der Leisten und Rippen, sondern auch vor allem wegen des spezifischen Bodenmusters aus einem Kreis von Ringbuckeln, der direkt mit dem Bodenmuster der Goldschale von Gönnebek (Schleswig-Holstein)[50] zu vergleichen ist. Auch die gewöhnlich in die ältere Urnenfelderzeit datierte, leistenrippenverzierte Schale von Haltingen (Südbaden)[51] trägt einen Ringbuckelfries (Abb. 3,8), der durchaus vergleichbar mit Ringbuckeln auf den goldenen Gefäßen und Hüten ist.

In dieser Zeit (Bz D – Ha A) tauchen nun auch die ersten Ringpunzen im Fundgut auf, so im Bz D-zeitlichen Hort vom mittelfränkischen Stockheim (Abb. 5,8), in den Ha A1-zeitlichen Horten von Mögeldorf (Mittelfranken) (Abb. 5,11) und Přestavlky (Mähren) (Abb. 5,6) und, als größerer Satz, im burgundischen Hort von Génelard (Abb. 5,1–5), der mit seinen weiteren Schmiedegeräten zugleich eine gewisse Vorstellung von einem jungbronzezeitlichen »Werkzeugkasten« liefert[52]. Im südmährischen Hort von Přestavlky findet sich zudem ein ringbuckelverziertes Bronzeblechfragment (Abb. 4,2)[53]. Weitere Ringpunzen liegen in Bronze aus dem jurassischen Hortfund von Larnaud (Abb. 5,9)[54], der westschweizerischen Seerandstation von Hauterive-Champréveyres (Abb. 5,10) sowie in Knochen aus der »Grotte des Planches« bei Arbois (Jura) (Abb. 5,7)[55] vor. Es handelt sich, soweit erkennbar, durchweg um Positivpunzen.

Damit berühren wir das noch weitgehend ungelöste Problem der Herstellungsweise der Goldhüte, insbesondere, ob die Punzstempel von innen als Positivstempel, was kaum »durchgängig« möglich war, oder von außen als Negativstempel, wozu jedoch im Fundgut die entsprechenden Stempel fehlen, angesetzt wurden. Letztlich ist ungeklärt, aus welchem Material die für die Ringbuckel verwendeten Stempel überhaupt waren; in Frage kommen Metall, Holz, Knochen, gehärtetes Wachs, Talg, Ton oder Leder. Ringbuckel tauchen auf den Bronzeblecharbeiten der frühen, älteren und beginnenden jüngeren Urnenfelderzeit bis auf die genannten Ausnahmen nicht auf. Sollte die Masse der entsprechend verzierten Goldgefäße jüngerbronzezeitlich sein (bes. Periode IV)[56], steht deren Ornamentik in scharfem Kontrast zur Gleich-Buckel-Verzierung und Punkt-Buckel-Verzierung der Friedrichsruhe-, Fuchsstadt- und Jeníšovice-Tassen sowie deren Umfeld, etwa Eimern, Amphoren und Becken, aber auch den blechernen »Phaleren«. Lediglich auf einigen Kleinblechen, wie dem »Pectorale« und den Kettengliedern eines Gürtels aus dem Ha B1-zeitlichen Hort von Blanot (Jura), tauchen Ringbuckel auf (Abb. 4,9, 10)[57]. Wie schon bemerkt, greift erst in einem größeren Umfang am Ende der Jungbronzezeit, in der Stufe Ha B3/Periode V, die Ringbuckelzier auf die Bronzetoreutik über, wie Bronzegefäße (Abb. 3,1–4, 6, 7, 9), Schilde oder sogenannte Diademe (Abb. 3,5) ausweisen[58]. Sie kommt in gegossener Form auch auf den Hängebecken und Luren der jüngeren Nordischen Bronzezeit vor. Aus diesen Gründen halte ich die Ringbuckelzier für ein zunächst die Goldschmiedearbeit kennzeichnendes Motiv, das erst später die Bronzetoreutik beeinflusst, jedoch nie so dominant wurde wie auf den Goldarbeiten.

Es gibt meines Erachtens jedoch nicht nur eine äußere Verwandtschaft in der Motivwahl, sondern auch eine innere: Die Träger bronzener Ringbuckelzier sind überwiegend Bronzegefäße, Schilde, Helme, Feldflaschen[59], alles Gegenstände mit hohem Sozialprestige und hohem Repräsentationswert, die den Goldgegenständen vergleichbar sind. Es scheint, dass »Ringbuckel« auf Bronzen diese Stücke gewissermaßen »vergolden«, indem sie assoziativ eine inhaltliche Gemeinsamkeit, die auch eine gemeinsame kalendarische Funktion sein kann, aufscheinen lassen.

Auf den größeren Bronzegefäßen taucht in einem fortgeschrittenen Stadium die Vogelsymbolik auf, die besonders die Eimer vom Typ Hajdúböszörmény, einige Amphoren (Typ Mariesminde/Siem) und Becken (Kunisowce, Westukraine) kennzeichnet[60]. Nur auf einem Goldgefäß ist eine Vogelsymbolik klar erkennbar: auf einer Tasse, die aus der »Forêt de Paimpont« (Bretagne) stammt, die nach der örtlichen Sage Merlins Zauberwald sein soll[61]. Auf ihrem Halsfeld schwimmen in typischer Manier stilisierte Vögel hintereinander (Abb. 6,2, 2a). Parallelen auf Bronzen finden sich auf Messern und Schwertern (Abb. 6,3–6)[62]. Körperlicher, jedoch fast unscheinbar sind die Vögel auf dem unteren Fries auf den beiden Goldbechern vom Lienewitzer Forst ausgeführt (Abb. 6,1)[63]. Nur in ihrem Schwung als Vögel deutbar sind die Reihen von S-förmig geschwungenen Einschlägen auf den Goldgefäßen von Axtroki (Spanien) und Devil's Bit (Irland)[64], die ihrerseits wiederum zu den einfachen S-förmigen Mustern auf mehreren späthallstattzeitlichen Goldgegenständen (Schlangenfibel,

Gürtelblech, Dolchgriff und -scheide, Knöchelband) von Hochdorf (Württemberg)[65] in inhaltlicher, nicht in zeitlicher Beziehung stehen mögen.

Dieses auffällige Fehlen der Vogelsymbolik auf den Goldgefäßen ist einstweilen noch schwer zu erklären. So ist unklar, ob die »astrale« Goldsymbolik (Sonnenmuster, Sternmuster, Strahlenmuster usw.) auf das Material »Gold« aus magisch-religiösen Gründen beschränkt und somit nicht beliebig in andere Werkstoffe »kopierbar« war. Zu fragen ist auch, ob die Zeit der Goldsymbolik schon schöpferisch abgelaufen oder im Schwinden war, als die Vogel-Symbolik ihren Höhepunkt erreichte. Möglicherweise verbergen sich hinter diesem Phänomen »konkurrierende« religiöse Inhalte, insofern als sich »konservative« (»Astralsymbolik«) und »progressive« (Vogel-Sonnen-Symbolik) Religionsinhalte gegenüber standen.

Abb. 6 (rechte Seite):
Vogeldarstellungen auf Gold- (Nr. 1, 2) und Bronzeobjekten (Nr. 3–6).

6,1: Lienewitzer Forst (Deutschland) (nach J. Martin)
6,2: Forêt de Paimpont (Frankreich) (nach C. Eluère 1982)
6,3: Podhořany (Ukraine) (nach G. Jacob-Friesen)
6,4: Rosenheim (Deutschland) (nach G. Jacob-Friesen)
6,5: Șimlieu Silvaniei (Rumänien) (nach G. Jacob-Friesen)
6,6: Concise (Schweiz) (nach G. Jacob-Friesen)

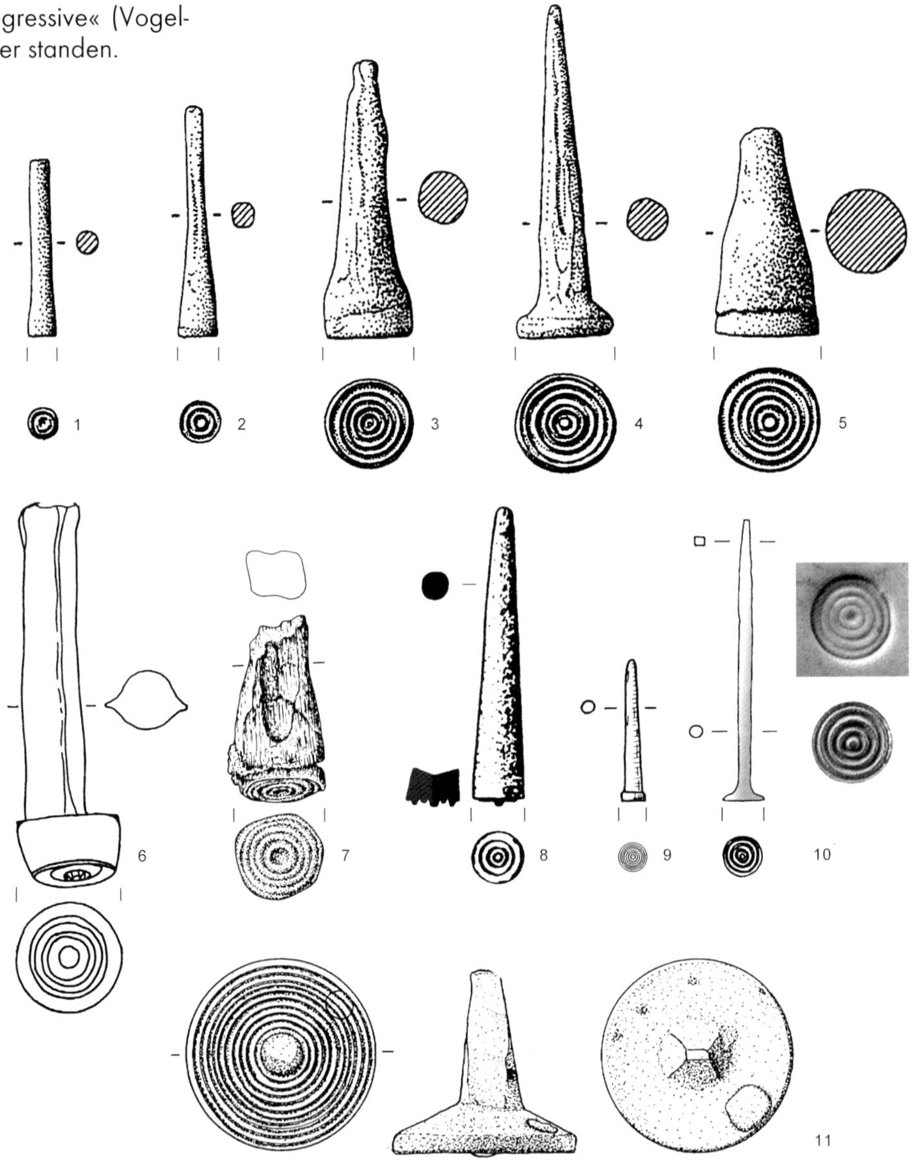

Abb. 5: Ringpunzen aus Bronze (Nr. 1–6, 8–11) und Knochen (Nr. 7).

5,1–5: Génelard (Frankreich) (nach J.-P. Thévenot 1996).
5,6: Přestavlký (nach P. Mačala 1985).
5,7: La Grotte des Planches-près-Arbois (Frankreich) (nach P. Pétrequin 1985).
5,8: Stockheim (Deutschland) (nach H. Müller-Karpe 1959).
5,9: Larnaud (Frankreich) (nach C. Eluère – J.-P. Mohen 1993).
5,10: Hauterive-Champréveyres (Schweiz) (nach A.-M. Rychner-Faraggi 1993, Abb. 40, Taf. 41, 35).
5,11: Mögeldorf (nach M. Nadler, 1998).

113

Abb. 7: Raddarstellungen.

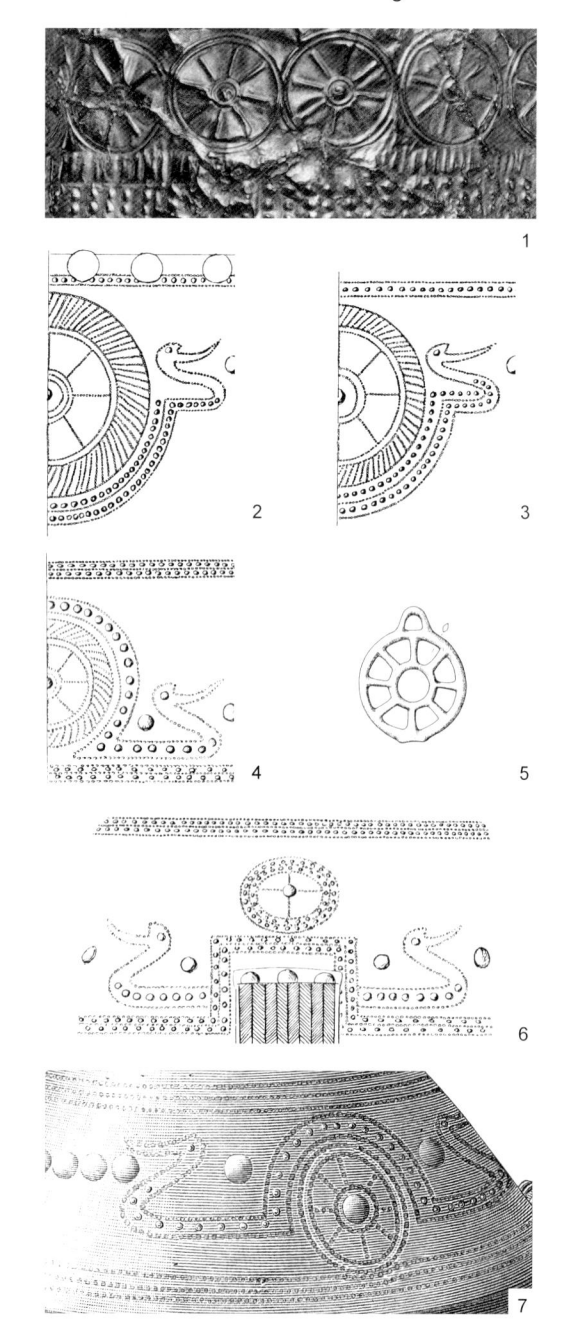

7,1: Ezelsdorf (Deutschland) (nach P. Schauer 1968).
7,2-3: Siem (Dänemark) (nach H. Thrane 1965).
7,4 + 6: Mariesminde (Dänemark) (nach H. Thrane 1965).
7,5: Tauting-Kirchfeld (Deutschland) (nach U. Wels-Weyrauch).
7,7: Bjärsjöholm (Schweden) (nach O. Montelius 1917, Nr. 1167).

Ich will hier die derzeit geläufigen Datierungen der Goldhüte, Goldgefäße und der relevanten Goldhorte nicht grundsätzlich in Frage stellen. Es fällt auf, dass die zeitliche Einordnung zumeist nur auf Umwegen vorgenommen wurde, doch kann man sich in der Jungbronzezeit auf die Periode IV-zeitliche Datierung der Horte von Eberswalde[66], Mariesminde[67] und Unterglauheim[68] stützen. Aus der von W. Menghin und P. Schauer vorgelegten synchronistischen Zeittabelle[69] kann man zumindest ablesen, dass in Periode V die Zeit der goldenen Großgefäße in Zentraleuropa bereits abgelaufen ist, nur an der Peripherie, der Iberischen Halbinsel (Villena)[70] und Osteuropa (Michałków)[71], scheint sich eine Kontinuität abzuzeichnen. Es handelt sich um eben jene Zeit, in der die genetisch der Goldtoreutik verbundenen Ringbuckel auf die Bronzen übergreifen.

Meine Überlegungen erfordern einen Rückgriff auf die zeitliche Abfolge der Goldhüte, die nach heutigem Stand der Forschung zumeist lautet: Schifferstadt, dann Avanton, dann Ezelsdorf, zuletzt »Berlin«. Diese Reihenfolge wird anhand des stetigen Zuwachses an den verwendeten Mustern bzw. der Motivsyntax der Goldhüte zwar suggeriert, doch letztlich nicht begründet. Ringbuckel bzw. Kreisaugen sind spätestens in der Mittelbronzezeit bekannt, ebenso wie das Stern- und Strahlenmotiv in der Mittelbronzezeit (Periode II) wurzelt[72]. Auch das Augen- bzw. Mandelmotiv (Schifferstadt, Avanton, »Berliner Hut«) muss entsprechend eingeordnet werden, da es noch sehr altbronzezeitlich anmutet[73]. Zu erklären ist auch das Sonderzeichen des achtspeichigen Rades (Ezelsdorf) (Abb. 7,1), das als Großobjekt, wie W. Menghin ausführt[74], erst von neuassyrischen Wandreliefs überliefert ist. Doch ist der »weit gespannte Vergleich« (W. Menghin) nicht notwendig, wenn wir die eingepunzten Räder nicht für Miniaturräder, sondern für Radsymbole halten, wie sie in der zentralmitteleuropäischen Bronzezeit als Radanhänger spätestens seit der Hügelgräber-Bronzezeit bekannt sind (Abb. 7,5)[75], wo sie ebenfalls als »Sonnensymbole« gelten. Erinnert sei auch an die achtspeichigen Räder auf den Periode IV-zeitlichen Bronzeamphoren von Mariesminde (Dänemark) (Abb. 7,4), in denen die Goldgefäße lagen, von Siem (Dänemark) (Abb. 7,2-3) und von Bjärsjöholm (Schonen) (Abb. 7,7)[76]. In der Vor-Urnenfelderzeit bleiben wir mit den Motiven der »liegenden Mondsichel« und dem »Halbmond« (»Berliner Hut«), für die W. Menghin hochbronzezeitliche Vorbilder aus dem Vorderen Orient anführte[77]. Ich schließe mich W. Menghins Meinung an, dass die wenigen halbmondartigen Muster an jungbronzezeitlichen Gegenständen zu variabel sind[78], um als festumrissenes Symbol gelten zu können. Dies gilt auch für das Kegelmotiv (Ezelsdorf, »Berliner Hut«).

Zusammenfassend lässt sich sagen, dass die Goldhüte durch eine in der Alt- und Mittelbronzezeit wurzelnde Verzie-

*Abb. 8: Goldblechfragment von Agris (Charente, Frankreich).
(nach J. Gomez de Soto 2001).*

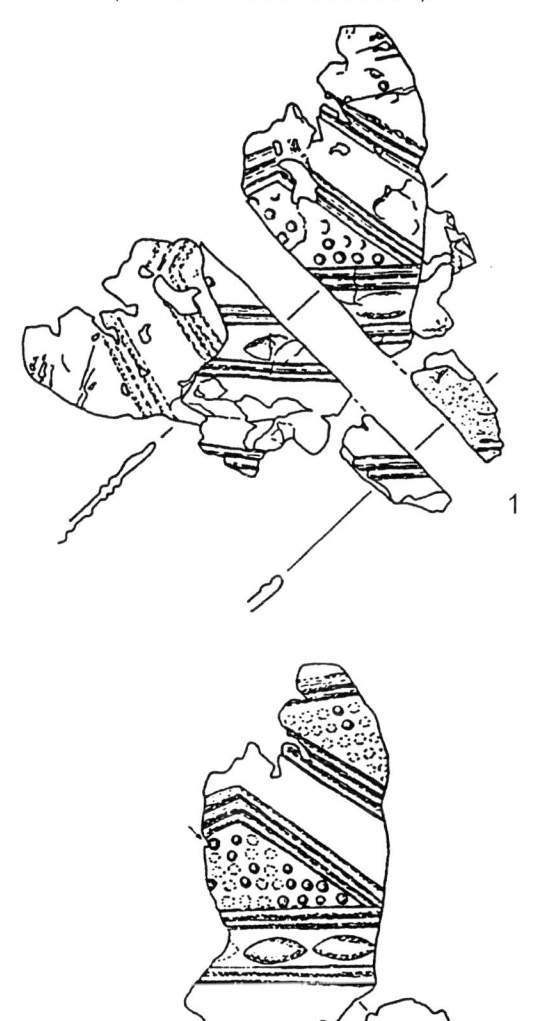

*8,1: Im ursprünglichen Zustand (gefaltet).
8,2: Aufgebogen.*

rung geprägt sind. Sie setzt sich mit wenigen Zutaten als »altertümliche«, »archaisierende« Motivik auf Goldgegenständen in der Jungbronzezeit fort, wo sie auf eine neu aufkommende Symbolik, die »Vogel-Sonnen-Barke«, trifft, die fest mit der Bronzetoreutik in ihrem technischen, sozialen und religiösen Netz verbunden ist. Für mich ist dieser Gegensatz aber nur ein scheinbarer. Denn wenn die Goldhüte Kalender waren[79], gliederten sie den Lauf bronzezeitlichen Lebens, in dem »alte« und »neue« religiöse Formen durchaus nebeneinander bestehen und miteinander harmonieren konnten. Die »Einbettung« der althergebrachten »Sonne«, inkarniert im pferdebespannten Sonnenwagen von Trundholm, in der jungbronzezeitlichen »Vogel-Barke«, vollendet als »Vogel-Sonnen-Barke«, mag für diesen Vorgang das sichtbare Zeichen gewesen sein. Diese Querverbindungen werfen zugleich ein helles Licht auf die Rolle von Gold- und Buntmetallhandwerkern, die sich nicht auf reine Technik reduzieren lässt. Vielmehr waren diese Personen zugleich Hersteller und Vermittler symbolischer und religiöser Inhalte der bronzezeitlichen Ideologie[80].

Anmerkungen

1 Der Vortragstext wurde weitgehend belassen und mit den nötigsten Nachweisen versehen. Ich danke Marion Uckelmann, cand. phil., Münster, sehr herzlich für die redaktionelle Mitwirkung.

2 Vgl. die grundlegenden Werke zu Goldgefäßen, Goldhüten, Goldscheiben: Wilfried Menghin – Peter Schauer: Der Goldkegel von Ezelsdorf. Kultgerät der späten Bronzezeit (Die vor- und frühgeschichtlichen Altertümer im Germanischen Nationalmuseum, Bd. 3). Stuttgart 1983. Peter Schauer (Hrsg.): Die Goldblechkegel der Bronzezeit. Ein Beitrag zur Kulturverbindung zwischen Orient und Mitteleuropa (Monographien des Römisch-Germanischen Zentralmuseums, Bd. 8). Bonn 1986. Christiane Eluère: Les ors préhistoriques (L'Âge du Bronze en France, Bd. 2). Paris 1982. Zur Technik unlängst: Barbara Regine Armbruster: Goldschmiedekunst und Bronzetechnik. Studien zum Metallhandwerk der Atlantischen Bronzezeit auf der Iberischen Halbinsel (Monographies Instrumentum, Bd. 15). Montagnac 2000.

3 Georg Diemer: »Tonstempel« und »Sonnenscheiben« der Urnenfelderkultur in Süddeutschland. In: Aus Frankens Frühzeit. Festgabe für Peter Endrich (Mainfränkische Studien, Bd. 37). Würzburg 1986, S. 37–63.

4 Diese Gruppe ist noch weitgehend unbearbeitet. Derartige Knochenscheiben liegen vor von: Starnberger See, Roseninsel: Harald Koschik: Die Bronzezeit im südwestlichen Oberbayern (Materialhefte zur Bayerischen Vorgeschichte, Reihe A, Bd. 50). Kallmünz 1981, Taf. 74,1–3. Zu Hesselberg: Arthur Berger: Der Hesselberg. Funde und Ausgrabungen bis 1985 (Materialhefte zur Bayerischen Vorgeschichte, Reihe A, Bd. 66). Kallmünz 1994. Zu Bad Buchau, »Wasserburg«: Wolfgang Kimmig: Die »Wasserburg Buchau«, eine spätbronzezeitliche Siedlung. Forschungsgeschichte, Kleinfunde (Materialhefte zur Vor- und Frühgeschichte in Baden-Württemberg, Bd. 16). Stuttgart 1992, S. 53, Taf. 21. Ein ähnlich verziertes, jedoch kleineres Stück aus Breitegg, Gde. Nußdorf-Debant, Osttirol: Wilhelm Sydow – Helgard Rodrigues: Die Höhensiedlung auf dem Breitegg, Osttirol. In: Archaeologia Austriaca, Bd. 65, 1981, S. 89–118, bes. S. 104, Taf. 1, 13.

5 Immer noch grundlegend Gero von Merhart: Über blecherne Zierbuckel (Faleren). In: Jahrbuch des Römisch-Germanischen Zentralmuseums, Bd. 3, 1956, S. 28–116. Zu Ergänzungen vgl. Wolfgang Brestrich: Die mittel- und spätbronzezeitlichen Grabfunde auf der Nordstadtterrasse am Hohentwiel (Forschungen und Berichte zur Vor- und Frühgeschichte in Baden-Württemberg, Bd. 67). Stuttgart 1998, S. 122–126.

6 B. R. Armbruster (Anm. 2). C. Eluère (Anm. 2).

7 Barbara Regine Armbruster: Zu bronzezeitlichen Werkzeugen der plastischen Verformung im nördlichen und westlichen Europa. In: Willy H. Metz – B. L. van Beek – Hannie Steegstra (Hrsg.): Patina. Essays Presented to Jay Jordan Butler on the Occasion of his 80th Birthday. Groningen 2001, S. 7–26. Margaret R. Ehrenberg: The Anvils of Bronze Age Europe. In: The Antiquaries Journal, Bd. 61, 1981, S. 14–28. Albrecht Jockenhövel: Zu den ältesten Tüllenhämmern aus Bronze. In: Germania, Bd. 60, 1982, S. 459–467, bes. S. 465, 467.

8 A. Jockenhövel (Anm. 7), S. 462, 466–467.

9 Nachweise: Zürich-Alpenquai (Treibhammer aus Hirschhorn): René Wyss: Bronzezeitliches Metallhandwerk. Bern 1967, S. 11, Abb. 5,1. Fiavé-Carera, Lago die Ledro (Holzschlägel aus Buchenholz): Renato Perini: Scavi archeologici nella zona palafitticola di Fiavé-Carera II. Campagne 1969–1976. Resti della cultura materiale metallo, osso, litica, legno (Patrimonio storico e artistico del Trentino, Bd. 9). Trient 1984, S. 199, Taf. 39, 86–87.

10 A. Jockenhövel (Anm. 7), S. 461, 467.

11 Zur jüngsten Literatur vgl. Peter Schauer: Die Bewaffnung der »Adelskrieger« während der späten Bronzezeit und frühen Eisenzeit. In: Ausgrabungen in Deutschland, Teil 3, Bd. 1,3. Mainz 1975, S. 306–311. Bernd-Rüdiger Goetze: Die frühesten europäischen Schutzwaffen. In: Bayerische Vorgeschichtsblätter, Bd. 49, 1984, S. 25–53.

12 Vgl. Prähistorische Bronzefunde, Abt. 2: Gerlinde Prüssing: Die Bronzegefäße in Österreich (Prähistorische Bronzefunde, Abt. 2, Bd. 5). Stuttgart 1991. Pál Patay: Die Bronzegefäße in Ungarn (Prähistorische Bronzefunde, Abt. 2, Bd. 10). München 1990. Maria Novotná: Bronzegefäße in der Slowakei (Prähistorische Bronzefunde, Abt. 2, Bd. 11). Stuttgart 1991. Olga Kytlicová: Die Bronzegefäße in Böhmen, mit einem Anhang von Anita Siegfried-Weiss (Prähistorische Bronzefunde, Abt. 2, Bd. 12). Stuttgart 1991. Jindra Nekvasil – Vladimír Podborský: Die Bronzegefäße in Mähren (Prähistorische Bronzefunde, Abt. 2, Bd. 13). Stuttgart 1991. Christina Jacob: Metallgefäße der Bronze- und Hallstattzeit in Nordwest-, West- und Süddeutschland (Prähistorische Bronzefunde, Abt. 2, Bd. 9). Stuttgart 1995. Marek Gedl: Die Bronzegefäße in Polen (Prähistorische Bronzefunde, Abt. 2, Bd. 15). Stuttgart 2001.

13 Imma Kilian-Dirlmeier: Gürtelhaken, Gürtelbleche und Blechgürtel der Bronzezeit in Mitteleuropa (Prähistorische Bronzefunde, Abt. 12, Bd. 2). München 1975.

14 Vgl. G. v. Merhart (Anm. 5).

15 Zu Diademen siehe Rosemarie Feger – Martin Nadler: Beobachtungen zur urnenfelderzeitlichen Frauentracht. Vorbericht zur Ausgrabung in Grundfeld, Ldkr. Lichtenfels, Oberfranken (mit einem Beitrag von Eberhard Voß). In: Germania, Bd. 63, 1985, S. 1–16.

16 Vgl. die Kupfer-, Gold- und Silberbleche aus der Kupferzeit bzw. dem Jung-, Spät- und Endneolithikum: C. Eluère (Anm. 2), S. 117–129. George Eogan: The Accomplished Art. Gold and Goldworking in Britain and Ireland During the Bronze Age (c. 2300–650 BC) (Oxbow Monographs, Bd. 42). Oxford 1994, S. 13–23. Barbara Ottaway: Earliest Copper Ornaments in Northern Europe. In: Proceedings of the Prehistoric Society, Bd. 39, 1973, S. 294–331. Ringkopfanhänger und ihr Umkreis: Hermann Parzinger: Hornstaad-Hlinsko-Stollhof. Datierung eines vor-Baden-zeitlichen Horizontes. In: Germania, Bd. 70, 1992, S. 241–250.

17 François Bertemes – Karl Schmotz – Wolfgang-Rüdiger Thiele: Das Metallurgengrab 9 des Gräberfeldes der Glockenbecherkultur von Künzing, Lkr. Deggendorf. In: Archäologische Arbeitsgemeinschaft Ostbayern, Bd. 9, 2000, S. 53–60. Jay Jordan Butler – Jan Derik van der Waals: Bell Beakers and Early Metalworking in the Netherlands. In: Paleohistoria, Bd. 12, 1966, S. 41–139, bes. S. 63–75. Václav Moucha: Böhmen am Ausklang des Äneolithikums und am Anfang der Bronzezeit. In: Praehistorica, Bd. 15, 1989, S. 213–218.

18 Zu Goldblechstreifen: Gerhard Lehrberger – Jan Fridrich – Rupert Gebhard – Jiří Hrala (Hrsg.): Das prähistorische Gold in Bayern, Böhmen und Mähren: Herkunft – Technologie – Funde (Památky Archeologické, Supplementum, Bd. 7). Prag 1997, S. 141–154ff., Abb. 6,6.

19 Zu Körbchen-Ohrringen: Joan J. Taylor: Bronze Age Goldwork of the British Isles. Cambridge 1980, S. 22–24, 131, Taf. 3. G. Eogan (Anm. 16), S. 15, 17, Abb. 4, 18–19.

20 Otto Rochna: Verzierte Scheiben- und Ruderkopfnadel der frühen Bronzezeit in Manching. In: Germania, Bd. 43, 1965, S. 295–319. Wolf Kubach: Die Nadeln in Hessen und Rheinhessen (Prähistorische Bronzefunde, Abt. 13, Bd. 3). München 1977.

21 Vgl. im Überblick: Karl-Friedrich Rittershofer: Der Hortfund von Bühl und seine Beziehungen. In: Bericht der Römisch-Germanischen Kommission, Bd. 34, 1983, S. 265ff. Rüdiger Krause: Die endneolithischen und frühbronzezeitlichen Grabfunde auf der Nordstadtterrasse von Singen am Hohentwiel (Forschungen und Berichte zur Vor- und Frühgeschichte in Baden-Württemberg, Bd. 32). Stuttgart 1988, S. 89ff.

22 J. J. Taylor (Anm. 19), S. 25–44, 132, Taf. 7–23. Fritz-Rudolf Herrmann: Eine irische Goldlunula aus Hessen. In: Fritz-Rudolf Herrmann (Hrsg): Festschrift für Günter Smolla, Bd. 1 (Materialien zur Vor- und Frühgeschichte von Hessen, Bd. 8). Wiesbaden 1999. Zu vergleichbaren kupfernen Halskragen: Hartmann Reim: Ein Halskragen aus Kupfer von Dormettingen, Zollern-Alb-Kreis (Baden-Württemberg). In: Albrecht Jockenhövel

(Hrsg.): Festschrift für Hermann Müller-Karpe zum 70. Geburtstag. Bonn 1995, S. 237–248.
23 Vgl. die Zusammenstellung bei Sabine Gerloff: The Early Bronze Age Daggers in Great Britain (Prähistorische Bronzefunde, Abt. 6, Bd. 2). München 1975, S. 190–196, 257. Jacques Briard: Les Tumulus d'Armorique (L'Âge du Bronze en France, Bd. 3). Paris 1984, S. 135–136.
24 Lothar Sperber: Zum Grab eines spätbronzezeitlichen Metallhandwerkers von Lachen-Speyerdorf, Stadt Neustadt a. d. Weinstraße. In: Archäologisches Korrespondenzblatt, Bd. 30, 2000, S. 383–402, bes. S. 386–392.
25 Herbert Maryon: Some Prehistoric Metalworker's Tools. In: The Antiquaries Journal 18, Heft 3, 1938, S. 143–250, bes. S. 249, Abb. 17. M. R. Ehrenberg (Anm. 7), S. 14–28, bes. S. 17, 20, Nr. 10.
26 Stuart P. Needham: A Bronze Age Goldworking Anvil From Lichfield, Staffordshire. In: The Antiquaries Journal, Bd. 73, 1993, S. 125–132.
27 Christiane Eluère: Das Gold der Kelten. München – Fribourg 1987, S. 20.
28 Olga Kytlicová: Bronzemetallurgie in Böhmen in der Jung- und Spätbronzezeit. In: Archeologia Polski, Bd. 27, 1982, S. 389, Abb. 1.
29 2. Mos. 25–31 bzw. 2. Mos. 31,2–6.
30 Vgl. frühmittelalterliche Analogien: Torsten Capelle: Polytechniker? In: Hammaburg, N. F., Bd. 12, 1998 (= Festschrift für Hans Drescher), S. 125–132.
31 Gordana Divac – Zbyněk Sedláček: Hortfund der altbronzezeitlichen Dolche von Praha 6-Suchdol (Fontes Archaeologici Pragenses, Supplementbd. 1). Prag 1999, S. 7–8, Taf. 3, 13. Ähnliche Zutaten auch an einem der Vollgriffdolche von Bresinchen: Rolf Breddin: Der Aunjetitzer Bronzehortfund von Bresinchen, Kr. Guben. In: Veröffentlichungen des Museums für Ur- und Frühgeschichte Potsdam, Bd. 5, 1969, S. 37–38.
32 Helmut Ottenjann: Die nordischen Vollgriffschwerter der älteren und mittleren Bronzezeit (Römisch-Germanische Forschungen, Bd. 30). Berlin 1969. Johannes Brønstedt: Nordische Vorzeit, Bd. 2: Bronzezeit in Dänemark. Neumünster 1962, S. 114, Abb. S. 96–97. Farbaufnahme bei C. Eluère (Anm. 27), S. 44–45, Abb. 23.
33 Wilfried Menghin: Der Berliner Goldhut und die goldenen Kalendarien der alteuropäischen Bronzezeit. In: Acta Praehistorica et Archaeologica, Bd. 32, 2000, S. 31–108. Der Umfang entspricht der heutigen Größe 54–56.
34 Peter Jankavs (Hrsg.): Laängt borta och nära. Gudaoffer och vardagsting från bronsåldern (Skrifter från Skaraborgs Länsmuseum, Bd. 21). Nossebro 1995. Dank dem freundlichen Entgegenkommen von Dr. Ulf Erik Hagberg, dem Ausgräber der Schilde, konnte ich 1999 im Museum Skara alle sechzehn Schilde von Fröslunda im Original studieren. Ein gemeinsames Projekt über die Stellung der Herzsprung-Schilde innerhalb der europäischen Rundschilde ist verabredet. Als Teilstudie in Vorbereitung: Marion Uckelmann: Die Schilde von Herzsprung (Brandenburg). Beobachtungen zu Herstellung und Funktion.
35 Gleiches bei den ältereisenzeitlichen Zisten: Berta Stjernquist: Ciste a Cordoni. Produktion-Funktion-Diffusion (Acta Archaeologica Lundensia, series in 4°, Bd. 6). Lund 1967, S. 37, 42–94.
36 Albrecht Jockenhövel: Eine Bronzeamphore des 8. Jahrhunderts v. Chr. von Gevelinghausen, Kr. Meschede (Sauerland). In: Germania, Bd. 52, 1974, S. 16–47, bes. S. 19.
37 A. Jockenhövel (Anm. 36), S. 42 ff.
38 Siehe Anm. 12. Vgl. die Auflistung der Motive bei Florin Medeleț: Die Bronzesitula von Remetea Mare (Kr. Timiș), in: Dacia, N. S., Bd. 18, 1974, S. 95–102.
39 Elisabeth Ruttkay: Zwei verzierte Goldplättchen aus dem frühbronzezeitlichen Gräberfeld von Hainburg-Teichtal. In: Mitteilungen der Anthropologischen Gesellschaft Wien, Bd. 118–119, 1988–1989 (= Festschrift Wilhelm Angeli), S. 135–150, bes. S. 138–139.
40 Ekkehard Aner – Karl Kersten – Karl-Heinz Willroth: Thisted Amt (Die Funde der älteren Bronzezeit des nordischen Kreises in Dänemark, Schleswig-Holstein und Niedersachsen, Bd. 11). Neumünster 2001, S. 230–231, Nr. 5540, Taf. 114, Nr. 5540.
41 C. Eluère (Anm. 2), S. 102–111. O. Kytlicová (Anm. 12), S. 61–65. M. Novotná (Anm. 12), S. 20–21.
42 Eva Čujanová-Jílková: Zlaté předměty v hrobech českofalcké mohylové kultury (Gegenstände aus Gold in Gräbern der böhmisch-oberpfälzischen Hügelgrabkultur). In: Památky Archeologické, Bd. 66, 1975, S. 74–132. Neufund Deggendorf: Karl Schmotz: Der bronzezeitliche Bestattungsplatz von Deggendorf. In: Ostbayerische Grenzmarken, Bd. 26, 1984, S. 16–59, bes. S. 16–17, Abb. 5, 14–15, Taf. 62. Zusammenfassend: G. Lehrberger – J. Fridrich – R. Gebhard – J. Hrala (Anm. 18), S. 183, Taf. 2, 4, 5, S. 195, Taf. 62 (Deggendorf).
43 Rupert Gebhard: Der Goldfund von Bernstorf. In: Bayerische Vorgeschichtsblätter, Bd. 64, 1999, S. 1–18, Abb. 3.
44 Wolfgang Kimmig: Neufunde der frühen Urnenfelderzeit aus Baden. In: Badische Fundberichte, N. F., Bd. 18, 1948–50, S. 80–95.
45 Vgl. Walter Torbrügge: Ein Goldschatz aus dem Untermaingebiet. Prähistorische Staatsammlung München. München 1990, S. 7 ff. Rupert Gebhard: Neue Hortfunde vom Bullenheimer Berg, Gemeinde Ippesheim, Mittelfranken und Gemeinde Seinsheim, Unterfranken. In: Das Archäologische Jahr in Bayern, 1990 (1991), S. 52–55. Der immer noch nicht adäquat publizierte Fund war nach Unterlagen des Autors, die er aus dem westfälischen Kunsthandel erhielt, zunächst nicht vollständig, die fehlenden Goldgegenstände sind jetzt in G. Lehrberger – J. Fridrich – R. Gebhard – J. Hrala (Anm. 18), S. 196, 304, Nr. B 39-B 52, Taf. 64, aufgeführt. Die angeblich zugehörigen Bronzen unterscheiden sich in der Anzahl und Fundgruppen von den mir bekannten Gegenständen. Der Verfasser wird zu gegebener Zeit hierzu Stellung nehmen.
46 Hermann Müller-Karpe: Beiträge zur Chronologie der Urnenfelderzeit nördlich und südlich der Alpen (Römisch-Germanische Forschungen, Bd. 22). Berlin 1959, S. 112, 278, Taf. 129,22.
47 Zu den Parallelen im Zentralbalkan siehe Ksenija Vinski-Gasparini: Kultura polja sa žarama u sjevernoj Hrvatskoj (= Die Urnenfelderkultur in Nordkroatien). Zadar 1975. Milutin Garašanin: Les dépôts de la Serbie et de la Voivodine, Bd. 1. Belgrad 1975. Zu den Hortfunden in Bosnien-Herzegowina ist ein Band der Reihe Prähistorische Bronzefunde, Abt. 20, von Peter König in Vorbereitung.
48 M. Garašanin (Anm. 47), Taf. 46,4–6. Milutin Garašanin: Les dépôts préhistoriques de la Serbie et de la Voivodine, Bd. 2. Belgrad 1994, Taf. 19,1.
49 Vgl. O. Kytlicová (Anm. 12), S. 33 ff. M. Novotná (Anm. 12), S. 19 ff.
50 Vgl. W. Menghin – P. Schauer (Anm. 2), S. 74, Nr. 8, Abb. 33, 33a. C. Jacob (Anm. 12), S. 125, 202.
51 C. Jacob (Anm. 12), S. 62, 202.
52 Zu Stockheim: H. Müller-Karpe (Anm. 46), S. 288, Taf. 156,52. Zu Mögeldorf: Martin Nadler: Der Hortfund von Mögeldorf (Beiträge zur Archäologie in Mittelfranken, Sonderheft 3). Büchenbach 1998, S. 12 ff., bes. S. 22, Abb. 16, S. 27, Abb. 18. Zu Přestavlky vgl. jetzt die Neuvorlage durch Pavol Mačala: Depot bronzových predmetov z Přestavlk, okr. Přerov. In: Slovenská Archeológia, Bd. 33, 1985, S. 165–202, Taf. 11,3. Zu Génelard: Jean-Paul Thévenot: Le dépôt de la Petite Laugère à Génelard. In: L'atelier du bronzier en Europe du XXe au VIIIe siècle avant notre ère. Actes du colloque International »Bronze '96«, Neuchâtel et Dijon, Bd. 2. Dijon 1996, S. 129, 140, Abb. 5, 9–13.
53 P. Mačala (Anm. 52), Taf. 11,3.
54 Christiane Eluère – Jean-Pierre Mohen: Problèmes des enclumes et matrices en bronze de l'Âge du bronze en Europe occidentale. In: Christiane Eluère (Hrsg.): Outils et ateliers d'orfèvre des temps anciens. Saint-Germain-en-Laye 1993, S. 13–22.

55 Pierre Pétrequin (Hrsg.): La Grotte des Planches-près-Arbois (Jura). Paris 1985, S. 103–104.
56 Vgl. Einordnung der Goldgefäße auf der Zeitleiste bei W. Menghin – P. Schauer (Anm. 2), S. 18, Abb. 6.
57 Jean-Paul Thévenot: L'Âge du Bronze en Bourgogne. Le dépôt de Blanot (Côte-d'Or) (Revue archéologique de l'Est et du Centre-Est, Supplementbd. 11). Dijon 1992, S. 41–44, Abb. 32, 35, Taf. 2,1.
58 Nachweis zu Abb. 3: 1 = Gevelinghausen: vgl. A. Jockenhövel (Anm. 36), S. 41, Abb. 7,2. Zu 2 = Becken von Rossin (Mecklenburg-Vorpommern): Ernst Sprockhoff: Zur Handelsgeschichte der germanischen Bronzezeit (Vorgeschichtliche Forschungen, Heft 7). Berlin 1930, Taf. 30b. Zu 3 = Amphore von Herzberg (Brandenburg): Albrecht Jockenhövel – Wolf Kubach (Hrsg.): Bronzezeit in Deutschland. Stuttgart 1994, Titelblatt. Zu 4 = Vejo, Quattro Fontanili, Grab AA1 (Mittelitalien): vgl. A. Jockenhövel (Anm. 36), S. 41, Abb. 7,3. Zu 5 = Diadem von Långbro (Schweden): Oscar Montelius: Minnen från vår forntid, Bd. 1: Stenåldern och bronsåldern. Stockholm 1917, Nr. 1300. Zu 6 = Rørbæk (Dänemark): Henrik Thrane: Europæiske forbindelser. Bidrag til studiet af fremmede forbindelser i Danmarks yngre broncealder (periode IV-V) (Nationalmuseets Skrifter, Arkæologisk-historisk række, Bd. 16). Kopenhagen 1975, S. 152, Abb. 96. Zu 7 = Kelheim (Oberbayern): vgl. C. Jacob (Anm. 12), Taf. 13, 101. Zu 8 = Haltingen: vgl. C. Jacob (Anm. 12), Taf. 18, 137. Zu 9 = Bronzeamphore von Unia (Polen): vgl. M. Gedl (Anm. 12), Taf. 16.
59 Zu dieser mittelitalischen Fundgruppe: Dirce Marzoli: Die Bronzeflaschen in Italien (Prähistorische Bronzefunde, Abt. 2, Bd. 4). München 1989.
60 Vgl. Anm. 12. Zu dem westukrainischen Geschirrfund von Kunisowce jetzt M. Gedl (Anm. 12), S. 62 ff., Taf. 68–74.
61 C. Eluère (Anm. 2), S. 106–108, Abb. 127, 264.
62 Vgl. Gernot Jacob-Friesen: Zwei bemerkenswerte Bronzen der Urnenfelderzeit »aus dem Rhein bei Mainz«. In: Jahrbuch des Römisch-Germanischen Zentralmuseums, Bd. 19, 1972, S. 45–62, bes. S. 53, Abb. 2.
63 W. Menghin – P. Schauer (Anm. 2), S. 116, Nr. 17, Abb. 51, 51a. Abb. 6, 1 nach Jens Martin: Die Bronzegefäße in Ostdeutschland (PBF, Abt. 2, in Vorbereitung).
64 Sabine Gerloff: Bronzezeitliche Goldblechkronen aus Westeuropa. Betrachtungen zur Funktion der Goldblechkegel vom Typ Schifferstadt und der atlantischen »Goldschalen« der Form Devil's Bit und Atroxi. In: Albrecht Jockenhövel (Hrsg.): Festschrift für Hermann Müller-Karpe zum 70. Geburtstag. Bonn 1995, S. 153–194.
65 Jörg Biel: Der Keltenfürst von Hochdorf. 3. Aufl., Stuttgart 1985, S. 83–84, Taf. 9b-f. Dirk Krauße: Hochdorf III. Das Trink- und Speiseservice aus dem späthallstattzeitlichen Fürstengrab von Eberdingen-Hochdorf (Kr. Ludwigsburg) (Forschungen und Berichte zur Vor- und Frühgeschichte in Baden-Württemberg, Bd. 64). Stuttgart 1996, S. 60, 443, Kat. Nr. 3, Taf. 2, 129.
66 Carl Schuchhardt: Der Goldfund vom Messingwerk bei Eberswalde. Berlin 1914. W. Menghin – P. Schauer (Anm. 2), S. 98–115, Nr. 16, Abb. 42–50.
67 J. Brønstedt (Anm. 32), S. 16 ff.
68 Zu Unterglauheim siehe den Beitrag Stefan Wirth in diesem Band.
69 W. Menghin – P. Schauer (Anm. 2), S. 18, Abb. 6.
70 Wilhelm Schüle: Der bronzezeitliche Schatzfund von Villena (Prov. Alicante). In: Madrider Mitteilungen, Bd. 17, 1976, S. 142–159. B. R. Armbruster (Anm. 2), S. 157 ff.
71 Frau Metzner-Nebelsick danke ich für einen entsprechenden Diskussionsbeitrag zu meinem Vortrag.
72 Vgl. beispielhaft für die Ornamentik auf ostmitteleuropäischen Nadelköpfen: Marek Gedl: Die Vorlausitzer Kultur (Prähistorische Bronzefunde, Abt. 21, Bd. 2). München 1992, Taf. 6–10.
73 P. Schauer (Anm. 2), S. 61–62. S. Gerloff (Anm. 64). Durch den Neufund eines in einem Grabkontext stehenden altbronzezeitlichen Fundes von Lockington (Leicestershire), bestehend aus einem Dolch, Keramik und zwei Goldarmbändern, wird das hohe Alter dieses Musters eklatant bestätigt, vgl. Stuart Needham: The Development of Embossed Goldwork in Bronze Age Europe. In: The Antiquaries Journal, Bd. 80, 2000, S. 27–65, bes. S. 33–38.
74 W. Menghin (Anm. 33), S. 63.
75 Vgl. Ulrike Wels-Weyrauch: Die Anhänger und Halsringe in Süddeutschland und Nordbayern (Prähistorische Bronzefunde, Abt. 11, Bd. 1). München 1978, S. 67–77. Ulrike Wels-Weyrauch: Die Anhänger in Südbayern (Prähistorische Bronzefunde, Abt. 11, Bd. 5). Stuttgart 1991, S. 52–63. Hier als Abb. 7,5 der Anhänger von Tauting-Kirchfeld.
76 Henrik Thrane: Dänische Funde fremder Bronzegefäße der jüngeren Bronzezeit (Periode IV). In: Acta Archaeologica, Bd. 36, 1965, S. 157–207, bes. S. 184 ff., Abb. 17–19 (Siem), S. 192 ff., Abb. 20a (Mariesminde), S. 195–196, Abb. 22 (Bjärsjöholm, Schonen).
77 W. Menghin (Anm. 33), S. 95.
78 Vgl. die halbmondförmigen Muster auf urnenfelderzeitlichen Blecharbeiten von Keszöhidegkút: P. Patay (Anm. 12), S. 84, Nr. 166, Taf. 70. Zu Biała: M. Gedl (Anm. 12), S. 20–21, Nr. 18, Taf. 7. Zur Fliegenhöhle bei St. Kanzian: Josef Szombathy: Altertumsfunde aus Höhlen bei St. Kanzian im österreichischen Küstenlande (Mitteilungen der Prähistorischen Kommission der Kaiserlichen Akademie der Wissenschaften, Bd. 2,2). Wien 1913, S. 162, Abb. 177.
79 W. Menghin (Anm. 33), S. 91–103. Zur kalendarischen Funktion der Punkt-Buckel-Verzierung auf blechernen Großbronzen wie Amphoren oder Schilden vgl. Jan May – Reiner Zumpe: Kalendarien in der jüngeren Bronzezeit im nördlichen Mitteleuropa. In: Bernhard Hänsel (Hrsg.): Mensch und Umwelt in der Bronzezeit Europas. Kiel 1998, S. 571–573. Interessant ist die Frage, ob es Staffelungen von nur wenigen Personen zugänglichen Kalendern, die mehrere Sonnen- bzw. Mondjahre zyklisch festhalten (Goldhüte), zu einfacheren Systemen, die »Jahr«, »Monat« oder »Woche« (letzteres eventuell die Buckelmuster auf den Phaleren) beinhalten, gibt.
80 Nach Abschluss des Manuskriptes wurden von José Gomez de Soto aus einer eindeutig in die mittlere Bronzezeit (Hügelgräberzeit) zu datierenden Schicht aus der bekannten Höhle von Agris (Charente, Südwestfrankreich) zwei Goldblechfragmente (Abb. 8) publiziert, die mit ihrem Augen- bzw. Mandelmotiv, der Punktfüllung und den Rippen deutliche Parallelen zu den Goldhüten von Avanton und Schifferstadt sowie zum »Cape« von Mold aufweisen. Möglicherweise handelt es sich um Reste mit vergleichbarer Funktion: José Gomez de Soto: Agris et Mold. Exemples de dinanderie dans la culture des Duffaits. Contribution à la datation de la cape de Mold. In: Revue archéologique de l'Ouest, Supplément 9, 2001, S. 181–185.

Einzelne Fundkomplexe von goldenem Kultgerät

Abb. 3: Der Goldbecher von Eschenz. Das Objekt ist 111 mm hoch.

Urs Leuzinger
Der Goldbecher von Eschenz (Kanton Thurgau, Schweiz)

Forschungsgeschichte und Fundort
Der Goldbecher wurde 1906 bei Gleisarbeiten östlich des heutigen Bahnhofs Eschenz von einem Arbeiter entdeckt[1]. Das wertvolle Fundstück wurde von den Findern unterschlagen, und an dessen Stelle gelangte eine grobe Kopie aus Messing an die Kreisdirektion IV der Schweizerischen Bundesbahnen (Abb. 1). Diese lieferte den Messingbecher, zusammen mit einigen alten Münzen, an das Schweizerische Landesmuseum in Zürich. Dort versorgte man das Objekt aus Buntmetall in eine Schublade mit der Anschrift »Diverses und Dubiosa«. Im Jahre 1974 schenkte der Arzt Otto Schirmer aus Eschenz den originalen Goldbecher dem Kanton Thurgau; sein Vater Albert Schirmer hatte das Stück seinerzeit wohl von den Findern erworben und in seine Privatsammlung aufgenommen. Heute ist der Goldbecher im Museum für Archäologie des Kantons Thurgau in Frauenfeld ausgestellt.

Anhand von Briefen und Aufzeichnungen über die Befragung des Vorarbeiters lässt sich der ursprüngliche Fundort des Goldbechers ziemlich gut lokalisieren[2]. Die Fundstelle liegt auf einer flachen Terrasse, die aus würmzeitlichen Moränen-Ablagerungen und postglazialen Bachsedimenten besteht[3]. Das Gelände fällt schwach Richtung Südufer des Untersees ab, der nur 1,3 km westlich der Fundstelle in den Rhein übergeht. Verkehrsgeographisch ist das Gebiet um Eschenz wichtig, da der See im Bereich der Insel Werd seit Urzeiten relativ einfach überquert werden konnte. Mittelsteinzeitliche Lesefunde, jungsteinzeitliche und bronzezeitliche Dörfer sowie der römische Vicus Tasgetium mit Rheinbrücke zeugen von der durch die Jahrtausende geeigneten Siedlungs- und Verkehrslage der Region[4].

Der Goldbecher wurde anlässlich von Erdarbeiten für den östlichen Ausladeplatz der Station Eschenz in 1,5 bis 2 m Tiefe gefunden (Abb. 2). Gleichzeitig sollen an dieser Stelle einige Knochen ausgegraben worden sein, die aber nicht aufbewahrt wurden. Deshalb lässt sich heute nicht mehr entscheiden, ob ein Zusammenhang zwischen Becher und Knochen (Grab?) bestanden hatte.

Beschreibung und Fertigung
Der glockenförmige Goldbecher ist 111 mm hoch und besitzt einen Mündungsdurchmesser von min. 108 mm bzw. max. 113 mm (Abb. 3). Das Profil gliedert sich in einen ausladenden, glatten Rand, eine S-förmig geschweifte, rippen- und buckelverzierte Wand sowie einen flachen (gestaucht) rippenverzierten Boden, der einen Durchmesser von 44 mm aufweist. Die Wandstärke beträgt im Randbereich 0,8 mm und nimmt gegen den Boden stetig ab. Der Goldbecher ist 136,39 g schwer. Der vollständig erhaltene Becher ist im Bodenbereich wahrscheinlich alt gestaucht und an einer Seite durch einen Pickelhieb von der Bergung leicht beschädigt. Im oberen

Abb. 1: Fälschung des Goldbechers aus Messing, die 1906 dem Schweizerischen Landesmuseum in Zürich übergeben wurde.

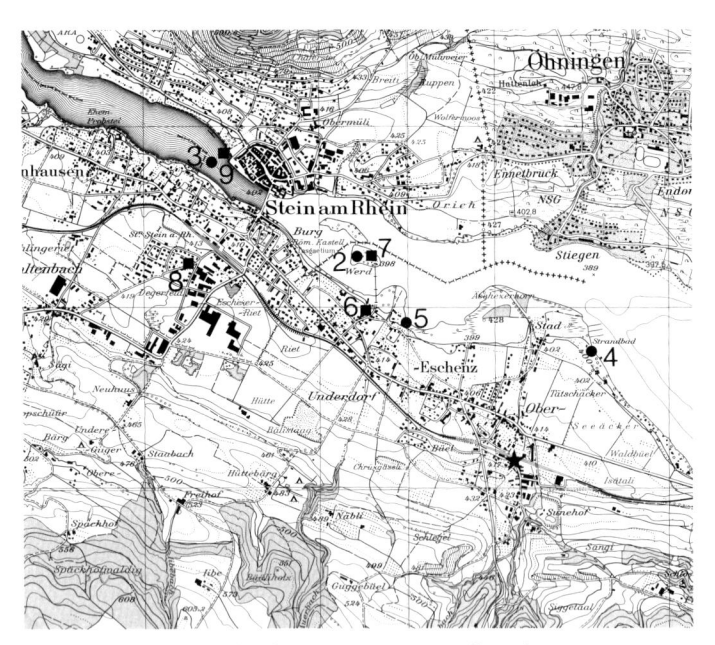

Abb. 2: Geographische Situation am Ausfluss des Untersees. Fundort des Goldbechers Eschenz-Bahnhof (★). Jungsteinzeitliche Fundstellen (●): 2. Eschenz-Insel Werd, 3. Stein am Rhein-Im Hof, 4. Eschenz-Seeäcker, 5. Eschenz-Nili. Bronzezeitliche Fundstellen (■): 6. Eschenz-Untereschenz, 7. Eschenz-Insel Werd, 8. Stein am Rhein-Degerfeld, 9. Stein am Rhein-Im Hof (Reproduziert mit Bewilligung des Bundesamtes für Landestopographie, BA 013095).

Abschnitt der Becherwand befinden sich zudem zwei feine Risse. Eine Materialanalyse vom 25. Juni 1975 am Chemisch-Physikalischen Labor des Württembergischen Landesmuseums durch Axel Hartmann erbrachte außer Gold einen Anteil von 25% Silber, 0,45% Kupfer sowie 0,02% Zinn.

Bis anhin wurde die Oberflächengestaltung des Bechers nur qualitativ beschrieben[5]. Im folgenden sind die Mess- und Zahlenwerte sowie die arbeitstechnischen Details der Neuuntersuchung am Originalstück in tabellarischer Form kurz vorgelegt[6]. Insgesamt lassen sich von oben nach unten dreizehn Dekorzonen ausmachen (Abb. 4). Die regelmäßige und sorgfältige Ausführung des Bechers zeugt von der großen Kunstfertigkeit der prähistorischen Goldverarbeiter. Anhand der Verzierungselemente können zwei bis drei Schrotpunzen (Punktbuckel, Rippen) sowie je zwei (evtl. drei) Sätze Modellier- und Hohlpunzen (Buckel) festgestellt werden[7]. Diese dürften aus Knochen, Geweih oder Buntmetall bestanden haben. Mit Sicherheit gehörten auch mehrere Treib- und Ziselierhämmer aus organischem Material sowie ein Treibamboss zum Inventar der prähistorischen Goldschmiede-Werkstatt. Arbeitsspuren und stilistische Unregelmäßigkeiten auf dem Becher lassen die Technik und Vorgehensweise des Handwerkers nachvollziehen. Zuerst wurde der Becher aus einem Stück Goldblech in die gewünschte Form getrieben und anschließend flächig verziert. Außer im Randbereich ist der Becher von Eschenz mit erhabenen Mustern geschmückt. Diese entstanden aber nicht nur durch Ziselieren von innen nach außen[8], sondern wurden auch deutlich von außen nach innen überarbeitet. Besonders schön zeigt sich dies bei den Buckeln der Dekorzonen 4 und 6 (Abb. 5). Überlappungen sowie ein Doppelschlag (Dekorzone 6) mit den Hohlpunzen sind mehrfach nachgewiesen (Abb. 6).

Punktbuckelchen, größere und kleinere Buckel, horizontale Rippen und konzentrische Kreise sind geläufige Zierelemente auf neolithischen und bronzezeitlichen Goldarbeiten. Außergewöhnlich sind dagegen die vier senkrechten Stege (A-D) sowie die vier Felder mit gegenläufigen Schrägrippen.

Datierung

Bei der Entdeckung des Goldbechers von Eschenz im Jahre 1906 wurden leider keine möglichen Befunde oder Beifunde dokumentiert bzw. aufbewahrt. So kann eine Datierung nur über das Objekt selbst versucht werden. In der Fachliteratur finden sich typologische Vergleiche, deren zeitliche Spannweite von keramischen Glockenbechern um 2500 v. Chr. bis zu mykenischen Goldfunden aus dem 16. Jahrhundert v. Chr. reicht[9]. Es ist sicher, dass der Becher von Eschenz in diesem Zeitraum in den Boden gelangt sein muss. Eine engere Datierung scheint jedoch objektiv nicht möglich zu sein, da je nach Gewichtung von Form oder Verzierungsstil das Fundstück älter bzw. jünger erscheint. Unbestritten weist der Goldbecher von Eschenz enge formale bzw. stilistische Parallelen zu den Goldgefäßen von Rillaton (Cornwall), Wachtberg-Fritzdorf (Rhein-Sieg-Kreis) und Gölenkamp (Grafschaft Bentheim) auf[10]. Abgesehen vom Henkelbecher aus Rillaton, der anhand von Beifunden der jüngeren Wessex-Kultur zugewiesen werden kann[11], lässt sich keines der oben erwähnten Gefäße anhand von Befunden oder Funden genau datieren. Das S-förmige Profil des Goldbechers von Eschenz sowie die horizontale Gliederung der Zierelemente erinnern aber auch stark an Tongefäße der Glockenbecherkultur. Die Vermutung ist durchaus angebracht, dass der Goldschmied Form und Profilierung des Goldbechers von Vorbildern aus Keramik übernommen hat[12].

Gerade in den vielen Pfahlbausiedlungen der Alpenrandseen hat sich gezeigt, wie weit Relativ- und Absolutchronologie (Dendrodaten) differieren können[13]. Typologische Vergleiche über große Distanzen sind deshalb immer mit einer gewissen Unsicherheit behaftet, besonders wenn die statistische Basis so schmal ist wie bei den wenigen Goldgefäßen aus prähistorischer Zeit. Ich persönlich denke, dass der Goldbecher von Eschenz formal von einem keramischen Vorbild der

Abb. 4: Anzahl und Anordnung der Verzierungselemente am Goldbecher von Eschenz.

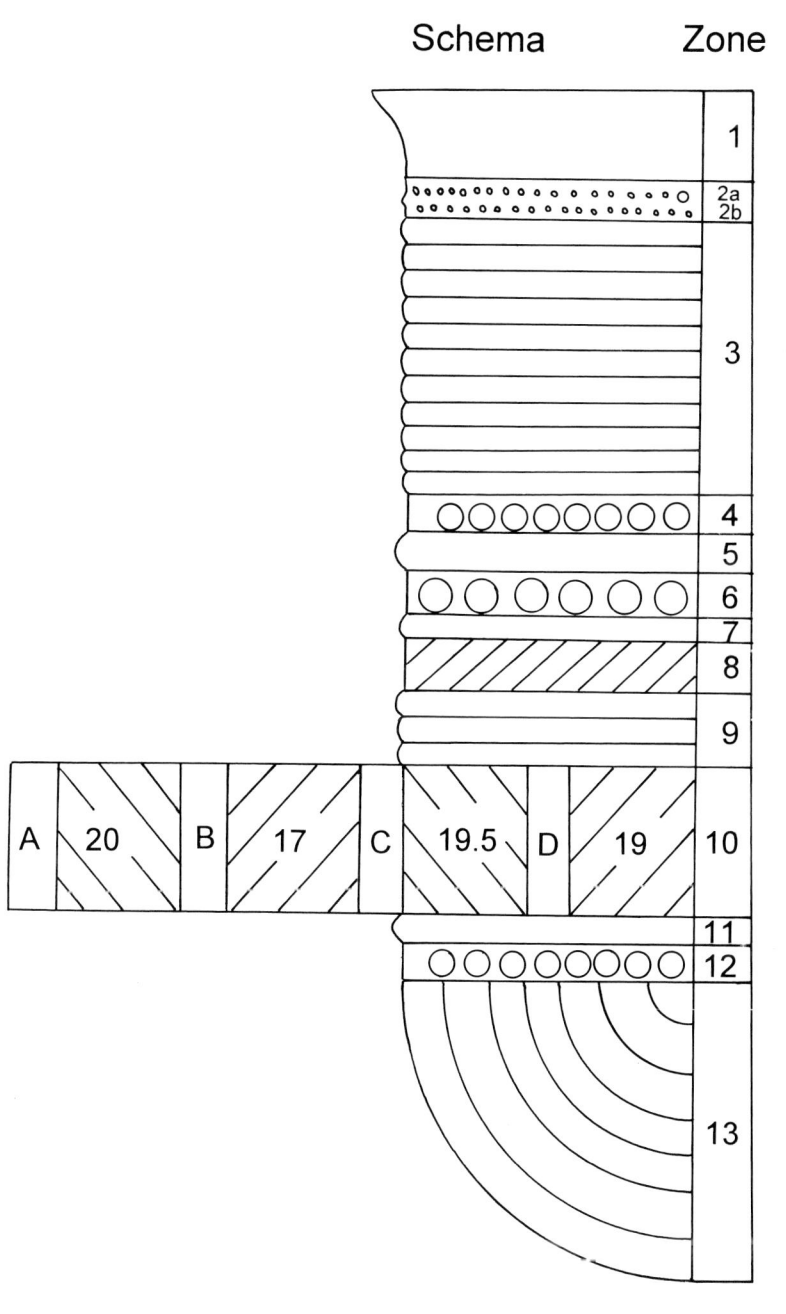

1. Glatter Rand, 10,0–12,0 mm breit, schwache Treibspuren erkennbar.
2a. 137 Punktbuckel, Durchmesser der Punktbuckel 0,8–1,0 mm. Von außen nach innen gepunzt.
2b. 157 Punktbuckel, Durchmesser der Punktbuckel 0,8–1,0 mm. Von außen nach innen gepunzt.
3. 11 Rippen, die 2,0–3,5 mm breit sind. Von innen nach außen vorziseliert und anschließend von außen nach innen überarbeitet.
4. 82 Buckel, Durchmesser der Buckel 3,5 mm, Abstand zwischen den Buckeln 0–0,5 mm. Von innen nach außen vorgepunzt. Mit einer Hohlpunze anschließend von außen nach innen überprägt. Bei dieser Überarbeitung entstanden Überlappungen, so dass stellenweise eine Arbeitsrichtung von rechts nach links rekonstruiert werden kann.
5. 1 Rippe, die 4,5–5,0 mm breit ist. Von innen nach außen ziseliert.
6. 54 Buckel, Durchmesser der Buckel 5,5–6,0 mm (je nach Punztiefe), Abstand zwischen den Buckeln 0–0,5 mm. Von innen nach außen vorgepunzt. Mit einer Hohlpunze anschließend von außen nach innen überprägt. Bei dieser Überarbeitung entstanden Überlappungen, so dass stellenweise eine Arbeitsrichtung von rechts nach links bzw. links nach rechts rekonstruiert werden kann. Die Überprägung der Buckel fand erst nach der Ziselierung der breiten Rippe aus Dekorzone 5 statt, da die runden Schlagspuren die Rippe überlagern (Abb. 5). Ein deutlicher Doppelschlag (Abb. 6).
7. 1 Rippe, die 3,0 mm breit ist. Von innen nach außen vorziseliert und anschließend von außen nach innen überarbeitet.
8. 55 Schrägrippen. Das Band ist 6,0–7,5 mm hoch. Die Schrägrippen sind 2,5–3,0 mm breit und 10,0–13,0 mm lang. Von außen nach innen ziseliert.
9. 3 Rippen, die je 3 mm breit sind. Von innen nach außen vorziseliert und anschließend von außen nach innen überarbeitet.
10. Vier Felder mit gegenläufigen Schrägrippen (20, 17, 19,5 und 19 Stück). Die einzelnen Schrägrippen sind 2,0–4,0 mm breit. Die vier Felder sind durch 4 senkrechte Stege (A–D) von 25 mm Länge und 5,5–7,0 mm Breite unterbrochen. Von innen nach außen vorziseliert und anschließend von außen nach innen überarbeitet.
11. 1 Rippe, die 3,0 mm breit ist. Von innen nach außen vorziseliert und anschließend von außen nach innen überarbeitet.
12. 33 Buckel, Durchmesser der Buckel 3,0–4,0 mm (je nach Punztiefe). Wahrscheinlich gleiche Punzen wie für Buckel aus Dekorzone 4. Abstand zwischen den Buckeln 0,5–1,5 mm. Von innen nach außen gepunzt. Mit einer Hohlpunze anschließend von außen nach innen überprägt. Die Überprägung der Buckel fand erst nach der Ziselierung der Rippe aus Dekorzone 11 statt, da die runden Schlagspuren die Rippe überlagern.
13. Bodendurchmesser 43,0–45,0 mm. Stark gestaucht. 7 unregelmäßige, konzentrische Rippen. Im Zentrum Omphalos (?). Von innen nach außen vorziseliert und anschließend von außen nach innen überarbeitet.

Abb. 5: Detailaufnahme von den Schlagspuren der Hohlpunze, welche die Rippen aus Dekorzone 5 und 7 überlagern.

Abb. 6: Detailaufnahme des Doppelschlags in der Buckelreihe aus Dekorzone 6.

Glockenbecherzeit abstammt und somit an den Übergang zwischen Endneolithikum und Frühbronzezeit, das heißt in die Zeit um 2000 v. Chr. zu datieren ist.

Interpretation

Gerne wüsste man, wie und von wo der Becher nach Eschenz gelangte und welche Funktion er hatte. Die spärlichen Fundumstände erlauben auch hier nur vage Vermutungen. Eine neue, hochpräzise Materialanalyse könnte vielleicht weiterhelfen, anhand der Metallzusammensetzung und der Spurenelemente die Goldlagerstätte näher zu lokalisieren. Zur Zeit wissen wir nicht, ob das Stück aus der Region stammte oder über eine größere Distanz an den Bodensee gelangte[14]. Grundsätzlich gibt es drei Möglichkeiten, weshalb der Becher in Eschenz vergraben wurde. So wäre denkbar, dass das Objekt einer einflussreichen Person als Beigabe mit ins Grab gegeben wurde, eine Hypothese, die durch die angeblich beim Becher gefundenen Knochen unterstützt würde. Das wertvolle Objekt könnte auch als Weihegabe vergraben worden sein. Hierfür spricht die besondere geographische Lage nahe beim Seeausfluss sowie die unmittelbare Nähe zum Ufer des Müüsbachs. Als dritte Möglichkeit lässt sich eine Deponierung des Goldbechers als Versteck- oder Verwahrfund in Betracht ziehen. Vielleicht musste der Besitzer sein kostbares Gut vor oder nach einer Rheinüberquerung in einer gefährlichen Situation verstecken und kam später nicht mehr dazu, den Becher zu bergen.

Der Goldbecher war sicher bereits in prähistorischer Zeit ein sehr wertvolles Objekt und diente vermutlich nicht ausschließlich profanen Zwecken. Entweder verwendete man das Stück als Prunkgefäß oder als Ritualobjekt. Dass es sich als Trinkbecher eignet, zeigt folgende Begebenheit, von der der Kantonsarchäologe Jost Bürgi anlässlich der Übergabe vom Besitzer Otto Schirmer berichtete: »Rasch war ein spanischer Weinbrand zur Hand; der Becher fasste fast die ganze Flasche. Wir ließen ihn kreisen und hielten dabei solange abwechslungsweise mit dem Daumen ein Loch in der Wandung zu, bis der Cognac-Pegel tief genug lag. Plötzlich der unerwartete Abschied: ‚Nehmt das Ding und geht!' Wir gingen und probierten zu Hause aus, ob ein goldener Becher auch für Grappa und Champagner geeignet sei. Der Becher war es, ich nicht«.

Verschiedentlich werden die Goldgefäße und Goldhüte auch als Kalender interpretiert und die Anzahl der Verzierungsmotive mit astronomischen Werten von Mondzyklen und Sonnenjahren in Verbindung gebracht[15]. Das genaue Auszählen der Verzierungsmotive am Goldbecher von Eschenz für diesen Bericht war äußerst mühsam und gelang nur, weil der jeweilige Anfang der Buckelreihen mit einem dünnen Klebeband markiert wurde. Eine Nutzung des Objekts als Kalender, wie wir es heute mit einer Agenda oder einem dekorativen Wandkalender tun, scheint mir deshalb sehr unwahrscheinlich. Nicht auszuschließen ist jedoch, dass der Goldschmied beim Verzieren des Werkstücks den Rippen- und Buckelzahlen astronomische Werte zugrunde legte.

Anmerkungen

1 Ausführliche Forschungsgeschichte siehe Markus Höneisen (Hrsg.): Frühgeschichte der Region Stein am Rhein. Archäologische Forschungen am Ausfluss des Untersees (Antiqua, Bd. 26). Basel 1993, S. 27–29.
2 M. Höneisen (Anm. 1), S. 27, 29.
3 Blatt 1033, LK 708'150 / 274'140 / 417 m ü. M.
4 M. Höneisen (Anm. 1). Hansjörg Brem – Daniel Steiner – Rolf Kesselring: Neues aus Tasgetium. In: Archäologie der Schweiz, Bd. 22, 1999, S. 123–134.
5 Barbara Hardmeyer – Jost Bürgi: Der Goldbecher von Eschenz. In: Zeitschrift für Schweizerische Archäologie und Kunstgeschichte, Bd. 32, Heft 2, 1975, S. 109–120.
6 An dieser Stelle sei Marcel Badertscher, Goldschmied am Holdertor, Frauenfeld, für seine Hinweise herzlich gedankt.
7 Fritz Loosli – Herbert Merz – Alexander Schaffner: Modell-Lehrgang für Goldschmiede. Vereinigung Schweizerischer Juwelen- und Edelmetallbranchen. Lausanne 1980, S. 92–95.
8 B. Hardmeyer – J. Bürgi (Anm. 5), S. 113.
9 M. Höneisen (Anm. 1), S. 30, mit weiterführender Literatur.
10 Wilfried Menghin – Peter Schauer: Magisches Gold. Kultgerät der späten Bronzezeit. Ausst. Kat. Germanisches Nationalmuseum, Nürnberg. Mainz 1977, S. 40, 60–63.
11 Rüdiger Krause: Die endneolithischen und frühbronzezeitlichen Grabfunde auf der Nordstadtterrasse von Singen am Hohentwiel (Forschungen und Berichte zur Vor- und Frühgeschichte in Baden-Württemberg, Bd. 32). Stuttgart 1988, S. 160.
12 B. Hardmeyer – J. Bürgi (Anm. 5), S. 113.
13 Christine Osterwalder – Peter-Andrew Schwarz: Chronologie. Archäologische Daten der Schweiz (Antiqua, Bd. 15). Basel 1986, S. 8–15.
14 B. Hardmeyer – J. Bürgi (Anm. 5), S. 119.
15 Kurt E. Kocher: Der Diskos von Phaistos. Kalenderwerke der Vorgeschichte, Analysen mit Analogien. Dannstadt-Schauernheim 1987, S. 65–66, 72–73. Wilfried Menghin: Der Berliner Goldhut und die goldenen Kalendarien der alteuropäischen Bronzezeit. In: Acta Praehistorica et Archaeologica, Bd. 32, 2000, S. 31–108, bes. S. 68–99.

Abb. 5: Die Goldschale von Krottorf.

Bettina Stoll-Tucker
Zur Goldschale von Krottorf

Die goldene Schale von Krottorf (Stadt Gröningen, Landkreis Bördekreis, Land Sachsen-Anhalt) ist ein Objekt, das bislang in der Forschung nur wenig Beachtung gefunden hat. Sie soll im Nachfolgenden erneut vorgestellt werden.

Objektbeschreibung
Es handelt sich um eine halbkugelige Schale aus dünnem, punzverziertem Goldblech von 130 mm Randdurchmesser, 60 mm Tiefe und einem Gewicht von ursprünglich 68,7 g Feingold. Die Stärke des Goldbleches errechnet sich auf 0,17 mm. Das Gewicht ist heute größer, da bei der Wiederherstellung durch die Goldschmiede Watzke & Steiger (Halle) schmale Goldbänder mit einem Gewicht von insgesamt 10 g angefügt wurden. Etwa ein Zehntel der Schale fehlt (Abb. 1).

Die Musterzonen umlaufen den Körper in konzentrischen Ringen; es sind durch schmale Profilstäbe voneinander getrennte Reihen von Perlbuckeln, Buckeln und Kreisringen. Das Bodenfeld zeigt ein gleicharmiges Kreuz mit Kreisaugenmittelpunkt und punktgefüllten Zwickeln. Der Boden ist gewölbt, das heißt ohne Standfläche. Man darf annehmen, dass zum Treiben der Verzierungen (Abb. 2) das Blech von innen mit einer elastischen Masse (Pech oder Harz) hinterlegt wurde, die Muster dann mittels Negativpunzen von außen aufgebracht wurden und nach Entfernen der Hinterfüllung eventuell von innen nachgearbeitet wurde. Das Stück zeigt keinerlei Spuren einer Füllung, was jedoch nach der gründlichen Überarbeitung durch die Goldschmiede auch nicht mehr zu erwarten ist. Es finden sich keine Befestigungsösen oder -löcher. Die später angebrachten Stege dienen zur Stabilisierung der Form und wurden bewusst zurückhaltend und schlicht ausgeführt.

Zum Fundort
Das Dorf Krottorf liegt an der Bode zwischen Halberstadt und Oschersleben im nördlichen Harzvorland. Die Bode entspringt im Hochharz und fließt in nördlicher Richtung bis Oschersleben. Dort biegt sie nach Südwesten ab und mündet bei Nienburg in die Saale, die wiederum bei Barby in die Elbe mündet. Die Bode fließt noch relativ frei in ihrer Aue, obschon zahlreiche Flussbögen heute Altwasser oder verlandet sind. Die gesamte Landschaft der schon zur Magdeburger Börde gehörenden Gegend ist heute gründlich von der landwirtschaftlichen Planwirtschaft überprägt und verändert.

Ortsgeschichte
Der Ort Crottorf wird 1238 erstmals urkundlich erwähnt: Bischof Ludolf I. schenkte dem Siechenhof zu Halberstadt Rodeland in Crottorf. Bereits 1118 ist aber in einer Schenkungsurkunde an das Kloster Huyburg ein Otto von Cruttorp aufgeführt.

Der Ortsname Crottorf findet sich danach durch die Jahrhunderte in unterschiedlicher Schreibweise. Erst 1950 wurde vom Rat des Kreises zusammen mit der Gemeinde die Schreibweise mit »K« anstelle »C« festgelegt. Seit 1. Januar 2001 ist die genaue Bezeichnung für den Fundort »Krottorf, Gemeinde Stadt Gröningen, Bördekreis«.

Wie kam das Landesmuseum in Halle zu dem Fundstück?
Anhand der Unterlagen des Provinzialmuseums und der Ortsakten des Landesamts für Archäologie lässt sich die Entdeckungsgeschichte folgendermaßen rekonstruieren: Im Frühjahr 1909 entdeckt der Bauer Friedrich Bährecke am Weg

Abb. 1: Die kalottenförmige Goldschale von der lückenhaften Seite.

von Krottorf nach Hordorf auf seinem Acker ein flachgedrücktes, zerrissenes und schmutziges Stück Blech, dem er keine große Bedeutung zumisst und das er später auf seinen Mist wirft (Abb. 3). Der Sohn des Pfarrers, welcher an einem Sonntag zu Besuch ist, hört von dem »Blechdings« und sucht es. Als er es findet, kratzt er ein wenig darauf herum und entdeckt Goldglanz. Dadurch erst wird man auf den Wert des Fundes aufmerksam.

Pfarrer Schneider erzählt im Sommer des Jahres Geheimrat Prof. Dr. Lindner, dem Vorsitzenden der Historischen Kommission der Provinz Sachsen, bei einem Besuch von dem Fund und zeigt ihm die »Patene«. Am 10. August 1909 informiert Lindner den Direktor des Provinzialmuseums, Karl Reuß, schriftlich über das Objekt und bittet ihn, den Ankauf zu versuchen. Als Goldwert werden 190 Mark angegeben.

Es kommt zu einer eifrigen Korrespondenz zwischen Reuß und Schneider, der als Verbindungsmann zu dem Besitzer dient. Reuß fragt nach dem Fundort des Goldes. Man vereinbart ein Treffen am Bahnhof Halberstadt am 30. September 1909, wo Schneider das zerdrückte Gold an Reuß zu Bestimmung, Begutachtung und Dokumentation übergibt. Dem Pfarrer und dem Bauern werden Fotos zugesagt. Eine neue Schätzung ergibt einen Goldwert von 170 Mark (2. Oktober 1909). Am 10. Januar 1909 ergeht ein Kaufangebot vom Museum an den Besitzer in Höhe von 515 Mark. Am 5. November 1909 kann Reuß Lindner mitteilen, dass der Ankauf vonstatten gehen wird.

Knapp einen Monat später erhält Pfarrer Schneider für seinen Sohn 82,25 Mark für den kleineren Teil der »Patene«. Bährecke wird gebeten, noch bis Mitte Januar Geduld zu haben, da die Mittel des Museums erschöpft sind. Am 21. Dezember 1909 bittet Reuß darum, dass die Fundstelle der goldenen Schale im Feld markiert werden möge, damit man im Frühjahr Nachgrabungen anstellen könne. Außerdem scheint ein weiteres Stückchen Goldblech gefunden worden zu sein (Markstückgröße, Verbleib unbekannt). Am 14. Januar 1910 werden Fotos an Schneider und Bährecke versandt. Fünf Tage später erfolgt die Überweisung von 433,75 Mark an Bährecke (Eintrag ins Rechnungsbuch erst am 1. April 1910). Eine Grabung wird wegen des angesäten Winterweizens auf den Herbst verschoben, bleibt aber letztlich ungetan. Damit hat das Provinzialmuseum die Goldschale für insgesamt 516

Abb. 2: Zeichnung der Goldschale (Zeichnung: M. Spring, LfA). Im Einzelnen ist die Reihenfolge der Verzierungen vom Rand aufwärts:

1. ein glatter, scharfer Rand
2. zwei umlaufende Treibwülste (Profilstäbe, Rippen)
3. eine umlaufende Reihe von kleinen Perlbuckeln
4. ein umlaufender Treibwulst
5. eine umlaufende Reihe von Buckeln
6. ein umlaufender Treibwulst
7. fünf umlaufende Reihen von Perlbuckeln, annähernd schräg versetzt untereinander
8. ein umlaufender Treibwulst
9. eine umlaufende Reihe von Kreisringen
10. ein umlaufender Treibwulst
11. vier umlaufende Reihen von Perlbuckeln, fast regelmäßig untereinander
12. ein umlaufender Treibwulst
13. eine umlaufende Reihe von Buckeln
14. ein umlaufender Treibwulst
15. ein gleicharmiges Kreuz aus parallelen Treibwülsten mit Endpunkt und Mittelkreisauge (Buckel) und perlbuckelgefüllten Zwickeln (sieben bzw. acht Reihen)

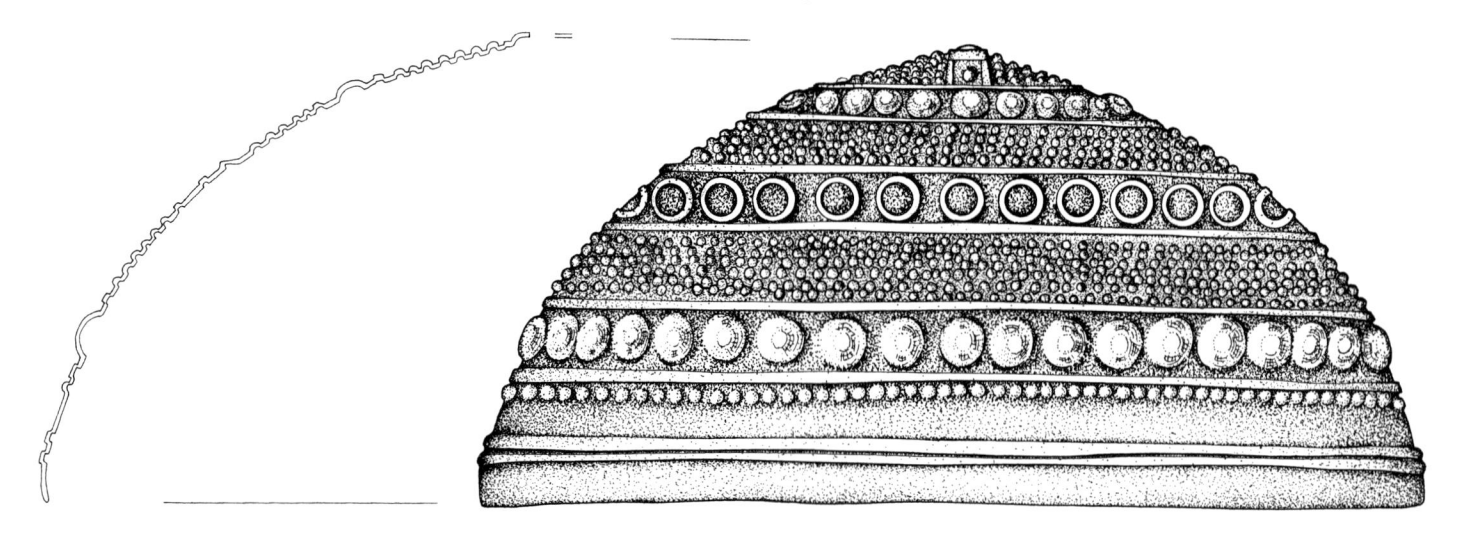

Abb. 3: Die Goldschale im Fundzustand.

Mark angekauft und bezahlte noch einmal 75 Mark für die Wiederherstellung und stellenweise Ergänzung durch die Goldschmiede (insgesamt 591 Mark). Dass dem Museum dies nicht allzu leicht fiel, verdeutlicht folgende Briefstelle: »Ich hoffe, Herr Baehrecke hat sich mittlerweile beruhigt, da die Schale mit dem 2½-fachen des Goldwertes schon so hoch bezahlt ist, dass ich nicht ungerechtfertigte Gewissensbedenken bekam, ob ich den bewilligten Preis auch werde verantworten können«[1]. Zum Vergleich: Das Gehalt für Direktor Reuß für die drei Monate April bis Juni 1910 betrug 1000 Mark, und für zwei Bronzeringe wurden im März 1910 fünf Mark bezahlt. Bährecke hatte beabsichtigt, seinen Fund auch in Berlin zu zeigen, insofern waren Lindner und Reuß sehr froh, den Ankauf für Halle bewerkstelligt zu haben.

Bereits in der Jahresschrift für die Vorgeschichte der thüringisch-sächsischen Länder, Jahrgang 1910, publiziert Reuß die Goldschale in Wort und Bild. Eine Nachgrabung an der vermutlichen Fundstelle, »etwa 1 Kilometer von der wüsten Ortschaft Orsleben in nördlicher Richtung zwischen Hordorf und Alsleben«, findet, wie oben erwähnt, nicht statt.

Am 30. April 1937 besucht Dr. Friedrich-Karl Bicker vom Landesmuseum in Halle den Bauern Bährecke in Crottorf und befragt ihn zu den Fundumständen der Goldschale. Bicker berichtet anschließend: »Der Bauer B. hat die Schale im Jahre 1909 selbst gefunden und zwar am westlichen Rand des Weges Crottorf-Hordorf. Er hat sie nicht etwa ausgepflügt, sondern die Schale hat oberflächlich am Wegrand gelegen. ... Bährecke erinnerte sich aber, daß er das Stück auf jeden Fall nördlich des nach Groß Alsleben abzweigenden Feldweges am westlichen Rand des Weges Crottorf-Hordorf gefunden hat. Über die wirkliche Herkunft der Schale kann folgende, nicht unberechtigte Vermutung gehegt werden: Südlich des erwähnten Weges nach Gr. Alsleben zieht sich eine Höhe entlang, die vom Wege Crottorf-Hordorf geschnitten wird. An der Spitze dieser Höhe, die an den Weg nach Gr. Alsleben anstößt, ist im Jahre 1909 die Steilkante abgeschrägt worden, um Ackerland zu gewinnen. ... Bei der Gelegenheit ist damals die Aunjetitzer Füßchenschale gefunden worden (nach Angabe Baehreckes), die sich noch in Besitz B. befindet. Es ist nicht unmöglich, daß hier damals auch die Goldschale gefunden und dann von einem Arbeiter in der Meinung, das Stück habe keinen Wert, an den Wegrand geworfen wurde. ... Da die oben erwähnte Spitze dieser Höhe am Wege nach Gr. Alsleben in der Landschaft eine markante und die Bodeaue beherrschende Stelle ist, kann sie vielleicht auch eine kultische Bedeutung gehabt haben. Es ist also nicht unmöglich, daß diese Stelle der Höhe die eigentliche Fundstelle der Goldschale darstellt«[2] (Abb. 4).

Die erwähnte Füßchenschale wurde mit anderen Fundgegenständen aus dem Besitz von Friedrich Bährecke am 26. Mai 1953 in das Museum Oschersleben eingeliefert, wo sie

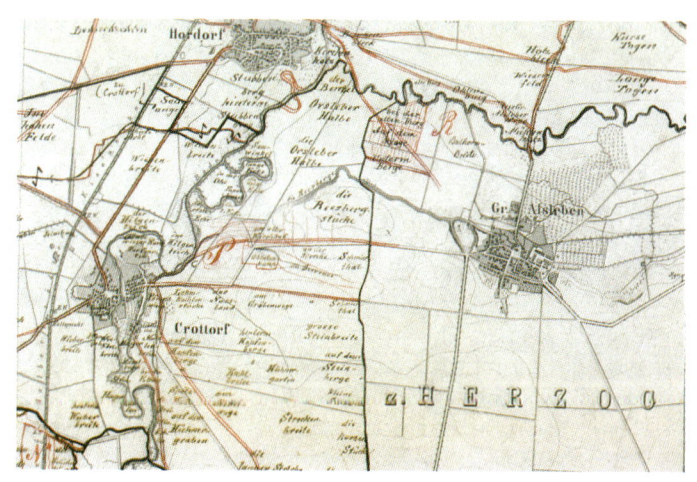

Abb. 4: Ausschnitt aus dem historischen Messtischblatt Gröningen von 1870, Wüstungskarte. Die Anhöhe Reesberge befinden sich etwa in der Mitte.

heute in der Ausstellung zu sehen ist. Obwohl im Inventar beschrieben als: »Schale mit vier Füßchen, frühe BZ, H. 9,6 cm, Randdurchmesser 31 cm, Entfernung der Füßchen 7 cm, O. S. 426«, ist die Schale aufgrund von Randform und Omphalos wohl eher spätbronzezeitlich.

Eine Begehung der Reesberge am 13. Januar 2001 durch die Verfasserin ergab sofort zahlreiche verwaschene und stark zerkleinerte Scherben der Bronze- und Eisenzeit, älteres Material und eine Silexklinge (abgebrochener Bohrer) vom Abhang. Im Fundus des Landesamts für Archäologie Sachsen-Anhalt liegen bereits zahlreiche, auch großstückige Scherben der gleichen Zeitstufen aus den 1970er und 1980er Jahren sowie von 1998 vor. Aufgelesen wurden sie von ehrenamtlichen Beauftragten. Dies alles deutet auf Besiedlungsspuren auf der Anhöhe seit dem Neolithikum hin.

Umgebung

In der Gemarkung Krottorf datieren die ältesten Funde ins Mesolithikum und in das Neolithikum (Bandkeramik und Schnurkeramik). Ausschlaggebend für die Besiedelung war sicher die günstige Lage am Fluss, der heutigen Bode, die sich in zahlreichen Schleifen durch die Landschaft zog. Fische, Wasservögel und anderes Jagdwild belebten die sumpfige Niederung. Aufgrund der jährlichen Überschwemmungen (Schneeschmelze im Harz) lagen die Siedlungen erhöht. So ist weiter östlich der »Nase« der Reesberge Richtung Großalsleben durch Funde eine jungsteinzeitliche Siedlung nachgewiesen. Auch Gräber der frühbronzezeitlichen Aunjetitzer Kultur sind aus der Gemarkung bekannt. Aus der späten Bronze- und frühen Eisenzeit sind zahlreiche Siedlungsgruben, aber auch einige Gräber, insbesondere in der heute noch offenen Sand-/Kiesgrube am östlichen Ortsausgang Richtung Reesberge nachgewiesen. 1893 entdeckte man in der Ortslage ein reiches Grab der späten römischen Kaiserzeit mit Goldmünzen und Fibeln.

Luftbildbefunde

Durch Luftbildprospektion wurde 1992 auf den Reesbergen eine umwehrte Anlage, die bislang undatiert ist, entdeckt. Deutlich zeichneten sich im grünen Feld drei parallele Grabenzüge ab. Westlich der Bode und der heutigen Eisenbahnlinie wurde am 29. Mai 1991 eine größere Befestigung mit unregelmäßig ovalem Doppelgraben entdeckt. Gestalt und Anlage deuten auf eine befestigte Siedlung der jüngeren Bronze- oder frühen Eisenzeit hin, die, wie Grabungsbefunde anderenorts gezeigt haben, oft mit Schalenmauern in Kastenbauweise, als Palisaden- und Plankenwände oder als Trockenmauerwerk eingehegt waren. Der Verlauf war jeweils, auch in Niederungen, eng an die Geländestruktur angepasst und erscheint daher sehr unregelmäßig. Die Befestigung umfasst eine Fläche von rund 16 ha. Angesichts der folgenden, von Ralf Schwarz publizierten Beobachtungen – »Innerhalb der Doppelgrabenanlage befinden sich die Fundamentgräbchen einer eiförmigen Doppelpalisade. Diese schließt mit ihrem breiten Ende unmittelbar an die Befestigungsgräben an und liegt damit exzentrisch innerhalb der Anlage. Dem Umfassungsgraben ist mindestens ein weiterer Graben vorgelagert, der das Gelände um die Befestigung eingrenzt«[3] – darf man wohl von einer Art befestigter Kern- mit Vorsiedlung sprechen.

Durch die zu DDR-Zeiten planmäßig durchgeführte Anlage von möglichst großen Feldflächen wurden die Geländekonturen tiefgreifend verändert. Der Luftbildbefund deutet darauf hin, dass die befestigte Siedlung auf einer Erhebung in der Niederung lag, eventuell einer Sandbank oder Geländeinsel. Nach rund fünfzig Jahren Überackerung und der Anlage tiefer Entwässerungsgräben ist dies im Gelände heute nur noch schwach zu erahnen. Die neuen Erkenntnisse zur Fundgeschichte und der Fundplatzumgebung machen deutlich, dass die Goldschale nicht zusammenhanglos als Einzelfund existiert, sondern in eine reiche Fundlandschaft der Bronzezeit entlang der Bode eingebunden ist. Der markante Geländesporn der Reesberge war dabei sicher von Bedeutung.

Deutung

Auf den ersten Blick bieten sich zwei Interpretationsmöglichkeiten für die Goldkalotte an: Schale oder Kappe. Eher gegen eine Verwendung als Schale spricht, dass der Mittelbuckel des Bodenkreuzes (Sonnenrad?) nach außen gewölbt ist, ein Standboden somit nicht vorhanden ist. Außerdem ist das sehr dünne Goldblech druckempfindlich und ohne Verstärkung leicht zu verbiegen. Dies würde bei der Verwendung als Trinkschale eine extrem vorsichtige Behandlung verlangen. Allerdings haben auch andere Goldschalen (eine aus Eberswalde, mehrere aus Schweden) einen konvexen Boden. Da die Ansichtsseite ganz sicher die Außenseite war, könnte es sich um einen Sturzbecher gehandelt haben. Für eine von einem erwachsenen Menschen zu tragende Kappe ist das Stück mit 130 mm Randdurchmesser und relativer Starrheit jedoch zu klein und ohne Befestigung kaum auf einem Kopf zu halten. Ein – sicher notwendiges – versteifendes Innenfutter würde das Innenmaß weiter verringern. Denkbar ist lediglich eine kindliche Kopfbedeckung oder die Bekrönung eines Pfahles oder eines Kultbildes.

Festzuhalten ist auf jeden Fall, dass die Goldschale von Krottorf (Abb. 5) ein äußerst kostbarer Gegenstand ist, der im Originalzustand in die Erde kam. Sie genoss ganz offenbar eine solche Wertschätzung, dass nach dem Verlust der ursprünglichen Bedeutung eine Zerstörung durch Einschmelzen zum Materialgewinn nicht opportun war. Dies spricht meines Erachtens eindeutig für ein Sakralobjekt. Als solches steht die Schale in der Tradition der punzverzierten bronzezeitlichen Goldblechkegel und könnte wie diese in ihren Mustern verschlüsselte Daten enthalten. Deshalb seien abschließend die ermittelbaren Anzahlen erwähnt:

1 Kreuz mit Kreisauge und je einem Punkt am Ende der vier Arme
22 Buckel
28 Kreisringe: 24 erhalten, 4 zu ergänzen
48 Buckel: 31 erhalten, 2 + 1 + 14 zu ergänzen
8 Treibwülste
4 bzw. 5 Perlreihen
Die Zwickel des Kreuzes sind unsymmetrisch: 3 x 4 Buckel, 1 x 5 Buckel im Zwischenraum, entsprechend 3 x 7 und 1 x 8 Reihen von Perlbuckeln.

Anmerkungen

Beim vorliegenden Beitrag handelt es sich um die nur leicht überarbeitete Fassung des Vortrags anläßlich des Kolloquiums »Goldenes Sakralgerät der Bronzezeit« am 18.5.2001.

1 Schreiben von Karl Reuß an Pfarrer Schneider am 21.12.1909, Archiv des Landesamts für Archäologie Sachsen-Anhalt.
2 Bericht Friedrich-Karl Bickers vom 3.5.1937, Ortsakte Krottorf, S. 40.
3 Ralf Schwarz. In: Siegfried Fröhlich (Hrsg.): Luftbildarchäologie in Sachsen-Anhalt. Begleitband zur Sonderausstellung im Landesmuseum für Vorgeschichte Halle. Halle/Saale 1997, S. 49, Abb. 33.

Abb. 1: Der Fund von Unterglauheim.

Stefan Wirth
Die Goldbecher von Unterglauheim

Zu Fundgeschichte und Fundort

»Als am 7ten Sept. 1834 der Stiftungs-Pfleger Xaver Kraus von Unter-Glauheim, Ldgts. Höchstädt, auf einem gepachteten Stiftungs-Acker im s.g. Hinterfeld der dortigen Flur-Markung mit der Pflugschar auf einen festen Gegenstand gestoßen war, forschte er dem Hindernisse, welches sein Pflüg-Eisen aufhielt, nach, und gewahrte alsbald einen kupfernen Kessel mit Handhaben, den er für einen aus der Schlacht bei Blindheim v. J. 1704 herrührenden Feld-Kessel hielt. Dieser Kessel stack aber 1 $\frac{1}{2}$ Fuß tief in der Erde, und als er die Handhaben erfaßte, und an denselben zog, blieb ihm eine in der Hand, und er konnte den Kessel nicht erheben.

Nun nahm er in unseliger Weise die Zuflucht zu einer zur Hand gehabten Feld-Hacke, und förderte endlich die in einander gestellten Gefäße dieser römischen Grab-Stätte zu Tag, wobei er aber auf die Ordnung, in welcher solche in einander stacken, nicht nur keine Rücksicht nahm, sondern durch die angewandte Gewalt den als Über-Urne verwendeten großen Kessel bis zur Zerstörung beschädigte. In Mitte dieser kupfernen Geschirre befand sich eine aus dünnem Gold-Blech mit Stich-Plättchen-ähnlichen Figuren verfertigte eyförmige Vase von getriebener Arbeit …, deren beide Theile mit einem erst später wiedergefundenen schön gearbeiteten breiten Gold-Drahte zusammengehalten waren, und in welcher verbrannte kleine Beinchen, Asche, und Kohlen-Überreste gewahrt wurden.«[1]

Der Fund von Unterglauheim, von dessen zufälliger Entdeckung dieser 1836 erschienene Text berichtet, teilt das paradoxe Schicksal zahlreicher herausragender Altfunde, die heute zum »eisernen Bestand« der großen Sammlungen gehören. Immerhin konnte das Ensemble durch das umsichtige Eingreifen des Höchstädter Landrichters sichergestellt und schließlich vom »Historischen Verein im Oberdonau-Kreise« erworben werden. Es kam aber, obwohl sich im Laufe der Zeit eine Reihe von Fachleuten mit dem Fund beschäftigt haben, nie zu einer gründlichen wissenschaftlichen Veröffentlichung[2]. Ausführliche Beschreibungen der Objekte fehlten ebenso wie zuverlässige Maßangaben. Obendrein war das größte der Gefäße, der bei der Auffindung zerstörte Bronzeeimer, zunächst unvollständig und an entscheidender Stelle falsch rekonstruiert worden. Zwar ist der Irrtum längst durch die Veröffentlichung einer korrekten zeichnerischen Rekonstruktion richtiggestellt, doch sorgten verschiedene Fotografien, die den Eimer in dem vor mehr als hundert Jahren geschaffenen Zustand mit der falschen Ergänzung zeigen, bis zuletzt für Verwirrung. Eine kürzlich im Römisch-Germanischen Zentralmuseum in Mainz vorgenommene neuerliche Restaurierung des wertvollen Stückes bietet nun den Anlass, das ganze Ensemble im Rahmen der Ausstellung in Nürnberg neu zu präsentieren (Abb. 1).

Spätestens mit einer Würdigung des Unterglauheimer Fundensembles durch Lindenschmit war die anfängliche Einordnung als römischer Grabfund einer korrekten Epochenzuordnung gewichen. Ohne weiteren Bezug auf den Wortlaut der Erstveröffentlichung sprachen aber in der Folgezeit verschiedene namhafte Gelehrte dezidiert von einem Depotfund, was noch in jüngeren Handbüchern und einschlägigen Übersichtswerken nachklingt[3]. Eine neue Betrachtung muss daher die noch vorhandenen Informationen zur Fundgeschichte ausnahmslos ernst nehmen und kritisch auswerten[4].

Auch wenn die genaue Fundstelle heute nicht mehr bekannt ist, kann man aus der Lage der Unterglauheimer Ortsmarkung grundsätzliche Beobachtungen zu den naturräumlichen Gegebenheiten ableiten. Der Ort im Donautal zwischen Dillingen und Donauwörth liegt inmitten einer ausgedehnten, nach West und Ost offenen Ebene am Fuße des Schwäbischen Jura, die bis zum nördlichen Talauenrand der Donau reicht. Dieser Landstrich war gegenüber dem kilometerbreiten, staunassen Donauried, das den Fluss im Süden begleitet, verkehrsgeographisch von jeher im Vorteil. Außerdem wirkten sich die fruchtbaren Lößböden und die geschützte Lage im Windschatten der Alb günstig auf eine dauerhafte Besiedlung aus. Die Kontrolle über den Flussverkehr auf der Donau und die Überwachung der Passage über den Fluss kommen zusätzlich als wichtige Faktoren in Betracht, doch wäre solchen Überlegungen erst noch im Rahmen einer gründlichen siedlungsgeschichtlichen Untersuchung nachzugehen. Im Auge behalten müsste man dabei auch das Zusammenwirken mit den Vorposten der Besiedlung auf markanten Randhöhen der Altschotterplatten südlich des Rieds, die am Zugang ins südliche Hinterland entscheidende Gelenkstellen zur Durchgangslandschaft des Donautals bilden. Das beste Beispiel ist der genau gegenüber von Unterglauheim gelegene Thürlesberg, dessen Bedeutung in der Urnenfelderzeit durch einen in nächster Nähe zu lokalisierenden Fund eines bronzenen Vollgriffschwertes mit Eiseneinlagen schlaglichtartig beleuchtet wird[5].

Die Bestandteile des Fundes

Aus dem 1836 veröffentlichten Bericht und den genauen Bezeichnungen der Objekte in den Inventarbüchern des Augsburger Maximilianmuseums lässt sich die ursprüngliche Position der Gefäße bei der Auffindung rekonstruieren (Abb. 2). Die Goldbecher waren demzufolge durch die beiden Bronzebecken und den Eimer doppelt geschützt. Während die Bronzegefäße von der Hand des Finders teilweise stark beschädigt wurden, blieben die Bestandteile der »eyförmigen Vase« (Abb. 3) unversehrt erhalten. Davon ist allerdings der schmale Goldstreifen, der die beiden gleichartigen Becher auf so merkwürdige Art zusammengehalten haben soll, heute nicht mehr nachweisbar.

Die zwei Edelmetallgefäße sind derart ähnlich, dass man davon ausgehen muss, dass beide vom gleichen Handwerker mit den gleichen Werkzeugen gefertigt wurden (Abb. 4). Ihre Wandung trägt jeweils drei Ornamentzonen, die durch zwei breite, vollkommen glatt belassene Streifen voneinander getrennt sind. Die ornamentierten Zonen sind alle gleich aufgebaut. Beiderseits von ziselierten Leisten gesäumte »Schnurbänder« rahmen je eine Reihe aus runden Punzeinschlägen, zu deren Herstellung man bei der untersten Ornamentzone eine Perlpunze gewählt hat, bei der mittleren Zone einen einfachen

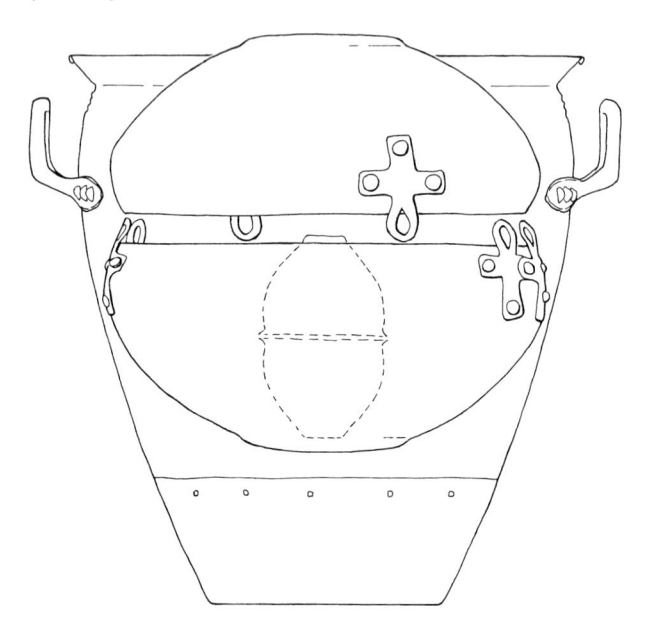

Abb. 2: Unterglauheim. Schematische Darstellung der ursprünglichen Anordnung der Gefäße.

Abb. 3: Unterglauheim. Die beiden Goldbecher. Ursprüngliche Anordnung.

Kreisstempel mit Mittelpunkt und bei der oberen einen Stempel mit drei konzentrischen Ringen. Der eine der beiden Becher wiegt 45,10 g, ist 58–63 mm hoch und misst an der Mündung im Außendurchmesser 86–92 mm. Der andere ist mit 50,89 g ein wenig schwerer, 62–66 mm hoch und an der Mündung mit 84–86 mm etwas enger. Von unten nach oben zählt man bei dem leichteren Becher 44, 45 und 29 Abdrücke der drei verschiedenen Punzen, bei dem schwereren 37, 39 und ebenfalls 29. An einigen Stellen lassen Überschneidungen der geradlinigen Leisten mit den eingepunzten Ornamentreihen erkennen, dass die Verzierung Zeile für Zeile von oben nach unten gearbeitet ist, also vom Rand der Gefäße zu ihren papierdünnen Böden hin. Die Punzeinschläge verdrängen in diesen Fällen entweder ein Stückchen der Kante der oberhalb verlaufenden Leiste oder werden ihrerseits von der unterhalb verlaufenden Leiste minimal überschnitten, nie aber umgekehrt. Deutliche Stauchungen des schmalen glatten Streifens unter dem Randknick, die teilweise in die oberste Ornamentzone hineinreichen, führen bei beiden Bechern zu einem unregelmäßigen Randverlauf.

Überzeugende formale Parallelen zu den Unterglauheimer Goldgefäßen gibt es bisher keine, auch nicht unter den mehr als sechzig Goldgefäßen der Nordischen Bronzezeit. Besonders der Musteraufbau ist singulär. Im Vergleich fällt beispielsweise auf, dass bei den meisten bronzezeitlichen Goldgefäßen die Verzierung flächendeckend ist und nur in wenigen Fällen die gewölbte Bodenfläche oder das Hals- bzw. Schulterfeld glatt belassen wurden. Ungewöhnlich wirkt auch die schlichte Becherform mit Standboden. Sie erinnert an bestimmte Erzeugnisse der urnenfelderzeitlichen Töpferkunst Süddeutschlands und spricht somit womöglich für eine regionale Verankerung. Da es sich innerhalb des Kerngebietes der Urnenfelderkulturen bis heute um den einzigen beglaubigten Fund mit Goldgefäßen handelt, sollte man solche Beobachtungen aber nicht überbewerten. Man muss vielmehr berücksichtigen, dass große Fundlücken den realen prähistorischen Sachbesitz verschleiern[6].

Die beiden sorgfältig planierten und polierten, jeweils aus einem Stück getriebenen Bronzebecken, von denen das eine einfache, das andere überlappend zu Paaren zusammengenietete Kreuzattaschen besitzt, gehören zu einer Gefäßgattung, die aus ganz Mittel- und Nordeuropa bekannt ist. Becken mit kreuzförmigen Henkelattaschen, Standboden und gerundeter Wandung erscheinen in großer Zahl in den Hortfunden des Karpatenbeckens. Exemplare mit einfachen und solche mit getrennt angebrachten doppelten Attaschen sind bisher ausnahmslos an Fundorten außerhalb des oberen Theißgebietes bzw. Siebenbürgens ans Licht gekommen, während diejenigen mit Zwillingsattaschen anscheinend eng mit den Werkstätten in Nyírség, der Landschaft im Nordosten der ungarischen Tiefebene, zu verknüpfen sind. Außer im Karpatenraum sind Bronzebecken der beschriebenen Art vereinzelt aus Ostgalizien und Bosnien, im Norden aus Brandenburg und von Fünen bekannt. Nach Westen reicht ihre Verbreitung bis in den französischen Jura und den Morvan[7].

Abb. 4: Die Goldbecher von Unterglauheim.

Eine ähnlich weitgespannte Verbreitung besitzen verzierte Bronzeeimer mit massiv gegossenen Stabhenkeln. Das Gefäß von Unterglauheim ist eines der größten bekannten Exemplare dieser Gattung. Sein Mantel ist aus drei Blechen zusammengenietet, der Boden war separat angefügt. Die Nieten an den Fugen sind beidseitig flachgeschlagen und wohl in einem Zug mit der Blechoberfläche planiert und poliert, die Henkelfüße der knieförmig gewinkelten Stabhenkel langoval ausgeschmiedet und sorgfältig an die Krümmung des Gefäßkörpers angepasst, auf dem sie mit je drei Kegelnieten fixiert sind.

Auf den beiden Schauseiten zeigt das Gefäß im oberen Drittel zweimal in identischer Ausführung die gleiche Darstellung (Abb. 5). In der Mitte eines querformatigen Bildfeldes, das seitlich durch einfache, oben und unten durch zweizeilige »Punkt-Buckel-Leisten« eingerahmt ist, sitzt ein in gleicher Technik angebrachtes zentrales Kreismotiv. Zu beiden Seiten dieses »Punkt-Buckel-Kreises« wächst aus dem unteren Rahmen des Bildfeldes jeweils ein Paar einander zugewandter Vogelprotomen heraus. Die beiden inneren Protomen sind durch die unten um das Kreismotiv herumgeführte »Punkt-Buckel-Leiste« miteinander verbunden und ergeben in heraldischer Symmetrie zusammen mit dem Kreis die gemeinhin als »Vogel-Sonnen-Barke« bezeichnete Bildformel. Das Ornament ist mit Hilfe von drei verschieden großen Punzen gefertigt, von denen die größte jeweils nur fünfmal zum Einsatz kam. Außer im Mittelpunkt des zentralen Kreises findet man ihren Abdruck jeweils mittig plaziert zwischen den einander zugewandten Vogelprotomen, aber auch oben in den Zwickeln zwischen dem Zentralkreis und den Hinterköpfen der unten verbundenen inneren Protomen. Hier stehen die Buckel ohne weitere Zutat, während sie in den drei anderen Fällen durch feine konzentrische Punktkreise des kleinsten Punzformats eingefasst sind.

Nichts an dieser Verzierung ist zufällig. Die hohe Bedeutung der formelhaften Ornamentik lässt sich daran abschätzen, dass sich die zeitgleiche Bilderwelt in Mitteleuropa im Grunde einzig und allein auf das idealtypische Vogelbild beschränkt. Die motivische Konfiguration der »Vogel-Sonnen-Barke« ist dabei eine statische Bildformel, in der sich, für uns nicht unmittelbar verständlich, die entscheidende Aussage einer zentralen mythischen Erzählung verdichtet. In abgekürzter Form begegnet die Darstellung auch auf anderen Gegenständen, besonders auf Waffen. Die vorliegende Variante des sorgfältig eingeteilten querformatigen Bildfeldes ist aber für einige Generationen an diesen speziellen Typus von Bronzeeimern gebunden, der – wie schon die Bronzebecken – besonders dicht in den Hortfunden des Karpatenbeckens belegt ist[8]. In manchen Depots lagen Becken und Eimer sogar zusammen, so in dem von Hajdúböszörmény, das diesen prachtvollen Erzeugnissen der urnenfelderzeitlichen Toreutik auch seinen Typennamen gegeben hat[9]. Eine gründliche Untersuchung der Ornamentdetails ergab, dass der Eimer von Unterglauheim besonders eng mit solchen aus der oberen Theißregion (Nyírség) verwandt ist, während Hajdúböszörmény-Eimer aus dem übrigen Karpatenbecken, den Nordkarpaten, aus Polen und Jütland eine variablere Musterpalette aufweisen. Maßgeblich für die Datierung all dieser Funde in die jüngere Urnenfelderzeit (Ha B1) sind die Schalenknaufschwerter in dem namengebenden Fundkomplex. Aus Istrien und aus der Dauphiné gibt es aber Beispiele, die das Weiterleben des Typus und die Fortentwicklung der Ornamentik bis in die 2. Hälfte des 9. Jahrhunderts v. Chr. belegen.

Grab oder Hort?

Entscheidend für die weitere Einordnung des Fundes ist, dass die Erstveröffentlichung mehrfach ausdrücklich von verbrannten Knochen berichtet. Nach der eingangs zitierten Passage über den Inhalt der Goldbecher heißt es dort außerdem, das untere Becken habe »eine Menge angebrannter, vom Finder

Abb. 5: Unterglauheim. Bronzeeimer, Ornamentik mit »Vogel-Sonnen-Barke« (Zeichnung Michael Ober, RGZM).

jedoch als wertlos hingeworfener Knochen und Überreste von Kohlen und Asche« enthalten. Eine bisher zu dieser Frage nicht beachtete Packliste, die noch 1834 im Zusammenhang mit der Übergabe der Funde an die Augsburger Kreisregierung bzw. ihrem Weitertransport nach München entstanden sein muss, wo alles der Königlichen Akademie der Wissenschaften zur Begutachtung vorgelegt wurde, führt ebenfalls »ein Paket mit verkohlten Knochen« auf sowie »ein Paket mehrerer aufgefundener Gebeine, die der Finder nicht achtete, sondern sie aus der großen Urne zu Boden warf, wo sie bei der landgerichtl. Grabung wieder gesammelt wurden«[10]. Da nichts von diesem Material erhalten blieb, kann man zwar zu keiner sicheren Aussage mehr gelangen, es ist aber sehr wahrscheinlich, dass hier von Leichenbrand die Rede ist.

Bei den jungbronzezeitlichen Goldgefäßen des Nordens, die so häufig paarig gefunden wurden, dass der Eindruck entsteht, sie seien auch regelhaft paarig angefertigt worden[11], sind mehrfach Berichte zur Auffindungssituation überliefert, die verblüffend an den Unterglauheimer Befund erinnern. In Ladegård (Haderslev Amt, Jütland) waren zwei gleichartige rundbodige Schälchen »wie eine Kugel zusammengestellt«. Sie enthielten »eine viereckige, zollgroße, gleich nach der Öffnung in Staub zerfallene Masse, wie der Teil einer Haarflechte oder wie ein Stück geflochtenes Zeug«[12]. Ähnlich wie man die Unterglauheimer Becher zuerst als »eyförmige Vase« präsentiert hatte, wurden ein Fläschchen und ein darübergestülptes Schälchen von Albersdorf (Kr. Dithmarschen, Niedersachsen) als »goldene Urne von der Größe eines Straußeneis« bekanntgemacht. Sie hatten in einem »mit Asche gefüllt[en]« Tongefäß innerhalb einer Steinsetzung gelegen und scheinbar auch selbst »Asche« enthalten[13]. Tonbehälter und Abdeckung durch Steine oder die Nähe der Fundstelle zu größeren Steinblöcken sind auch für andere Goldgefäße bezeugt[14].

Die Paarigkeit der Goldbecher und Becken bietet an sich schon einen Anlass, das Ensemble von Unterglauheim bestimmten Hortfunden des Nordischen Kreises und des Karpatenraums gegenüberzustellen. Bedenkenswert ist aber auch der Bezug zu reinen Metallgeschirrhorten und letztlich auch zu größeren Metallgefäßserien in gemischten Horten[15], die man von der älteren Urnenfelderzeit bis an den Übergang zur Hallstattzeit in einem weiten geographischen Rahmen verfolgen kann. Neben zahlreichen Inventaren, die ausschließlich Tassen und/oder Schalen enthalten, lassen sich hierbei recht unterschiedliche Geschirrkombinationen greifen, die jeweils einen anderen Ausschnitt des Typenrepertoires repräsentieren. Nimmt man wahlweise die dichtere Überlieferung der karpatenländischen Hortfunde hinzu, so gibt sich von der jüngeren Urnenfelderzeit an mit den Kombinationen Eimer – Becken und Eimer – Tassen/Schalen bzw. Amphore – Schalen/Becher eine Regelerscheinung zu erkennen[16].

Auf die in Unterglauheim belegte Kombination eines einzelnen Eimers mit zwei Becken trifft man besonders häufig in den karpatenländischen Hortfunden, deren Geschlossenheit und Vollständigkeit jedoch nur selten gesichert ist. Eine Kombination von Gold- und Bronzegefäßen ist außer in Unterglauheim dagegen bisher überhaupt nur einmal bezeugt, nämlich in dem Fund von Mariesminde, wo elf gehenkelte Goldbecher in einer Bronzeamphore lagen, deren Ornamentik ebenfalls eine Variante der Vogel-Sonnen-Barke zeigt[17]. Tatsächlich besitzt das Inventar von Unterglauheim also Gemeinsamkeiten mit gewissen mittel- und nordeuropäischen Hortfundinventaren. Gerade die Existenz der beiden Goldbecher macht es aber unmöglich, das Ensemble ohne weitere Umstände unter die Metalldepots einzureihen.

Metallgefäße als Leichenbrandbehälter

Fasst man dagegen den Befund, wie er sich nach kritischer Würdigung der Fundgeschichte darstellt, als einen Sonderfall im Rahmen des urnenfelderzeitlichen Grabbrauchs auf, so kann man den Versuch einer Parallelisierung mit den Hortfunden beiseite lassen und stattdessen an ein anderes gesamteuropäisches Phänomen anknüpfen. Es geht uns hier um einen Vergleich mit der zwar seltenen, geographisch aber weit verbreiteten Erscheinung herausragender Bestattungen, bei denen der Leichenbrand in einer metallenen Urne geborgen wurde. Gold kann in solchen Inventaren regelmäßig als außergewöhnliches und vornehmstes Kennzeichen der zeitgenössischen Eliten gewertet werden. Man darf darin die auffälligste materielle Konkretisierung eines wesentlichen Grundzuges sehen, der wohl all diesen Befunden gemeinsam ist, nämlich des unbedingt gewollten und überaus engen symbolischen Bezugs auf das, was wir oben die zentrale mythische Erzählung genannt haben. Dementsprechend begegnet gerade in diesem Zusammenhang auch mehrfach die bildliche Umsetzung entscheidender Inhalte dieser Gedankenwelt, zu der wir so schwer Zugang finden.

Die Verwendung von Metallgefäßen als Ossuarien lässt sich zuerst im Nordischen Kreis über mehrere Generationen verfolgen[18]. Frühester Nachweis ist das in Periode III zu datierende Schwertgrab von Skallerup, wo die verbrannten Überreste des Toten in einem Bronzegefäß lagen. Dieses Behältnis fährt auf einem symmetrisch mit Vogelprotomen versehenen Wagengestell. Zum Inventar der durch eine Steinpackung geschützten Kammer gehört ein Goldarmring[19]. Mehr als die Hälfte der aus Dänemark bekannten Kreuzattaschenbecken stammt aus Gräbern. Während zu einem jüngerurnenfelderzeitlichen Becken der Form B 1 aus dem überreichen, wiederum goldführenden Fund der Periode IV von Vester Skjerninge (Fünen) Grabform und genauer Fundzusammenhang nicht mehr einwandfrei zu eruieren sind, weiß man bei einem

137

Becken der etwas jüngeren Form B 2a aus Svensmark auf Møn zumindest, dass es »eine fettige schwarze Masse« enthielt, die »vom Finder als reine Asche bezeichnet« wurde[20]. Für eine der beiden Bestattungen unter dem »Lusehøj« bei Voldtofte (Fünen) diente ein Kreuzattaschenbecken der späturnenfelderzeitlichen Form B 2b als Leichenbrandbehälter. Neben dem durch einen bernsteinbesetzten Bronzedeckel verschlossenen Gefäß standen in diesem herausragenden Grab der Periode V drei Bronzebecher. Zu den in der Urne gefundenen Beigaben zählen vier Goldobjekte, darunter ein Armreif[21]. Die bei Nachgrabungen im Jahre 1975 aufgedeckte zweite Bestattung, ein Schwertgrab mit Resten eines Prunkwagens, enthielt ebenfalls Gold, außerdem einen Eisenring[22].

Ein Becken vom selben Typus stammt aus dem bereits 1720 veröffentlichten Brandgrab von Neulingen in der Altmark. Es enthielt außerdem zwei gegossene Bronzebecken, die anscheinend ganz ähnlich wie die Kreuzattaschenbecken von Unterglauheim zu einem Behälter geschlossen waren, der den Leichenbrand sowie neun Bronzephaleren und etwa sechzig Bronzebuckelchen barg[23]. Zusammen mit anderen Sonderbefunden leitet dieses Inventar ganz am Ende der Bronzezeit jenseits der nördlichen Peripherie des Urnenfeldergebietes bereits zu den »Blechurnen« des eisenzeitlichen Grabbrauchs über[24]. Ein sehr aufwendig und in singulärer Weise verziertes Hängebecken fungierte in dem ungefähr gleichzeitigen Grab von Winzlar (Niedersachsen) als Leichenbrandbehälter. Das exzeptionelle Stück war offenbar von einem weitmundigen Keramikgefäß abgedeckt. Zu dem Inventar gehört eine massiv goldene Scheibenkopfnadel[25].

Noch spektakulärer als die genannten Beispiele ist die Verwendung von großen Bronzeamphoren als Urnen. Hierher gehört der Befund des »Hinzerbergs« von Seddin in der Prignitz (Brandenburg), der in die jüngere Periode V, also bereits gleichzeitig mit der älteren Eisenzeit Süddeutschlands, datiert wird. Das Metallgefäß war mit einer überdimensionalen Bronzeblechphalere abgedeckt und stand in einer tönernen Situla, die man ihrerseits mit einem speziellen Deckel verschlossen hatte. Zusammen mit anderen Tongefäßen, die ebenfalls Leichenbrand enthielten, war dieses doppelte Behältnis in einer Steinkammer untergebracht, deren falsches Gewölbe bis heute durch die Erdmassen eines riesigen Hügels geschützt ist[26]. Unter den Funden aus der Kammer ist zwar kein Gold, dafür aber zwei Nadeln aus Eisen, das im Norden in dieser Zeit noch seltener erscheint als Gegenstände aus Edelmetall.

Eine bei Gevelinghausen im Hochsauerland (Nordrhein-Westfalen) ohne weitere Begleitfunde geborgene Bronzeamphore der gleichen Form enthielt die verbrannten Überreste eines grazil gebauten Individuums im Alter von zwanzig bis vierzig Jahren. Textilreste belegen, dass der Leichenbrand in ein Leinengewebe eingeschlagen war[27]. Die aufwendige Ornamentik mit Vogel-Sonnen-Barken im unteren und einfachen Vogelbarken im oberen Register der großflächig mit Punzeinschlägen dekorierten Wandung dieses prunkvollen Gefäßes führt uns zur Rolle dieser Bildformel in Unterglauheim zurück.

Die enorme räumliche Entfernung, über die sich anhand dieses »Erkennungszeichens« kulturelle Verbindungen und letztlich auch religiöse Gemeinsamkeiten verfolgen lassen, bezeugt am besten ein italisches Vergleichsstück der Amphore von Gevelinghausen aus dem reichen Kriegergrab AA1 der um die Mitte des 8. Jahrhunderts v. Chr. zu datierenden letzten Belegungsphase der Nekropole von Quattro Fontanili bei Vejo in Südetrurien. Spätformen der Hajdúböszörmény-Eimer mit Vogel-Sonnen-Barken aus dem Grabfund von Rivoli Veronese am Eingang ins Etschtal[28] und aus dem gleichfalls knapp vor der Wende zur Eisenzeit stehenden Grab von Saint-Romain-de-Jalionas im Bugey (beim Austritt der Rhône aus den südlichen Ausläufern des Jura), das auch ein eisernes »Phantasiegriffmesser«, einen goldenen Halsring, ein goldenes Armband und eine goldene Vasenkopfnadel enthielt[29], verweisen ebenso auf die beträchtliche Reichweite des »Kommunikationssystems«, durch das man – in moderner Begrifflichkeit – die Eliten verschiedener Sozialverbände des spätbronzezeitlichen Europas heute vernetzt sieht[30]. Die zeitliche Erstreckung dieses Phänomens, das ja nichts Statisches an sich hat, ist damit freilich gerade erst angedeutet[31].

»Gottkönigtum« im Herzen des süddeutschen Urnenfelderbereichs?

Bei näherer Beschäftigung mit diesen und anderen Schlüsselbefunden stößt man immer wieder auf Parallelen, die schwerlich dem Zufall angelastet werden können. Sie müssen als sichtbarer Ausdruck ritueller Gemeinsamkeiten verstanden werden, die wesentlich tiefer reichen, als es der oberflächliche Vergleich archäologischer Befunde erahnen lässt. Vor allem die der Spätbronze- und Früheisenzeit entstammenden nordeuropäischen Beispiele für die Verwendung von Metallgefäßen als Ossuarien finden eine klare Entsprechung in gleichzeitigen hochrangigen Bestattungen der mediterranen Welt. Vielfach wurde in diesem Zusammenhang auf das literarische Zeugnis der homerischen Dichtungen verwiesen, in denen die Lebenswelt einer Oberschicht des 8. Jahrhunderts v. Chr. präsent ist. Tatsächlich trifft man etwa in der »Ilias« auf Aussagen, die mit unseren archäologischen Befunden verblüffend übereinstimmen. In den Passagen, die das Begräbnis des Patroklos und das des Hektor schildern[32], erfahren wir, dass die Gebeine der Helden aus dem mit Wein gelöschten Scheiterhaufen ausgelesen und in einen goldenen Behälter gegeben werden – in dem einen Fall eine »Phiale«, im anderen eine »Larnax« –, der in kostbare Stoffe gehüllt wird. Sogar zu diesem bezeichnenden Detail gibt es entsprechende archäologische Belege vom Mittelmeerraum bis ins nördliche Mitteleuropa[33].

Goldene Gefäße begegnen bei Homer auch in einem weiteren wichtigen Zusammenhang, nämlich bei der rituellen Trankspende (Libation) zu Beginn des Gastmahls. In Anlehnung an solche Beobachtungen wird man das in die bronzezeitlichen Horte und Gräber gelangte kostbare Metallgeschirr primär als Ritualgerät ansehen können. Im Bereich der Urnenfelderkulturen gibt es in den Grablegen der Angehörigen einer gesellschaftlichen Oberschicht seit der späten Bronzezeit (Stufe Bz D) vereinzelt Gefäßsätze, die etwa aus der Kombination von Eimer, Sieb und Tasse bestehen können. In der jüngeren Urnenfelderzeit pflegt man nur noch in bestimmten Gegenden die Beigabe einzelner Bronzetassen. Dieser Brauch, der den sakralen Bezug sozusagen nur noch zitiert, dringt zwar bis in die Kontaktzone zum Nordischen Kreis vor, scheint aber gleichzeitig in Süddeutschland eher an Bedeutung zu verlieren[34].

Vor diesem Hintergrund erlaubt der Befund von Unterglauheim einen außergewöhnlichen Einblick ins Innerste der kultischen Handlungen. In funktionaler Umdeutung wird hier aus Gefäßen, die sonst zur Bereitung von Rauschgetränk und kultischer Mahlzeit gedient haben mögen, ein Behältnis, wie man es sich für die Überreste eines Sterblichen wertvoller kaum denken kann. Was bei dieser Verwandlung zählt, ist weniger der materielle, als vielmehr der hohe symbolische Wert, den die Gegenstände zum Schutz ihres Inhalts aufbieten.

Gerade beim Gold sind dem praktischen Gebrauch ohnehin enge Grenzen gesetzt. Das gilt auch für den sepulkralen Kontext. Zu einer Kapsel zusammengefügt, können die Unterglauheimer Becher jedenfalls niemals die gesamten kalzinierten Knochenreste eines verbrannten menschlichen Leichnams aufgenommen haben. Eher möchte man hier an die Auswahl einer besonderen Körperpartie wie des Schädels denken. Dass die Gesamtanordnung der Gefäße in Art einer mehrfachen Verpackung aber nicht einfach nur praktischen Erwägungen folgt, sondern vor allem auch symbolisch aufzufassen ist, kann man nicht nachdrücklich genug hervorheben (Abb. 2). Die mit großer Sorgfalt ineinandergeschachtelten Gefäße sind, wie unser Überblick gezeigt hat, kein Einzelfall, und auch hinter ihrer Anzahl darf man planvolles Handeln vermuten[35]. Im Vordergrund steht die Absicht des Bergens. Der Gedanke liegt nahe, dass auch die Vogel-Sonnen-Barke auf dem Eimer zur jenseitigen Sicherheit dessen beiträgt, der in diesem eigenartigen Gehäuse zur letzten Ruhe gebettet ist. Wie ein Vexierbild enthält die Ornamentik der Hajdúböszörmény-Eimer übrigens alle Elemente, die zur Konstruktion einer dreidimensionalen Darstellung des Motivs nötig sind. Die Verwandtschaft mit den Kesselwagen und anderen bildlichen Umsetzungen ist dabei enger, als man zunächst denkt. Öffnet man sich den eigenartigen Gesetzmäßigkeiten dieser Bildwelt, so bemerkt man noch viele andere Zusammenhänge, denen hier jedoch nicht weiter nachgegangen werden kann.

Was die mythische Bildformel auf abstrakter Ebene zur kosmologischen Kernaussage bündelt, wird jedenfalls im konkreten Einzelfall durch die rituelle Ausgestaltung des Bestattungsvorgangs zum Ausdruck gebracht. Entscheidend ist dabei die Vorstellung einer fortdauernden körperhaften Präsenz des Toten, der seine sterbliche Hülle im Verlauf der Begräbniszeremonie sozusagen mit den edlen Gefäßen vertauscht, die seine durch das Feuer gegangenen Überreste bewahren werden. Dass die Zerstörung des Körpers bei der Leichenverbrennung dazu nur der halbe Weg ist, hat Mitte des 19. Jahrhunderts bereits Jacob Grimm gesehen[36]. Pointiert gesagt, erfüllen die Goldbecher von Unterglauheim also vielleicht einen ähnlichen Zweck wie goldene Gesichtsmasken im Kontext der Körperbestattung. Für eine derartige Abstraktion und Überhöhung, die den Toten symbolisch mit einem göttlichen Wesen in eins setzt, reicht das Schlagwort von der Heroisierung nicht aus. Auch wenn die Verwendung solcher Begriffe im vorliegenden Zusammenhang nicht unproblematisch ist, darf man an dieser Stelle deshalb darauf verweisen, da bei vielen Völkern Sonnenkult und Gottkönigtum eng zusammengehören.

Jenseits spekulativer Überlegungen, die sich fast zwangsläufig an einen solch spektakulären Befund knüpfen müssen, kann man als konkretes Ergebnis folgendes festhalten: Die kritische Revision der Fundgeschichte erlaubt es, das Ensemble von Unterglauheim, das in der Literatur vielfach unbegründet als Metallgefäßdepot geführt wird, als außergewöhnliches Beispiel der seltenen, aber weitverbreiteten spätbronze- und früheisenzeitlichen Bestattungen aufzufassen, bei denen die verbrannten Überreste des Toten in einem kostbaren Metallgefäß beigesetzt sind. Einzigartig ist dabei die Kombination mit den beiden Goldbechern. Im Stammgebiet der süddeutschen Urnenfeldergruppen war hier ein Ausnahmebefund mit sakralem Hintergrund zu beschreiben, der nur mit Blick auf das gesamteuropäische Kulturgefüge der jüngeren Urnenfelderzeit verstanden werden kann. Für die Kenntnis der bronzezeitlichen Religion Alteuropas und ihr Verhältnis zur »Sonnenwirklichkeit« (Hans Sedlmayr)[37] wird der Fund so zu einem bedeutsamen Baustein.

Anmerkungen

1   Anonymus [Johann Nepomuk von Raiser]: Fund mehrerer Grab-Gefäße mit einer goldenen Vase bey Unter-Glauheim, Landgerichts Höchstädt. In: Jahrs-Bericht des historischen Vereins im Oberdonau-Kreise, Bd. 1, 1835, S. 12–14, 62, Taf. VI, Abb. 62–65. Die Objekte werden heute unter der Inv. Nr. VF 1/1–7 im Römischen Museum der Städtischen Kunstsammlungen Augsburg aufbewahrt.

2   Gustaf Kossinna: Der Goldfund vom Messingwerk bei Eberswalde und die goldenen Kultgefäße der Germanen (Mannus-Bibliothek, Bd. 12). Würzburg 1913, S. 20. Carl Schuchhardt: Der Goldfund vom Messingwerk bei Eberswalde. Berlin 1914, S. 18–19, Abb. 18. Ernst Sprockhoff: Zur Handelsgeschichte der germanischen Bronzezeit (Vorgeschichtliche Forschungen, Bd. 7). Berlin 1930, S. 111–112. Gero von Merhart: Studien über einige Gattungen von Bronzegefäßen. In: Festschrift des Römisch-Germanischen Zentralmuseums in Mainz zur Feier seines hundertjährigen Bestehens, Bd. 2. Mainz 1952, S. 1–71, bes. S. 41, 63, 70, Abb. 3, Taf. 2, 8. Hermann Müller-Karpe: Beiträge zur Chronologie der Urnenfelderzeit nördlich und südlich der Alpen (Römisch-Germanische Forschungen, Bd. 22). Berlin 1959, S. 293, Taf. 169. Frauke Stein: Katalog der vorgeschichtlichen Hortfunde in Süddeutschland (Saarbrücker Beiträge zur Altertumskunde, Bd. 24). Bonn 1979, S. 164–165, Nr. 378. Wilfried Menghin – Peter Schauer: Der Goldkegel von Ezelsdorf. Kultgerät der späten Bronzezeit (Die vor- und frühgeschichtlichen Altertümer im Germanischen Nationalmuseum Nürnberg, Bd. 3). Stuttgart 1983, S. 88 ff., Nr. 13. Christina Jacob: Metallgefäße der Bronze- und Hallstattzeit in Nordwest-, West- und Süddeutschland (Prähistorische Bronzefunde, Abt. 2, Bd. 9). Stuttgart 1995, S. 83, Nr. 222, 223, S. 103–104, Nr. 312, S. 124, Nr. 408, 409.

3   Ludwig Lindenschmit (Hrsg.): Die Alterthümer unserer heidnischen Vorzeit. Nach den in den öffentlichen und Privatsammlungen befindlichen Originalien zusammengestellt und hrsg. von dem Römisch-Germanischen Centralmuseum in Mainz durch dessen Conservator L[udwig] Lindenschmit Sohn, 5 Bde., Bd. 4. Mainz 1900, Taf. 19,1–4. G. Kossinna (Anm. 2), S. 59. Paul Reinecke: Rezension zu Ernst Sprockhoff. In: Germania, Bd. 15, 1931, S. 195–198, bes. S. 198.

4   Zum Fund von Unterglauheim ist vom Autor ein ausführlicher Beitrag im Jahrbuch des Römisch-Germanischen Zentralmuseums geplant.

5   Lothar Bakker: Ein Vollgriffschwert der ausgehenden Urnenfelderzeit aus Pfaffenhofen a. d. Zusam. In: Das Archäologische Jahr in Bayern, 1989, S. 82–83.

6   So bereits Volker Pingel: s. v. Goldgefäße. In: Reallexikon der Germanischen Altertumskunde, 2. Aufl., Bd. 12. Berlin – New York 1998, S. 327–333.

7   G. von Merhart (Anm. 2), S. 4 ff. Pál Patay: Die Bronzegefäße in Ungarn (Prähistorische Bronzefunde, Abt. 2, Bd. 10) München 1990, S. 21 ff. Pál Patay: Einige Worte über Bronzegefäße der Bronzezeit. In: Tibor Kovács (Hrsg.): Studien zur Metallindustrie im Karpatenbecken und den benachbarten Regionen. Festschrift für Amália Mozsolics zum 85. Geburtstag. Budapest 1996, S. 405–419, bes. Anm. 56. Zur Gesamtverbreitung übersichtlich Jean-Paul Thévenot: L'Âge du Bronze en Bourgogne. Le dépôt de Blanot (Côte-d'Or) (Revue archéologique de l'Est et du Centre-Est, Supplementbd. 11). Dijon 1992, S. 71–72, Abb. 73. Neuerdings Jean-François Piningre: Le dépôt d'Évans (Jura – France) et les dépôts de vaisselle métallique de l'Âge du Bronze final en France. In: Archäologisches Korrespondenzblatt, Bd. 32, 2002, S. 59–66.

8   P. Patay: Ungarn (Anm. 7), S. 40 ff. P. Patay: Einige Worte (Anm. 7), Anm. 56. Zur Gesamtverbreitung zuletzt Kristina Mihovilić: The Hajdúböszörmény-Type Vessel from Pizzughi. In: Alessandra Giumlia-Mair (Hrsg.): Ancient Metallurgy Between Oriental Alps and Pannonian Plain. Workshop Trieste, 29–30 October 1998. Triest 2000, S. 71–75, bes. S. 74, Abb. 4.

9   Tibor Kemenczei: Die Spätbronzezeit Nordostungarns (Archaeologia Hungarica, S.N., Bd. 51) Budapest 1984, S. 78–79. Amalia Mozsolics: Rekonstruktion des Depots von Hajdúböszörmény. In: Prähistorische Zeitschrift, Bd. 59, 1984, S. 81–93, Abb. 2, 5,2–3.

10   Abschrift in den Ortsakten des Bayerischen Landesamtes für Denkmalpflege (Ohlenschlager-Kartei).

11   W. Menghin – P. Schauer (Anm. 2), S. 16–17. C. Jacob (Anm. 2), Taf. 88A.

12   G. Kossinna (Anm. 2), S. 25, Nr. 9 (Zitat). W. Menghin – P. Schauer (Anm. 2), S. 91–92, Nr. 14. Peter Schauer (Hrsg.): Die Goldblechkegel der Bronzezeit. Ein Beitrag zur Kulturverbindung zwischen Orient und Mitteleuropa (Monographien des Römisch-Germanischen Zentralmuseums, Bd. 8). Bonn 1986, Taf. 35,4.

13   Klaus Groth: Alterthumsfunde. Eine goldene Urne von der Größe eines Straußeneis in Nordhasted. In: Berichte der Schleswig-Holstein-Lauenburgischen Gesellschaft zur Sammlung und Erhaltung vaterländischer Alterthümer, Bd. 18, 1860, S. 20–21, Taf. 1. W. Menghin – P. Schauer (Anm. 2), S. 77 ff., Nr. 9. Jens-Peter Schmidt: Studien zur jüngeren Bronzezeit in Schleswig-Holstein und dem nordelbischen Hamburg (Universitätsforschungen zur Prähistorischen Archäologie, Bd. 15). Bonn 1993, S. 190, Nr. 607b.

14   Zusammenfassend P. Schauer (Anm. 12), S. 52 ff.

15   Unter Betonung eines Kommunikationsstranges zwischen Karpatenbecken und Ostseegebiet dazu ausdrücklich Hermann Born – Svend Hansen: Antike Herstellungstechniken: Ein urnenfelderzeitlicher Bronzehelm aus der Waffensammlung Zschille. In: Acta Praehistorica et Archaeologica, Bd. 24, 1992, S. 339–356, bes. S. 353–254, Abb. 15.

16   Vgl. etwa die »Ausstattungstabelle« bei H. Born – S. Hansen (Anm. 15), Abb. 14.

17   Henrik Thrane: Dänische Funde fremder Bronzegefäße der jüngeren Bronzezeit (Periode IV). In: Acta Archaeologica, Bd. 36, 1965, S. 157–207, bes. S. 192 ff. Henrik Thrane: De 11 guldskåle fra Mariesminde – vidnesbyrd om en broncealder-helligdom? In: Fynske Minder, 1989, S. 13–30.

18   Stéphane Verger: L'incinération en urne métallique: un indicateur des contacts aristocratiques transalpins. In: Patrice Brun – Bruno Chaume (Hrsg.): Vix et les éphémères principautés celtiques. Les VIe et Ve siècle avant J.-C. en Europe centre-occidentale. Actes du Colloque de Châtillon-sur-Seine (27–29 octobre 1993). Paris 1997, S. 223–238, bes. S. 224 ff.

19   Ekkehard Aner – Karl Kersten: Holbæk, Sorø und Præstø Amter (Die Funde der älteren Bronzezeit des nordischen Kreises in Dänemark, Schleswig-Holstein und Niedersachsen, Bd. 2). Kopenhagen – Neumünster 1976, S. 177–178, Nr. 1269, Taf. 142, 143.

20   H. Thrane: Dänische Funde (Anm. 17), S. 175 ff.

21   Henrik Thrane: Fremde Bronzegefäße in südskandinavischen Funden aus der jüngeren Bronzezeit (Periode V). In: Acta Archaeologica, Bd. 49, 1978, S. 1–35, bes. S. 1 ff. Henrik Thrane: Lusehøj ved Voldtofte – en sydvestfynsk storhøj fra yngre broncealder (Fynske Studier, Bd. 13). Odense 1984, S. 9 ff. mit Abb.

22   H. Thrane: Lusehøj (Anm. 21), S. 78 ff. (Grab GX), bes. S. 92–93, Abb. 88.

23   Olaf Höckmann: Beiträge zur Datierung des Brandgrabes mit gegossenem Bronzebecken von Winzlar, Kr. Nienburg. In: Jahrbuch des Römisch-Germanischen Zentralmuseums, Bd. 34, 1987 (1989), S. 235–259, Taf. 43–44, bes. S. 254 ff.

24   O. Höckmann (Anm. 23), S. 250 ff., Abb. 13.

25   O. Höckmann (Anm. 23), S. 247–248.

26   Zusammenfassend zuletzt Carola Metzner-Nebelsick: Vom Hort zum Heros. Betrachtungen über das Nachlassen der Hortungstätigkeit am Beginn der Eisenzeit und die besondere Bedeutung des Königsgrabes von Seddin. In: Gaben an die Götter. Schätze der Bronzezeit Europas (Bestandskataloge Museum für Vor- und Frühgeschichte Berlin, Bd. 4). Berlin 1997, S. 93–99.

27 Albrecht Jockenhövel: Eine Bronzeamphore des 8. Jahrhunderts v. Chr. von Gevelinghausen, Kr. Meschede (Sauerland). In: Germania, Bd. 52, 1974, S. 16–54.
28 Anna-Maria Bietti Sestieri: Rivoli Veronese. In: Alessandra Aspes – Giampaolo Rizzetto – Luciano Salzan (Hrsg.): 3000 anni fa a Verona: dalla fine dell'età del bronzo all'arrivo dei romani nel territorio veronese. Ausst. Kat. Museo Civico di Storia Naturale. Verona 1976, S. 103–110, Abb. 13.
29 Stéphane Verger: Du dépôt métallique à la tombe fastueuse. In: Les premiers princes celtes (2000 à 750 ans avant J.-C.). Autour de la tombe de Saint-Romain-de-Jalionas (Isère). Grenoble 1990, S. 53–69. Stéphane Verger – Jean-Paul Guillaumet: Les tumulus de Saint-Romain-de-Jalionas (Isère). Premières observations. In: Les princes celtes et la Méditerranée. Paris 1988, S. 231–240.
30 Kristian Kristiansen: From Villanova to Seddin. The Reconstruction of an Elite Exchange Network During the Eighth Century BC. In: Chris Scarre (Hrsg.): Trade and Exchange in Prehistoric Europe. Proceedings of a Conference Held at the University of Bristol, April 1992 (Oxbow Monographs, Bd. 3). Oxford 1993, S. 143–151, bes. S. 147–148. Kristian Kristiansen: The Emergence of the European World System in the Bronze Age. Divergence, Convergence and Social Evolution During the First and Second Millennia BC in Europe. In: Kristian Kristiansen – Jørgen Jensen (Hrsg.): Europe in the First Millennium BC (Sheffield Archaeological Monographs, Bd. 6). Sheffield 1994, S. 1–30.
31 Kritisch zur Herleitung der Vogelsymbolik in Italien bereits Albrecht Jockenhövel: Ein reich verziertes Protovillanova-Rasiermesser. In: Hermann Müller-Karpe (Hrsg.): Beiträge zu italienischen und griechischen Bronzefunden (Prähistorische Bronzefunde, Abt. 20, Bd. 1). München 1974, S. 81–88, Taf. 19–21, bes. S. 84–85. Wesentliche Zeugnisse der weiteren Entwicklung übersichtlich bei Luciana Aigner Foresti: Amphore und Glockenhelm im Badischen Landesmuseum zu Karlsruhe. In: Archäologischer Anzeiger, 1981, S. 21–43.
32 Die homerischen und andere relevante Belege kommentiert bei Ivan J. Venedikov: The Vulchitrun Treasure. Sofia 1988, S. 94 ff.
33 A. Jockenhövel (Anm. 27), S. 38.
34 Zum Verbreitungsgebiet der Grabfunde und der davon deutlich abzusetzenden Deponierungssitte im Osten ausführlich Svend Hansen: Studien zu den Metalldeponierungen während der älteren Urnenfelderzeit zwischen Rhônetal und Karpatenbecken (Universitätsforschungen zur Prähistorischen Archäologie, Bd. 21). Bonn 1994, S. 117 ff., mit Karte, Abb. 64, die allerdings anhand der Fundliste, S. 600–601, zu berichtigen ist.
35 Diesen Gedanken verfolgt in höchst origineller Weise Eugène Warmenbol: Le neuf chez les Anciens. Une autre approche des dépôts de l'Âge du Bronze final. In: La Préhistoire au Quotidien. Mélanges offerts à Pierre Bonenfant. Grenoble 1996, S. 238–274, bes. S. 250–251 (Unterglauheim).
36 Jacob Grimm: Ueber das Verbrennen der Leichen. In: Jacob Grimm: Kleinere Schriften, Bd. 2. Berlin 1865, S. 211–313.
37 Hans Sedlmayr: Zeichen der Sonne. In: Hans Sedlmayr: Epochen und Werke. Gesammelte Schriften zur Kunstgeschichte, Bd. 2. Wien–München 1960, S. 249–256, bes. S. 250.

Abb. 1: Links: Die Goldschale von Smörkullen, Gemeinde Skrea in Halland (SHM 2504).
Rechts: Die Goldschale von Mjövik, Gemeinde Nättraby in Blekinge (SHM 1426).

Inga Ullén
Zwei Goldschalen aus Schweden

Goldobjekte aus der Bronzezeit sind in Schweden nur selten zu finden. Denn bei den frühesten Objekten aus diesem wertvollen Metall handelt es sich um Importgüter, die Teil eines lebhaften, weitreichenden Handels waren, der vor allem auf dem europäischen Kontinent stattfand, in den zu dieser Zeit jedoch auch der Süden Skandinaviens einbezogen war. Frühe Goldobjekte wurden hauptsächlich in Südschweden gefunden, das durch seine Nähe zum Kontinent Hauptempfänger von Waren war. Während der späten Stein- und frühen Bronzezeit waren spiralförmige Golddrähte und Armreifen die häufigsten Handelsgüter. Bisweilen wurden kleine Teile abgetrennt und als eigenständige Tauschobjekte benutzt. Das Gold, rar und begehrenswert, wurde später auch dazu gebraucht, den Wert und die Schönheit von Waffen und Schmuck aus Bronze durch Verzierungen aus Goldfolie zu steigern. Beispiele hierfür wurden etwa im reich ausgestatteten Grab des Håga-Häuptlings im Mälar Tal aus der späten Bronzezeit gefunden.

Beschreibung der Schalen

Die zwei Goldschalen sind einzigartig für die schwedische Bronzezeit (Abb. 1). Sie wurden beide im Süden des Landes gefunden. Die Witwe eines Bootsmannes entdeckte eine von ihnen im Jahre 1859, als sie auf dem Hügel Smörkullen in Halland den Boden bearbeitete. Der Hügel liegt 50 m oberhalb des jetzigen Meeresspiegels und hat sehr steile Hänge. Schon seit langem ist er eine Art Wahrzeichen, klar erkennbar vom Meer und der umgebenden Landschaft aus. Die Goldschale befand sich 15–20 cm unterhalb der Oberfläche nahe einer Steinplatte. Die Witwe erhielt 175 Riksdaler für ihren Fund, was damals ungefähr dem Halbjahreslohn eines Arbeiters entsprach. Die andere Goldschale wurde 1847 in Mjövik in Blekinge beim Torfschneiden etwa 5 m von der Meeresküste entfernt gefunden. Sie war unter dem Druck des Bodens zerbrochen, ihre gegenwärtige, restaurierte Form ist die Arbeit eines Goldschmieds. Somit wurden beide Schalen in der Nähe von Wasser gefunden, eine im nassen Boden im Küstenbereich und die andere auf einem Hügel mit Blick auf das Meer. Als Lebensspender für die Natur und die Menschheit war Wasser ein wichtiges Symbol in der Nordischen Bronzezeit.

Die Schalen wurden wahrscheinlich aus einer runden Goldplatte getrieben, bis das Gold so dünn wie Papier war[1]. Die gehämmerte Schale von Smörkullen wiegt 69,7 g und hat einen Durchmesser von etwa 10 cm. Die Dicke des Goldblatts beträgt 0,57 mm. Die Schale von Mjövik wurde von einem etwas dickeren Goldblatt gemacht und wiegt 74,8 g, ihr Durchmesser beträgt etwa 9 cm. Der Goldgehalt beider Schalen beträgt rund 80%. Einen praktischen Gebrauch der Schalen im Sinne einer täglichen Benutzung kann man ausschließen, da sie zu zerbrechlich sind. Höchstwahrscheinlich waren sie für einen rituellen Gebrauch vorgesehen, vielleicht wurden sie bei rituellen Trinkgelagen benutzt. Diese Deutung wird durch den Fundkontext mit seiner Verbindung zum Wasser unterstrichen.

Symbole der Sonne, Symbole der Ewigkeit

Die Schalen sind mit reicher Prägearbeit versehen und mit konzentrischen Kreisen, Reihen von Punkten und ineinandergreifenden Linien verziert, die auf der Innenseite eingepunzt sind. Der Boden der Mjövik-Schale wurde mit einem sechsspeichigen Rad verziert (Abb. 2). Die Zickzacklinien auf der Schale von Smörkullen wurden als Symbole von Sonnenstrahlen

Abb. 2: Die Unterseite der Schale von Mjövik ist mit einem sechsspeichigen Radmotiv verziert.

gedeutet. Die konzentrischen Kreise auf dieser Schale verdichten sich am unteren Teil des Gefäßes, was heute jedoch nur noch von unten sichtbar ist (Abb. 3).

Beide Schalen gehören zur Periode um 1100–900 v. Chr. (Montelius Per. IV). Ähnliche Goldschalen sind aus Dänemark und Holstein bekannt. Von diesen insgesamt ungefähr fünfzig Gefäßen wurde die Mehrheit – vierzig Schalen aus neun Funden – in Dänemark gefunden. Wahrscheinlich stammen die schwedischen Objekte ursprünglich ebenfalls aus dieser Gegend. Typische Motive auf allen diesen Schalen sind der geprägte Kreis und das Rad[2]. Diese Art der Kreisdekoration kann auf eine ältere skandinavische Tradition zurückgehen, ist aber auch als ein Ergebnis des Kontakts zu Zentraleuropa zu werten, etwa zum Hallstatt-Gebiet in den Ostalpen. Die Hallstatt-Kultur gebrauchte einige Schmuckformen, die bis zur frühen Bronzezeit im Donautal und auf dem Balkan verbreitet waren. In der Hallstatt-Kunst wurden viele davon zu Stereotypen und verloren wahrscheinlich ihre ursprüngliche symbolische Bedeutung. Jedoch scheinen die Kreisdarstellungen als weithin gebrauchte Symbole die Zeit überdauert zu haben, wenn auch ihre jeweilige Bedeutung vermutlich von Region zu Region ein wenig anders war.[3]

In Skandinavien wurde das Kreismotiv bei der Herstellung von Bronzeschmuck für Männer und Frauen als Verzierungselement benutzt. Daneben wurden auch Waffen und Kultgegenstände, etwa bronzene Ritualschilde, mit ihm verziert.

Abb. 3: An der Schale von Smörkullen verdichten sich die konzentrischen Kreise zur Unterseite hin.

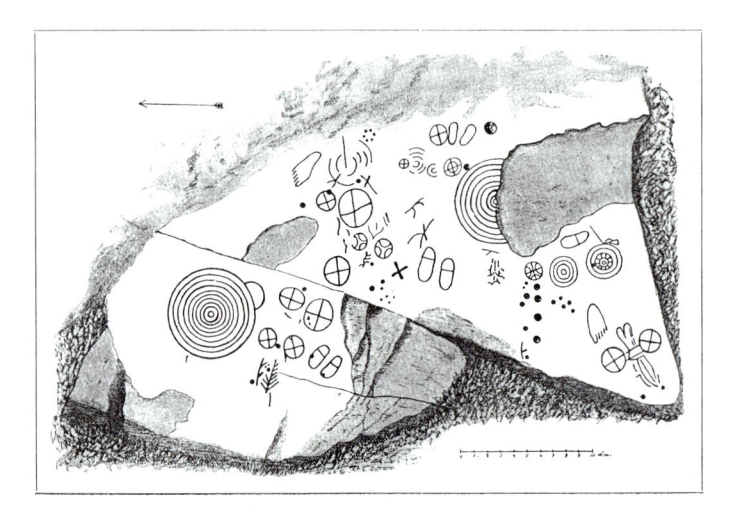

Abb. 4: Konzentrische Kreise und Räder sind die typischen Motive von Felsritzungen. Felsritzung aus Småland (Hjulatorp) (Zeichnung: Knut Kjellmark).

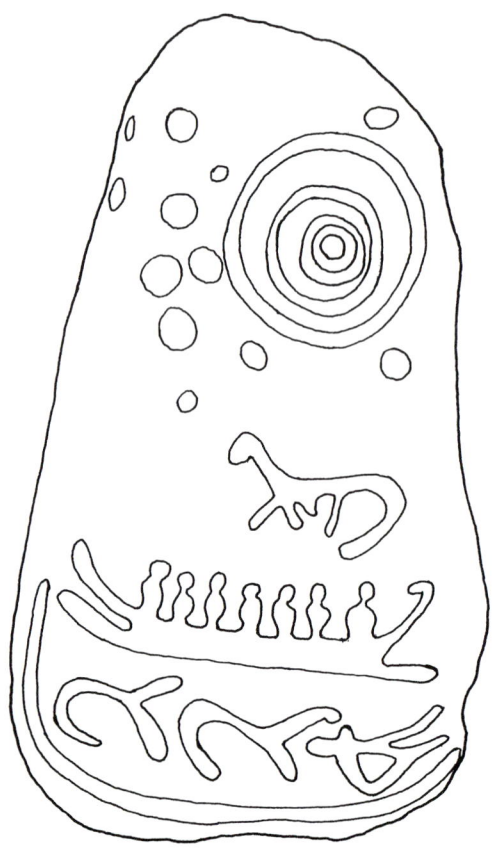

Abb. 5: Kreise und Räder treten häufig in Verbindung mit Schiffen auf. Felsritzung aus Klinta (Öland) (Zeichnung: Cecilia Bonnevier, SHM).

Tatsächlich sind konzentrische Kreise das geläufigste Motiv auf Schmuckgegenständen während der Periode IV[4]. Als Muster besaßen sie grundsätzlich eine öffentliche Funktion, aber bisweilen war ihr geheimer Symbolgehalt nur dem Eigentümer bekannt. In diesen Fällen wurden die konzentrischen Kreise oder Räder (Radkreuze) auf der Rückseite oder Innenseite von Schmuckstücken dargestellt, etwa auf Broschen[5]. Die Verwendung des Kreises als öffentliches wie privates Symbol lässt sich auch in anderen Kontexten finden.

So gehören Radkreuze und konzentrische Kreise zu den häufigsten Motiven von Steinritzungen auf flach hervortretenden Felsen in verschiedenen Teilen Schwedens. Sie sind in der Landschaft frei zugänglich (Abb. 4). Die Kreise sind in der Regel als eigenständige Motive dargestellt, treten aber auch in Kombination mit Darstellungen von Schiffen und Menschen auf[6] (Abb. 5). Für gewöhnlich werden die Kreise ober- oder unterhalb plaziert, in manchen Fällen auch am Achtersteven eines Schiffes, während ein Pferdekopf für den anderen Achtersteven steht. Auf den Felsritzungen ist das Radkreuzmotiv als Symbol für den Wagen zu finden, der von Pferden oder Ochsen gezogen wird.

Ähnliche Darstellungen stehen in Verbindung mit den Beisetzungspraktiken der Bronzezeit. Manchmal wurden die Motive auf bewegliche Felsstücke geritzt, die man in die Gräber legte, und die somit nur für die beigesetzte Person »sichtbar« waren. In Halland, der Fundgegend einer der beiden Goldschalen, wurden zwei solcher Felsstücke in Hünengräbern gefunden. Auf den Steinen sind vierspeichige Radkreuze dargestellt, und einer von ihnen weist zusätzlich die Darstellung eines Schiffes auf (Abb. 6). In einem der Hünengräber war die Urne mit der Asche des Verstorbenen auf den verzierten Fels gestellt. Dies weist darauf hin, dass die Vorstellung von der Reise nach dem Tode zum Glaubenssystem des späten Bronzezeitalters gehörte. Die gleiche Vorstellung könnte auch der Felsritzung in Boglösa (Uppland) zu Grunde liegen, die ein Schiff zeigt, das in oder aus einem konzentrischen Kreis fährt (Abb. 7).

In der frühen Bronzezeit taucht das Kreismotiv samt einer Sonnenscheibe bei zwei wohlbekannten Kultobjekten auf, die in Skandinavien gefunden wurden. So steht eine vergoldete Bronzescheibe, die mit konzentrischen Kreisen verziert ist und als Sonne gedeutet wird, über dem »Sonnenwagen« von Trundholm in Dänemark. Sie ist an einem Pferd aus Bronze befestigt und auf einen sechsrädrigen Wagen aus Bronze plaziert. Das Kultobjekt von Balkåkra, das im schwedischen Scania gefunden wurde, wurde kürzlich als Sonnenspiegel gedeutet[7]. Es handelt sich um eine bronzene Scheibe, die mit Zickzacklinien verziert ist und auf einer Konstruktion von zehn vierspeichigen Rädern ruht. Sonnenscheiben aus gepunzter, verzierter Goldfolie sind auch aus etlichen reich ausgestatteten Männergräber in Dänemark bekannt. Diese Sonnenscheiben werden in Verbindung mit einer sakralen Herrschaft gesehen, die in den Händen der höchstrangigen Männer einer Gemeinschaft während der frühen Bronzezeit lag[8].

Die erwähnte Kombination von konzentrischen Kreisen und Radkreuzmotiven mit Schiffen, Sonnenscheiben, Pferden und Wagen deutet an, dass diese als Symbole sowohl der Sonnenbewegung wie auch der Sonne selbst gedeutet werden müssen[9]. Diese Bedeutung war vermutlich so offensichtlich und natürlich, dass die Kreismotive allmählich zu abstrakten

Abb. 6: Die Darstellung auf dem beweglichen Felsen zeigt ein vierspeichiges Rad und ein Schiff. Fund aus einer bronzezeitlichen Grabstätte in Grimeton (Halland) (Zeichnung: Cecilia Bonnevier, SHM).

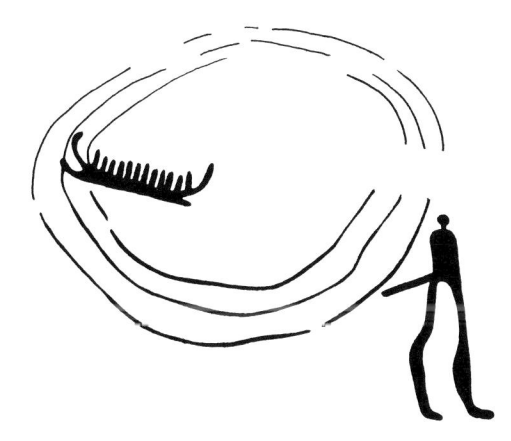

Abb. 7: Schiffsreise in oder aus einem konzentrischen Kreis. Felsritzung aus Boglösa (Uppland) (Zeichnung: ATA).

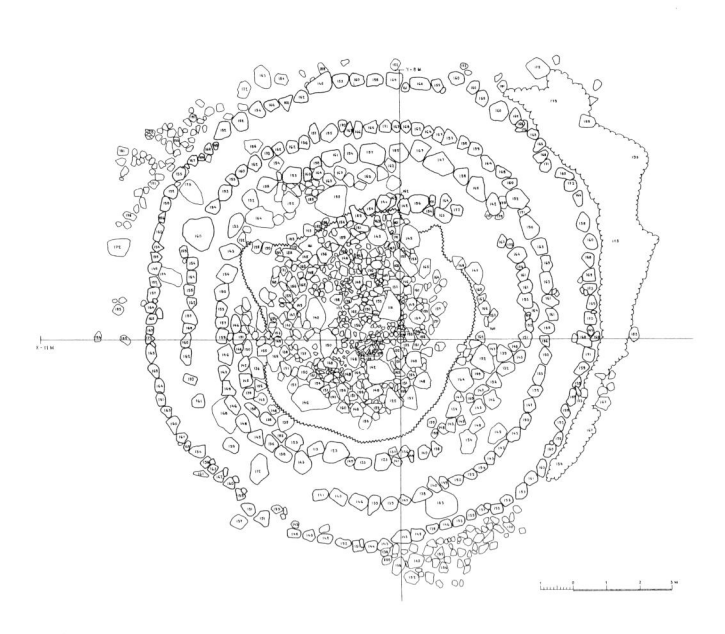

Abb. 8: Konzentrische Kreise umgeben die Feuerbestattung auf dem Boden innerhalb eines bronzezeitlichen Hünengrabes in Söndrum (Halland). Ansicht von oben (Zeichnung nach B. Björn Petersen 1969).

Zeichen in verschiedenen Kontexten reduziert werden konnten. Das zugrundeliegende Zeit- oder Glaubenssystem ist eher zyklisch als linear. So bedeutet der Kreis im weiteren Sinne den ewigen Kreislauf der Natur, der Götter und des neuen Lebens[10]. Vor dem Hintergrund eines solchen Glaubenssystems kann die Zusammenstellung einer bronzezeitlichen Grabausstattung erklärt werden. In den meisten Steinhügeln und Hünengräbern umgeben ein oder mehrere konzentrische Steinkreise (steinerne Einfassungen) die Feuerbestattung (Abb. 8). Steht man außerhalb des Grabes, kann man aufgrund der Füllsteine und der Torfdecke diese Kreise nicht wahrnehmen. Manchmal wurden sogar kleine Steinschiffe in den Aufbau einer Grabstätte eingefügt, die oft die Grenzen der Steinkreise überschreiten, wie etwa das Schiff auf der Felsritzung in Boglösa[11] (Abb. 7).

Bedeutung

Man nimmt an, dass die Gebiete, in denen die Goldschalen gefunden wurden, während der Bronzezeit relativ wohlhabend waren. Dies lässt sich an den zahlreichen Hünengräbern und Steinhügeln ablesen, die sich auf Berghügeln nahe dem Meer oder auf Anhöhen in fruchtbaren Anbaugebieten befinden. Sie sind mit einem Durchmesser von 25–30 m von gewaltiger Größe und werden als Grabstätten der regionalen Oberschicht während der ganzen Zeitspanne der Bronzezeit angesehen. Viele der Bronzeobjekte aus beiden Gebieten können in Verbindung zu Kultaktivitäten und Opferhandlungen gebracht werden. Auch wurden mehrere Schwerter hinterlegt, wovon eines senkrecht im Boden vergraben war. Die Menge an Bronze zeigen auch die beeindruckenden Sammlungen von Schmuckgegenständen für Frauen an, die in Schatzhorten gefunden wurden. Eine kleine Frauenstatuette aus Bronze, eine bronzene Lure, ein bronzenes Schild und die Halterung für einen Stab, der das Gesicht eines Vogelmenschen darstellt, stehen sehr wahrscheinlich in Verbindung mit heiligen Riten.

Die beiden Goldschalen und andere Importwaren wurden in die örtlichen Rituale eingeschlossen, die insgesamt mehr offizielle Ereignisse denn individuelle, private Opferhandlungen waren. Die Anführer des Kultes standen vermutlich in enger Verbindung mit den Eliten einer Gemeinschaft. Hochrangige Männer und Frauen, die Zugang zu »exotischen« Importobjekten hatten, waren durch ein weitgespanntes Allianz- und Tauschnetz mit anderen Teilen von Skandinavien und Europa verbunden. Alle importierten Objekte der späten Bronzezeit aus Blekinge und Halland stammten ursprünglich aus Dänemark, Norddeutschland oder Zentraleuropa, etwa der Hallstadt-Gegend. Die kostbaren Güter erreichten die beiden Regionen wahrscheinlich über die schwedische Küste. Die Goldschalen, die Schwerter und Schmuck- und Kultgegenstände wie Luren und Schilde waren wichtige Prestigeobjekte für die regionale Elite. Sie konnten als Machtsymbole sowohl in der religiösen wie der profanen Welt verwendet werden. In dieser Hinsicht mussten die seltenen Goldschalen magisch gewirkt haben. Indem man diese wirkmächtigen Objekte aus dem Warenumlauf nahm, konnten sie innerhalb der Gemeinschaft verwahrt werden, um gleichzeitig an einem heiligen Ort den Göttern geweiht zu werden.

Anmerkungen

Die Verfasserin dankt Jan Peder Lamm, ass. prof., für seine Hilfe und seine Vorschläge bei der sprachlichen Überarbeitung des Manuskripts.

1   Lars Jørgensen – Peter Vang Petersen: Guld, Magt og Tro. Gold, Power and Belief. Ausst. Kat. Nationalmuseum Kopenhagen. Kopenhagen 1998, S. 102.
2   Peter Schauer (Hrsg.): Die Goldblechkegel der Bronzezeit. Ein Beitrag zur Kulturverbindung zwischen Orient und Mitteleuropa (Monographien des Römisch-Germanischen Zentralmuseums, Bd. 8). Bonn 1986, Taf. 33–37.
3   Sverre Marstrander: Østfolds jordbruksristninger. Trondheim 1963, S. 273.
4   Oscar Montelius: Minnen från vår forntid, Bd. 1: Stenåldern och bronsåldern. Stockholm 1917.
5   Andreas Oldeberg: Det nordiska bronsåldersspännets historia (Kungliga Vitterhets Historie och Antikvitets Akademien, Handlinger, Bd. 38, Heft 3). Stockholm 1933.
6   Mats Malmer: A Chronological Study of North European Rock Art (Kungliga Vitterhets Historie och Antikvitets Akademien Handlinger, Antikvariska Serien, Bd. 32). Stockholm 1981.
7   Thomas B. Larsson: Materiell kultur och religiösa symboler (Arkeologiska studier vid Umeå Universitet, Bd. 4). Umeå 1997, S. 67. Anita Knape – Hans-Åke Nordström: Der Kultgegenstand von Balkåkra. Stockholm 1994.
8   L. Jørgensen – P. Vang Petersen (Anm. 1), S. 86.
9   Tobias Springer: Der Goldkegel von Ezelsdorf-Buch – ein Meisterwerk bronzezeitlicher Goldschmiedekunst. In: Götter und Helden der Bronzezeit. Europa im Zeitalter des Odysseus. Ausst. Kat. Nationalmuseum Kopenhagen u. a. Ostfildern-Ruit 1999, S. 176–181, S. 180.
10   Marie-Louise von Franz: The Process of Individuation. In: Carl G. Jung: Man and his Symbols, London 1964, 159–229.
11   Inger Hedengran: Skeppet i kretsen. In: Fornvännen, Bd. 85, 1990, S. 237.

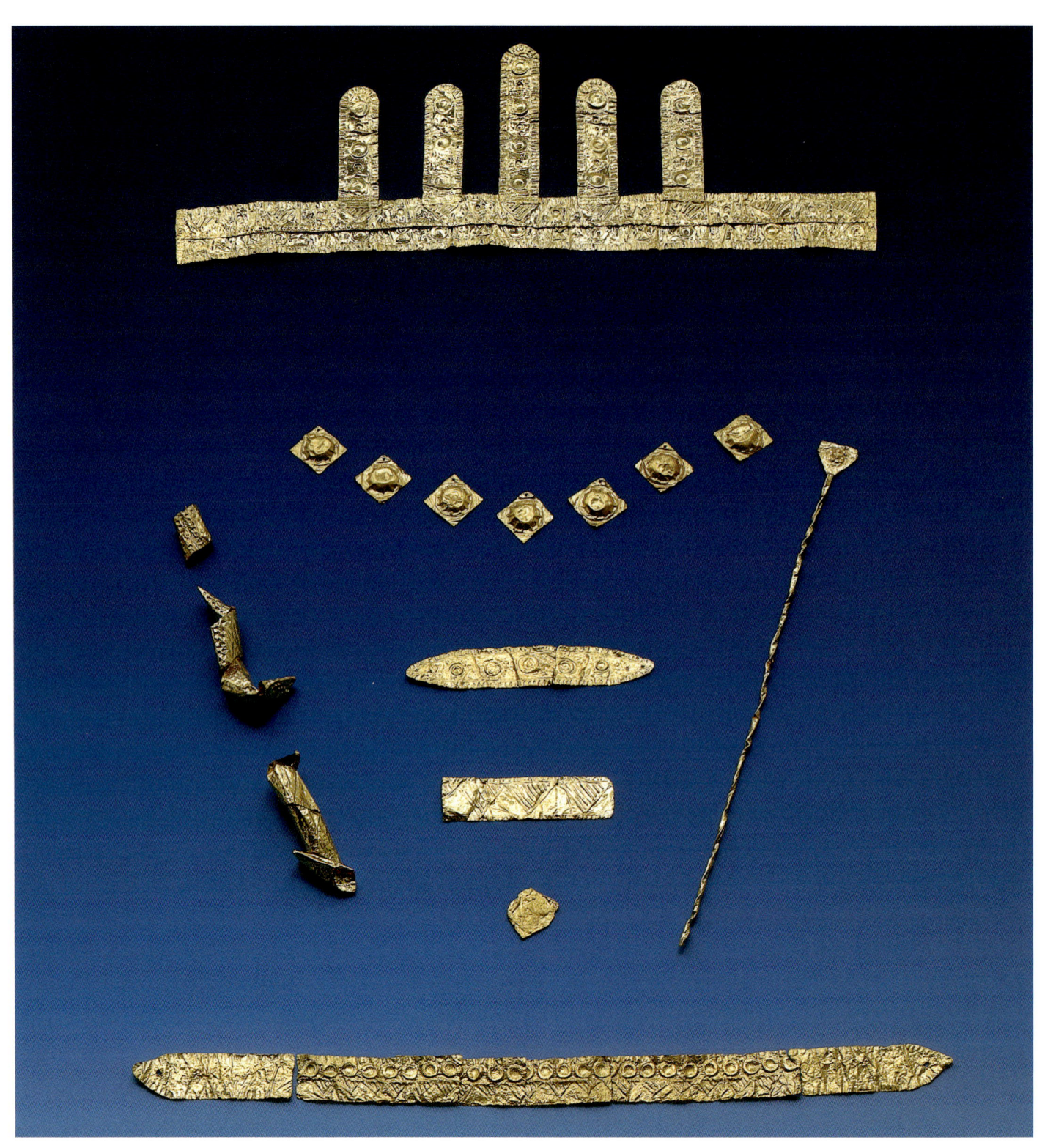

Abb. 1: Teile des Goldornates von Bernstorf, 15.–14. Jh. v. Chr.

Rupert Gebhard
Zwei Goldornate der Bronzezeit

Mit Goldappliken versehene Gewänder strahlen eine magische Wirkung aus. Noch heute spielen Goldornate bei kirchlichen oder weltlichen Zeremonien eine zentrale Rolle, um das Besondere der Person oder der Zelebration herauszustellen. Antike Goldornate sind meist nur unvollständig in Form des erhaltenen anorganischen Goldzubehörs überliefert. Nur selten gelingt es daher, ein Bild vom ursprünglichen Aussehen zu gewinnen, wie etwa beim sogenannten Goldenen Mann aus dem Issyk-Kurgan in Südkasachstan. Die hier vorgestellten Goldornate wurden im letzten Jahrzehnt des 20. Jahrhunderts in Bayern entdeckt, das erste durch Schatzsucher am Bullenheimer Berg, das zweite als Zufallsfund im Bereich einer wiederentdeckten bronzezeitlichen Burganlage nahe Freising. Obwohl beide Ornate ihrem Fundzusammenhang entrissen sind, lassen sich mit ihnen zwei ganz unterschiedliche Aspekte zur Verwendung von Goldornaten in der mitteleuropäischen Bronzezeit darstellen.

Der Goldfund von Bernstorf

Nur einem glücklichen Zufall verdankt der Goldfund von Bernstorf seine Erhaltung (Abb. 1). Er wurde im Jahre 1998 nach Rodungsarbeiten im Bereich einer bronzezeitlichen Burg durch einen Hobbyarchäologen entdeckt. Die Stücke wurden zwischen Wurzelstöcken gefunden, die nach einer Rodung von einer Schubraupe auf einem großen Haufen zusammengeschoben waren. Die Bernstorfer Burganlage bestand aus einer massiv aus Holz gebauten Befestigung mit vorgelagertem Graben. Die gesamte Befestigung, dendrochronologisch datiert in die Zeit um 1370 v. Chr., ist offenbar bald nach ihrer Errichtung in einem verheerenden Feuer abgebrannt. Über die innere Gliederung ist aufgrund des in diesem Bereich jahrelang unbeobachteten Kiesabbaus nichts bekannt. Bei amtlichen Grabungen im Umfeld der Fundstelle in den Jahren 2001/2002 konnte festgestellt werden, dass sich offenbar unmittelbar hinter dem Wall verschiedenartige Deponierung befunden hatten. Die Fundstelle liegt innerhalb der Siedlung an ihrer höchsten Erhebung, setzt sich topographisch also deutlich von dem übrigen Siedlungsareal ab.

Die geborgenen Goldbleche stellen eine nahezu vollständige Tracht-Ausstattung der Bronzezeit (15.–14. Jahrhundert v. Chr.) dar, mit Kopfschmuck, Brustschmuck, Gürtel und Nadel. Sie besteht im einzelnen aus sechs Teilen eines unvollständigen Goldblechgürtels, einem diademartigen Goldblech (Gewandverschluss oder Brustschmuck), sieben Anhängern, einem Goldblechfragment (Armband?), einem dick zusammengefalteten Goldblech (Votivgabe?), drei Goldblechteilen von einer Stabumwicklung, einer Nadel aus Goldblech mit Plattenkopf und einem großen kronenartigen Diadem aus Goldblech mit fünf Aufsätzen. Im Bereich der Goldbleche gefunden wurden des weiteren sechs durchbohrte Bernsteinstücke, die zweifelsohne zu dem Fundkomplex gehörig sind.

Die Ausstattung wurde als komplettes Ensemble aus einzelnen, 2,5 cm breiten Blechen gefertigt, mit einem Gesamtgewicht von nur 140 g. Im Gegensatz zu den spätbronzezeitlichen mitteleuropäischen Goldfunden wurden bei der Herstellung keine Metallpunzen verwendet. Die Art der Eindrücke lässt auf Knochen- oder Holzwerkzeuge schließen. Das verwendete Gold ist nahezu rein, es enthält Kupfer und Zinn lediglich mit einem Anteil von jeweils unter 0,5%, Silber von unter 0,2%. Da solches Gold in der Natur nicht vorkommt, muss es geschieden worden sein. Dieser Prozess ist in der Antike belegt als sogenanntes Zementationsverfahren mit Salz. Dabei handelt es sich um einen Glühprozess der Gold-Silberlegierung mit verschiedenen Zusätzen, vor allem mit Kochsalz. Die Scheidung erfolgt durch die Bildung von Silberchlorid (AgCl). Das Verfahren ist in der Antike für den ägyptischen und ägäischen Bereich bezeugt. Die ältesten Belege finden sich nach den Metallanalysen von Axel Hartmann (SAM) bei einem Dolchgriff aus Mykene und bei wenigen importierten mitteleuropäischen Stücken. Jüngst zeichnet sich ab, dass das Zentrum für die Erfindung dieses Läuterungsverfahrens möglicherweise in Ägypten zu suchen ist. Als ältestes untersuchtes Beispiel kann dort nun der sogenannte »Echnaton-Sarg« aus KV55 genannt werden. Sein Befund zeigt einen engen zeitlichen Bezug zum Fund von Bernstorf und unterstützt eine Herkunft der Rohbleche aus dem östlichen Mittelmeerraum.

Muss für die Rohbleche des Bernstorfer Goldes aufgrund der in Mitteleuropa fremd erscheinenden Raffinationstechnik ein Import angenommen werden, so ist die Fertigstellung und Verzierung nur vor dem Hintergrund des heimischen Motivschatzes erklärbar. Obwohl am benachbarten Domberg von Freising durch den Fund eines zur Golddrahtherstellung verwendeten Steines Goldverarbeitung nachgewiesen ist, kommt als Herstellungsregion ein weiter nach Osten bis in den mittleren Donauraum reichendes Gebiet – verwiesen sei auf Siedlungen vom Typ Spišský Švrtok – in Frage, wo zugleich, ebenso wie in Istrien (etwa Mokondonja), eine sekundäre Vermittlung des mykenischen Gedankengutes möglich ist. Solches ist für die Entstehung des Bernstorfer Ensembles vorauszusetzen, da eine einheimische Tradition nicht denkbar erscheint. Zu erwähnen ist hier vor allem das große Diadem, das der Idee der mykenischen Diademe entspricht und auf die Hochkulturen des östlichen Mittelmeerraumes und des Vorderen Orients zurückgeht. Die ältesten frühbronzezeitlichen Diademe aus Gold- und Silberblech stammen aus Kreta und von den Kykladen. Zugleich kennt man aus der frühen Bronzezeit auch aus Kleinasien, Anatolien, dem Vorderen Orient und Ägypten die Verwendung dieses Kopfschmucks. Spektakuläre Beispiele sind die Diademe aus dem berühmten Schliemannschen Schatz aus Troja. Aufgrund der hohen Mittelbereiche vermutet man, dass sie an einem textilen Träger befestigt waren oder der Verzierung von Kultfiguren dienten.

Die Analyse des Bernstorfer Fundkomplexes ergab, dass es sich nicht um eine Grabausstattung handelt. Auch die Verwendung als Zeremonialgewand für einen Priester oder Herrscher scheidet aus, da die Bleche und insbesondere die Nadel so fragil sind, dass sie, selbst wenn sie auf einen Untergrund aufgenäht sind, bei der geringsten Bewegung zerstört würden. Am wahrscheinlichsten handelt es sich um die Reste einer ursprünglichen Trachtausstattung eines lebensgroßen Kultbildes. Brandspuren auf dem Gold und der verkohlte Holzstab deuten darauf hin, dass die Reste des Gewandes nach einem Brandereignis vergraben wurden. Unterstützung findet diese Erklärung in der Tatsache, dass nach den Grabungsbeobachtungen vor der Niederlegung sämtliche Teile zusammengefaltet und einzeln mit einem Ton-Sandgemisch ummantelt wurden, also eine nochmalige rituelle Behandlung erfuhren.

Vorbilder für lebensgroße Kultbilder lassen sich im mykenisch-minoischen Bereich finden, abstrakte Skulpturen, zu denen auch nicht mehr erhaltene Holzobjekte zu zählen sind. Bis in archaische Zeit bleiben im griechischen Raum einfache pfeilergestaltige Kultbilder aus Holz oder Stein neben anthropomorphen in Gebrauch, an denen Objekte aus anderem Material, Gesichter, Füße, Locken, angebracht werden konnten. Wie später die klassischen figürlichen Kultbilder, wurden sie mit vornehmen geweihten Gewändern bekleidet.

Die bereits bei der Erstpublikation festgestellten mykenischen Beziehungen lassen sich durch zwei, im Herbst 2000 nur wenige Meter von dem Goldfund entfernt gefundene Bernsteinstücke mit Gravierungen untermauern. Eines stellt ein Siegel dar, auf dem drei Zeichen in Linear B-Schrift eingraviert sind. Die Zeichengruppe »pa-nwa-ti« bzw. im Abdruck »ti-nwa-pa« ist bislang noch nicht in Texten belegt. Es handelt sich wahrscheinlich um einen Namen, denkbar ist aber auch eine Verwendung der Schrift im Sinne magischer Zeichen. Die Bernsteinfunde belegen zusammen mit der Entdeckung des Goldfundes einen intensiven Kulturkontakt Südbayerns zum mediterranen Raum, speziell auch zum mykenischen Kreis. Ob es sich dabei um einen direkten Kontakt handelt oder von einem Sekundärzentrum etwa an der mittleren Donau oder der oberen Adria auszugehen ist, muss offen bleiben. Von dem damit verbundenen Gütertausch ist noch wenig bekannt. Bernstein, das Gold des Nordens, war ebenso wie Birkenpech nur eines von vielen Handelsobjekten aus organischem Material, die auch im Süden begehrt waren.

Trotz der derzeit noch schlechten archäologischen Quellenlage in Bernstorf lassen sich die Faktoren, die zum Zustandekommen des Ensembles (Goldornat und vermutetes Kultbild) ausschlaggebend sind, fassen: die Siedlung lag an einer verkehrsgeographischen Schlüsselstelle, eine zentrale Organisation lässt sich durch den Bau der Stadtmauer erschließen, es bestanden eindeutige Fernkontakte in den mediterranen Bereich. Da der Gebrauch von Schriftzeichen im heimischen bronzezeitlichen Milieu ebenso wie das vermutete, mit einem Ornat bekleidete Kultbild als vollkommen fremd erscheinen, kann man mit der Anwesenheit einer Fremdbevölkerung in der bronzezeitlichen Siedlung von Bernstorf rechnen.

Das Ornat vom Bullenheimer Berg

Das Ornat vom Bullenheimer Berg stellt dagegen eines der seltenen Beispiele einer spätbronzezeitlichen Zeremonialtracht dar (Abb. 2). Sie besteht aus zwei »Diademen«, sechs ursprünglich entlang des Randes aufgenähten Buckeln und sechs Schleifenringen. Obwohl die Bergung bei einer Raubgrabung geschah, lässt sich nachvollziehen, dass die Funde nicht im Trachtverband niedergelegt waren. Die Goldobjekte waren als Teil eines Schatzes in einem Behälter vergraben worden. Durch Abdrücke auf den Buckeln ist erkennbar, dass diese zu einer Art Kugel zusammengesteckt waren, über die außen die Schleifenringe gestreift waren. Da durch die in der Urnenfelderzeit herrschende Brandbestattung auch für mögliche Vergleichsobjekte keine Trachtlagen bekannt sind, bleiben als Anhaltspunkte für die ehemalige Verwendung nur die Form der Objekte und ihre Befestigungsvorrichtungen. Die zwei »diademartigen« Bleche wurden sicher nicht als Kopf, sondern als Brustschmuck getragen. Sie entsprechen gut dem kleinen Blech von Bernstorf. Die sechs Buckel und die Schleifenringe könnten dagegen zu einer Art Haube gehört haben, über deren Aussehen es jedoch keinerlei Anhaltspunkte gibt.

Im Gegensatz zu dem Komplex von Bernstorf stellt der Komplex vom Bullenheimer Berg ein gebrauchsfertiges Ensemble dar. Sämtliche Schmuck- und Besatzstücke sind so

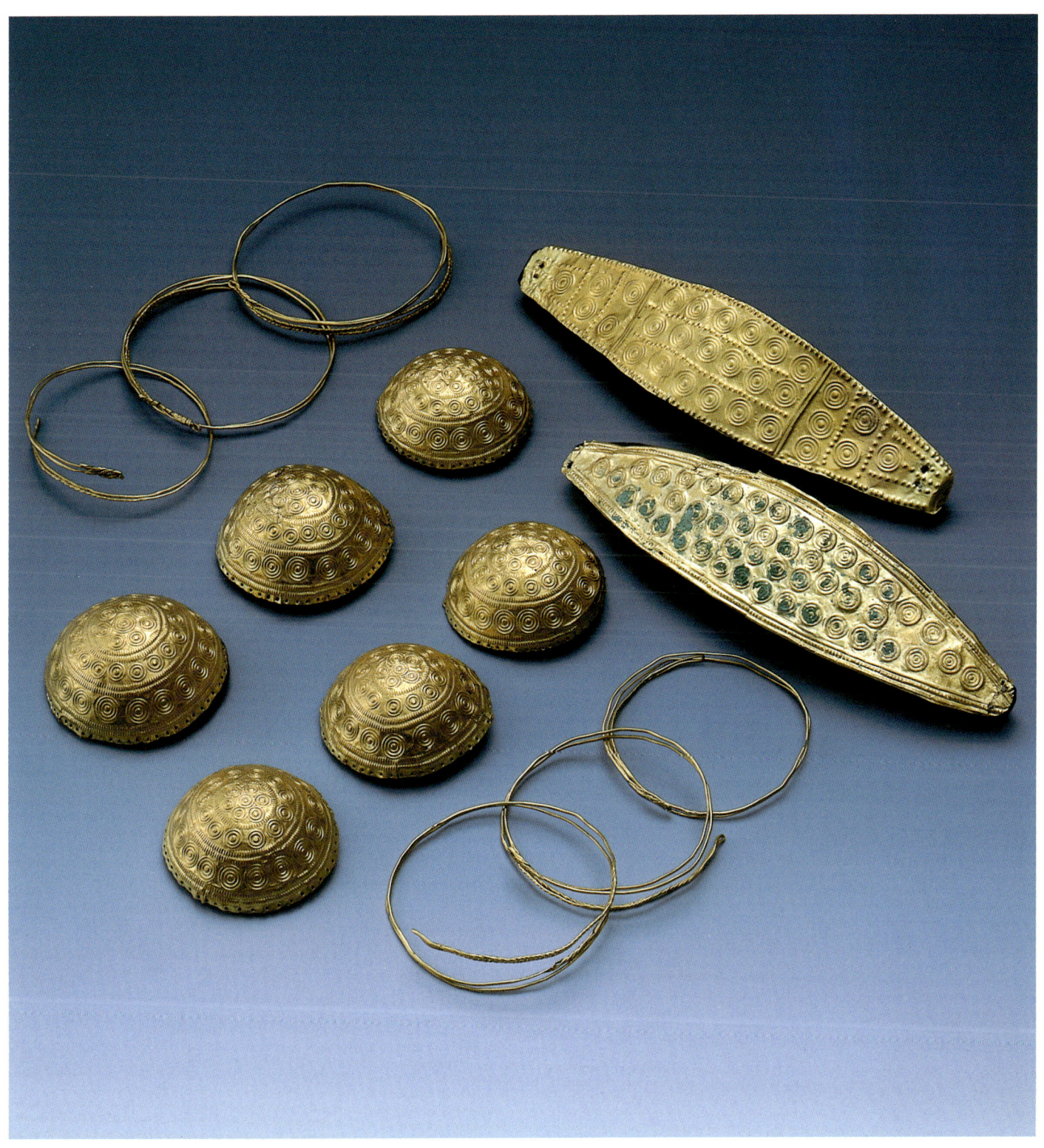

Abb. 2: Das Ornat vom Bullenheimer Berg, 12.–9. Jh. v. Chr.

stabil gearbeitet, dass sie ohne weiteres als Bestandteile eines Zeremonialgewandes getragen werden konnten. Besonders anschaulich wird dies an den Brustblechen, die beide an der Rückseite durch ein stabiles Bronzeblech verstärkt sind. Unklarheiten bleiben bei der Rekonstruktion der Trageweise der einzelnen Objekte. So kann bei den sechs Buckeln nur vermutet werden, dass sie einst auf eine Kopfbedeckung aufgenäht waren, vielleicht gehörten sie auch zu einem Umhang. Der Goldschatz wurde in einem vergrabenen Tongefäß gefunden. Unter dem Gold lagen noch Bronzegeräte und Bronzeschmuck. Der Schatzfund wurde 1989 von Schatzsuchern mit einem Metalldetektor entdeckt, anschließend illegal ausgegraben und mehrfach weiterverkauft. Nach umfangreichen Recherchen konnten die Funde schließlich über den Kunsthandel erworben werden. Ein Zusammengehörigkeitsnachweis des Goldes und des Schatzbehälters gelang durch naturwissenschaftliche Analysen.

Der Funktionszusammenhang des Ornates vom Bullenheimer Berg wird verständlich, wenn man die Struktur der Siedlung betrachtet. Der Bullenheimer Berg hatte die Funktion eines urnenfelderzeitlichen Zentralortes mit Elementen eindeutig städtischen Charakters: Anwesenheit von Herrschaft, Anwesenheit eines Kultzentrums, Bevölkerungskonzentration mit Gemeinschaftswerken (Umwehrung), Vorhandensein eines Zentrums der Bronzemetallurgie, strukturierte Agrarproduktion im Umland. Vor dem Hintergrund dieser Gesamtsituation erscheint das Vorkommen eines Prunkornates eine vage Vorstellung zu vermitteln, wie die zugrundezulegende soziale Ordnung durch entsprechende Zeremonien aufrechterhalten wurde.

Die Bedeutung der Goldornate
Die Entstehung von Goldornaten, sei es vom Typus »Bernstorf« oder vom Typus »Bullenheimer Berg«, wird verständlich, wenn man die Traditionskette in Erinnerung ruft, mit der Gold verbunden ist. Als eines der außergewöhnlichsten Materialien, die in der Vorgeschichte bekannt sind, war Gold stets in ein besonderes Beziehungsgeflecht eingebunden. Aufgrund seiner Seltenheit begegnet uns Gold zunächst überwiegend im religiösen Bereich. Schamanen nutzten es für den Kontakt mit den Geistern, Priesterhäuptlinge zur Darstellung ihrer selbst und ihres göttlichen Wesens. Gold wird durch keine anderen in der Antike bekannten Stoffe angegriffen oder zerstört. Es gilt als unzerstörbar, entzieht sich dem Kreislauf der Dinge, des Werdens, Seins und Vergehens. Es wurde daher zum Zeichen der Ewigkeit und spielte im Totenbrauchtum der Führungselite eine wichtige Rolle. Das treffendste Beispiel bildet die Bedeckung des Gesichtes mit Gold, die Bewahrung eines Antlitzes für die Ewigkeit. Die Beispiele für diesen Ritus haben aufgrund ihrer Expressivität weite Berühmtheit erlangt, etwa die Goldmaske des Pharaos Tutanchamun (18. Dynastie, etwa 1347–1339 v. Chr.) oder die des sogenannten »Agamemnon«, jenes unbekannten mykenischen Priesterfürsten, der von Heinrich Schliemann irrtümlich für den Helden Homers gehalten wurde.

In den Schachtgräbern von Mykene fanden sich insgesamt sechs goldene Masken für Erwachsene, alle offensichtlich Männerbestattungen zuzuordnen. In gleichem Zusammenhang sind die zwei Kinderleichen zu nennen, bei denen neben dem Kopf auch der ganze Körper und die Gliedmaßen mit Goldblechen bedeckt waren, gleichsam durch eine goldene (Gewand-)Hülle. Diese Vorstellungen können von älteren Glaubensvorstellungen aus Ägypten beeinflusst gewesen sein. Dort galt gemäß der Überlieferung in einem Totentext der Ausspruch: »Gold ist die Haut der Götter«. Als Folge dieser Vorstellung wurden einerseits tatsächlich hölzerne Götterfiguren mit einer Haut aus Gold überzogen, andererseits diente die Zurschaustellung von Gold in der Umgebung des Pharaos der Unterstreichung seiner besonderen Stellung als Gottkönig.

Gold hatte eine wichtige Bedeutung zu Lebzeiten, was im Totenritual seinen Höhepunkt fand. Die Bedeckung des Leichnams mit Gold, die Einhüllung in einen Sarg, der mit einer Haut aus Gold überzogen war – all dies gehörte zum Ritual, das die Umwandlung des irdischen Körpers in ein göttliches Wesen vollzog. Die Verwendung von Gold im Totenkult ist somit nicht nur die Demonstration des königlichen Glanzes, sie bedeutet völlige Loslösung vom Irdischen und die endgültige Erhebung in das Göttliche. Dabei spielten immer zwei weitere Aspekte eine Rolle: zum einen wohnte Gold nach der Vorstellung der Menschen eine besondere Kraft, eine Stoffheiligkeit, inne, zum anderen war Gold das Zeichen für die Sonne. Der Glanz der Sonne barg eine besondere Bedeutung für den Menschen. Das Tagesgestirn, Quell allen Lebens, war stets Gegenstand höchster Verehrung. Es war selbst der höchste Gott oder seine intensivste Darstellungsform. Als Material für die Darstellung der Sonne wurde Gold gewählt, ihre Zeichen waren der Kreis und das Rad, Sinnbilder ihrer täglichen Wiederkehr.

Die Schaffung einer Bekleidung aus Gold für zeremonielle Handlungen ist eine logische Folge aus den vorangehenden Erläuterungen über die Symbolkraft des Goldes. Das Anlegen eines goldenen Ornates umfasst zwei Aspekte: die Darstellung des Wohlstandes der Führungsschicht und die Verwandlung des Trägers in ein sonnenglänzendes Wesen, das die Schwelle vom Diesseits zum Jenseits überschreiten konnte. Es scheint, dass Ornate mit übersteigertem Goldprunk gerade dort auftreten, wo die weltliche Macht durch den religiösen Anspruch gerechtfertigt wird. Lässt man Südamerika außer acht, wo sich starke Argumente für eine Verwendung des Goldes als Ausdruck der Priesterherrscher finden lassen, so müssen hier besonders das pharaonische Ägypten, das Zweistromland und das mykenische Griechenland angeführt werden.

Die Funde von Mykene betonen vor allem den Aspekt des Totenrituals. Sowohl die Goldmasken als auch die Golddiademe aus den Schachtgräbern von Mykene sind in übernatürlicher Größe angefertigt und entfalten im Totenritual eine starke Schauwirkung. Sie sind deutlich unterscheidbar von den persönlichen Beigaben, die sowohl im Diesseits als auch im Jenseits benutzt werden können. Die Toten, schon zu Lebzeiten den Göttern nah, verwandeln sich durch das Anlegen des goldenen Totengewandes während der Bestattungszeremonien in übernatürlich groß erscheinende, goldglänzende Wesen und entrücken damit endgültig ihrer rein weltlichen Funktion.

Die genannten Beispiele sollen eine Vorstellung geben für die möglichen Verwendungen von Goldornaten in der mitteleuropäischen Bronzezeit. Deren Kenntnis ist zur Zeit noch gering, da sie zumeist aus Opferfunden stammen und dadurch einem Funktionszusammenhang, wie er bei einem Grabfund vorläge, entzogen sind. Der Fund vom Bullenheimer Berg wird sicher mit der zeremoniellen Darstellung einer religiös-weltlichen Elite in Zusammenhang zu sehen sein. Er stellt nur einen Ausschnitt der möglichen Bestandteile von Ornaten dar, zu denen ebenso die Goldhüte als zeremonielle Kopfbedeckungen wie auch andere Objekte gehören können, etwa überliefert in Gestalt des Goldcapes von Mold. An den Körper angelegt, fesselte dieses regelrecht die Oberarme der Person. Falls diese Objekte tatsächlich von Personen getragen wurden, mussten auch deren Bewegungen dem Betrachter ganz außergewöhnlich vorgekommen sein. Einen anderen Aspekt vermittelt dagegen der Goldfund von Bernstorf. Seine fragilen Goldbleche führen zu dem Schluss, dass sie einst auf einem Gewand befestigt waren, das nicht von einem Menschen getragen wurde, sondern mediterranen Vorbildern entsprechend als Bekleidung eines Kultbildes diente.

Abb. 4: Wehringen »Hexenbergle« (Lkr. Augsburg). Die Goldschale, Ansicht von unten.

Hilke Hennig

Die Goldschale aus Grabhügel 8 von Wehringen

Fundsituation und Zeitstellung

Die Goldschale aus Grabhügel 8 von Wehringen(-Bobingen) »Hexenbergle« (Landkreis Augsburg)[1], stammt aus einer in mehrfacher Hinsicht bemerkenswerten hallstattzeitlichen Grabanlage: Es handelt sich um das Grab eines erwachsenen Mannes von offensichtlich gehobenem sozialen Rang, dessen Asche auf einem vierrädrigen Wagen in einer geräumigen Kammer im größten Tumulus der ehemals mindestens 23 Grabhügel umfassenden Nekropole niedergelegt worden war. Dank glücklicher Umstände blieb dieser Grabhügel über die Jahrtausende hinweg sowohl von antiker wie auch von neuzeitlicher Plünderung und sogar von den im 19. und zu Beginn des 20. Jahrhunderts am Fundplatz durchgeführten archäologischen Ausgrabungen verschont. Seine Öffnung erfolgte erst 1961 im Rahmen einer mit modernen Mitteln durchgeführten Rettungsgrabung des Bayerischen Landesamtes für Denkmalpflege, wobei nicht nur ein ungewöhnliches und reiches Grabinventar, sondern auch im feuchten Boden erhalten gebliebene Holzfragmente der aus Eichenbalken gezimmerten Grabkammer und des in der Kammer aufgestellten Wagens geborgen werden konnten[2].

Zum Grabinventar zählen neben dem Wagen ein Schwert mit Ortband, das Fragment eines Eibenholzbogens sowie ein 23-stückiger Geschirrsatz, welcher zwei Prunkschalen, eine Hutschale, acht mittelgroße Schalen sowie vier als Getränkebehälter dienende Kegelhalsgefäße mit Deckel und innenliegendem Schöpfbecher einschließt. Alle Gefäße bestehen aus Ton, mit Ausnahme des Goldschälchens, welches innerhalb eines der Getränkebehälter lag (Abb. 1). Es scheint in gleicher Weise die Funktion eines Trink- oder Schöpfgefäßes besessen zu haben wie die drei anderen, jeweils in gleicher Fundsituation innerhalb der Kegelhalsgefäße angetroffenen Keramikschälchen, von welchen es sich – vom Material einmal abgesehen – in Form und Größe nur wenig unterscheidet (Abb. 2).

Die altertümlich wirkende Ausstattung des Wehringer Grabes 8, insbesondere der Wagen mit den bronzenen Beschlägen, die sich eng an Formen der urnenfelderzeitlichen Bad Homburg-Gruppe anlehnt, das bronzene Griffzungenschwert vom Typ Gündlingen mit dem nachenförmigen Ortband sowie die zum Teil noch deutlich in urnenfelderzeitlicher Tradition stehende Keramik bescheinigen dem Grab eine Stellung innerhalb des frühesten Abschnitts der Hallstattzeit. Das Inventar in dieser speziellen Typenzusammensetzung wurde für Christopher Pare zum Auslöser für seine Definition des Zeithorizontes »Wehringen« als einer zwischen dem Ende der Urnenfelderzeit und dem ersten Auftreten der eisernen Hallstattschwerter gelegenen Zeitphase[3]. Die relativ-chronologische Einschätzung Pares fand wenige Jahre später glänzende Bestätigung durch die vom Jahrringlabor des Botanischen Instituts der Universität Hohenheim erzielte Bestimmung des Fälldatums der im Grab enthaltenen Hölzer in das Jahrzehnt zwischen 778 +/- 5 v. Chr.[4]

Bei aller Traditionsgebundenheit vereint das Wehringer Grab in sich alle Kriterien, die nach allgemeinem Verständnis die Bestattung einer hochrangigen Persönlichkeit der frühen Hallstattzeit kennzeichnen: die Einzelbestattung unter einem Erdhügel, die Leichenverbrennung, der regelhafte Grabbau mit der geräumigen, aus Holz gezimmerten, ebenerdig und in Nordsüdausrichtung angelegten Grabkammer, die Beigabe des vierrädrigen Wagens, des Schwertes und die geregelte Aufstellung des aus bestimmten Typen bestehenden Standardgeschirrsatzes. Die Fundobjekte spiegeln heimische Verwur-

Abb. 1: Wehringen »Hexenbergle« (Lkr. Augsburg). Detail des Geschirrsatzes aus Grabhügel 8. In der Bildmitte ein Kegelhalsgefäß, in dessen Innerem das Goldschälchen (nach H. Hennig 2001, Abb. 138).

Abb. 2: Wehringen »Hexenbergle« (Lkr. Augsburg). Der Geschirrsatz aus Grabhügel 8 (nach H. Hennig 2001, Abb. 16).

Abb. 3: Wehringen »Hexenbergle« (Lkr. Augsburg). Die Goldschale.

zelung wider, offenbaren aber gleichzeitig weitreichende überregionale Verbindungen. Das Grab nimmt eine Schlüsselposition in der Beurteilung der frühen Eisenzeit ganz Mitteleuropas ein.

Die Goldschale

Die Wehringer Goldschale ist ein Unikat. Sie besitzt eine flachkalottenförmige Form mit einem Randdurchmesser von 9,1 cm und einer Höhe von 3,5 cm (Abb. 3). Die Wandstärke beträgt 0,02 mm im Mittelwert[5]. Das Metall setzt sich Au 78,8; Ag 16; Cu 5; Pt 0; Pb 0,009; Sn 0,17; Ni 0,01 zusammen[6]. Der Kupferanteil von 5% ist auf absichtliche Legierung zurückzuführen, während die anderen Bestandteile naturgegebene Beimengungen darstellen. Entgegen hartnäckig in der Literatur erscheinender falscher Gewichtsangaben, die sogar in allerjüngsten, ausdrücklich mit der Genese und der technischen Herstellung prähistorischer Goldobjekte sich befassenden Publikationen wiederkehren[7], wiegt die Schale nicht etwa 38, sondern lediglich 3,772 Gramm. Sie ist in einem Stück getrieben. Die seidenpapierdünne Wandung ist rundum mit eingepunzten Ornamenten verziert.

Den Gefäßboden bildet ein nach oben gewölbter, von drei konzentrischen Rillen umgebener Mittelbuckel, die aufsteigende Wandung wird durch acht, jeweils etwa 8 mm auseinanderliegende, umlaufende Treiblinien gegliedert (Abb. 5). Die Zwischenfelder sind jeweils mit einer Reihe dicht gesetzter Kreisaugen gefüllt, wobei im innersten Feld an einer Stelle eine Unausgewogenheit im Abstand der Treibrippen durch Verdoppelung der Kreisaugenreihe ausgeglichen wurde (Abb. 4). Den Rand des Schälchens umziehen drei Reihen umlaufender Punktbuckel, wobei die beiden äußeren Reihen von innen nach außen, die mittlere Reihe von außen nach innen eingedrückt sind.

In seiner Dünnwandigkeit unterscheidet sich das Wehringer Goldgefäß von allen bisher bekannten bronze- und hallstattzeitlichen Schalen, welche auch in ihrer zierlichsten Ausführung ein Gewicht von mindestens 25 g, in der Regel aber von 50 bis 100 g oder mehr auf die Waage bringen[8]. Unklar bleibt, ob es sich bei dem Stück um eine echte »Schale« oder um die »Plattierung«[9] bzw. das Futter eines Gefäßes aus organischem Material (Holz?) handelt[10]. Eine eigentliche »Schauseite« besitzt das Gefäß nicht. Trotz ihrer minimalen Wandstärke ist die Schale standfest, relativ robust und auch ohne stützende Vorrichtung durchaus hantierbar. Zum tatsächlichen Gebrauch – dem Schöpfen einer Flüssigkeit – dürfte sie indes kaum getaugt haben.

Zur Herstellungsweise

Als Rohmaterial für die Herstellung der Goldschale genügte ein Goldklümpchen von knapp Fingernagelgröße. Laut mündlichem Gutachten des Graveurs und Stempelschneiders Eugen Wankmüller wurde der Schrötling zunächst wohl auf einer planen Fläche ausgehämmert und gestreckt, ein Arbeitsvorgang, der zur Erhärtung des Blechs führte und vermutlich durch mehrfaches Erhitzen des Metalls unterstützt wurde. Auf dem Röntgenbild sind deutlich die Schlagspuren zu erkennen (Abb. 6). Möglicherweise erzielte man beim Aushämmern auch bereits

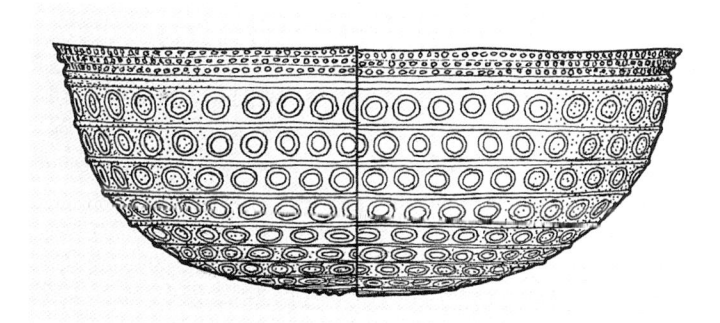

Abb. 5: Die Goldschale aus Grabhügel 8 von Wehringen »Hexenbergle«. Links: Profil mit Innenansicht. Rechts: Außenansicht (Zeichnung nach H. Hennig 2001, Abb. 17).

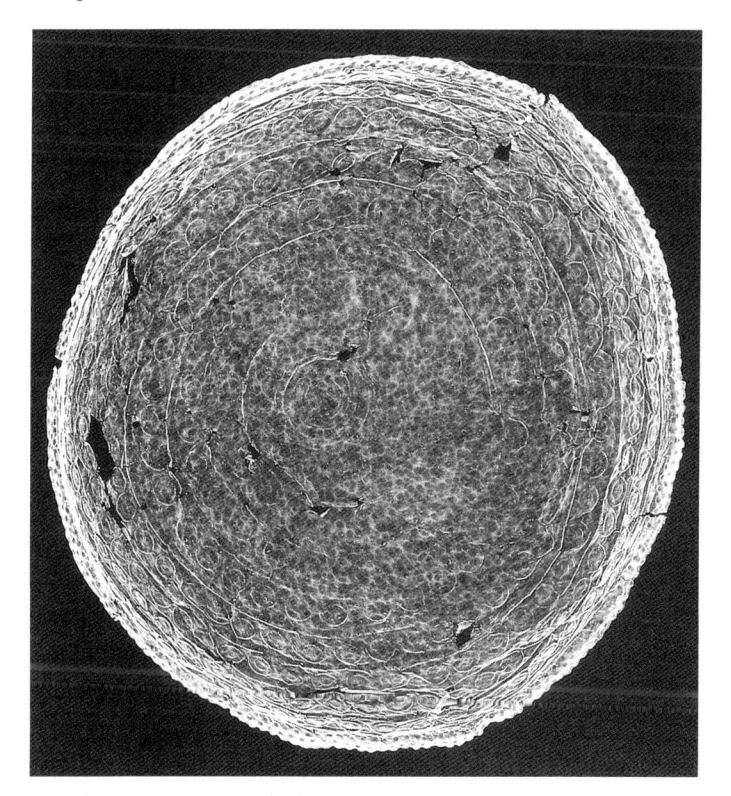

Abb. 6: Röntgenaufnahme der Goldschale aus Grabhügel 8 von Wehringen »Hexenbergle« (nach H. Hennig 2001, Abb. 18).

eine Wölbung des Blechs. In einem weiteren Arbeitsvorgang wurde das weichgeglühte Goldblech in eine Formschüssel passender Größe mit glatter, fugenloser Oberfläche gedrückt. Die Einkittung erfolgte mit Hilfe eines weichen Materials (Pech?). Der Rand wurde vermutlich mit einer Schere glattgeschnitten.

Die anschließende Anbringung des Dekors erfolgte durch überwiegend von innen nach außen angebrachte Punzierung. Die hierbei verwendeten Geräte könnten aus Hartholz bestanden haben. Die an mehreren Stellen im Verlauf der feinen Rippen bzw. Rillen erkennbaren Ansatzstellen lassen die Verwendung zweier feiner, in der Größe geringfügig voneinander abweichender Punzen mit schmalem Kopf erkennen. Im Zuge der Ausführung setzte man das Werkzeug immer wieder nach und strich die Rille nachträglich glatt. Zum Eindrücken der Kreisaugen verwendete man wiederum zweierlei feine, in ihrer Größe geringfügig voneinander abweichende Punzen. In der Mitte eines jeden Kreisauges drückte man eine glatte Erhebung heraus, auch hier unter Verwendung zweier Punzen von minimalem Größenunterschied. Der Punzvorgang verlieh dem Gefäßkörper eine gewisse Spannung und Widerstand und bewirkte zugleich auch die Aufwölbung des kleinen Omphalos in der Gefäßmitte. Die Herstellungsweise der Schale bescheinigt dem Goldschmied große Erfahrung im Umgang mit dem Material und hohes handwerkliches Können. Eine gewisse Flüchtigkeit in der Ausführung ist indes unverkennbar.

Hypothesen zur Deutung von Befund und Fund

Angesichts des insgesamt seltenen Vorkommens von Edelmetallgeschirr in hallstattzeitlichen Gräbern ist die Goldgefäßbeigabe im Wehringer Grab ein auffallendes Phänomen. Der Mann, dem das wertvolle Stück zugeeignet war, gehörte nach Ausweis des monumentalen Grabmals und der aus Prunkgeschirr, Waffe, Jagdgerät und Wagen bestehenden Beigaben der Oberschicht der Bevölkerung und innerhalb dieser Oberschicht wiederum der obersten Strate an[11]. Bei aller offensichtlichen Verhaftung in urnenfelderzeitlichen Traditionen wurde bei der Anlage des Grabes hallstättisch-»modernen« Standardregeln Rechnung getragen. Gestaltung und Ausstattung entsprechen bis ins Detail dem oben erwähnten Schema, das in der Folge über nahezu dreihundert Jahre hinweg in unserer Region die Grabstätten der »Oberschicht« bestimmen sollte.

Die Goldschale zeigt in ihrer Herstellungstechnik und in ihrem Dekor mit einfachen Kreisaugenmotiven, Perlbuckeln und umlaufenden Rillen bzw. Rippen enge Verwandtschaft sowohl zu den (freilich stets größeren und wesentlich massiveren) bronze- und urnenfelderzeitlichen Goldschalen, wie auch zu den bekannten, hauchdünn getriebenen, überwiegend in Westeuropa beheimateten Goldblechschalen, Goldscheiben und »Goldhüten« bzw. »Goldblechkronen«[12]. Angesichts der zeitlichen Stellung des Wehringer Grabes erscheint das Weiterleben bronzezeitlicher Toreutik und die Kontinuität im Ornamentschatz wenig verwunderlich. Umso schärfer aber mutet der abrupte, in den Fundgegebenheiten aufscheinende Traditionsbruch gegenüber den vorangegangenen Zeitperioden an: Während die bronze- und urnenfelderzeitlichen Schalen und Goldkegel nahezu immer aus kultischen Deponierungen stammen, ist die Wehringer Schale Bestandteil eines Speise- und Trinkservices aus einem Grab und stellt sozusagen den persönlichen Besitz oder die persönliche Auszeichnung eines durch die Aufwendigkeit seiner Bestattung hervorgehobenen Mannes dar.

Tobias Springer[13] äußerte den interessanten Gedanken, dass vielleicht ein aus älterer Zeit stammendes Sakralgefäß nicht geopfert, sondern als Reaktion auf eine mögliche Entweihung rituell bestattet oder gegebenenfalls im Falle eines Religionswandels durch Vergrabung einer Profanierung entzogen wurde, dass, anders gesagt, die Wehringer Schale ein profaniertes Sakralgefäß aus älterer Zeit sein könnte. Man ist versucht, den Gedanken fortzuführen und sich vorzustellen, die Goldschale habe – ähnlich wie dies für die Goldhüte postuliert wird[14] – ursprünglich als Kultgefäß mit kalendarischer Funktion gedient. Im gegebenen Fall wäre mit der oben erwähnten streckenweisen Verdoppelung der Kreisaugenreihe wohl nicht das Überspielen einer Lücke im Dekor, vielmehr die Anbringung einer ganz bestimmten Anzahl von Kreisaugen auf der Gefäßwandung beabsichtigt gewesen.

Eine andere Hypothese ist die, dass die Wehringer Goldschale eigens zum Zwecke des einmaligen Gebrauchs für die Bestattungszeremonie hergestellt wurde, vergleichbar den Gegebenheiten in Hochdorf, wo eine Reihe der zur Grabausstattung verwendeten Schmuckstücke und Goldbleche unmittelbar am Bestattungsort angefertigt worden war[15]. Was die Keramikgefäße angeht, so ist in unserer Region die Sonderanfertigung des jeweils für eine Bestattung benötigten Speise- und Trinkservices gängige Praxis. Die Keramik aus Grab 8 von Wehringen stellt geradezu ein Musterbeispiel für diese Gepflogenheit dar: Die Gefäße sind in Größe, Farbgebung und Verzierung deutlich aufeinander abgestimmt und bilden einen geschlossenen Satz. Es handelt sich um auffällig gestaltetes, von der üblichen Gebrauchsware merklich unterschiedenes Zeremonialgeschirr, das aufgrund seiner starken Graphitierung, seiner Überdimensionierung, seiner Dünnwandigkeit und seiner allgemein unpraktischen Formgebung, u.a. mit fragilen Gefäßrändern und kleinen Standflächen, für den alltäglichen Gebrauch nicht geeignet gewesen wäre.

Ein weiteres Beispiel für die zweckgebundene Anfertigung von Grabzubehör liefert der Wagen: Die vom Wagen und von der Grabkammer stammenden Holzproben erwiesen sich beim Vergleich der jeweiligen Jahrringkurven als zeitgleich, das heißt Wagen und Kammer wurden aus vermutlich frisch vor Ort geschlagenem Holz gebaut[16]. Im übrigen dürfte der Wagen trotz ausgeklügelter Bauweise aufgrund seiner extremen Spurbreite und schwachen Achsschenkel äußerst schlechte Fahreigenschaften besessen und nur sehr bedingt funktionsfähig gewesen sein[17].

Alle Beobachtungen zusammengenommen führen zu der Feststellung, dass das Wehringer Grab einige hervorragende »Schaustücke« enthält, die offensichtlich speziell für die Handhabung während des Bestattungszeremoniells angefertigt wurden, deren tatsächliches Funktionieren jedoch eine untergeordnete Rolle spielte. Vor diesem Hintergrund erscheint es durchaus vorstellbar, dass auch die in diesem Grab angetroffene Goldschale nur symbolisch als Trink- oder Schöpfgefäß Verwendung fand. Für semantische Deutungsversuche[18] eröffnen sich damit weite Spielräume.

Anmerkungen

1 Georg Kossack: Südbayern während der Hallstattzeit (Römisch-Germanische Forschungen, Bd. 24). Berlin 1959, S. 184. Hilke Hennig: Gräber der Hallstattzeit in Bayerisch-Schwaben. Stuttgart 2001, S. 253 ff.
2 Günther Krahe: Eine Grabhügelgruppe der mittleren Hallstattzeit bei Wehringen, Ldkr. Schwabmünchen. In: Germania, Bd. 41, 1963, S. 100–101.
3 Christopher F. E. Pare: Wagenbeschläge der Bad-Homburg-Gruppe und die kulturgeschichtliche Stellung des hallstattzeitlichen Wagengrabes von Wehringen, Kr. Augsburg. In: Archäologisches Korrespondenzblatt, Bd. 17, 1987, S. 467–482. Christopher F. E. Pare: Wagon and Wagon-Graves of the Early Iron Age in Central Europe (Oxford University Committee for Archaeology Monographs, Bd. 35). Oxford 1992.
4 Michael Friedrich – Hilke Hennig: Dendrochronologische Untersuchung der Hölzer des hallstattzeitlichen Wagengrabes 8 aus Wehringen, Lkr. Augsburg und andere Absolutdaten zur Hallstattzeit. In: Bayerische Vorgeschichtsblätter, Bd. 60, 1995, S. 289–300.
5 Die Handmessung mit dem Mikrometertaster wurde durchgeführt von Egon Blumenau, Archäologische Staatssammlung München.
6 Axel Hartmann: Prähistorische Goldfunde aus Europa. Spektralanalytische Untersuchung und deren Auswertung (Studien zu den Anfängen der Metallurgie, Bd. 3). Berlin 1970, Tab. 20: Au 405, Taf. 62. Abweichend hiervon Gerhard Lehrberger – Jan Fridrich – Rupert Gebhard – Jiří Hrala (Hrsg.): Das prähistorische Gold in Bayern, Böhmen und Mähren: Herkunft – Technologie – Funde (Památky Archeologické, Supplementum 7). Prag 1997, S. 305: Au 82,5; Ag 13,2; Cu 4,1; Sn 0,17; Ni 0,001%.
7 Ute Steffgen: Bayern. In: Gerhard Lehrberger – Jan Fridrich – Rupert Gebhard – Jiří Hrala (Hrsg.): Das prähistorische Gold in Bayern, Böhmen und Mähren: Herkunft – Technologie – Funde (Památky Archeologické, Supplementum 7). Prag 1997, S. 209. Ludwig Wamser – Rupert Gebhard (Hrsg.): Gold – Magie, Mythos, Macht. Gold der Alten und Neuen Welt. Ausst. Kat. Archäologische Staatssammlung München. Stuttgart 2001, S. 225.
8 Wilfried Menghin – Peter Schauer: Magisches Gold. Kultgerät der späten Bronzezeit. Ausst. Kat. Germanisches Nationalmuseum Nürnberg. Mainz 1977, S. 60 ff.
9 Wolfgang Kimmig: Edelmetallschalen der späten Hallstatt- und frühen Latènezeit. In: Archäologisches Korrespondenzblatt, Bd. 21, 1991, S. 241–253, bes. S. 244.
10 Dies wurde zunächst vermutet von Hilke Hennig: Zur Frage der Datierung des Grabhügels 8 »Hexenbergle« von Wehringen, Lkr. Augsburg, Bayerisch-Schwaben. In: Biljana Schmid-Sikimic – Philippe Della Casa (Hrsg.): Trans Europam. Festschrift für Margarita Primas. Zürich 1995, S. 129–145, bes. S. 141. Vgl. hierzu L. Wamser – R. Gebhard (Anm. 7), S. 225.
11 Hierbei wird unterstellt, dass in den Bestattungs- und Beigabensitten regelhafte, kollektive Handlungsweisen ihren Niederschlag finden, welche aus den entscheidenden, das Alltagsleben der einstigen hallstattzeitlichen Gesellschaft prägenden Prozessen – mit anderen Worten, aus elementaren sozialen, wirtschaftlichen und kulturgeschichtlichen Entwicklungen – erwachsen.
12 Sabine Gerloff: Bronzezeitliche Goldblechkronen aus Westeuropa. Betrachtungen zur Funktion der Goldblechkegel vom Typ Schifferstadt und der atlantischen »Goldschalen« der Form Devil's Bit und Atroxi. In: Albrecht Jockenhövel (Hrsg.): Festschrift für Hermann Müller-Karpe zum 70. Geburtstag. Bonn 1995, S. 153–194, bes. S. 153 ff. W. Menghin – P. Schauer (Anm. 8), S. 13 ff, 54 ff.
13 Schreiben vom 2.4.2002.
14 Wilfried Menghin: Der Berliner Goldhut und die goldenen Kalendarien der alteuropäischen Bronzezeit. In: Acta Praehistorica et Archaeologica, Bd. 32, 2000, S. 31–108.
15 Jörg Biel: Der Keltenfürst von Hochdorf. 3. Aufl., Stuttgart 1985, S. 83, 131.
16 Entgegen früherer Aussage ist heute indes nicht mehr sicher belegbar, dass das zum Bau des Wagens und der Grabkammer verwendete Holz aus ein und demselben Baum geschnitten wurde. Michael Friedrich: Dendrochronologische Untersuchung der Hölzer des hallstattzeitlichen Wagengrabes 8 aus Wehringen, Lkr. Augsburg. In: Hilke Hennig: Gräber der Hallstattzeit in Bayerisch-Schwaben. Stuttgart 2001, S. 137–144, bes. S. 139. Vgl. M. Friedrich – H. Hennig (Anm. 4), S. 295.
17 H. Hennig (Anm. 1), S. 77–78.
18 Brigitte Kull: Tod und Apotheose. Zur Ikonographie in Grab und Kunst der jüngeren Eisenzeit an der unteren Donau und ihre Bedeutung für die Interpretation von »Prunkgräbern«. In: Bericht der Römisch-Germanischen Kommission, Bd. 78, 1997, S. 197–468.

Besondere Fundorte

Abb. 1: Goldgefäß und Armband aus dem Lienewitzer Forst (Kr. Potsdam).

Detlev Ellmers

Die Aussagen der Goldschatzfunde von Langendorf, Eberswalde und Lienewitzer Forst zur Nutzung des Gewässernetzes zwischen Elbe und Oder

Alle drei zwischen Elbe und Oder entdeckten größeren Goldschatzfunde (Abb. 1) der Lausitzer Kultur und ihrer nordwestlichen Randgruppen[1] lagen im Gewässernetz an charakteristischen Schlüsselpositionen vorgeschichtlicher Schiffahrt, so dass sich die Frage stellt, ob es zwischen den Goldfunden und der Schiffahrt einen Zusammenhang gibt und wie dieser gegebenenfalls beschaffen war.

Zur Beantwortung dieser Frage muss zunächst Klarheit darüber gewonnen werden, wie Schiffahrt zur Bronzezeit und vorrömischen Eisenzeit in Europa nördlich der Alpen vonstatten ging. Eine erste Orientierung liefern zwei antike Autoren. Noch vor der Mitte des 1. Jahrhunderts v. Chr. beschreibt Poseidonius das Transportnetz Galliens: »Das ganze Land ist von Flüssen durchströmt, die von den Alpen, Cevennen und Pyrenäen kommen und in den Ozean oder das Mittelmeer fließen. Die durchflossenen Gegenden sind eben oder nur gering hügelig und die Flüsse schiffbar. Sie haben eine so glückliche Natur, dass die Waren leicht aus einem Meer ins andere transportiert werden können, so dass man sie nur eine kleine Strecke über Land schaffen muss«[2]. Danach war die Fluß-Schiffahrt während der späten Latènezeit in Gallien der wichtigste Träger des Warentransports. Die relativ kleinen Wasserfahrzeuge konnten die Oberläufe der Flüsse sehr weit aufwärts befahren[3]. Entscheidend für den Fernhandel war nun, dass dort, wo auch kleine Boote nicht weiterkamen, kurze Landwege von ein bis drei Tagesreisen über die Wasserscheiden zu den Booten des nächsten Flussgebietes führten und mit diesem gebrochenen Verkehr einen durchgehenden Warentransport möglich machten[4].

Schlüsselpositionen in diesem Transportsystem lagen einerseits dort, wo zwischen Wasserfahrzeugen und den Mitteln des Landtransports umgeladen werden musste, und andererseits dort, wo die Weiterleitung der Güter von einer ethnischen Einheit zur anderen erfolgte. Wenigstens andeutungsweise erfahren wir etwas über diese Schlüsselpositionen aus einem überlieferten Fragment, in dem Pytheas von Massilia um 330 v. Chr. den Zinnhandel von Cornwall durch Gallien nach Massilia (heute Marseille) beschreibt: »Die Einwohner Britanniens in der Nähe des Vorgebirges Belerion [heute Cornwall] sind überaus gastfreundlich und durch den Umgang mit fremden Kaufleuten gesitteter in ihrer Lebensweise. Sie gewinnen das Zinn, indem sie das erzhaltige Gestein sachkundig bearbeiten. ... Sie bringen es in astragalförmige Barren und schaffen es auf eine Britannien vorgelagerte Insel namens Ictis [heute St. Michael's Mount, Cornwall]. Wenn das Watt bei Ebbe trocken liegt, schaffen sie das Zinn auf Wagen in großer Menge dorthin. ... Dort handeln die Kaufleute das Zinn von den Bewohnern ein und bringen es nach Gallien hinüber. Zuletzt befördern sie es in Pferdelasten auf dem Landwege durch Gallien in 30 Tagen zur Rhône-Mündung«[5].

Der Zinnhandelsplatz auf der Insel Ictis ist ein für vorgeschichtliche Verhältnisse typischer, rein ländlicher Ufermarkt[6], den die von weiter her kommenden Kaufleute mit dem Schiff als wichtigstem Transportmittel anlaufen, sich aber von ihrem Fahrzeug nicht unnötig entfernen. Deshalb müssen die Bewohner des Umlandes ihre Produkte auf Landwegen, hier per Wagen, für den Austausch zu den Schiffen bringen. Überall, wo die Transporte hauptsächlich per Schiff durchgeführt wurden, haben wir mit vergleichbaren Ufermärkten zu rechnen, die nach Möglichkeit auf kleinen Inseln abgehalten wurden, die den Fremden ein größeres Maß an Sicherheit boten als Plätze an den bewaldeten Ufern, an denen Überfälle aus dem Hinterhalt eher zu befürchten waren als auf überschaubaren Inseln.

Zugleich war Ictis aber auch ein Grenzmarkt[7], den die Kaufleute aus Gallien aufsuchten, um das Zinn von den Einwohnern Britanniens an deren durch die Küste gebildeter Grenze zu erwerben, ohne tiefer ins Landesinnere einzudringen. Auch darin sehen wir eine für vorgeschichtliche Kulturen typische Verhaltensweise, bei der die Handelsgüter viel weitere Strecken zurücklegten als die einzelnen Transporteure. Pytheas hebt die Gastfreundschaft der Britannier hervor und den als positiv bewerteten Einfluss der fremden Kaufleute auf ihre Lebensweise und deutet damit an, dass der friedliche Handelsaustausch seit langer Zeit eingespielt war, so dass er sich in der Form kultureller Einflüsse auswirken konnte.

Zwar erwähnt Pytheas kein einziges Schiff. Aber es versteht sich von selbst, dass das Zinn nur per Schiff nach Gallien transportiert werden konnte, und zwar offensichtlich auf kürzestem Weg, das heißt zur Seinemündung und dann soweit wie möglich flussaufwärts. Der besonders teure Einsatz von Saumpferden fand nur auf der relativ kurzen Strecke zur

Überquerung der Côte-d'Or statt, bis der erste schiffbare Nebenfluss der Rhône erreicht war. Da der gesamte Transport bis zur Rhônemündung in nur dreißig Tagen abgewickelt werden konnte, muss dort, wo die Boote nicht weiterkamen, jemand zum sofortigen Umladen die Packpferde für den Weitertransport vorgehalten haben, und wo diese den Rhônezufluss erreichten, mussten Boote bereitliegen, um das Zinn rasch flussabwärts zu bringen. Wahrscheinlich gab es sogar vorher noch auf der Seine eine Umladestation vom seetüchtigen Schiff der Kanalüberquerer auf jene kleinen Flussboote, die die kleinen Flussoberläufe weit aufwärts befahren konnten. Leider verschweigt Pytheas alle Einzelheiten, lässt aber durch die Zeitangabe keinen Zweifel daran, dass es an den Umladestellen eine sehr effektive Organisation gegeben hat, die die schnelle Weiterbeförderung ermöglichte. Deutlich wird dabei auch, dass sich die dafür eingesetzten Mittel des Landtransportes nach der jeweiligen Landesnatur richteten, die Wagen als effektivstes Landtransportmittel in Cornwall – wobei sogar die Tideverhältnisse für die Überfahrt zur Insel Ictis genutzt wurden – und die teuren Saumtiere auf den schwierigen Bergpfaden der Côte-d'Or.

Weiter müssen wir davon ausgehen, dass schifffahrende Händler auch die von ihnen verwendeten Fahrzeuge besaßen und diese nicht einfach dort, wo das Zinn von Tragepferden weiterbefördert wurde, liegen ließen, um mit dem Zinn weiterzuziehen. Sie werden vielmehr bei ihren Fahrzeugen geblieben sein und nur die Ware weitergegeben haben, allenfalls diese auf dem kurzen Weg über die Wasserscheide bis zu den Booten begleitet haben, mit denen dann die Bootsbesitzer des Rhônegebiets das Zinn weiterbeförderten. Lediglich solche Griechen, die wie Pytheas selber von Massilia bis zu dem Ursprungsland des begehrten Zinns vordrangen, begleiteten die Waren auf ihrem gesamten Weg und nutzten dafür die verschiedenen Wasserfahrzeuge der einheimischen Schiffer beiderseits der Wasserscheide und zu deren Überquerung die durch Einheimische bereitgehaltenen Saumtiere. Man kann davon ausgehen, dass alle an diesem Handel Beteiligten daran gut verdient haben müssen, nicht zuletzt diejenigen, die für eine reibungslos funktionierende Überwindung der kurzen Landstrecke zwischen den von Bootsbesitzern befahrenen beiden Flussgebieten zu sorgen hatten. Denn ohne die effektive Organisation dieses Übergangs hätte das ganze Transportsystem nicht geklappt.

Auch dafür, dass es bei den Galliern gerade die höchsten Repräsentanten eines Stammes waren, die sich an den Einkünften aus solchem Handel bereicherten, findet sich in Cäsars Bericht über den Gallischen Krieg (I, 18 [3–6]) ein aufschlussreiches Zeugnis zum Jahr 58 v. Chr.: »Der Häduer Dumnorix ... nahm damals die erste Stelle in seinem Stamme ein. ... Caesar erkundigte sich, ... Dumorix ... sei ein überaus verwegener und wegen seiner Freigebigkeit beim niederen Volk äußerst beliebter Mann ... Schon mehrere Jahre habe er die Zölle und alle sonstigen öffentlichen Einkünfte der Häduer für wenig Geld in Pacht und zwar nur deshalb, weil niemand ein Gegenangebot wage. So sei sein Vermögen gewachsen, und so habe er sich reiche Mittel zu Schenkungen verschafft. Dauernd halte er sich auf eigene Kosten eine starke Reiterei, die ihn ständig begleite, und nicht nur im eigenen Land, sondern auch bei den Nachbarstämmen sei sein Einfluss groß«. Auch wenn der Reichtum in einer Zeit erworben wurde, zu der die Kelten bereits über Münzen verfügten, geschah die Umsetzung noch in der für das Barbarikum typischen vormonetarischen Weise in der Form eines aufwendigen Lebensstils mit großer Gefolgschaft und Freigebigkeit und zielte auf die Gewinnung von Ansehen im eigenen Stamm und bei den Nachbarn.

Der Zinntransport auf der Seine-Rhône-Route war die Voraussetzung dafür, dass die Griechen um 600 v. Chr. die rasch aufblühende Kolonie Massilia gründeten, mit der sie sich in diesen Handel einschalteten. Das aus den Schriftquellen ableitbare Muster vorgeschichtlichen Gütertransports quer durch den Kontinent hat bald nach der Gründung Massilias einen deutlich erkennbaren archäologischen Niederschlag in den sogenannten Fürstensitzen der späten Hallstatt- und frühen Latènezeit gefunden. Nicht umsonst steht der entsprechende Burgwall auf dem Mont Lassois über der Stelle, wo die Seine schiffbar wird und die Boote auf die Händler warten, die ihre Waren aus dem Flussgebiet der Rhône herüberbringen zum Weitertransport nach Norden. In gleicher Position liegt der Fürstensitz des Britzgybergs dort, wo man nach Durchqueren der Burgundischen Pforte auf die schiffbar werdende Ill stößt, die in den Rhein fließt. Ludwig Pauli hat in einer Detailstudie aufgezeigt, wie diese und viele andere Fürstensitze an den Schlüsselpositionen im Netz des Flussverkehrs liegen[8]. Selbst der von einem dieser Fürstensitze organisierte Saumtiereinsatz zur Überquerung der Côte-d'Or spiegelt sich noch im Fundmaterial. Es wurde nämlich an der Küste Cornwalls ein 80 kg schwerer Zinnbarren gefunden, der dergestalt geformt war, dass man zwei solcher Barren mittels einer Tauschlinge einem Saumtier so aufladen konnte, dass an jeder Seite ein Barren hing[9]. Die so verteilte Last von 160 kg konnte ein Saumtier gut tragen. Noch um 1830 trugen Maultiere auf die gleiche Weise zwei Kupferbarren von zusammen 184 kg Gewicht in Chile von den Minen in den Anden zu den Schiffen in Puerto de Copiapo[10].

Außer an diesen Durchgangsstationen finden wir dasselbe Organisationsmuster auch in ausgesprochenen Exporthäfen, deren Funktion dem von Pytheas erwähnten Exporthafen für Zinn auf der Insel Ictis entspricht. Als Beispiel dafür sei der latènezeitliche Salzbergwerksort Dürrnberg mit seinem Hafen an der Salzach im heutigen Stadtgebiet von Hallein in Österreich angeführt[11]. Dass hier nicht nur die Salzgewinnung, sondern auch ihr Vertrieb mittels Schiffahrt unter der Oberaufsicht der fürstlichen Oberschicht des Ortes stand, zeigt schlaglichtartig die goldene Miniatur eines ausgesprochenen Transportbootes als Grabbeigabe eines Vertreters dieser Oberschicht[12].

Schließlich sei noch darauf verwiesen, dass Pytheas nicht nur die Gastfreundschaft der Küstenbewohner des zinnreichen Cornwall hervorhebt, sondern auch deren aus seiner griechischen Sicht gesittetere Lebensweise, die er auf den Umgang mit fremden Kaufleuten zurückführt. Wieder findet der Archäologe die materielle Spiegelung dieser griechisch beeinflussten Lebensweise in den genannten Fürstensitzen an den Brennpunkten der Binnenschiffahrt: Importierte griechische Trinkgefäße und -behälter aus Ton oder Bronze wurden dort für jene großen Symposien eingesetzt, in denen die gerühmte Gastfreundschaft ihren Ausdruck fand[13]. Der aus dem Handel gewonnene Reichtum der Oberschicht ist am deutlichsten an deren Grabausstattung während der späten Hallstattzeit abzulesen[14].

Dass die Quelle des Reichtums nicht unangefochten in den Händen dieser Oberschicht lag, wird aus der Tatsache deutlich, dass die Brennpunkte von Schiffahrt und Handel durch Burgen geschützt werden mussten. Nicht umsonst hat der oben genannte Dumnorix während der Spätlatènezeit eine berittene Privatarmee unterhalten, mit dem Erfolg, dass niemand wagte, ihm die Einnahmequellen streitig zu machen. Trotzdem waren die sozio-politischen Verhältnisse instabil, wie man an den Zerstörungsschichten und der verhältnismäßig geringen Belegungsdauer der befestigten Siedlungen ebenso ablesen kann wie am Wechsel der Lokalpräsenz der Oberschicht und am Wechsel ihrer Selbstdarstellung in den Bestattungssitten, in denen die Oberschicht zu gewissen Zeiten gar nicht erkennbar ist.

Lässt sich, so haben wir weiter zu fragen, das am keltischen Gallien exemplifizierte Modell der Nutzung des Gewässersystems mit seinen archäologisch nachweisbaren Strukturelementen auch auf andere Regionen und möglicherweise andere Zeiten übertragen? Regional ist das natürlich nur dort möglich, wo das Bodenrelief und die Vegetation ein vergleichbares Gewässernetz entstehen ließen, nämlich in der Waldzone des europäischen Kontinents zwischen Biskaya und dem Ural, wo man sich am besten und ohne Probleme auf den Wasserwegen fortbewegen kann. Das gilt im übrigen genauso für die Waldzonen anderer Kontinente. Es sei nur an James Fenimore Coopers »Lederstrumpf« (1823–41) erinnert, wo in der kanadisch-nordamerikanischen Waldzone alle Fortbewegung mit Kanus auf Flüssen oder Seen erfolgt.

Auch für das näher zu untersuchende Gebiet zwischen Elbe und Oder nördlich der Elster-Moräne bleibt nach Abzug aller Mühlenstaue und Kanalbauten immer noch ein relativ feinmaschiges Gewässernetz von Flüssen und Seen, die wegen der verhältnismäßig geringen Höhenunterschiede mit kleinen Booten weit aufwärts befahrbar waren. Der Nutzungsnachweis dieser Gewässer während der Zeit der Lausitzer Kultur wird allerdings dadurch schwieriger als in Gallien, als die Angehörigen der Lausitzer Kultur ihre Oberschicht nicht in Prunkgräbern bestatteten. Dass es dort trotzdem eine Oberschicht mit ähnlichem Goldreichtum und ähnlich prunkvollem Lebensstil wie in der späten Hallstattkultur Galliens gegeben hat, wird an der Zusammensetzung der beiden Goldschatzfunde von Eberswalde (Abb. 2) und vom Lienewitzer Forst (Abb. 1) deutlich. Beide enthalten nämlich den persönlichen Goldschmuck von Angehörigen der höchsten Sozialstufe, bestehend aus Hals- und Armringen. Hinzu kommen in beiden Fällen die Ausstattungen für ein Trinkgelage in der Form goldener Trinkgefäße, wobei im Lienewitzer Forst alles nur für eine Person enthalten war, in Eberswalde dagegen Gefäße für acht Personen und Schmuck für eine nicht genau festlegbare Personenzahl gefunden wurden, dazu noch Goldbarren und Gusskuchen, die belegen, dass ein Goldschmied am Hof tätig war. Ganz vergleichbar mit diesen beiden Schatzfunden ist der Grabfund von Hochdorf in Württemberg, denn er zeigt, dass zur persönlichen Ausstattung des dort begrabenen Fürsten der späten Hallstattzeit unter vielen anderen Dingen ein Halsreif, ein Armband und eine Trinkschale, alle aus Gold, gehörten[15].

Beide Goldhorte der Lausitzer Kultur zeigen einen in der näheren oder weiteren Umgebung der Deponierung gelegenen Sitz eines Angehörigen der Oberschicht an. Dieser Sitz muss nicht unbedingt befestigt gewesen sein. Die Dünnwandigkeit der Goldgefäße von Eberswalde lässt daran denken, dass die damit gefeierten Symposien nicht rein profan waren, sondern religiöse Bedeutung hatten. In dem dritten, bei Langendorf gefundenen Goldhort, der nicht der Lausitzer Kultur angehört, sondern einem ihrer nordwestlichen Nachbarn, fehlte der persönliche Schmuck. Der Hort enthielt »nur« zwei goldene Trinkgefäße, durch die er aber an die gleiche Form der Symposien anzuschließen ist[16].

Das zweite archäologische Anzeichen für einen Platz, an dem die Oberschicht zu Hause war, sind die jungbronzezeitlichen Burgen der Lausitzer Kultur und ihrer nordwestlichen Nachbargruppen. Zwar lässt sich die Oberschicht innerhalb der Burgen nicht durch herausragende Wohnbauten oder einen abgesonderten Wohnbereich nachweisen. Aber schon Planung und Anlage solcher Burgen durch eine große Zahl von Ausführenden setzen eine leitende Hand voraus. Vor allem aber waren diese Burgen mit ihrer großen ständigen Bevölkerung Zentralorte einer größeren, über ein weites Umland verteilten Siedlungsgemeinschaft, die sie wirtschaftlich zu tragen hatte, für die in den Burgen aber auch die Wahrnehmung

Abb. 2: Der Goldhortfund von Eberswalde.

zahlreicher zentraler Aufgaben konzentriert war[17]. Dort bearbeiteten spezialisierte Handwerker mit einem sehr breiten Spektrum unterschiedlicher Techniken die importierten Metalle, unter denen die Bronze die größte wirtschaftliche Bedeutung hatte. Deren ständiger Nachschub war also in ausreichendem Maße sicherzustellen, so dass sich die Bevölkerung des Umlandes in den Burgen mit allen nötigen Geräten, Waffen und Trachtbestandteilen versorgen konnte. Bei einigen dieser Burgen sind religiöse Feiern mit aufwendigen Ritualen nachweisbar, zu denen offensichtlich ebenfalls die Bewohner eines weiten Umlandes zusammenkamen[18]. All das spricht dafür, dass dort auch die höchsten Repräsentanten der Gesellschaft ihren Sitz hatten und das Handeln der Bevölkerung von Burg und Umland koordinierten.

Zur Wahrnehmung ihrer zentralen Aufgaben waren alle hier behandelten Burgen unmittelbar an damals schiffbaren Gewässern so angelegt worden, dass sie für zahlreiche Personen aus dem Umland mühelos per Boot erreichbar waren und ebenfalls per Boot von weither ohne größere Transportprobleme mit den unentbehrlichen Rohstoffen versorgt werden konnten. Wie hoch die Bewohner selber die Bedeutung der Boote einschätzten, lässt schlaglichtartig die aus Ton gefertigte Miniatur eines Einbaums erkennen, die sie zusammen mit einer Miniaturtasse aus Ton in dem zur Kratzeburg gehörigen Urnengräberfeld als Beigabe niedergelegt hatten[19]. Für sie hatte also das Boot auch eine religiöse Dimension. Es versteht sich von selbst, dass sie derartige Einbäume auch real anzufertigen verstanden. Aber nicht nur Burgbewohner stellten Einbäume her. Es gibt auch ein etwa zeitgleiches Zeugnis dafür, dass die Bewohner einfacher Ufersiedlungen dazu ebenso in der Lage waren. In Garz an der Oder, rund 25 km oberhalb von Stettin, ist ein bronzener Tüllendechsel gefunden worden (Abb. 3), das unentbehrliche Werkzeug zum Aushöhlen von Einbäumen[20]. Wir haben also allen Grund davon auszugehen, dass zumindest die an den Gewässern siedelnden Bauern mit eigenen Booten die zentralen Burgorte aufsuchten.

Einbäume der in Kratzeburg nachgebildeten Form konnten mit ihrem flachen Boden und löffelförmigen Bug problemlos durch bloßes Auflaufen auf die flache Uferböschung unterhalb der Burg[21] landen (Abb. 4). Besondere Hafeneinrichtungen waren dafür nicht erforderlich. Die lange Uferlinie hatte Platz genug für eine große Anzahl solcher Boote, und zwischen den gelandeten Booten und dem Burghügel war auch noch ausreichend Raum für einen lebhaften Ufermarkt zum Austausch zwischen den per Boot angekommenen Anbietern, den Burgbewohnern und den auf Landwegen aus der näheren Umgebung Herbeigekommenen. Die ständige große Burgbevölkerung mit ihren Handwerkern war Garant genug, dass jeder Marktbesucher von außerhalb sicher sein konnte, jederzeit Tauschpartner antreffen zu können. Selbstverständlich musste dabei dem Repräsentanten der Oberschicht die schuldige Referenz erwiesen werden, von Fremden wohl in der Form eines Ehrengeschenkes, wofür ihnen dann nicht nur der Zutritt zum Markt gewährt wurde, sondern auch der Schutz, den die Burg für den Platz selber, aber auch für ihren Einzugsbereich bildete und der ein Mindestmaß an militärischer Organisation

Abb. 3: Bronzene Dechsel wie der von Garz/Oder waren unentbehrliche Werkzeuge zum Aushöhlen von Einbäumen. L. 7,9 cm (Zeichnung nach M. Reichel 2000).

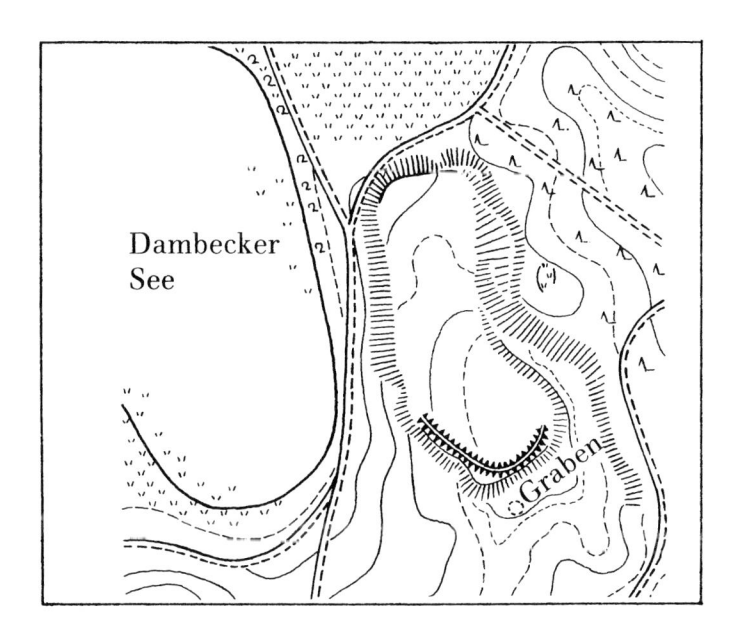

Abb. 4: Zu Füßen der Kratzeburg lagen im Südwesten an einer Bucht des Dambecker Sees die Bootslandeplätze des Ufermarktes (Zeichnung nach H. Herrmann 1989).

voraussetzte. Die Burgen an den Wasserstraßen waren deshalb das deutlich sichtbare Zeichen sowohl der Macht als auch der Repräsentation der Oberschicht und für Händler das ständig lockende Ziel für profitable Geschäfte.

Wir werden noch sehen, dass viele dieser Burgen zugleich dort lagen, wo ein kurzer Landweg vom eigenen Flussgebiet über die hier sehr niedrige Wasserscheide ins benachbarte Flussgebiet führte, wofür die Bereitstellung von Karren oder Wagen durch Beauftragte der Oberschicht – gegen entsprechende Abgaben – erwartet werden konnte. Die dafür benötigten Pferde sind durch Knochenfunde in diesen Burgen nachgewiesen[22]. Schließlich ist noch davon auszugehen, dass einige der Burgbewohner sich nicht mit dem Warten auf auswärtige Marktbeschicker begnügten, sondern ihre eigenen Boote in Fahrt setzten, um selber aktiv das zu holen, was in der Burg gebraucht wurde oder was mit Gewinn an andere weitergereicht werden konnte. Die älteste Siedlungsphase der Kratzeburg war noch nicht mit Befestigungen umgeben. In Eberswalde ist die offene Siedlung gar nicht zur Burg ausgebaut worden[23]. Das heißt, der Ufermarkt konnte sich auch an eine offene Siedlung anlehnen und stand dort in gleicher Weise unter der Regie und wohl auch dem Schutz des Repräsentanten der Oberschicht.

Es ist kaum zu erwarten, dass allein vom Durchgangshandel so viel abzuschöpfen war, dass die gesamte behandelte Region flächendeckend mit der unentbehrlichen Bronze, mit dem zur Fleischkonservierung nötigen Salz sowie mit weiteren Importen und die Oberschicht mit dem zur Repräsentation erforderlichen Gold versorgt werden konnte. Deshalb fordert die bloße Tatsache, dass Bronze und Gold im Fundstoff stellenweise in signifikanten Anhäufungen vorhanden sind und neuerdings auch Salzimport anhand von Briquetage-Funden nachweisbar ist[24], eine Antwort auf die Frage heraus, was die Einwohner dafür als Gegengaben anzubieten in der Lage waren. Beim Durchmustern der natürlichen Ressourcen der Region scheiden landwirtschaftliche Produkte aus. Sie waren die primäre Nahrungsgrundlage der sich selbstversorgenden vorgeschichtlichen Kulturen seit dem Neolithikum. Nennenswerter Handel wurde mit ihnen erst im Mittelalter betrieben. Immerhin ist für die späte Bronzezeit nicht von der Hand zu weisen, dass die verhältnismäßig dichte Bevölkerung der Burgen landwirtschaftliche Erzeugnisse aus dem Umland gegen Handwerkserzeugnisse eintauschte, so dass diese Produkte zum lokalen Angebot des Ufermarktes gehörten.

Nachgewiesen ist durch ausgegrabene Fischereigeräte und Fischreste auch der Beitrag des Fischfangs zur Ernährung der Burgbevölkerung[25]. Da aber Fischgräten und -schuppen klein und leicht vergänglich sind, spiegeln die wenigen Funde den Fischkonsum nicht angemessen wider. Wie hoch er tatsächlich war, zeigt sich erst, wenn man in Feuchtbodensiedlungen die feinen Fischreste ausschwemmt. In unserem Zusammenhang muss nur festgehalten werden, dass auch die Fischer unter den Burgbewohnern ihren Fang am Ufermarktstreifen anlandeten. Wegen der leichten Verderblichkeit der Fische müssen wir jedoch davon ausgehen, dass sie nur im lokalen Austausch eine Rolle spielten, im Fernhandel dagegen gar keine. Für die gelegentlich geäußerte Ansicht, dass Trockenfisch in der späteren Bronzezeit ein Handelgut gewesen sein könnte[26], fehlt jeder Beleg.

Nicht ausreichend in Erwägung gezogen wurden dagegen bisher jene natürlichen Ressourcen der gewässerreichen Waldregionen, die sich mit relativ geringem Aufwand zu einem über weite Entfernungen transportfähigen Tauschgut umwandeln ließen: die Pelztiere, und zwar sowohl die im Wasser lebenden wie Biber und Otter als auch die im Wald lebenden wie Marder, Eichhörnchen und andere. Wie wir durch die sehr umfangreichen Grabungen im mittelalterlichen Pelzhandelszentrum Nowgorod wissen, hinterlässt der Pelztierfang in den Handelsstationen so gut wie keine direkten archäologischen Spuren[27], weil den Pelztieren schon am Fangplatz der Balg abgezogen wird, der dann ohne weitere Abfälle zu verursachen in den Handel gelangt. Wir kennen Nowgorods Bedeutung für den Pelzhandel nur aus schriftlichen und wenigen bildlichen Quellen[28], wie sie für die hier untersuchte Region und Zeit nicht zur Verfügung stehen. Immerhin aber bietet Nowgorods topographische Situation einen wichtigen Anhaltspunkt, der zum Vergleich mit entsprechenden Verhältnissen in der Lausitzer Kultur herangezogen werden kann. Die großen Waldgebiete im Hinterland von Nowgorod wurden für die mittelalterlichen Pelztierfänger durch zahllose Wasserläufe erschlossen, die alle in das Sammelbecken des Ilmensees fließen, der durch den Fluss Wolchow zum Finnischen Meerbusen entwässert wird. Nur wenige Kilometer unterhalb vom Austritt dieses Flusses aus dem See war Nowgorod der ideale Sammelplatz, an dem die Pelztierfänger in großen Scharen ihre Beute sehr bequem mit ihren Booten anlanden konnten.

Ebenso leicht mit Booten erreichbar waren aus einem freilich jeweils sehr viel kleineren Einzugsbereich die Burgen während der spätbronzezeitlichen Lausitzer Kultur. Die Funktion als Sammelplatz für die im Hinterland gewonnenen Pelze erklärt die wirtschaftliche Prosperität, die die starke Bevölkerungskonzentration in diesen Burgen überhaupt ermöglichte. Erst vor diesem Hintergrund gewinnen die wenigen, in jungbronzezeitlichen Siedlungen gefundenen Knochen von Bibern und Ottern, dazu in der Küstenzone die von Seehunden, entscheidende Bedeutung[29]. Nur weil diese Pelztiere gelegentlich auch zur Fleisch- und Fettversorgung genutzt wurden, konnten ihre Knochen überhaupt in die Siedlungsabfälle geraten. Dass auf diese Weise wenigstens der Fang der im Wasser lebenden Pelztiere nachgewiesen werden kann, ist eine willkommene zusätzliche Bestätigung für die hier vorgetragene Bedeutung der Gewässer im Alltag der untersuchten Bevölkerung.

Die solchermaßen von den Bewohnern des Umlandes zu religiösen Festen, von Händlern mit Fernhandelsgut (Salz, Bronze, Gold u. a.), von Bauern mit landwirtschaftlichen Erzeugnissen, von Fischern mit ihrem Fang und von Pelztierjägern mit ihrer Beute per Boot oder auf Landwegen aufgesuchten Ufermärkte bei den Burgen und anderen Sitzen der Oberschicht hatten zusätzlich zu diesen zentralen Aufgaben noch besondere Funktionen im Gewässernetz zu erfüllen. Diese Funktionen entsprachen genau denen, die die eingangs aufgeführten Fürstensitze der späten Hallstatt- und frühen Latènezeit bei den Kelten wahrnahmen, wobei die Funktionen im Detail je nach Lage im Gewässernetz unterschiedlich waren. Es empfiehlt sich deshalb, die durch Burgen und Goldschätze angezeigten Sitze der Oberschicht im Untersuchungsgebiet einzeln auf diese Funktion hin zu überprüfen.

Wie die Karte (Abb. 5) zeigt, war die Oder mit ihren Nebenflüssen die Hauptkommunikationsachse für die Lausitzer Kultur, die sich in einem unterschiedlich breiten Streifen bis zur Mündung in die Ostsee an diesem Fluss entlangzog. Von der Odermündung führte eine wichtige Schiffahrtsroute an der Ostküste Rügens entlang, um über Bornholm die schwedische Ostküste zu erreichen und so das östliche Skandinavien mit Gütern aus dem Süden, beispielsweise Bronze, zu versorgen. Genau auf dieser Schiffsroute wurde das nordöstlichste der Goldgefäße am Strand bei Mjövik in der südschwedischen Provinz Blekinge gefunden[31] – ein weiterer Hinweis darauf, wie eng an der östlichen Peripherie ihrer Verbreitung die Goldgefäße an die Schiffahrtswege gebunden waren. Eine zweite Route lief von Rügen über die Inseln Hiddensee und Møn nach Seelands Ost- und Schwedens Westküste, wo sich die Goldschatzfunde geradezu haufen[32]. Weitere Schiffahrtsrouten liefen entlang der südlichen Ostseeküste nach Westen ebenso wie nach Osten. Wo diese Küstenrouten mit dem Flussverkehr zusammentrafen, lag auf der Insel Usedom auf der dem Meer abgewandten, also dessen Stürmen und Wellen nicht ausgesetzten Seite, nicht zu weit von der Swine entfernt die Burg von Kamminke[33]. Von dort aus konnte man die Schiffahrt auf allen genannten Strecken kontrollieren, ihr aber auch gegen Abgaben die nötige Sicherheit gewähren und für einen reibungslosen Austausch zwischen Fluss- und Küstenschiffen sorgen. Jenseits der Swine lag auf der Insel Wollin in relativ geringer Entfernung die Burg von Lubin[34]. Es ist derzeit noch nicht geklärt, ob die eine Burg die andere abgelöst hat oder in welchem Verhältnis sie zueinander standen.

Ein zweiter wichtiger Kreuzungspunkt von Verkehrslinien innerhalb des Gebiets der Lausitzer Kultur lag südlich von Frankfurt/Oder bei der Burg Lossow[35], die sogar zeitweise als zentrales Heiligtum für Opferdeponierungen in tiefen Schächten genutzt wurde. Dort mündete das Flüsschen Schlaube in die Oder, durch deren Tal man nach einer Landstrecke von nur etwa einer halben Tagesreise die Spree erreichte, auf der es dann per Boot weiter nach Westen zur Havel und zur Elbe ging. Für die Kommunikation innerhalb der Lausitzer Kultur zwischen den Siedlungen im Umkreis von Spree und mittlerer Havel und denen entlang der Oder ist dieser Übergang von ausschlaggebender Bedeutung gewesen[36] (Abb. 5), so dass mit entsprechend effektiver Organisation des Wechsels der Verkehrsmittel zu rechnen ist, wofür die Burg von Lossow die Funktion der Schaltstelle wahrnahm. Keine 30 km flussabwärts von dieser Burg mündet von Osten die Warthe in die Oder, so dass über den von der Lossower Burg beherrschten und organisierten Landübergang auch ein viel weiter reichender Ost-West-Austausch mühelos abgewickelt werden konnte.

Eine vergleichbare Rolle für einen Landübergang zwischen zwei von einer einzigen Kulturgruppe besiedelten Flussgebieten ist für die Neubrandenburger Gruppe von der Kratzeburg aus wahrgenommen worden[37]. Die Burg selbst liegt an dem kleinen Dambecker See, der das obere Ende der Schiffbarkeit der Havel für kleine Einbäume bildete, wobei gelegentlich sehr kurze Schleppstrecken von einem Havelsee in den anderen ohne Schwierigkeiten passiert werden konnten. Von der Kratzeburg führte eine Landstrecke von wiederum nur einer halben Tagesreise zum Tollensesee, aus dem die Tollense ins Peenegebiet führt. Auf diese Weise war das kleine südliche Siedlungsgebiet der Neubrandenburger Gruppe um die obere Havel mit dem wesentlich größeren im Flussgebiet der Peene verbunden.

Etwas komplizierter ist die Kommunikation über die Grenze zwischen zwei unterschiedlichen Kulturgruppen hinweg zu beurteilen. Hierfür bietet ebenfalls die Kratzeburg ein für die behandelte Region typisches Muster an. Von ihr führte ein Landweg von rund drei Stunden an das Ostufer der Myritz, an deren Westufer die Angehörigen der Prignitzgruppe wohnten. Wenn letztere zum Güteraustausch mit ihren Booten ans Ostufer der Myritz fuhren, erscheint es uns heute am plausibelsten, dass die Leute von der Kratzeburg ihnen dorthin über Land entgegengingen. Wahrscheinlich war es aber für die Leute der Prignitzgruppe viel günstiger und mit entsprechend größerer Sicherheit verbunden, wenn sie dem Oberschichtvertreter in der Kratzeburg selber ihre Aufwartung mit entsprechenden Gastgeschenken machten, um unter seinem Schutz auf dem dortigen ständigen Ufermarkt ihre Tauschgeschäfte mit der übrigen Bevölkerung durchzuführen.

Ebenso nahe an der Nordwestgrenze der kleinen Rhingruppe liegt die Burg von Gühlen-Glienicke am Tornow-See (Abb. 6), die von den eigenen Leuten per Boot vom Rhin und den durchflossenen Seen aus gut erreichbar war[38], während die Angehörigen der Prignitzgruppe nach kurzem Landweg

169

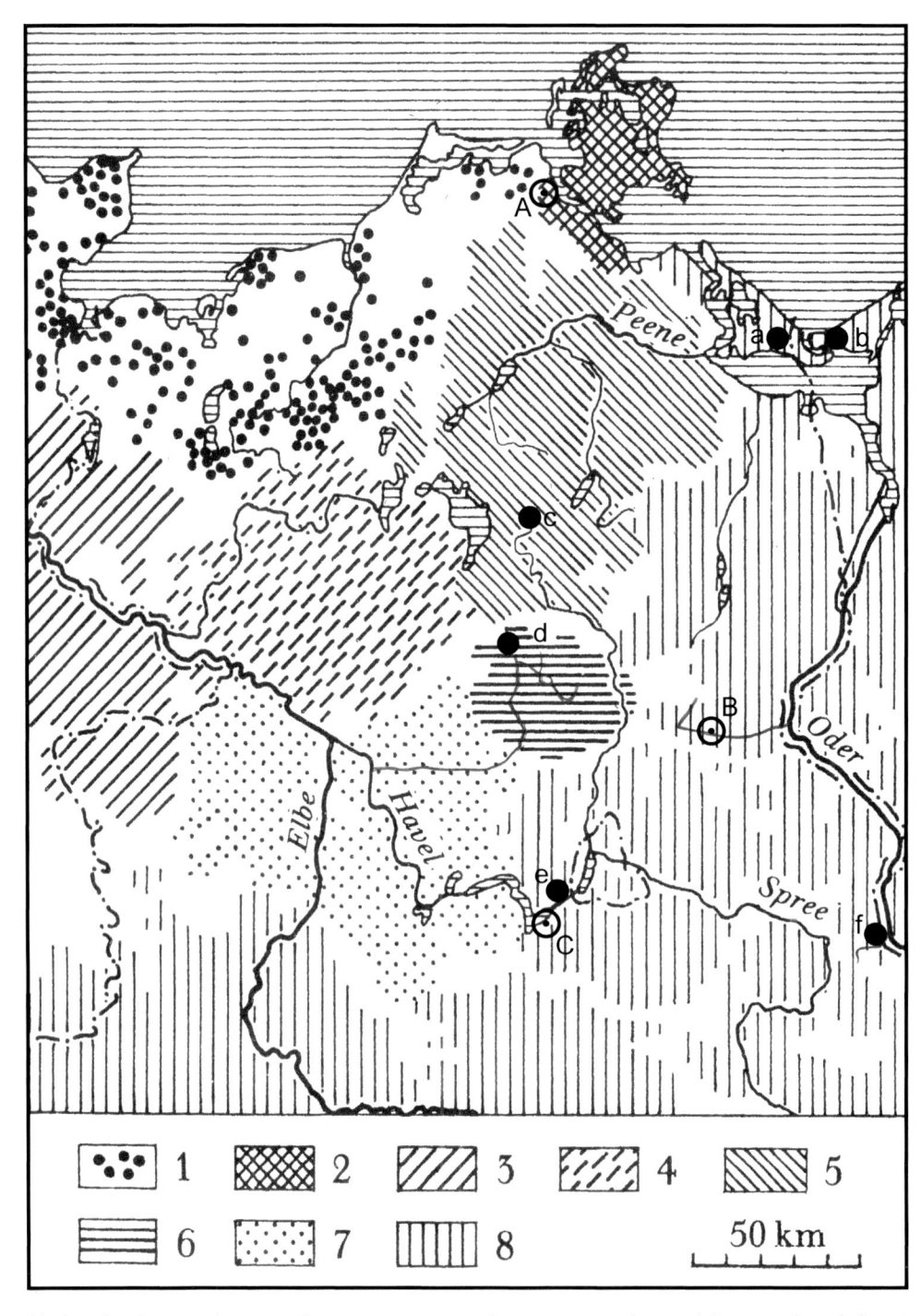

Abb. 5: Goldschatzfunde ○ und Burgen ● im Gewässernetz der Lausitzer Kultur und ihrer nordwestlichen Randgruppen (Zeichnung nach F. Horst mit Zusätzen).
1 lockere autarke Siedlungsareale, 2 Rügener Gruppe, 3 Lüneburger Gruppe,
4 Prignitzgruppe, 5 Neubrandenburger Gruppe, 6 Rhingruppe, 7 Elb-Havel-Gruppe, 8 Lausitzer Kultur.
Goldschätze: A Langendorf, B Eberswalde, C Lienewitzer Forst.
Burgen: a Kamminke, b Lubin, c Kratzeburg, d Gühlen-Glienicke, e Potsdam-Sacrow, f Lossow.

von rund zwei Stunden durch fremdes Gebiet dem Spitzenvertreter der Rhingruppe dort ihre Referenz erweisen konnten. Auch die Leute der Neubrandenburger Gruppe konnten von der Peenemündung aus nach einer Eintages-Bootsfahrt von nur knapp 20 km an fremder Küste entlang die Lausitzer Burg von Kamminke erreichen. Die Lausitzer Burg von Potsdam-Sacrow[39] liegt so an der Havel, dass sie von den Angehörigen der Elb-Havel-Gruppe mit einer Bootsfahrt von 8 km aufgesucht werden konnte. Zwar wissen wir nicht ganz genau, wie im Bereich dieser Burgen der Austausch über die Kulturgrenze hinweg tatsächlich durchgeführt wurde. Es zeichnet sich aber deutlich ab, dass die Burgen, die dabei die entscheidende Rolle spielten, nicht direkt an der Grenze lagen, sondern ein kleines Stück weiter im Innern ihrer eigenen Gruppe und stets so, dass sie von den eigenen Leuten per Boot möglichst gut erreichbar waren. Ganz eindeutig hatte die Kommunikation mit den Leuten des eigenen Umlandes den Vorrang. Aber ebenso deutlich wird auch, dass der grenzüberschreitende Austausch sich innerhalb des Einfluss- oder Herrschaftsbereichs dieser Burgen abspielte.

Mit diesen Ergebnissen haben wir die Voraussetzungen gewonnen, um die Bedingungen zu verstehen, die zur Niederlegung der drei Goldschatzfunde der behandelten Zeit und Region führten. Alle drei Schätze lagen nämlich bei ebenso markanten Punkten im Gewässernetz wie die Burgen, und alle drei wurden auch in jenem schmalen Grenzsaum gefunden, dessen Breite durch die geringe Entfernung der soeben genannten Burgen von dieser Grenze sehr genau angegeben werden kann.

Zwei Goldbecher fand man bei Langendorf nahe bei dem Borgwallsee[40], der mit einem kurzen Bach bei Stralsund in den Strelasund entwässert. Dieser See war ähnlich wie die rückwärtige Wasserfläche bei der Burg Kamminke auf Usedom der für vorgeschichtliche Küstenboote ideale Schutzhafen, weil er bei jeder Windrichtung Schutz vor Stürmen und Wellenschlag bot[41]. Er lag innerhalb jenes schmalen Küstensaumes, den die Rügener Gruppe quasi als Brückenkopf auf dem Festland innehatte und dürfte der von Natur aus besonders geschützte Festlandshafen dieser Gruppe gewesen sein, der nach Ausweis der Goldgefäße unter der Oberhoheit und Regie eines Angehörigen der Oberschicht gestanden haben wird. Ob der namengebende Burgwall bis in die Zeit der Goldgefäße zurückdatierbar ist, bedarf einer eigenen Untersuchung. Nach Süden grenzte der Festlandstreifen der Rügener Gruppe nach einer schmalen siedlungsleeren Zone an die Neubrandenburger Gruppe und nach Westen an lockere autarke Siedlungsareale, so dass der Hafenplatz am Borgwallsee zugleich dem Grenzaustausch diente und natürlich auch von vorbeifahrenden Küstenschiffen bei Unwetter als Schutzhafen aufgesucht werden konnte. Die genaue Kenntnis der Lage vergleichbarer Schutzhäfen war noch im 13. Jahrhundert n. Chr. unabdingbare Voraussetzung für erfolgreiche Küstenschiffahrt[42].

Der Goldschatz von Eberswalde-Finow[43] (Abb. 2) lag in unmittelbarer Nähe einer offenen früheisenzeitlichen Siedlung (7.–6. Jahrhundert v. Chr.) im Tal des der Oder von Westen zufließenden Flüsschens Finow an der Stelle, wo ein Landweg von nur einer knappen Tagesreise (ca. 27 km) zur Havel hinüberführte. Schon 1620 wurde hier durch einen Kanal die Oder mit der Elbe verbunden, heute führt dort der Oder-Havel-Kanal durch[44]. Allerdings war die Bedeutung dieses Weges über die Wasserscheide in der Jungbronzezeit dadurch eingeschränkt, dass auf ihm eine Grenze zu überschreiten war. Denn der gesamte Finowlauf lag im Gebiet der Lausitzer Kultur, während die Havel gerade hier auf beiden Ufern zur Rhingruppe gehörte, deren eine wichtige Wasserstraße sie an dieser Stelle war. Zur Zeit des Goldschatzes jedenfalls dürfte der Vertreter der Oberschicht, dem das Gold gehörte, auch ohne Burg die Kontrolle und Regie über diesen kurzen Landweg bis zur Grenze mit der Nachbargruppe ausgeübt haben. Dieser und der weiter im Süden ganz in Lausitzer Hand gelegene,

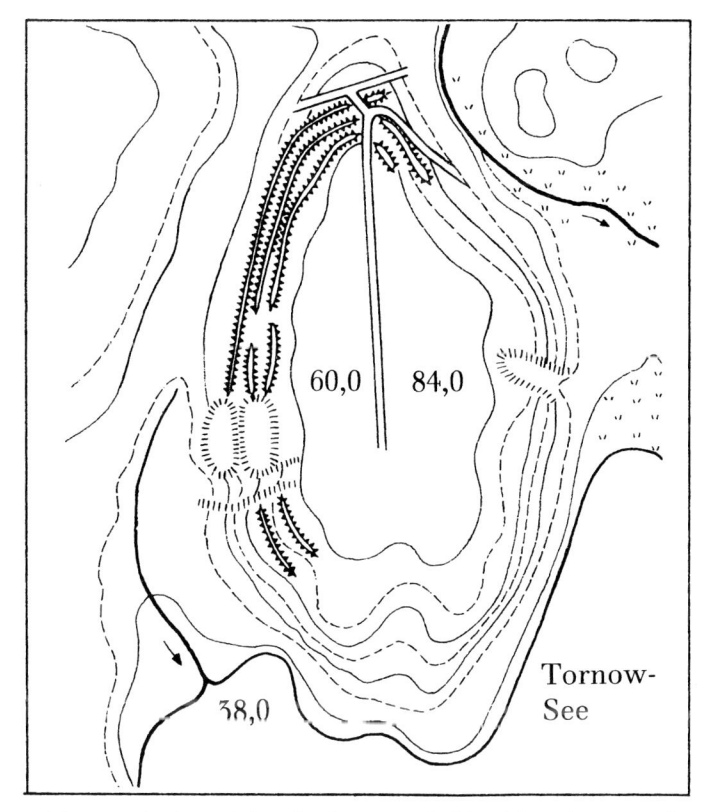

Abb. 6: Auch zu Füßen der Burg von Gühlen-Glienicke lagen die Bootslandeplätze des Ufermarktes an einer Bucht des Sees (Zeichnung nach H. Herrmann 1989).

noch kürzere Landweg von Lossow/Oder an die Spree waren die beiden einzigen bequemen Überbrückungsstellen zwischen dem Bootsverkehr auf der Oder und dem auf Spree und Havel in Richtung Elbe.

Der Goldschatz vom Lienewitzer Forst[45] (Abb. 1) schließlich lag ebenfalls im Gebiet der Lausitzer Kultur sehr nahe an der Stelle, wo die Havel in das Gebiet der Elb-Havel-Gruppe floss. Es ist davon auszugehen, dass die Fundstelle noch zum Einflussbereich der Lausitzer Burg von Potsdam-Sacrow gehörte, auf deren Funktion für den Austausch über die Grenze oben hingewiesen wurde. Offensichtlich hatte man gute Gründe dafür, die diesen Austausch über die Grenze kontrollierenden und organisierenden Orte mit ihrer verhältnismäßig großen Bevölkerungskonzentration gut zu befestigen, um den für beide Seiten unverzichtbaren Austausch so sicher wie möglich zu gestalten. Das heißt, im Notfall durften sich nicht nur die Marktbesucher aus dem eigenen Umland, sondern auch jene aus den benachbarten Gruppen in die Burg zurückziehen.

Wie berechtigt solche Sicherungsmaßnahmen waren, zeigt der Goldfund von Eberswalde, der ja nicht nur sakrale Gefäße und funktionsfähigen Schmuck, sondern mit Goldbarren, Gusskuchen, Bruchgold und Drahtbündeln den gesamten Goldvorrat eines Goldschmiedes bzw. seines Auftraggebers enthielt. Dies deutet darauf hin, dass dieses Gold wegen einer drohenden Gefahr versteckt wurde, aber vom Eigentümer nicht wieder gehoben werden konnte, weil er entweder umgekommen war oder nicht wagen konnte, das Versteck wieder aufzusuchen. Ob das Fehlen einer Burg im Umfeld von Eberswalde dabei eine Rolle spielte, ist nicht zu entscheiden.

Bei den beiden anderen Goldfunden ist die Niederlegung aus sakralen Gründen aufgrund der Fundzusammensetzung (zwei Goldgefäße bzw. ein Goldgefäß und zwei goldene Armreifen, zwei Goldspiraldrähte) nicht auszuschließen. Wenn es sich um Opferungen handelt, könnten sie als vorbeugende Maßnahmen gegen drohende Gefahr dargebracht worden sein. Jedenfalls fällt auf, dass alle drei hier behandelten Goldschatzfunde an der nordöstlichen Peripherie ihres Verbreitungsgebietes genau in jener Grenzzone zu benachbarten Gruppen gefunden wurden, innerhalb derer sich der friedliche Austausch zwischen den Nachbarn abspielte. Sie ist aber zugleich auch die Zone, in der Überfälle über die Grenzen hinweg zuerst und am häufigsten verübt wurden unter Ausnutzung der Verkehrswege für die friedliche Kommunikation.

Schließlich sei noch darauf hingewiesen, dass auch dort, wo die Lausitzer Kultur nach Westen über die Elbe hinüberreicht, die bei Krottorf gefundene Goldschale dieselbe Beziehung zum Gewässernetz erkennen lässt[46]. Sie lag am Rande der Talniederung der Bode, die noch im Mittelalter weiter flussaufwärts wenigstens bis Quedlinburg schiffbar war[47] und die über die untere Saale in die Elbe fließt. Nur 6 km unterhalb der Fundstelle zweigt von der Bode das sogenannte Große Bruch ab, ein 46 km langes, nahezu ebenes, sumpfiges Tal, das bei Börssum an der Oker endet, die über die Aller in die Weser fließt[48]. Wie weit dieses Tal zur Zeit der Lausitzer Kultur offenes Wasser führte, bedarf noch der Untersuchung. Immerhin ist die Möglichkeit nicht von der Hand zu weisen, dass hier mit einer bequem zu befahrenden Verbindung zwischen den Flussgebieten von Elbe und Weser zu rechnen ist, auf der möglicherweise kurze Umtragestellen für Boote zu überwinden waren. Auf alle Fälle verdient diese Verbindungsstelle die erhöhte Aufmerksamkeit verkehrsarchäologischer Forschung.

Die Goldschatzfunde im Gebiet der Lausitzer Kultur und ihrer nordwestlichen Randgruppen haben uns als deutlich erkennbare Hinterlassenschaften einer Oberschicht und durch ihre Lage an Knotenpunkten des Gewässernetzes auf eine Spur gebracht, die zur erstmaligen Aufdeckung einer überraschend vielfältigen Nutzung und deutlichen Strukturierung dieses Gewässernetzes während der späten Bronzezeit führte. Das anhand günstiger schriftlicher und archäologischer Überlieferung für das keltische Gallien erkennbare Nutzungskonzept der Gewässer mit Fürstensitzen, Grenz- und Ufermärkten ließ sich aufgrund gleichartiger archäologischer Indizien trotz aller Unterschiede in den Details des Fundstoffes auf den Untersuchungsraum mit großem Gewinn übertragen.

Wie sich klar abzeichnet, bildete die Oder für die westliche Lausitzer Kultur die Hauptverkehrsachse von Süd nach Nord mit der Fortsetzung in der Küstenschiffahrt der Ostsee. Noch weiter westlich spielte die Elbe eine vergleichbare Rolle. Zwischen beiden Strömen wurde das relativ feinmaschige Wasserstraßennetz in erster Linie für die regionale Kommunikation genutzt, hatte aber über die Havel eine Westverbindung zur Elbe, die über zwei Landwege an die Oder angeschlossen war. Der südliche von beiden führte von Lossow an der Oder auf sehr kurzer Strecke zur Spree und lag ganz im Gebiet der Lausitzer Kultur. Der nördliche führte von der Finow über Eberswalde zur Havel, hatte dabei aber die Grenze zur Rhingruppe zu überschreiten. Es gibt Anzeichen dafür, dass die Landverbindungen zu unterschiedlichen Zeiten sehr unterschiedlich genutzt wurden, was hier jedoch nicht weiterverfolgt werden soll. Auf alle Fälle war die Havel mit ihren beiden Anschlüssen an die Oder die topographisch vorgegebene Wasserstraße für einen weitreichenden Fernhandel zwischen West und Ost[49]. Deshalb ist es wohl kein Zufall, dass die beiden Goldschatzfunde von Eberswalde und vom Lienewitzer Forst an dieser Strecke liegen.

An allen wichtigen Umladestellen, sowohl vom Flussverkehr auf die Küstenrouten als auch zwischen Binnenschiffahrt und den kurzen Landwegen zum benachbarten Flussgebiet, konnten Ufermärkte aufgezeigt werden, die entweder im Schutz einer stark besiedelten Burg lagen oder sich an eine größere offene Siedlung anlehnten und in beiden Fällen unter der Regie von Vertretern der Oberschicht standen. Durch ein erstaunlich vielfältiges Marktgeschehen war die flächendeckende Versorgung ganzer Regionen mit dem nötigen Fernhandelsgut ebenso möglich wie ein weiträumiger Fernhandel, bei dem freilich die Waren viel größere Strecken zurücklegten als die Händler[50], die durch ihre Boote an die jeweiligen Flussgebiete gebunden waren. Deshalb mussten sie sich auf den Ufermärkten an den Landwegen mit den Boot fahrenden Händlern des anderen Flussgebietes treffen und ihnen die Waren zum Weitertransport übergeben. Sehr wahrscheinlich fanden solche Übergaben auch an den Grenzmärkten wie jenem unterhalb der Burg von Potsdam-Sacrow statt, wo zwar rein technisch kein Grund bestand, mit den Booten nicht weiterzufahren, wo aber der vom Oberschichtvertreter zu gewährende Schutz im wahrsten Sinne des Wortes an seine Grenze kam.

Anmerkungen
1   Wilfried Menghin – Peter Schauer: Der Goldkegel von Ezelsdorf. Kultgerät der späten Bronzezeit (Die vor- und frühgeschichtlichen Altertümer im Germanischen Nationalmuseum, Bd. 3). Stuttgart 1983, S. 16, Nr. 15 (Eberswalde), Nr. 16 (Lienewitzer Forst), Nr. 17 (Langendorf), sowie S. 98–117, Kat. Nr. 16, 17.
2   Zitiert nach Dieter Timpe: Griechischer Handel nach dem nördlichen Barbaricum. In: Klaus Düwel – Herbert Jankuhn – Harald Siems – Dieter Timpe (Hrsg.): Untersuchungen zu Handel und Verkehr der vor- und frühgeschichtlichen Zeit in Mittel- und Nordeuropa, Teil 1. Göttingen 1985, S. 181 ff., bes. S. 207.
3   Grundlegend zur frühen Schiffahrt auf kleinen Flüssen: Martin Eckoldt: Schiffahrt auf kleinen Flüssen Mitteleuropas in Römerzeit und Mittelalter (Schriften des Deutschen Schiffahrtsmuseums, Bd. 14). Oldenburg 1980.
4   Detlev Ellmers: Die Archäologie der Binnenschiffahrt in Europa nördlich der Alpen. In: Herbert Jankuhn – Wolfgang Kimmig – Else Ebel (Hrsg.): Untersuchungen zu Handel und Verkehr der vor- und frühgeschichtlichen Zeit in Mittel- und Nordeuropa, Teil 5. Göttingen 1989, S. 291–350, bes. S. 323–329.
5   Zitiert nach Richard Hennig: Eine Zusammenstellung und kritische Bewertung der wichtigsten vorcolumbischen Entdeckungsreisen an Hand der drüber vorliegenden Originalberichte, Bd. 1. Leiden 1944, S. 155.
6   Zum Ufermarkt: Detlev Ellmers: Handelsschiffahrt. In: Reallexikon der Germanischen Altertumskunde. 2. Aufl., Berlin 1999, S. 595–608, bes. S. 607.
7   Zu den unterschiedlichen Hafenfunktionen: Detlev Ellmers: Hafen. In: Reallexikon der Germanischen Altertumskunde. 2. Aufl., Berlin 1999, S. 312–322.
8   Ludwig Pauli: Der Münsterberg im überregionalen Verkehrsnetz. In: Helmut Bender – Ludwig Pauli – Ingo Stork: Der Münsterberg in Breisach, Bd. 2: Hallstatt- und Latènezeit. München 1993, S. 110–170.
9   Erstpublikation: H. James: Note on a Block of Tin, Dredged up in Falmouth Harbour. In: Archaeological Journal, Bd. 28, 1871, S. 196 ff. Während ein Saumtier nur zwei solcher Barren trug, konnte der keltische Einbaum von Hasholme siebzig solcher Barren transportieren. Detlev Ellmers: Celtic Plank Boats und Ships 500 BC-AD 1000. In: Robert Gardiner (Hrsg.): Conway's History of the Ship, Bd. 1: The Earliest Ships. London 1996, S. 52–71, bes. S. 53–56.
10   Heinz Burmester: Weltumseglung unter Preußens Flagge. Die Königlich Preußische Seehandlung und ihre Schiffe. Hamburg 1988, S. 66.
11   Die Kelten in Mitteleuropa. Kultur, Kunst, Wirtschaft. Ausst. Kat. Salzburger Landesausstellung im Keltenmuseum Hallein. Hrsg. v. Amt der Salzburger Landesregierung. Salzburg 1980, S. 150–193, Kat. Nr. 35, 36, mit weiterer Literatur. Ferdinand Maier: Gedanken zur Entstehung der industriellen Großsiedlung der Hallstatt- und Latènezeit auf dem Dürrnberg bei Hallein. In: Germania, Bd. 52, 1974, S. 326–347.
12   D. Ellmers (Anm. 4), S. 348.
13   Wolfgang Kimmig: Die frühen Kelten und das Mittelmeer. In: Kurt Bittel (Hrsg.): Die Kelten in Baden-Württemberg. Stuttgart 1981, S. 249–278.
14   Franz Fischer – Jörg Biel: Frühkeltische Fürstengräber in Mitteleuropa. In: Antike Welt. Zeitschrift für Archäologie und Urgeschichte, Bd. 13, 1982.
15   Jörg Biel: Katalog. In: Dieter Planck (Hrsg.): Der Keltenfürst von Hochdorf. Methoden und Ergebnisse der Landesarchäologie. Ausst. Kat. Landesdenkmalamt Stuttgart. Stuttgart 1985, S. 135–161, Kat. Nr. 4, 16, 34.
16   W. Menghin – P. Schauer (Anm. 1).
17   Albrecht Jockenhövel: Schutz und Repräsentation: Burgenbau – Eine Neuerung im Siedlungswesen. In: Albrecht Jockenhövel – Wolf Kubach (Hrsg): Bronzezeit in Deutschland. Stuttgart 1999, S. 22–26.

18 Fritz Horst: Die Stämme der Lausitzer Kultur und des Nordens in der jüngeren Bronzezeit. In: Joachim Herrmann (Hrsg.): Archäologie in der Deutschen Demokratischen Republik, 2 Bde., Bd. 1. Leipzig 1989, S. 98–105.
19 Unpubliziert. Ausgestellt im Regionalmuseum Neubrandenburg, Abt. Bronzezeit.
20 Michaela Reichel: Die archäologischen Funde der Lausitzer Kultur im Germanischen Nationalmuseum (Wissenschaftliche Beibände zum Anzeiger des Germanischen Nationalmuseums, Bd. 16). Nürnberg 2000, S. 61, Taf. 5, Kat. Nr. 15.
21 Joachim Herrmann (Hrsg.): Archäologie in der Deutschen Demokratischen Republik, 2 Bde., Bd. 2: Fundorte und Funde. Leipzig 1989, S. 439–441, Kat. Nr. C6, mit weiterführender Literatur. Plan der Burg in J. Herrmann (Anm. 18), S. 112.
22 J. Herrmann (Anm. 18), S. 113.
23 J. Herrmann (Anm. 21), S. 444, Kat. Nr. C 9.
24 Eberhard Bönisch: Siedlungen der Lausitzer Kultur. In: Archäologie in Deutschland, Heft 1, 1999, S. 24–29, bes. S. 26.
25 F. Horst (Anm. 18), S. 99.
26 Fritz Horst: Zur Entwicklung der Produktivkräfte in den jungbronzezeitlichen Siedlungsgebieten des Weser-Oder-Raums. In: Karl-Heinz Otto (Hrsg.): Moderne Probleme der Archäologie. Berlin 1975, S. 129–140, bes. S. 129.
27 Eines der ganz wenigen auf Pelztierjagd hinweisenden Fundstücke in Nowgorod ist eine vorne breitflächige Pfeilspitze aus Holz, mit der das getroffene Pelztier nur betäubt wurde, so dass es vom Baum fiel und aufgesammelt werden konnte. Man bekam so einen Pelz ohne Einschussloch. Freundliche Mitteilung von Petr Gaidukow, Nowgorod.
28 Auf dem zweiten Relief des Stralsunder Nowgorodfahrer-Gestühls ist die in Anm. 17 beschriebene Form der Pelztierjagd bildlich dargestellt. Paul-Ferdi Lang – Volkmar Herre: Die Reliefs des Nowgorodfahrer-Gestühls in St. Nikolai, Stralsund. Stralsund 1992, Abb. Umschlag-Vorderseite, S. 9.
29 F. Horst (Anm. 18), S. 99.
30 Zu den Schiffsrouten der Küstenschiffahrt in der Ostsee siehe Detlev Ellmers: Der Nachtsprung an eine hinter dem Horizont liegende Gegenküste. Die älteste astronomische Navigationsmethode. In: Deutsches Schiffahrtsarchiv, Bd. 4, 1981, S. 153–167, bes. S. 165, Karte Abb. 5.
31 W. Menghin – P. Schauer (Anm. 1), S. 94, Kat. Nr. 14b, Nr. 2 auf Karte S. 15.
32 W. Menghin – P. Schauer (Anm. 1), S. 16, Karte S. 15, je Nr. 1, 3, 4.
33 J. Herrmann (Anm. 21), S. 435, Kat. Nr. C1.
34 J. Herrmann (Anm. 21), S. 435, Kat. Nr. C1.
35 J. Herrmann (Anm. 21), S. 444–446, Kat. Nr. C10.
36 Karte (Abb. 5) nach F. Horst (Anm. 18), S. 104, mit Ergänzungen.
37 J. Herrmann (Anm. 21), S. 439–441, Kat. Nr. C6.
38 J. Herrmann (Anm. 21), S. 454, Kat. Nr. C17.
39 J. Herrmann (Anm. 21), S. 455, Kat. Nr. C18.
40 W. Menghin – P. Schauer (Anm. 1), S. 16, Karte S. 15, je Nr. 17.
41 Zu Sicherheitshäfen vgl. D. Ellmers (Anm. 7), S. 319.
42 Christer Westerdahl: The Maritime Itinerary of the Tax Register of King Valdemar Sejr of Denmark (1202–1241). In: Deutsches Schiffahrtsarchiv, Bd. 13, 1990, S. 325–376. Selbst bei Ostseefahrten mit dem Nachbau der Bremer Hansekogge von 1380 hat es sich als vorteilhaft erwiesen, Stürme an vergleichbaren Schutz gewährenden Küstenstellen abzureiten.
43 J. Herrmann (Anm. 21), S. 444, Kat. Nr. C9, mit weiterer Literatur. W. Menghin – P. Schauer (Anm. 1), S. 98–115, Nr. 15 auf Karte S. 15.
44 Martin Eckoldt (Hrsg.): Flüsse und Kanäle. Die Geschichte der deutschen Wasserstraßen. Hamburg 1998, S. 439–450.
45 W. Menghin – P. Schauer (Anm. 1), S. 116–117, Nr. 16 auf Karte S. 15.
46 W. Menghin – P. Schauer (Anm. 1), S. 86–87, Nr. 18 auf Karte S. 15.
47 Noch heute heißt eine Straße in Quedlinburg am Bode-Ufer »Schiffsbreite«. Zur Schiffbarkeit vgl. Martin Eckoldt: Schiffahrt auf kleinen Flüssen, Teil 4: Nebenflüsse der Elbe. In: Deutsches Schiffahrtsarchiv, Bd. 10, 1987, S. 7–35.
48 M. Eckoldt (Anm. 47), S. 21–22 zu »Bode«.
49 Die Bedeutung der Flüsse Elbe und Oder und der Ost-West-Verbindung Oder-Finow-untere-Havel-Elbe für den Fernhandel hat F. Horst (Anm. 18), S. 192, und F. Horst (Anm. 26), S. 130, mehrfach herausgearbeitet, ohne freilich zeigen zu können, wie der Ablauf der Transporte organisiert war.
50 Zu diesem Ergebnis kommt auch F. Horst (Anm. 26), S. 131, aufgrund ganz anderer Erwägungen.

Abb. 5: Innenansicht des Fundes von Leiro.

Beatriz Comendador Rey

Der Schatz von Leiro (Galicien): Ein Einzelfund?

Die geographische Lage des Fundes von Leiro (Rianxó, La Coruña, Galicien)

Der Strand von Leiro liegt an der galicischen Atlantikküste in Spanien, im Nordwesten der Iberischen Halbinsel, am Nordufer der Ría de Arousa[1] (Abb. 1). Die galicische Küste verzweigt sich in Myriaden von Rías (Meeresarmen), von denen die Ría de Arousa mit einer Fläche von etwa 555 km² und einer Länge von rund 27 km die größte ist. An ihrer breitesten Stelle misst sie 14 km, weshalb sie bisweilen auch Mar de Arousa (Meer von Arousa) genannt wird. Die Ufer dieses Meeresarmes sind flach und zerklüftet. Es gibt zahlreiche Inseln und Halbinseln, von denen einige sich in jüngerer Zeit durch Ablagerungen zu Landengen ausgebildet haben. Bedeutung besitzt die Meerenge nicht nur wegen ihrer Ausdehnung, sondern auch wegen ihrer Fülle an Schalentieren.

Die Meerenge bildet einen Winkel, der sich von der Insel Sálvora in Richtung Nordosten erstreckt, und an seinem engsten Punkt, der Mündung des Flusses Ulla, nur 5,5 km breit ist (Abb. 2). Der Ulla ist im nordwestlichen Gewässersystem der Iberischen Halbinsel nach dem Miño der zweitwichtigste Fluss. Er bietet flussaufwärts auf 12–14 km bis Pontecesures/Padrón, wo die Auswirkungen der Gezeiten allerdings noch stark zu spüren sind, optimale Schiffahrtsbedingungen. Wegen der Verengung des Flussbettes ist es schwierig, über diesen Punkt hinaus weiter landeinwärts zu fahren. Hier bietet sich als Alternative ohne größere Hindernisse der Landweg an, der zugleich die Verbindung zu den zahlreichen weiteren Tälern der Nebenflüsse an beiden Ufern darstellt. Aus all diesen Gründen wurde der Ulla seit ältester Zeit als Verbindungsweg in das Hinterland Galiciens genutzt[2]. Maria Ruiz-Gálvez wies darauf hin, dass es kein Zufall sei, wenn der Legende nach der Apostel Jakobus d. Ä. eben dieser Route folgte, als er nach Spanien kam[3]. Auf dem gleichen Weg zogen die Normannen, als sie Santiago de Compostela im 10. Jahrhundert n. Chr. stürmten. Es muss betont werden, dass der Uferabschnitt bei Leiro in

Abb. 1: Lage (*) des Fundes von Leiro (Rianxó, La Coruña, Galicien).

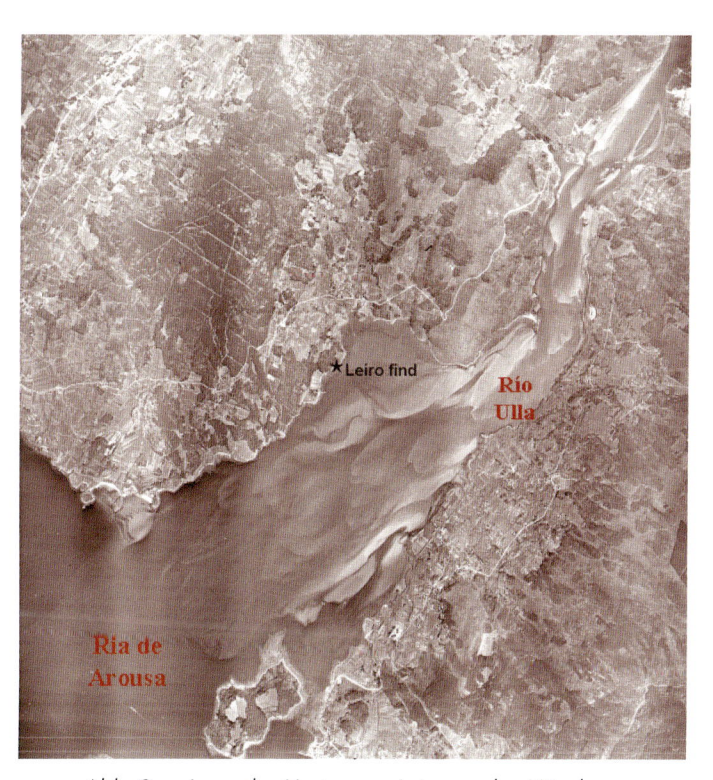

Abb. 2: Lage des Hortes von Leiro an der Mündung des Flusses Ulla.

der Bucht von Rial an einer strategisch wichtigen Stelle liegt, da sich hier der Meeresarm endgültig verengt. Zwischen Punta Palleiro im Norden und Punta Grandoiro im Süden mit der Mündung des Ulla liegt seit jeher der Hauptzugang ins Hinterland Galiciens.

Die Lage des Fundes und Beschreibung des Objekts

Der Fund kam am 7. April 1976 an einem Ort zu Tage, der als Corruncho dos Porcos bekannt ist, einem kleinen Felsüberhang nahe dem Strand von Leiro[4] (Abb. 3). An diesem Tag arbeitete J. Maria Vicente Somoza, ein ortsansässiger Seemann, gerade auf einem Landstück zwischen den Felsen, um einen Schuppen für sein Boot und seine Angelgeräte zu bauen. Beim Ausheben der Erde fand er ein Tongefäß. In dem Tongefäß befand sich ein Objekt in der Form einer Halbkugel, mit einem Aufsatz in Form eines Kegels mit abgeschnittener Spitze (Abb. 4). Der Gegenstand ist, einschließlich des Aufsatzes von

Abb. 3: Der Fundort am Corruncho dos Porcos (Rianxó, La Coruña).

Abb. 4:
Der Helm bzw. die Schale von Leiro von außen.

2,3 cm, 15 cm hoch, hat einen Durchmesser von 19,5 cm und wiegt 270 g. Die gesamte Oberfläche des Objektes ist mit Motiven verziert, die in horizontalen Bändern angeordnet sind, welche von je drei parallelen, schmalen Horizontalrippen eingefasst werden, außer an der Spitze, wo der erwähnte Aufsatz den Abschluss bildet. Der Dekor besteht aus horizontalen Reihen von Buckeln und Reihen konzentrischer Ringe mit kleinem Mittelbuckel und je zwei kleineren Buckeln in den Zwickeln zwischen den Kreisen. Insgesamt sind es sechs Streifen. Das Objekt ist getrieben und gepunzt sowie teilweise mit Bohrspuren verziert, die von einer Ahle stammen (Abb. 5).

Barbara Regine Armbruster kommt zu dem Schluss, dass es sich um ein Einzelstück handelt[5], welches aus einem gegossenen Rohling hergestellt wurde. Sie hebt hervor, dass der Goldschmied die Spitze so beließ, wie sie nach dem Guss war. Im Inneren des Aufsatzes ist die Oberfläche konkav, was vom Gießen herrührt. Sie erwähnt auch, dass der Rand nicht verstärkt ist, anders als bei den Objekten von Axtroki, um deren Ränder Goldfäden zur Verstärkung gewickelt wurden. Der einst goldene Glanz der Oberfläche wurde ursprünglich durch rötlich getönte, anhaftende Partikel gedämpft. Durch übermäßiges Putzen ist dieser Belag verschwunden[6], und bislang wurde keine Analyse gemacht, um seine Beschaffenheit zu bestimmen.

Das Museo Arqueolóxico e Histórico Castelo de San Antón de A Coruña (M.A.C.) bewahrt auch die 22 Keramikfragmente des Fundes auf (Abb. 6), doch lässt sich das Gefäß nicht aus ihnen rekonstruieren, zumal nur äußerst wenige Fragmente zusammenpassen. Das Gefäß ist mit der Hand aus einem nicht sehr dichten Ton gearbeitet, der mit viel Quartz und Glimmer durchsetzt ist. Außerdem sind Abdrucke anderer organischer Stoffe erkennbar. Der Ton besitzt außen eine rötliche, innen eine bräunliche Färbung, woraus man schließen könnte, dass das Innere beim Brand schwächer oxidierte. Die meisten der Fragmente haben eine maximale Dicke von etwa 1,3–1,0 cm, wobei die Außenwand bereits abbröckelt. Allgemein lässt sich sagen, dass es sich um ein insgesamt gut gestaltetes, halbkugeliges Tongefäß mit rauher Oberfläche gehandelt haben muss.

Geschichtlicher Rückblick

Das Objekt wird allgemein »Helm von Leiro« genannt. Es ist eine der bekanntesten Attraktionen des M.A.C., die jedoch noch 25 Jahre nach ihrer Entdeckung eigentlich noch immer unerforscht ist. Der »Helm« war niemals Gegenstand einer Einzelstudie, sondern wurde in den meisten Publikationen nur in kurzen Kommentaren gewürdigt, ganz im Gegensatz zur Beachtung, die seine Parallelstücke erfahren haben. Zu diesen Vergleichsfunden zählen auf der Iberischen Halbinsel die Schalen von Axtroki (Guipúzcoa) und der Schatz von Villena (Alicante)[7] sowie andere, über ganz Europa verteilte Funde, wie die Goldkegel von Avanton (Vienne), Schifferstadt am Rhein oder Ezelsdorf (Bayern)[8].

Das Objekt wurde anfangs als Goldhelm aus der Zeit der sogenannten Castro-Kultur angesehen. Die Fundnachricht, die auf einer Information von M. Chamoso beruht, wurde sofort von dem portugiesischen Forscher Mario Cardozo veröffentlicht[9]. Beide stimmen überein, dass es sich um einen »casque«, einen Helm aus der hispano-römischen Periode aus den Jahren 350–250 v. Chr. (Keltische Eisenzeit II) handelt, welche sie mit den Skulpturen lusitanischer oder galicischer Krieger in Verbindung bringen. Aufgrund der Fragilität des Metalls gehen sie davon aus, dass es sich um ein Stück mit Zierfunktion handelt, das entweder direkt benutzt oder über einem stützenden Unterfutter aus Leder oder anderem organischen Material auf dem Kopf getragen wurde. Man nimmt an, dass das Objekt Teil der Grabausstattung eines Häuptlings oder eines hochrangigen Kriegers war.

Die Mehrheit der späteren Autoren einigte sich auf eine frühere Datierung und ordnete den Fund von Leiro zwischen später Bronzezeit und Eisenzeit ein. So datiert ihn Francisco Calo in die Eisenzeit (Hallstatt B und C), das heißt ins 7.–6. Jahrhundert v. Chr.[10] Seine Datierung beruht auf der auffallenden Ähnlichkeit zu den Funden aus Axtroki, die er in Verbindung mit hallstattzeitlichen Objekten Zentraleuropas sieht, besonders mit solchen aus Deutschland. Luis Monteagudo datiert ihn aufgrund der Parallelen im Dekor ungefähr in das 8. Jahrhundert v. Chr.[11] José Manuel Vásquez Varela ordnet ihn der

Abb. 6: Bruchstücke des Tongefäßes, in dem sich der »Helm« von Leiro befunden hatte.

späten Bronzezeit zu und hebt dabei besonders hervor, dass es sich um einen Hortfund handelt[12]. Miguel Angel de Blas Cortina glaubt, dass sowohl Axtroki als auch Leiro Goldgefäße aufweisen, die jenen des nördlichen Zentral- und Mitteleuropa ähnlich sind[13]. José Maria Bello und Antonio de la Peña sind sogar der Meinung, dass die Objekte von dort stammen[14]. Vor dem Hintergrund des Hortfundes wurde auch von anderen Forschern in Erwägung gezogen, dass das Stück zu anderen Objekten der mittleren atlantischen Bronzezeit wegen der sehr ähnlichen Zierelemente in Beziehung steht[15].

Während der letzten zehn Jahre hat das Studium prähistorischer Goldarbeiten einen neuen Aufschwung erlebt, wobei technologischen Aspekten besondere Aufmerksamkeit galt. Unter diesem Gesichtspunkt hat B. R. Armbruster eine Verbindung zwischen Leiro und den Schätzen von Axtroki und Villena hergestellt[16]. Den letzteren Fundkomplex ordnet sie in die späte Bronzezeit um 1000 v. Chr. ein, weil für die Herstellung der darin enthaltenen Armbänder sowohl der Guss in der verlorenen Form als auch Guss und Toreutik kombiniert angewandt wurden. Außerdem wurden dort die frühesten Spuren von Eisen in Südwesteuropa gefunden. Die Autorin sieht aber einen Unterschied zu hallstattzeitlichen Goldarbeiten und stellt die Zugehörigkeit zum technologischen Kreis der Villena/Estremoz-Goldarbeiten fest. Anhand technologischer Kriterien kann sie verschiedene Objekte, deren genauer Kontext unbekannt ist, in ein relatives chronologisches System einordnen[17]. Dieses System umfasst auch andere Artefakte der nordwestlichen Iberischen Halbinsel, welche vom Villena/Estremoz-Typus abgeleitet werden können, wie zum Beispiel die Armbänder von Toén und Orense (Galicien), die Armbänder von Urdiñeira (La Gudiña, Orense) oder die Armbänder von Chaves (Vila Real) und von Monte da Saia (Braga) in Portugal[18].

In den letzten Jahren haben sich etliche Autoren für eine Deutung des Fundes von Leiro als Schale ausgesprochen. Wie N. Reboredo meint, könnte der Aufsatz in eine Art Stütze gepasst und möglicherweise eine magische oder rituelle Bedeutung gehabt haben[19]. Nach Maria Ruiz-Gálvez muss man das Objekt mit anderen Goldgefäßen in Zusammenhang bringen[20]. Der Mangel an Funktionalität bestätigt auch für J. M. Vázquez Varela den möglichen symbolischen oder rituellen Zweck[21]. Im allgemeinen beruhen die Meinungen auf formalen Erwägungen (einschließlich des technologischen Aspekts) und weniger auf der Interpretation des archäologischen Kontextes als Hortfund. Man ging bei der Deutung in der Regel davon aus, dass das Stück aufgrund seiner Einzigartigkeit als archäologisches Objekt auch einzigartig für die Gesellschaft gewesen sein muss, die es geschaffen und verwendet hat. Es wurde als ein außeriberisches Objekt eingeordnet, da es entweder außeriberische Objekte nachahmt oder tatsächlich eines ist und sich seine chronologische Einordnung und Funktionsbestimmung nicht zuletzt in die Interpretation ausländischer Vergleichsstücke einfügt.

Leiro und sein archäologisches Umfeld

Bei den oben dargestellten Interpretationsansätzen fallen zwei Punkte auf: Zunächst wurde der Leiro-Fund in eine Zeitspanne von ungefähr tausend Jahren eingeordnet, ohne dass zu dieser Interpretation andere archäologische Funde aus dem Nordwesten der Iberischen Halbinsel zum Vergleich herangezogen worden wären. Zweitens wurde er meist eher unter einem außeriberischen Blickwinkel gesehen, als dass man den archäologischen Kontext des Gebietes oder der Region betrachtet hätte.

Einig sind sich die meisten Autoren darin, dass es sich um einen Hortfund handelt, was auch aus dem Fundbericht von Leiro hervorgeht. M. Ruiz-Gálvez warnte jedoch davor, dass man bei der Deutung derartiger Funde wegen des Wechselspiels sehr vieler Variablen, einschließlich des Zufalls, vorsichtig sein müsse[22]. So könnte auch die Fundortangabe fehlerhaft sein. Trotzdem soll hier der Fund aus Leiro im Zusammenhang mit den archäologischen Quellen aus dem Mündungsgebiet des Ulla sowie sein übergeordneter Bezug zu den Funden der nordwestlichen Iberischen Halbinsel analysiert werden. Es soll versucht werden, neue Indizien zu finden, die es ermöglichen, Licht in das Dunkel zu bringen, ob er unter formaler Betrachtung als isoliertes Objekt, als »Einzelfund«, gedeutet werden sollte oder vielmehr als Hortfund.

Die Vorgängerzeit
(Jungsteinzeit, Kupferzeit, frühe Bronzezeit)

Zu fragen ist zunächst, ob es aus der Zeit, bevor der Helm oder die Schale von Leiro in das Fundgebiet gelangten, Anzeichen für menschliche Besiedelung dieser Gegend gibt. Dabei ist auch zu überlegen, ob sich aus den Quellen irgendwelche Hinweise auf eine soziale Hierarchie erkennen lassen und in welcher Form bzw. auf welcher Stufe sich diese ausdrückt. Die intensive Inbesitznahme des Territoriums (Abb. 7) wurde durch eine Fülle von Spuren der zwei bezeichnendsten Erscheinungen unter den archäologischen Quellen Galiciens nachgewiesen. Gemeint sind die Hinterlassenschaften der Megalithkultur und die galicischen Felszeichnungen, die auch in diesem Zusammenhang von Bedeutung sind, wie weiter unten ausgeführt werden wird.

Auf einem schmalen Höhenzug an der Südseite des Monte Liora liegt die Grabhügelnekropole von Os Campiños (Santa Maria de Leiro, Rianxó). Im Zusammenhang mit dieser Nekropole wurde eine Felsplatte mit anthropomorphen Ritzungen freigelegt, die in die spätmegalithische Zeit, vielleicht auch schon in die Kupfer- bzw. in die frühe Bronzezeit datiert[23]

Abb. 7:
Karte des Gebiets um die Ría de Arousa mit Fundorten aus dem Neolithikum, der Kupferzeit und der älteren Bronzezeit.

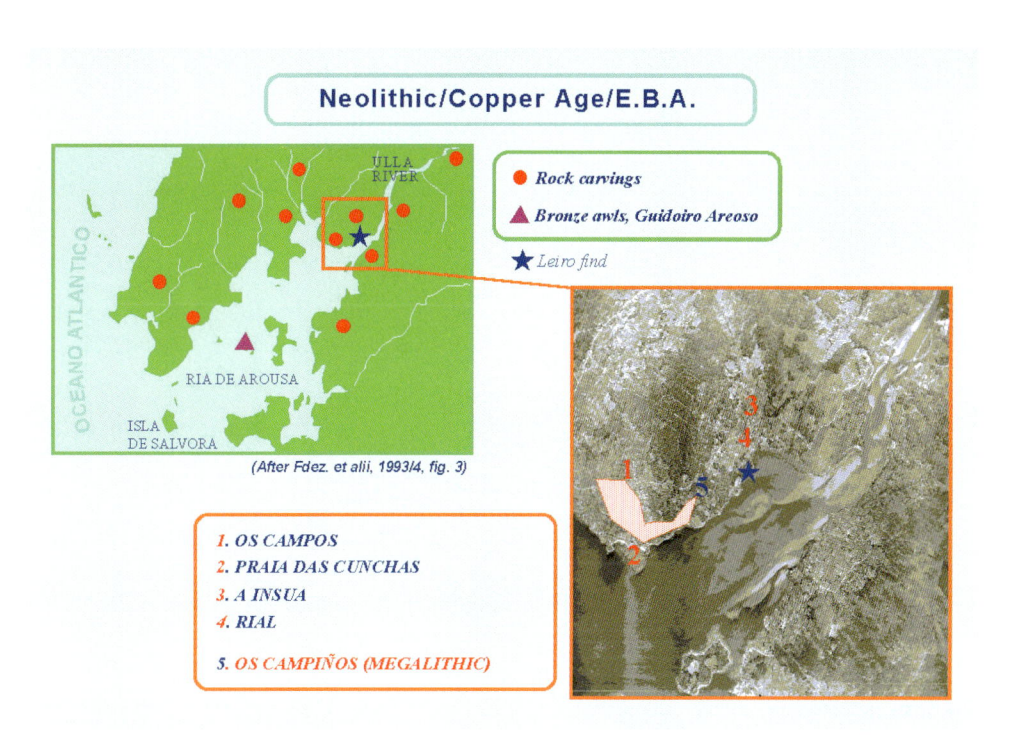

(Abb. 8, 9). Auf der anderen Seite weisen die Petroglyphen, die man am Ufer der Ría de Arousa fand, besonders jene im küstennahen Gebiet um Rianxó, einen ganz bestimmten Stil auf. In Leiro gibt es überdies eine der wenigen galicischen Felsritzungen mit Waffendarstellungen. An einer Foxa Vella genannten Stelle (Monte da Pena, Rianxó), auf einer Bergkuppe mit einem weitreichenden Blick über die Ebene fand man Felsbilder von zwei Stabdolchen sowie von Dolchen und Kreismotiven[24]. Leiro ist der einzige Ort in Galicien, wo auf Felsritzungen dargestellte Waffen und ihre metallenen Gegenstücke in naher Nachbarschaft auftreten. Denn auf demselben Berghang wurde ein vermutlicher Hort gefunden, der aus fünf dreieckigen Dolchen und einem Stabdolch bestand (Abb. 10). Letzterer wird als einziger im archäologischen Register Galiciens vermerkt[25].

Menschliche Darstellungen sind auf Felsritzungen sehr selten. Noch seltener sind Darstellungen, die man als »betende Figuren« deuten könnte, da sie ihre Arme nach oben strecken. Zwei dieser Figuren tauchen in Rianxó auf, eine in Gruppe III auf dem Praia das Cunchas[26] (Abb. 11) und die andere, der vorherigen sehr ähnlich, wurde auf der Felsritzung »da Insua« im Tal von O Rial genau neben dem Leiro-Fundort entdeckt[27]. Für viele Autoren sind die galicischen Felsritzungen Ausdruck einer hierarchisch gegliederten, patriarchalischen Gesellschaft (Abb. 12). Andere Autoren entwickelten auf ihrer Grundlage die Theorie von einer bestimmten Art der Kriegsführung, die auf Kämpfe zwischen kleineren Gruppen begrenzt blieb, die ihrerseits stellvertretend für kleinere soziale Einheiten auftraten[28]. Sie seien vielleicht auch für rituelle Handlungen oder zur Selbstdarstellung eingesetzt worden. Die soziale Hierarchie hätte sich durch den Besitz von Waffen aus Metall, wie man sie als Grabbeigaben fand, manifestiert und legitimiert. Dies sind nicht die einzigen Beweise für die Existenz einer sozialen Hierarchie gegen Ende des 3. Jahrtausends. Eines der handfestesten und außergewöhnlichsten Zeugnisse im Nordwesten der Iberischen Halbinsel kommt genau aus dem Gebiet, wo man den Helm bzw. die Schale aus Leiro entdeckte. Das Südufer der Rías Baixas liefert nämlich auch einen Beweis für eine vermutlich sehr frühe Einführung der Bronzemetallurgie auf der Iberischen Halbinsel. Der Fund auf der kleinen Insel Guidoiro Areoso in der Mitte der Meerenge von Arousa besteht aus zwei bronzenen Ahlen, die nach den Beifunden ans Ende des 3. Jahrtausends v. Chr. datiert werden können und damit Verbindungen entlang der Atlantikküste zu dieser Zeit belegen[29].

Die »Lücke« in der mittleren Bronzezeit

Untersucht man die archäologischen Quellen der Bronzezeit auf der nordwestlichen Iberischen Halbinsel, so bedeutet die Einordnung des Leiro-Fundes in die mittlere Bronzezeit eine Überraschung. Denn ab der Mitte des 2. Jahrtausends gibt es ansonsten kaum Hinweise auf Siedlungen oder Bestattungs-

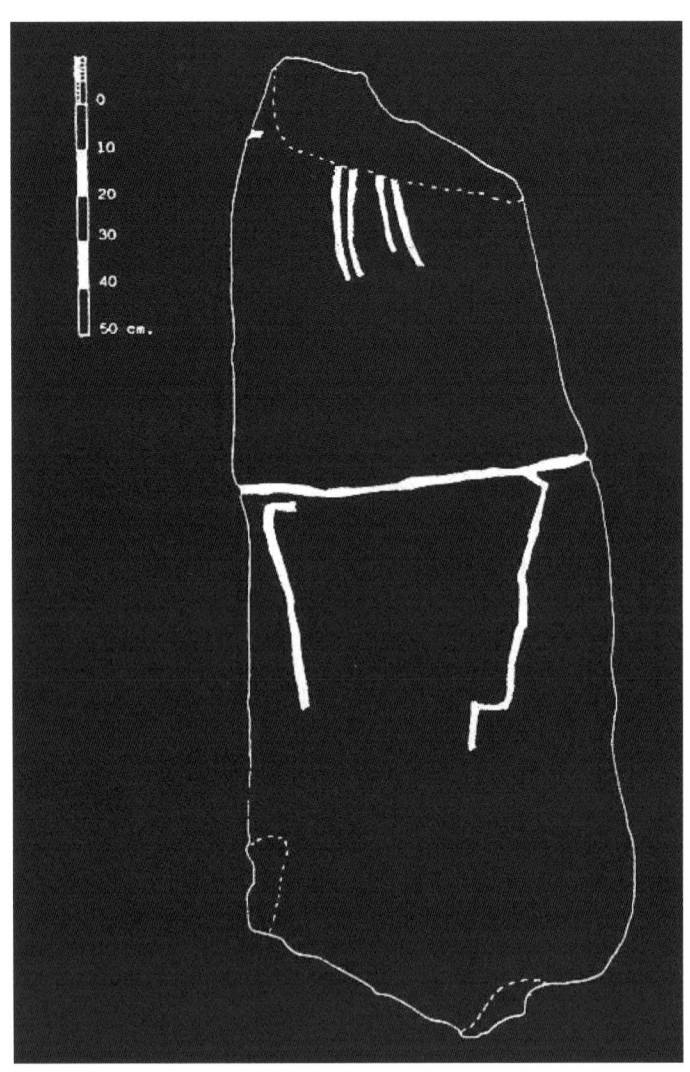

Abb. 8: Megalithische Kunst von Os Campiños (Rianxó) (Zeichnung nach R. Fábregas – F. De la Fuente 1994).

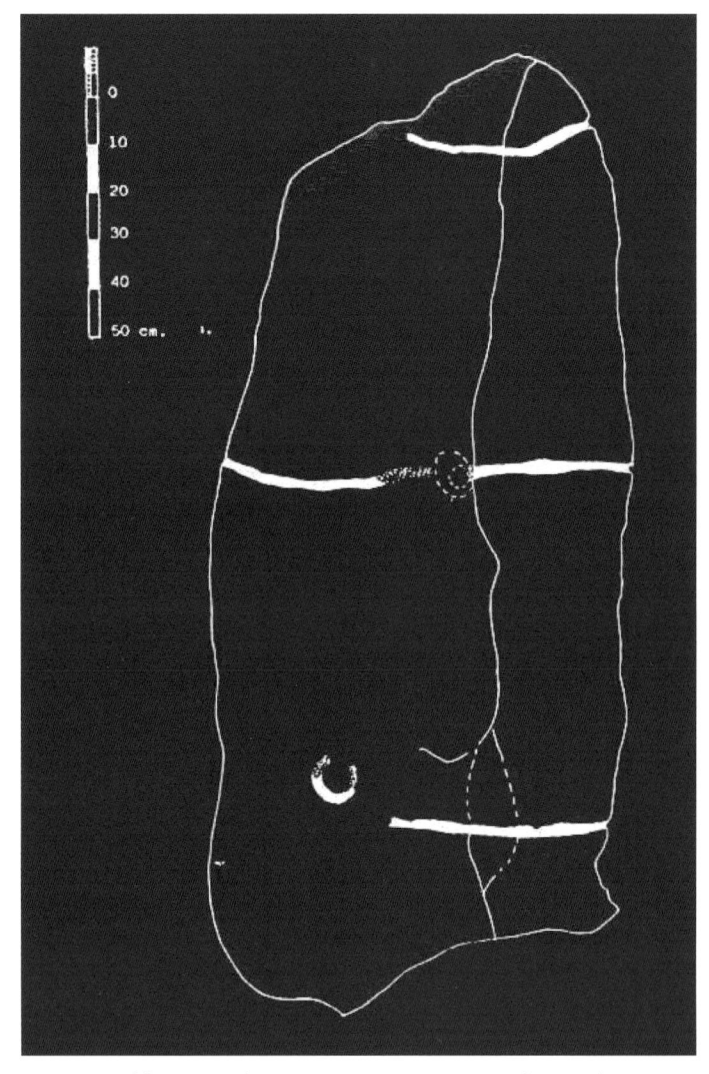

Abb. 9: Felsritzung von Os Campiños (Rianxó) (Zeichnung nach R. Fábregas – F. De la Fuente 1994).

plätze. Bis vor kurzem wurden nur ganz wenige Einzelfunde von Metallgegenständen dieser Periode zugeordnet.

Während einige Forscher diese Lücke als Krise oder als Periode des Niedergangs interpretiert haben, glauben andere, dass sie auf eine rückläufige Sesshaftigkeit im Zuge eines sozioökonomischen Umstrukturierungsprozesses zurückzuführen ist. So wurde vermutet, dass die sozialen Gruppen kleiner wurden, wobei der Besitz gewisser Prestigeobjekte eine geringere Rolle spielte als in der Zeit davor. Einige Autoren ziehen aufgrund gewisser Hinweise auch in Betracht, dass Funde, die allgemein früheren Perioden zugeordnet wurden, dem 2. Jahrtausend zugerechnet werden könnten. Sie argumentieren, dass Phänomene wie die Megalithkunst, die Becher und die galicischen Felsritzungen während des 2. Jahrtausends auftreten. Andere glauben, dass sich die Auswirkungen sozialer Veränderungen und die eines kulturellen Rückschritts nicht notwendigerweise ausschließen.

Die Funde, die man traditionell der mittleren Bronzezeit zuordnet, sind wenig zahlreich, obwohl nicht auszuschließen ist, dass neue Untersuchungen neue Kenntnisse über die Besiedelungskontinuität in dieser Zeit liefern können. Die archäologischen Quellen aus der Mitte des 2. Jahrtausends sind, verglichen mit älteren wie jüngeren Perioden in diesem Gebiet, bis jetzt so spärlich bzw. unbekannt, dass der Helm bzw. die Schale von Leiro eine wirkliche Ausnahme darstellt, sowohl wegen der einzigartigen Erscheinung als auch wegen des Charakters als Luxusobjekt.

Abb. 10: Depot von Waffen vom Monte Lioira (Rianxó) mit fünf dreieckigen Dolchen und einem Stabdolch.

Abb. 11: Felsritzungen aus der Kupfer- und älteren Bronzezeit. Anthropomorphe Darstellungen vom Petroglyphen von As Cunchas (Rianxó) (Zeichnung nach F. J. Costas – P. Novoa 1993).

Abb. 12: Felsritzung mit anthropomorphen Darstellungen.

183

Die späte Bronzezeit

Bezüglich Metallarbeiten ist die späte Bronzezeit auf der nordwestlichen Iberischen Halbinsel durch eine bedeutende Veränderung hinsichtlich der Produktionsmenge gekennzeichnet, da nun ein häufigeres Auftreten von Gebrauchsgegenständen zu verzeichnen ist. Die meisten von ihnen wurden wohl in der Region hergestellt, auch wenn sie fremde Stilrichtungen, vorwiegend aus Gegenden an der Atlantikküste, imitieren. In dieser Zeit treten auch neue Typen auf, wie die Griffzungenschwerter, Vollblattspeerspitzen und Beile verschiedener Formen, vom Absatzbeil ohne Öse bis zu solchen mit zwei Ösen.

Das charakteristischste Phänomen dieser Zeit sind Horte, die im untersuchten Gebiet ein spezielles Erscheinungsbild aufweisen. Der Fluss Ulla im Nordwesten der Iberischen Halbinsel weist an seinem Unterlauf und an der Mündung die größte Anzahl metallener Gewässerfunde auf (Abb. 13). Die wichtigsten entdeckten Artefakte sind Schwerter und Speerspitzen der mittleren bzw. späten Bronzezeit bis zum Übergang von der späten Bronzezeit zur Eisenzeit (Abb. 14), zwei Rapiere aus der Übergangsphase von der mittleren zur späten Bronzezeit, drei Schwerter aus der späten Bronzezeit, zuzüglich ein weiteres, das weggeschwemmt wurde, eine Speerspitze und ein Schwert des Monte Sa Idda-Typs vom Übergang der späten Bronze- zur Eisenzeit, datiert um das Jahr 800 v. Chr.[30]. Erst kürzlich wurde von einem triangulären Nietdolch berichtet, der ebenfalls aus dem Fluss in der Nähe des Torres do Oeste geborgen wurde[31]. All diese Funde entdeckte man zufällig bei Baggerarbeiten zur Sandgewinnung. Sie tragen dazu bei, den Nachweis einer engen Verbindung zwischen anderen Gebieten an der Atlantikküste und dem hier besprochenen Raum gegen Ende der Bronzezeit zu bestätigen. Nach M. Ruiz-Gálvez gab es am Unterlauf des Ulla Häfen, die seit der Bronzezeit benutzt wurden[32].

Obwohl es nicht möglich ist, eine direkte Verbindung zwischen den Flussfunden aus dem Ulla und dem Hort von Leiro herzustellen, soll noch ein weiterer Fund aus Galicien erwähnt werden, der die beiden Phänomene verbindet. Gemeint ist der Hortfund aus Hío (Cangas do Morrazo, Pontevedra), der in einer Spalte eines Granitkliffs, von dem aus man den Meeresarm des Vigo überblickt, entdeckt wurde (Abb. 15). Er wurde nicht nur an einer ähnlichen Stelle gefunden, der Schatz bestand auch aus verschiedenartigen Objekten, die bis in die späte Bronzezeit zurückreichen. Unter den Artefakten sind auch ein Schwert, das den Griffzungenschwertern aus dem Ulla ähnelt, und verschiedene Fragmente genieteter Bronzegefäße[33].

Ferner sind zwei weitere interessante Goldschätze zu nennen. Der erste wurde bei Sequeade (Barcelos, Portugal) gefunden, aus ihm stammt eine Kette mit Strängen aus Golddraht, die in einem abgedeckten Keramikgefäß lag[34]. Sie steht in Beziehung zu dem Fund von Alto da Pedisqueira (Chaves,

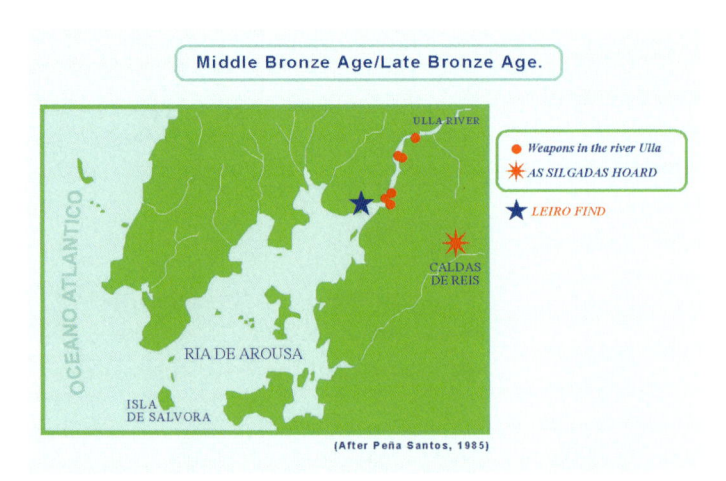

Abb. 13: Karte mit Fundorten der mittleren und späten Bronzezeit entlang des Flusses Ulla.

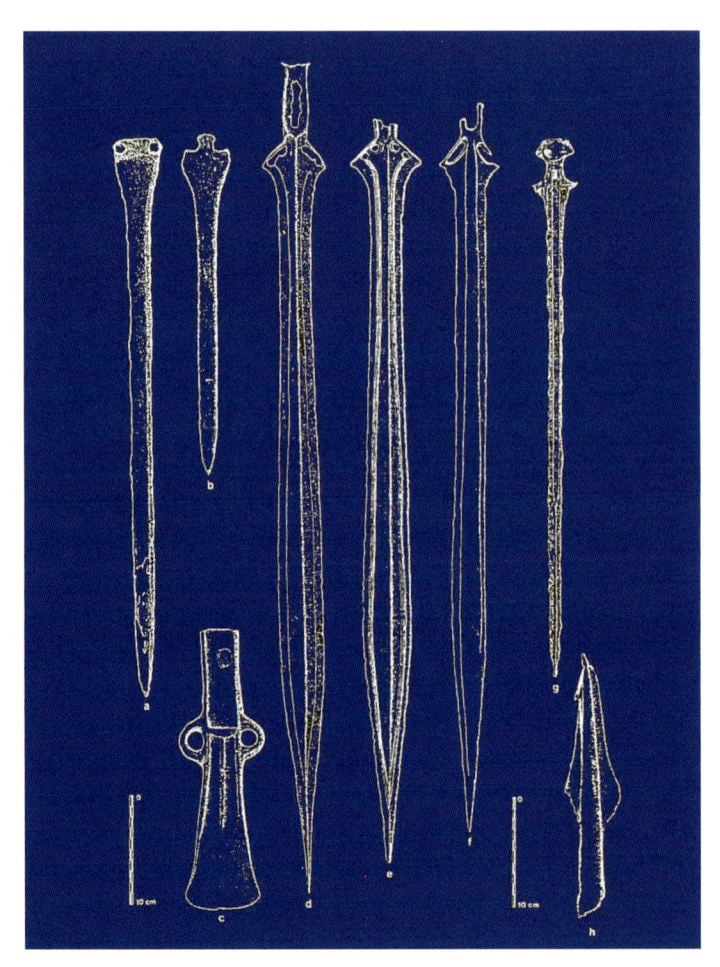

Abb. 14: Waffenfund aus der späten Bronzezeit aus dem Fluss Ulla (Zeichnung nach G. Meijide 1998, Abb. 16).

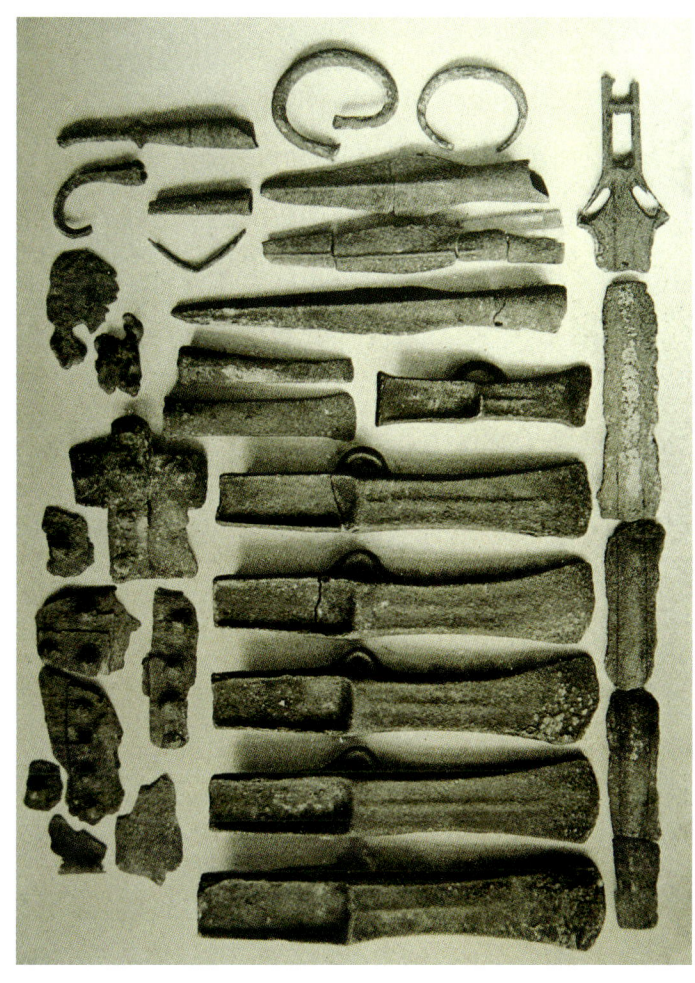

Abb. 15: Das Depot von Hío (Cangas do Morrazo, Pontevedra).

Portugal), wo eine ähnliche Kette ausgegraben wurde, und zwar zusammen mit einem Armband, das jenen im Schatz von Villena gleicht[35]. Erwähnt werden muss schließlich der Hort von As Silgadas (Caldas de Reyes, Pontevedra) nahe Leiro, der aus Objekten verschiedener Perioden besteht, sehr wahrscheinlich jedoch in die späte Bronzezeit datiert[36]. So hat der Leiro-Fund, als Hort gedeutet, einen geschlossenen Kontext innerhalb der archäologischen Funde der letzten Jahrhunderte der späten Bronzezeit.

Von der Eisenzeit zur Zeit der Römer

Unter den wichtigsten großen befestigten Siedlungen in diesem Gebiet sticht die Casa de Xil o As Cercas (Isorna) hervor, benannt nach ihren noch immer aufrecht stehenden Verteidigungsanlagen, sowie das Castro de Neixón. Beide sind strategisch günstig mit Blick auf den Meeresarm und die Mündung

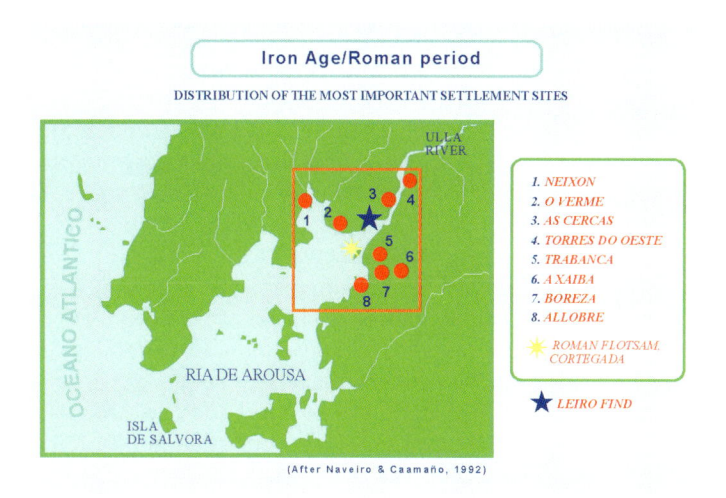

Abb. 16: Karte mit Fundorten der Eisen- und Römerzeit im Mündungsgebiet des Flusses Ulla.

des Flusses Ulla gelegen (Abb. 16). Es ist allerdings darauf hinzuweisen, dass es bis jetzt keine Indizien auf ein Gräberfeld der eisenzeitlichen Castrexa (Castro/Hillfort)-Kultur in Galicien gibt. Die Vermutung, dass Leiro ein Grabfund sei, findet nach Ausweis der archäologischen Quellen keine Bestätigung.

Archäologische Betrachtungen über die späteren Perioden des in Frage kommenden Gebietes anzustellen ist hier nicht möglich. Dieses Thema ist ausführlich von Juan Naveiro und J. M. Caamaño diskutiert worden, die die Wichtigkeit des Ulla als Wasserweg in römischer Zeit, besonders während der ersten Jahrzehnte des 1. Jahrhunderts n. Chr., hervorgehoben haben[37]. Sie nehmen an, dass es verschiedene Anlegeplätze und Häfen gab, was durch den Fund eines gesunkenen römischen Schiffes bei Punta Fradiño auf der Insel Cortegada bestätigt wurde.

Schlussbetrachtungen

Frühere Studien haben Leiro als Einzelphänomen in den archäologischen Quellen des iberischen Nordwesten charakterisiert. Der Blick schweifte dabei in die Ferne. Es wurde der Versuch gemacht, sich ihm hinsichtlich Zeitstellung und Funktion über Vergleiche mit Funden aus anderen Kulturen entlang der Atlantikküste, aus Zentraleuropa oder des Mittelmeerraumes zu nähern. Das Ergebnis war eine vage chronologische Einordnung, die von der mittleren Bronzezeit über die späte Bronzezeit bis zur Eisenzeit reichte. Bezüglich der Frage, ob das Stück die Funktion eines Helmes oder einer Schale hatte, gibt es Befürworter und Verneiner beider Hypothesen. Die Meinungen dazu waren in jedem Fall diktiert durch die vorhandenen Interpretationen von europäischen Vergleichsstücken.

Nach einer Analyse des archäologischen Umfeldes des Fundes steht unserer Ansicht nach nun aber fest, dass im Mündungsgebiet des Ulla und dem Meeresarm von Arousa nicht nur ausreichende, sondern auch herausragende archäologische Belege für eine kontinuierliche Besiedelung vorhanden sind, zumindest ab der Megalithkultur in der Jungsteinzeit. Es gibt überzeugende Gründe zu glauben, dass neben anderen Faktoren die strategische Bedeutung für die dortige Bevölkerung von besonderem Interesse war und sie aus diesem Grund ihr Recht zur Kontrolle dieses Gebietes ausübten. Den archäologischen Belegen nach bildete sich an der Mündung des Ulla ab der Kupferzeit eine komplexe soziale Struktur heraus, welche ihren Ausdruck auch in Kunstwerken fand. Dies wird auch durch die nachgewiesenen Fernbeziehungen bestätigt. Leiro ist zwar ein außergewöhnlicher Fund, er stammt jedoch aus einer Region, in welcher der archäologische Befund insgesamt außergewöhnlich ist. Somit handelt es sich hinsichtlich seiner Exzeptionalität nicht um einen »losgelösten« Fund.

Hinsichtlich seiner einstigen Verwendung müssen wir zuerst zwischen der Verwendung des Objekts und seiner Bedeutung als Hort unterscheiden. Wir glauben, dass weder seine Verwendung noch seine Bedeutung notwendigerweise über seine Gegenstücke aus anderen Teilen Europas zu bestimmen sind, weil zum Zeitpunkt seiner Niederlegung das Objekt bereits seinen ursprünglichen Verwendungszusammenhang verloren hatte. Die Tatsache, dass man es in einem groben Gefäß fand, weist darauf hin, dass man seine weitere Benutzung absichtlich verhindern wollte.

Wir nehmen daher an, dass der archäologische Kontext auf eine Datierung von Leiro in die letzten Jahrhunderte der späten Bronzezeit hinweist. Leiro hatte eine signifikante Bedeutung in seinem sozialen Umfeld hinsichtlich der Kontrollfunktion einer bestimmten Bevölkerung oder bestimmter Bevölkerungsgruppen über den Zugang zu den Gebieten und Bodenschätzen im Landesinneren und über deren Verbreitung. Dieser Aspekt gilt auch für den Schatz von Villena, dessen Deutung umstritten war. M. Ruiz-Gálvez glaubt, dass dieser Fund ein persönliches Eigentum eines dortigen Herrschers war[38], während B. R. Armbruster und A. Perea meinen, dass es sich um Material handelte, das zur Ausfuhr für den internationalen Rohstoffhandel gesammelt worden war, der sich während des 8. Jahrhunderts v. Chr. zwischen der Atlantikküste und dem zentralen Mittelmeerraum entwickelt hatte[39]. Ob es sich vor diesem Hintergrund hinsichtlich des Fundes von Leiro um ein Gastgeschenk, eine Weihegabe oder eine der vielen anderen möglichen Funktionen handelte – sicher ist, dass das Objekt der Zurschaustellung von Macht diente, wie sie an der Mündung des Flusses Ulla seit frühester Zeit präsent war.

Anmerkungen

1 Unser Dank gilt J. Maria Bello und Begoña Bas für ihr Interesse an der Präsentation dieser Arbeit und Víctor Vázquez für seine Hilfe bei der Beschaffung der Abbildungen. Weiterhin sei dem Rat von Rianxó für die Unterstützung gedankt und vor allem J. Maria Vicente Somoza für seine freundliche Erinnerung an den Fund von Leiro in Zeit und Raum.
2 Juan Naveiro – José Manuel Caamaño: El depósito subacuático del río Ulla. El material romano. In: Finis Terrae, Homenaje a Balil. Santiago de Compostela 1992, S. 257–295.
3 Maria Ruiz-Gálvez: Depósitos del Bronce Final: ¿Sagrado o Profano? ¿Sagrado y, a la vez, profano?«. In: Maria Ruiz-Gálvez (Hrsg.): Ritos de Paso y Puntos de Paso. La Ría de Huelva en el Mundo del Bronce Final Europeo. Madrid 1995, S. 29.
4 Die Informationen über den Fund wurden zusammengestellt aus den Akten des M.A.C., der Meldung im Ideal Gallego vom 14. April 1976 (»El casco hallazgo arqueológico de Leiro, Rianxó«) und aus dem Artikel von Mário Cardozo: Valioso achado arqueológico em Espanha. In: Revista de Guimaraes, Bd. 86, 1976, S. 173–178. Sie wurden ergänzt durch eigene Beobachtungen am Fund.
5 Barbara Regine Armbruster: Techniques d'orfèvrerie préhistorique des tôles d'or en Europe atlantique des origines à l'introduction du fer. In: Béatrice Cauuet (Hrsg.): L'or dans l'antiquité. De la mine à l'objet (Aquitania, Supplément, Bd. 9). Bordeaux 1999, S. 237–249.
6 Die Reinigung des Objekts erfolgte vor der Sonderausstellung »Galicia no Tempo«, organisiert von der Xunta de Galicia im Kloster San Martín Pinario, Santiago de Compostela, 1991.
7 Ignacio Barandarian: Los cuencos de Axtroki (Biolibar-Eskoriaza, Guipúzcoa). In: Noticiario Arqueológico Hispánico, Bd. 2, 1973, S. 173–209. Martín Almagro Gorbea: Orfebrería del Bronce Final en la península Ibérica. El tesoro de Abia de la Obispalía, la orfebrería tipo Villena y los cuencos de Axtroki. In: Trabajos de Prehistoria, Bd. 31, 1974, S. 39–100.
8 Christiane Eluère: Das Gold der Kelten. München – Fribourg 1987.
9 M. Cardozo (Anm. 4), S. 174.
10 Francisco Calo Lourido: Casco de Leiro. In: Galicia no Tempo. Ausst. Kat. Xunta de Galicia. Santiago 1991, S. 143–144.
11 Luis Monteagudo: La religiosidad *callaica*: estela funeraria romana de Mazarelas (Oza dos Ríos, A Coruña), cultos astrales, priscilianismo y outeiros. In: Anuario Brigantino, Bd. 19, 1996, S. 11–118, bes. S. 41–42, Abb. 19.
12 José Manuel Vázquez Varela: A ourivería da Idade do Bronce. In: Galicia Arte, Bd. 9: Arte Prehistórica e Romana. La Coruña 1992, S. 170. José Manuel Vázquez Varela: Ritos y creencias en la prehistoria gallega. Laracha 1994.
13 Miguel Angel de Blas Cortina: La prehistoria postpaleolítica cantábrica: de la percepción de similaridades neolíticas a la irregularidad documental en las etapas metalúrgicas. In: Actas do 3° Congresso de Arqueología Peninsular, Bd. 4. Vila Real 2000, S. 42–43.
14 José Maria Bello – Antonio de la Peña Santos: Galicia na Prehistoria (Historia de Galicia, Bd. 1). La Coruña 1995, S. 154.
15 M. Almeida – Maria J. Boveda – I. Vilaseco: Galicia Different Place: Da cronoloxía do ouro precastrexo e outros tópicos. In: Historia Nova. Contribución dos Xóvenes Historiadores de Galicia, Bd. 3. Santiago de Compostela 1994, S. 25–33, bes. S. 30–31.
16 B. R. Armbruster: Techniques (Anm. 5), S. 243
17 Barbara Regine Armbruster: Rotary Motion – Lathe and Drill. Some New Technological Aspects Concerning Late Bronze Age Goldwork from Southwestern Europe. In: Giulio Morteani – Jeremy P. Northover (Hrsg.): Prehistoric Gold in Europe. Dordrecht 1993, S. 399–423, bes. S. 402.
18 Barbara Regine Armbruster – Alicia Perea: Tecnología de herramientas rotativas durante el Bronce Final. El depósito de Villena. In: Trabajos de Prehistoria, Bd. 51, Heft 2, 1994, S. 69–87, bes. S. 74.
19 Nuria Reboredo Canosa: Ourivaría castrexa. In: Historia del Arte Gallego, Bd. 14. Madrid 1999, S. 214–215.
20 M. Ruiz-Gálvez: Depósitos (Anm. 3).
21 José Manuel Vázquez Varela: Ritos y creencias en la prehistoria gallega. Laracha 1994.
22 Maria Ruiz-Gálvez: La orfebrería del Bronce Final. El poder y su ostentación. In: El Oro en la España prerromana (Monográfico de la Revista de Arqueología). Madrid 1989, S. 46–57.
23 Ramón Fábregas – Félix de la Fuente Andrés: La laja decorada de Os Campiños. In: Seminario O Megalitismo no Centro de Portugal (Mangüalde, 1992). Viseu 1994, S. 305–310, bes. S. 309.
24 Francisco Calo Lourido – Xose Maria González Reboredo: Estación de arte rupestre de Leiro (Rianxó, A Coruña). In: Gallaecia, Bd. 6, 1980, S. 207–216.
25 Beatriz Comendador: Los inicios de la Metalurgia en el Noroeste de la Península Ibérica (Monografías Museo Aqueolóxico, Bd. 11). La Coruña 1999.
26 Roberto Vázquez Rozas: Petroglifos de las Rías Baixas Gallegas. Análisis artístico de un arte prehistórico. Pontevedra 1997, S. 105. Fernando Javier Costas Goberna – Pablo Novoa Alvarez: Los grabados rupestres de Galicia (Monografías Museo Aqueolóxico, Bd. 6). La Coruña 1993, S. 138.
27 A. Bonilla – A. Parga – A. Torres: Prospección intensiva de grabados rupestres en el Ayuntamiento de Rianxó (A Coruña). In: Boletín del Museo Provincial de Lugo, Bd. 7, Heft 2, 1995–96, S. 71–103, bes. S. 90.
28 José Manuel Vázquez Varela: Imagen y sociedad en la Edad del Bronce de Galicia. In: Actas del 1° Congreso Peninsular de Arqueología, Porto, 1993 (Trabalhos de Antropologia e Etnologia, Bd. 35, Heft 3). Porto 1995, S. 287–301.
29 B. Comendador (Anm. 25).
30 Antonio de la Peña Santos: Nuevas armas de la Edad del Bronce dragadas en el río Ulla (Pontevedra). In: Actas II Coloquio Galaico-Minhoto, Bd. 2. Santiago 1985, S. 313–318. M. Ruiz-Gálvez: Depósitos (Anm. 3), S. 29. Gonzalo Meijide Cameselle: Las espadas del Bronce Final en la Península Ibérica (Arqueohistórica, Bd. 1). Santiago de Compostela 1988.
31 Eva M. Grela Caínzos: Un puñal inédito del Bronce. In: Brigantium, Bd. 9, 1995–96, S. 9–12.
32 M. Ruiz-Gálvez: Depósitos (Anm. 3), S. 29.
33 Hugo Obermaier: Impresiones de un viaje prehistórico por Galicia. In: Boletín de la Comisión Provincial de Monumentos Históricos y Artísticos de Orense, Bd. 7, Heft 149, 1923, S. 25–47, bes. S. 30–32.
34 B. Comendador (Anm. 25), S. 91.
35 B. Comendador (Anm. 25), S. 50.
36 B. Comendador (Anm. 25).
37 J. Naveiro – J. M. Caamaño (Anm. 2).
38 Maria Ruiz-Gálvez: La Europa Atlántica en la Edad del Bronce. Barcelona 1998.
39 B. R. Armbruster – A. Perea (Anm. 18), S. 84.

Goldene Hüte

Abb. 9: Bild eines Priesterkönigs mit dem Cape von Mold und der Krone von Schifferstadt (Rekonstruktion: Sabine Gerloff).

Sabine Gerloff

Goldkegel, Kappe und Axt:
Insignien bronzezeitlichen Kultes und Macht

Die schon seit langem bekannten Goldkegel als auch die im atlantischen Europa gefundenen und als Schalen bezeichneten Goldkalotten wurden erst jüngst als Kronen rehabilitiert, sie gehören somit zu den eindrucksvollsten Zeugnissen von Macht und Kult in der Bronzezeit. Die nun als Kalendarien gedeuteten Verzierungen der Kegel unterstreichen zusätzlich diese Funktion[1].

Der älteste uns überlieferte Fund einer solchen bronzezeitlichen Krone wurde 1692 in Irland gefunden, in einer Zeit, als die vorrömischen Epochen der Stein-, Bronze- und Eisenzeit noch nicht definiert waren und als »heidnisch« oder »druidisch« bezeichnet wurden. Auf einem spätbarocken Kupferstich (Abb. 1) sehen wir den sagenumwobenen altirischen Stammesfürsten und späteren Hochkönig Brian Bor, der aufgrund seiner siegreichen Schlachten gegen die Wikinger als Nationalheld in die irische Geschichte einging[2]. Das Bild zeigt ihn mit barockzeitlichen Insignien wie Prunkbekleidung, Krone und Zepter, die sich als herrschaftliche Attribute bis in die Bronzezeit zurückverfolgen lassen. Rechts neben dem König erscheint ein hutförmiges Gebilde, das die historische Bedeutung und königliche Würde des Dargestellten versinnbildlichen soll und in Devil's Bit (Co. Tipperary) aus einem Moor geborgen wurde. Der mit Kreisbuckeln und umlaufenden Rippen verzierte und mit einer Krempe versehene Goldfund wurde damals aufgrund seiner Form als Kopfbedeckung identifiziert und als »provincial crown« (altertümliche Krone) bezeichnet (Abb. 2). Ihre Zeitstellung wurde als wikingerzeitlich oder »heidnisch« angegeben. Der als »Comerford crown« bezeichnete Fund gelangte mit seinem jacobitischen Eigentümer Joseph Comerford um die Mitte des 18. Jahrhunderts in dessen französisches Exil nach Schloss Anglure in der Champagne. Seitdem ist er verschollen.

Auch ein weiteres halbes Dutzend im Laufe des 18. und 19. Jahrhunderts aus irischen Mooren geborgene und als »Hüte« oder »Kronen« bezeichnete Goldkalotten existieren heute nicht mehr. Sie waren in ähnlicher Manier mit umlaufenden Rippen und Kreisbuckelmotiven verziert und sollen von ihrer Größe her auf einen Kopf gepasst haben. Wie das Gros der irischen Goldfunde, welche zumeist beim Torfstechen von der sehr armen Landbevölkerung gefunden wurden, wurden sie sofort an Händler oder Juweliere veräußert und eingeschmolzen. So auch eine Goldkalotte, die vor 1786 von einer Kuh »geborgen« wurde, welche mit dem am Hufe aufgespießten Goldblech in ihren Stall humpelte. Es ist überliefert, dass in

Abb. 1: Der altirische Hochkönig Brian Bor. Frontispiz zu G. Keating: History of Ireland (nach O'Connor).

Irland allein in der 1. Hälfte des 19. Jahrhunderts vorgeschichtliche Goldobjekte im Wert von 10000 Pfund eingeschmolzen wurden[3]. Dies entspricht bei einem damaligen Goldpreis von 70 Schilling pro Troy Unze (1 Troy ounce = 31,104 g) einem Gesamtgewicht von fast 3000 Unzen, also 90 kg Gold. Dennoch besitzt das Irische Nationalmuseum in Dublin heute noch eine der reichsten Sammlungen bronzezeitlicher Goldfunde aus Europa, wenn auch von unseren Kronen aus oben genannten Gründen keine in der Sammlung des Museums vertreten ist. Lediglich das Fragment eines jetzt noch leicht konisch gewölbten Bleches mit Mittelbuckel (Abb. 3) kann als das Oberteil einer solchen Kalotte oder vielleicht auch eines Kegels angesehen werden. Die bis Mitte des 19. Jahrhunderts als »druidic« oder »provincial crowns« angesprochenen Funde wurden nach Einführung des vorgeschichtlichen Dreiperiodensystems von Sir William Wilde, dem Direktor des Dubliner Museums und Vater von Oscar Wilde, ausführlich besprochen und der Bronzezeit zugewiesen[4]. W. Wilde verglich sie mit den in gleicher Manier verzierten Goldschalen aus Nordeuropa, bezweifelte ihre Funktion als Kopfbedeckung und sah sie ebenfalls als Schalen an, eine Funktion, die ihnen bis in jüngste Zeit zugesprochen wurde[5].

Aus dem atlantischen Küstenbereich Spaniens sind drei Goldblechkalotten bekannt, die seit ihrer Auffindung in den 1970er Jahren ebenfalls als Schalen interpretiert und mit nordischen Exemplaren verbunden werden[6]. Jedoch haben die zwei Kalotten von Axtroki (Prov. Guipúzcoa) (Abb. 4, 5) mit rund 20 cm einen doppelt so großen Durchmesser wie die nordischen Schalen mit rund 10 cm und passen somit genau auf einen Kopf. Zusätzlich erscheint auf beiden ein Band S-förmiger Motive, welches als Prozession stilisierter Wasservögel interpretiert wird. Die Figuren sind zur Spitze der Kalotte ausgerichtet (Abb. 5). Betrachtet man die Kalotten als Schalen, so stehen diese Figuren buchstäblich auf dem Kopf. Auch sie sollten, gemeinsam mit den irischen Kalotten, als prunkvolle Kopfbedeckungen gelten. Auf diese Funktion weist vor allem der an der Spitze angebrachte, nach außen hervorstehende kleine Buckel hin, der ebenfalls auf der Spitze der Comerford Crown (Abb. 2) und des irischen Fragmentes aus dem Dubliner Museum (Abb. 3) zu sehen ist. Im Gegensatz zu diesen nach außen gerichteten Buckeln weisen die meisten nordischen Schalen einen nach innen ausgerichteten Buckel, also einen

Abb. 2: Einzige Abbildung der »Comerford Crown« (nach O'Connor).

Abb. 3: Goldblech einer Krone (?). Irland, unbekannter Fundort.

Abb. 4: Goldkrone von Axtroki (nach Ruiz-Gálvez 1989).

Omphalos auf. Dieser dient dazu, ihre gewölbte Standfläche zu stabilisieren; ein nach außen gerichteter Buckel würde das genaue Gegenteil bewirken. Auch sind die nordischen Schalen nicht kalottenförmig, sondern besitzen einen abgesetzten, meist unverzierten Hals oder Rand. Wir können also mit Sicherheit davon ausgehen, dass die oben besprochenen Prunkfunde keine Schalen, sondern ebenfalls goldene Bekrönungen sind.

Hier anzuschließen ist die 1976 am Strand der nordspanischen Atlantikküste entdeckte Goldkalotte von Rianxó (Prov. La Coruña), die mitunter ebenfalls als Gefäß interpretiert wird[7]. Ihre Form und vor allem der hohe Mitteldorn, der an eine preußische Pickelhaube erinnert, weisen sie eindeutig als Kopfbedeckung aus (Abb. 6,2). Auch sie besitzt einen Mündungsdurchmesser von rund 20 cm und entspricht in Maßen und Gewicht sowohl den Kalotten von Axtroki als auch den irischen Exemplaren. Bemerkenswert ist, dass die Ornamentik der Krone von Rianxó weniger mit den ebenfalls der aus Nähe der nordspanischen Atlantikküste kommenden Stücken von Axtroki, als vielmehr mit jener der irischen »Comerford crown« verbunden werden kann.

Hinweise für die Zeitstellung der Kronen von Rianxó und Comerford ergeben sich vielleicht aus der Anordnung der konzentrischen Kreisbuckelmotive, die durch Paare senkrecht untereinander stehender, einfacher Buckel getrennt sind. Wir finden diese einfachen »Zwischenbuckel« auch auf einem Paar kleiner Goldscheiben aus Worms wie auch auf den norddeutschen Goldschalen aus Depenau (Kreis Plön), Albersdorf (Kreis Dithmarschen) und aus dem Lienewitzer Forst bei Potsdam. Letzteres Gefäß ist für uns am bedeutsamsten, da es zwei goldene Armbänder mit gegenständigen Spiralenden enthielt, die es erlauben, die Schale, und somit vielleicht auch die mit

Abb 5: Goldkrone von Axtroki (nach Ruiz-Gálvez 1989).

ihr durch die »Zwischenbuckel« verbundenen Kronen von Rianxó und Comerford, in die späte Mittel- oder frühe Spätbronzezeit, das heißt in das 14.–13. Jahrhundert v. Chr., datieren zu können. Ein vergleichbarer Armreif wurde mit einer kleinen Goldschale in Rongères (Dép. Allier) in Südfrankreich gefunden. Auch dieser Fund wurde dem gleichen Zeitraum zugeordnet[8].

In ihrer Ornamentik eng mit den kalottenförmigen Goldblechkronen (Abb. 6) verbunden sind die vier eindrucksvollen, zwischen 30 cm und rund 80 cm hohen Goldblechkegel, jener von Schifferstadt (Kreis Ludwigshafen), der 1835 gefunden wurde, derjenige von Avanton bei Poitiers in Westfrankreich, gefunden 1844, und jener von Ezelsdorf bei Nürnberg, gefunden 1953, sowie der kürzlich aufgetauchte »Berliner Goldhut«[9]. Obwohl das Exemplar von Schifferstadt nach der Auffindung als »Hut« in der Literatur einging, wurde die Funktion der Kegel doch meist anders interpretiert. Ludwig Lindenschmit, der sie 1864 der Bronzezeit zuordnete, bildete die damals bekannten Exemplare von Schifferstadt und Avanton unter der Bezeichnung »Goldarbeiten von zweifelhafter Bestimmung«[10] ab. Sie wurden dann mitunter als Köcher (Avanton), als Gefäße (Avanton und Schifferstadt) und nach der Entdeckung des höchsten Kegels von Ezelsdorf als Pfahl- bzw. Kultstelenbekrönung oder sogar als Phallusdarstellungen angesehen[11]. Erst jüngst wurden alle als bronzezeitliche Kronen interpretiert, eine Vermutung die sich durch das Bekanntwerden des am besten erhaltenen Exemplars, des »Berliner Hutes«, bestätigt hat[12].

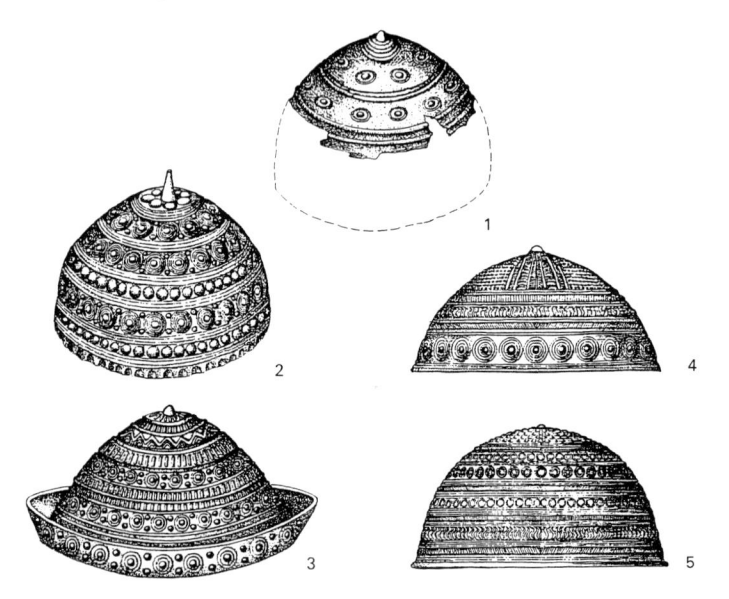

Abb. 6: Zusammenstellung der goldenen Kalottenkronen. 1 Irland, unbekannter Fundort, 2 Rianxó (Spanien), 3 Comerford Crown (Irland), 4–5 Axtroki (Spanien)

Wie die atlantischen Kalottenkronen kamen auch die letztgenannten Stücke meist als Einzelfunde zu Tage. Lediglich das Stück von Schifferstadt war mit Beifunden ausgestattet: Die drei großen Absatzbeile erlauben, den Fund ebenfalls dem 14. oder 13. Jahrhundert v. Chr. zuzuweisen. Schon Ernst Sprockhoff erkannte, dass die Absatzbeile westeuropäischen Ursprungs sind und meinte, dass sie ein bezeichnendes Licht auf die Herkunft des goldenen Kegels werfen würden[13]. Vergleicht man seine relativ einfach gestaltete, nachgerade monoton wirkende Musterabfolge sowie seine Blechstärke (0,13 mm) mit jener der anderen Kronen, so stehen ihm die atlantischen Stücke aus Avanton (0,1–0,2 mm), Comerford und Rianxó (beide 0,9 mm) am nächsten. Sie unterscheiden sich somit von den sehr viel komplizierteren und variantenreicheren Mustern des mitteleuropäischen Kegels aus Ezelsdorf und des »Berliner Hutes«, die beide ebenfalls ein sehr viel dünneres Blech aufweisen (0,078 bzw. 0,06 mm) und daher wohl auch etwas jünger sein dürften.

Eine chronologische Abfolge der vier Kegel ist ebenfalls durch die auf ihnen als lunisolare Kalender gedeuteten Musteranordnung zu erschließen. Nach Wilfried Menghin weisen die Stücke aus Schifferstadt und Avanton noch relativ ungenaue Zählsysteme auf, während jene der Kegel von Ezelsdorf und Berlin schon sehr viel ausgereifter und exakter sind[14].

Auf der Verbreitungskarte (Abb. 7) ist zu sehen, dass alle kalottenförmigen Kronen und auch der Kegel von Avanton aus dem atlantischen Westeuropa kommen. Auch der auf der Westseite des Rheins geborgene Kegel von Schifferstadt wurde mit diesen als gleichzeitig erachteten Stücken verbunden und als älter als der mitteleuropäische Kegel aus Ezelsdorf und auch das Berliner Exemplar angesehen. Dies bedeutet, dass die ältesten Belege goldener Kronen im westeuropäischen Raum nachgewiesen werden können. So weisen auch die den Schifferstädter Kegel zierenden linsenförmigen Buckel, die nicht direkt mit den »Augenmotiven« des Berliner und Ezelsdorfer Stückes vergleichbar sind, in den atlantischen Westen. Hier ist dieses Ornament in ähnlicher Form auf den Britischen Inseln schon von bronzenen und goldenen Blecharmbändern aus der Frühbronzezeit bekannt[15]. Die besten Parallelen zu den mandelförmigen Buckeln des Schifferstädter Kegels finden sich jedoch auf dem – aus diesen Gründen als zeitgleich angesehenen – Goldcape von Mold (Abb. 8a), welches 1833 nicht unweit der Irischen See in Nordwales zu Tage kam[16].

Das als »corselet« bezeichnete, 0,6 mm starke und rund 560 g wiegende Blech ist einer der größten und schwersten überlieferten Goldblechfunde aus der europäischen Vorzeit. Es wurde unter einer »cairn« (Steinhügel) entdeckt und soll mit Knochensplittern, einem Schädel, Bernsteinperlen, Textilresten, Kupferblechstücken und weiteren Goldblechfragmenten (Abb. 8b-c) gefunden worden sein. Letztere wurden schon im Fundbericht bzw. der Erstpublikation aufgrund ihrer unterschiedlich gestalteten Ornamentabfolge als nicht zu dem Cape gehörend betrachtet. Es ist wahrscheinlich, dass sie Teil eines zweiten, nicht mehr erhaltenen Prunkbleches, möglicherweise einer Kopfbedeckung, sind. Die anderen Beifunde sind heute verschollen. Das aus einem Stück getriebene Cape gehört zu den eindrucksvollsten Fundstücken der europäischen Vorzeit. Wie die Kronen ist es sicherlich Teil einer zeremoniellen Prunkbekleidung. Es ist möglich, dass es aus Irland stammt und in den gleichen Werkstätten gefertigt wurde wie die irischen und vielleicht auch die spanische Krone aus Rianxó. Aus England, Wales und Schottland sind bisher keine vergleichbaren Blechfunde bekannt. Dagegen ist aus Irland, aus Lismore (Co. Waterford) nahe der südirischen Atlantikküste, ein weiteres, ebenfalls als »corselet« beschriebenes Goldblech überliefert, welches im 18. Jahrhundert für 600 Pfund an einen Goldschmied in Cork verkauft und eingeschmolzen wurde[17]. Legen wir die oben genannten, zu dieser Zeit gezahlten Goldpreise zu Grunde, muss es ein Gewicht von 171 Troy-Unzen (530 g) gehabt haben und wäre von seinem Gewicht und somit wohl auch seinen Maßen her dem Cape von Mold ebenbürtig.

Jüngst kam bei Ausgrabungen im atlantischen Frankreich in der Höhle von »Les Perrats« bei Agris (Dép. Charente), der Fundstelle des berühmten keltischen Goldhelmes aus der Früh-

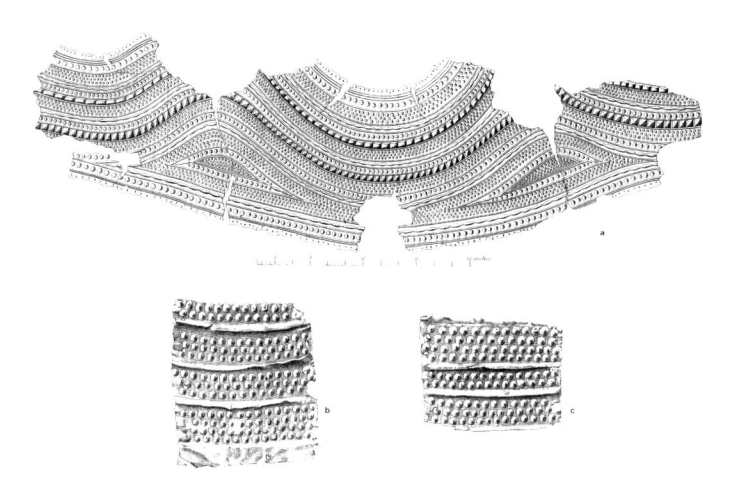

Abb. 8: Gold Cape (a) und separate Goldblechstücke (b-c) von Mold, Nordwales (nach J. Gage 1836).

latènezeit, ein mit den bronzezeitlichen Kronen und dem Cape von Mold vergleichbares Blechfragment zu Tage. Es besteht aus einem dünnen, mit kleinen runden und größeren linsenförmigen Buckeln verzierten Bronzeblech. Dieses wurde aus einer spätmittelbronzezeitlichen Schicht geborgen und ist somit mit dem Schifferstädter Goldkegel in etwa zeitgleich. Sein Ausgräber, José Gomez de Soto, vermutet, dass es sich hier aufgrund der Ornamentik um das Fragment eines Prunkcapes der Art von Mold handeln könnte. Das Blech aus Agris könnte somit das ohne datierende Beifunde geborgene Cape von Mold ebenfalls in das 14. vorchristliche Jahrhundert datieren.[18]

Sicherlich stehen Krone und Cape als Insignien der Macht mit rituellen oder sakralen Vorgängen in Verbindung und wurden nur zu ganz speziellen Anlässen von herausragenden Persönlichkeiten getragen. Die rekonstruierte Darstellung eines solchen Würdenträgers (Abb. 9) zeigt ihn mit Kegelhut und Cape bekleidet und von statuenhafter Wirkung. Die Konstruktion des Capes, welches Schultern und Oberarme fest umschließt, sowie der auf dem Kopf thronende Kegel behindern bewusst eine natürliche menschliche Bewegungsfreiheit. Durch diese Immobilität und den gen Himmel weisenden, mit kosmischen Zeichen versehenen Kegel sowie durch die Kostbarkeit der Bekleidung wird symbolisiert, dass es sich hier nicht um einen gewöhnlichen Sterblichen, sondern eine über dem Alltäglichen stehende Persönlichkeit handelt, deren königliche oder priesterliche Funktion sicherlich mit Gottheiten in Verbindung gebracht werden kann.

Auch von der bretonischen Küste ist das Fragment eines mit Kreisbuckeln verzierten Goldbleches überliefert, von dem schon Peter Schauer annahm, dass es möglicherweise den Teil eines Goldkegels darstelle[19]. Es entstammt dem Hort von Lanrivoaré (Dép. Finistère) und wurde zusammen mit tordierten

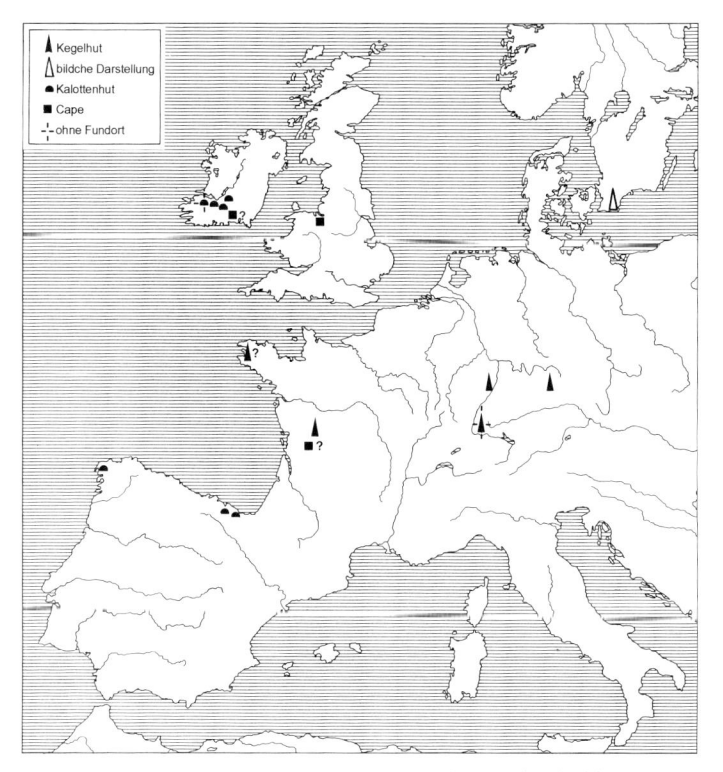

Abb. 7: Verbreitung der bronzezeitlichen Goldblechkronen.

195

Goldohrringen, die sich verjüngende Enden besitzen, aufgefunden (Abb. 10). Der Fundkomplex wird in die ausgehende mittlere und frühe Spätbronzezeit datiert, entspricht zeitlich also dem des Schifferstädter Kegels, des Bronzeblechs von Agris und wohl auch dem des Capes von Mold. Die tordierten Ohr- oder Haarringe sind hauptsächlich auf den Britischen Inseln, aber auch an der französischen Atlantikküste und in Südfrankreich verbreitet, zwei Exemplare ohne Fundort befinden sich im Museum in Lissabon[20]. Bemerkenswert ist, dass sie ganz vereinzelt sowohl aus Zypern als auch der Levante bekannt sind, wo sie in zeitgleichen Fundverbänden auftauchen. In Tell el-'Ajjul (Gaza, Palästina), wo sie in einem Depot erscheinen, wurden sie von Sir Flinders Petrie als »of Irish gold and workmanship« bezeichnet. In Amman, Jordanien, waren sie in einem Tempeldepot mit späthelladisch IIIA-zeitlichen Scherben verbunden und können somit um 1400 v. Chr. datiert werden[21]. Obwohl Christopher Hawkes diese Ohrringe als in Vorderasien beheimatet ansah und die westlichen Exemplare als Exporte anspricht, ist es aufgrund ihrer Funddichte wahrscheinlicher, dass sie von den Britischen Inseln bzw. der französischen Atlantikküste über die Gironde, Garonne, den Golf von Lyon oder direkt über die Straße von Gibraltar in den östlichen Mittelmeerraum gelangt sind. Zumindest zeigt ihr Verbreitungsbild, dass man im 14. Jahrhundert v. Chr. mit einer direkten Verbindung zwischen dem atlantischen Europa und dem östlichen Mittelmeerraum rechnen muss. Ein heute in Neuchâtel befindliches Fragment eines papierdünnen Goldbleches aus Kephallenia (Griechenland), welches mit konzentrischen Kreisen, runden Buckeln sowie kleinen linsenförmigen Buckeln verziert ist, hat im Mittelmeerraum keine Parallelen und bezeugt ebenfalls Kontakte nach Norden oder Westen[22].

Die Sitte einer goldenen Bekrönung als auch die fremdartige Form unserer Kegelkronen können wir aus dem Vorderen Orient herleiten. Hier erscheint gegen Mitte des 3. Jahrtausends der bekannte Goldhelm aus einem frühdynastischen Königsgrab von Ur, welches Meskalamdug zugewiesen wird. Schon aus dem Beginn des 3. Jahrtausends kennen wir kegelförmige Kopfbedeckungen, die von Götter- oder Kriegerfiguren stammen, beispielsweise aus Tell el-Judeideh (Djudaide) in der Ebene von Antiochia, wo drei mit Keule und Speer versehene männliche Bronzefiguren aus einem Depot kegelförmige und mit Silberblech überzogene »Helme« tragen[23]. Der Edelmetallbelag der Kopfbedeckung ist hier sicherlich eher ein Indiz für eine Funktion als Bekrönung denn als Schutzbekleidung, da die Figuren nackt dargestellt sind.

Aus der 2. Hälfte des 3. Jahrtausends sind hörnerverzierte Kegelmützen von akkadzeitlichen Rollsiegeln aus Mesopotamien belegt (Abb. 11). Die Hörnerverzierung ist hier das Emblem des Göttlichen und geht sicherlich auf einen schon seit dem Neolithikum bezeugten Stierkult zurück. So wird auch der obersten Gottheit häufig ein Stier zur Seite gestellt und der schon auf frühdynastischen Siegeln dargestellte »Stiermensch«, der symbolische Ur- und Schöpfergott, galt als oberste Himmelsgottheit.

Diese Funktion ging um die Wende zum 2. Jahrtausend auf den auch schon seit dem 3. Jahrtausend belegten »Wettergott« über. Dieser wurde dann im 2. Jahrtausend v. Chr. in ganz Vorderasien als höchste Gottheit verehrt[24]. Der Vorgang dieser »Machtübernahme« wird mit der Bezwingung des himmlischen Stieres durch Gilgamesch in dem gleichnamigen Epos in Zusammenhang gebracht. Auch in der Levante löste der Wettergott Baal seinen »Vater«, den Himmelsgott Il (El) als höchste Gottheit ab. Der Wettergott wird nun meist mit Kegelmütze dargestellt, die häufig mit Hörnern, dem Symbol des »alten« obersten Gottes, verziert ist.

Um die Wende von der frühen zur mittleren Bronzezeit (um 2000 v. Chr.) datieren die Bronzestatuetten aus dem Orontes-Tal, die zum Teil sowohl ein Zepter als auch hohe konische »Mützen« tragen und mitunter eine Axt in der rechten Hand führen, Herrschaftszeichen und Symbol des Wettergottes zugleich. Da die Kegel teilweise mit Hörnern versehen und mit Goldblech überzogen sind, sind sie sicherlich als »göttliche« Kronen zu werten[25]. In die 1. Hälfte des 2. Jahrtausends, die mittelurbane Zeit, gehört die Mehrzahl der aus Tempeldepots geborgenen Statuetten aus Byblos, von denen über 1500 Exemplare bekannt sind. Sie tragen meist ebenfalls hohe konische Mützen und waren ganz oder teilweise mit Goldblech belegt[26] (Abb. 12).

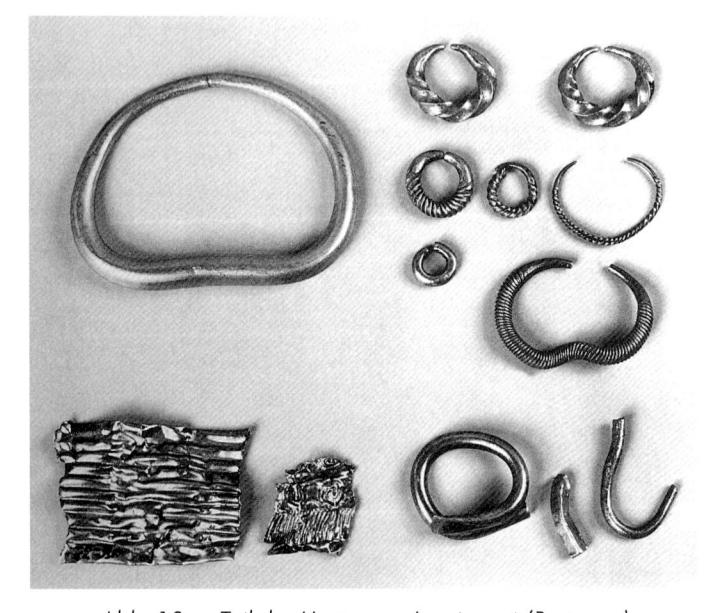

Abb. 10: Teil des Hortes von Lanrivoaré (Bretagne) (nach C. Eluère 1982).

Abb. 11:
Akkadzeitliches Rollsiegel
mit Darstellung von Göttern
mit hörnerverzierten Kegelkronen
(nach H. Frankfort 1939,
Taf. 19a).

In Anatolien kennen wir die ältesten Kegelhutdarstellungen aus dem frühen 2. Jahrtausend, wo auf karumzeitlichen Siegeln der altassyrischen Handelsstation Kanes (Kültepe) Götterfiguren mit Kegelkronen abgebildet sind. Häufig ist hier auch die »neue« Hauptgottheit des 2. Jahrtausends, der Wetter- bzw. Sturmgott dargestellt, der mit seiner Axt gezeigt wird (Abb. 13). So ist im syrischen Ebla (Tell Mardikh) die Axt schon im 3. Jahrtausend als Kultinventar des Wettergottes belegt[27]. Im hethitischen Anatolien finden wir dann ebenfalls mit Kegeln bekrönte Götterfiguren in Fels gemeißelt, auf Siegeln und auch als Bronzestatuetten[28]. Diese Kegel weisen häufig ebenfalls stilisierte Hörnerverzierungen auf. Die hier dargestellten Götter tragen vielfach eine Axt oder Keule, die vor allem mit der hethitischen Hauptgottheit, dem Wettergott Tarhunt bzw. dem hurritischen Tessop, verbunden werden kann. Im Gegensatz zu den Göttern sind die hethitischen Könige mit kalottenförmigen Kappen dargestellt, wie beispielsweise auf dem Siegel des Großkönigs Mutawalli (1306–1282), welches ihn an der Hand seines kegelbekrönten Schutzgottes zeigt (Abb. 14). Auch in Mesopotamien werden Könige schon im 3. Jahrtausend mit kalottenförmigen Kappen dargestellt. Aus welchem Material die auf Siegeln und in Stein gemeißelten kalotten- und kegelförmigen »Mützen« gefertigt waren, ist unbekannt.

Aus dem gleichen Zeitraum, der letzten Hälfte des 2. Jahrtausends, sind aus Ägypten und Westasien Darstellungen von kanaanäischen und protophönizischen Wettergottheiten bekannt, die in das Neue Reich bzw. in die späturbane Zeit gehören. Diese werden meist als »attacking warriors« oder auch Reshep-Figuren bezeichnet. Sie können aber ebensogut mit dem Wettergott Baal, der obersten kanaanäischen und späteren phönizischen Gottheit, identifiziert werden, da beide ganz ähnliche Attribute und Funktionen aufweisen[29]. Falls ihre Identität auf Darstellungen nicht durch Inschriften fixiert ist, ist

Abb. 12: *Statuetten aus Byblos (nach S. Moscati 1988).*

Abb. 13: Karumzeitliches Siegel mit Darstellung des Wettergottes mit Kegelhut und Axt aus Kültepe (Türkei) (nach M. A. Littauer – J. H. Crouwel 1979).

diese nicht unbedingt zu erkennen. Beide wurden von den Ägyptern übernommen, wobei Reshep unter anderem die Funktion eines Kriegsgottes innehatte. Die in Ägypten und der Levante auf Steinstelen und Rollsiegeln abgebildeten Baal- oder Reshep-Figuren sind meist in einer für sie typischen Weise dargestellt: Mit dem linken Bein schreiten sie kämpferisch nach vorne, der rechte Arm ist rechtwinklig erhoben, und in der geballten, häufig durchlochten Faust halten sie eine Keule oder Axt, während sie in der Linken einen Speer, gebündelte Pfeile oder andere Blitzsymbole tragen. Die Figuren sind lediglich mit einen Lendenschurz bekleidet, und auf ihrem Kopf thront eine Kegelkrone, die ägyptisierende Merkmale, aber auch das alte asiatische Element der göttlichen Hörner aufweisen kann[30].

In der Levante ist diese Gottheit, die auch als Beherrscher des Meeres galt, vor allem von Bronzestatuetten bekannt, von denen Vertreter während der letzten Hälfte des 2. Jahrtausends sowohl nach Anatolien als auch über das Mittelmeer nach Westen gelangten[31]. Neben Beispielen aus Anatolien sind solche Figuren auch aus dem spätbronzezeitlichen Zypern, Griechenland und Sardinien bekannt (Abb. 15), wobei letztere als Prototypen der bekannten sardischen Bronzefiguren gelten. Als einer der erstaunlichsten Funde gilt eine syrisch-anatolische Reshep-Figur, die ursprünglich mit Edelmetallblech überzogen gewesen sein soll und an der litauischen Ostseeküste bei Schernen zu Tage kam[32] (Abb. 15, unten links). Sie gilt als Vorform eines gleich großen Paares männlicher Bronzefiguren (Abb. 16), welches in dem nahe an der schwedischen Ostseeküste gelegenen Hort von Stockhult (Schonen)[33] gefunden wurde, der in das 14. Jahrhundert v. Chr. datiert. Auch die schwedischen Figuren tragen Kegelhüte und den asiatischen Schurz. Jedoch sind die Kegel im Gegensatz zu den orientalischen mit einer Krempe versehen und stehen somit vielleicht unseren heimischen goldenen Kegelkronen nahe, von denen zumindest zwei mit Krempen überliefert sind.

Abb. 14: Siegelabdruck des Großkönigs Mutawalli (nach K. Bittel 1976).

Abb. 15: Reshep-Statuetten aus Kleinasien, Zypern, Griechenland, Sardinien und Litauen (nach H. v. Seeden 1980).

Wahrscheinlich kann die Form der Kegelkrone mit der Ausbreitung der oben genannten westasiatischen Wettergottfiguren verbunden werden. Auch ist zu vermuten, dass in diesem Zusammenhang Wissen, Kulte und Mythen nach Europa übertragen wurden, die mit Himmels- und Wettergottheiten verbunden werden können. Nur zeigen unsere Kegel und Kappen nicht die »göttlichen« Hörner, sondern sind mit heimischen »Heilszeichen« versehen, so etwa dem konzentrischen Kreismotiv, das bis in das Neolithikum zurückverfolgt werden kann. Es erscheint hier sowohl in Fels oder Stein gemeißelt (»cup and ring marks«) als auch in architektonischer Form, etwa den westeuropäischen Steinkreisen, von denen Stonehenge das bekannteste Beispiel ist. Sicherlich ist auch dieses »ureuropäische« Motiv, das häufig als Sonnensymbol interpretiert wird, ein Emblem für das Überirdische.

Wie oben ausgeführt, waren neben den Kegelhüten auch Streitäxte Attribute der asiatischen, vor allem aber der hethitischen Gottheiten. Leider hat sich die immer in dem erhobenen rechten Arm dargestellte Schlagwaffe des kanaanitischen Wettergottes bei den nach Norden und Westen gelangten Figuren meist nicht erhalten. In Europa kann das Beil schon seit dem Neolithikum mit Kultpraktiken verbunden werden. Es erscheint in Amulettform und wurde als Opfer in Mooren versenkt. Aus der frühen Bronzezeit sind vereinzelte goldene Exemplare überliefert, die sicherlich ein Symbol für Macht und Herrschaft darstellen. Der Goldkegel von Schifferstadt wurde mit drei Bronzebeilen geborgen, und der oben erwähnte Hort von Stockhult enthielt neben den mit Kegelhüten bekrönten Statuetten ebenfalls bronzene Streitäxte, von denen ein Exemplar einer mit einem langen Gewand und Kalottenhut bekleideten, stilisierten menschlichen Figur (Abb. 16) ähnelt. Vergleichbare Äxte wurden aus Mooren in Skandinavien geborgen, sie werden als Votiväxte interpretiert[34]. Es ist verlockend, sie als anthropomorphe Darstellungen zu deuten und mit einer Wettergottheit zu verbinden. Das gleiche gilt auch für einige südosteuropäische Schaftröhrenäxte, etwa Nestors Typen B3 und B4[35]. Die Äxte waren aufgrund ihres zu engen Schaftloches als funktionstüchtige Waffen untauglich und werden ebenfalls als Votiväxte oder Hoheitszeichen angesehen, auch sie weisen anthropomorphe Züge auf (Abb. 17), denn man kann in ihnen ebenso in lange Gewänder gehüllte Figuren sehen, deren Köpfe mit Kegelhüten geziert sind. Ihre Datierung in das 14. und 13. Jahrhundert v. Chr. entspricht in etwa jener der skandinavischen Exemplare, und man darf sie vielleicht gleichfalls als stilisierte oder »versteckte« Darstellungen von Gottheiten

Abb. 16: Teil des Hortfundes von Stockhult (Schonen) (nach E. J. Forssander 1936).

ansehen. Im Gegensatz zu Vorderasien, wo bronzezeitliche Gottheiten als menschliche Figuren wiedergegeben sind, sind figürliche Darstellungen im außermediterranen bronzezeitlichen Europa äußerst selten, so dass wir davon ausgehen können, dass die Gottheiten durch Symbole oder durch verschlüsselte menschliche Formen kenntlich gemacht wurden.

Betrachten wir nun eine der verschollenen Steinplatten des bronzezeitlichen Grabes von Kivik in Schonen[36], welches ebenfalls in diesen Zeithorizont gehört, begegnet uns wiederum ein Kegel, der hier von zwei riesigen Prunkäxten gerahmt wird. Auf der ältesten Abbildung der Steinplatte von 1756 (Abb. 18) sind diese ebenfalls mit hutförmigen Nacken dargestellt und erscheinen in Verbindung mit zwei Lanzenspitzen. Wie oben ausgeführt, gehörten Kegelkrone, Schlag- und Schleuderwaffe – letztere als Zeichen für Blitz und Donner – zu den wichtigsten Insignien des westasiatischen Wettergottes, der hier im 2. Jahrtausend die oberste Himmelsgottheit war. Die Kombination von Axt und Kegel erinnert wiederum an den Befund des Schifferstädter Goldkegels, der mit drei an ihn gelehnten Absatzbeilen zu Tage kam.

Alle aufgeführten abendländischen Beispiele mit der Kombination von Prunkaxt und Krone berechtigen uns, beide als Hoheitszeichen oder Insignien für Götter und deren weltliche Vertreter anzusehen. Eine Bestätigung dieser Vermutung führt wiederum nach Vorderasien. Die in die hethitische Großreichzeit datierende Prunkaxt von Sarkischla in Ostanatolien (Abb. 19), die in ihren Umrissen an die oben gezeigten skandinavischen Exemplare erinnert, zeigt mit Spitzhut und langem Gewand bekleidete Götterfiguren, die von einer ägyptisierten Flügelsonne bekrönt werden.

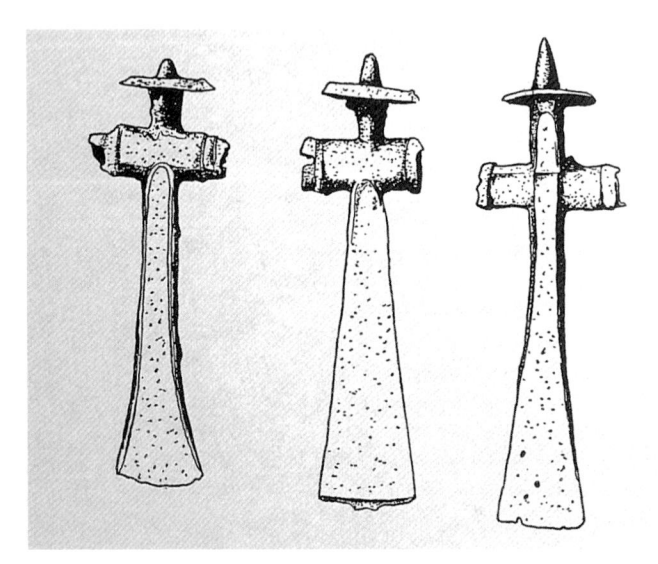

Abb. 17: Anthropomorphe Bronzeäxte mit Kegelhut und langem Gewand (nach A. Moszolics 1973).

Abb. 18: Steinplatte 1 des Grabes von Kivik (Schonen) (nach Mannus 7, 1915, Abb. 5).

Doch kehren wir zurück zu den einheimischen Insignien von Kult und Macht. Zusammen mit anderen Goldarbeiten, wie Schalen und Scheiben, die schon frühzeitig mit einem Sonnenkult in Verbindung gebracht wurden, sollten auch die goldenen Hüte mit einem Sonnen- oder Himmelskult verbunden werden. Dies wird nicht nur durch ihr Material, welches dem Gold der Sonne entspricht, sondern zusätzlich durch die zum Himmel ausgerichtete Form der Kegel versinnbildlicht. Beide Aspekte dürfen vielleicht – wie auch in Vorderasien – mit einer Wettergottheit verbunden werden, deren Funktion in Vorderasien mit der des Himmelsgottes verschmolz. Während die Axt als Attribut des Wettergottes bei den indoeuropäischen Hethitern einen hohen Stellenwert besaß und auch in Mittel- und Nordeuropa schon seit dem Neolithikum als Hoheitszeichen nachgewiesen werden kann, ist die Form der Kegelkrone in Europa erst seit der ausgehenden Mittelbronzezeit belegt. Zu dieser Zeit sollten Axt und Krone sicherlich nicht nur im öst-lichen Mittelmeerraum als Attribute oberster Gottheiten gewertet werden. Bereits Gustav Schwantes verband die von einer Barke getragenen, stilisierten Darstellungen von Streitäxten auf nordischen Rasiermessern mit einer Himmels- oder Sonnengottheit[37]. So erscheint auch das konzentrische Kreissymbol, das von jeher als Sonnensymbol gewertet wurde, als Grundelement des Verzierungskanons auf den Goldkronen und -gefäßen zusammen mit stilisierten Kultäxten oder auf einem Rasiermesser von Hvirring in Dänemark.[38] F. Kaul geht ebenfalls davon aus, dass die auf den Barken dargestellten Kultäxte mit einem Sonnen- oder Himmelskult zu verbinden sind.

Da für das außermediterrane Europa keinerlei schriftliche Überlieferungen über die vorherrschenden Religionen, Gottesvorstellungen und Kultpraktiken vorhanden sind, wissen wir nicht, ob die Götter von einer speziellen Priesterkaste oder durch einen König bzw. Stammesfürsten vertreten wurden, der neben seiner politischen bzw. weltlichen Autorität auch die geistliche Oberhoheit besaß. Die ältesten schriftlichen Quellen zu Sozialstrukturen und Kultpraktiken stammen aus der späten Eisenzeit und beziehen sich auf die Kelten, ein Volk, das zu jener Zeit in Mittel-, aber auch in Westeuropa beheimatet war. Da die Kelten selbst keine schriftlichen Quellen hinterlassen haben, sind wir auf die Zeugnisse griechischer und römischer Autoren angewiesen, die sich zumeist allein auf Gallien beziehen[39]. Nach der Überlieferung besaßen die Kelten in den letzten vorchristlichen Jahrhunderten eine eigene Priesterkaste, die »Druiden«, die nach Cäsar ursprünglich aus Britannien kam. Um die Mitte des 1. Jahrhunderts n. Chr. wurden die Druiden »verboten« und mussten ihre Kulte im Geheimen ausführen, was dazu führte, dass sie mehr und mehr den Ruf von Zauberern und Magiern erhielten. In der späten Eisenzeit dagegen waren die Druiden nach Poseidonius und Cäsar eine spezielle Priesterkaste, die mit den übernatürlichen Mächten kommunizierte, Rechtsprechung ausübte und dem König oder Stammesfürsten, das heißt der politischen Macht, mehr oder weniger gleichberechtigt zur Seite stand[40]. Somit lag zu dieser Zeit gewissermaßen eine Gewaltenteilung zwischen Staat und Kirche vor.

In seinem klassischen Werk über die Druiden geht Thomas Downing Kendrick davon aus, dass diese Gewaltenteilung erst in der jüngeren Eisenzeit eingerichtet wurde und weist nachdrücklich darauf hin, dass man zwischen den Druiden, der überlieferten Priesterkaste und der Religion, die sie vertraten und die er als »Druidism« (Druidentum) bezeichnet, unterscheiden muß[41]. Wie auch Stuart Piggott[42] vertritt er die Ansicht, dass diese Religion, die in den Kreis der indoeuropäischen Religionen gehört, ihre Wurzeln im bronzezeitlichen Europa hat, wobei beide Autoren auch neolithische Elemente nicht ausschließen. Um die bronzezeitlichen Wurzeln keltischer Kultur und keltischen Kultes zu belegen, verweist S. Piggott auf verbindende Elemente, wie etwa Wagenbestattungen, Opferschächte und einen »Kopfkult«, wobei die letzteren in Großbritannien schon im 2. vorchristlichen Jahrtausend belegt sind. In Mitteleuropa lassen sich die Wagenbestattungen an den Beginn der Spätbronzezeit zurückverfolgen.

Seit Ende der mittleren und Beginn der Spätbronzezeit (etwa 1400–1200 v. Chr.) lassen sich sowohl in Mittel- als auch Westeuropa weitere verbindende Elemente fassen, etwa die Kriegerausstattungen mit Helm, Rüstung und Schild. Es ist vielleicht kein Zufall, dass jüngst ein spätbronzezeitliches Prunkschild in dem eisenzeitlichen »Hillfort« von South Cadbury (Somerset) entdeckt wurde, einer Wallanlage (Oppidum), die mit dem nachchristlichen Camelot des sagenumwobenen

Abb. 19: Prunkaxt von Sarkischla (nach K. Bittel 1976).

keltischen Königs Arthur identifiziert wird[43]. Es sei ebenfalls daran erinnert, dass die oben erwähnte Kulthöhle von Agris neben dem Fragment eines möglichen bronzezeitlichen Prunkcapes einen der bekanntesten keltischen Prunkhelme erbracht hat.

Zu den ältesten Funden aus dem keltischen Oppidum Camulodunum (Colchester), das gegen Mitte des 1. vorchristlichen Jahrhunderts durch Claudius erobert wurde, gehört ein großer Bronzekessel, der in das 13. vorchristliche Jahrhundert, also an den Beginn der britischen Spätbronzezeit datiert[44]. Bronzekessel spielen in der keltischen Mythologie eine übergeordnete Rolle und sind auf den Britischen Inseln sowie in Mitteleuropa vom Beginn der Spätbronzezeit bis in die Eisenzeit belegt. Zu erwähnen sind in diesem Zusammenhang auch einige mitteleuropäische Grabhügel mit keltischen Prunkbestattungen, die direkt über spätbronzezeitlichen Gräbern positioniert waren. Beispielsweise wurde im Grabhügel 4 bei Weinsfeld (Landkreis Roth, Bayern) eine Hallstatt D-zeitliche Wagenbestattung aus dem 6. vorchristlichen Jahrhundert über einer spätbronzezeitlichen aus dem 13. vorchristlichen Jahrhundert angelegt[45]. Gleiches gilt für das keltische Wagengrab vom Frankfurter Stadtwald, das um 700 v. Chr. datiert und sich über spätmittel- und spätbronzezeitlichen Gräbern aus dem 14.–13. vorchristlichen Jahrhundert befand[46].

Sucht man die archäologischen Wurzeln der Kelten im spätbronzezeitlichen Europa, so dürften sich auch die ihrer Religion bis in die späte mittlere und beginnende Spätbronzezeit, das heißt bis in die 2. Hälfte des vorchristlichen Jahrtausends, zurückverfolgen lassen. Bei allen bekannten bronze- und ältereisenzeitlichen Hochkulturen war der König zugleich auch oberster Priester und letzte Instanz in der Rechtssprechung. Nach T. D. Kendrick ist es wahrscheinlich, dass zu dieser Zeit die religiöse und geistliche Macht sowie die oberste Gerichtsbarkeit in den Händen des Königs bzw. des Stammesfürsten lag und dass diese bronze- und alteisenzeitlichen Herrscher als Ahnen der späteisenzeitlichen Druiden angesprochen werden sollten[47]. Der griechische Schriftsteller Diogenes Laestis (1,1,6) verbindet die Druiden im 3. Jahrhundert n. Chr. mit den »Semnótheoi«, den »ehrwürdigen Männern göttlicher Abstammung«[48]. Es ist anzunehmen, dass die Vorfahren dieser »ehrwürdigen Männer« zumindest in den später als keltisch bekannten Gebieten Priesterkönige waren, denen vielleicht auch göttliche Eigenschaften zugesprochen wurden. In den frühirischen Epen spielt der Begriff des sakralen Königtums bzw. des sakralen Königs, der als Mittler zwischen Menschen und Göttern sowie Gesellschaft und Natur auftritt, eine bedeutende Rolle[49]. Obwohl die Epen, die diese heroische Gesellschaftsstruktur darstellen, erst in frühchristlicher Zeit schriftlich fixiert wurden, reichen ihre Ursprüngen vermutlich weit in die heidnische Zeit zurück. Es ist daher nicht abwegig, die in unserer Rekonstruktion (Abb. 9) gezeigte, mit goldenem Cape und einem gen Himmel weisendem Kegelhut bekleidete Figur als einen sakralen König zu sehen, der hier zu einem rituellen Anlass in »göttliche« Gewänder gehüllt war.

Anmerkungen

1 Zur Hutfunktion siehe Sabine Gerloff: Bronzezeitliche Goldblechkronen aus Westeuropa. Betrachtungen zur Funktion der Goldblechkegel vom Typ Schifferstadt und der atlantischen »Goldschalen« der Form Devil's Bit und Atroxi. In: Albrecht Jockenhövel (Hrsg.): Festschrift für Hermann Müller-Karpe zum 70. Geburtstag. Bonn 1995, S. 153–194. Zu Kalendarien siehe Wilfried Menghin: Der Berliner Goldhut und die goldenen Kalendarien der alteuropäischen Bronzezeit. In: Acta Prehistorica et Archaeologica, Bd. 32, 2000, S. 31–108.
2 Geoffrey Keating: The General History of Ireland. Faithfully Translated From the Original Irish Language, With Many Curious Amendments Taken From the Psalters of Tara and Cashel and Other Authentic Records by Dermod O'Connor. Dublin – London 1723, Frontispiz, S. 3. Siehe auch Sylvester O'Halloran: An Introduction to the Study of the History and Antiquities of Ireland. London 1772, S. 146–148.
3 Sir William Wilde: A Descriptive Catalogue of the Antiquities of Gold in the Museum of the Royal Irish Academy. Dublin 1862, S. 4. George Eogan: The Accomplished Art. Gold and Gold-Working in Britain and Ireland During the Bronze Age. Oxford 1994, S. 6–7.
4 W. Wilde (Anm. 3), S. 8.
5 George Eogan: The Gold Vessels of Ireland and Beyond. In: Proceedings of the Royal Irish Academy, Bd. 81, 1981, S. 345–382.
6 Ignacio Barandiarán Maestu: Zwei hallstattzeitliche Goldschalen aus Axtroki, Prov. Guipúzcoa, In: Madrider Mitteilungen, Bd. 14, 1973, S. 109–120. Martin Almagro-Gorbea: Orfebreria del Bronce Final en la Peninsula Iberica. In: Trabajos de Prehistoria, Bd. 31, 1974, S. 38–90, bes. S. 74–87. Volker Pingel: Die vorgeschichtlichen Goldfunde der Iberischen Halbinsel. Eine archäologische Untersuchung zur Auswertung der Spektralanalysen (Madrider Forschungen, Bd. 17). Berlin 1992, S. 249, Nr. 97, Taf. 87,1–2. S. Gerloff (Anm. 1), S. 172–176, 187. Barbara Armbruster: Goldschmiedekunst und Bronzetechnik. Studien zum Metallhandwerk der Atlantischen Bronzezeit auf der Iberischen Halbinsel (Monographies Instrumentum, Bd. 15). Montagnac 2000, S. 199, Taf. 13, 14,1–5.
7 V. Pingel (Anm. 6), S. 309. B. R. Armbruster (Anm. 6), S. 207.
8 Christiane Eluère: Les ors préhistoriques (L'Âge du Bronze en France, Bd. 2). Paris 1982, S. 104–105, 166–167, Abb. 157. V. Pingel (Anm. 6), S. 66–69, Abb. 19.
9 Zur ausführlichen Beschreibung der Kegel von Schifferstadt, Avanton und Ezelsdorf siehe Peter Schauer (Hrsg.): Die Goldblechkegel der Bronzezeit. Ein Beitrag zur Kulturverbindung zwischen Orient und Mitteleuropa (Monographien des Römisch-Germanischen Zentralmuseums, Bd. 8). Bonn 1986. Zum »Berliner Hut« siehe W. Menghin (Anm. 1).
10 Ludwig Lindenschmit (Hrsg.): Die Alterthümer unserer heidnischen Vorzeit. Nach den in öffentlichen und Privatsammlungen befindlichen Originalen zusammengestellt und hrsg. von der Direktion des Römisch-

Germanischen Centralmuseums in Mainz, 5 Bde., Bd. 1. Mainz 1864, Taf. 4.
11   Die Interpretation als Pfahlbekrönung zunächst in der Erstpublikation des Ezelsdorfer Kegels durch Georg Raschke: Ein Goldfund der Bronzezeit von Etzelsdorf-Buch bei Nürnberg. In: Germania, Bd. 32, 1954, S. 1–6. Aufgenommen wurde sie von Wilfried Menghin – Peter Schauer: Magisches Gold. Kultgerät der späten Bronzezeit. Ausst. Kat. Germanisches Nationalmuseum Nürnberg. Mainz 1977. Siehe auch P. Schauer (Anm. 9), S. 2–6. Zur Interpretation als Phallusdarstellung vgl. Aleksandrina Cermanovic: Zur Deutung der Funde von Ezelsdorf bei Nürnberg. In: Zivika Antika, Bd. 8, 1958, S. 129–347.
12   Siehe Anm. 1.
13   Ernst Sprockhoff: Niedersachsens Bedeutung für die Bronzezeit Westeuropas. In: Berichte der Römisch-Germanischen Kommission, Bd. 31, 1941 (1942), S. 48.
14   W. Menghin (Anm. 1), S. 70–91.
15   S. Gerloff (Anm. 1), S. 168, Anm. 32. Stuart Needham: The Development of Embossed Goldwork in Bronze Age Europe. In: The Antiquaries Journal, Bd. 80, 2000, S. 27–65, bes. S. 33–40.
16   John Gage: A Letter From John Gage, Esq. F. R. S., Director, to Sir Henry Ellis, K. H., F. R. S. Secretary, Accompanying a British Gold Corselet Exhibited to the Society, and Since Purchased by the Trustees of the British Museum. In: Archaeologia, Bd. 26, 1836, S. 422–431. Siehe auch Terence Powell: The Gold Ornament from Mold, Flintshire, North Wales. In: Proceedings of the Prehistoric Society, Bd. 19, 1953, S. 161–179. S. Gerloff (Anm. 1), S. 165–169. S. Needham (Anm. 15), S. 44–45, sieht hier das Cape als zeitgleich mit den linsenförmigen Buckeln verzierten Blecharmbändern der Frühbronzezeit an.
17   Joseph Walker: An Historical Essay on the Dress of the Ancient and Modern Irish Adressed to the Right Honourable Earl of Charlemont, to Which is Subjoined a Memoir on the Armour and Weapons of the Irish. Dublin 1788, S. 177.
18   José Gomez de Soto: Agris et Mold. In: Revue archéologique de l'Ouest, Supplément, Bd. 9, 2001, S. 181–185, Abb. 2. Der Fund von Agris würde somit die von S. Needham (Anm. 15) vermutete frühbronzezeitliche Datierung des Capes von Mold in Frage stellen.
19   P. Schauer (Anm. 9), S. 51, Abb. 12.
20   Christopher Hawkes: Gold Earrings of the Bronze Age. East and West. In: Folklore, Bd. 72, 1961, S. 438–474, Abb. 2–4, Taf. 1–4. Christiane Eluère: Réflexions à propos de »boucle d'oreilles« torsadées en or des types connus de l'Âge du Bronze. In: Antiquités Nationales, Bd. 12–13, 1980–81, S. 34–35. Zu Exemplaren in Lissabon siehe Armbruster (Anm. 6), S. 107–108, Taf. 115,4, 115,6.
21   Zu Tell el-Ajjul siehe William Matthew Flinders Petrie: Ancient Gaza, Bd. 2. 7. Aufl., London 1932, S. 7. John Gray: The Canaanites. London 1964, S. 85–87, Taf. 38. Zu Amman siehe John Basil Hennessy: Bronze Age Temple at Amman. In: Palestine Exploration Quarterly, Bd. 98, 1966, S. 155–162.
22   Sabina Brodbeck-Jucker: Mykenische Funde von Kephallenia im archäologischen Museum. Neuchâtel 1986, S. 73, Taf. 15, 51. Für den Hinweis auf dieses Blech danke ich Helen Hughes-Brock, Oxford.
23   Helga v. Seeden: The Standing Armed Figurines in the Levant (Prähistorische Bronzefunde, Abt. 1, Bd. 1). München 1980, Nr. 1–3, Taf. 1–2, 1–3.
24   Volker Haas: Geschichte der hethitischen Religion. In: Handbuch der Orientalistik, Abt. 1: Der Nahe und Mittlere Osten, Bd. 1,15. Leiden u. a. 1994, S. 321–332.
25   H. v. Seeden (Anm. 23), S. 23–28, Taf. 19–22.
26   H. v. Seeden (Anm. 23). Zur Gruppe VI-VII siehe S. 71–85, Taf. 28–93.
27   V. Haas (Anm. 24), S. 203–204.
28   Zu Abbildungen hethitischer Gottheiten siehe Kurt Bittel: Die Hethiter. Die Kunst Anatoliens vom Ende des 3. bis zum Anfang des 2. Jahrtausends vor Christus. München 1976. Helga Willinghöfer (Hrsg.): Die Hethiter und ihr Reich. Das Volk der 1000 Götter. Ausst. Kat. Bonn. Stuttgart 2002.
29   Otto Eisfeldt: Kanaanäische-ugaritische Religion. In: Handbuch der Orientalistik, Abt. 1: Der Nahe und Mittlere Osten, Bd. 8,1. Leiden u. a. 1964, S. 85. H. v. Seeden (Anm. 23), S. 155. Izak Cornelius: The Iconography of the Canaanite Gods Reshef and Baal. Fribourg – Göttingen 1994.
30   H. v. Seeden (Anm. 23), Taf. 136–138.
31   Zu bronzenen Reshep- und Baalstatuetten aus der Levante siehe H. v. Seeden (Anm. 23), S. 91–119, Taf. 95–110, wo sie als »attacking warriors« bezeichnet werden. Zu den »Exporten« nach Anatolien und in den Mittelmeerraum siehe Jan Bouzek: Syrian and Anatolian Bronze Figurines in Europe. In: Proceedings of the Prehistorical Society, N. F., Bd. 39, 1972, S. 156–169. Jan Bouzek: The Aegean, Anatolia and Europe. Cultural Interrelations in the Second Millennium BC. Göteborg 1985, S. 69 ff. H. v. Seeden (Anm. 23), S. 122–132, Taf. 111–116, 119b.
32   Adalbert Bezzenberger – Felix Ernst Peiser: Die Bronzefigur von Schernen, Kreis Memel. In: Sitzungsbericht der Altertumsgesellschaft Prussia, Bd. 22, 1900–1904, S. 424, Abb. 223. Valentin Müller: Frühe Plastik in Griechenland und in Vorderasien. Augsburg 1929, S. 116–117, Anm. 22, Taf. 49.
33   John Elof Forssander: Der ostskandinavische Norden während der ältesten Metallzeit Europas. Lund 1936, Taf. 65–68. Andreas Oldeberg: Die ältere Metallzeit in Schweden, Bd. 1. Stockholm 1974, S. 68–69, Nr. 463, Taf. 463.
34   Zu Literatur: S. Gerloff (Anm. 1), S. 177–179, Anm. 59.
35   Alexander Vulpe: Die Äxte und Beile aus Rumänien (Prähistorische Bronzefunde, Abt. 9, Bd. 2). München 1970, Nr. 335–545. S. Gerloff (Anm. 1), S. 179, Anm. 59.
36   Klaus Randsborg: Kivik. Archaeology and Iconography. In: Acta Archaeologica, Bd. 64, Heft 1, 1993.
37   Gustav Schwantes: Vorgeschichte Schleswig-Holsteins. Neumünster 1939, S. 554–555.
38   Flemming Kaul: Ships on Bronzes. A Study in Bronze Age Religion and Iconography (Publications from the National Museum, Studies in Archaeology and History, Bd. 3,1–2). Kopenhagen 1998, S. 188–195, Kat. Nr. 275.
39   Bernhard Kremer: Das Bild der Kelten bis in augustäische Zeit. Studie zur Instrumentalisierung eines antiken Feindbildes bei griechischen und römischen Autoren. Stuttgart 1994.
40   B. Kremer (Anm. 39).
41   Thomas Downing Kendrick: The Druids. A Study in Keltic Prehistory. London 1927, S. 204–211.
42   Stuart Piggott: The Druids. London 1968, S. 187–189.
43   John Coles u. a.: A Later Bronze Age Shield from South Cadbury, Somerset, England. In: Antiquity, Bd. 73, 1999, S. 33–48.
44   Christopher Hawkes: On Some Buckets and Cauldrons of the Bronze and Early Iron Age. In: The Antiquaries Journal, Bd. 37, 1957, S. 160–165.
45   Ludwig Wamser: Ein Grabhügel der Bronze- und Eisenzeit bei Weinsfeld, Gde. Meckenhausen, Lkr. Roth. In: Abhandlungen der Naturhistorischen Gesellschaft Nürnberg, Bd. 39, 1982, S. 163–196.
46   Ulrich Fischer: Ein Grabhügel der Bronze- und Eisenzeit im Frankfurter Stadtwald. In: Schriften des Frankfurter Museums für Ur- und Frühgeschichte, Bd. 4, 1979.
47   T. D. Kendrick (Anm. 41).
48   Jean-Louis Brunaux: Wer waren die Druiden? In: Hans-Ulrich Cain – Sabine Rieckhoff (Hrsg.): Fromm – Fremd – Barbarisch. Die Religion der Kelten. Ausst. Kat. Universitätsbibliothek Leipzig. Mainz 2002, S. 2–6, bes. S. 2.
49   Bart Jaski: Early Irish Kingship and Succession. Dublin 2000, S. 57–59.

Abb. 1: Der goldene Hut von Schifferstadt.

Lothar Sperber

Wer trug den goldenen Hut? – Überlegungen zur gesellschaftlichen Einbindung der Goldkegel vom Typus Schifferstadt

Ausgangspunkt dieser Überlegungen ist Sabine Gerloffs überzeugende Deutung der Goldkegel vom Typus Schifferstadt sowie der Goldkalotten der atlantischen Bronzezeitkulturen als zeremonielle Kopfbedeckungen[1]. Auf dieser Basis wird im folgenden eine konkretere bzw. detailliertere Antwort auf die Frage nach den Trägern und »Auftraggebern« der kegelförmigen Goldhüte versucht. Ich konzentriere mich dabei weitgehend auf den westlichen Kreis der Urnenfelderkultur[2] und seine mittelbronzezeitlichen Vorläufergruppen, zum einen weil ich mich hier auf eingehendere Untersuchungen zur Gesellschaftsstruktur und speziell zur Oberschicht stützen kann[3], zum andern weil die Goldhüte vom Typus Schifferstadt nur aus diesem Raum belegt und wohl auch genuin mit ihm verbunden sind.

Zur Typologie und Chronologie der bronzezeitlichen Zeremonialhüte Alteuropas

Unter den kegelförmigen Zeremonialhüten der alteuropäischen Bronzezeit stellen die Goldhüte der Schifferstädter Art (Abb. 1) einen Typus für sich dar, nicht nur aufgrund ihres Materials, sondern auch in ihrer Grundform, bestehend aus einem hohen konischen Oberteil, einem kalottenförmigen Mittelteil und einer flach auskragenden Hutkrempe. Für drei der vier[4] bekannten Exemplare (Schifferstadt, »Berlin«, Ezelsdorf) ist dieser dreiteilige Aufbau gesichert[5], und beim stark fragmentierten Goldhut von Avanton ist wenigstens ein Rest des schräg gerieften Ansatzes zum Kalottenteil erhalten[6]. »Hutweiten« zwischen 55 und 59,5 cm bei den drei besser erhaltenen Exemplaren[7] und die ovale Öffnung der unversehrten Kalottenteile der Exemplare von »Berlin« und Schifferstadt entsprechen real nutzbaren Hüten. In ihrer Verbreitung sind die kegelförmigen Goldhüte weitgehend auf den vom westlichen Kreis der Urnenfelderkultur umschriebenen Raum konzentriert (Abb. 2). Dies trifft auf den Fundpunkt Schifferstadt eindeutig zu, und für den neu gefundenen »Berliner« Goldkegel ist ein südwestdeutscher Fundort wahrscheinlich[8]. Das östliche Poitou mit dem Fundpunkt Avanton gehört ab BF IIb entweder unmittelbar zur Urnenfelderkultur oder zu den von ihr stark geprägten Randregionen[9], und selbst der gegen Osten etwas ausscherende Fundpunkt Ezelsdorf liegt in einer Region, die sich in der Stufe Bz D noch der westlichen Urnenfelderkultur zuordnet[10].

Alle Goldkegel fallen in die Kategorie der Depotfunde und wurden in ganz ähnlicher Weise vergraben[11].

Die genauere Datierung der kegelförmigen Goldhüte ist problematisch. Das gilt auch für das Schifferstädter Exemplar, dessen übliche Einstufung in die späte Mittelbronzezeit an die normale Laufzeit der mit ihm vergesellschafteten Absatzbeile geknüpft ist. Nun vertreten zwar diese Beile entgegen der Ansicht von Kurt Kibbert[12] einen durchaus gängigen Typus[13]. Trotzdem ist ihre Verwendung im Kult angesichts der rituell gestalteten Deponierung und auch wegen der fehlenden oder jedenfalls nicht merklichen Abnutzung wahrscheinlich. Als Kultgerät könnten sie aber weit über die normale Laufzeit des Typus hinaus in Gebrauch gewesen sein. Goldhut und Beile brauchen auch kein von vornherein zusammengehöriges Ensemble gebildet zu haben. Die Beile können daher nicht unbedingt ein mittelbronzezeitliches Herstellungsdatum des Hutes bezeugen. Der Datierungsspielraum für die Herstellung des Schifferstädter Goldhutes bleibt mindestens bis in die Stufe Bz D der Spätbronzezeit offen. An der gängigen Datierung der Goldhüte von Ezelsdorf und »Berlin« in Ha A2/B1 im Sinne Hermann Müller-Karpes darf dagegen festgehalten werden. In ihrem extrem toreutischen Anspruch passen sie gut in den großen Aufschwung, den die Bronzetoreutik der westlichen Urnenfelderkultur in dieser Zeit (ab der Stufe SB IIc [älteres Ha B1]) nahm. Geht man davon aus, dass Gold- und Bronzeschmiedekunst in der Hand der gleichen Meister lagen[14] und daher ein zeitlicher Gleichklang im Voranschreiten von Gold- und Bronzetoreutik wahrscheinlich ist, dann ist auch aus dieser Sicht mit der Herstellung der Goldhüte von »Berlin« und Ezelsdorf erst im 11. Jahrhundert v. Chr. oder später zu rechnen. Der Goldhut von Avanton mit seinem deutlich dickeren Blech (0,11–0,20 mm gegenüber 0,06 bzw. 0,078 mm) mag etwas, aber nicht viel älter sein, da er in seiner Höhe und ornamentalen Anlage eng mit dem »Berliner« Goldhut zusammengeht.

Die Goldhüte vom Typus Schifferstadt sind im Zusammenhang mit anderen kegelförmigen Zeremonialhüten zu sehen, die aus dem Nordischen Bronzezeitkreis und der spätbronzezeitlichen Nuraghen-Kultur Sardiniens überliefert sind, zwar nur im Bild, dafür aber im funktionalen Kontext. Die nordischen Kegelhüte – im weiteren als Typus Kivik bezeichnet – kennen

Zeremonialhüte der Bronzezeit Europas und ihr vorderorientalischer Hintergrund

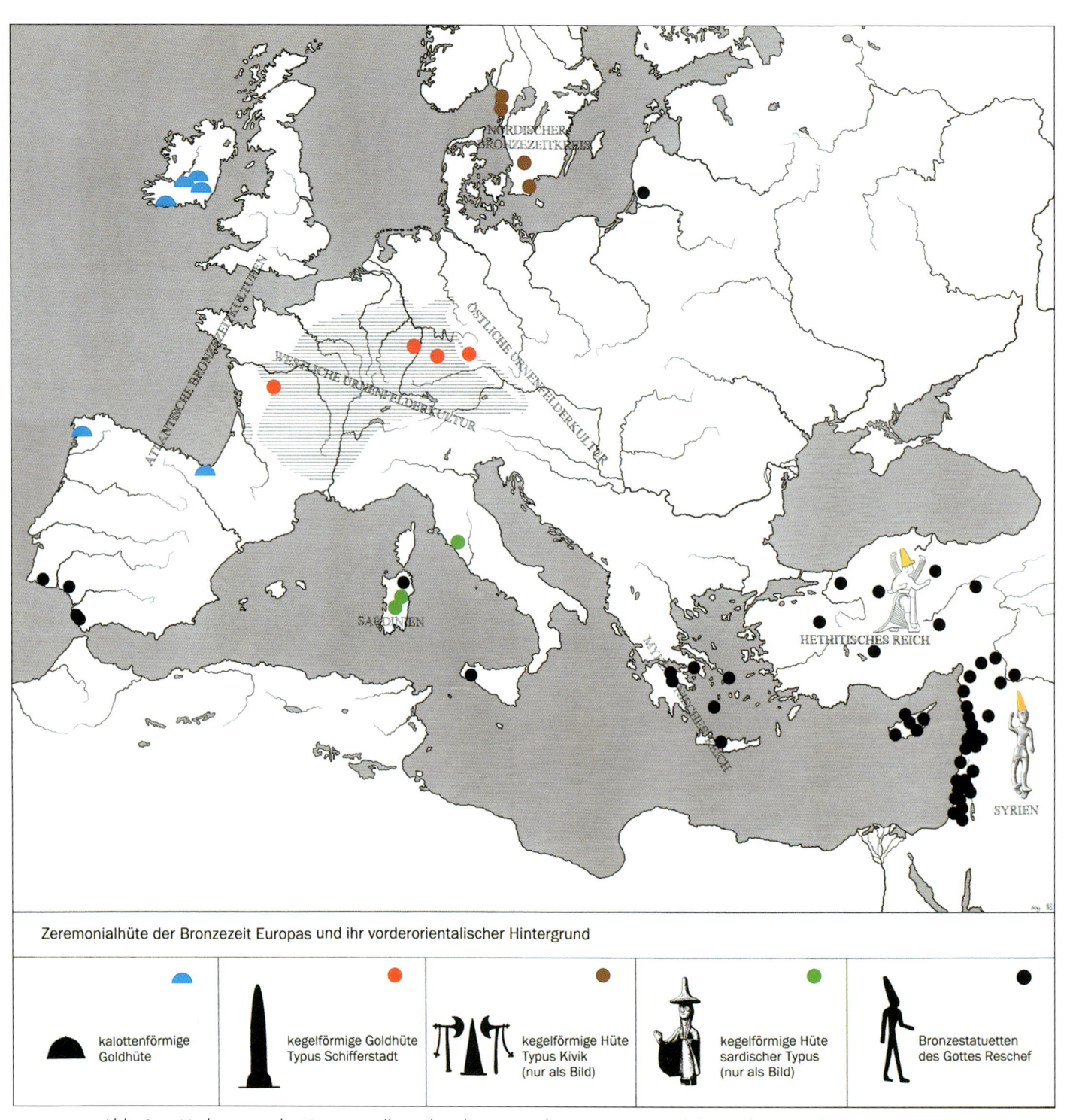

kalottenförmige Goldhüte	kegelförmige Goldhüte Typus Schifferstadt	kegelförmige Hüte Typus Kivik (nur als Bild)	kegelförmige Hüte sardischer Typus (nur als Bild)	Bronzestatuetten des Gottes Reschef	

Abb. 2: Verbreitung der Zeremonialhüte der alteuropäischen Bronzezeit und ihr vorderorientalischer Hintergrund. Der Fundpunkt des »Berliner« Goldhutes (vermutlich aus dem südwestdeutschen Raum) ist noch unbekannt, weshalb er in der Karte (als dritter roter Punkt von links) »schematisch« in die Mitte dieses Raumes plaziert wurde. Die Verbreitung der Reschep-Statuetten nach ist nach P. Schauer 1985 eingezeichnet.

wir von einer der Bildplatten des Adelsgrabes von Kivik (Abb. 3) aus der Sub-Periode Mont. II/III früh und damit aus der Zeit gegen 1300 v. Chr.[15], von den beiden Bronzestatuetten des Hortes von Stockhult (Abb. 4) aus der Periode Mont. II bzw. dem 14. Jahrhundert v. Chr., die unverkennbar auf das Vorbild syrisch-kleinasiatischer Götterdarstellungen vom Typus der Reschep-Statuetten zurückgehen[16], und von einigen Felsbildern der Region Bohuslän, aus denen die kleine Bildszene von Gatemarken (Abb. 5) herausragt. Über das »Beilklingen«-Symbol ist sie ganz speziell mit dem Grab von Kivik verbunden (Abb. 13) und dürfte mit ihm gleichaltrig sein. Kennzeichnend für die Zeremonialhüte vom Typus Kivik ist die einfache Kegelform,

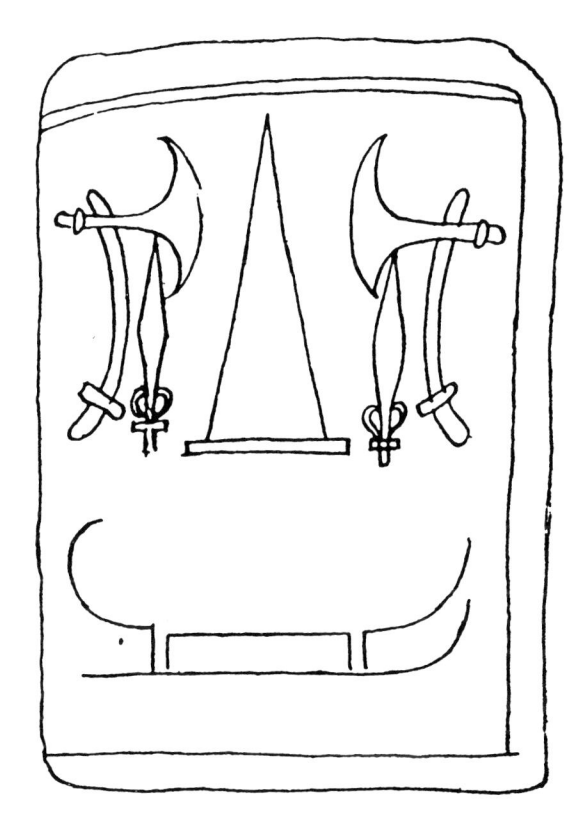

Abb. 3: Die ältesten Zeichnungen der seit dem frühen 19. Jahrhundert verschollenen Bildplatte 1 des Adelsgrabes von Kivik (Südschweden) mit Kegelhut und Zeremonialäxten, um 1300 v. Chr. Oben: Zeichnungen von 1756, entstanden bei der Besichtigung des Grabes durch N. Wessman. Unten: Zeichnung von N. R. Brocman vom Jahre 1764 (Zeichnungen nach K. Randsborg 1993).

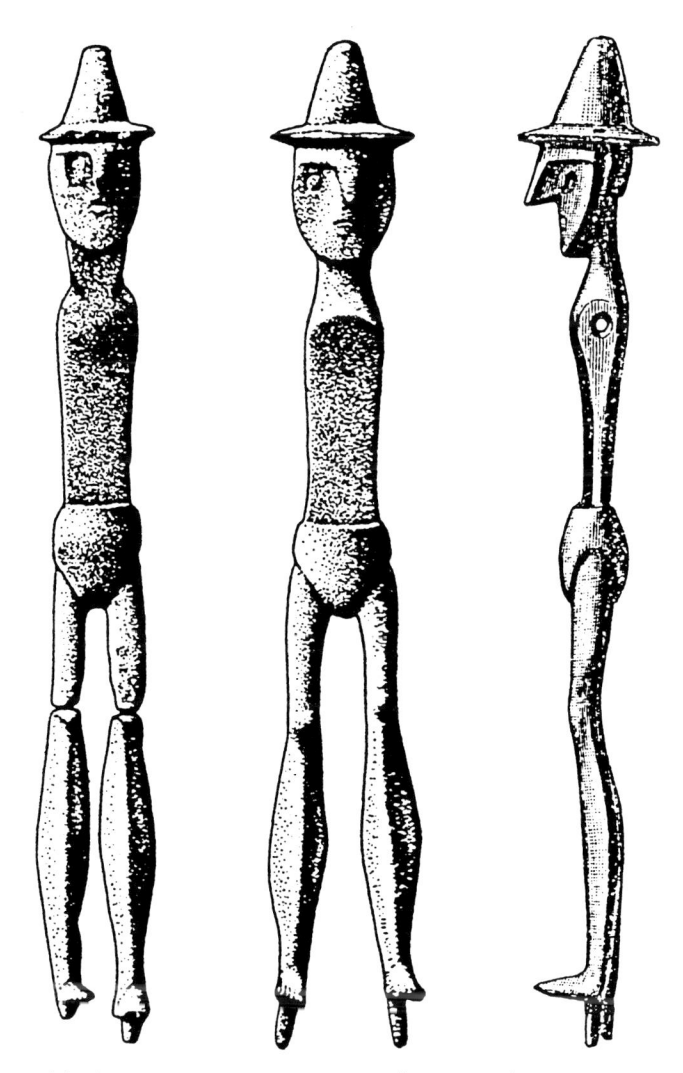

Abb. 4: Bronzestatuetten mit Kegelhüten aus dem Depot von Stockhult (Südschweden), Höhe 14,2 cm (ohne Befestigungsstifte), 14. Jh. v. Chr. (Zeichnungen nach H. Müller-Karpe 1980 und O. Montelius 1917).

207

zumeist mit Krempe. Das Fehlen der Krempe auf dem Felsbild von Gatemarken ist vielleicht nur durch die sehr kleine und einfache Darstellung bedingt. Mit einiger Sicherheit handelt es sich beim Typus Kivik nicht um Goldhüte, sondern um Hüte aus organischem Material. Denn die Funddichte goldenen Zeremonialgeräts im Nordischen Bronzezeitkreis ist groß genug, um auch goldene Hüte erwarten zu dürfen, wenn es sie gegeben hätte. Ihr Ausbleiben ist kaum als zufällige Fundlücke zu werten.

In den Bronzestatuetten der spätbronzezeitlichen Nuraghen-Kultur Sardiniens besitzen wir eine für Alteuropa einzigartige und sehr detaillierte Bildquelle zur gesellschaftlichen Oberschicht eines bronzezeitlichen Volkes. Neben dem profanen Adel (Abb. 6) bezeugen sie auch eine eigene Priesterschaft, kenntlich an der Zopffrisur und hohen kegelförmigen Hüten mit breit ausladender Krempe (Abb. 7, 8). Die konkav durchgeschwungene Kontur spricht für Hüte aus organischem Material, da metallene Treibarbeiten herstellungsbedingt zu konvexer Kontur tendieren. Die zu späte Datierung der Nu-

Abb. 6: Bronzestatuette der Nuraghen-Kultur Sardiniens: Häuptling mit geschultertem Schwert und Stabszepter, Höhe 39 cm, 11.–10. Jh. v. Chr. (nach J. Thimme 1980).

Abb. 5: Felsbild von Gatemarken (Bohuslän) mit Kegelhutträgern und »Beilklingen«-Symbol, ca. 50 x 50 cm, um 1300 v. Chr. Das »Beilklingen«-Symbol ist sonst nur noch von der Bildplatte 6 des Adelsgrabes von Kivik belegt, auf der es ebenfalls mit dem Radsymbol kombiniert ist (Zeichnung nach K. Randsborg 1993).

raghen-Bronzen erst in die Eisenzeit konnte in den letzten Jahren korrigiert werden; die ältesten Statuetten gehören ins 11. Jahrhundert v. Chr.[17] Das bislang einzige Priesterfigürchen in datierbarem Fundverband, das außerhalb Sardiniens in einem Grab von Vulci aus der 2. Hälfte des 9. Jahrhunderts v. Chr. gefunden wurde[18], gelangte wohl schon als Altstück ins Grab.

Den konischen Zeremonialhüten in Zentraleuropa, Sardinien und Südskandinavien stehen im europäischen Westen die kalottenförmigen Goldhüte der atlantischen Bronzezeitkulturen gegenüber (Abb. 9). Was ihre Datierung betrifft, so hat S. Gerloff recht, wenn sie die atlantischen Goldkalotten im zeitlichen Rahmen der bronzezeitlichen Goldgefäße Europas sieht und diese mehrheitlich in die (jüngere) Mittelbronzezeit und die ältere Spätbronzezeit (vor Ha B) einstuft[19]. Zulässig scheint mir darüber hinaus der chronologische Vergleich der Goldgefäße mit gleichartig verzierten Bronzeschälchen[20] und feinkeramischen Gefäßen, insbesondere Schalen, Bechern und Tassen, im südlichen Zentraleuropa, die sich dort auf die Phase Bz C(2)/D konzentrieren. Die Parallelität gilt für die dichte ornamentale Gesamtanlage[21], die Formen[22] und die einzelnen Dekorelemente: Kreisaugen[23], Kerbleisten (»schnurimitierende« Bänder)[24], Winkelbänder, die auf der Keramik durch zahnartig gegeneinander versetzte Bänder aus Dreiecksstempeln oder echten Kerbschnittdreiecken entstehen[25], Dreieckbordüren in Kombination mit den anderen hier genannten Mustern[26], Perlbuckelflächen und -bänder, die ihr Äquivalent in den Stempelflächen und -bändern der Keramik haben[27], und die kreuzförmige Aufgliederung der halbkugeligen Gefäßunterteile[28]. Sicherlich ist es problematisch, Metall- und Keramikgefäße chronologisch aufeinander zu beziehen, da ganz unterschiedliche Herstellergruppen dahinterstehen: einerseits professionelle Metallhandwerker, andererseits die »Hausfrauen«. Indessen geht es hier um stilistische und dekorative Grundhaltungen, die nicht auf einzelne Gruppen der Gesellschaft beschränkt sind. Bei manchen Keramikschalen ist außerdem der Bezug auf Metallgefäße ganz unabweisbar[29]. Wechselseitige

Abb. 7: Bronzestatuette der Nuraghen-Kultur Sardiniens. Priester mit Kegelhut und Zopffrisur, Höhe 11,3 cm, 11.–9. Jh. v. Chr. (nach J. Thimme 1980).

Abb. 8: Bronzestatuette der Nuraghen-Kultur Sardiniens. Priester mit Kegelhut, Zopffrisur und Pektorale, Höhe 12,5 cm, 11.–9. Jh. v. Chr.

Abb. 9: Goldkalotte von Rianxó (Prov. La Coruña, Spanien), Durchmesser 19,5 cm, letztes Viertel des 2. Jahrtausends v. Chr. (nach V. Kruta 1993)

Beeinflussung in der Gestaltung keramischer und metallener Gefäße ist durchaus möglich, ja wahrscheinlich. Auch der Einwand, dass sich Keramik aus dem südlicheren Zentraleuropa nicht gut zur Datierung der Goldgefäße und goldenen Hutkalotten im Norden und Westen Europas eigne, sticht nicht. Er wird durch die im gesamten west-, nord- und mitteleuropäischen Raum gleichartige Gestaltung der Goldgefäße[30] aufgehoben, ferner durch die starke Einflussnahme des süddeutschen Raumes auf das Metallhandwerk des Nordischen Bronzezeitkreises gerade in der Zeit von Bz C2, die sich in der

Übernahme des genuin süddeutschen Typus der Achtkant-Schwerter zeigt, der wahrscheinlich durch Wanderhandwerker vermittelt wurde[31] – eine Einflussnahme, die keineswegs auf die Achtkantschwerter beschränkt zu sein braucht. Es darf festgehalten werden, dass der Ornamentkanon und weitgehend auch der Formenschatz der Goldgefäße bereits in der Phase von Bz C/D[32] entstand und ein großer Teil der Goldgefäße dieser Zeit zuzuweisen ist. So gesehen sind die Goldgefäße Mittel-, Nord- und Westeuropas und mit ihnen die goldenen Kalottenhüte Westeuropas tendenziell eher älter als die Goldhüte vom Typus Schifferstadt, die bis auf das eponyme Exemplar erst aus mittleren oder jüngeren Phasen der Spätbronzezeit stammen. Frühe Exemplare der kalottenförmigen Goldhüte könnten daher durchaus älter sein als der Goldhut von Schifferstadt und die nordischen Bildbelege konischer Zeremonialhüte.

Weitere kegelförmige Zeremonialhüte aus organischem Material?

Die bisherigen Nachweise kegelförmiger Zeremonialhüte sind auf die metallenen Exemplare und auf die wenigen alteuropäischen Bronzezeitkulturen beschränkt, die die Darstellung im Bild nicht ablehnten. Da nun die bildlich überlieferten Zeremonialhüte des Nordens und der Nuraghen-Kultur wohl nicht aus Metall bestanden, liegt die Vermutung nahe, dass kegelförmige Zeremonialhüte aus organischem Material tatsächlich sehr viel weiter und auch flächendeckender verbreitet waren – vielleicht im gesamten Raum, der durch die derzeit nachgewiesenen Kegelhüte abgesteckt ist, und darüber hinaus auch in den ostwärts anschließenden Bronzezeitkulturen. Nur West- und Südwesteuropa dürfte wegen seiner spezifischen Tradition halbkugeliger Zeremonialhüte als potentielles Verbreitungsgebiet kegelförmiger Zeremonialhüte ausfallen. Allgemeiner formuliert heißt das: Die Idee des kegelförmigen Zeremonialhutes war in ihrer konkreten Umsetzung weder an Gold noch überhaupt an ein bestimmtes Material gebunden. Nicht-metallene Kegelhüte waren vielleicht die Norm. Die Goldhüte vom Typus Schifferstadt treten als Sonderfall hinzu.

Zur Typogenese der Goldhüte vom Typus Schifferstadt

Mit S. Gerloff bin ich der Ansicht, dass hinter den kegelförmigen Zeremonialhüten als Idee die konische Götterkrone Vorderasiens steht, und zwar insbesondere in ihrer hethitischen Ausprägung mit kurzer Randkrempe oder kräftigem Randwulst, daneben auch in der Form der hohen Kegelkrone der Reschep-Statuetten und verwandter Götterdarstellungen. Die Gegenposition bestünde in einer unabhängigen Typogenese der verschiedenen Ausprägungen des kegelförmigen Zeremonialhutes, basierend auf der archetypischen Vorstellung der sozialen oder kultischen Überhöhung einer Person durch eine hohe Kopfbedeckung. Dieser Gedanke ist indessen mit der weiten Verbreitung des zeremoniellen Kegelhutes von Sardinien bis Südskandinavien unvereinbar. Der Schluß auf ein gemeinsames Vor- und Urbild der kegelförmigen Zeremonialhüte ist zwingend. Prinzipiell könnte dies freilich auch innerhalb der alteuropäischen Kulturen entstanden sein, wäre aber dort nie konkret nachweisbar, da es, wie eben dargelegt, vermutlich aus organischem Material bestünde. Nicht hypothetisch sind dagegen die Götterkronen der vorderasiatischen Hochkulturen, und unstrittig ist ja auch das vielfältige Beziehungsgeflecht zwischen den ägäisch-vorderorientalischen Hochkulturen und den alteuropäischen Bronzezeitkulturen auf ideellem wie auf technologischem Gebiet, ein Beziehungsgeflecht, das auch auf Sardinien, das westliche Mitteleuropa und Südskandinavien ausgreift[33]. Als plausibelste Lösung bleibt, die Idee der kegelförmigen Zeremonialhüte Europas von den kegelförmigen Götterkronen der vorderasiatischen Hochkulturen herzuleiten.

Die spezifische Form der Goldhüte vom Typus Schifferstadt und ihre Konzentration auf die westliche Urnenfelderkultur und ihre mittelbronzezeitlichen Vorläufer ist damit noch nicht erklärt. Hier hilft vielleicht ein typologischer Aspekt weiter. Denn rein formal kann der Typus Schifferstadt als Synthese der kalottenförmigen Goldhüte der atlantischen Bronzezeitkulturen und der rein kegelförmigen Zeremonialhüte mit Krempe, wie sie durch den nordischen Typus Kivik (Abb. 3, 4) und durch die Priesterstatuetten der Nuraghen-Kultur Sardiniens (Abb. 7, 8) überliefert sind, gesehen werden. Stimmt dies, dann entstand der Typus der Goldhüte von Schifferstadt und »Berlin« im Kontakt mit den atlantischen Bronzezeitkulturen und im Raum der westlichen Urnenfelderkultur, das heißt am ehesten auf zentralfranzösischem Gebiet oder, genereller gesagt, westlich des Rheins.

Man kann sich den Vorgang folgendermaßen vorstellen: Die Idee der konischen Götterkrone Vorderasiens wurde auf ihrem Weg nach Europa im Nordischen Bronzezeitkreis, in Sardinien und vermutlich auch in Südosteuropa und im östlichen Mitteleuropa (wo sie aber aufgrund der Bildfeindlichkeit der dortigen Kulturen nicht nachweisbar ist) in unveränderter Form übernommen und zunächst noch nicht in Gold umgesetzt. Erst als sie im westlicheren Europa auf die vermutlich etwas ältere Tradition der kalottenförmigen Goldhüte traf, kam es zur Verschränkung der rein konischen mit der halbkugeligen Hutform und zugleich zur Ausprägung des Kegelhutes in Gold. So gesehen wäre die Idee der goldenen Zeremonialkrone genu in westeuropäisch, die Idee der kegelförmigen Zeremonialkrone genuin vorderorientalisch und ihre spezielle Ausprägung zu den Goldhüten vom Typus Schifferstadt genuin mit der westlichen Urnenfelderkultur und ihren mittelbronzezeitlichen Vorläufern verknüpft.

Wer trug den goldenen Kegelhut?

Da die goldenen Kegelhüte vom Typus Schifferstadt genuin mit dem westlichen Kreis der Urnenfelderkultur und seinen mittelbronzezeitlichen Vorläufern verbunden sind, ist die Antwort auf die Frage nach ihren Trägern auch aus dem Befund dieses Kulturbereiches zu entwickeln. Grundsätzlich haben wir dabei neben den Menschen auch Idole oder Götterfiguren als Träger der goldenen Kegelhüte in Betracht zu ziehen. Für den Bereich der westlichen Urnenfelderkultur dürfte indessen diese Möglichkeit auszuschließen sein. Bildliche Darstellung war hier fremd, man möchte fast sagen: sie wurde strikt abgelehnt. Mit der Existenz solcher Figuren ist hier nicht zu rechnen. Unwahrscheinlich ist auch die Deutung als Bekrönung abstrakter pfahlartiger Stelen, da die ovale und im Umfang dem menschlichen Schädel angepasste Öffnung der Hüte hierbei keinen Sinn macht. Die mittelbronzezeitlichen Goldfunde von Bernstorf, die Rupert Gebhard mit guten Gründen als Besatz und Zubehör eines Kultgewandes für eine Stele in Menschengröße interpretiert[34], widersprechen dem nicht. Denn anders als die goldenen Kegelhüte besitzen die Goldobjekte von Bernstorf nur attrappenhaften Charakter, auf den sich ja auch die Deutung als Besatz des Kultgewandes einer Stele (und nicht eines Menschen) stützt. Im übrigen ist diese Interpretation nicht unbedingt zwingend – vielleicht waren es doch nur ad hoc hergestellte Opfergaben, vergleichbar der Vergoldung der Hörner des Opferrindes im dritten Gesang der Odyssee (418–439). Prinzipiell käme diese Möglichkeit auch für die konischen Goldhüte in Betracht, würde sie nicht durch den Schifferstädter Goldhut ausgeschlossen, der während seiner Nutzungszeit eine Umgestaltung erfahren hat und somit längere Zeit in Gebrauch gewesen sein muss.

Es bleiben damit nur die Menschen als Träger der konischen Goldhüte übrig. Schon wegen des kostbaren Materials steht dabei außer Frage, dass die Goldhutträger in der gesellschaftlichen Oberschicht zu suchen sind. Man denkt zuerst an die Adelsschicht der Schwertträger, so benannt nach dem Statussymbol des Schwertes als Beigabe ins Grab. In ihrer »Normalfunktion« als profane Elite scheiden die Schwertträger aber bei näherer Betrachtung als mögliche Träger der Goldhüte aus. Die Goldhüte vom Typus Schifferstadt waren kein Zeichen profaner Würde und Macht, denn dafür waren die Herrschafts- und Besitzstrukturen im Bereich der westlichen Urnenfelderkultur zu egalitär[35]. Die Schwertträger bildeten hier eine breite, hierarchisch nicht weiter untergliederte Oberschicht unabhängiger Familien- und Sippenoberhäupter. Sie waren im allgemeinen nicht mehr als die Herren großer Hofterritorien und ihrer Bewohnerschaft. In fundstatistisch gut beobachteten Regionen, wie zum Beispiel in der mittleren Vorderpfalz (Abb. 10, 11), deuten sich in der Mitte und 2. Hälfte des 12. Jahrhunderts v. Chr. solche Hofterritorien und Wirtschaftseinheiten in Bereichen an, die sich schematisch mit Kreisen von 2,5 bis 3 km Radius, gezogen um die Gräber des Schwertträgeradels, umreißen lassen. Nach homerischem Sprachgebrauch könnte man diese Wirtschaftseinheiten als »oikoi« bezeichnen[36]. Es gibt im westlichen Kreis der Urnenfelderkultur keine Anzeichen für übergeordnete Machtzentren und Machthaber, jedenfalls nicht in der älteren und mittleren Urnenfelderzeit vom 13.–10. Jahrhundert v. Chr. Dies gilt auch für die Herren der Wagengräber. Sie stellen zwar eine gewisse Elite

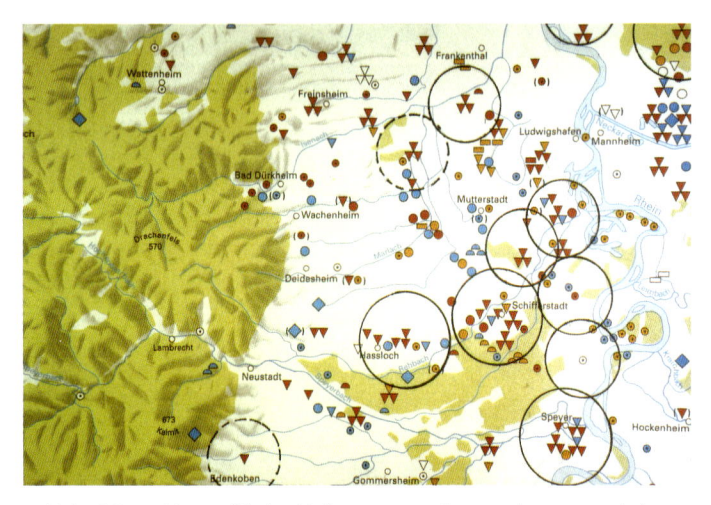

Abb. 10: Mutmaßliche Hofterritorien des spätbronzezeitlichen Schwertträgeradels (Schwertträger-«oikoi«) in der mittleren Vorderpfalz in der Mitte und 2. Hälfte des 12. Jh. v. Chr. (Karte auf der Basis der Fundkarte zur Spätbronzezeit in der Pfalz von U. Grünwald 1993).

Abb. 11: Raum Speyer-Schifferstadt; mutmaßliche Schwertträger-Territorien (»oikoi«) der Phase SB IIa (Ha A1) bis SB IIb (Ha A2), dazu Siedlungs- und Einzelfunde (ohne Flussfunde) der gesamten Spätbronzezeit (SB I [Bz D] bis SB IIIb [Ha B3]), diese nicht weiter differenziert.
Die fundreiche kleine Siedlungskammer der Speyerer Rhein-Niederterrasse ist als Ganzes eingetragen (geschwärzte Fläche). Im Südwesten des Kartenausschnittes ist ein weiterer Schwertträger-oikos um die Fundpunkte von Harthausen denkbar. Der Wald zwischen Harthausen/Hanhofen, Schifferstadt und Speyer ist ein mindestens seit dem Mittelalter existenter Altwald, dessen Gebiet auch in vorgeschichtlicher Zeit weitgehend unbesiedelt gewesen sein dürfte. Zu beachten ist, dass sich innerhalb des Speyerer »oikos« die spätbronzezeitlichen Funde ausschließlich auf die Rhein-Niederterrasse konzentrieren und das Umland der Niederterrasse (das aus anderen vorgeschichtlichen Epochen Funde geliefert hat) für die Spätbronzezeit fundfrei bleibt (Kartengrundlage: Blatt 6616 und nördlicher Teil des Blattes 6716 der TK 1:25000. Vervielfältigung mit Genehmigung des Landesvermessungsamtes Rheinland-Pfalz unter Kontrollnummer 213/99).

SCHIFFERSTADT
Waldsee
Otterstadt
SPEYER
Hanhofen
Dudenhofen
Harthausen
Berghausen
Altlußh
RHEIN
A61 E31
B9
B39

innerhalb der Schwertträger dar, aber vermutlich nicht aufgrund eines quasi institutionellen Vorranges, sondern nur aufgrund größeren Reichtums, der sich auf außerordentliche Möglichkeiten in rohstoffreicher oder verkehrsgünstiger Lage gründete, das heißt auf Produktion und Verteilung von Gütern, die im allgemeinen nicht innerhalb der »oikoi« erzeugt werden konnten (so vor allem das Metall). Auch die Bz D-zeitliche Höhensiedlung von Ennetach in der Nähe der Wagengräber von Mengen[37] ist in diesem Sinne zu werten. Angesichts dieser relativ egalitären Macht- und Besitzstrukturen müssten die Goldhüte, wären sie Zeichen profaner Würde und Macht, viel häufiger sein und wären wie andere profane Würdezeichen, etwa das Schwert, auch hin und wieder in den Gräbern zu erwarten.

So muss man für die westliche Urnenfelderkultur letztlich einen Personenkreis speziell priesterlicher und magischer Funktion postulieren, in dem die Träger der Goldhüte zu suchen sind. Das Wort »speziell« sei betont. Denn ein wesentlicher Teil der Kulthandlungen, insbesondere die Durchführung von Opfern, lag wohl in profanen Händen: so wie in den homerischen Epen, die ja vielfach noch spätbronzezeitliche Zustände widerspiegeln, die Opfer fast immer von Laien, das heißt den adeligen Herren, vollzogen wurden, und zwar pro domo, nur für sich selbst und ihren »oikos«. Ihnen standen priesterliche »Spezialisten« gegenüber, zumeist die »mánteis«, die Seher, die aus Vorzeichen oder auch aus göttlicher Inspiration weissagten und den Willen der Götter kundtaten, und die in dieser Funktion nicht an die »oikoi« gebunden waren, sondern für die größere Volksgemeinschaft agierten. Der Priester im Sinne des Opferpriesters, der »hieréus«, begegnet uns dagegen in den homerischen Epen nur sehr selten und auch dann allein auf trojanischer, das heißt kleinasiatischer Seite, und nur ein einziges Mal leitet ein »hieréus« ein Opfer, das sich jedoch in nichts von einem Laienopfer unterscheidet[38].

Dass im archäologischen Befund der Urnenfelderkultur und ihrer mittelbronzezeitlichen Vorläufer dinglich greifbare Hinweise auf Personen mit dieser speziell priesterlichen Funktion fehlen, spricht nicht gegen ihre Existenz. Die regelhaften Muster religiöser Betätigungen und Vorstellungen, die wir in der Urnenfelderkultur fassen, sind ohne eine Priesterschaft, die Liturgien formuliert und tradiert, nicht vorstellbar. Hinzuweisen ist hier auch auf die spätbronzezeitliche Nuraghen-Kultur Sardiniens mit ihrer ähnlich kleinzelligen Besitz- und Herrschaftsstruktur[39], für die Bildstatuetten die Existenz einer speziellen Priesterschaft unmittelbar belegen. Bestätigen sich die kürzlich publizierten Darlegungen Wilfried Menghins, dass in der Ornamentik der goldenen Kegelhüte ein komplexes astronomisches und kalendarisches Wissen niedergelegt ist[40], dann hätten wir sogar einen direkten Beleg für die Existenz einer Priesterschaft in der westlichen Urnenfelderkultur selbst. Denn dieses Wissen konnte nur über viele Generationen und Jahrhunderte aufgebaut werden. Es zu erwerben, über Jahrhunderte hinweg zu tradieren und auszubauen und es schließlich im Ornament der Zeremonialkronen zu abstrahieren, setzt sozusagen Intellektuelle voraus, und das waren in jener Zeit zweifellos die Priester oder Teile der Priesterschaft.

Nach W. Menghin wussten die Entwerfer des kalendarischen Ornamentprogramms der konischen Goldhüte um die genaue Dauer von Sonnen- und Mondjahr und der solaren und lunaren Monate, sie wussten um die nötigen Schalttage zur gegenseitigen Anpassung von Sonnen- und Mondkalender und um den 19jährigen Zyklus, in dem bestimmte Mondphasen auf denselben Tag des Sonnenjahres fallen, Sonnen- und Mondjahr also in gewisser Hinsicht zur Deckung kommen. Sie verfügten über ein beträchtliches arithmetisches Können und – mehr noch – über echtes mathematisches Denken, das sie befähigte, ihr Wissen im Ornament der Goldhüte zu abstrahieren. Letzteres ist das eigentlich Erstaunliche. Denn das astronomische und kalendarische Wissen, das nach W. Menghin in den Goldhüten verschlüsselt ist, reicht auch in Europa weit vor die Zeit der Goldhüte zurück.

Es ist hier nicht der Platz zur eingehenden Auseinandersetzung mit W. Menghins kalendarischer Interpretation der Goldhut-Ornamentik. Man darf aber festhalten, dass sowohl die Konstanten als auch die Variablen seiner rechnerischen Aufschlüsselung konsequent aus der Gesamtornamentik der Kegelhüte entwickelt sind, das System in sich schlüssig und die so gefundene einfache Rechenformel auf alle kegelförmigen Goldhüte und noch anderes Zeremonialgerät anwendbar ist. Des weiteren ist die »Zahlenrhythmik«, die sich bei seinen Untersuchungen herausschälte und die auf der Verdoppelung und Verdreifachung der Numerik aufbaut, etwas bereits Vertrautes und ganz Konkretes: Sie ist nicht nur für das Mess- und Rechenwesen der Hochkulturen Vorderasiens bezeichnend, sondern konnte unlängst bei den Gewichten auch für die zentraleuropäische Spätbronzezeit als bekannt nachgewiesen werden[41]. Auch wenn W. Menghins kalendarische Deutung der goldenen Kegelhüte nicht als bewiesen gelten kann[42], kommt ihr so viel Plausibilität zu, dass sie in die weiteren Überlegungen zu den Trägern der Goldhüte vom Typus Schifferstadt einzubeziehen ist.

Allerdings waren die konischen Goldhüte bestimmt keine praktisch lesbaren Kalender. Das Auszählen und »Lesen« der Ornamentringe war für die Träger der goldenen Kegelhüte ebenso schwierig wie für heutige Menschen. Ihnen genügte wohl das Bewusstsein, dass den Goldhüten das Wissen um Kalender und Zeit und die dahinterstehenden kosmischen Ordnungen eingeschrieben bzw. es in ihnen verschlüsselt war. Der goldene Kegelhut im Ganzen war symbolischer Ausdruck dafür, dass sein Träger um die Ordnung von Himmel, Erde und

Zeit wusste, mit den Herren dieser Ordnung, den Göttern, durch sein Wissen verbunden war und so auch um den Bestand dieser Ordnung, von der die Jahreszeiten und die Fruchtbarkeit von Pflanze, Tier und Mensch, letztlich also das Leben abhing, Sorge tragen konnte.

Das komplexe arithmetische Spiel der Symbole und das umfangreiche astronomisch-kalendarische Wissen, das nach W. Menghin in den konischen Goldhüten niedergelegt ist und sicherlich geheim war, bedingt, dass die Träger der Goldhüte und die Entwerfer ihres Ornamentprogramms dem gleichen priesterlich-intellektuellen Personenkreis angehörten und mithin wohl identisch waren. Des weiteren musste der »Programmierer« bei der Herstellung des Goldhutes eng mit dem Goldschmied zusammenarbeiten und ihn ständig anleiten. Die Träger und »Programmierer« der Goldhüte waren also zugleich die Auftraggeber. Und daraus wiederum folgt, dass sie der gesellschaftlichen Oberschicht angehörten und über ein eigenes herrschaftliches Besitztum verfügten, da nur hier das nötige Gold vorhanden war.

Werfen wir zum Vergleich wieder einen Blick auf die homerischen Epen, dann sehen wir, dass auch dort die Seher und Priester der Oberschicht angehören, dass sie wohlhabend und reich sind, manchmal sogar königlichen Geblüts, oder aus reichen, fürstlich verschwägerten Familien stammen, die über Generationen hinweg immer wieder Seher stellten. Vielfach waren sie auch Krieger und beteiligten sich aktiv am Kampf um Troja. Auf das spätbronzezeitliche Zentraleuropa übertragen hieße das, dass im Bereich der Urnenfelderkultur auch Priester und Seher aus der Schicht des Schwertträgeradels kamen, zum Teil wohl selbst Sippenoberhäupter waren und aufgrund besonderer, oft erblich angelegter Fähigkeiten oder aus Familientradition zum Seher, Weisen, Mathematiker, Stern- und Himmelskundigen aufstiegen, der mit den überirdischen Mächten kommunizierte. Trafen das materielle Vermögen und das »große Wissen« um die Ordnung von Himmel und Zeit zusammen, dann konnte sich diese elitäre Persönlichkeit den Goldhut schaffen und – die gesellschaftliche Zustimmung vorausgesetzt – sich mit ihm krönen. Das konnte durchaus in eigener Initiative geschehen oder aber die Gemeinschaft der himmels- und zeitkundigen Priester ersah einen der ihren als Träger des Goldhutes, der dann entweder den Goldhut selbst entwarf und aus eigenem Vermögen ausführen ließ oder einen bereits existenten Goldhut vom Vorgänger im »Amt« übernahm. Jedenfalls sind, wie erwähnt, Entwerfer und Träger der Goldhüte im Kreis dieser priesterlichen Weisen zu suchen. So gesehen ist es nicht vorstellbar, dass der Goldhutträger vom profanen, nicht eingeweihten Teil der Gesellschaft – etwa der Volksgemeinschaft bzw. dem Schwertträgeradel einer größeren Region – erwählt wurde. Dass der Goldhutträger und ganz generell die Träger speziell priesterlicher und magischer Funktion gleichwohl der gesellschaftlichen Oberschicht, also der Schicht des Schwertträgeradels angehörten, widerspricht dem nicht.

Wenn wir jetzt doch noch zum Nordischen Bronzezeitkreis blicken, so deswegen, weil im Grab von Kivik vielleicht ganz konkret der Fall greifbar ist, dass ein Angehöriger des Schwertträgeradels speziell priesterliche Würde an sich gezogen hatte. Das Grab datiert in die Subperiode Mont. II/III früh, also um 1300 v. Chr.[43] Die wenigen erhaltenen Reste der Grabausstattung bezeugen, dass das Grab von Kivik einerseits durchaus den Schwertträgergräbern der Nordischen Bronzezeit entspricht[44]. Andererseits verweist der einzigartige Bild- und Symbolzyklus seiner Grabkammer (Abb. 12) auf eine besondere religiöse Dimension. Eröffnet wird die Bildreihe mit der emblematischen Darstellung eines Kegelhutes zwischen zwei Zeremonialäxten (Abb. 3). Die Vermutung liegt nahe, dass der Grabherr zu Lebzeiten nicht nur durch das Statussymbol des Schwertes ausgezeichnet war, sondern auch durch den priesterlichen Kegelhut und Zeremonialäxte und somit auch speziell priesterliche Funktion innehatte. Das Sakralgerät hat er aber nur bildlich mit ins Grab bekommen. Sofern es nicht an seine Erben bzw. Nachfolger im priesterlichen Amt weiterging, wurde es offensichtlich für sich allein rituell bestattet, wie wir aus Funden paarweise deponierter originaler Zeremonialäxte wissen – aus ähnlichem Denken heraus fehlt das sakrale Gerät wohl auch in den Gräbern der Urnenfelderkultur. Die gleiche enge Verbindung von profanem, durch das Schwert

Abb. 12: Das Grab von Kivik in der Zeichnung von Hilfeling, von oder kurz vor 1780 (Zeichnung nach K. Randsborg 1993).

215

symbolisiertem Adel und speziell priesterlicher Funktion ist auch auf einigen Felsbildern der Region Bohuslän in Schweden zu finden. Sie zeigen schwertgerüstete Personen, angetan mit dem hohen Kegelhut und beide Arme im Betergestus erhoben[45]. Hervorzuheben ist dabei das kleine Felsbild von Gatemarken (Abb. 5), das durch das »Beilklingen«-Symbol, kombiniert mit dem Radsymbol, ganz speziell mit dem Grab von Kivik verbunden ist (Abb. 13).

Sowohl in der westlichen Urnenfelderkultur als auch im Nordischen Bronzezeitkreis kamen also die Persönlichkeiten, die den hohen kegelförmigen Zeremonialhut trugen, letztlich aus der Schicht des Schwertträgeradels und waren selber Schwertträger und Sippenhäupter. Doch scheint ein wesentlicher Unterschied zwischen den beiden Kulturkreisen zu bestehen: die enge Verflechtung von profanem Häuptlingstum und speziellem Priestertum, wie sie sich im Norden, im Grab von Kivik und in Felsbildern wie Gatemarken andeutet, ist für den Bereich der westlichen Urnenfelderkultur nicht erschließbar. Hier zeigen die kleinzelligen Besitz- und Herrschaftsstrukturen, dass Interessen und Einfluss der Schwertträger im allgemeinen nicht über das eigene kleine Territorium (Abb. 10, 11) hinausgingen. Dagegen waren Aktivität und Autorität der priesterlichen Weisen, die mit dem goldenen Kegelhut auftreten konnten, sicherlich nicht auf derart kleine Bereiche begrenzt. Wie die Priester der homerischen Epen waren sie wohl für eine größere Volksgemeinschaft tätig. In ihrer großräumigen Zuständigkeit stellten sie gewissermaßen eine eigenständige Autorität neben den Schwertträgern dar. Vielleicht zeigen sich hier – da die westliche Urnenfelderkultur am Anfang der keltischen Ethnogenese steht[46], darf diese Vermutung geäußert werden – die Ansätze einer Entwicklung zu jenem adeligen Priesterstand, den wir Jahrhunderte später in den Druiden des historischen Keltentums fassen.

Abb. 13: *Bildplatte 6 von Kivik mit »Beilklingen«-Symbolen und Rad-Symbolen (nach O. Almgren 1934).*

Anmerkungen

1   Sabine Gerloff: Bronzezeitliche Goldblechkronen aus Westeuropa. Betrachtungen zur Funktion der Goldblechkegel vom Typus Schifferstadt und der atlantischen »Goldschalen« der Form Devil's Bit und Atroxi. In: Albrecht Jockenhövel (Hrsg.): Festschrift für Hermann Müller-Karpe zum 70. Geburtstag. Bonn 1995, S. 153–194.
2   Zur Differenzierung zwischen dem westlichen und dem östlichen Kreis der Urnenfelderkultur siehe Lothar Sperber: Untersuchungen zur Chronologie der Urnenfelderkultur im nördlichen Alpenvorland von der Schweiz bis Oberösterreich (Antiquitas, Reihe 3, Bd. 29). Bonn 1987, S. 13–16. Ferner Lothar Sperber: Zu den Schwertträgern im westlichen Kreis der Urnenfelderkultur: profane und religiöse Aspekte. In: Eliten in der Bronzezeit. Ergebnisse zweier Kolloquien in Mainz und Athen (Monographien des Römisch-Germanischen Zentralmuseums, Bd. 43). Mainz 1999, S. 605–659, bes. S. 605–606, mit Anm. 2, und S. 655–656.
3   L. Sperber: Zu den Schwertträgern (Anm. 2).
4   Das kleine verzierte Goldblechfragment aus dem Depot von Lanrivoaré (Dép. Finistère, Bretagne) möchte ich, im Gegensatz zu Peter Schauer (Hrsg.): Die Goldblechkegel der Bronzezeit. Ein Beitrag zur Kulturverbindung zwischen Orient und Mitteleuropa (Monographien des Römisch-Germanischen Zentralmuseums, Bd. 8). Mainz 1986, S. 39, 50–51, und S. Gerloff (Anm. 1), S. 172, 187, nicht mit einem konischen Goldhut vom Typus Schifferstadt in Verbindung bringen. Das kammstrichähnliche Rippenband dieses Fragments ist sehr viel schmaler als das überleitende Rippenband zwischen Kegel- und Kalottenteil der Goldhüte von Ezelsdorf, »Berlin« und Avanton.
5   Bezüglich des Goldhutes von Ezelsdorf siehe Tobias Springer: Der Goldkegel von Ezelsdorf-Buch – ein Meisterwerk bronzezeitlicher Goldschmiedekunst. In: Götter und Helden der Bronzezeit. Europa im Zeitalter des Odysseus. Ausst. Kat. Nationalmuseum Kopenhagen u. a. Ostfildern-Ruit 1999, S. 176–181, bes. S. 177, und Wilfried Menghin: Der Berliner Goldhut und die goldenen Kalendarien der alteuropäischen Bronzezeit. In: Acta Praehistorica et Archaeologica, Bd. 32, 2000, S. 31–108, bes. S. 54–56. Die von P. Schauer (Anm. 4), S. 24, 30, 45 und S. 3, Abb. 2, geäußerte Vermutung, dass der Schifferstädter Goldhut ursprünglich ohne Krempe gefertigt und diese erst nachträglich aus dem Kalottenteil herausgeschmiedet worden sei, trifft nicht zu. Eine solche Umgestaltung wäre nicht ohne Beschädigungen auch der jetzigen Kalotte abgegangen, wovon aber nichts zu sehen ist. Der Knick zur Krempe samt dem vorstehenden Falz, der die Hutöffnung stabilisiert, ist ursprünglich, und ursprünglich ist mithin auch eine flach abstehende Hutkrempe. Sie war allerdings zunächst schmaler und wurde erst nachträglich auf ihre jetzige Breite ausgeschmiedet. Der Rand der verbreiterten Hutkrempe des Schifferstädter Hutes war wie beim »Berliner« Goldhut um einen tordierten Bronze- oder Kupferdraht gebördelt. Dieser ist heute nur noch indirekt in den schrägen Abdrücken am Rand der Hutkrempe erkennbar, wird aber in den ersten Berichten wenige Tage nach der Entdeckung des Goldhutes ausdrücklich bezeugt, vgl. Berhard Kukatzki: »Hat Aehnlichkeit mit den Tyrolerhüten«. Der Fund des »Goldenen Hutes« 1835. In: Schifferstadt: Geschichte und Geschichten. Schifferstadt 1998. Vermutlich wurde er am Tage nach der Entdeckung zur Feststellung des Goldgewichtes entfernt, danach nicht mehr eingefügt und geriet, da er ohnehin zerbrochen war, bald in Vergessenheit.
6   Erkennbar an der alten Gipskopie des Goldhutfragments von Avanton im Historischen Museum der Pfalz, die gegenüber dem heutigen Original noch ein Stück länger ist. Siehe W. Menghin (Anm. 5), S. 52, Abb. 18.
7   Für die Goldkegel von Ezelsdorf und »Berlin« mit ihrer papierdünnen Wandung ist dabei ein stabilisierendes Innenfutter von 0,5 cm Dicke angenommen. Der Hut von Schifferstadt hat ein solches Futter nicht nötig, da er mit 0,20–0,25 mm Blechstärke im Kegel- und Kalottenteil und durch das doppelte Blech des Randfalzes der Kalotte auch im praktischen Gebrauch stabil genug ist. Er wurde wohl ohne Futter getragen, sein Mündungsumfang von 55 cm dürfte die reale Hutweite sein.

8   Siehe den Ausstellungskatalog Götter und Helden der Bronzezeit. Europa im Zeitalter des Odysseus. Ausst. Kat. Nationalmuseum Kopenhagen u. a. Ostfildern-Ruit 1999, S. 273, Kat. Nr. 207.
9   José Gomez – Michel Gruet – Jean-P. Pateau: La période du Bronze final IIb-IIIa en Centre-Ouest. In: Le groupe Rhin-Suisse-France orientale et la notion de civilisation des Champs d'Urnes. Actes du colloque international de Nemours 1986. Nemours 1988, S. 517–525.
10   L. Sperber: Untersuchungen (Anm. 2), S. 13.
11   W. Menghin (Anm. 5), S. 63–64.
12   Kurt Kibbert: Die Äxte und Beile im mittleren Westdeutschland, Bd. 1 (Prähistorische Bronzefunde, Abt. 9, Bd. 10). München 1980, S. 278–280.
13   Er ist zwar nicht häufig, doch verweist K. Kibbert selbst auf einige Parallelen (u. a. im Depot von Oberwilflingen). Außerdem dürfte das eine oder andere mehr oder weniger stark abgenutzte Absatzbeil ebenfalls eine breit ausschwingende Klinge wie die Schifferstädter Beile besessen haben, vgl. K. Kibbert (Anm. 12), Taf. 53,819, 54,839, 55,852.
14   Lothar Sperber: Zum Grab eines spätbronzezeitlichen Metallhandwerkers von Lachen-Speyerdorf, Stadt Neustadt a.d. Weinstraße. In: Archäologisches Korrespondenzblatt, Bd. 30, 2000, S. 383–402, bes. S. 396–397.
15   Klavs Randsborg: Kivik. Archaeology and Iconography (Acta Archaeologica, Bd. 64,1). Kopenhagen 1993, S. 53–57, 133. Zum absoluten Zeitansatz siehe auch: Klavs Randsborg: Oak coffins and Bronze Age Chronology. In: Steen Hvass – Birger Storgaard (Hrsg.): Digging Into the Past. 25 Years of Archaeology in Denmark. Århus 1993, S. 164–165, bes. S. 165. Kjeld Christensen: Jahrringdatierung bronzezeitlicher Eichenbaumsärge aus Dänemark. In: Götter und Helden der Bronzezeit. Europa im Zeitalter des Odysseus. Ausst. Kat. Nationalmuseum Kopenhagen u. a. Ostfildern-Ruit 1999, S. 110–113.
16   Siehe Peter Schauer: Spuren orientalischen und ägäischen Einflusses im bronzezeitlichen Nordischen Kreis. In: Jahrbuch des Römisch-Germanischen Zentralmuseums, Bd. 32, 1985, S. 123–195, bes. S. 183–184, Taf. 15,1–3. Der langlebige Darstellungstyp der Reschep-Statuetten wurde auch für andere Gottheiten im westlichen Vorderasien angewandt.
17   Fulvia Lo Schiavo: Die Bronzestatuetten der Nuraghen-Kultur Sardiniens. In: Götter- und Helden der Bronzezeit. Europa im Zeitalter des Odysseus. Ausst. Kat. Nationalmuseum Kopenhagen u. a. Ostfildern-Ruit 1999, S. 123–124, bes. S. 124. Fulvia Lo Schiavo: La Sardaigne et ses relations avec le Bronze final atlantique. In: L'Âge du Bronze atlantique. Actos du 1er Colloque du Parc archéologique de Beynac. Beynac 1991, S. 213–226, bes. S. 219–220. Fulvia Lo Schiavo: Zur Herstellung und Distribution bronzezeitlicher Metallgegenstände im nuraghischen Sardinien. In: Bernhard Hänsel (Hrsg.): Mensch und Umwelt in der Bronzezeit Europas. Kiel 1998, S. 193–216, bes. S. 209–211, Anm. 9. Fulvia Lo Schiavo: Doro Levi e i bronzi nuragici. In: Omaggio a Doro Levi. Ozieri 1994, S. 61–81.
18   Maria Antonietta Fugazzola: Vulci – tomba dei bronzetti sardi. In: Mauro Christofani (Hrsg.): Civiltà degli etruschi. Ausst. Kat. Florenz. Mailand 1985, S. 64–66.
19   S. Gerloff (Anm. 1), S. 165–176. Noch expliziter vertrat Gerloff diesen Zeitansatz beim Kolloquium »Goldenes Sakralgerät der Bronzezeit« im Germanischen Nationalmuseum in Nürnberg. Von den sieben Depots, in denen die Goldgefäße mit datierenden Beifunden erscheinen oder unmittelbare Parallelen in derart datierten Depots besitzen, stammen fünf aus der Mittelbronzezeit und älteren Spätbronzezeit, zwei aus der mittleren bis jüngeren Spätbronzezeit. Bz C bzw. Periode Mont. II: Rongères (Armreife mit Doppelspiralenden); Bz C-D bzw. Periode Mont. II-III: Caputh-Lienewitzer Forst (Armreife mit Doppelspiralenden, die zugleich den Goldarmreifen vom Typ Ofehértó nahestehen), Villeneuve-Saint-Vistre (hohe schlanke Kegelhalsbecher ähnlich dem von Caputh), Lanrivoaré (tordierte

Goldohrringe ostmediterranen Typs), Gönnebek (Grab); Periode Mont. IV bzw. Müller-Karpe Ha B1 (SB IIc/älteres SB IIIa): Mariesminde Mose und Unterglauheim (beide mit Bronzegefäßen). Der Goldfund von Eberswalde ist nur allgemein spätbronzezeitlich datierbar und dabei wohl innerhalb des Zeitrahmens der zuvor genannten Depots anzusetzen: Perioden Mont. III bis IV.

20   Haltingen: Wolfgang Kimmig: Die Urnenfelderkultur in Baden (Römisch-Germanische Forschungen, Bd. 14). Berlin 1940, Tf. 4B, bes. B,5. Christina Jacob: Metallgefäße der Bronze- und Hallstattzeit in Nordwest-, West- und Süddeutschland (Prähistorische Bronzefunde, Abt. 2, Bd. 9). Stuttgart 1995, Tf. 18, Nr. 137. Očkov: Maria Novotná: Stand und Aufgaben der Urnenfelderforschung in der Slowakei und angrenzenden Gebieten. In: Beiträge zur Urnenfelderzeit nördlich und südlich der Alpen. Ergebnisse eines Kolloquiums (Monographien des Römisch-Germanischen Zentralmuseums, Bd. 35). Mainz 1995, S. 373–387, bes. S. 378, Abb. 3 unten. Milavče, Grabhügel C/1: Christopher F. E. Pare: Weights and Weighing in Bronze Age Central Europe. In: Eliten in der Bronzezeit. Ergebnisse zweier Kolloquien in Mainz und Athen (Monographien des Römisch-Germanischen Zentralmuseums, Bd. 43). Mainz 1999, S. 421–514, bes. S. 425, Abb. 3,2.

21   Vgl. beispielsweise die Goldbecher vom Lienewitzer Forst: Wilfried Menghin – Peter Schauer: Magisches Gold. Kultgerät der späten Bronzezeit. Ausst. Kat. Germanisches Nationalmuseum Nürnberg. Mainz 1977, S. 91, Abb. 54, oder von Rongères: W. Menghin – P. Schauer, S. 80, Abb. 44, mit Keramikgefäßen wie Lachen-Speyerdorf, Grabhügel 15: Mitteilungen des Historischen Vereins der Pfalz, Bd. 74, 1976, Abb. 21,1, Misy-sur-Yonne: Bulletin de la Société Préhistorique de France, Bd. 74, 1977, S. 431, Abb. 10,1, Haguenau-Kurzgeländ Grabhügel 12: Claude F. A. Schaeffer: Les tertres funéraires préhistoriques de la forêt de Haguenau. Bd. 1: Les tumulus de l'Âge du Bronze. Haguenau 1926, S. 89, Abb. 41C, Chenon: Gallia préhistorique, Bd. 15, 1972, S. 371, Abb. 4, oder Obermühlhausen, Grabhügel 1: Harald Koschik: Die Bronzezeit im südwestlichen Oberbayern (Materialhefte zur bayerischen Vorgeschichte, Reihe A, Bd. 50). Kallmünz 1981, Taf. 18,1–2.

22   Vgl. beispielsweise Goldbecher/-schalen mit Schrägrand, abgesetztem Oberteil oder abgesetzter Randkehle wie Rongères: W. Menghin – P. Schauer (Anm. 21), S. 80, Abb. 44, Paimpont: P. Schauer (Anm. 4), Taf. 41,3, und Langendorf: P. Schauer (Anm. 4), Taf. 33,4, mit Keramikschalen von Ihringen Grabhügel R: W. Kimmig (Anm. 20), Taf. 4,A2, Meyenheim, Dép. Haut-Rhin: Revue archéologique de l'Est et du Centre-Est, Bd. 36, 1985, S. 319, Abb. 3,2, Vuadens, Kt. Freiburg, Grab 1: Margarita Primas: Stand und Aufgaben der Urnenfelderforschung in der Schweiz. In: Beiträge zur Urnenfelderzeit nördlich und südlich der Alpen. Ergebnisse eines Kolloquium (Monographien des Römisch-Germanischen Zentralmuseums, Bd. 35). Mainz 1995, S. 201–223, bes. S. 202, Abb. 1,3, oder Eglfing, Lkr. Weilheim: H. Koschik (Anm. 21), Taf. 114,16. Kleine breite Becher mit niedrigem Zylinder-, Kegel- oder Trichterhals sind an und für sich geläufige Bz D-Formen, allerdings nur selten in der Art der Goldschalen verziert, siehe aber z. B. Neftenbach I: Calista Fischer: Innovation und Tradition in der Mittel- und Spätbronzezeit. Gräber und Siedlungen in Neftenbach, Fällanden, Dietikon, Pfäffikon und Erlenbach (Monographien der Kantonsarchäologie Zürich, Bd. 28) Zürich – Egg 1997, Taf. 48,195, oder Oberrimsingen Grab 1973/3: Beate Grimmer-Dehn: Die Urnenfelderkultur im südöstlichen Oberrheingraben (Materialhefte zur Vor- und Frühgeschichte in Baden-Württemberg, Bd. 15). Stuttgart 1991, Taf. 108,6.

23   Siehe z. B. Eglfing, Ihringen Grabhügel R, Vuadens Grab 1 (alle Anm. 22).

24   Siehe z. B. Wiedlisbach: Christoph Unz: Die spätbronzezeitliche Keramik in Südwestdeutschland, in der Schweiz und in Ostfrankreich. In: Prähistorische Zeitschrift, Bd. 48, 1973, S. 1–124, Taf. 34,7, 34,10), Immendingen: W. Kimmig (Anm. 20), Taf. 36,a,b,d,n, Meyenheim: Revue archéologique de l'Est et du Centre-Est, Bd. 36, 1985, S. 319, Abb. 3,2, 3,5. Generell: C. Unz, S. 31.

25   Vgl. z. B. die Winkelbänder der Goldbecher von Albersdorf und Depenau: W. Menghin – P. Schauer (Anm. 21), S. 66–69, Abb. 37–38, mit Keramik von Haguenau-Harthouse Grabhügel 8, Grab 3: C. F. A. Schaeffer (Anm. 21), Taf. 4, Chenon Grabhügel A 1: Gallia préhistorique, Bd. 15, 1972, S. 371, Abb. 4, Wiedlisbach: C. Unz (Anm. 24), Taf. 34,10, oder Meyenheim (Anm. 22).

26   Vgl. z. B. den Goldbecher vom Lienewitzer Forst: W. Menghin – P. Schauer (Anm. 21), S. 91, Abb. 54, mit Keramik von Ihringen Grabhügel R (Anm. 22), Lachen-Speyerdorf Grabhügel 15 (Anm. 21) oder Vuadens Grab 1 (Anm. 22).

27   Vgl. z. B. die Goldschale von Krottorf: W. Menghin – P. Schauer (Anm. 21), S. 72, Abb. 12, und den Goldbecher vom Lienewitzer Forst: W. Menghin – P. Schauer (Anm. 21), S. 91, Abb. 54, mit Keramik von Chenon (Anm. 25), Misy-sur-Yonne: Bulletin de la Société Préhistorique de France, Bd. 74, 1977, S. 431, Abb. 10,2, Lachen-Speyerdorf (Anm. 21) oder Schöngeising: H. Koschik (Anm. 21), Taf. 13,7.

28   Vgl. z. B. Goldbecher und -schalen von Depenau: P. Schauer (Anm. 4), Taf. 35,1, Midskov: P. Schauer (Anm. 4), Taf. 36,4, und Krottorf: P. Schauer (Anm. 4), Taf. 40,4, mit Keramik von Eglfing (Anm. 22), Haguenau-Harthouse: C. F. A. Schaeffer (Anm. 21), Taf. 2, Haguenau-Dachshübel: C. F. A. Schaeffer (Anm. 21), S. 35, Abb. 17,q, und Neftenbach I: C. Fischer (Anm. 22), Taf. 48,195.

29   Siehe z. B. Wiedergeltingen: Bayerische Vorgeschichtsblätter, Bd. 23, 1958, S. 14, oder Ihringen (Anm. 22).

30   Siehe also die Goldgefäße von Heroldingen-Huisheim im Nördlinger Ries: Ludwig Wamser – Rupert Gebhard (Hrsg.): Magie, Mythos, Macht. Gold in der alten und neuen Welt. Stuttgart 2001, S. 16, Abb. 8, 233–235, Kat. Nr. 24, Abb. 24 b,c,e, die Funden aus Dänemark besonders nahe stehen, so das Fläschchen von den bisher uniken Fläschchen von Vimose Overdrev: P. Schauer (Anm. 4), Taf. 38,2, 38,3, die weitmündigen Zylinderhalsbecher mit steil abfallender schmaler Schulter den Bechern von Borgbjerg: W. Menghin – P. Schauer (Anm. 21), S. 41, Abb. 19 unten, und Midskov: W. Menghin – P. Schauer (Anm. 21), S. 42, Abb. 20, bes. unten rechts.

31   Ingeborg von Quillfeldt: Die Vollgriffschwerter in Süddeutschland (Prähistorische Bronzefunde, Abt. 4, Bd. 11). Stuttgart 1995, S. 45–94, bes. S. 85ff., 94.

32   Es ist in diesem Kontext auch zu fragen, ob die Lochhalsnadel Typ Oberbimbach: Wolf Kubach: Die Nadeln in Hessen und Rheinhessen (Prähistorische Bronzefunde, Abt. 13, Bd. 3). München 1977, Taf. 6,103, deren Fundzusammenhang mit den Goldscheiben von Worms-Liebfrauenkirche: W. Menghin – P. Schauer (Anm. 21), S. 110, Abb. 67, stets bezweifelt wurde, nicht doch zu den Goldscheiben gehört und sie in Bz C datiert

33   Peter Schauer: Spuren minoisch-mykenischen und orientalischen Einflusses im atlantischen Westeuropa. In: Jahrbuch des Römisch-Germanischen Zentralmuseums, Bd. 31, 1984, S. 137–186, P. Schauer (Anm. 16). Andrew Sherratt: What Would a Bronze Age World System Look Like? Relations between Temperate Europe and the Mediterranean in Later Prehistory. In: Journal of European Archaeology, Bd. 1, Heft 2, 1993. Hermann Müller-Karpe: Handbuch der Vorgeschichte, Bd. 4: Bronzezeit. München 1980 (Symbolgut). Christopher F. E. Pare: Der Zeremonialwagen der Bronze- und Urnenfelderzeit: seine Entstehung, Form und Verbreitung. In: Vierrädrige Wagen der Hallstattzeit. Untersuchungen zu Geschichte und Technik (Monographien des Römisch-Germanischen Zentralmuseums, Bd. 12). Mainz 1987, S. 25–67, bes. S. 26–33 (Wagen und Wagenbau). C. F. E. Pare (Anm. 20), S. 477–493 (Gewichte und Gewichtssystem). Ernst Pernicka: Gewinnung und Verbreitung der Metalle in prähistorischer Zeit. In: Jahrbuch des Römisch-Germanischen Zentralmuseums, Bd. 37, (1990) 1995, S. 21–129, bes. S. 52–54, 106ff., 116

(Metallurgie und Metallhandel). Margarita Primas – Ernst Pernicka: Der Depotfund von Oberwilflingen. In: Germania, Bd. 76, 1998, S. 25–65, bes. S. 39–43, 56–58, 58–64 (Metallhandel). Dirk Thomas Brandherm: Zyprische Griffangelklingen aus West- und Mitteleuropa? Zur Problematik einer Quellengruppe der frühen und mittleren Bronzezeit. Freiburg 2000 (zyprische Griffangelklingen).
34 Rupert Gebhard: Der Goldfund von Bernstorf. In: Bayerische Vorgeschichtsblätter, Bd. 64, 1999, S. 1–18, bes. S. 16–18.
35 Zu Status und Bedeutung des »Schwertträgeradels« im westlichen Kreis der Urnenfelderkultur siehe L. Sperber: Zu den Schwertträgern (Anm. 2).
36 Zum frühgriechischen Oikos-System siehe Moses I. Finley: Die Welt des Odysseus. München, 2. Aufl., 1979, S. 56–63, 84–86, 107–109. Felix Eckstein: Handwerk. Die Aussagen des frühgriechischen Epos (Archaeologia Homerica, Kap. L, Bd. 2). Göttingen 1974, L 29 ff. Will Richter: Die Landwirtschaft im homerischen Zeitalter (Archaeologia Homerica, Kap. H, Bd. 2). Göttingen 1968, H 10–11.
37 Hartmann Reim: Die spätbronzezeitliche Höhenburg auf dem »Berg« über Ennetach. In: Neue Ausgrabungen und Funde an der oberen Donau zwischen Mengen und Riedlingen (Archäologische Informationen aus Baden-Württemberg, Bd. 40). Stuttgart 1999, S. 29–34.
38 Zu den Priestern und Sehern in den homerischen Epen siehe Emily Townsend Vermeule: Götterkult (Archaeologia Homerica, Kap. V, Bd. 4). Göttingen 1974, V 112–118.
39 F. Lo Schiavo (Anm. 17), S. 202. Ablesbar auch aus der dichten Streuung der Nuraghen, vgl. Giovanni Lilliu: Die Nuraghenkultur. In: Jürgen Thimme (Hrsg.): Kunst und Kultur Sardiniens vom Neolithikum bis zum Ende der Nuraghenzeit. Ausst. Kat. Badisches Landesmuseum, Karlsruhe. Karlsruhe 1980, S. 40–85, bes. S. 47, Abb. 33.
40 W. Menghin (Anm. 5).
41 C. F. E. Pare (Anm. 33), S. 490–493.
42 W. Menghins Aufschlüsselung der Goldhut-Ornamentik funktioniert nur bei willkürlicher Berücksichtigung oder Nicht-Berücksichtigung der Schaltzonen, und seine merkmalstypisch und zahlenrhythmisch begründete Definition von Teilsequenzen der Symbolzonen ist zwar nachvollziehbar, aber nur zum Teil objektivierbar (das heißt so und nicht anders festzulegen). Für einen Beweis ist daher eine breitere statistische Basis zu fordern, sprich: mindestens ein weiterer vollständiger Goldhut, der zum gleichen Ergebnis führt. Allerdings sehe ich in der willkürlichen Handhabung der Schaltzonen und der manchmal ebenfalls etwas willkürlich erscheinenden Festlegung von Teilsequenzen der Symbolzonen kein zwingendes Gegenargument gegen W. Menghins kalendarische Deutung der Goldhüte. Spekulatives Manipulieren ist für früh- bzw. vorwissenschaftliches Denken durchaus typisch. Es sei beispielsweise an die Pythagoräer erinnert, die die Zahl als das eigentliche Element der physikalischen Realität betrachteten und die Zahl 10 ins Zentrum ihrer Kosmologie stellten: eine Zahl, die zunächst aus der Summe der ersten vier ganzen Zahlen resultiert. Damit sie aber auch kosmischen Ordnungen entspreche, wurde sie auch auf die Anzahl der Himmelskörper im planetarischen System bezogen, wobei die damals bekannten acht Himmelskörper (Erde, Sonne, Mond, fünf Planeten) durch zwei hypothetische – ein Zentralfeuer und ein weiterer unsichtbarer Stern, die Gegenerde – auf zehn ergänzt werden mussten.
43 Siehe Anm. 15.
44 Klavs Randsborg: Kivik (Anm. 15), S. 53–57, bes. S. 54, Abb. 29a.
45 Klavs Randsborg: Kivik (Anm. 15), S. 111, Abb. 59. Ulf Bertilsson: The Rock Carvings of Northern Bohuslän. Spatial Structures and Social Symbols (Stockholm Studies in Archaeology, Bd. 7). Stockholm 1987, Abb. 52,5. John Coles: Images of the Past. A Guide to the Rock Carvings and Other Ancient Monuments of Northern Bohuslän (Skrifter utgivna av Bohusläns museum och Bohusläns hembygdsförbund, Bd. 32). Vitlycke 1990, Abb. 13b, 111b.
46 Lothar Sperber: Speyer, Historisches Museum der Pfalz: Die Vorgeschichte. Ostfildern 1995, S. 19–20, 21 ff. Lothar Sperber: Die Pfalz in der Vorgeschichte. In: Karl-Heinz Rothenberger – Karl Scherer – Franz Staab – Jürgen Keddigkeit (Hrsg.): Pfälzische Geschichte. Kaiserslautern 2001, S. 1–38, bes. S. 14–15, 16–17. In diesem Sinne jetzt auch Sabine Rieckhoff – Jörg Biel: Die Kelten in Deutschland. Stuttgart 2001, S. 24–25.

Abb. 1: Der »Berliner Goldhut«. H. 74,5 cm. Fundort unbekannt, wahrscheinlich Süddeutschland. Museum für Vor- und Frühgeschichte, Berlin, Inv. Nr. II c 6068.

Wilfried Menghin

Goldene Kegelhüte – Manifestationen bronzezeitlicher Kalenderwerke

1996 erwarben die Staatlichen Museen zu Berlin für das Museum für Vor- und Frühgeschichte aus dem Kunsthandel einen fundortlosen goldenen Kegelhut vom »Typ Schifferstadt«[1]. Der 745 mm hohe Hohlkörper aus papierdünnem Goldblech ist nahtlos aus einem Stück getrieben und in einen spitzkonischen Schaft, die glockenförmige Kalotte sowie eine schmale horizontale Krempe gegliedert. Die durchschnittliche Wandstärke beträgt 0,06 mm. Im Falz zwischen Kalotte und Krempe ist ein rund 10 mm breiter, leicht ovaler Bronzereif eingelassen, der Krempenrand ist nach oben um einen tordierten bronzenen Vierkantdraht gebörtelt. Das Gewicht des außergewöhnlich gut erhaltenen Objektes beträgt, samt Bronzeverstärkungen, 450 g (Abb. 1).

Die Spitze des Kegels ziert ein achtzackiges sternförmiges Muster vor gepunktetem Grund über einem umlaufenden Band aus 22 kleinen Buckelscheiben mit zwei konzentrischen Ringen. Schaft, Kalotte und Krempe sind in achtzehn Zonen mit jeweils identischen Buckelscheiben aus zwei, drei, fünf und sechs konzentrischen Kreisrippen so verziert, dass keines der geprägten Muster ein anderes tangiert oder gar überschneidet. In den zwei Zonen auf der Krempe sind die Buckelscheiben im Negativ zu sehen. Die fünfte Zone unterhalb der Spitze zeigt statt Buckelscheiben einen doppelten Fries aus liegenden Mondsicheln mit zentralem Punkt sowie eine Reihung von mandelförmigen Mustern. Der Schaft ist durch plastische Kerbwulstbänder gegliedert und von der Kalotte durch eine

Abb. 2a: Berliner Goldhut. Spitze des Schaftes mit den Zierzonen (Z) 1–3 und den Trennwülsten (TB) 1–3. Z 1 mit achtstrahligem Sternmuster vor gepunktetem Grund, Z 2 mit 22 Doppelkreispunkten und Z 3 mit 14 dreifach gefassten Kreisbuckeln.

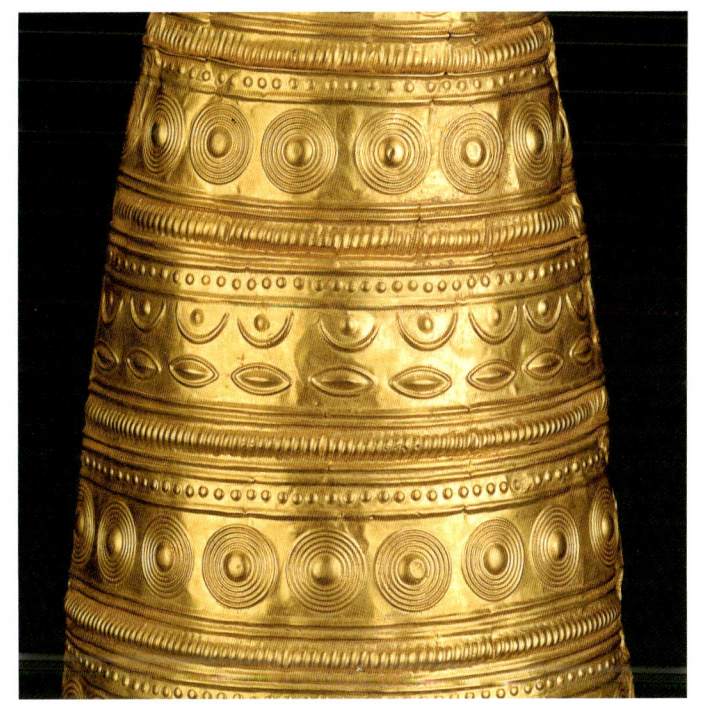

Abb. 2b: Berliner Goldhut. Oberteil des Schaftes mit den Zierzonen (Z) 4–6 und Trennwülsten. Z 4 mit 15 fünffach gefassten Kreisbuckeln. Z 5 mit Doppelfries aus je 19 liegenden Mondsicheln mit zentralem Punkt und Mandelaugenmuster, Z 6 mit 18 fünffach gefassten Kreisbuckeln.

Abb. 2c: Berliner Goldhut. Detailansicht der Krempe. Kalottenfuß mit Falz und (nicht sichtbarem) Bronzereif. Krempe mit radialer Fältelung am Ansatz und eingebörteltem, tordiertem Bronzedraht am Außenrand. Die Kreismuster in den Zierzonen sind von oben (außen) in das Goldblech der Krempe eingedrückt.

Abb. 3a: Der Goldene Hut von Schifferstadt, H. 29,6 cm. Schifferstadt (Kr. Speyer, Rheinland-Pfalz).

vertikal gefältelte Manschette abgesetzt. Die Muster auf Kalotte und Krempe trennen umlaufende Zierbänder (Abb. 2a-c)[2].

Der Goldgegenstand weist trotz seiner Fragilität kaum Beschädigungen auf. Dünne bräunliche Verkrustungen auf der Kalotte und der Krempe deuten darauf hin, dass der Schaft

		2	5	3	4	6	R	A
SPITZE	Z 1						—	
	Z 2	19 ⊙					1	19
	TB 1							
SCHAFT	Z 3	22	▲				1	22
	Z 4	22	▲				1	22
	TB 2							
	Z 5	24		⊙			2	24
	Z 6	25		⊙			2	25
	TB 3							
KALOTTE	Z 7	27		⊙			2	27
	Z 8	35		⊙			2	35
	Z 9	35			⊙		2	35
KREMPE	Z 10	46				⊙	2	46
	TB 4							
	Z 11	55				⊙	2	55

Legende:
- ⊙ Scheibensymbole
- ☐ Symbole in Schaltzonen
- ▲ Sondersymbole
- ● Musterpunzen
- A Anzahl der Symbole
- K Kreis-Anzahl im Symbol
- SK Summe der Kreise
- Z Zierzone
- TB Trennband
- Nr. Stempel Nr.

Abb. 3b: Goldener Hut von Schifferstadt. Der Ornamentkanon in grafischer Darstellung nach der Zonenabfolge in Kombination mit der Verteilung identischer Stempelmuster. Numerierung der Musterpunzen nach M. Fecht (Grafik: K. D. Schwarz).

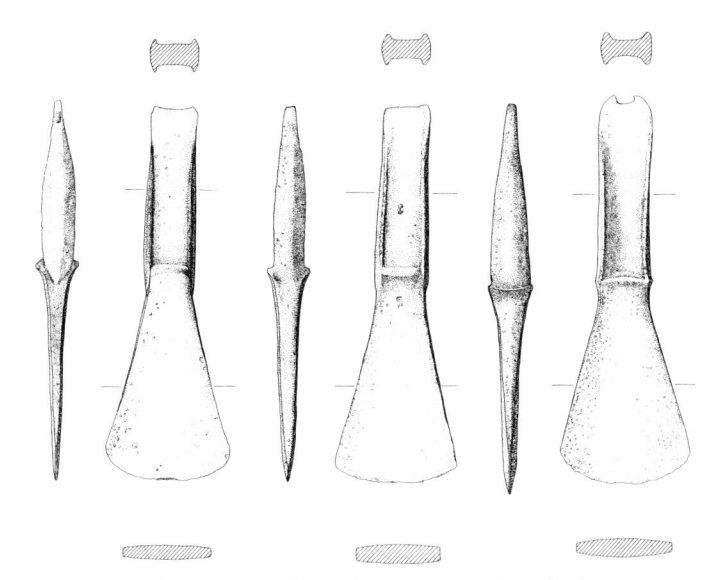

Abb. 3c: Schifferstadt. Bronzene Absatzbeile, die 1835 zusammen mit dem Goldhut gefunden wurden (nach P. Schauer, Abb. 6).

irgendwann vor dem Ankauf durch die Staatlichen Museen gereinigt und das Stück in seine jetzige Form »gerichtet« wurde. Dies lässt sich aus zwei vertikalen Quetschfalten auf dem Schaft, eine Knickung am Kalottenansatz und vor allem aus den Spannungsrissen in der leicht deformierten Krempe erschließen, die während der jahrtausendelangen Lagerung im Boden entstanden sind. Antike Flickungen oder moderne Ergänzungen sind nicht vorhanden, wobei aufgrund der archäologischen und naturwissenschaftlichen Begutachtung kein Zweifel an der Authentizität des Gegenstandes besteht[3].

Stand der Forschung

Der »Berliner Goldhut« ist der vierte seiner Art aus der Bronzezeit Europas. Die drei bis 1995 bekannten Vergleichsstücke, der bereits 1835 gefundene »Goldene Hut von Schifferstadt« (Abb. 3a), der 1844 in der Nähe von Poitiers entdeckte »Cône d'Avanton« (Abb. 4a) sowie der 1953 ins Germanische Nationalmuseum in Nürnberg gelangte »Goldkegel von Ezelsdorf-Buch« (Abb. 5) wurden 1986 von Peter Schauer einer eingehenden monographischen Studie unterzogen[4]. Ausführlich stellt P. Schauer dort einleitend die seit Mitte des 19. Jahrhunderts andauernde Diskussion über die Funktion und Bedeutung der »Goldblechkegel« und anderer goldener Kultgerätschaften der Bronzezeit dar, bevor er die drei Kegel auf Grundlage der metrischen und handwerkstechnischen Untersuchungen in den Werkstätten des Römisch-Germanischen Zentralmuseums in Mainz ausführlich beschreibt[5].

In Anlehnung an Georg Raschke, der die Erstveröffentlichung des Goldkegels von Ezelsdorf-Buch besorgte[6], ging P. Schauer davon aus, dass es sich bei allen drei bis dahin bekannten Exemplaren um kegelförmige Aufsätze von Kultpfählen oder Kultsäulen handelte[7]. Zu den Ziermustern vermutete er, dass »ein kanonischer Aufbau ... beabsichtigt und wohl auch dem Goldschmied vorgeschrieben war«[8]. In seinem »Ausblick« fasst P. Schauer seine Überlegungen dahingehend zusammen: »Der auffallenden Gesetzmäßigkeit, mit der die Einzelmuster einander zugeordnet sind, muss ein uns unbekanntes Maßsystem zugrunde gelegen haben, das nicht enträtselt werden konnte«[9]. Und mit Zurückhaltung deutet er schließlich an, dass »... nach all dem die Möglichkeit erwogen wird, die Goldblechkegel der Bronzezeit im weitesten Sinne in den Bereich der auf Naturbeobachtungen gegründeten kalenderähnlichen Säulen ... zu stellen«[10].

Kurz vor Bekanntwerden der Berliner Neuerwerbung griff Sabine Gerloff das Thema »Goldblechkegel« 1995 nochmals auf und erläuterte mit nachvollziehbaren Argumenten, dass es sich bei den »Goldblechkegeln« sehr wahrscheinlich nicht um Zierspitzen von Kultsäulen, sondern doch um »Hüte« gehandelt hat[11].

Form und Funktion

Der fundortlose, aber vollständig erhaltene Berliner Goldhut hat für die Beurteilung der kleinen Denkmälergruppe eine kaum zu überschätzende Bedeutung. Dass es sich bei diesen Funden um archäologische Zeugnisse aus dem sakralen oder zeremoniellen Bereich handelt, braucht wegen ihres Materials, der Form und der Zierelemente nicht weiter diskutiert zu werden. Aufgrund der Beobachtungen an der Berliner Neuerwerbung – die Kalottenöffnung ist leicht oval und entspricht dem Kopfumfang eines Erwachsenen – sowie der Überprüfung der Literatur zu den Altfunden ist nachgewiesen, dass es sich tatsächlich um »Hüte« handelt, wobei die Frage, ob sie für Lebende oder für Kultbilder gedacht gewesen sind, vorläufig nicht zu entscheiden ist[12].

Unter »Hut« versteht man eine Kopfbedeckung mit Krempe. Eine solche besitzen der Berliner Goldhut und der Goldene Hut von Schifferstadt. Wie sich aus der Analyse des Fundberichtes und der Autopsie der fotografischen Dokumentation des Ezelsdorfer Goldkegels im unrestaurierten Zustand von 1953 ergab, gehörte auch zu diesem Stück ursprünglich eine Krempe. Seltsamerweise sind, außer einigen Fragmenten, keine weiteren Krempenteile erhalten geblieben, und das am Bronzering des Kalottenfußes nach außen gebogene Ende des Goldbleches macht den Eindruck, als ob es in alter Zeit mit Bedacht abgeschnitten worden ist[13]. Eine antike Überarbeitung der Krempe ist auch für den Schifferstädter Goldhut zu konstatieren[14], während beim Cône d'Avanton der untere Teil gänzlich fehlt, eine ursprüngliche Hutform mit Kalotte und Krempe aber sehr wahrscheinlich ist.

Die Vergleichsmöglichkeiten mit dem nahezu unbeschädigten Berliner Goldhut zeigen schließlich auch, dass der Goldkegel von Ezelsdorf-Buch nicht optimal rekonstruiert ist. Bei der Übergabe des bei der Auffindung zerhackten Kegelhutes an das Germanische Nationalmuseum im Jahr 1953 waren die Kreismuster und vor allem die horizontalen Trennwülste auf den Blechfragmenten partiell noch in aller Plastizität, entsprechend dem Berliner Beispiel, erhalten. Durch das Aufkleben der Bleche auf einen mit Samt bezogenen Holzkonus in Nürnberg und später durch die Verbindung der Blechteile »auf Stoß« in den Werkstätten des Römisch-Germanischen Zentral-

		1	2	3	4	5	6	7	R	A
SPITZE	Z 1								–	
SPITZE	Z 2	23		●					2	23
SCHAFT	Z 3	16			●				2	16
SCHAFT	Z 4	17			●				2	17
SCHAFT	Z 5	19			●				2	19
SCHAFT	Z 6	19				●			2	19
SCHAFT	Z 7	20				●			2	20
SCHAFT	Z 8	21				●			2	21
SCHAFT	Z 9	22				●			2	22
SCHAFT	Z 10	23				●			2	23
SCHAFT	Z 11	23				●			2	23
SCHAFT	Z 12	21					●		2	21
SCHAFT	Z 13	22						●	3	22
SCHAFT	Z 14	23						●	3	23

Legende:

● Scheibensymbole   A   Anzahl der Symbole
▫ Symbole in Schaltzonen   K   Kreis-Anzahl im Symbol
▲ Sondersymbole   SK   Summe der Kreise
● Musterpunzen   Z   Zierzone
    TB   Trennband
    Nr.   Stempel Nr.

Abb. 4a: Cône d'Avanton. H. 53,0 cm. Musée des Antiquités Nationales, Saint-Germain-en-Laye. Zustand nach der Restaurierung in den Werkstätten des RGZM Mainz 1976 mit dem ergänzten Schaftfuß.

Abb. 4b: Cône d'Avanton. Der Ornamentkanon in grafischer Darstellung nach der Zonenabfolge in Kombination mit der Verteilung identischer Stempelmuster. Numerierung der Musterpunzen nach M. Fecht (Grafik: K. D. Schwarz).

Abb. 5: Goldkegel von Ezelsdorf. Zustand nach der Restaurierung in den Werkstätten des RGZM Mainz 1976. H. 88,5 cm.

museums in Mainz wurden die Wülste geglättet, so dass sich ein überschlanker Kegel von 88,5 cm Höhe ergab (Abb. 5). Revidiert man diesen Vorgang rechnerisch von der Breite der jetzigen »Kerbbänder« auf diejenige der ursprünglich plastischen »Kerbwülste«, verkürzt sich der Kegel um mindestens 8 cm und kommt sowohl in der Höhe als auch in der gedrungeneren Form dem Berliner Goldhut nahe[15].

Vom Cône d'Avanton ist nur der Schaft auf einer Länge von 53,5 cm erhalten. Er ist in vierzehn horizontale Zonen gegliedert (Abb. 4b). Im Vergleich dazu weist der Schaft des Berliner Goldhutes sechzehn und derjenige des Goldkegels von Ezelsdorf-Buch achtzehn Zonen auf. Eine spekulative Ergänzung des Stückes aus Frankreich um zwei Zonen auf dem Schaft, zuzüglich einer etwa 10 cm hohen Kalotte, ergäbe einen Kegel von ungefähr 70 cm, der den Abmessungen seiner beiden Gegenstücke aus Berlin und Ezelsdorf angenähert wäre und ihn, trotz einiger Gemeinsamkeiten, von dem mit seinen knapp 29,5 cm und nur sechs Zonen auf dem Schaft relativ kleinen Goldenen Hut von Schifferstadt abhebt (Abb. 3b).

Die Ornamente

Allein das Material Gold, die Form und die Fundumstände weisen die hohen spitzkonischen Hüte als zeremonielle Kopfbedeckungen im Sinne von Tiaren aus. Allgemeine astrale Bezüge ergeben sich aus den Buckelscheiben mit konzentrischen Kreisen, die das Hauptziermuster bei den vier Goldhüten, aber auch bei anderem goldenen Kultgerät bilden und dem Symbolgut der Bronzezeit zugerechnet werden[16]. Es handelt sich wohl um diptychthone Zeichen, mit denen alternierend der volle Mond bzw. die Sonne gemeint sein könnten.

Auffälliger sind die sternförmigen Muster mit elf, zehn und acht Zacken, welche die Spitzen der Kegelhüte von Avanton beziehungsweise Ezelsdorf-Buch und Berlin zieren (Abb. 2a). Als kosmische Embleme sind auch die mandel- oder augenförmigen Muster bei den Beispielen von Schifferstadt, Ezelsdorf-Buch und Berlin zu deuten (Abb. 2b). Dasselbe gilt für die achtspeichigen Räder in einer Zone auf dem Goldkegel von Ezelsdorf-Buch (Abb. 6) und mit Sicherheit auch für die liegenden Mondsicheln mit zentralem Punkt im Fries mit den mandelförmigen Mustern auf dem Berliner Goldhut (Abb. 2b).

Vielzackige Sterne, mandelförmige Muster, Radmuster und vor allem liegende Mondsicheln mit zentralem Punkt sind Ausnahmeerscheinungen im bronzezeitlichen Symbolgut Mitteleuropas. Zwar können die »Räder« auf dem Ezelsdorfer Goldhut in Zusammenhang mit den als Sonnenzeichen gedeuteten, mittelbronzezeitlichen Radnadeln und -anhängern gesehen werden[17], doch sind im fraglichen Fall die achtspeichigen Räder »naturalistisch« dargestellt und damit sicher in einem anderen kulturellen Bezugsnetz zu sehen. Mehrzackige Sternmuster zieren vereinzelt auch die Böden bronzezeitlicher

225

Abb. 6: Goldkegel von Ezelsdorf. Detail, achtspeichige Räder.

Gefäße, deren eindrucksvollstes Beispiel die größte der Goldschalen aus dem Eberswalder Goldschatz ist, oder stellen, wie bei der Goldscheibe von Jägersborg, das zentrale Motiv dar[18]. Außer auf den Goldhüten und auf dem Goldcape von Mold[19], ist das Augenmuster überhaupt nicht im Symbolgut der Bronzezeit vertreten, was gleichermaßen für das singuläre Emblem aus liegender Mondsichel mit zentralem Punkt gilt.

Kosmische Embleme
Kosmologische Deutungsmöglichkeiten für diese Piktogramme ergeben sich aus dem Vergleich mit der Glyptik und der mythologischen Szenographie auf Siegeln der bronze- und früheisenzeitlichen Kulturen Vorderasiens. Auf steinernen Urkunden (Kudurrus) und Rollsiegeln sind in unterschiedlicher Konstellation immer wieder vier astrale Zeichen nachzuweisen: der achtstrahlige Stern, die Scheibe mit stern- oder radförmiger Innenzeichnung, der Stern mit Siebengestirn, der liegende Halbmond sowie die liegende Mondsichel mit Scheibe. Das Augenmuster hingegen gehört erstaunlicherweise in keinem Fall zu einem der beschriebenen Symbolensembles. Dass mit dem einzelstehenden Stern in Kombination mit der Mondsichel die strahlende Sonne gemeint ist, scheint plausibel. Ebenfalls mit der Sonne in Verbindung gebracht werden können die Scheiben mit Innenzeichnung, wobei mit einer gewissen Ambivalenz zu rechnen ist, da sowohl die Sonne als auch der Mond in ihren unterschiedlichen Konstellationen gemeint sein können; dies gilt auch für die wenigen Beispiele mit Rädern. Die liegende Sichel hingegen ist sicher ein Zeichen für den Mond (Abb. 7a,b)[20].

Bis auf das Siebengestirn mit Stern, welches vermutlich das in der altägyptischen und vorderasiatischen Astrologie bedeutsamste Sternbild des Großen Hundes mit dem Sirius (Sothis) symbolisiert, sind alle diese Embleme auf den Goldhüten vertreten. Die Identifizierung der Zeichen als göttliche Embleme ermöglicht Parallelen zu mythologischen Darstellungen in der ägyptischen Kunst. Für die Deutung des Bildprogramms auf dem Berliner Goldhut ist die Ikonographie des sogenannten Mondpektorales aus dem Grab des Tutanchamun (1332–1323) besonders aufschlussreich (Abb. 8)[21].

Abb. 7a: Thronende Gottheit mit Baldachin, Mondsymbol und spitzbodigem Libationsgefäß. Rollsiegel, 18. Jh. v. Chr. (Umzeichnung: Daniela Hinz, MVF).

Abb. 7b: Thronende Gottheit mit Libationsgefäß und astralen Emblemen: »Strahlende Sonne«, liegende Mondsichel, Siebengestirn. Rollsiegel, Babylon 7. Jh. v. Chr. Umzeichnung nach W. Menghin, Abb. 46–47 (Zeichnung: Daniela Hinz, MVF).

Abb. 8:
Schema des sogenannten Mondpektorales aus dem Grab des Tutanchamun. H. 14,9 cm; B. 14,5 cm. Gold, Silber, Halbedelsteine, Glas. Hervorgehoben: liegende Mondsichel mit Scheibe, Udjat-Auge und 19 Scheiben und Rundeln am Fuß des Pektorales (nach J. Settgast 1980, Nr. 42). (Umzeichnung: M. Kacner, MVF).

Der 14,9 x 14,5 cm große Brustschmuck aus Gold, Silber, Halbedelsteinen und Glas stellt in komplexer Komposition ein mythologisches Geschehen dar. Das zentrale Motiv ist ein geflügelter Skarabäus in einer von Sonnenscheiben bekrönten und von Uräusschlangen flankierten Barke. In seinen Vogelkrallen hält er eine Lilie und eine Lotosblüte als Sinnbilder Ober- und Unterägyptens. Er steht auf einem Band aus dreizehn Buckelscheiben, die durch sechs hängende Buckelscheiben zwischen Pendulen aus drei Lotosblüten und vier Papyrusknospen auf die Zahl 19 ergänzt werden. Mit den Flügelspitzen und den vorderen Insektenfüßen stützt das Mischwesen aus Käfer und Vogel die Himmelsbarke in Form eines stilisierten Bootes. Zwischen den hohen Steven mit den sie innen flankierenden, mit Sonnenscheiben bekrönten Uräusschlangen befindet sich das Udjat-Auge (»Heilsauge«). Darüber schwebt, eingefasst durch die Sonnenscheiben der Schlangen, die liegende Mondsichel aus Gold mit silberner Scheibe. Auf dieser sind drei Relieffigürchen aus Gold appliziert: In Beschützerhaltung flankieren der falkenköpfige Sonnengott Re-Harachte (mit der Sonnenscheibe auf dem Haupt) und der ibisköpfige Mondgott Thot (mit dem Mondsymbol aus liegender Sichel mit integrierter Scheibe) den an seinen Herrscherattributen erkennbaren Pharao. Diesen schmückt ebenfalls das Mondemblem, so als ob er von den Gottheiten Sonne und Mond selbst zum Mondgott erhoben werden würde[22].

Die Theologie der Bildkomposition ist nicht eindeutig zu erschließen. Reduziert auf die Embleme »Scheiben« gleich Sonne, »liegender Halbmond mit Scheibe« gleich Mond und »Auge«, wahrscheinlich gleich Sothis/Venus, kommen die astralen Symbole in stark abstrahierter Form und entsprechender Kombination auch auf dem Berliner Goldhut vor (9b). Inwieweit die Vergleichbarkeit von Symbolen und Bildabfolge Rückschlüsse auf parallele geistige Inhalte zulässt, bleibt naturgemäß offen. In jedem Fall aber ergeben sich vor dem Hintergrund der Bilddenkmäler aus Altvorderasien und Ägypten in der vergleichenden Analyse eindeutige Hinweise auf die astralen Bezüge der Symbole in der Ornamentik der Goldhüte, die ein geordnetes Weltbild in der Religion der europäischen Bronzezeit voraussetzen.

Bildprogramm und Musterkanon

Hauptelemente in den Bildprogrammen der Goldhüte sind die Buckelscheiben mit konzentrischen Kreisrippen. Sie sind nach systematischen Vorgaben mit unterschiedlichen Stempeln in das Goldblech eingeprägt. Der durch drei mitgefundene bronzene Absatzbeile (Abb. 3c) in das 15. oder 14. Jahrhundert datierte, mit 29,6 cm Höhe relativ kleine Goldene Hut von Schifferstadt mit seiner unverzierten Spitze und einer Wandstärke von 0,25–0,08 mm ist durch breite Bänder aus Punktreihen und horizontalen Graten in sechs Ornamentzonen mit insgesamt elf Symbolfriesen gegliedert (Abb. 3a). Sie bestehen in systematischer Ordnung aus Reihungen von fünf unterschiedlichen Stempeln, nämlich Buckelscheiben mit einem und zwei Ringen, Doppelkreisen mit zentralem Punkt und einem mandelförmigen Muster, wobei die Buckel Nr. 2 und 4 jeweils nur in einer einzigen Zone an der Spitze und auf der Kalotte vorkommen.

Die Gesamtzahl der Symbole in den elf Friesen beträgt 310, wobei 209 auf Schaft und Kalotte und, rechnerisch ergänzt, 111 auf die nachträglich umgearbeitete und modern beschädigte Krempe entfallen. Ohne die zweimal 22 Augenmuster in den Zonen 3 und 4 beträgt die Zahl der Buckelscheiben insgesamt 266, wovon 165 in den Zonen 2, 5 und 6 auf dem Schaft sowie 7 bis 9 auf der Kalotte eingepresst sind (Abb. 3b)[23].

Beim 1844 im Arrondissement Poitiers gefundenen, sogenannten »Cône d'Avanton« handelt es sich um den oberen Teil eines Kegelhutes. Nach seiner Restaurierung in den Werkstätten des Römisch-Germanischen Zentralmuseums in Mainz im Jahre 1977 stellt sich der Fund als ein 53 cm hoher konischer Hohlkörper mit einem Fußdurchmesser von 11,5 cm dar (Abb. 4a). Seine Originalsubstanz besteht, bei einer Materialstärke von 0,11–0,20 mm, aus 249 g gediegenen Goldes, das mit 5,0% Silber, 0,13% Kupfer und 0,043% Zinn legiert ist. Er ist mittels neun Werkzeugen, darunter sieben Musterpunzen, in insgesamt vierzehn erhaltenen Zonen ornamentiert. Die Spitze des Kegels ist als elfstrahliger Stern vor gepunktetem Grund ausgebildet, der über einem Band aus 23 kleinen, von zwei Kreisrippen gefassten Buckeln steht. Die vierzehn verbleibenden Zierzonen sind stereotyp durch Bänder aus Horizontalrippen und Punktbändern voneinander abgesetzt.

Insgesamt kamen 269 Kreissymbole zum Abdruck: identische Stempel mit zwei konzentrischen Ringen kommen in den Zonen 3 bis 5 (Nr. 4), 6 bis 11 (Nr. 5) und, mit jeweils drei konzentrischen Kreisrippen, in den Zonen 13 und 14 (Nr. 7) vor. Nur in Zone 2 tritt der Stempel Nr. 3 und in der Zone 12 der Stempel Nr. 6 auf (Abb. 4b)[24].

Die variantenreichste Verzierung weist der Goldkegel von Ezelsdorf auf, von dem nur Schaft und Kalotte sowie wenige Fragmente einer Krempe erhalten sind (Abb. 5). Er ist in zwanzig Zonen, von denen achtzehn auf Schaft und Kalotte entfallen, mit dreizehn verschiedenen Scheibensymbolen aus

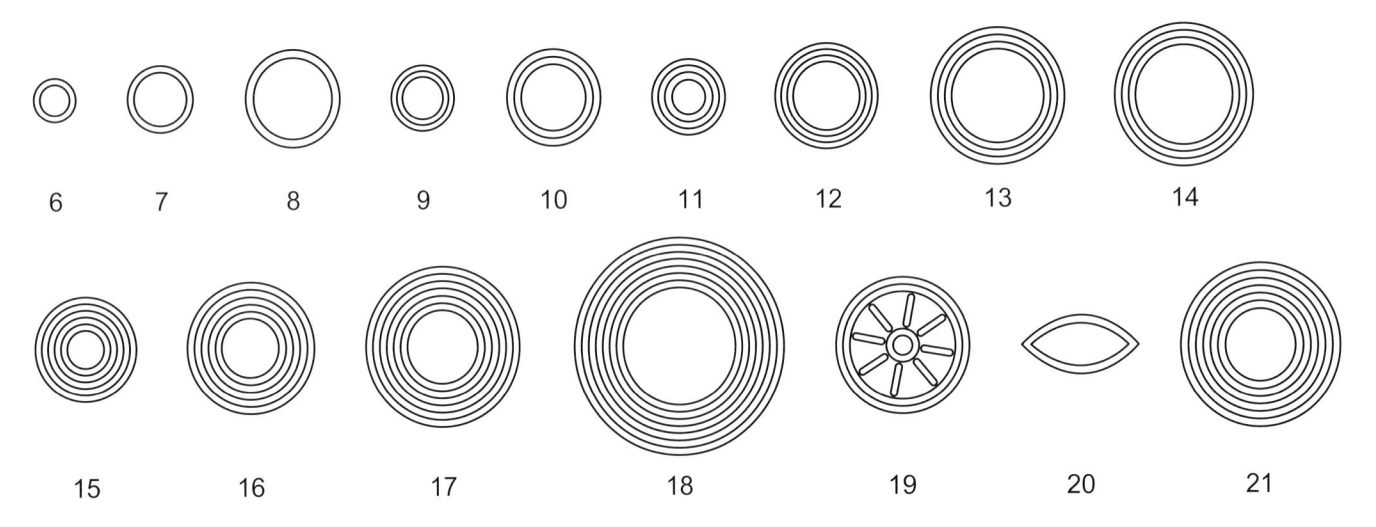

Abb. 9a: Goldkegel von Ezelsdorf. Die Ornamentzonen 6–21. Bezeichnung und Numerierung nach M. Fecht, S. 101–102. Nr. 6 – kleiner Buckel mit einem Kreis, Dm. 6,0 mm; Nr. 7 – kleiner Buckel mit einem Kreis, Dm. 9,0 mm; Nr. 8 – Buckelscheibe mit einem Kreis, Dm. 13,0 mm; Nr. 9 – kleiner Buckel mit zwei Kreisen, Dm. 9,0 mm; Nr. 10 – Buckelscheibe mit zwei Kreisen, Dm. 13,0 mm; Nr. 11 – kleiner Buckel mit drei Kreisen, Dm. 10,0 mm; Nr. 12 – Buckel mit drei Kreisen, Dm. 14,0 mm; Nr. 13 – große Buckelscheibe mit drei Kreisen, Dm. 14,0 mm; Nr. 14 – große Buckelscheibe mit drei Kreisen, Dm. 19,0 mm; Nr. 15 – kleiner Buckel mit fünf Kreisen, Dm. 14,0 mm; Nr. 16 – Buckel mit fünf Kreisen, Dm. 17,0 mm; Nr. 17 – großer Buckel mit sieben Kreisen, Dm. 22,0 mm; Nr. 18 – großer Buckel mit sieben Kreisen, Dm. 29,0 mm; Nr. 19 – Sondermuster »Räder«, Dm. 18,0 mm; Nr. 20 – Sondermuster »Augenmotiv«, L. 16,0 mm; Nr. 21 – großer Buckel mit sechs Kreisen, Dm. 22,0 mm.
Die konzentrischen Ringe der Scheibensymbole sind durch jeweils zwei Kreise dargestellt
(Grafik: K. D. Schwarz).

Buckeln mit einem bis sieben konzentrischen Ringen, einem achtspeichigen Rad und einem Mandelaugenmuster verziert, die durch breite Manschetten voneinander abgesetzt sind. Wie beim Berliner Goldhut geht der Schaft mit einer vertikal gefältelten Manschette in die Kalotte über. Im Gegensatz etwa zum Cône d'Avanton, dem Goldenen Hut von Schifferstadt oder dem Berliner Goldhut überschneiden sich die einzelnen Muster teilweise, und nur drei Stempel treten jeweils identisch in zwei Zonen auf. Insgesamt kommen in den achtzehn erhaltenen Zierzonen Nr. 3 bis 20 neben den 21 Augenmustern bzw. 22 achtspeichigen Rädern 432 Buckelscheiben mit einem bis sieben konzentrischen Kreisen vor (Abb. 9a-b)[25].

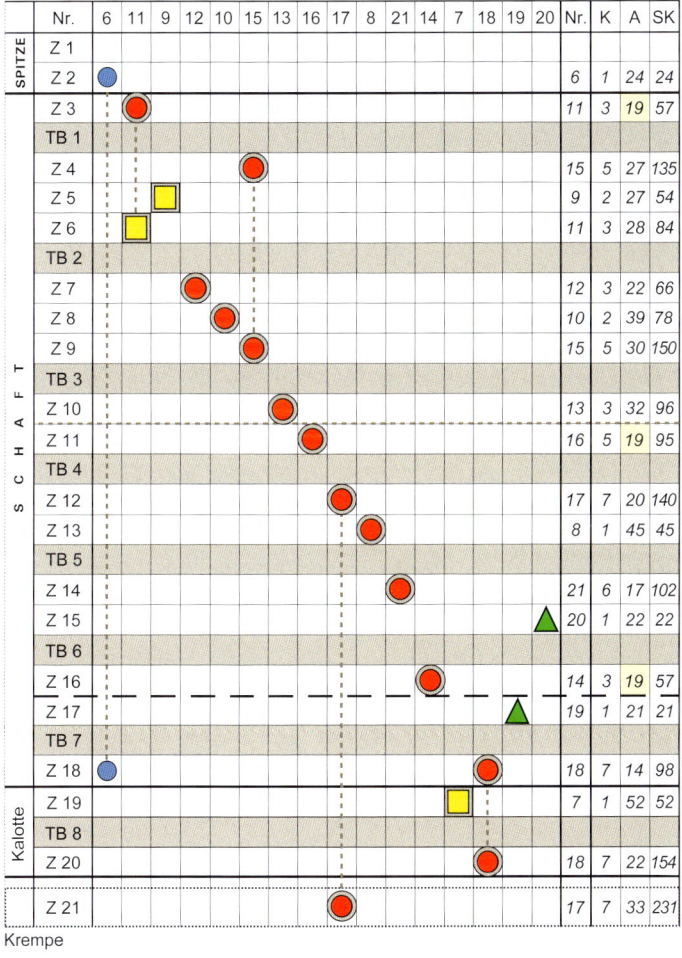

Die bei allen drei Kegelhüten in der grafischen Darstellung deutliche Gliederung des Gesamtkanons wird durch die Untersuchungen am Berliner Goldhut bestätigt. Hauptelemente der Verzierung sind hier acht verschiedene Buckelscheiben mit zwei, drei, fünf und sechs konzentrischen Kreisrippen (Nr. 8–15) sowie die liegende Mondsichel mit zentralem Punkt (Nr. 16) und das Mandelmuster (Nr. 17). Die kleineren Buckel mit ein oder zwei Kreisen (Nr. 5–6) bzw. die Ringpunze (Nr. 7) kommen als Bänder zur Begrenzung der Zierzonen bzw. als Abdrücke in den Zwickeln der Friese aus Buckelscheiben vor, während die Perlpunze Nr. 4 ausschließlich als Hintergrund für das Sternmuster an der Spitze und in den Begrenzungsbändern der Zierzonen auftritt (Abb. 10a)[26].

Der konische Schaft, die helmartige Kalotte und die Krempe des Berliner Goldhutes sind in 21, durch mehrfach profilierte Trennwülste bzw. Trennbänder klar voneinander abgesetzte, horizontale Zonen gegliedert, in denen die vierzehn unterschiedlichen Musterpunzen so abgedrückt sind, dass keines der Kreismotive und sonstigen Ornamente ein anderes tangiert oder gar überschneidet (Abb. 10b).

Lässt man die Spitze und Zone 2 mit ihrer Reihung aus Doppelkreispunzen (Abb. 10a, Nr. 6), die sonst nur als Zwickelmuster auftreten, sowie Zone 5 mit den Sondermustern außer acht, so sind die 418 Buckelscheiben aus den Musterpunzen Nr. 8 bis 15 über achtzehn Zonen so verteilt, dass sich in der grafischen Darstellung eine eindeutige Systematik ergibt. Identische Stempelmuster treten in Zone 3 und 20 (Nr. 8); 4, 6, 8 (Nr. 10); 9, 11, 13 (Nr. 12); 10, 12, 14 und 21 (Nr. 14); 15, 18, 19 (Nr. 15) auf. Nur auf jeweils eine Zone beschränkt ist das Auftreten der Stempel Nr. 11, 13 und 9. Die insgesamt 474 Muster in den Zwickeln kommen mit der Nummer 5 in den Zonen 7 und 8, Nr. 7 in den Zonen 9 bis 14 und 16 sowie mit Nr. 6 in den Zonen 15, 18 und 19 vor.

Der Ornamentkanon des Kegelhutes ist durch seine Gliederung in insgesamt achtzehn Friese (ohne die Spitze und die Zone 5 mit den Sondersymbolen), mit jeweils zwölf Zonen von 3 bis 15 bzw. 10 bis 21 sowie die 3 × 6 Abschnitte der Zonen 3 bis 9, 10 bis 15 und 16 bis 21 bestimmt, die durch das einmalige Auftreten von Trennbändern mit Kreisringen in den Zonen 9 und 10 sowie der großen Buckelscheiben mit zwei Kreisrippen (Nr. 13) in Zone 16 am Schaftfuß markiert werden. Auffällig ist auch, dass mit jeweils identischen Stempeln die Verbindung zwischen dem oberen Teil des Schaftes und der Krempe (Stempel Nr. 8), dem unteren Abschnitt des Schaftes und der Krempe (Nr. 14), dem oberen und unteren Teil des

Abb. 9b: Goldkegel von Ezelsdorf-Buch. Der Ornamentkanon in grafischer Darstellung nach der Zonenabfolge in Kombination mit der Verteilung identischer Muster. Hellgrau: Ergänzte Zone 21 der Krempe (Grafik: K. D. Schwarz).

Legende:
- Scheibensymbole
- Symbole in Schaltzonen
- Sondersymbole
- Musterpunzen
- A Anzahl der Symbole
- K Kreis-Anzahl im Symbol
- SK Summe der Kreise
- Z Zierzone
- TB Trennband
- Nr. Stempel Nr.

Schaftes (Nr. 12) sowie zwischen Schaft und Kalotte (Nr. 15) gegeben ist. Auf eine durchdachte Systematik im Ornament weist auch die Rhythmik in der Abfolge von Buckelscheiben mit drei und fünf konzentrischen Kreisen auf dem Schaft und der Krempe hin, die nur am Schaftfuß und der Kalotte durch Buckelscheiben mit zwei bzw. sechs Kreisen unterbrochen wird (Abb. 10b).

Zahlensymbolik und Rechensystem

Die astralen Bezüge der goldenen Kegelhüte zeigen sich in den kosmischen Symbolen – Buckelscheiben, Sternmuster, Mondemblem und Augenmuster. Hinzu kommt die ominöse Primzahl **19**, der in der Astrologie seit alters her ein besonderer Sinngehalt beigemessen wird[27]. Beim Berliner Goldhut ist diese Zahl mehrfach nachzuweisen: Ohne die Spitze umfaßt das Objekt **19** Zierzonen. Mondemblem und Augenmuster sind im Doppelfries (Zone 5) je **19** mal abgedruckt. Ebenso treten die nur einmal im Ornamentkanon vorkommenden Stempel Nr. 11 in Zone 7 und die große Scheibe mit zwei Ringen (Nr. 13) am Schaftfuß in Zone 16 sowie die Stempel 12 und 14 in den Zonen 9 und 10 in der Mitte des Schaftes **19** mal auf. Weitere Primzahlen kommen mit 23 und 47 nur noch in den Zonen 19 und 21 vor (Abb. 10b).

Auf kalendarische Zusammenhänge verweist der Umstand, dass sich aus der Addition der Stempel Nr. 12 mit drei Kreisen in den Zonen 9, 11 und 13 die Zahl **177** und aus derjenigen des Stempels Nr. 15 mit sechs Kreisen in den Zonen 15, 18 und 19 die Zahl **354** ergibt. Werden zur Zahl der Kreise der Stempel Nr. 10 in den Zonen 4, 6 und 8 (270) die Ringe der jeweils nur in den Zonen 7 und 16 vorkommenden Stempel Nr. 11 (57) und Nr. 13 (38) gezählt, ist die Gesamtsumme **365**. Dasselbe Ergebnis »**365**« hat die Addition der Kreise des Stempels Nr. 8 in den Zonen 3 und 20, wenn diejenigen der jeweils nur in einer Zone vorkommenden Stempel 11, 13 und 9 hinzugezählt werden (Abb. 11a).

Entsprechende Hinweise ergeben sich bei Addition der merkmaltypisch bestimmten rhythmischen Abfolge der Zonen mit Symbolen gleicher Zahl konzentrischer Kreise. Die Zonen 4 – 6 – 8 – 10 ergeben mit den jeweils fünffach gefassten Symbolen Nr. 10 – 10 – 10 – 14 die Zahl **365**. Dasselbe gilt für die Zonen 4 – 6 – 10 – 14 aus den Stempeln Nr. 10 – 10 – 14 – 14. Die Zahl 366 hat die Addition der Zonen 3 – 7 – 9 – 11 – 13 – 15 aus den Stempeln mit drei Ringen Nr. 8 – 11 – 12 – 12 – 12 und 15 mit sechs Ringen zur Folge. Das Zusammenzählen der Symbole mit sechs Ringen in den Zonen 15 – 18 – 19 ergibt **354**, während aus denjenigen der Zonen 6 – 8 – 12 mit fünf Ringen und 13 mit drei Ringen aus den Stempeln 10 – 10 – 14 und 12 das Ergebnis 355 ist (Abb. 11b).

Auffälligkeiten ergeben sich auch bei der Auszählung der als Zwickelmuster verwendeten Stempel Nr. 5, 6 und 7, denen aber hier nicht weiter nachgegangen wird. So ergibt der kleine Buckel mit zwei konzentrischen Kreisen Nr. 6 in der Addition der Ringe in den Zonen 15, 18 und 19 die Zahl **236**. Dieselbe Zahl ist in den sechs Zonen 7 bis 12 mit den Stempeln 5

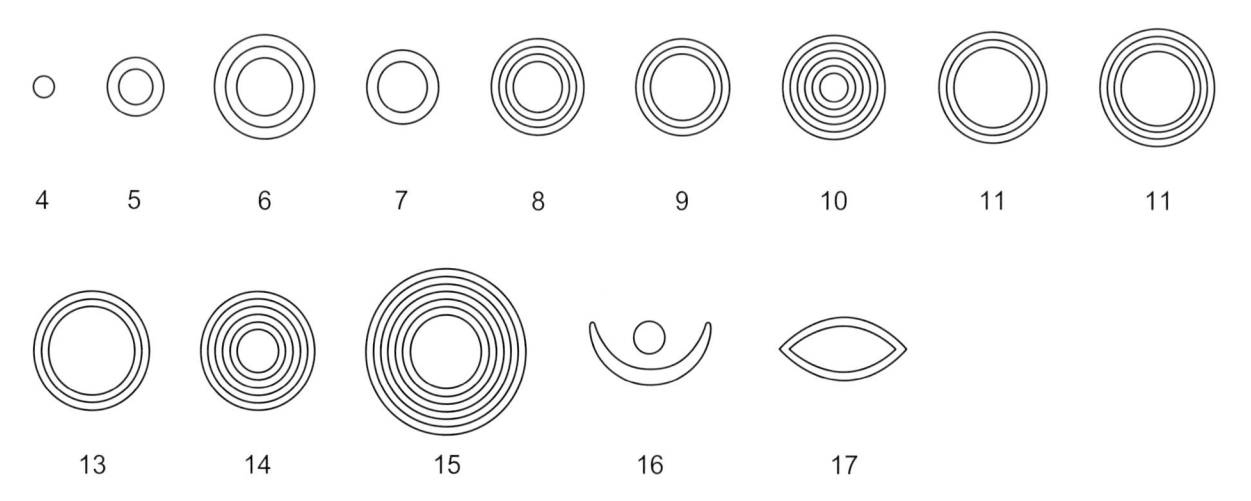

Abb. 10a: Berliner Goldhut. Die Stempelmuster und ihre Punzen.
Ornamentpunzen: (4) Perlpunkt; (5) Kreispunkt, Dm. 3 mm; (6) Doppelkreispunkt, Dm. 6 mm; (7) Ringkreis, Dm. 4 mm.
Buckelscheiben mit konzentrischen Kreisen: (8) Dm. 12 mm, 3 Kreise; (9) Dm. 12 mm, 2 Kreise; (10) Dm. 13 mm, 5 Kreise; (11) Dm. 14 mm, 3 Kreise; (12) Dm. 15 mm, 3 Kreise; (13) Dm. 15 mm, 2 Kreise; (14) Dm. 15 mm, 5 Kreise; (15) Dm. 21 mm, 6 Kreise.
Sondermuster: (16) liegende Sichel mit zentralem Punkt, L. 11 mm; (17) Mandelaugenmuster, L. 11 mm
(Grafik: K. D. Schwarz).

und 7 nachzuweisen, wobei die Addition der Zonen 7 – 8 – 9 bzw. 8 – 9 – 10 und 10 – 11 – 12 jeweils die Zahl **118** ergibt.

Das vielfache Vorkommen der Zahlen **118**, **177**, **236** oder **354** und einmal **355** sowie **365** und als Ausnahme **366** im Ornamentkanon des Berliner Goldhutes kann kaum zufällig sein. Vielmehr scheinen sich in diesen Zahlen Zeitzyklen zu manifestieren, die auf lunare und solare Kalendersysteme hinweisen. Grundlegend ist dabei, dass dann jeweils e i n konzentrischer Ring, e i n e Zähleinheit, entsprechend e i n e n Tag bedeutet, was soviel heißt, dass mit den oben genannten Zahlen vier, sechs, acht und zwölf synodische Monate bzw. ein Mondjahr sowie mit 365 ein Sonnenjahr mit zwölf Monaten umschrieben werden.

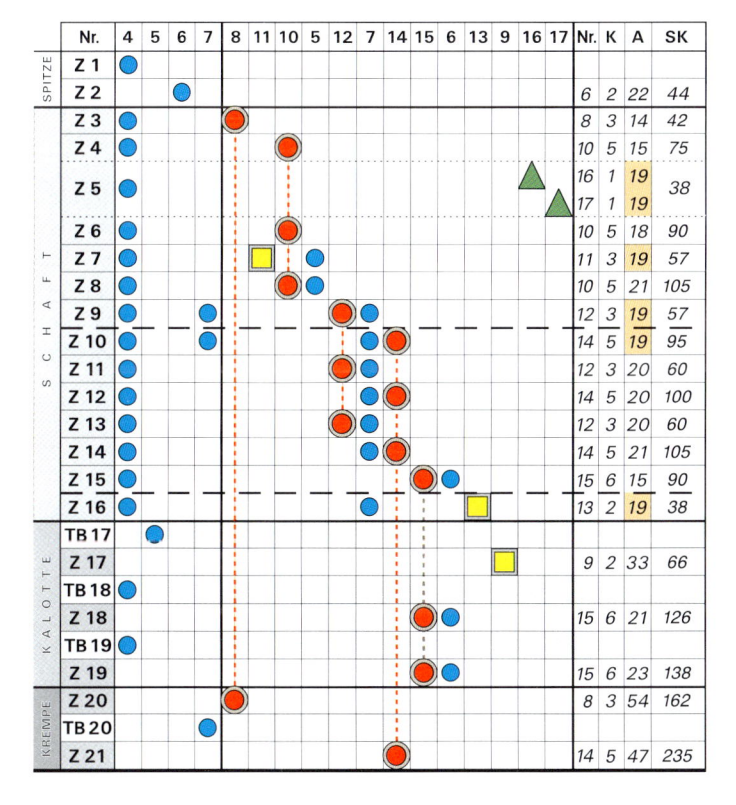

Die Kalenderthese

Der Berliner Goldhut weist in neunzehn Zonen 418 Scheibensymbole mit 1701 Ringen und zweimal neunzehn Symbolen insgesamt 1739 Zeichen auf, die als hypothetische Zähleinheiten für Tage gewertet werden. Ein Sonnenmonat hat nach moderner Berechnung eine durchschnittliche Dauer von 30,437 Tagen (d). Wenn mit den Zeichen Zeitzyklen gemeint sind, muss sich aus der Teilung von 1739 durch 30,437 eine interpretierbare Zahl ergeben. Sie lautet 57,134 und entspricht bis auf vier Tage 57 Monaten. 57 Monate zu 30,437 Tagen ergeben die astronomisch exakte Zahl von 1734,909 (1735), die damit mehr als vier Tage Unterschied im Minus zur Zählung auf dem Goldhut aufweist. Die Ungenauigkeit von vier Tagen relativiert sich, wenn man die Durchschnittsdauer eines Monats in einfacher Zählweise mit 30,5 Tagen annimmt. Die 57 Monate haben dann eine Tageszahl von 1738,5, was annähernd mit der Zahl der Zeichen auf dem Goldhut übereinstimmt. Dies würde allerdings bedeuten, dass die Schöpfer des Hutes mit einem Jahr von 366 Tagen gerechnet haben, was zwar die Teilung des Jahres in die vier Viertel zwischen Winter- und Sommersonnenwende bzw. Frühjahrs- und Herbst- Tag- und Nachtgleiche sowie in sechs Monate zu dreißig und sechs Monate zu 31 Tagen erleichtert hätte, aber bei der vorauszusetzenden Genauigkeit der Himmelsbeobachtungen im 2. vorchristlichen Jahrtausend eher unwahrscheinlich ist.

Der synodische Monat, das heißt die Zeit von Neumond zu Neumond, dauert 29,531 Tage. Diese Zahl auf die 1739 Zeichen des Goldhutes projiziert, hat als Ergebnis 58,888, entsprechend annähernd 59 Lunationen. Sie umfassen absolut 1742,329 Tage, was zur Zahl 1739, ähnlich wie in der solaren Tageszählung, einen Unterschied von etwas mehr als drei Tagen, allerdings im Plus, ausmacht. Wie in der solaren Zählung, so relativiert sich diese Ungenauigkeit, wenn die durchschnittliche Dauer einer Lunation mit 29,5 Tagen angenommen wird. Das Ergebnis ist 1740,5. Der Unterschied zur Zahl der Ringe auf dem Goldhut, bezogen auf 59 Lunationen, verringert sich auf 1,5 Tage.

Weshalb die Schöpfer des Zahlenwerkes auf dem Goldhut nicht mit 1735 Zeichen für 57 solare Monate gerechnet haben, könnte seine Erklärung in dem Umstand finden, dass auf dem Zeremonialhut ein lunisolares Kalendersystem zur Abbildung kommen sollte. Die Zahl 1739 stellt einen Mittelwert zwischen den absolut 1735 Tagen für 57 solare Monate und absolut 1742 Tagen für 59 synodische Monate dar, was gleichermaßen für die Zählung der solaren und lunaren Monate mit 30,5 bzw. 29,5 Tagen Gültigkeit hat.

Das System

Dass das System unter diesen Vorgaben im Prinzip in sich schlüssig ist, zeigt die Zählung der Zeitintervalle von 57 – 54

	Nr.	4	5	6	7	8	11	10	5	12	7	14	15	6	13	9	16	17	Nr.	K	A	SK
SPITZE	Z 1	●																				
	Z 2		●																6	2	22	44
	Z 3	●				●													8	3	14	42
	Z 4	●						●											10	5	15	75
	Z 5																▲	▲	16	1	19	38
																			17	1	19	
	Z 6	●						●											10	5	18	90
SCHAFT	Z 7	●				■		●											11	3	19	57
	Z 8	●						●											10	5	21	105
	Z 9	●		●						●									12	3	19	57
	Z 10	●		●						●		●							14	5	19	95
	Z 11	●								●		●							12	3	20	60
	Z 12	●								●		●							14	5	20	100
	Z 13	●								●		●							12	3	20	60
	Z 14	●								●		●							14	5	21	105
	Z 15	●											●	●					15	6	15	90
	Z 16	●											●		■				13	2	19	38
KALOTTE	TB 17		●																			
	Z 17															■			9	2	33	66
	TB 18	●																				
	Z 18									●	●								15	6	21	126
	TB 19	●																				
	Z 19									●	●								15	6	23	138
KREMPE	Z 20					●													8	3	54	162
	TB 20			●																		
	Z 21											●							14	5	47	235

Legende:
- ● Scheibensymbole
- ■ Symbole in Schaltzonen
- ▲ Sondersymbole
- ● Musterpunzen

- A Anzahl der Symbole
- K Kreis-Anzahl im Symbol
- SK Summe der Kreise
- Z Zierzone
- TB Trennband

Abb. 10b: Berliner Goldhut. Der Ornamentkanon in grafischer Darstellung nach der Zonenabfolge in Kombination mit der Verteilung identischer Stempelmuster (Grafik: K. D. Schwarz).

– 51 – 48 – 45 – 42 – 39 – 36 – 33 – 30 – 27 – 24 – 21 – 18 – 15 und 12 solaren Monaten. Sie basiert auf der Addition der Ringe und Zeichen in den einzelnen Zonen von 3 bis 21, wobei den sogenannten Schaltzonen 7, 16 und 17 mit den nur jeweils einmal im System vorkommenden Stempeln Nr. 9, 11 und 13 eine ausschlaggebende Bedeutung zukommt. Die Methode mit der Formel »Die Summe der Kreise (Zähler) aus einem merkmaltypisch definierten Abschnitt, geteilt durch das Dreifache der Anzahl der erfassten Zonen, hat als Produkt die Dauer eines synodischen Monats mit durchschnittlich 29,5 oder eines solaren Monats mit 30,4 Tagen zur Folge«, wie sie der Autor 2000 zur Dechiffrierung des Zahlenwerkes vorgeschlagen hat[28], kommt hier nicht zur Anwendung. Die dreimonatigen Zeitintervalle werden einfach konstatiert. Ohne jegliche Manipulationen und im System bleibend zeigt sich dabei, dass die absoluten astronomischen Daten im solaren Bereich bei 54, 48, 39, 30, 21, 18 und 12 Monaten mit der jeweiligen Zahl der Ringe auf dem Goldhut exakt übereinstimmen und ansonsten Abweichungen im Rahmen bis maximal 0,100 Dezimalen feststellbar sind. Die lunaren Werte sind weniger genau, bewegen sich aber bei 57, 36, 33, 27, 24, 21, 18 und 12 Monaten in tolerierbaren Grenzen (Abb. 12).

Der Mondzyklus

Offen ist die Frage, warum die 418 plus zweimal neunzehn Sonderzeichen in neunzehn Zonen einerseits 57, das heißt dreimal neunzehn solare Monate bzw. vier Jahre und neun Monate beschreiben. Vor dem Hintergrund der vorgegebenen Zahlensymbolik geht ein Lösungsvorschlag dahin, die 19, wegen der Viertelung des Jahres in drei Monate (3 x 4), mit zwölf, bzw. die 57 mit vier zu multiplizieren, woraus sich 228 Monate ergeben. Andererseits bedeuten dieselben Zeichen 59 Lunationen und, mit vier multipliziert, 236 synodische Monate.

Ohne auf die komplexen Probleme von Kalendersystemen weiter einzugehen, ist jedem einschlägigen Lexikon zu entnehmen, dass der Mondzyklus, das heißt die Periode zwischen übereinstimmenden Sonnen und Monddaten, 19 Jahre, gleich **228** Sonnenmonate bzw. **235** synodische Monate mit jeweils 6939,6882 (**6940**) Tagen dauert[29]. Bezogen auf den Berliner Goldhut ergeben sich aus dem Vierfachen von 57 solaren Monaten mit 1739 Tagen/Zeichen **6956** Tage für **228** Monate, was ein **Plus** von ungefähr **16** Tagen auf den astronomischen Wert bedeutet. Bei der Berechnung mit dem vereinfachten Wert von durchschnittlich 30,5 Tagen für einen solaren Monat beinhaltet der Zyklus **6954** Tage.

6940 Tage stehen zugleich für die 235 synodischen Monate des neunzehn Jahre dauernden Mondzyklus. Die Summe der Zeichen auf dem Goldhut beträgt 1739 und bedeutet im System 59 Lunationen. Das Vierfache von 59 ist 236. Die Teilung des Vierfachen von 1739 gleich **6956** durch die durchschnittliche Dauer einer Lunation mit 29,531 ergibt **235,549** Monate, was, wie oben dargelegt, ein **Plus** von ebenfalls **16** Tagen auf den absoluten astronomischen Wert von **6940** Tagen für **235** synodische Monate bedeutet. Wird der synodische Monat mit 29,5 gerechnet, ergibt sich allerdings eine höhere Differenz von über 23 Tagen auf die absolute Zahl 6940 für 235 Monate.

Fasst man diese Überlegungen zusammen, so scheint sich im Ornamentkanon des Berliner Goldhutes aus der Zeit um 1000 v. Chr. ein Kalendersystem zu manifestieren. Auf Naturbeobachtungen und astronomischen Kenntnissen basierend, wird in einem in sich geschlossenen System der Umlauf der Gestirne Sonne und Mond in einer digitalen Zählung zu einem lunisolaren Kalenderwerk synchronisiert. Dabei ist, folgt man dieser Theorie, von besonderer kulturgeschichtlicher Bedeutung, dass das astronomische Phänomen des 19jährigen Mondzyklus – das Meton von Athen erstmals 432 v. Chr. mathematisch dargestellt hat – in Mitteleuropa bereits in der jüngeren Bronzezeit bekannt war und bei der Konstruktion eines spezifischen Kalendersystems berücksichtigt wurde.

Die Synthese

Die Interpretation der Ornamentik des Berliner Goldhuts lässt sich partiell auf die drei anderen Kegelhüte übertragen. Allerdings sind beim Goldenen Hut von Schifferstadt durch das Auszählen der Ringe und mandelförmigen Muster in den elf Zonen nur für die Werte aus den Zonen 2 bis 9 mit **355**, 3 bis 8 mit **266** und denen aus Zone 9 bis 11 mit 272 Zählern Annäherungen an die Tage für ein Mondjahr (354 Tage), für neun Lunationen (265,5) bzw. für neun solare Monate (273,5) gegeben (Abb. 3b).

Ähnlich verhält es sich beim fragmentierten Cône d'Avanton (Abb. 4b). Auch hier stimmen nur wenige Daten mit den absoluten Werten für die Monatszählung überein. Die **182** Ringe in den Zonen 3 bis 7 vertreten einen Zeitraum von sechs Monaten (absolut 182,5 Tage) und die Zonen 3 bis 9 mit 268 Ringen neun Lunationen (absolut 265,5 Tage). Die Zonen 12 bis 14 mit **177** Ringen erfassen exakt sechs lunare Monate (absolut 177 Tage), während die 271 Ringe in den Zonen 9 bis 14 neun solare Monate (absolut 273,5) und die Zonen 8 bis 14 mit **355** Zählern ein Mondjahr (absolut 354/55) bzw. die **364** Ringe in den Zonen 6 bis 13 ein Sonnenjahr (absolut 365,25) markieren könnten.

Trotz der numerischen Ungenauigkeiten ist aufgrund der Anordnung der Muster auf dem Schaft des Kegelhutes von Avanton und des vollständigen Goldhutes von Schifferstadt ein auf Zeiterfassung ausgerichtetes System zu erahnen (Abb. 3b, 4b). Die Gesamtzahl aller Scheibensymbole auf dem Schaft des Exemplars von Avanton beträgt **269** und entspricht damit etwa den **266** in den elf Zierzonen des viel kleineren Schifferstädter Hutes, den **262** in den sechzehn Zonen des Schaftes des Berliner Goldhutes (Abb. 10b) oder den **269** Scheibensymbolen in den oberen 11 Zonen des Goldkegels von Ezelsdorf-Buch (Abb. 9b). Die Zahlensymbolik betreffend, kommt die »19« auf dem Schifferstädter Fund einmal in Zone 2 und bei Avanton in den Zonen 5 und 6 vor. Bei letzterem ist das viermalige Auftreten der Primzahl 23, die sonst nur noch in Zone **19** des Berliner Goldhutes und als zweimal 23 (46) auf der Krempe des Schifferstädter Stückes aufscheint, ein möglicher Hinweis auf unterschiedliche Systematiken im Zahlenwerk der vier Goldhüte.

Die Synopse

Die Rekonstruktion der verlorenen Krempe und die Dechiffrierung des Zahlenwerks des Goldkegels von Ezelsdorf-Buch wird im Vergleich mit dem Berliner Goldhut möglich[30]. Auf Schaft und Kalotte weist der Goldkegel von Ezelsdorf ohne die Spitze und die verlorene Krempe **18** Zierzonen auf, von denen sechzehn auf den Schaft und zwei auf der Kalotte angebracht sind. Von diesen sind sechzehn mit Buckelscheiben und Kreisringen verziert, die Zone 15 zeigt das Augenmuster und die Zone 17 die Radsymbole.

Identische Stempel kommen mit Nr. 11 in den Zonen 3 und 6 bzw. mit Nr. 15 in den Zonen 4 und 9, Nr. 18 in den Zonen 18 und 20 sowie der Stempel 17 in Zone 12 und der ergänzten Zone 21 vor. Als »Schaltzonen« sind aufgrund ihrer Merkmale die Zonen 5, 6 und 19 definiert[31]. Die Summe der Kreisrippen von Zone **3** bis **20** aus **432** Buckelscheiben beträgt **1463**, die der Zeichen insgesamt **1506**. Markante manschettenartige Trennbänder gliedern den Ornamentkanon in neun Abschnitte mit drei oder zwei Symbolfriesen. Die Zahl **19** tritt in den Zonen 2, 11 und 16 auf (Abb. 9b).

Demgegenüber zeigt der Berliner Goldhut eine modifizierte Gliederung, bei der die Rhythmik der Ornamentsequenz durch das Auftreten identischer Stempel bedingt ist (Abb. 10b). Schaft, Kalotte und Krempe sind in **19** Zonen verziert, wovon eine einen Doppelfries aus Sondermustern zeigt. Die Summe der Kreisringe aus 418 Symbolen in achtzehn Zonen beträgt 1701. Im Vergleich zum Goldkegel von Ezelsdorf ergeben sich aus den Zonen **3** bis **20** aus **371** Scheibensymbolen **1466** Ringe, zuzüglich der 38 Sondermuster im Doppelfries **1504** Zeichen. Trotz der unterschiedlichen formalen und ornamentalen Gliederung der beiden Goldhüte – Ezelsdorf mit achtzehn gegenüber sechzehn Zonen auf dem Schaft bzw. zwei anstatt drei Zonen auf der Kalotte sowie den zwei separaten Zonen mit Sondermustern im Gegensatz zum Doppelfries in Zone 5 des Berliner Exemplars – und der stark differierenden Menge der Scheibensymbole, ist das Zahlensystem im Wesentlichen kongruent. Dies ist um so erstaunlicher, als dass sich etwa aus der Addition identischer Stempel oder deren rhythmischer Abfolge, wie im Fall des Berliner Goldhutes, im Ornamentkanon des Goldkegels von Ezelsdorf keine direkten kalendarischen Werte ermitteln lassen. Es hat den Anschein, als ob bei diesem, wahrscheinlich jüngeren Zeremonialhut, ein gegenüber dem Berliner Goldhut fortschrittlicheres Wissen Eingang in die Ornamentik gefunden hat[32].

Die rechnerische Rekonstruktion der verlorenen Krempe des Goldkegels von Ezelsdorf beruht auf der Annahme, dass sowohl beim Berliner Goldhut als auch auf dem Ezelsdorfer Kegel in den Zonen 3 bis 20 mit **1466** bzw. **1463** Ringen Zeitzyklen bis 48 Monate (absolut **1461** Tage) dargestellt sind. Dies legt nahe, dass auch im Fall Ezelsdorf von einem Programm mit (+/-) 1701 Ringen bzw. (+/-) 1739 Zeichen auszugehen ist, damit die Berechnung auf »54« und »57« Monate erweitert werden kann. Der komplizierte Vorgang der rechnerischen und grafischen Rekonstruktion ist an anderer Stelle ausführlich beschrieben, so dass hier nur das hypothetische Ergebnis einer »Zone 21« auf der Krempe mit 231 Ringen, die nicht nur zufällig den 235 Ringen in Zone 21 des Berliner Goldhutes nahe kommen, aus 33 Abdrücken des Stempels Nr. 17 mit sieben Ringen festzuhalten ist (Abb. 9b). Die Zahl der Ringe in den Zonen 3 bis 21 beträgt damit **1694**, die Gesamtzahl der Zeichen **1737**. Auf dieser Grundlage lassen sich, analog zum Berliner Goldhut, aufeinanderfolgende Zeitzyklen von drei Monaten bzw. drei synodischen Monaten in einem lunisolaren System errechnen (Abb. 13).

Der Wert für 59 lunare Monate ist dabei zwar noch schlechter als beim Berliner Goldhut, was allerdings durch die Übereinstimmung mit exakt 1683 Zeichen aus den Zonen 3 bis 19 ohne den Inhalt der »Schaltzone 5« (54) für die Anzahl von 1683 Tagen für 57 synodische Monate ausgeglichen wird. Dasselbe gilt für die Zonen 3 bis 20 mit 1506 Zählern gleich 51 Lunationen, die, zusammen mit den astronomisch gültigen Werten für 45 – 42 – 39 – 27 – 24 – 21 – 12 und 9 solare Monate sowie für 48 – 24 – 21 – 12 und 6 synodische Monate, zeigen, dass das System einerseits auch ohne die ergänzte Zone funktioniert und andererseits die rechnerische Rekonstruktion schlüssig ist, wie sich aus den exakten Werten für 57 synodische und 48 solare Monate ergibt. Die stimmige Ergänzung zeigt zugleich, dass das System auf der Kenntnis des 19jährigen Mondzyklus basiert, was sich auch in den Differenzen der Tageszählung zwischen der numerisch gleichen Anzahl von solaren und lunaren Monaten dokumentiert. Schwankungen in der Konstanz sind durch die Ungenauigkeiten des Kalenderwerkes bedingt.

Im Vergleich mit dem Berliner Goldhut, bei dem die Stempel sorgfältig ohne Überschneidungen gesetzt sind, wird beim Goldkegel von Ezelsdorf deutlich, dass es den »Konstrukteuren« des digitalen Zahlenwerkes nicht so sehr auf die Präzision der Muster ankam, sondern vielmehr darauf, dass die berechneten Symbole rechnerisch exakt in den für sie vorgesehenen Zonen untergebracht wurden. Das mag umgekehrt auch erklären, weshalb sich die Scheiben und Kreise in den Friesen zum Teil völlig unregelmäßig tangieren und überschneiden. Resultat ist jedenfalls die Feststellung, dass im System des Goldkegels von Ezelsdorf-Buch mehr mit den astronomischen Daten übereinstimmende Rechenwerte auftreten als beim handwerklich besser ausgeführten Berliner Goldhut.

So ergeben sich auch – samt der rechnerisch und grafisch stimmig ergänzten Krempe mit der Zone 21 – mit **6948** Zählern, statt den **6956** Zeichen des Berliner Goldhutes, bessere Werte gegenüber der absoluten Zahl von 6940 Tagen des 19jährigen Mondzyklus mit seinen **228** solaren Monaten. Dies trifft folgerichtig auch auf die Zahl der Lunationen zu, die bei viermal 59 Lunationen, gleich 236 synodischen Monaten, bei viermal 1737 Zeichen auf dem Goldkegel (6948), geteilt durch die durchschnittliche Dauer einer Lunation von 29,531 Tagen [6948 : 29,531 = 235,278], numerisch **235** synodischen Monaten plus rund acht Tagen entspricht.

Ob überhaupt, und wenn wie, die beiden Kegelhüte von Ezelsdorf-Buch und im Berliner Museum für Vor- und Frühgeschichte mit ihrem, gegenüber den Vergleichsstücken von Schifferstadt und Avanton hochentwickelten Zahlenwerk, in den religiösen Zeremonien der Bronzezeit tatsächlich als praktische Kalender genutzt wurden oder werden konnten, bleibt weiteren empirischen Forschungen vorbehalten. Die digitalen Rechensysteme in der Ornamentik dieser spätbronzezeitlichen Tiaren bezeugen aber in jedem Fall die ausgeprägten arithmetische Kenntnisse und Fähigkeiten einer alteuropäischen Elite, deren Wissen um den Lauf der Gestirne und damit der Zeit sich in den Abbildern lunisolarer Kalenderwerke auf den goldenen Zeremonialhüten manifestiert.

Abb. 11a: Berliner Goldhut. Darstellung von lunaren und solaren Zeitzyklen mittels der Addition der stempelgleichen Muster und ihre Ergänzung durch die einmalig in den Schaltzonen vorkommenden Muster. Z – Zone; Nr. Scheibenbuckel Nr.; A – Anzahl der Symbole; K – Zahl der Kreise im Scheibenbuckel; SK – Summe der Kreise pro Zone (Grafik: K. D. Schwarz).

Abb. 11b: Berliner Goldhut. Rechnerische Darstellung von Sonnen- und Mondjahren nach der Zahl der konzentrischen Kreise in der rhythmischen und merkmaltypisch bestimmten Abfolge der Zonen (Grafik: K. D. Schwarz).

Nr. 14	K5		Nr. 15	K6		Nr. 12	K3	
Z	A	SK	Z	A	SK	Z	A	SK
Z 10	19	95	Z 15	15	90	Z 9	19	57
Z 12	20	100	Z 18	21	126	Z 11	20	60
Z 14	21	105	Z 19	23	138	Z 13	20	60
Z 21	47	235						
	107	**535**		59	**354**		59	**177**
18 synodische Monate			12 synodische Monate			6 synodische Monate		

Nr. 10	K5/ K3/2		Nr. 8	K5/ K2	
Z	A	SK	Z	A	SK
Z 4	15	75	Z 3	14	42
Z 6	18	90	Z 20	54	162
Z 8	21	105			
	54	270		68	204
+ SZ 7	19	57	+ SZ 7	19	57
+ SZ 16	19	38	+ SZ 16	19	38
			+ SZ 17	33	66
	92	**365**		139	**365**
12 solare Monate			12 solare Monate		

Zone	Nr.	K	SK	Zone	Nr.	K	SK	Zone	Nr.	K	SK
Z 4	10	5	75	Z 4	10	5	75	Z 3	8	3	42
Z 6	10	5	90	Z 6	10	5	90	Z 7	11	3	57
Z 8	10	5	105	Z 10	14	5	95	Z 9	12	3	57
Z 10	14	5	95	Z 14	14	5	105	Z 11	12	3	60
								Z 13	12	3	60
								Z 15	15	6	90
			365				**365**				**366**

Zone	Nr.	K	SK	Zone	Nr.	K	SK
Z 6	10	5	90	Z 15	15	6	90
Z 8	10	5	105	Z 18	15	6	126
Z 12	14	5	100	Z 19	15	6	138
Z 13	12	3	60				
			355				**354**

Anmerkungen

1   Der Beitrag ist eine komprimierte Zusammenfassung der Untersuchungen zur Ornamentik der goldenen Kegelhüte. Sie sind ausführlich bei Wilfried Menghin: Der Berliner Goldhut und die goldenen Kalendarien der alteuropäischen Bronzezeit. In: Acta Praehistorica et Archaeologica, Bd. 32, 2000, S. 31–108, beschrieben. Zum Schifferstädter Goldhut siehe Sabine Gerloff: Bronzezeitliche Goldblechkronen aus Westeuropa. Betrachtungen zur Funktion der Goldblechkegel vom Typ Schifferstadt und der atlantischen »Goldschalen« der Form Devil's Bit und Atroxi. In: Albert Jockenhövel (Hrsg.): Festschrift für Hermann Müller-Karpe zum 70. Geburtstag. Bonn 1995, S. 153–194.
2   W. Menghin (Anm. 1), S. 37–43, Abb. 2–14.
3   W. Menghin (Anm. 1), S. 33–35, Anm. 2–20, S. 104–108, Anhang 1–3.
4   Peter Schauer (Hrsg.): Die Goldblechkegel der Bronzezeit. Ein Beitrag zur Kulturverbindung zwischen Orient und Mitteleuropa (Monographien des Römisch-Germanischen Zentralmuseums, Bd. 8). Bonn 1986.
5   Maiken Fecht: Handwerkstechnische Untersuchungen. In: Peter Schauer (Hrsg.): Die Goldblechkegel der Bronzezeit. Ein Beitrag zur Kulturverbindung zwischen Orient und Mitteleuropa (Monographien des Römisch-Germanischen Zentralmuseums, Bd. 8). Bonn 1986, S. 80–103.
6   Georg Raschke: Ein Goldfund von Etzelsdorf-Buch bei Nürnberg. In: Germania, Bd. 32, 1954, S. 1–6.
7   Siehe Wilfried Menghin – Peter Schauer: Magisches Gold. Kultgerät der späten Bronzezeit. Ausst. Kat. Germanisches Nationalmuseum Nürnberg. Mainz 1977, S. 17.
8   P. Schauer (Anm. 4), S. 29.
9   P. Schauer (Anm. 4), S. 63.
10 P. Schauer (Anm. 4), S. 79.
11 S. Gerloff (Anm. 1), S. 153–194.
12 S. Gerloff (Anm. 1), S. 160.
13 W. Menghin (Anm. 1), S. 57–58, 60, Abb. 26.
14 P. Schauer (Anm. 4), S. 24. W. Menghin (Anm. 1), S. 50.
15 W. Menghin (Anm. 1), S. 56.
16 Georg Kossack: Studien zum Symbolgut der Urnenfelder und Hallstattzeit Mitteleuropas (Römisch-Germanische Forschungen, Bd. 20). Berlin 1954.
17 Zu diesem Thema erscheint unter dem Titel »Von Hüten, Kegeln und Kalotten oder Das blendende Licht des Orients« ein Beitrag von Mark Schmitt im Anzeiger des Germanischen Nationalmuseums 2003.
18 W. Menghin – P. Schauer (Anm. 7), S. 109, Abb. 66.
19 S. Gerloff (Anm. 1), S. 166 ff., Abb. 5.
20 W. Menghin (Anm. 1), S. 93–96.
21 W. Menghin (Anm. 1), S. 97–99.
22 Jürgen Settgast (Hrsg.): Tutanchamun. Ausst. Kat. Ägyptisches Museum Berlin. Mainz 1980, S. 144.
23 W. Menghin (Anm. 1), S. 48–51.
24 W. Menghin (Anm. 1), S. 51–53.
25 W. Menghin (Anm. 1), S. 53–62.
26 W. Menghin (Anm. 1), S. 36–48, bes. S. 36, Abb. 2, S. 38, Abb. 6.
27 W. Menghin (Anm. 1), S. 90, Anm. 102, S. 93, Anm. 110. Peter Plichta: Gottes geheime Formel. Die Entschlüsselung des Welträtsels und der Primzahlencode. München 1999, bes. S. 200–201.
28 W. Menghin (Anm. 1), S. 71.
29 W. Menghin (Anm. 1), S. 87–91.
30 Zur rechnerischen und grafischen Rekonstruktion des Goldkegels von Ezelsdorf-Buch vgl. ausführlich W. Menghin (Anm. 1), S. 83–87.
31 Zur Bestimmung der Schaltzonen im System des Goldkegels von Ezelsdorf siehe W. Menghin (Anm. 1), S. 59, 80–81.
32 Zur Chronologie der Goldhüte siehe W. Menghin (Anm. 1), S. 62.

Abb. 12: Berliner Goldhut. Tabelle zu den lunaren und solaren Werten im dreimonatigen Rhythmus von 57 bis 12 Monaten im Vergleich mit den entsprechenden astronomischen Vorgaben.

Berliner Goldhut

1	2	3	4	5	6	7	8
59 l	Z 3 - 21	19 Z	1739	1742,5	-3,5		
57 m	Z 3 - 21	19 Z	1739	1735,0	+4,0	0,072	57 a
57 l	Z 3 - 21 -SZ 7	19 Z 18 Z	1739 1682	1683,0	-1,0	0,023	52 b
54 m	Z 3 - 21 -SZ 7	19 Z 18 Z	1739 1644	1643,5	+0,5	0,007	47 a
54 l	Z 3 - 21 -SZ (16+17)	19 Z 17 Z	1739 1597	1594,5	+2,5	0,043	49 b
51 m	Z 5 - 21 -SZ 17	17 Z 16 Z	1622 1556	1552,0	+4,0	0,072	52 a
51 l	Z 3 - 20	18 Z	1504	1506,0	-2,0	0,041	46 b
48 m	Z 4 - 20	17 Z	1462	1461,0	+1,0	0,021	
48 m	Z 6 - 21 -SZ (7+17)	16 Z 14 Z	1584 1461	1461,0	0,0	0,001	
48 l	Z ? ?	14 Z		1417,5			44 b
45 m	Z 8 - 21 -SZ 17	14 Z 13 Z	1437 1371	1370,0	+1,0	0,023	37 a
45 l	Z 5 - 20 -SZ 7	16 Z 15 Z	1387 1330	1329,0	+1,0	0,025	42 b
42 m	Z 3 - 19 -SZ 17	17 Z 16 Z	1342 1276	1278,0	-2,0	0,056	38 a
42 l	Z 3 - 19 -SZ (16+17)	17 Z 15 Z	1342 1238	1240,0	-2,0	0,055	38 b
39 m	Z 6 - 19	14 Z	1187	1187,0	0,0	0,001	32 a
39 l	Z 7 - 20 -SZ (16+17)	14 Z 12 Z	1259 1155	1152,0	+3,0	0,084	35 b
36 m	Z 9 - 20	12 Z	1097	1096,0	+1,0	0,035	35 a
36 l	Z 3 - 18 -SZ (5+16+17)	16 Z 13 Z	1204 1062	1063,0	-1,0	0,031	33 b

Goldkegel von Ezelsdorf-Buch

8	7	6	5	4	3	2	1
	0,090	-5,5	1742,5	1737	19 Z	Z 3 - 21	59 l
54 a	0,037	+2,0	1735,0	1737	19 Z	Z 3 - 21	57 m
52 b	0,005	0,0	1683,0	1737 1683	19 Z 18 Z	Z 3 - 21 -SZ 5	57 l
46 a	0,030	-1,5	1643,5	1737 1642	19 Z 16 Z	Z 3 - 21 -SZ (15+17+19)	54 m
49 b	0,026	+1,5	1594,5	1680 1596	18 Z 17 Z	Z 4 - 21 -SZ 6	54 l
47 a	0,014	+1,0	1552,0	1680 1553	18 Z 15 Z	Z 4 - 21 -SZ (15+17+6)	51 m
46 b	0,002	0,0	1506,0	1506	16 Z	Z 3 - 20	51 l
45 a	0,042	+2,0	1461,0	1506 1463	18 Z 16 Z	Z 3 - 20 -SZ (15+17)	48 m
43 a	0,001	0,0	1461,0	1554 1461	17 Z 16 Z	Z 5 - 21 -SZ 6	48 m
43,5	0,011	+0,5	1417,5	1554 1418	17 Z 14 Z	Z 5 - 21 -SZ (15+17+6)	48 l
43 a	0,007	0,0	1370,0	1449 1370	16 Z 14 Z	Z 4 - 20 -SZ (6+19)	45 m
41 b	0,042	-2,0	1329,0	1506 1327	17 Z 13 Z	Z 3 - 20 -SZ (15+17+6+19)	45 l
37 a	0,008	0,0	1278,0	1300 1278	16 Z 15 Z	Z 3 - 18 -SZ 15	42 m
38 b	0,016	+1,0	1240,0	1295 1241	16 Z 15 Z	Z 4 - 19 -SZ 5	42 l
35 a	0,001	0,0	1187,0	1314 1187	16 Z 13 Z	Z 5 - 20 -SZ (15+17+6)	39 m
39 b	0,095	-4,0	1152,0	1202 1148	15 Z 14 Z	Z 3 - 17 -SZ 5	39 l
30 a	0,104	-3,0	1095,0	1181 1092	14 Z 13 Z	Z 3 - 16 -SZ 6	36 m
31 a	0,031	-1,0	1063,0	1243 1062	15 Z 11 Z	Z 4 - 18 -SZ (15+17+5+6)	36 l

Legende:

1 – l = Lunationen (Mondmonate); m = Monate (Sonnenmonate).

2 – Z = Zone; SZ = Schaltzone

3 – Anzahl der Zonen.

4 – Zahl der Zeichen (Ringe und Sonderzeichen in den Zonenabschnitten).

5 – Absolute Zahl der Tage bezogen auf die gegebenen Zeitabschnitte.

6 – Differenz an Tagen zwischen Zeichen am Objekt und absoluten Werten für Zeitabschnitte m und l.

7 – Differenz zwischen absoluten und objektbezogenen Durchschnittswerten für solare (m) und lunare (l) Monatswerte. Beispiel: Durchschnittswert für 1 Lunation = 29,531 Tage. 51 l entsprechen absolut 1.506,0 Tagen. 51 l entsprechen am Objekt 1.504,0 Zeichen. 1.504,0 / 51 = 29,490. 29,531−29,490 = 0,041. Das heißt, der Mittelwert für einen Mondmonat differiert objektbezogen um -0,041. D. h., der Mittelwert für einen Mondmonat differiert objektbezogen um -0,041 Tage vom absoluten Wert entsprechend ca. 59,04 Minuten.

8 – a: Differenz an Tagen bei gleicher Monatszahl zwischen Sonnenmonaten (m) und Mondmonaten (l) am Objekt.
b: Entsprechende Differenz nach astronomischen Werten.

Abb. 13: Goldkegel von Ezelsdorf-Buch. Tabelle zu den kalendarischen Werten im dreimonatigen Rhythmus von 57 bis 6 Monaten.

Berliner Goldhut

1	2	3	4	5	6	7	8
33 m	Z 10 - 20 -SZ 16	11 Z 10 Z	1040 1002	1004,5	-2,5	0,073	28 a
33 l	Z 3 - 15	13 Z	974	974,5	-0,5	0,015	30 b
30 m	Z 4 - 16	13 Z	913	913,0	0,0	0,003	27 a
30 l	Z 3 - 14	12 Z	886	882,0	+4,0	0,064	29 b
27 m	Z 6 - 15	11 Z	819	822,0	-3,0	0,103	22 a
27 l	Z 9 - 18	10 Z	797	797,5	-0,5	0,013	25 b
24 m	Z 7 - 15	9 Z	729	730,5	-1,5	0,062	19 a
24 m	Z 6 - 14	8 Z	729	730,5	-1,5	0,062	19 a
24 l	Z 8 - 16	9 Z	710	709,0	+1,0	0,052	22 b
21 m	Z 7 - 14	8 Z	639	639,0	0,0	0,009	19 a
21 l	Z 4 - 12 -SZ 7	9 Z 8 Z	677 620	620,0	0,0	0,007	19 b
18 m	Z 10 - 16	7 Z	548	547,5	+0,5	0,007	18 a
18 l	Z 16 - 20	5 Z	530	531,0	-1,0	0,086	17 b
15 m	Z 15 -19	5 Z	458	457,0	+1,0	0,096	
15 l	Z ? ?		442,5				15 b
12 m	Z 4 - 8	5 Z	365	365,0	0,0	0,020	11 a
12 l	Z 15 - 19 -SZ (16+17)	5 Z 3 Z	458 354	354,0	0,0	0,031	11 b

Goldkegel von Ezelsdorf-Buch

8	7	6	5	4	3	2	1
29 a	0,043	-1,5	1004,5	1108 1003	14 Z 13 Z	Z 5 - 18 -SZ (17+6)	33 m
30 b	0,016	-0,5	974,5	1017 974	12 Z 10 Z	Z 11 - 21 -SZ (15+17)	33 l
30 a	0,004	0,0	913,0	956 913	12 Z 10 Z	Z 8 - 19 -SZ (15+17)	30 m
27 b	0,098	-3,0	886,0	904 883	11 Z 10 Z	Z 8 - 18 -SZ 17	30 l
20 a	0,156	+4,0	822,0	910 826	10 Z 9 Z	Z 5 - 14 -SZ 6	27 m
24 b	0,025	+0,5	797,5	876 798	11 Z 10 Z	Z 10 - 20 -SZ 6	27 l
							24 m
22 a	0,021	+0,5	730,5	815 731	10 Z 9 Z	Z 3 - 11 -SZ 6	24 m
21 b	0,011	0,0	709,0	709	6 Z	Z 6 - 12	24 l
19 a	0,008	0,0	639,0	691 639	9 Z 8 Z	Z 12 - 20 -SZ 19	21 m
19 b	0,007	0,0	620,0	758 620	8 Z 6 Z	Z 4 - 11 -SZ (5 + 6)	21 l
			548,0			Z ? ?	18 m
			531,5			Z ? ?	18 l
			457,0			? ?	15 m
			443,0			Z ? ?	15 l
11 a	0,020	0,0	365,0	377 365	6 Z 5 Z	Z 12 - 17 -SZ 15	12 m
11 b	0,031	0,0	354,0	397 354	7 Z 5 Z	Z 13 - 19 -SZ (15 + 17)	12 l
	0,134	-0,5	273,5	273	3 Z	Z 4 - 6	9 m
			265,5			Z ? ?	9 l
			182,5			Z	6 m
	0,031	0,0	177,0	198 177	4 Z 3 Z	Z 15 - 18 -SZ 17	6 l
			91,2				3 m
			88,5				3 l

Legende:

1 – l = Lunationen (Mondmonate); m = Monate (Sonnenmonate).

2 – Z = Zone; SZ = Schaltzone

3 – Anzahl der Zonen.

4 – Zahl der Zeichen (Ringe und Sonderzeichen in den Zonenabschnitten).

5 – Absolute Zahl der Tage bezogen auf die gegebenen Zeitabschnitte.

6 – Differenz an Tagen zwischen Zeichen am Objekt und absoluten Werten für Zeitabschnitte m und l.

7 – Differenz zwischen absoluten und objektbezogenen Durchschnittswerten für solare (m) und lunare (l) Monatswerte. Beispiel: Durchschnittswert für 1 Lunation = 29,531 Tage. 51 l entsprechen absolut 1.506,0 Tagen. 51 l entsprechen am Objekt 1.504,0 Zeichen. 1.504,0 / 51 = 29,490. 29,531–29,490 = 0,041. Das heißt, der Mittelwert für einen Mondmonat differiert objektbezogen um -0,041. D. h., der Mittelwert für einen Mondmonat differiert objektbezogen um -0,041 Tage vom absoluten Wert entsprechend ca. 59,04 Minuten.

8 – a: Differenz an Tagen bei gleicher Monatszahl zwischen Sonnenmonaten (m) und Mondmonaten (l) am Objekt.
b: Entsprechende Differenz nach astronomischen Werten.

Abb. 1: Der Goldkegel von Ezelsdorf-Buch.

Tobias Springer

Der Goldkegel von Ezelsdorf-Buch.
Ein Einzelfund und seine Parallelen

Das Germanische Nationalmuseum besitzt im Goldkegel von Ezelsdorf-Buch (Abb. 1) eines seiner herausragendsten Objekte. Ein Gegenstand, der sofort Neugier und Interesse weckt, der sich aber einem Betrachter in seiner Funktion keineswegs auf Anhieb erschließt. So ist es geradezu Kennzeichen kulturhistorisch relevanter Dinge, dass zur Erfassung ihrer wirklichen Bedeutung nicht allein ästhetische Aspekte herangezogen werden können, vielmehr ist zu ihrer Beurteilung umfangreiches Hintergrundwissen erforderlich. Wissen, das in einem Museum beim Objekt, bei der Vitrine, meist nur verkürzt dargestellt werden kann. So dienen Museen dem einen etwa zur Illustration vorhandenen Wissens, dem anderen geben sie Anregung zur Wissensvertiefung. Vor Ort wird vorrangig die Kenntnis der Existenz der Dinge selbst vermittelt.

Was aber ist zu tun, wenn sich sogar grundsätzliche Ansichten über die Dinge verändern und neue Einsichten zu einer neuen Interpretation und Darstellung zwingen? Seit fast einem halben Jahrhundert gilt der Ezelsdorf-Bucher Goldkegel als Bekrönung eines Kultpfahls. Das ist Schulwissen. Doch ein Neufund kann alles verändern, und es sind gerade Vergleiche, welche uns die Dinge erkennen lassen. 1995 ist in Berlin ein neuer Gegenstand aufgetaucht, dem Goldkegel von Ezelsdorf-Buch zum Verwechseln ähnlich, doch nahezu unversehrt. Ein Gegenstand, der zwingend als eine Kopfbedeckung erkannt werden muss, welche trotz ihrer unglaublich geringen Materialstärke große Stabilität besitzt.

Bereits 1975 hat Wilfried Menghin als damaliger Leiter der Vorgeschichtlichen Abteilung des Germanischen Nationalmuseums eine aufsehenerregende Schau mit dem Titel »Magisches Gold« konzipiert und durchgeführt. An seiner Seite stand Peter Schauer, damals am Römisch Germanischen Zentralmuseum in Mainz tätig. Anlass war die abgeschlossene Restaurierung des Ezelsdorfer Kegels am Mainzer Schwesterinstitut, der erstmals nach seiner Auffindung in geschlossener Form präsentiert wurde. Der Berliner Goldhut zwang zu neuerlicher Beschäftigung mit dem Thema und brachte eine neue Sicht der Dinge. Der arg geschundene Goldkegel von Ezelsdorf erlaubt leider allein wenig neue Erkenntnis. So wird es fast mit allen der hier in Betracht kommenden Funde sein. Erst die Zusammenschau lässt auf Ergebnisse hoffen. Eigene neue Beobachtungen kamen durch Anregungen aus Berlin zustande.

Die Auffindung

Im Frühjahr 1953 wurden am Südhang des Brentenberges, knapp an der Grenze zur Ortsflur von Ezelsdorf, Gemeinde Burgthann (Kreis Nürnberger Land, Mittelfranken), aber auf der Ortsflur von Buch, Gemeinde Postbauer-Heng (Kreis Neumarkt, Oberpfalz, Bayern)[1], Baumstümpfe gerodet (Abb. 2). Zwischen den Wurzeln steckte nur 8 cm unter der Erdoberfläche ein bei der Arbeit hinderliches Blech. Es wurde völlig zerhackt und achtlos zur Seite geworfen (Abb. 3). Erst später, als die hauchdünnen Blechteile, vom schmelzenden Schnee freigespült, in der Mittagssonne golden blinkten, wurden sie von der Ehefrau eines Arbeiters, die ihm das Essen gebracht hatte, eingesammelt. Ein Zahnarzt stellte durch Schmelzprobe fest, dass es sich um Gold handelte. Durch weitere Vermittlung wandte sich der Finder an den damaligen Leiter der vor- und frühgeschichtlichen Sammlung des Germanischen Nationalmuseums, Georg Raschke. Die charakteristischen Kreisornamente wusste dieser sofort einzuordnen.

Da die Spitze des Kegels (Abb. 4) relativ gut erhalten geblieben war, ließ sich auch die besondere Form des Objektes

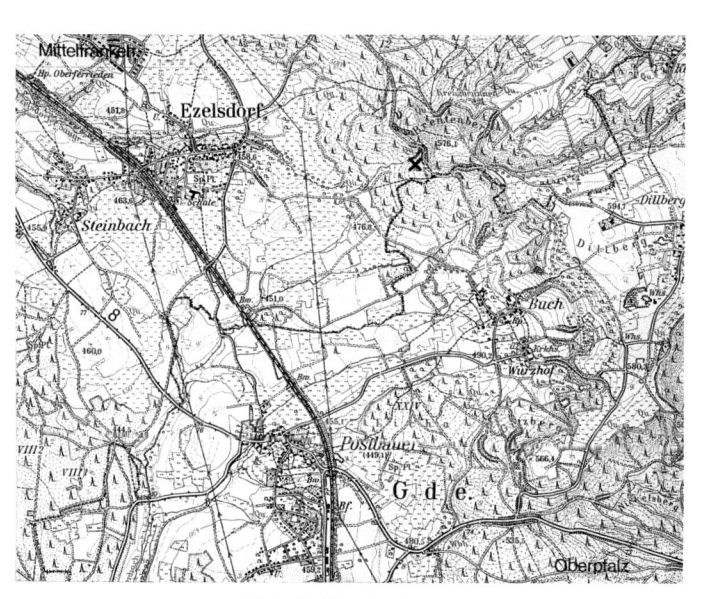

Abb. 2: Fundortkarte.

Abb. 3: Die Fundstelle im Frühjahr 1953.

Abb. 4: Die Kegelspitze und weitere zerhackte Fragmente.

Funktionsbestimmung

Der Ezelsdorf-Bucher Kegel war bei der Auffindung derart zerhackt worden, dass die Einzelfragmente, ihrer gemeinsamen wellblechartigen Stabilität beraubt, viel zu fragil wirkten, um als Bestandteile einer Kopfbedeckung angesprochen werden zu können. So wurde die Interpretation als Kultpfahlbekrönung vielfach akzeptiert[3]. Auch P. Schauer, den dieses Thema seit der Zusammenarbeit mit W. Menghin für die Ausstellung »Magisches Gold« bis 1986 nicht mehr losgelassen hatte, vertrat diese Meinung. Einzig Sabine Gerloff, die sich ebenfalls mit der Funktionsbestimmung beschäftigte, plädierte 1995 mit überzeugenden Argumenten für eine Deutung der Goldblechkegel als Kopfbekrönungen.[4] Kurz nach dem Erscheinen ihres Beitrages fanden ihre Überlegungen in dem von den Staatlichen Museen zu Berlin im Dezember 1996 für das Museum für Vor- und Frühgeschichte neu erworbenen und bis dahin unbekannten Goldenen Hut Bestätigung[5]. Der in Berlin bekannt-

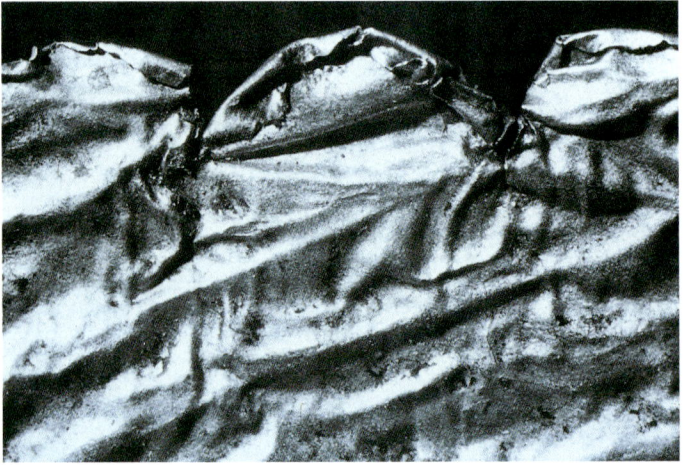

Abb. 5: Randdetails des Goldenen Hutes aus Schifferstadt.

erahnen. Bekannte Parallelen waren der Goldene Hut von Schifferstadt (Kreis Ludwigshafen), 1835 gefunden, und der sogenannte »Cône d'Avanton« (Vienne), 1844 entdeckt. G. Raschke konnte die Goldbleche (280 g) ankaufen und bei einer Nachuntersuchung der Fundstelle weitere Fragmente mit einem Gewicht von 30 g sowie Fragmente eines breiteren und eines schmalen Bronzereifens bergen. Noch in 80 cm Tiefe fanden sich Fragmente[2]. G. Raschke hat seine sensationelle Neuerwerbung 1954 publiziert.

gewordene Fund trug, obwohl ohne Fundkontext, in hohem Maße zum Verständnis der Fundgruppe insgesamt bei.

So zeigte sich, dass nicht nur der Berliner Kegel eine Krempenrandverstärkung besitzt, sondern dass wohl auch der schon immer als solcher angesprochene Goldene Hut von Schifferstadt einen eingebördelten, tordierten Krempenrandreif besessen hat, von dem sich aber nur der Abdruck erhielt (Abb. 5). Dies legte die Vermutung nahe, dass auch das von G. Raschke bei der Nachuntersuchung gefundene, zum Teil mit Goldblech umbördelte Fragment eines zweiten, schmaleren Reifens[6], ein kleines Bronzestäbchen von 32 mm Länge, 2,8 mm Breite und 1,4 mm Stärke, Rest der zu postulierenden Krempenrandverstärkung des Ezelsdorfer Kegels sein könnte (Abb. 6, 7).[7] Von der Krempe selbst wurden keine Teile geborgen. Dass die Krempe nicht vor der Niederlegung entfernt, sondern erst zwischen Auffindung und Nachuntersuchung abhanden kam, lässt sich vermuten. Das Goldblech scheint jedenfalls an der Umbördelung des Kopfreifs roh abgerissen und nicht glatt abgetrennt worden zu sein (Abb. 8).

Hinsichtlich der Funktion der vergleichbaren Gegenstände ist es bedeutsam, dass der Kegelfuß des Berliner Goldhutes oval ist. Sein Durchmesser von 20,3 × 17,5 cm entspricht, auch wenn man ein mögliches Innenfutter berücksichtigt, der Kopfform eines Erwachsenen. Der Ezelsdorfer Kegel hatte

Abb. 6: Goldblechumbördeltes Fragment, möglicherweise von der Krempenrandverstärkung des Ezelsdorfer Goldkegels, unter vielen anderen zugehörigen Teilen vor der Restaurierung.

Abb. 7: Fragment der Randversteifung im heutigen Zustand.

Abb. 8: Goldblechabrisskante.

Abb. 9: Rekonstruktion der ursprünglichen Form des Goldkegels (nach P. Schauer, Beilage 6).

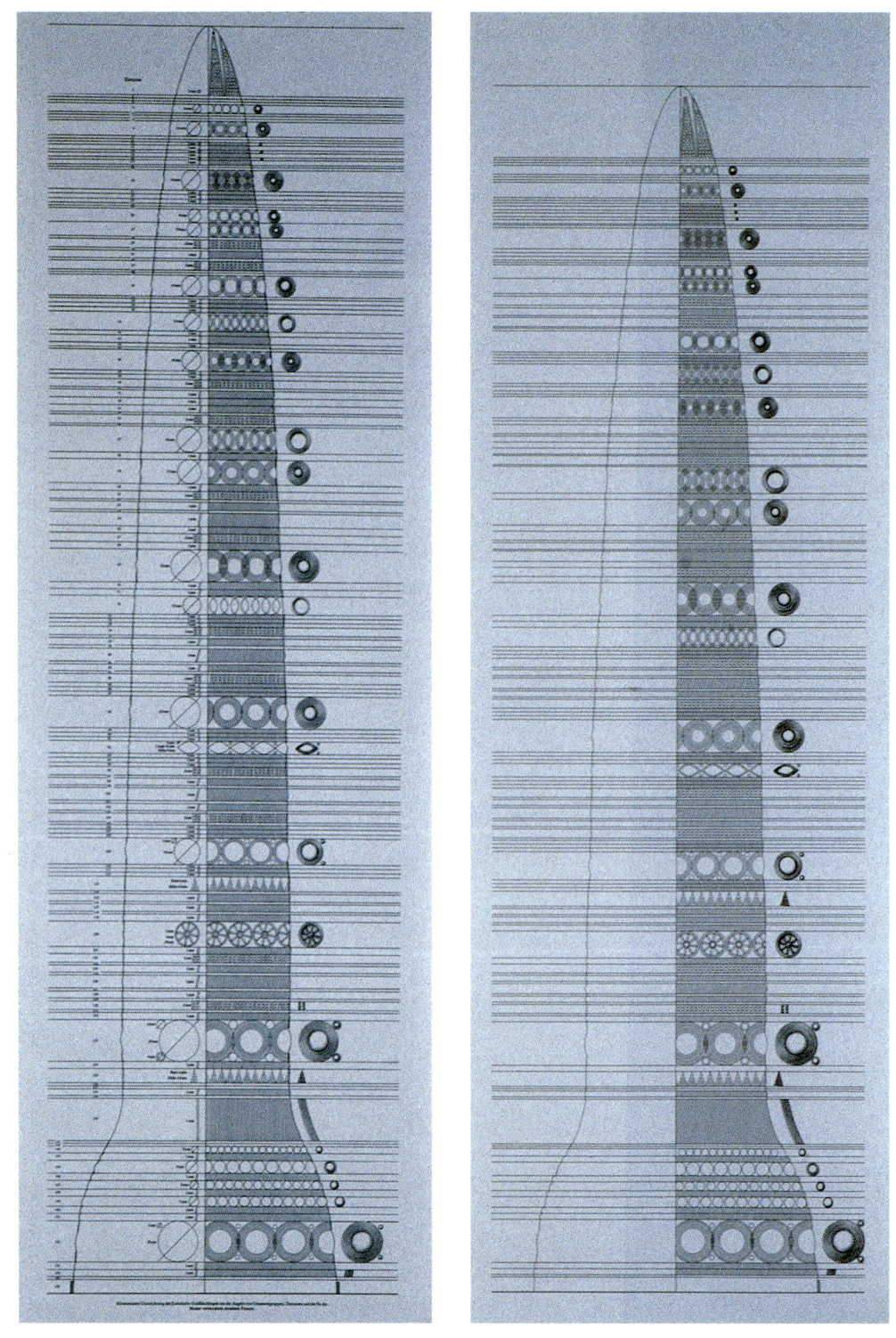

9,1: Original und gestauchte Version.

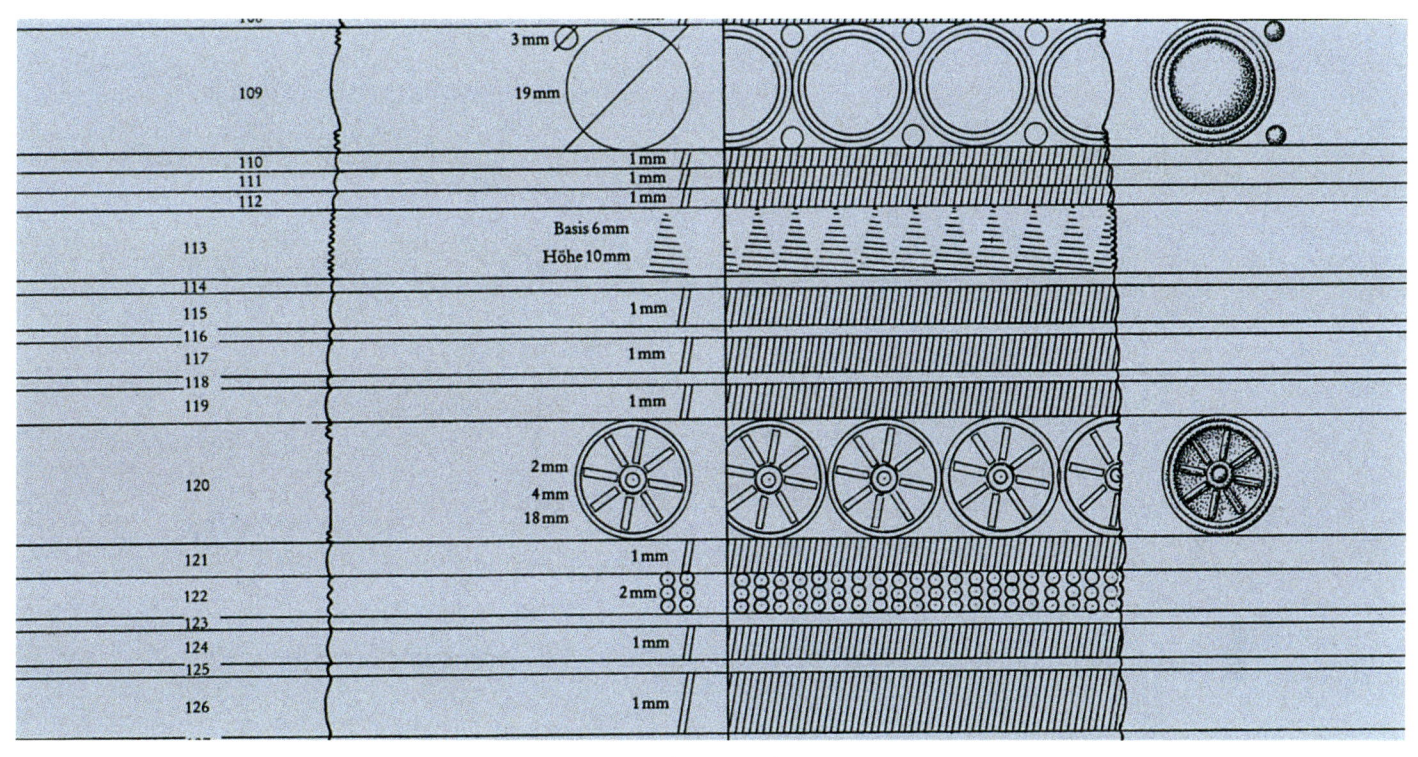

9,2: Detail.

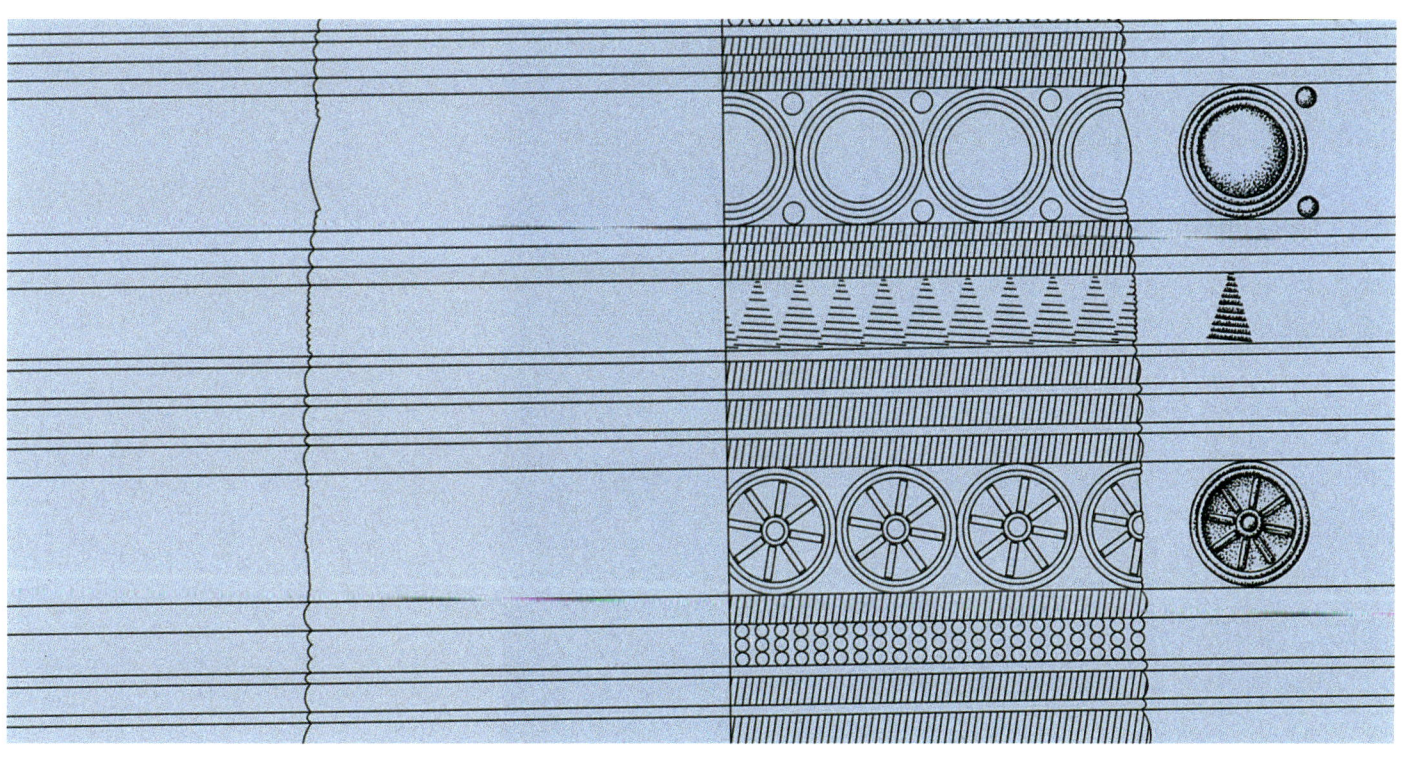

9,3: Detail.

wohl ebenso eine ovale Grundform mit 21 cm Durchmesser, was aber bei der ursprünglichen Funktionsbestimmung als Kultpfahlbekrönung und wegen der Deformation des in mehrere Teile zerbrochenen Reifs nicht erkennbar war (Abb. 5). Der Goldene Hut von Schifferstadt hat einen entsprechend großen unteren Kalottendurchmesser von 18,1 cm.

Form und Ornamentdetails

Der Ezelsdorf-Bucher Kegel ist 88,3 Zentimeter hoch und wiegt im jetzigen Zustand 310 g. Unter Berechnung der fehlenden Stücke (ohne Krempe) lässt sich ein Gewicht von einst 331,4 g annehmen. Das dünne Material mit einer Stärke von nur 0,078 mm ist durch horizontale Treibwulste stabilisiert, die aber bei Auffindung und Rekonstruktion ziemlich gestreckt worden waren. Die damit verbundene Verebnung wurde im Vergleich mit dem Kegel in Berlin, der eine wesentlich markantere Profilierung aufweist, sofort deutlich.

Eine wichtige Frage war, wie der ursprünglich wohl etwas niedrigere Kegel ausgesehen haben mag. Eine rechnerisch erzeugte Zeichnung vermittelt allerdings nur einen sehr unzulänglichen Eindruck[8]. Die Wülste der Horizontalrippen waren jedenfalls ursprünglich erhabener, was dem Kegel entsprechend mehr Stabilität gab (Abb. 9,1–3). Vielleicht war der Kegel noch etwas kürzer, wenn man das Relief des Berliner Kegels zum Vergleich nimmt. Nach den Angaben des Finders, dass er auf erste Kegelteile 8 cm unter der Oberfläche traf, und den Ergebnissen der Nachuntersuchung, bei der Fragmente noch in 80 cm Tiefe zum Vorschein kamen, war der Kegel mindestens etwa 72 cm hoch. Der im jetzigen Zustand 73 cm lange Schaft des Kegels besitzt am Übergang zur Kalotte einen Durchmesser von 10 cm. Die 15 cm hohe Kalotte hat einen Durchmesser von 21 cm. Eine Rekonstruktion vermittelt einen Eindruck vom ursprünglichen Aussehen der verlorenen Krempe (Abb. 9,4).

Der Ezelsdorfer Goldkegel ist, soweit erkennbar, ähnlich wie auch die anderen bekannten Hüte, aus einem einzigen,

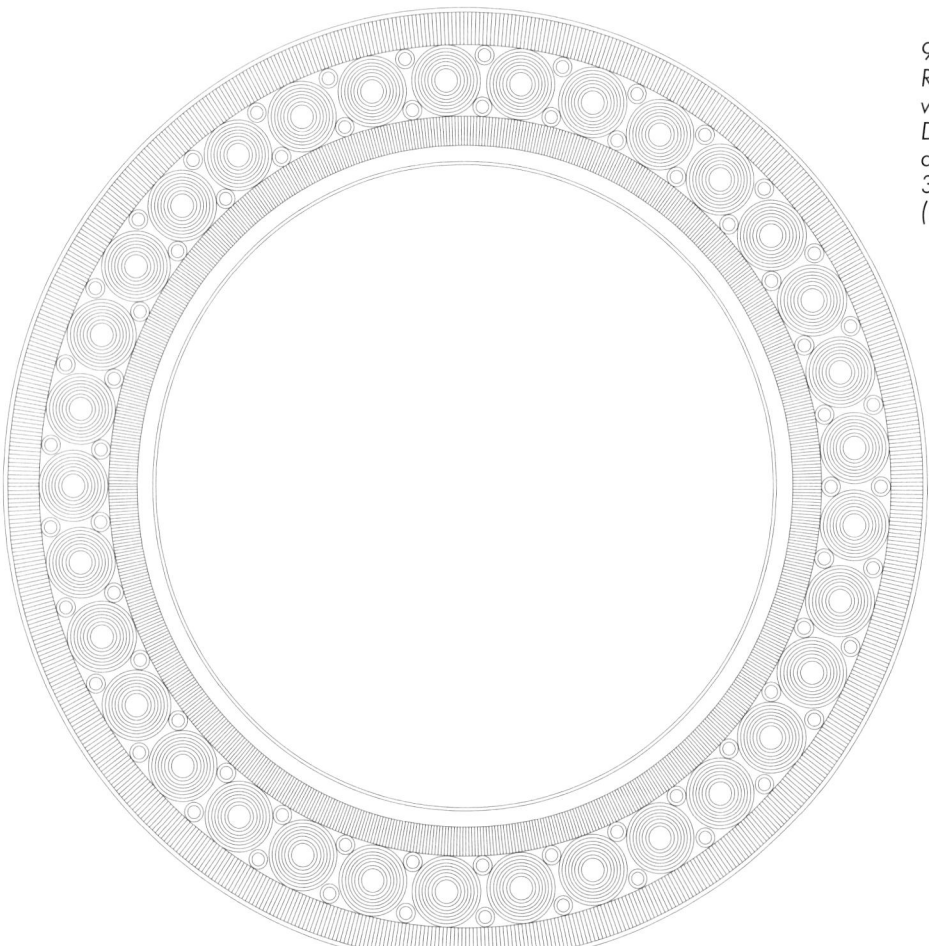

9,4:
Rekonstruktion der Krempe des Goldkegels von Ezelsdorf-Buch mit einem mittleren Durchmesser von 24 cm, unter Verwendung der Musterpunze 17 mit sieben Ringen, 33 Abdrücken und damit 231 Einzelringen (Rekonstruktion nach W. Menghin).

Abb. 10: Detailaufnahmen verschiedener Zierzonen.

10,1: Zierzonen 1–19 (Stern).

10,2: Zierzonen 36–46.

10,3: Zierzonen 66–73.

10,4: Detailaufnahme mit Überlappung.

10,5: Zierzonen 130–140.

10,6: Zierzonen 140–156.

10,7: Zierzonen 109–122 (Räder).

10,8: Zierzonen 86–99 (Augenmotiv?).

hier etwa streichholzschachtelgroßen Stück Gold ohne Naht auf die gesamte Länge ausgetrieben. Dies wäre auch unter heutigen Bedingungen eine hervorragende metallurgische und handwerkliche Leistung, die große Erfahrung voraussetzt. Nach den herstellungstechnischen Untersuchungen der Restauratorin Maiken Fecht sind die Ornamente mit verschiedenen Negativpunzen aus Bronze oder organischem Material von außen angebracht worden, so dass konvexe Buckel und Treibwülste entstanden. Die Zierzonen und Ornamente sind mit einer Lehre auf der Oberfläche angerissen; es kamen zwanzig unterschiedliche Musterpunzen, sechs Ornamenträdchen und ein Zierkamm zum Einsatz. Wichtigste Verzierungsmotive sind Scheiben- und Kreise, die als Sonnensymbole gedeutet werden können. Ein zehnstrahliger Stern bekrönt die Spitze des Kegels von Ezelsdorf (Abb. 10,1). Darunter folgen bis zum Kegelfuß 154 weitere Zierzonen mit abwechselnden Variationen von Kreismotiven und Rippen. Der Entschlüsselung des Ornaments ist W. Menghin einen großen Schritt nähergekommen. Seine Untersuchungen am Berliner Goldhut machten eine Nachprüfung der Angaben über die genaue Anzahl der einzelnen Ornamente und der Anzahl der jeweiligen konzentrischen Kreise auch am Ezelsdorfer Kegel erforderlich. Für W. Menghins Überlegungen war es wichtig, wie viele Ringe genau zu jedem Ornament gehören und wie viele Ornamente in jeder Zierzone angebracht sind.

Eine Nachprüfung ergab die folgenden Korrekturen (Abb. 10,2-8):

In Zone 41 beträgt die Anzahl: 39 Ornamentabdrücke und nicht 40 wie angegeben.

In Zone 69 hat die verwendete Musterpunze (17) 7 und nicht 6 Rippen.

In Zone 92a ist das Augenmotiv, Musterpunze 20, mit einer Überlappung 23 mal zu finden und nicht 22 mal.

In Zone 135 sind es 67 Kegelchen und nicht 68.

Die Gestaltung des Übergangs vom Schaft zur Kalotte ist, genau wie beim Berliner Kegel, durch ein 30 mm breites Band aus vertikalen, mit dem Zierkamm erzeugten Riefen gelöst[9].

In Zone 143, schon auf der Kalotte: mit Musterpunze 3 sind es 84 und nicht 91 Ornamentabdrücke.

In Zone 147 mit Musterpunze 6 sind es 70 und nicht 73 Buckel.

Neben den gerade aufgeführten Motiven, den kleinen liegenden Spitzovalen und den beiden Zonen mit kleinen Miniaturkegeln ist als Besonderheit das Band mit den Radmotiven zu erwähnen. Beim Versuch, die Sondermotive zu deuten, nähert man sich schnell der Spekulation. In der 92. Zierzone sehen wir ein spitzovales liegendes Ornament, das man als stilisiertes Auge ansprechen kann. Das Motiv begegnet ebenfalls als Sondermotiv auf den Hüten von Schifferstadt und Berlin, aber auch auf anderen Gegenständen wie dem Goldcape aus Mold (Nordwales), auf den Bronzearmreifen von Melfort und Masterton (beide Schottland) und auf einem Bronzeblechbruchstück aus einem Depot aus Migdale (Sutherland). Das Auge könnte als wichtigstes Sinnesorgan zur Wahrnehmung der Sonne hier für den Betrachter stehen.

Ein Fries aus 21 achtspeichigen, naturalistisch gestalteten Wagenrädern umzieht in der 120. Zone den Kegel. Das (Sonnen-)Radsymbol bringt die Bewegung der Sonne zum Ausdruck. Sieben Zonen darüber und fünfzehn Zonen darunter sind die Zierstreifen jeweils gefüllt mit Fuß an Fuß gestellten Miniaturkegelchen. Dieses Motiv ist bislang ausschließlich auf dem Goldkegel von Ezelsdorf zu finden, allenfalls vergleichbar sind die Kegelchen auf einem Kurd-Eimer aus Brincovenesti in Rumänien. Im magischen Bildverständnis könnten die kleinen Kegelchen einer Potenzierung der (Symbol-)Kraft des Goldkegels gedient haben. Dabei liegt vermutlich die Vorstellung zugrunde, dass die Kraft der Sonne mittels des Kegels auf den Träger und damit letztlich auf die Gläubigen übergeht. Eine umgekehrte magische Beeinflussung der Sonne durch den Magier ist als Absicht nicht auszuschließen.

Zur Herstellung

Ein besonders eindrucksvoller Hort von Gerätschaften eines Schmiedes der späten Bronzezeit aus dem 12. Jahrhundert v. Chr. stammt aus Génelard (Dép. Saône-et-Loire)[10] (Kat. Nr. 9). Alle Punzen darin scheinen zwar wie geschaffen, Verzierungen wie jene auf dem Goldkegel zu erzeugen, sind aber nicht wie die Oberflächenkrümmung der Kegel gewölbt, sondern plan. Die Punze, die aus einem Hort in nächster Nähe im Nürnberger Stadtteil Mögeldorf 1994 gefunden wurde[11], ist zwar sehr scharf geschnitten und mit 4 cm Durchmesser und elf konzentrischen Kreisen recht groß, doch ebenfalls flach. Alle bekannten Stempel oder Punzen mit konzentrischer Kreiszier sind flach. Eigentlich wäre eine Wölbung zu erwarten gewesen. Zu fragen ist daher, ob vielleicht ein Zwischenschritt in der Produktion fehlt. Es ist anzunehmen, dass das Bemühen, solche Kegel herzustellen, letztlich auch von dem Wunsch gekennzeichnet war, möglichst große Formen mit möglichst wenig Edelmetall herzustellen, wie dies bei einer Vergoldung mit Blattgold der Fall ist.

Wünschenswert wäre, die Materialstärke der Kegel nicht nur an einigen Referenzpunkten zu messen, sondern am ganzen Körper, um unterschiedlich dicke Stellen auszumachen. Der Ezelsdorfer Kegel ist dazu allerdings nicht gut geeignet. Zum einen sind seine Bestandteile fest auf einen glasfaserverstärkten Kunststoffkern montiert, zum anderen ist er sehr stark zerstört. Röntgenbilder (Abb. 11,1-4) zeigen Strukturen, in denen sich Treibwolken erkennen lassen. Nahtstellen sind nicht zu erkennen, und somit wird die Vermutung, der Kegel sei aus mehreren Teilen zusammengesetzt, nicht bestätigt.

Abb. 11: Röntgenaufnahmen des Goldkegels.

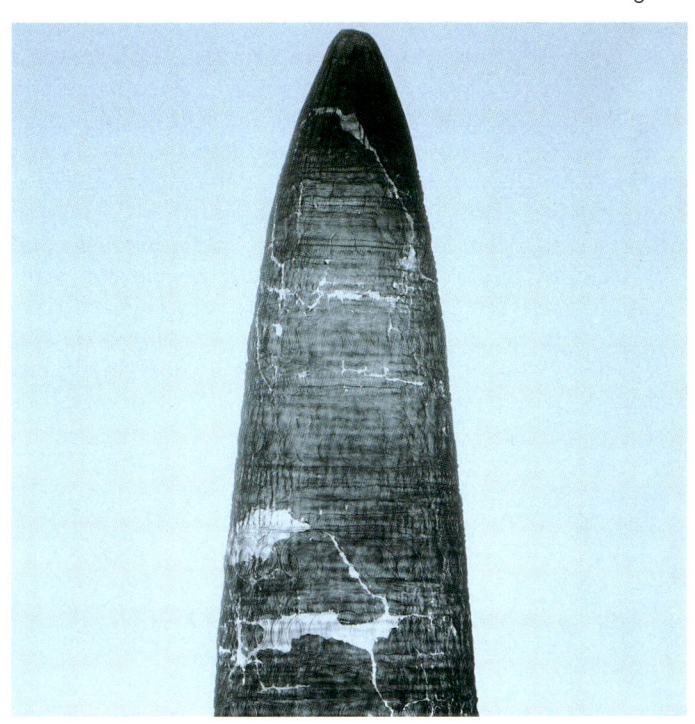

11,1: Röntgenbild Spitze.

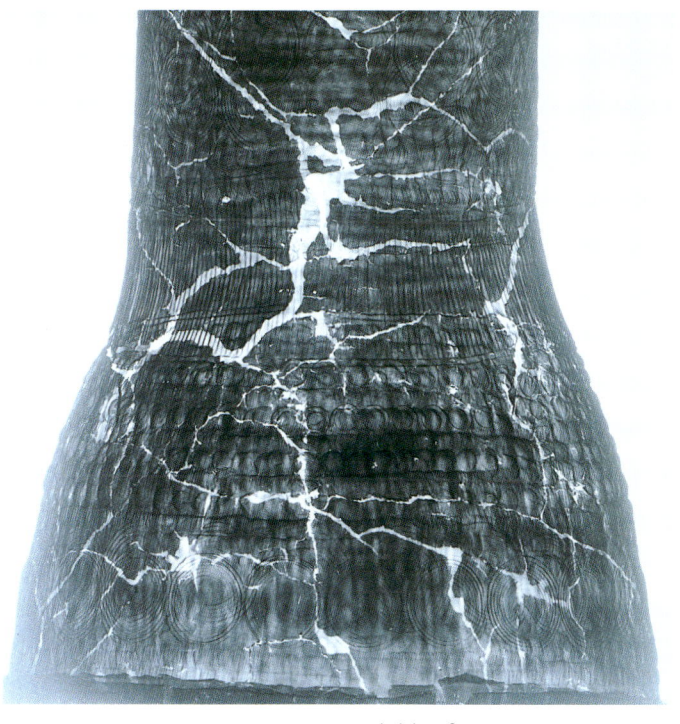

11,3: Röntgenbild Fuß.

11,2: Röntgenbild.

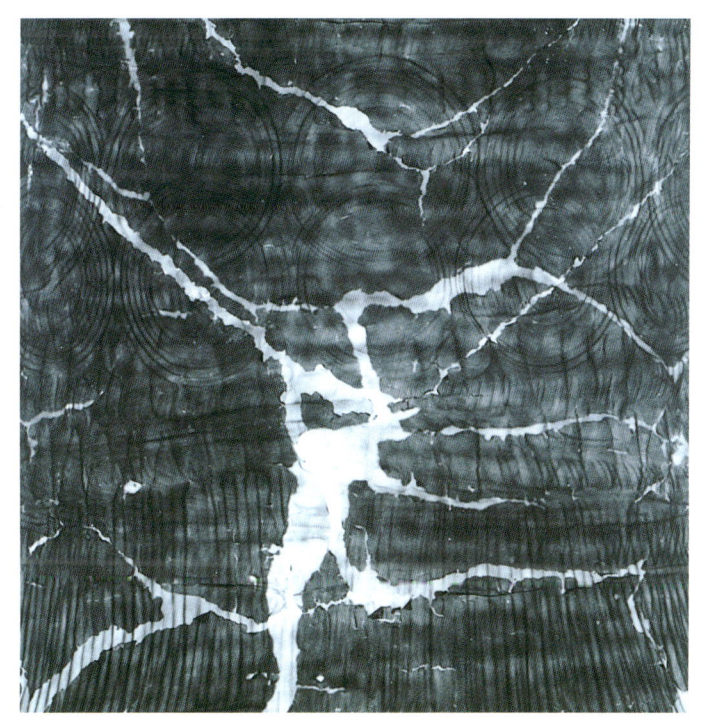

11,4: Röntgenbild nah.

Datierung

Auffällig ist die unterschiedliche Rhythmik in Kombination und Abfolge der Zierzonen bei allen vergleichbaren Kegeln. So zeigt der Goldene Hut von Schifferstadt eine sehr schlichte Motivik. Der Cône d'Avanton trägt zwar einen Stern auf der Spitze und seine Verzierungen sind sehr fein ausgearbeitet, das Gesamtbild jedoch ist strenger und ärmer an Varianten als bei jenem von Schifferstadt. Der Kegel von Berlin besticht durch seine sehr klare Gliederung bei weit höherer Varianz der Motive, während der Ezelsdorfer Kegel in Reichtum und Abwechslung der Verzierungselemente eine nahezu »barock« anmutende Lebendigkeit entwickelt. Dass sich in diesen typologischen Unterschieden auch eine unterschiedliche Entstehungszeit andeutet, liegt auf der Hand. Aufgrund stilistischer Vergleiche mit ähnlich verzierten Objekten, die durch Beifunde besser datierbar sind, etwa durch die mit dem Goldenen Hut von Schifferstadt gefundenen Absatzbeile, lassen sich diese und ähnliche Funde als Erscheinung des 14.–8. vorchristlichen Jahrhunderts erkennen. Der Ezelsdorfer Kegel wird wohl erst in der späten Bronzezeit zwischen dem 10.–9. vorchristlichen Jahrhundert entstanden sein, vielleicht als letzter der bisher bekannten goldenen Zeremonialhüte.

Deponierung

Wann, warum und wie die Goldkegel der Erde anvertraut wurden, stellt nach wie vor ein Rätsel dar. Charakteristisch für die gesamte Fundgruppe, zu der ja nicht nur die Goldkegel, sondern auch Goldkalotten, Goldgefäße und Goldscheiben mit ganz ähnlicher Kreisornamentik zählen, ist, dass sie meist als Einzelgegenstände verborgen wurden, sehr selten mit Beifunden und noch seltener als Grabbeigaben[12]. Es ist hier nicht möglich, auf alle relevanten Gegenstände einzugehen, doch eine kurze Betrachtung der Grabfunde ist unumgänglich.

Im Jahr 1884 wurde bei Gönnebek (Kreis Segeberg)[13] in einer 70 cm breiten und 1 m tiefen Grabkammer am Hang des Grabhügels »Schwarzer Berg« eine Brandbestattung gefunden (Kat. Nr. 15). Die Beigaben, darunter eine Goldschale, lagen auf und neben der Leichenbrandschüttung. Nicht nur der Grabungsbefund, sondern auch die Auswahl an Objekten zeigt hier sehr deutlich, dass es sich um Beigaben eines hochgestellten Mannes handelt. Wie Pinzette, Pfriem, Messer und die Meißel, vor allem der als Trepanationsmeißel angesprochene, erahnen lassen, hatte dieser Mann im weitesten Sinne, vielleicht auch ob seiner medizinischen Kenntnisse, eine besondere Stellung inne. Seine Beigaben erlauben eine Datierung in die Zeit um 1350–1300 v. Chr. Der Fund der Goldschale in einem Grab ist zwar eine ausgesprochene Ausnahme, doch scheint der Bestattete, wie seine Beigaben andeuten, eine ganz besondere Stellung innegehabt zu haben.

Anders verhält es sich in Wehringen (Kreis Augsburg)[14] (Kat. Nr. 48). Dieses Hallstatt-C-Grab, dendrochronologisch datiert in die Zeit von 773–783 v. Chr., weist außer der Schale lediglich Dinge auf, deren profane Funktion, abgesehen von der Verwendung im Grabbrauch, außer Frage steht. Zwar zeigt der beigegebene Wagen auch hier, dass es sich um die Grablege einer Person von Rang handelt, doch ist die Fundlage der Goldschale die eines Schöpf- oder Trinkgefäßes in einem Kegelhalsgefäß und damit eines profanen Gegenstandes. Für die Datierung der Wehringer Goldschale wird man sich wohl nicht vorrangig auf den Fundzusammenhang verlassen können. Die Schale wirkt mit ihrer einfachen Ringzier im Vergleich zu den verwandten Stücken eher archaisch. Möglicherweise wurde hier ein ehemaliges Sakralgerät profaniert. Abgesehen von der Randgestaltung findet man bei den

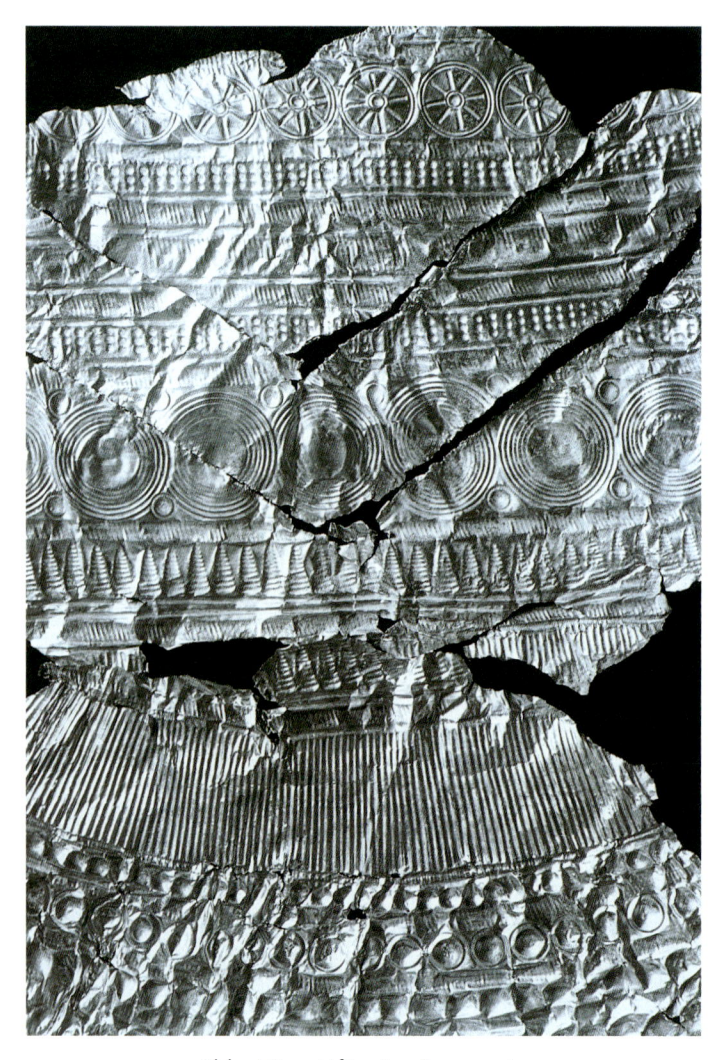

Abb. 12: V-förmige Fragmente.

Gefäßen der Urnenfelderzeit aus Eberswalde eine ganz ähnliche Verzierung.

Andererseits ist aus vielen Funden geläufig, dass die stark eingeschränkte Bilderwelt der Bronzezeit mit ihren charakteristischen Motiven in der Hallstattzeit fortlebte. Auch wenn man einen Religionswechsel voraussetzt, ist nicht geklärt, welche Glaubensinhalte weiter Bestand hatten und welches Wissen weiter tradiert wurde. Es handelt sich vermutlich um eine Zeit, in der synkretistische Vorstellungen in Verquickung alter und neuer Ideen vorherrschend waren, ähnlich dem Christentum der Merowingerzeit. Dass die Objekte, die wir als »Goldenes Sakralgerät der Bronzezeit« ansprechen, so selten als Grabbeigaben gefunden wurden, lässt vermuten, dass solche Gegenstände, die religiösen Handlungen dienten, nicht Besitz Einzelner waren. Üblicherweise enthalten die als Weihungen interpretierten Opferdepots wertvolle Gegenstände des persönlichen Gebrauchs. Da Kultgeräte primär keine Opfergaben sind, liegt eine Deponierung am Ende der Gesamterscheinung der Fundgruppe mit dem Erlöschen der damit verbundenen religiösen Vorstellungen nahe. Beifunde geben lediglich einen terminus post quem an. Auch wenn sie Objekte des Kultes waren, wie es gerade bei den Schifferstädter Beilen gut vorstellbar ist, kann auch für diese Beifunde mit einer großen Zeitspanne zwischen Herstellung und Niederlegung gerechnet werden.

Der Fundbericht zum Schifferstädter Kegel, der Erhaltungszustand des Berliner Kegels und die Tatsache, dass bei der Nachuntersuchung des Fundplatzes des Ezelsdorfer Kegels Fragmente noch in 80 cm Tiefe aufgefunden wurden, lässt annehmen, dass alle diese Kegel senkrecht im Boden vergraben worden waren. Der Schifferstädter Kegel konnte aufgrund seiner Materialstärke von 0,1–0,25 cm dem Erddruck widerstehen. Der wohlerhaltene Berliner Kegel zeigt zwei gegenüberliegende Längsknicke, die durch den Erddruck entstanden sind. Der Ezelsdorfer Kegel scheint zumindest vor der Zerhackung in gleicher Weise zusammengepresst gewesen zu sein. Auf Fotografien des zerstörten Kegels vor der Restaurierung sind V-förmige Fragmente (Abb. 12) zu erkennen, die beim Zerhacken nur dann entstanden sein können, wenn die Knicklinie genau durch den Winkel des »V« verlief und die Schenkel des »V« aufeinander lagen, als der Spaten zustach[15].

Wie bedauerlich der schlechte Erhaltungszustand des Ezelsdorf-Bucher Kegels auch sein mag, seine handwerkliche Perfektion lässt, wie nur wenige andere Funde, Aspekte bronzezeitlicher Kultur erkennen, welche die große Masse der Funde nicht einmal erahnen lässt. Wissen über seine einstige Bedeutung wiederzugewinnen, ist, wie es in dieser Ausstellung geschieht, nur über Vergleiche mit anderen Funden möglich und bliebe ohne diese verloren.

Anmerkungen

1 Grund für die umständliche Ortsbestimmung ist das konkurrierende Interesse der beiden Gemeinden.
2 Georg Raschke: Ein Goldfund der Bronzezeit von Etzelsdorf bei Nürnberg (Goldblechbekrönung). In: Germania, Bd. 32, 1954, S. 1–6. Richtig ist die Schreibweise Ezelsdorf.
3 Peter Schauer (Hrsg.): Die Goldblechkegel der Bronzezeit. Ein Beitrag zur Kulturverbindung zwischen Orient und Mitteleuropa (Monographien des Römisch-Germanischen Zentralmuseums, Bd. 8). Bonn 1986.
4 Sabine Gerloff: Bronzezeitliche Goldblechkronen aus Westeuropa. Betrachtungen zur Funktion der Goldblechkegel vom Typ Schifferstadt und der atlantischen »Goldschalen« der Form Devil's Bit und Atroxi. In: Albrecht Jockenhövel (Hrsg.): Festschrift für Hermann Müller-Karpe zum 70. Geburtstag. Bonn 1995, S. 153–194.
5 Wilfried Menghin: Der Berliner Goldhut. Ein Zeremonienhut der Späten Bronzezeit. In: MuseumJournal, Bd. 11, Heft 2, 1997, S. 76–78. Wilfried Menghin: Ein Hut aus Gold. Ein neues Zeremonialgerät europäischer Bedeutung in Berlin. In: Antike Welt, Bd. 28, Heft 3, 1997, S. 261–265. Wilfried Menghin: Der Berliner Goldhut und die goldenen Kalendarien der alteuropäischen Bronzezeit. In: Acta Praehistorica et Archaeologica, Bd. 32, 2000, S. 31–108.
6 G. Raschke (Anm. 2), S. 1, 3.
7 Maiken Fecht: Handwerkstechnische Untersuchungen. In: Peter Schauer (Hrsg.): Die Goldblechkegel der Bronzezeit. Ein Beitrag zur Kulturverbindung zwischen Orient und Mitteleuropa (Monographien des Römisch-Germanischen Zentralmuseums, Bd. 8). Bonn 1986, S. 80–103.
8 Ausführung: Manfred Schmidt und Graphik Design Peter Meessen. Diese Darstellung wurde, ausgehend von einem Scan einer Beilage aus der Publikation P. Schauers (Anm. 3) unter Beibehaltung der Länge der Außenlinien auf der Originalzeichnung um 3,8 cm gestaucht.
9 M. Fecht (Anm. 7), S. 83, 103, 110–115.
10 Jean-Pierre Mohen: Zwei kluge und prestigeträchtige Erfindungen: Metallurgie und Goldschmiedekunst. In: Götter und Helden der Bronzezeit. Europa im Zeitalter des Odysseus. Ausst. Kat. Nationalmuseum Kopenhagen u. a. Ostfildern-Ruit 1999, S. 31–34, Abb. 1. Christiane Eluère: Génelard. In: Götter und Helden der Bronzezeit. Europa im Zeitalter des Odysseus. Ausst. Kat. Nationalmuseum Kopenhagen u. a. Ostfildern-Ruit 1999, Kat. Nr. 102, S. 240.
11 Martin Nadler: Ein neuer Brucherzhort vom Beginn der Urnenfelderzeit aus Mögeldorf. In: Das Archäologische Jahr in Bayern, 1994 (1995), S. 67–79.
12 P. Schauer (Anm. 3), S. 51–55.
13 Vgl. den Bericht von Johanna Mestorf. In: Mitteilungen des Anthropologischen Vereins in Schleswig-Holstein, Bd. 4, 1891, S. 5ff, Abb. 1–3. Carl Schuchhardt: Der Goldfund vom Messingwerk bei Eberswalde. Berlin 1914, S. 16, Abb. 9. Gustaf Kossinna: Der Goldfund vom Messingwerk bei Eberswalde und die goldenen Kultgefäße der Germanen (Mannus-Bibliothek, Bd. 12). Würzburg 1913, S. 13–17, Abb. 2. Zu Gönnebek vgl. Jørgen Jensen. Gönnebek. In: Götter und Helden der Bronzezeit. Europa im Zeitalter des Odysseus. Ausst. Kat. Nationalmuseum Kopenhagen u. a. Ostfildern-Ruit 1999, S. 261, Nr. 167.
14 Hilke Henning: Gräber der Hallstattzeit in Bayrisch-Schwaben (Monographien der Münchner Staatssammlung, Bd. 2). Stuttgart 2001.
15 Tobias Springer: Der Goldkegel von Ezelsdorf-Buch – Ein Meisterwerk bronzezeitlicher Goldschmiedekunst. In: Götter und Helden der Bronzezeit. Europa im Zeitalter des Odysseus. Ausst. Kat. Nationalmuseum Kopenhagen u. a. Ostfildern-Ruit 1999, S. 176–181.

Kalender

Abb. 1: Herzsprung-Schilde (Landkreis Ostprignitz-Ruppin, Brandenburg), 10.–8. Jh. v. Chr. (Landesmuseum für Vorgeschichte Sachsen-Anhalt, Halle/Saale).

Jens May – Reiner Zumpe

Ein Buckel – ein Tag.
Zur Nutzbarkeit buckeldekorierter Schilde, Hängebecken und Amphoren der jüngeren Bronzezeit als Kalender

»Unzerstörbares Erz und Zinn warf er jetzt ins Feuer und auch wertvolles Gold und Silber und setzte danach dann auf den Amboßhalter den großen Amboß, ergriff dann rechts den wuchtigen Hammer und links die Zange fürs Feuer. Und er machte zuerst den Schild, den großen und festen, ringsum kunstvoll und legte darum einen schimmernden Schildrand, dreifach und glänzend und außen daran ein silbernes Tragband. Und fünf Schichten hatte der Schild selbst, aber darauf dann machte er viele kunstvolle Bilder mit kundigem Sinne. Auf ihm schuf er die Erde und auf ihm das Meer und den Himmel und die Sonne, die unermüdliche, und auch den Vollmond, auf ihm all die Gestirne mit denen der Himmel umkränzt ist: Die Pleiaden, Hyaden sowie auch die Kraft des Orion, und die Bärin, die auch mit dem Namen Wagen benannt wird; die kreist um sich selber und spät zum Orion hinüber, sie, die als einzige nicht im Bad des Okeanus eintaucht.«[1]

Die Szene entstammt dem 18. Gesang der Ilias, in dem Patroklos durch den Troer Hektor getötet wird. Homer schildert wortgewaltig, wie der Schmiedegott Hephaistos auf Bitten der Thetis eine Rüstung für den Helden Achilleus zum Kampf gegen die Troer herstellt. Kein Teil der Defensivbewaffnung, zu der auch Beinschienen, Panzer und Helm gehören, erfährt eine derart umfassende Beschreibung wie der Schild: »Mit kundigem Sinne« bildet Hephaistos auf diesem kosmische, weltliche und sakrale Motive ab und fügt sie zu einem Universum zusammen. Erde, Meer, Himmel, Sonne, Vollmond und die Gestirne geben dabei den Rahmen für die übrigen Szenen. Die »unermüdliche« Sonne und auch die Gestirne setzen die Komposition in Bewegung. Sie stehen offensichtlich für die Dimension Zeit. Aus der Textstelle geht klar hervor, dass Schilde sich in besonderem Maße zur Wiedergabe von Motiven der bronzezeitlichen Ideen- und Lebenswelt eigneten. Soweit zunächst zu einer der wohl sinnträchtigsten Beschreibungen eines Schildes der Homerischen Zeit.

Am Beginn des 21. Jahrhunderts, das durch eine enorme Technisierung nahezu aller Bereiche des gesellschaftlichen Lebens gekennzeichnet ist, bedarf es keiner epischen Bilder mehr, um den Zeitlauf darzustellen. So erfolgt die Messung der Zeit heute ganz selbstverständlich mit Atomuhren. Zeitmessung ist allgegenwärtig. Messgeräte in Form von Uhren und Digitalanzeigen stehen nahezu unbegrenzt und an fast allen Orten zur Verfügung. Mit zunehmendem Fortschritt wächst jedoch die Entfremdung von der Zeit und ihren astronomischen Grundlagen. So dürfte heute nur noch ein geringer Teil der Bevölkerung in der Lage sein, mit einer normalen Armbanduhr die Haupthimmelsrichtungen zu bestimmen. Nur eine verschwindend geringe Minderheit besitzt Kenntnis davon, an welchen Tagen des Jahres die Sonne exakt im Osten auf- und im Westen untergeht. Nur an zwei Tagen im Jahr, nämlich während der Umstellung von Sommer- auf Winterzeit und umgekehrt, wird der Bevölkerung wieder deutlich, wie außerordentlich komplex die Dimension Zeit eigentlich ist. Weil der Zeitlauf scheinbar in Unordnung geraten ist, treibt sodann ganze Nationen die Frage um, ob es nun am Morgen früher hell oder am Abend später dunkel wird.

Der Umgang mit Zeit, erst recht die Darstellung und letztendlich auch das Verstehen von Zeit, setzen also ganz offensichtlich ein nicht zu unterschätzendes Maß an Abstraktionsvermögen voraus. Dieser Umstand wird besonders am Beispiel konventioneller Uhren deutlich, die mit einem Zifferblatt versehen sind (Abb. 2). So besteht die Ablese- bzw. Messapparatur einer mechanischen Uhr aus einem komplexen System von »Zählern«, »Zählern/Zeigern« und »Zeigern«. Zum Zählen werden Ziffern und ein in sich gegliederter Zeichenschatz verwendet, bei stark vereinfachten Modellen hingegen nur noch Zeichen. Festgelegt ist, welche Merkmale mit den einzelnen Zeichen verknüpft sind. So gehören zu dem Kreissymbol über der zwölften Stunde folgende Merkmale: Sekunde, Minute, fünf Minuten, Stunde, aber auch Mittag und Mitternacht, also sechs Eigenschaften. Erst in voller Kenntnis des Sinngehaltes der einzelnen Zeichen und der Funktionsweise des Zeigersystems kann die Tageszeit perfekt gemessen werden. Wird die Uhr erst einmal beherrscht, ist die Zeitbestimmung auch noch dann unglaublich einfach, wenn erläuternde Ziffern fehlen, auf dem Zifferblatt nur noch Zeichen oder Piktogramme abgebildet sind oder gar nur das Zeigerwerk vorhanden ist. Die scheinbar einfache Uhr stellt also aufgrund der Bedeutungsvielfalt der einzelnen Piktogramme und des Zusammenspiels von »Zählern«, »Zählern/Zeigern« und »Zeigern« ein mehr als komplexes Gerät zum Messen der Zeit dar.

Am Aufbau eines Zifferblattes spiegelt sich zugleich der Umstand wider, dass offensichtlich wenig Spielraum besteht, Zeitabschnitte allgemeinverständlich zu visualisieren. Die Uhrenkonstrukteure des ausgehenden Mittelalters[2] haben jedoch mit der kreisförmigen Anordnung der Zählerzone auf Zifferblättern eine ideale Form zur Darstellung und zum Ablesen von Zeit gefunden. Wäre dies nicht der Fall, würden derart gestaltete Uhren als Messgeräte heute nicht mehr existieren. Es ist erstaunlich, dass ein ebenfalls auf Kreisen bzw. Ovalen basierendes System der Darstellung von Zeitabschnitten offensichtlich bereits während der Bronze- und Hallstattzeit genutzt wurde. Deutet man nämlich beispielsweise die einzelnen, im Oval angeordneten, getriebenen Buckel und die kugelköpfigen Niete auf einem Bronzeschild aus dem 13.–12. Jahrhundert v. Chr.[3] als »Zähler« und die typische Kreissymbolik im Zentrum des Schildes als »Zähler/Zeiger« bzw. als »Zeiger«, so sind die morphologischen Übereinstimmungen mit dem Zifferblatt einer Uhr sehr überraschend. Dabei ist zu bedenken, dass entwicklungsgeschichtlich zwischen beiden Objekten mehr als 2500 Jahre liegen.

Der hier angestrengte Vergleich zwischen dem Zifferblatt einer Uhr und dem Buckeldekor eines jungbronzezeitlichen Schildes, dem letztendlich der Kreis und hiervon abgeleitete geometrische Figuren als ideale Form zur Darstellung von Zeitabschnitten zugrunde liegen, besitzt einen ernsthaften Hintergrund. Als im Jahre 1991 bei dem Dorf Herzberg (Land Brandenburg) eine stark beschädigte Bronzeamphore des 8. Jahrhunderts v. Chr. geborgen wurde[4], musste aus restauratorischen Gründen eine Zählung der regelhaft in Reihen und Abschnitten auf dem Gefäßkörper eingepunzten Buckel vorgenommen werden. Wie auf zeitgleichen Amphoren erfolgt die optische Trennung der Reihen und Abschnitte durch feine Punzlinien. Die Addition der in größerem Umfang mathematisch ermittelten Buckelzahlen aus den einzelnen Reihen und Abschnitten untereinander ergab erstaunlicherweise Summen, die gut mit der Tageszahl von Monaten des synodischen Mond- und des tropischen Sonnenjahres bzw. mit letzterem selbst übereinstimmten. Zählungen und Additionen der Buckelzahlen auf anderen im »Punkt-Buckel-Stil« bzw. »Leisten-Buckel-Stil« dekorierten Bronzen des 9.–8. Jahrhunderts v. Chr., wie etwa der Amphore aus dem Königsgrab von Seddin[5] oder den beiden Schilden von Herzsprung[6] (beide Land Brandenburg), aber auch auf nordischen Hängebecken und italischen Feldflaschen, erbrachten wiederum hervorragende Übereinstimmungen mit der Tageszahl von synodischen Mondmonaten, von Sonnenmonaten im Sinne des zwölften Teiles des Sonnenjahres sowie mit synodischen Mondjahren, seltener jedoch mit tropischen Sonnenjahren.

Die Kongruenz von Buckelsummen und Zeitabschnitten ist im Hinblick auf die verschiedenen analysierten Materialgruppen und deren Datierung sowie in Folge der variierenden Abmessungen der einzelnen Objekte weder durch Zufälle noch durch sonstige konstruktiv bedingte Automatismen zu erklären. Sie beruht vielmehr auf der detaillierten Kenntnis der Zusammenhänge zwischen der Buckelgröße bzw. der Größe der Punze, den Abständen der Buckel innerhalb der Reihen und Abschnitte untereinander sowie den jeweils zur Verfügung stehenden oder bewusst gewählten Umfängen für die Buckelreihen. Deshalb wird im folgenden erneut die These vorgetragen, dass vor allem Bronzen mit einer regelhaften Anordnung der Buckel im Rahmen des »Punkt-Buckel-Stils« und »Leisten-Buckel-Stils«, unabhängig von ihrem vordergründig profanen Verwendungszweck, auch als Instrumente zum Visualisieren, Messen und Berechnen von Zeitabschnitten im Sinne von Kalendarien[7] genutzt werden konnten. Im Mittelpunkt der These stehen dabei die in Reihen und Abschnitten angeordneten Buckel mit einem Durchmesser von rund 3–10 mm, daneben aber auch mehrfach umringte Buckel. Aufgrund der Untersuchungsergebnisse wird ein einfacher Buckel als Zeichen bzw. als Piktogramm für einen 24stündigen Tag (Sonnentag) interpretiert. Setzt man voraus, dass die Buckel nicht nur der bloßen Visualisierung von Tagen und Zeitabschnitten, sondern auch der Zeitmessung und Zeitberechnung dienten, musste der entsprechende Buckel nach Verstreichen eines Tages markiert werden. Ein längerer Zeitabschnitt war hingegen vorüber, wenn alle hierfür erforderlichen Buckel fristgerecht markiert

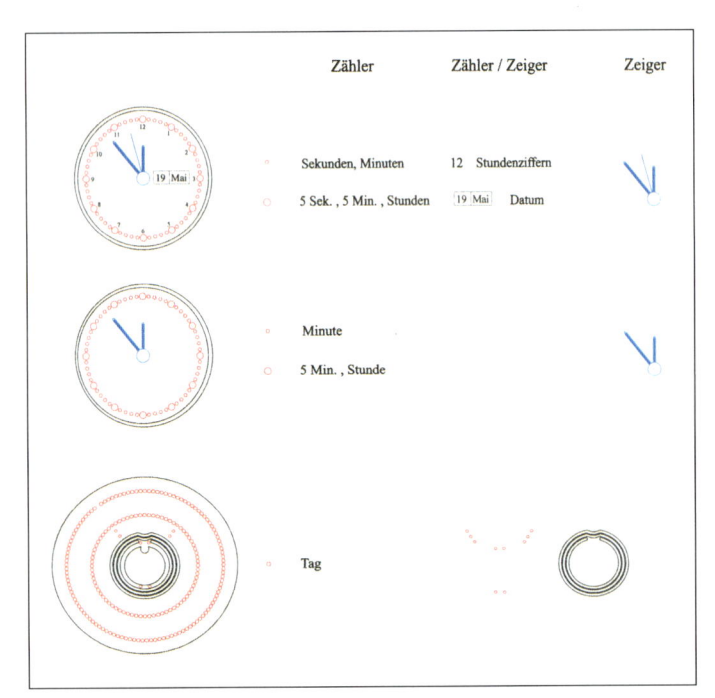

Abb. 2: Piktogramme zur Zeitmessung.
(Abb. 2–10: Idee: Jens May und Reiner Zumpe.
Technische Umsetzung: Robert-Sebastian Kröger).

wurden. Für die Kennzeichnung bzw. Markierung der Buckel auf bronzenen Objekten kommt am ehesten Farbe oder Kreide in Betracht.

Da auch Goldblechkegel und anderweitige Goldblechgefäße mit einfachen Buckeln und Ringbuckeln versehen sind, besitzt die Analyse des Zeichenschatzes buckeldekorierter Bronzen einen unmittelbaren Bezug auf die Frage der Interpretation der Funktion dieser goldenen Gegenstände. Aus der jüngeren Bronzezeit und der frühen Eisenzeit in Nord- und Mitteleuropa waren bislang keine Gegenstände bekannt, die eine direkte Interpretation als Kalendarium erlaubten. Reich dekorierte Goldblechgefäße oder etwa der »Sonnenwagen« von Trundholm, vor allem aber bestimmte Ornamente des urnenfelderzeitlichen Motivschatzes wie die »Vogel-Sonnen-Barke« werden jedoch traditionell mit der religiösen Verehrung der Sonne in Verbindung gebracht[8].

Zu Beginn der jüngeren Bronzezeit in Mitteleuropa blicken Ägypten und insbesondere das Zweistromland bereits auf eine lange Tradition der Zeitbestimmung und Zeitberechnung zurück. Die Grundlage der antiken Zeitrechnungssysteme bildeten periodisch wiederkehrende, in der Regel gut zu beobachtende astronomische Erscheinungen, die eine Gliederung in annähernd gleichlange Zeitabschnitte erlauben. Hierzu zählen als natürliche Einheiten der heute etwa 24 Stunden umfassende Sonnentag, der synodische Mondmonat zu 29,531 Tagen und das tropische Sonnenjahr zu 365,242 Tagen. Aufgrund der Mondphasen (Neulicht, zunehmender Mond, Vollmond, abnehmender Mond und Neumond) gilt der synodische Mondmonat als die am leichtesten zu beobachtende und zu messende Himmelserscheinung. Er stellte deshalb in der Antike mit Ausnahme der reinen Sonnenkalender Ägyptens die wichtigste Grundlage von Zeitrechnungssystemen in Südeuropa und in großen Teilen Asiens dar. In Anlehnung an das Sonnenjahr bilden zwölf synodische Mondmonate ein Mondjahr zu 354,367 Tagen. Da dieses rund elf Tage weniger aufweist als das tropische Sonnenjahr, wandern dessen Beginn und Ende zwangsläufig durch den etwa 365 Tage umfassenden Sonnenzyklus.

Aus politischen und wirtschaftlichen Gründen wurden spätestens in der 1. Hälfte des 2. Jahrtausends v. Chr. in den Stadtstaaten Mesopotamiens regelhaft gebundene Mondkalender (lunisolare Kalender) eingeführt, die bis zur Julianischen Kalenderreform die dominierende Kalenderform in der antiken Mittelmeerwelt blieben. Grundlage der lunisolaren Zeitrechnung bildeten die synodischen Mondmonate und Mondjahre. Der Ausgleich der jährlich anwachsenden Differenzen zwischen Lunar- und Sonnenjahren wurde durch zyklische Zuschaltung (Interkalation) der erforderlichen Anzahl von Tagen meist am Ende von Mondjahren erreicht. Historisch bezeugt sind 3- und 8-Jahreszyklen, in deren Rahmen Mond- und Sonnenlauf in Übereinstimmung gebracht wurden. Am Ende der Entwicklung lunisolarer Kalendersysteme steht der 19-Jahreszyklus, der durch den Griechen Meton (432 v. Chr.) entwickelt wurde und im 4. Jahrhundert v. Chr. eine weitere Präzisierung durch Kallippos erfuhr[9].

Im folgenden soll nun die kalendarische Nutzbarkeit von drei buckeldekorierten Bronzen dargelegt werden, die im Norden Europas in den Boden gelangt sind. Hierbei handelt es sich um einen Schild, der »vermutlich aus Dänemark« stammt, in das 13.–11. Jahrhundert v. Chr. datiert[10] und den etwas jüngeren Herzsprung-Schilden (Abb. 1) typologisch sehr nahe steht, ein gegossenes nordisches Hängebecken von Lübtheen (Landkreis Ludwigslust, Mecklenburg-Vorpommern), das aus einem reichen Depotfund des 9.–8. Jahrhunderts v. Chr. stammt[11], eine Bronzeblechamphore des 8. Jahrhunderts v. Chr. aus Rørbæk (Kreis Gislum, Amt Aalborg, Jütland), die als Einzelfund aus einem Moor geborgen wurde, wahrscheinlich als Depot zu interpretieren ist und der Amphorengruppe »Vejo-Gevelinghausen-Seddin«[12] zugeordnet werden kann. Darüber hinaus wird auf andere buckeldekorierte Bronzen verwiesen.

Auf fast allen untersuchten Objekten wird durch die Buckelzahl einer Reihe oder eines Abschnittes eine Zeitphase annähernd exakt definiert. Von entscheidender Bedeutung sind in diesem Zusammenhang besondere Zeichen. So trennen auf dem Schild »vermutlich aus Dänemark« (Abb. 3) die 3 x 2 kugelköpfigen Niete (grün) für den Schildriemen die innere Buckelreihe in zwei Abschnitte zu fünfzehn (gelb) und 59 Buckel (rot), wobei der letzte Wert der Anzahl an Tagen von zwei Mondmonaten entspricht. Die Niete für den Schildriemen, die einen etwas geringeren Durchmesser als die getriebenen Buckel besitzen, haben in diesem Zusammenhang die Funktion von »Zeigern« inne. Eine ähnlich strukturierte Teilung einer Reihe in zwei Abschnitte liegt auf dem Hängebecken von Lübtheen vor (Abb. 5). Dort bedingen zwei etwas größere Buckel in ihrer Eigenschaft als »Zeiger/Zähler« zwei Abschnitte zu fünf (grün) und zu 58 Buckeln (rot). Mit den 58 Buckeln ist also auch hier die Dauer von zwei Mondmonaten dargestellt. Die Buckelzahlen aller anderen, das heißt der Mehrheit der Reihen und Abschnitte, entsprechen hingegen erst durch regelhafte Addition untereinander der Anzahl von Tagen synodischer Mond- bzw. Sonnenmonate.

Die kalendarische Systematik liegt demnach in der Addition der Buckelzahlen aus den Reihen und Abschnitten begründet. Dabei sind zwei grundsätzliche kalendarische Zählweisen zu unterscheiden. Sie bestehen einerseits in der punktuellen Zählung in Monatsschritten und andererseits in der kontinuierlichen Zählung über Jahre hinweg[13]. Beide Zählungen gehen mitunter ineinander über. Was zunächst die punktuelle Zählweise in Verbindung mit der direkten Definition von

255

Zeitabschnitten betrifft, ist der Vergleich zwischen dem Schild »vermutlich aus Dänemark« und dem Lübtheener Becken besonders aufschlussreich (Abb. 5). Auf beiden ist nicht nur die direkte Definition von jeweils zwei Mondmonaten (rot) lage- und abgrenzungstechnisch identisch, sondern im Prinzip auch die Berechnung von vier Mondmonaten (blau + grün). Dies ist um so erstaunlicher, als es sich um zwei äußerlich und funktional völlig verschiedene Gegenstände handelt, die zudem aufgrund ihrer unterschiedlichen relativchronologischen Datierung offensichtlich nicht gleichzeitig in Gebrauch waren.

Auf dem Schild »vermutlich aus Dänemark« (Abb. 3) können in punktueller Zählweise durch Summenbildung unter anderem problemlos zwei, vier und sechs Mond- und Sonnenmonate ermittelt werden. Auf dem Hängebecken von Lübtheen (Abb. 6) ist unter anderem hingegen das systematische Zählen von zwei, vier, sechs, acht, zehn und zwölf Mondmonaten sowie von drei, sechs und neun Sonnenmonaten möglich. Bei den Additionsvorgängen werden am Beispiel des Hängebeckens zwei Aspekte besonders deutlich. Erstens fällt auf, dass die

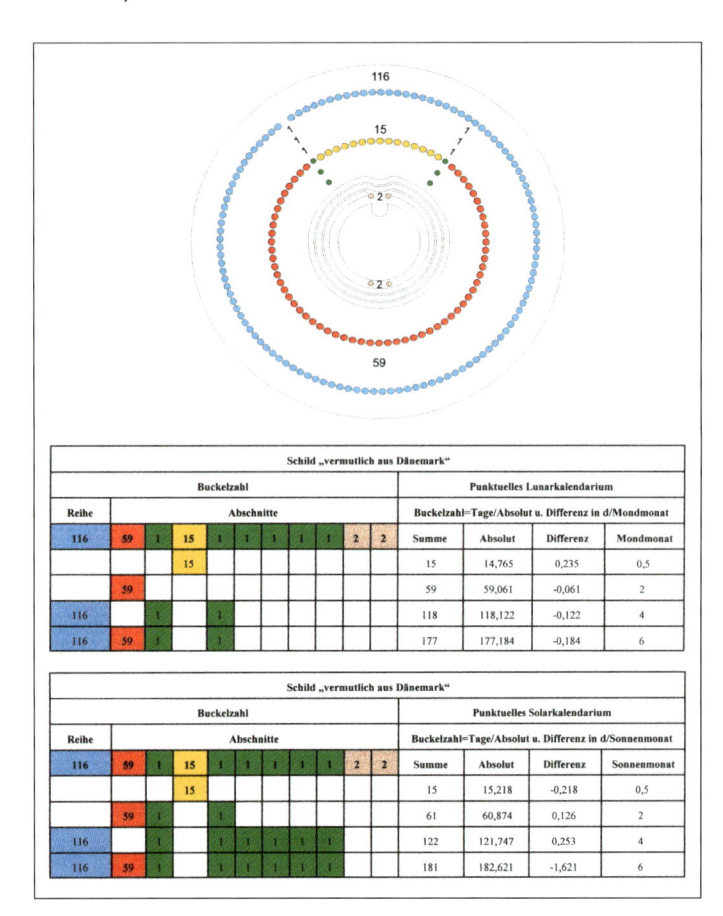

Abb. 3: Punktuelle lunare und solare Zählung auf dem Schild »vermutlich aus Dänemark«.

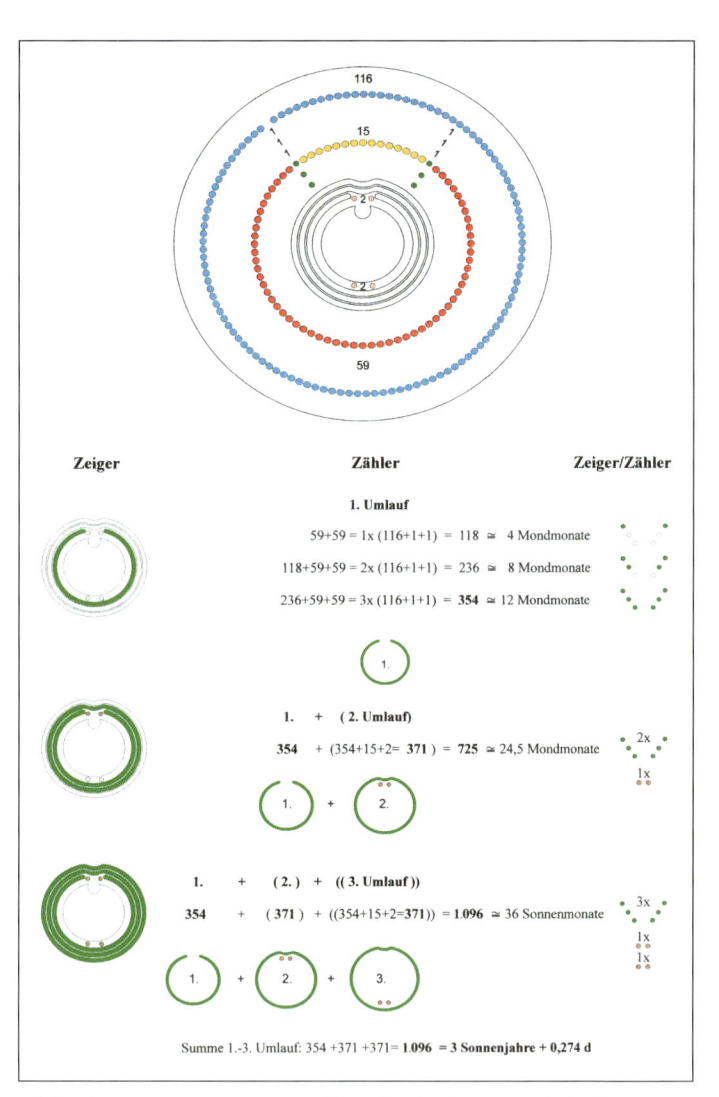

Abb. 4: Interpretationsvorschlag für die kontinuierliche lunisolare Zählung auf dem Schild »vermutlich aus Dänemark« im 3-Jahres-Zyklus.

äußere Reihe mit 114 Buckeln (blau) nur innerhalb der lunaren Zählung Verwendung findet. Die Reihe mit 33 Buckeln (gelb), die im Zentrum des Objektes liegt, ist hingegen nur im Zuge der solaren Zählung von Bedeutung. Demnach sind beide Reihen offensichtlich für jeweils eine Zählung vorgesehen. Zähltechnisch geht damit das Ablesen von zwölf synodischen Mondmonaten, also eines Mondjahres zu 355 Tagen, über die vier äußeren Reihen/Abschnitte und das Ablesen von neun Sonnenmonaten zu 274 Tagen über die vier inneren Reihen/Abschnitte einher. Zweitens kann das Mondjahr zu 355 Tagen in zwei Halbjahre zu 177 und 178 Tagen gegliedert werden. Dabei ergibt die Addition der Buckel der außen angeordneten Reihen (blau) bzw. Abschnitte (rot/grün) und der beiden zentralen Reihen (braun) jeweils ein halbes Jahr. Hier liegt offensichtlich eine jener mathematischen Gesetzmäßigkeiten vor, von denen die Urheber der Kalendarien Kenntnis hatten[14].

Weitaus komplizierter als die punktuelle mathematische Ermittlung lunarer und solarer Zeitabschnitte, die allein auf der einfachen Addition von Buckelzahlen beruht, gestaltet sich die Suche nach der kontinuierlichen lunisolaren Zählweise über Jahre hinweg. Dabei ist durchaus fraglich, ob die bekannten antiken lunisolaren Zyklen der östlichen Mittelmeerwelt wie etwa der 3- und 8-Jahreszyklus im Norden in gleicher Weise zur Anwendung kamen. Die Schwierigkeiten bestehen vor allem darin, die Funktion und den Sinngehalt der besonderen Ornamente auf den Bronzen im Detail zu entschlüsseln. Nur diese

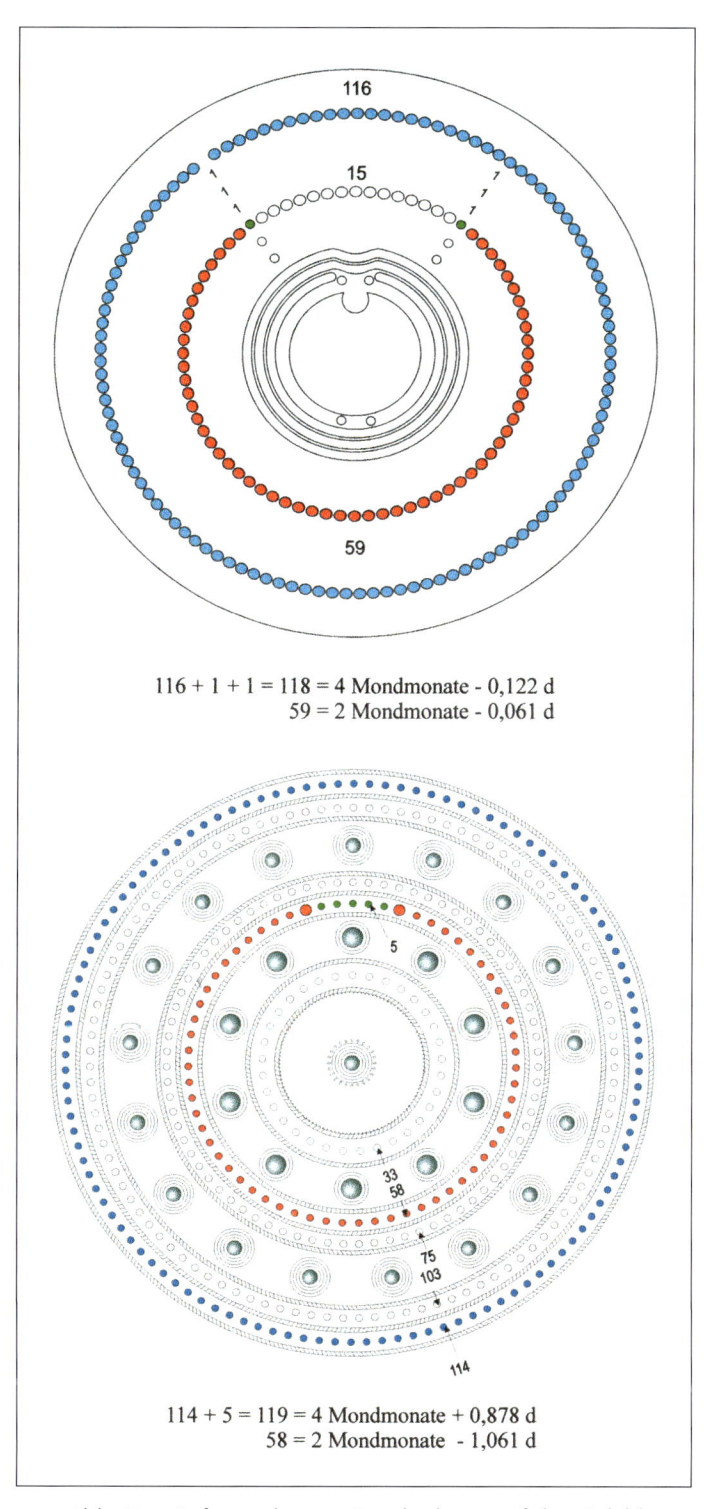

Abb. 5: Definition lunarer Zeitabschnitte auf dem Schild »vermutlich aus Dänemark« und dem Hängebecken von Lübtheen im Vergleich.

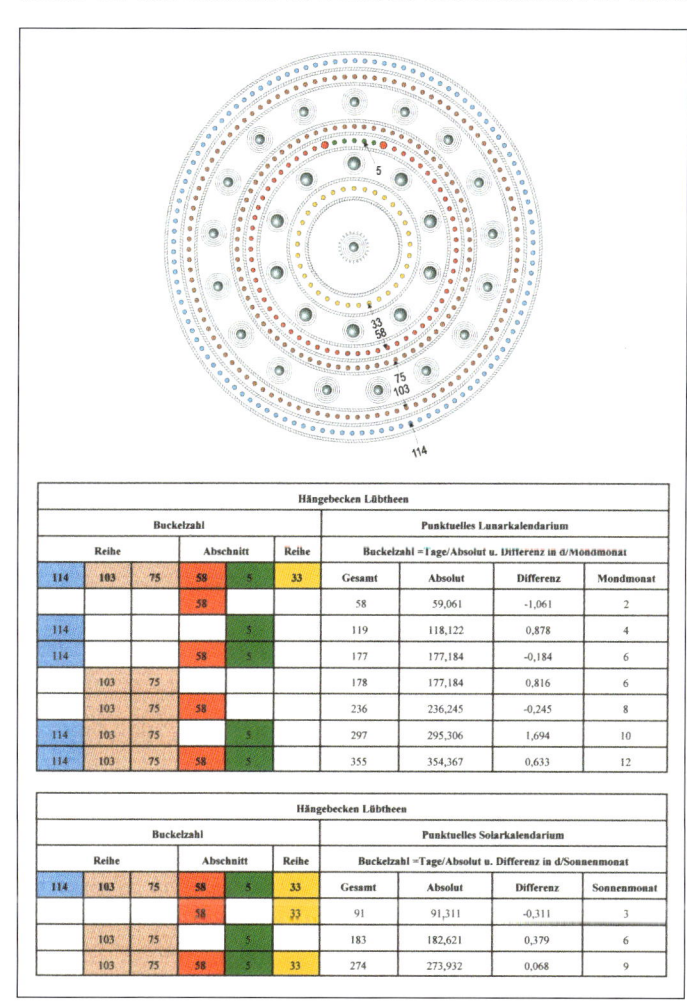

Abb. 6: Punktuelle lunare und solare Zählung auf dem Hängebecken von Lübtheen.

257

kommen für eine Ermittlung des Ablaufes der kontinuierlichen Zählweise in Frage. Im folgenden wird davon ausgegangen, dass die besonderen Ornamente als »Zähler/Zeiger« bzw. als »Zeiger« genutzt wurden. Sie stellen eine Art »Bedienungsanleitung« dar und gestatten zugleich eine rasche Orientierung innerhalb des Kalendariums.

Auf dem Schild »vermutlich aus Dänemark« (Abb. 3) stehen sowohl die 3 x 2 profilierten Niete (grün) des Schildriemens, die 2 x 2 profilierten Niete der Schildfessel (braun) als auch die zentrale Ornamentik in Form einer offenen ringförmigen Leiste und zwei weiterer, jedoch durch sichelähnliche Symbole geschlossener Leisten (grün) als »Zähler/Zeiger« bzw. als »Bedienungsanleitung« zur Verfügung[15]. Im Rahmen des Interpretationsvorschlages für die kontinuierliche lunisolare Zählung des Schildes werden genau diese Leisten im Zusammenspiel mit den profilierten Nieten mit Zeitabschnitten im Sinne von Umläufen gleichgesetzt. Dem ersten Umlauf, für den die innerste offene Leiste (grün) als Symbol steht, liegt ein abakusartiger Additionsvorgang zugrunde, an dem die Reihe mit 116 Buckeln (blau), der Abschnitt mit 59 Buckeln (rot) und jeweils ein Nietpaar (grün) beteiligt sind. Am Ende des ersten Umlaufs sind alle drei grünen Nietpaare verbraucht. Die innerste offene Leiste ist im Ergebnis der Rechnung mit 354 gleichzusetzen, was zwölf Mondmonaten bzw. einem Mondjahr entspricht. Dieses Mondjahr bildet die Basis für den zweiten Umlauf, als dessen Symbol die innere geschlossene Leiste (grün) als »Zähler/Zeiger« zu gelten hat. Für das sichelartige Gebilde bzw. für die Delle in der Leiste werden zusätzlich und positionsgerecht die fünfzehn gelb markierten Buckel sowie zwei der vier profilierten Niete der Schildfessel hinzuaddiert (Interkalation). Danach liegen für den zweiten Umlauf 371 Zähler vor. Erster und zweiter Umlauf ergeben zusammen 725, was etwa 24,5 Mondmonaten entspricht. Der dritte Umlauf wird auf die gleiche Weise berechnet wie der zweite Umlauf. Die Summe aller drei Umläufe ergibt den Wert 1096 und somit sehr exakt drei Sonnenjahre.

Für die kontinuierliche lunisolare Zählung des Hängebeckens von Lübtheen stehen als »Zähler/Zeiger« bzw. als »Bedienungsanleitung« die insgesamt zehn Buckel mit jeweils zwei umlaufenden Ringen (im folgenden B2R = rot) und die insgesamt achtzehn Buckel mit jeweils vier umlaufenden Ringen (im folgenden B4R = blau) zur Verfügung (Abb. 6). Aufgrund der in den Reihen und Abschnitten verborgenen Systematik wird vorgeschlagen, das Zeichen B2R mit dem Abschnitt zu 58 Buckeln (rot) gleichzusetzen und für das Zeichen B4R zunächst den Wert 119 anzunehmen, der sich als Summe aus der Reihe mit 114 Buckeln (blau) und dem Abschnitt mit fünf Buckeln (blau) ergibt (Abb. 7). Damit entspräche das Zeichen B2R einem Zeitabschnitt von zwei Mondmonaten, das Zeichen B4R hingegen einem Zeitabschnitt von vier Mondmonaten. Die

⊙ = 1 x B2R = 58 = 2 Mondmonate - 1,061 d

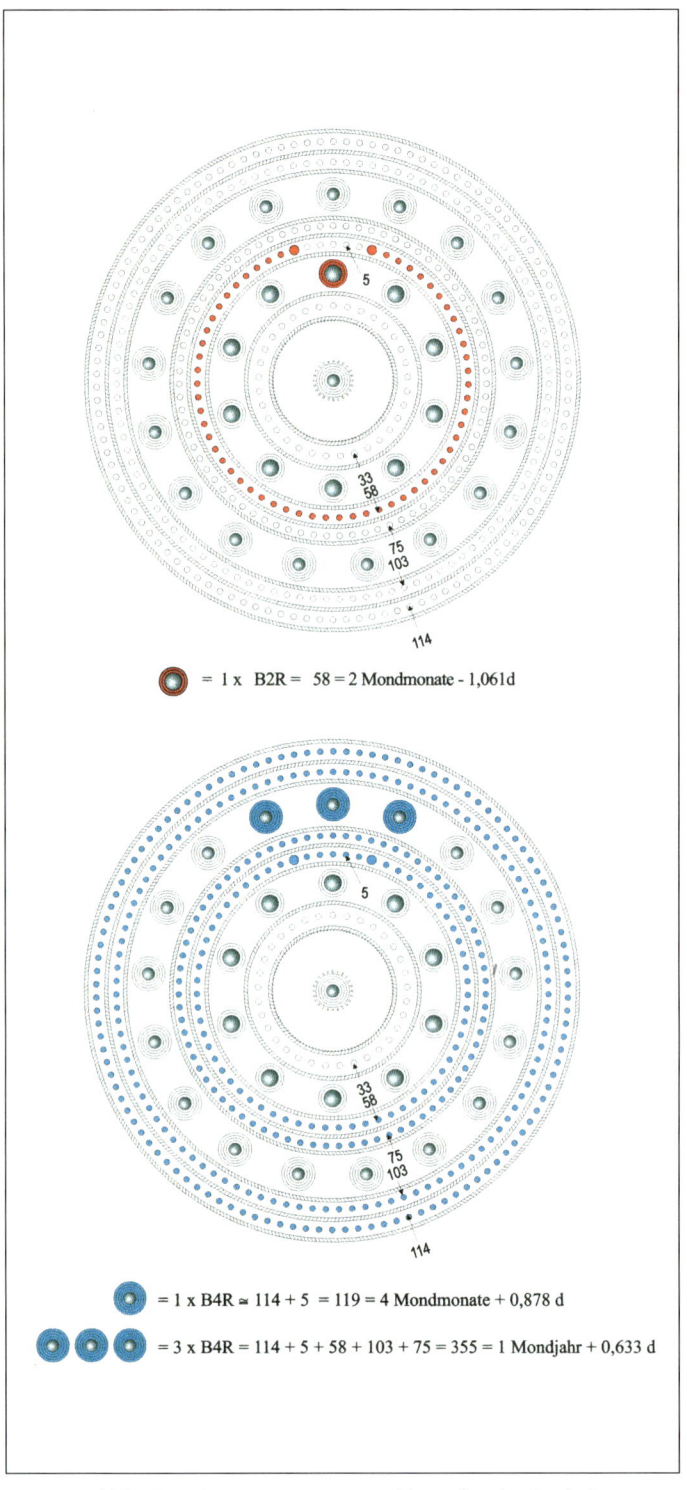

⊙ = 1 x B4R ≈ 114 + 5 = 119 = 4 Mondmonate + 0,878 d

⊙⊙⊙ = 3 x B4R = 114 + 5 + 58 + 103 + 75 = 355 = 1 Mondjahr + 0,633 d

Abb. 7: Interpretationsvorschläge für die Buckel mit zwei und vier Ringen auf dem Hängebecken von Lübtheen.

Anzahl der jeweiligen Ringe ist demnach mit der Anzahl der zugeordneten Mondmonate identisch. Die Summe aus B4R + B4R + B4R = 3 x B4R ist jedoch mit dem Wert 355, also mit einem Mondjahr, kongruent, worüber noch zu diskutieren ist[16].

Das Mondjahr zu 355 Tagen setzt sich, wie bereits oben geschildert, aus den Buckeln in den vier äußeren Reihen (blau) zusammen. Nach Ablauf dieser Frist hätten also 3 x B4R markiert werden müssen. Für die kontinuierliche lunisolare Zählung des Hängebeckens von Lübtheen sind zwei Varianten vorstellbar (Abb. 8). Erstens die Kombination aus (10 x B2R) + (1 x B4R). Da das Zeichen B4R im Zentrum des Objektes von einem Strahlenkranz (gelb) umgeben ist und sich das gleiche Motiv auch an der Leiste der Reihe mit 33 Buckeln (gelb) wiederholt, sind diese 33 Buckel zusätzlich zu addieren (Interkalation). Die Summe ergibt 732, was zwei Sonnenjahren entspricht. Da das Zeichen B4R insgesamt achtzehnmal vorhanden ist, kann der Zyklus ebenso häufig gezählt werden. Der ermittelte Zwei-Jahres-Zyklus wird dem Prinzip nach von innen nach außen realisiert.

Die zweite Variante misst den insgesamt 18 x B4R, die in sechs Gruppierungen zu jeweils 3 x B4R gegliedert werden können, die zentrale Bedeutung zu. Dabei entsprechen 6 x 3 x B4R insgesamt sechs Mondjahren zu 2130 Tagen. Am Ende dieses Zyklus wird 1 x B2R = 58 addiert, woraus sechs Sonnenjahre resultieren[17]. Da 10 x B2R vorhanden sind, kann dieser Zyklus auch zehnmal durchlaufen werden. Im Gegensatz zu dem Zwei-Jahres-Zyklus wird der Sechs-Jahres-Zyklus im Prinzip von außen nach innen gezählt. Das Grundprinzip der lunisolaren Zeitrechnung auf dem Lübtheener Becken besteht demnach darin, in den einfachen Buckelreihen bzw. -abschnitten systematisch nach Vorgabe der Ringbuckel zu zählen und sowohl die einfachen Buckel als auch die Ringbuckel nach Ablauf der jeweiligen Fristen zu markieren.

Auf den numerischen Charakter der Ringbuckel hat Wilfried Menghin im Zuge seiner Interpretation der Goldblechkegel als Kalenderhüte erstmalig hingewiesen[18]. Die gesamte Theorie der kalendarischen Nutzung von Goldblechkegeln baut auf der These auf, dass einem Ring der Wert eines Tages zuzuordnen sei. Demnach entspräche einem Buckel mit zwei Ringen (B2R) ein Zeitabschnitt von zwei, einem Buckel mit vier Ringen (B4R) ein Zeitabschnitt von vier Tagen. Anders als bei den hier bislang besprochenen Bronzen stehen jedoch auf den Goldblechkegeln im Prinzip keine zählbaren Buckel als Äquivalent des Zahlenwertes der Ringbuckel bzw. für die numerische Interpretation der zahlreichen Sonderzeichen zur Verfügung. Außerdem deuten die Untersuchungen der Ringbuckel auf dem Hängebecken von Lübtheen und der noch zu behandelnden Amphore von Rørbæk darauf hin, dass die einzelnen Ringe nicht für Tage sondern als Symbole für Mondmonate zu gelten haben.

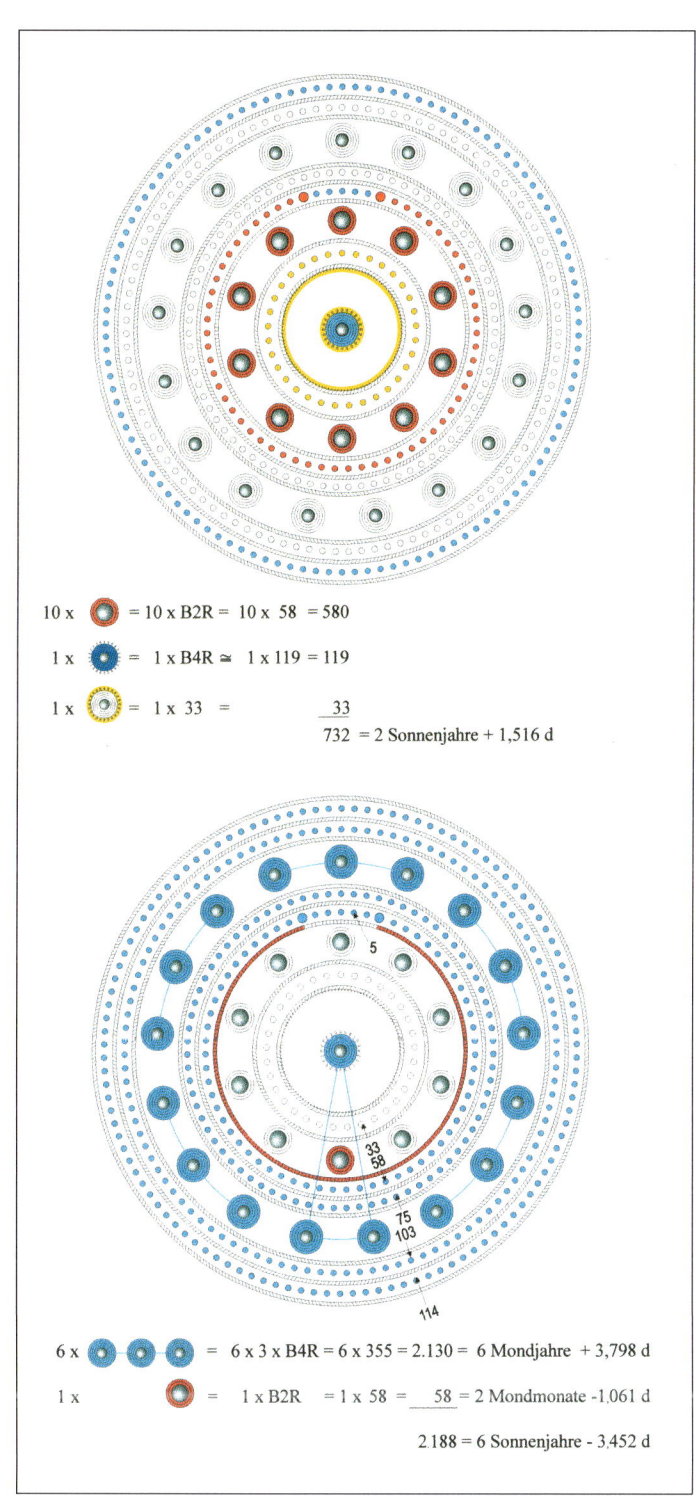

Abb. 8: Interpretationsvorschläge für die kontinuierliche lunisolare Zählung auf dem Hängebecken von Lübtheen im 2- und 6-Jahres-Zyklus.

Variante 1

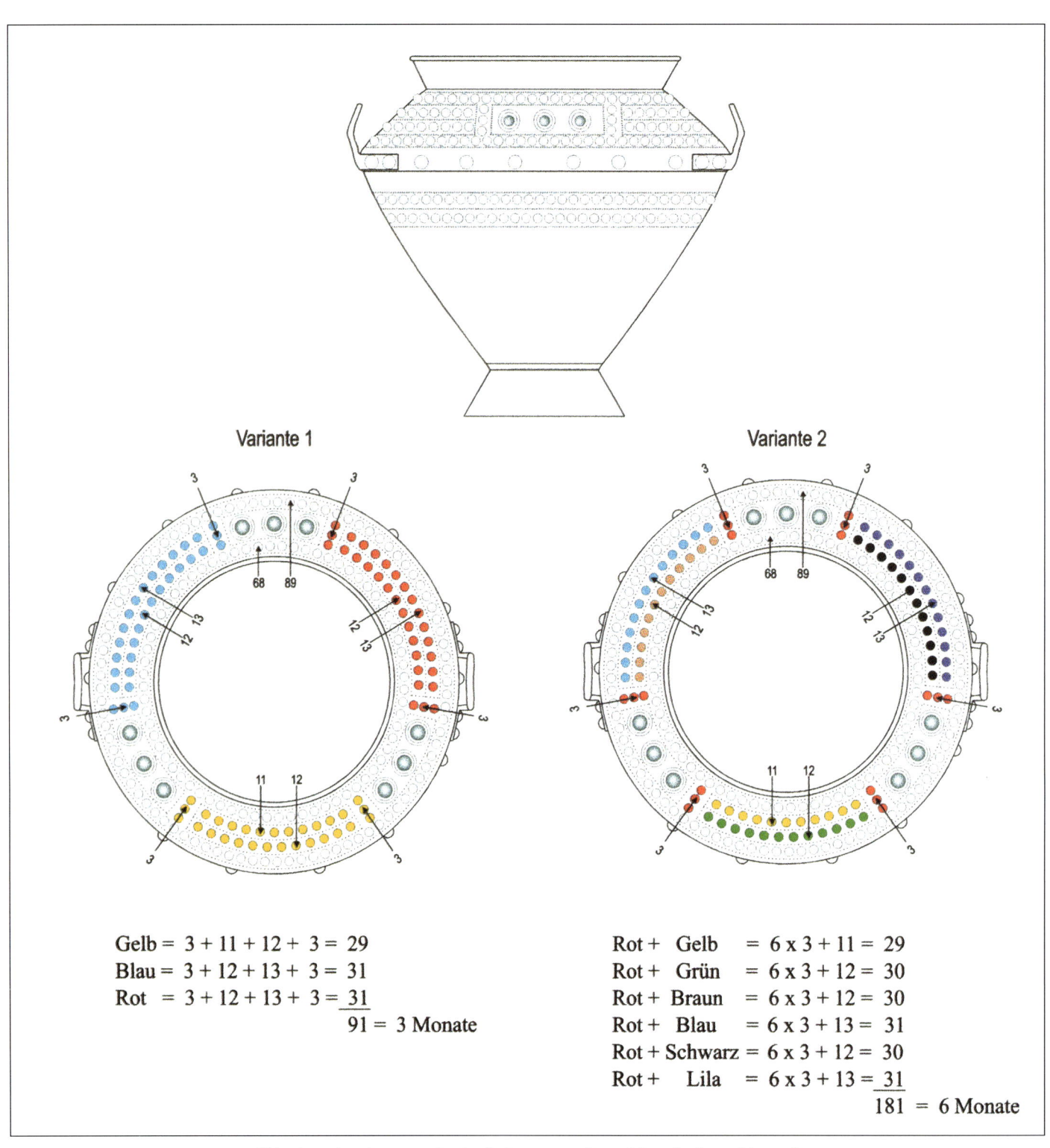

Variante 2

Gelb = 3 + 11 + 12 + 3 = 29
Blau = 3 + 12 + 13 + 3 = 31
Rot = 3 + 12 + 13 + 3 = 31
                        ―――
                        91 = 3 Monate

Rot + Gelb   = 6 x 3 + 11 = 29
Rot + Grün   = 6 x 3 + 12 = 30
Rot + Braun   = 6 x 3 + 12 = 30
Rot + Blau   = 6 x 3 + 13 = 31
Rot + Schwarz = 6 x 3 + 12 = 30
Rot + Lila   = 6 x 3 + 13 = 31
                            ―――
                            181 = 6 Monate

Abb. 9: Amphore von Rørbæk. Seitenansicht und Draufsichten Oberteil. Zählung von Monaten.

Interpretationsvorschlag kontinuierliche lunare Zählung

Interpretationsvorschlag kontinuierliche solare Zählung

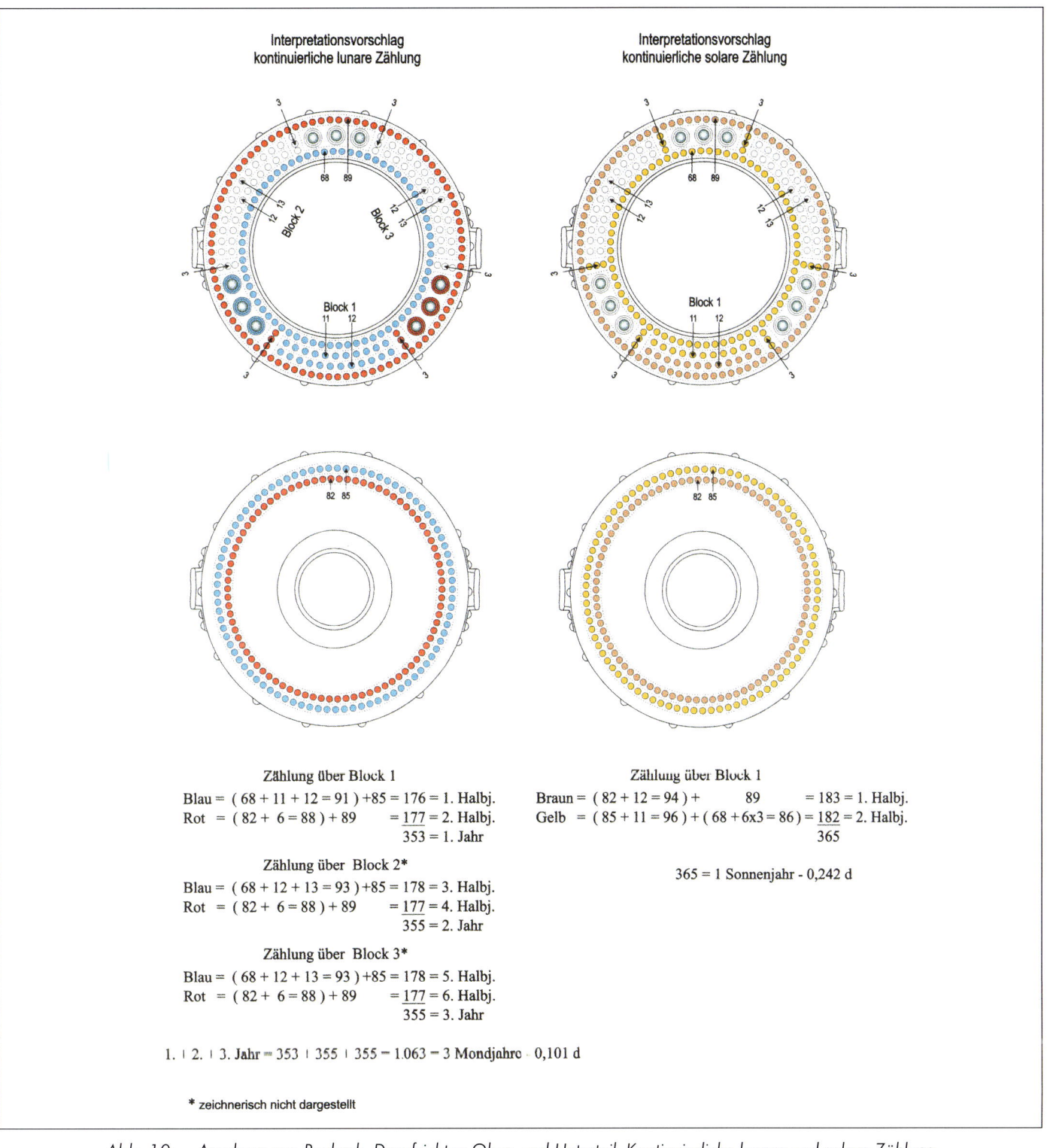

Zählung über Block 1
Blau = (68 + 11 + 12 = 91) +85 = 176 = 1. Halbj.
Rot = (82 + 6 = 88) + 89   = 177 = 2. Halbj.
                                   353 = 1. Jahr

Zählung über Block 2*
Blau = (68 + 12 + 13 = 93) +85 = 178 = 3. Halbj.
Rot = (82 + 6 = 88) + 89   = 177 = 4. Halbj.
                                   355 = 2. Jahr

Zählung über Block 3*
Blau = (68 + 12 + 13 = 93) +85 = 178 = 5. Halbj.
Rot = (82 + 6 = 88) + 89   = 177 = 6. Halbj.
                                   355 = 3. Jahr

1. | 2. | 3. Jahr = 353 | 355 | 355 = 1.063 = 3 Mondjahre - 0,101 d

* zeichnerisch nicht dargestellt

Zählung über Block 1
Braun = (82 + 12 = 94) +   89   = 183 = 1. Halbj.
Gelb = (85 + 11 = 96) + (68 + 6x3 = 86) = 182 = 2. Halbj.
                                               365

365 = 1 Sonnenjahr - 0,242 d

Abb. 10: Amphore von Rørbæk. Draufsichten Ober- und Unterteil. Kontinuierliche lunare und solare Zählung von Halbjahren und Jahren.

Dennoch kann an der Kalenderfunktion der Goldblechkegel kein Zweifel bestehen. Im Vergleich zu den Bronzen liegen auf diesen jedoch wesentlich abstrakter organisierte Kalendarien vor, die einer parallelen Zählung einfacher Buckel offensichtlich nicht bedurften. Möglicherweise diente deshalb der Zeichenschatz der Goldblechkegel ausschließlich der Visualisierung von Zeitabschnitten. Beachtlich sind außerdem die Differenzen bezüglich der hier vorgetragenen Interpretation der numerischen Werte der Ringbuckel. Die Gleichsetzung eines Ringes mit einem Mondmonat – wie für die bronzenen Kalendarien angenommen – würde auf den Goldblechkegeln nämlich eine erhebliche Verlängerung der im Musterkanon verborgenen kalendarischen Zyklen bedingen.

Die Amphore von Rørbæk weist im Vergleich zu den bislang besprochenen Gegenständen keine ebene Projektionsfläche für die Darstellung der Buckel auf. Vielmehr sind diese regelhaft auf einem doppelkonischen Körper abgedrückt. Anders als bei dem Schild »vermutlich aus Dänemark« und dem Hängebecken von Lübtheen erfolgt die Gliederung des Buckelpotenziales in Reihen und Abschnitte nicht etwa durch besondere Niete oder durch vergleichsweise überdimensionierte Buckel, sondern vielmehr durch feine Punzlinien. So ist das Oberteil der Amphore durch Punzlinien streng geometrisch gegliedert, wobei die Absonderung von Abschnitten mit elf und zwölf (Block 1) sowie von zwölf und dreizehn Buckeln (Block 2 und 3) naturgemäß die punktuelle Zählung von Zeitabschnitten begünstigt (Abb. 9, 10). Im Hinblick darauf soll im folgenden lediglich die Berechnung eines Monats erläutert werden. Hierfür stehen zwei Varianten zur Verfügung (Abb. 9). Je nachdem, ob die sechs Abschnitte mit je drei Buckeln paarweise oder vollständig gezählt werden, ist das Markieren von drei Monaten zu 29, 31, 31 Tagen bzw. von sechs Monaten zu 29, 30, 30, 31, 30, 31 Tagen möglich. Bei den durch Addition ermittelten Werten ist jedoch nicht zu entscheiden, ob es sich um Mond- oder Sonnenmonate handelt.

Für die kontinuierliche lunare Zählung über Jahre hinweg liefern die drei trapezförmigen Aussparungen mit jeweils drei Buckeln, die von jeweils zwei Ringen (B2R) umgeben sind, als »Bedienungsanleitung« nur bedingt Anhaltspunkte. Da im Zuge der Untersuchung des Lübtheener Beckens vorgeschlagen wurde, dass das Zeichen B2R einem Zeitabschnitt von zwei Mondmonaten entspricht, sind auf der Amphore für je 3 x B2R folgerichtig 3 x 2 Mondmonate, also ein Mondhalbjahr, zum Ansatz zu bringen. Mondviertel- und vor allem Mondhalbjahre (rot und blau) können tatsächlich nach einem festen Zählrhythmus mit hoher Exaktheit ermittelt werden (Abb. 10). Nach Ablauf eines Mondhalbjahres wären demnach 3 x B2R, also der gesamte Zeichenschatz einer Aussparung zu markieren. Da nach dem vorgeschlagenen Zählsystem insgesamt drei Mondjahre zu 353, 355 und 355 Tagen gebildet werden können, müssten die 3 x B2R auf jeder Aussparung insgesamt zweimal gekennzeichnet werden.

Die Zählung der einzelnen Mondjahre erfolgt im Grunde von der obersten Reihe des Oberteiles (blau) über die Abschnitte mit elf und zwölf (Block 1) bzw. zwölf und dreizehn Buckeln (Block 2–3) zur obersten Reihe des Unterteiles (blau) und kehrt sodann über die unterste Reihe des Unterteiles (rot) zur untersten Reihe des Oberteiles (rot) zurück. Durch diese Zählweise werden auch Viertel- und Halbjahre respektiert. Wie bereits dargelegt, können über die Blöcke 1–3 drei Mondjahre zu 353, 355 und 355 Tagen[19] ausgezählt werden. Hinter dieser Sequenz verbirgt sich der Umstand, dass die reale Zeitspanne eines Mondjahres nicht der Summe von ganzen Tagen bzw. einer natürlichen Zahl, sondern einem Dezimalbruch entspricht. Über den Zyklus von 353 + 355 + 355 = 1063 erfolgt eine maximale Annäherung an die tatsächliche Dauer von drei Mondjahren, die 1063,101 Tage beträgt. Bei dem skizzierten Vorgang handelt es sich demnach um eine Interkalation innerhalb des Mondkalendariums.

Im Gegensatz zum Schild »vermutlich aus Dänemark« und zum Hängebecken von Lübtheen, bei deren punktueller Zählung der Dualismus zwischen lunaren und solaren Zeitabschnitten bereits offenkundig wurde, der Ausgleich der Differenzen zwischen Mond- und Sonnenjahren jedoch komplizierter Interkalationen bedurfte, kann auf der Amphore von Rørbæk ein Sonnenjahr zu 365 Tagen direkt abgezählt werden (Abb. 10). Die Zählung des Sonnenjahres erfolgt im Prinzip von der untersten Reihe des Unterteiles (braun) über den Abschnitt mit zwölf Buckeln in Block 1 (braun) zur untersten Reihe des Oberteiles (braun) und wendet sich sodann über die oberste Reihe des Unterteiles (gelb) und über den Abschnitt mit elf Buckeln in Block 1 (gelb) zur obersten Reihe des Oberteiles (gelb) einschließlich aller Abschnitte mit drei Buckeln (gelb). Nach dieser Zählweise werden genau wie bei der kontinuierlichen lunaren Zählung auch während der solaren Zählung Viertel- und Halbjahre weitgehend respektiert.

Es ist sehr bemerkenswert, dass lunare und solare Jahreszählungen auf der Amphore von Rørbæk tendenziell verschiedene Zählrichtungen aufweisen. Während die lunare Jahreszählung mit der obersten Reihe des Oberteiles einsetzt und mit der untersten Reihe des Oberteiles endet, beginnt die solare Zählung völlig entgegengesetzt mit der untersten Reihe des Unterteiles und endet im Bereich der Abschnitte mit drei Buckeln im Zentrum des Oberteiles. Eine fast identische lunare und solare Jahreszählung wurde auch auf der Amphore von Seddin festgestellt, auf der neben den obligatorischen Mondjahren zwei Sonnenjahre zu 365 und 366 Tagen ermittelt werden können[20]. Wenn die hier am Beispiel der Amphore von Rørbæk dargelegte Zählfolge lunarer und solarer Jahre richtig ist, könnten beide Zählungen auf dem Objekt gleichzeitig begonnen und vorgenommen worden sein. Demnach wäre eine parallele Zählung von Mond- und Sonnenjahren wahrscheinlich, die keiner Interkalation bedurfte. Möglicherweise diente der Mondkalender auf der Amphore von Rørbæk aufgrund der besseren Beobachtungsbedingungen der Mondphasen nur noch der Kontrolle bzw. Korrelation des Sonnenkalenders[21], der bereits dominierte.

Wie die bislang nicht abgeschlossenen Untersuchungen zeigen, darf für eine ganze Reihe von bronzenen Luxusgütern des »Nordischen Kreises«, der Urnenfelder- und Hallstattkulturen sowie der früheisenzeitlichen Kulturen Mittelitaliens eine Verwendung als lunisolare Kalender im weitesten Sinne in Betracht gezogen werden, insofern die entsprechenden Gegenstände mit »zählbaren« Buckeln versehen sind. Hierzu gehören neben den Vertretern der Amphorengruppe »Vejo-Gevelinghausen-Seddin« insbesondere Rundschilde, Herzsprungschilde[22], nordische Hängebecken, Eimer sowie italische Schilde und Feldflaschen. Auch die aufwendig dekorierten Goldblechkegel und Goldblechgefäße dienten mit Sicherheit der Visualisierung von Zeitabschnitten. Einige dieser Objekte, wie etwa die Goldblechkegel[23] oder die im Norden extrem dünnblechigen und für den Kampf völlig ungeeigneten Schilde vom Typ Herzsprung[24], wurden durch die Forschung von jeher als Zeremonialgegenstände interpretiert.

Bemerkenswert scheint in diesem Zusammenhang auch die Entwicklung der buckeldekorierten Schilde in Italien vom reinen Kampfschild zum ausgesprochenen Zierschild während des 8.–7. Jahrhunderts v. Chr.[25] Selbst nordische Hängebecken erscheinen hin und wieder außerhalb eines profanen Zusammenhanges, wie das mit Hirnmasse und Salben gefüllte Becken von Neu Grebs[26] zeigt. Im Gegensatz zu der mit »Vogel-Barken« und »Vogel-Sonnen-Barken« dekorierten Amphore von Gevelinghausen[27], konnte nur bei den ausgesprochen schlichten Amphoren von Herzberg, Seddin und Rørbæk[28] nicht von vornherein an eine andere Bestimmung als die Verwendung als Mischgefäße oder Teile von Geschirrsätzen[29] gedacht werden, gleichwohl derartige Bronzen als Prestigegüter dem sakralen Handlungsrahmen nicht entzogen waren, wie insbesondere die Art ihrer Niederlegung eindrucksvoll demonstriert.

Mit der hier vorgetragenen These zur Kalenderfunktion buckeldekorierter Bronzen erfährt die Interpretation der untersuchten Objekte als vergegenständlichte Äußerung der geistigen Lebenswelt der Bronzezeit einen neuen gedanklichen Ansatz. Das bislang nur in wenigen Grundzügen fassbare nord-, mittel- und südeuropäische Kalenderwesen ist vermutlich eng mit der Entstehung, der Verbreitung und dem Sinngehalt des Symbolgutes der Urnenfelderkultur verknüpft. Denkbar ist vor allem ein von Eliten getragener Ideentransfer im Zuge der Vermittlung der Prestigegüter durch Handel oder Schenkung.

Ob und inwieweit die Besitzer der als Kalendarien gedeuteten Gegenstände insbesondere im Norden in der Lage waren, das kalendarische Potenzial in vollem Umfang zu nutzen, lässt sich gegenwärtig nicht sicher beantworten. Dies ist aber um so wahrscheinlicher als die betreffenden Gegenstände im Umfeld der jeweiligen Verbergungsorte hergestellt worden sind. Grundsätzlich ist den geistigen Schöpfern der Motive und Dekore ein komplexes materialkundliches, mathematisches und zugleich astronomisches Wissen zu unterstellen. Ob es sich bei diesen um die Bronzeschmiede selbst handelte, wie die eingangs geschilderte Szene der Herstellung eines Schildes für Achilleus erahnen lässt, oder ob die dekorbezogene Chiffrierung von Zeitabschnitten auf einen anderen Personenkreis zurückgeht, bedarf, wie auch die Frage der Kalendarien selbst, weiterer und umfassenderer Untersuchungen. Die dingliche Überlieferung von Kalendarien im archäologischen Fundstoff in Nord- und Mitteleuropa endet nach dem jetzigen Kenntnisstand mit der Aufgabe des »Punkt-Buckel-Stiles« bzw. des »Leisten-Buckel-Stiles« in der Mitte des 1. Jahrtausends v. Chr. zu Beginn der Latènezeit. Erst mit dem hochentwickelten gallischen Kalender von Coligny des 1. Jahrhunderts v. Chr.[30], liegt wiederum ein gegenständliches Zeugnis der Zeitmessung und Zeitberechnung vor.

Anmerkungen

1 Homer: Ilias. 18. Gesang, 473–488. Zitiert nach der Übersetzung von Roland Hampe. Stuttgart 1979, S. 392–393. Den vorliegenden Beitrag widmen die Verfasser Frau Prof. Dr. R. Müller.
2 Gerhard Dohrn- van Rossum: Uhr, Uhrmacher. In: Lexikon des Mittelalters, Bd. 8. München 1997, S. 1182.
3 Peter Schauer: Der Rundschild der Bronze- und frühen Eisenzeit. In: Jahrbuch des Römisch-Germanischen Zentralmuseums, Bd. 27, 1980, S. 196–248, bes. S. 233–235, Taf. 13.
4 Jens May – Klaus-Jürgen Schmidt: Ein jungbronzezeitliches Metallgefäßdepot von Herzberg, Kr. Neuruppin. In: Ausgrabungen und Funde, Bd. 38, 1993, S. 73–80.
5 Waltraud Bohm: Die Vorgeschichte des Kreises Westprignitz. Leipzig 1937, Taf. 34, Abb. 8.
6 P. Schauer (Anm. 3), S. 234–235, Taf. 8.
7 Jens May – Reiner Zumpe: Kalendarien in der jüngeren Bronzezeit im nördlichen Mitteleuropa. Ein Beitrag zur Interpretation buckelverzierter Amphoren und Schilde. In: Bernhard Hänsel (Hrsg.): Mensch und Umwelt in der Bronzezeit Europas, Kiel 1998, S. 571–574. Jens May – Reiner Zumpe: Mondkalender der jüngeren Bronzezeit und frühen Eisenzeit in Nord- und Mitteleuropa. In: Heinrich Beck u.a. (Hrsg.): Reallexikon der germanischen Altertumskunde, Bd. 20. Berlin – New York 2002, S. 171–177.
8 Ernst Sprockhoff: Nordische Bronzezeit und frühes Griechentum. In: Jahrbuch des Römisch- Germanischen Zentralmuseums Mainz, Bd. 1, (1953) 1954, S. 28–110. Hermann Müller-Karpe: Bronzezeitliche Heilszeichen. In: Jahresbericht des Institutes für Vorgeschichte der Universität Frankfurt a. M., 1978–79, S. 9–28. Georg Kossack: Bronzezeitliches Kultgerät im europäischen Norden. In: Cornelia Becker (Hrsg.): Chronos. Beiträge zur prähistorischen Archäologie zwischen Nord- und Südosteuropa. Festschrift für Bernhard Hänsel. Espelkamp 1997, S. 497–514, bes. S. 501–504.
9 Vgl. hierzu zusammenfassend: István Hahn: Sonnentage – Mondjahre. Über Kalendersysteme und Zeitrechnung. Leipzig – Jena – Berlin 1989. Martin P. Nilsson: Die Entstehung und religiöse Bedeutung des griechischen Kalenders. In: Scripta Minora, Bd. 1, 1960–61. Bartel Leenert van der Waerden: Die Astronomie der Griechen. Eine Einführung. Darmstadt 1988.
10 P. Schauer (Anm. 3).
11 Ernst Sprockhoff – Olaf Höckmann: Die gegossenen Bronzebecken der jüngeren Nordischen Bronzezeit. In: Kataloge vor- und frühgeschichtlicher Altertümer, Bd. 19. Mainz 1979, S. 101, Taf. 247.
12 Albrecht Jockenhövel: Eine Bronzeamphore des 8. Jahrhunderts v. Chr. von Gevelinghausen, Kr. Meschede (Sauerland). In: Germania, Bd. 52, 1974, S. 16–47, Taf. 6, Abb. 1.
13 Für die Verfasser bestand die Frage, nach welchen punktuellen, d.h. vergleichsweise kurzen Zeitabschnitten zu suchen sei. Hierfür bieten sich vor allem der gut beobachtbare synodische Mondmonat und dessen Vielfache als natürliche Zeitabschnitte an. In solarer Hinsicht stehen neben dem Tag (Sonnentag) insbesondere die Tagessummen der Jahreszeiten und das tropische Sonnenjahr als natürliche Abschnitte zur Verfügung. Keiner dieser solaren Zeitabschnitte entspricht aber in etwa der Dauer eines synodischen Mondmonats, der für die Zeitrechnung außerordentlich bedeutend ist. Um einen Vergleich der Zählrhythmen kurzer lunarer und solarer Zeitabschnitte überhaupt vornehmen zu können, wurde das tropische Sonnenjahr in zwölf gleich lange Abschnitte, d.h. in »Sonnenmonate« gegliedert, was letztendlich eine willkürliche Teilung und somit eine mathematische Hilfskonstruktion darstellt, wie sie in ähnlicher Form noch heute existiert. Eine Zwölfteilung des Sonnenjahres scheint insoweit jedoch gerechtfertigt, als zwölf synodische Mondmonate (Mondjahr) der Tageszahl eines tropischen Sonnenjahres am nächsten kommen. Ob auch die Tagessummen der Jahreszeiten anhand der Buckel auf den Bronzegegenständen dargestellt sind und abgelesen werden können, ist ungewiss. Diesbezüglich muss mit numerischen Sachzwängen gerechnet werden, die sich möglicherweise allein bereits aus der Gestalt der Datenträger (Amphore = doppelkonisch, Schild = eben) ergeben. Vielleicht existierten aus praktischen Erwägungen heraus auch andere unnatürliche Gliederungen des Sonnenjahres, also reine zahlentechnische Systeme.
14 Dieser Gesetzmäßigkeit liegen die mit dem Kreis verknüpften Besonderheiten zu Grunde. Bei Objekten, auf denen beispielsweise vier Buckelreihen (1 + 2 + 3 + 4) mit einem geeigneten Durchmesser sowie mit gleicher Buckelgröße und mit gleichem Buckelabstand in einer Ebene liegen, entspricht die Summe der beiden äußeren Reihen (1 + 4) in etwa der Summe der beiden zentralen Reihen (2 + 3), wie am Beispiel des Lübtheener Beckens gezeigt werden konnte. Auf dem Schild 1 von Herzsprung, dessen Buckelreihen sogar im Oval angeordnet sind, funktioniert dies im Prinzip noch immer. Auf diesem sind Reihen mit 203, 185, 167 und 152 Buckeln abgedrückt. So ergeben 203 + 152 = 355 und 185 + 167 = 352, was im übrigen je einem Mondjahr, in der Summe also zwei Mondjahren entspricht; siehe J. May – R. Zumpe: Kalendarien (Anm. 7), Abb. 1.
15 Auf den beiden Schilden von Herzsprung sind die Sichelsymbole sehr viel markanter ausgeprägt. Die Schildfesselniete auf diesen Schilden besitzen keine profilierten Köpfe mehr, weil sie keine kalendarischen Funktionen im Sinne von »Zählern/Zeigern« mehr innehatten; siehe P. Schauer (Anm. 3), Taf. 8. J. May – R. Zumpe: Kalendarien (Anm. 7), Abb. 1.
16 Im Zuge der Objektanalyse haben die Verfasser den Eindruck gewonnen, dass dem Schmied bzw. dem Chiffrierer bei der Herstellung des Beckens ein Fehler unterlaufen ist. Es ist durchaus vorstellbar, dass die äußerste Reihe mit 114 Buckeln einen Buckel zu viel enthält. Werden nur 113 Buckel angenommen, würde die Summe der vier äußeren Reihen genau 354 ergeben. Das Dilemma bei der numerischen Interpretation von 1 x B4R = 119 und 3 x B4R = 355, was mathematisch nicht kongruent ist (Abb. 7), wäre dann mit 1 x B4R = 118 und 3 x B4R = 354 aufgehoben. Setzt man für 1 x B4R den Wert 118 ein, würde bei der lunisolaren Berechnung im Zwei-Jahres-Zyklus mit 731 ein exakteres Ergebnis erzielt werden. Da 3 x B4R nun folgerichtig 354 ergeben, würde jedoch der unter Abb. 8 berechnete Sechs-Jahres-Zyklus nicht mehr funktionieren. Dafür ergäbe sich dann über die Rechnung aus (3 x 3 x B4R + 33) + (3 x 3 x B4R + 33) = (3 x 354 + 33) + (3 x 354 + 33) = 2.190 = 6 Sonnenjahre – 1,452 Tage ein klassischer Drei-Jahres-Zyklus, der zweimal durchlaufen wird.
17 Siehe Anm. 16.
18 Wilfried Menghin: Der Berliner Goldhut und die goldenen Kalendarien der alteuropäischen Bronzezeit. In: Acta Praehistorica et Archaeologica, Bd. 32, 2000, S. 31–108, bes. S. 70–71, Abb. 33, 36.
19 Auf der Amphore von Rørbæk können nach einem anderen Zählsystem über die Blöcke 1–3 insgesamt sechs Mondjahre zu 353, 354, 354, 355, 354, 355 Tagen abgelesen werden; siehe J. May – R. Zumpe: Mondkalender (Anm. 7), Tab. 1. Nur am Rande sei bezüglich ganzer Mondjahre hier noch erwähnt, dass beispielsweise auf dem Oberteil der Amphore aus dem Königsgrab von Seddin exakt 354 Buckel abgedrückt waren. Auch auf der Amphore von Gevelinghausen lässt sich nach den publizierten Zählergebnissen aus den obersten drei Reihen mit 99, 102 und 152 Buckeln ein Mondjahr zu 353 Tagen bilden; siehe A. Jockenhövel (Anm. 12), S. 19.
20 Jens May: Das Königsgrab von Seddin. In: Archäologie in Deutschland, Bd. 18, Heft 3, 2002, S. 8–15.
21 Die jährliche Differenz von rund elf Tagen zwischen einem Mond- und Sonnenjahr würde sich auf der Amphore von Rørbæk nach Ablauf des ersten Mondjahres in dem strahlenförmigen Abschnitten mit drei Buckeln widerspiegeln, da zu diesem Zeitpunkt vier dieser Abschnitte im Rahmen der solaren Zählung frei bleiben. Auf der Amphore von Seddin werden die jährlich wachsenden Differenzen hingegen in den beiden Abschnitten mit 43 Buckeln sichtbar; siehe J. May (Anm. 20).

22 Auf dem Schild von Nackhälle (Halland, Schweden) werden fünfzehn eingepunzte Vögel von Buckeln eingerahmt, deren Summe der Tageszahl von fünfzehn Mondmonaten entspricht; siehe P. Schauer (Anm. 3), Taf. 7. Demnach könnte das Vogelsymbol auf diesem Schild als Piktogramm für einen Mondmonat interpretiert werden. Der Zusammenhang zwischen urnenfelderzeitlicher Vogelsymbolik und dem Mond wurde zuletzt herausgearbeitet von Ursula Lappe: Bemerkung zur Deutung der Vogelplastiken in der Lausitzer Kultur anhand eines Grabes von Kötitz, Lkr. Meißen in Sachsen. In: Arbeits- und Forschungsberichte zur sächsischen Bodendenkmalpflege, Bd. 41, 1999, S. 27–35.
23 Peter Schauer (Hrsg.): Die Goldblechkegel der Bronzezeit. Ein Beitrag zur Kulturverbindung zwischen Orient und Mitteleuropa (Monographien des Römisch-Germanischen Zentralmuseums, Bd. 8). Bonn 1986, S. 69–79.
24 Claudia Derrix: Schilde und Fibeln. Bemerkungen zur bronzezeitlichen Kriegerverehrung in Nord- und Westeuropa. In: Cornelia Becker (Hrsg.): Chronos. Beiträge zur prähistorischen Archäologie zwischen Nord- und Südosteuropa. Festschrift für Bernhard Hänsel. Espelkamp 1997, S. 515–526, bes. S. 523.
25 Armgart Geiger: Treibverzierte Bronzerundschilde der italischen Eisenzeit aus Italien und Griechenland (Prähistorische Bronzefunde, Abt. 3, Bd. 1). Stuttgart 1994, S. 119.
26 Friedrich Just: Das Hügelgrab von Neu Grebs, Kr. Ludwigslust. In: Bodendenkmalpflege in Mecklenburg, Jahrbuch 1968, S. 191–210, bes. S. 198–199.
27 A. Jockenhövel (Anm. 12), Taf. 1–3.
28 Siehe Anm. 4, 5, 12.
29 Christina Jacob: Metallgefäße der Bronze- und Hallstattzeit in Nordwest-, West- und Süddeutschland (Prähistorische Bronzefunde, Abt. 2, Bd. 9). Stuttgart 1995, S. 175–178. Siehe auch Anm. 4.
30 Garrett Olmstedt: The Gaulish Calendar. Bonn 1992.

Abb. 1: Der Kalender von Coligny, Musée de la Civilisation gallo-romaine, Lyon.

Max Gschaid

Ein keltischer Kalender: Der Bronzekalender von Coligny

Der Kalender wurde im Jahre 1897 im Bereich der Flur »En Chataignerat«, am Nordrand des Ortes Coligny (Dép. Ain), 24 km nordöstlich von Bourg-en-Bresse aufgefunden[1]. Vermischt mit seinen Fragmenten fand man auch die Bruchstücke einer 1,74 m großen Marsbronze, die aus stilistischen Gründen, insbesondere aufgrund der Ähnlichkeit mit der Marsbronze vom Montmatre d'Avallon (Dép. Yonne), bald nach der Mitte des 1. Jahrhunderts n. Chr. gefertigt worden sein dürfte[2]. Die heute im Musée de la Civilisation gallo-romaine in Lyon aufbewahrte Bronzestatue konnte gänzlich restauriert werden.

Statue und Kalender waren mit großer Wahrscheinlichkeit Teil eines Altmetalldepots an der Straße Lyon – Bourg-en-Bresse – Lons-Le-Saunier – Besançon, da Sondierungen in der Umgebung der Fundstelle keine Spuren einer sakralen Örtlichkeit aus römischer Zeit erbrachten. Beide Objekte gehörten zweifellos zum Inventar eines Heiligtums bzw. zweier verschiedener Heiligtümer. Eine regionale sequanische oder ambarrische Herkunft ist dabei anzunehmen. Mit dem Ende der von den »civitates« oder »pagi« getragenen öffentlichen gallo-römischen Religion, deren spätes und letztlich nur aufgrund der Machtverhältnisse bewirktes Ausklingen im südlichen Jura die Viten der Juraväter[3] erzählen, hatten Kalender und Marsbronze nur mehr den Wert von Altmetall.

Allerdings stellt der Kalender von Coligny kein singuläres Zeugnis dar, da man kleine Fragmente vergleichbarer Kalender im Wasser des Lac d'Antre (Gemeinde Villards d'Héria) und zu seinen Füßen im Bachbett der Héria fand[4]. Über der Héria errichtete man im späten 1. und 2. Jahrhundert n. Chr. einen monumentalen Tempelbezirk, dessen architektonische Reste als Pont des Arches bezeichnet werden[5].

Die öffentliche Funktion des in Coligny gefundenen Kalenders ist insbesondere aus seinen Maßen ablesbar: 1,48 m Breite und 0,90 m Höhe. Weniger als 50% des Kalenders sind erhalten; die 153 geborgenen Bruchstücke sind heute in einer Art Zick-Zack-Puzzle an ihrem ursprünglichen Platz angeordnet[6], eines der bedeutendsten Exponate im Lyoner Museum (Abb. 1, 2). Angesichts der Monumentalität der Bronzetafel ist davon auszugehen, dass es sich beim originären Aufstellungsort kaum um ein kleines ländliches »fanum« gehandelt hat, vielmehr um ein Heiligtum zumindest regionaler Bedeutung. Die Kultstätten am und zu Füßen des Lac d'Antre, die für die »civitas Sequanorum« von zentraler Bedeutung waren, zeigen beispielhaft die religiöse und politische Funktion einer derartigen Kultstätte. Das 30 km westlich vom Lac d'Antre gelegene Coligny lag in römischer Epoche im sequanisch-ambarrischen Grenzgebiet[7]. Ob letztere eine eigenständige »civitas« gebildet haben, muss allerdings als fraglich gelten.

Auf Basis paläographischer Kriterien, insbesondere unter Berücksichtigung der Pedimente der Buchstaben A, M und N – Merkmale, die auf Steininschriften nicht vor der Mitte des 2. Jahrhunderts vorkommen –, datierte Robert Marichal den Kalender in das entwickelte 2. Jahrhundert[8]. Zweifellos ist der Kalender aber deutlich jünger als die Tabula Claudiana von Lyon. Rudolf Thurneysen stellte bereits 1899 fest, dass auf dem Kalender die Buchstaben C und G kaum, wenn überhaupt, differenziert sind[9]. Dies ist insofern zu betonen, als Paul-Marie Duval und Georges Pinault die Schreibweisen »Cutios« und »Qutios« im Jahre 5 »Gutios« gelesen haben[10], eine Lesung, der schwerlich beizupflichten ist, zumindest ist dem Verfasser kein Fall bekannt, in dem Q als G zu lesen wäre. Das archaisierende q kann zum Beispiel in Merqurio c ersetzen. Kurz, die Varianten C / Q könnten im Falle des Kalenders von Coligny für keltisch *kw* stehen[11]. Der norische Personennamen Cucius (oder Cucio)[12], bei dem eine komplette Silbe mit dem Vokal /u/ gegeben ist, plädiert nicht zuletzt für diese Interpretation. Die Tatsache, dass auf dem Kalender die Innovation *kw > p* nicht vollzogen ist, spricht für eine regionale, wohl sequanische Herkunft des Kalenders von Coligny, da auch der Stammesname Sequani die allgemeine gallische Lautverschiebung zu /p/ nicht vollzogen hat, wie schon John Rhys feststellte[13].

P.-M. Duval und G. Pinault haben zutreffend festgestellt, dass die Datierung des Kalenders in das 2. Jahrhundert n. Chr. keineswegs einen Anhaltspunkt für die zeitliche Bestimmung des zugrundeliegenden Kalendersystems sowie der damit implizierten astronomischen Beobachtungen bietet[14]. Diese gehören fraglos in die Epoche vor Cäsars Gallischen Krieg (58–51 v. Chr.) sowie seiner Reform des römischen Kalenders[15]. Bei dem ursprünglich von den Kelten verwendeten Kalender handelt es sich um einen Mondkalender mit einer Periodisierung von dreißig Jahren[16]. Die Periode beginnt, wie Plinius berichtet[17], am sechsten Tag nach Neumond. Der

Kalenderbeginn gilt nach Plinius für die dreißigjährige Periode, den Jahresbeginn und den Monatsbeginn. Danach hatte der ursprüngliche keltische Kalender 371 Monate mit 10956 Tagen. Auf diesem ursprünglichen keltischen Kalender basiert der Kalender von Coligny. Er teilt das Jahr in komplette (»matu«-) Monate mit dreißig Tagen, die ihrerseits in zwei Abschnitte von fünfzehn Tagen unterteilt waren, und unvollständige Monate mit 29 Tagen (»anmatu«- bezeichnet)[18], unterteilt in fünfzehn und vierzehn Tage. Der dreißigjährige Kalender war, wie Diodors auf Poseidonios beruhender Beschreibung eines alle fünf Jahre bei den gallischen Stämmen stattfindenden Festes zu entnehmen ist[19], in sechs fünfjährige Abschnitte eingeteilt, die sich auch auf dem Kalender von Coligny finden. Damit wird klar, dass die Kelten sechs Mondphasen mit fünf Jahren kannten, nicht vier mit 25 Jahren, wie im heutigen System. Legt man eine Periode von dreißig Jahren, 371 Monaten und 10956 Tagen zugrunde, so wich dieser Kalender im Zeitraum von dreißig Jahren gegenüber der Sonnenzeit um 1,266 Tage ab, 10957,266 Tage gegen 10956 Tage, das heißt alle 24 Jahre blieb dieser Mondkalender gegenüber dem solaren Kalender um einen Tag zurück.

Zur Erhöhung seiner Genauigkeit weist der Kalender von Coligny zwei voneinander unabhängige Präzisierungen auf[20]. So führte man einen Schaltmonat von dreißig Tagen alle zweieinhalb Jahre ein, ausgenommen am Beginn der Dreißig-Jahres-Periode. Bei der Entwicklung dieses Schemas entwickelten die Druiden – es spricht nichts dagegen, die »Herren der Zeitrechnung« so zu bezeichnen – ein variables Jahr von 353–355 Tagen, denen man alle zweieinhalb Jahre einen Schaltmonat mit dreißig Tagen hinzufügte. So erhielt man einen Fünf-Jahres-Zyklus mit 62 Monaten und 1831 Tagen. Da jedoch fünf Sonnenjahre einen Zeitraum von 1826,211

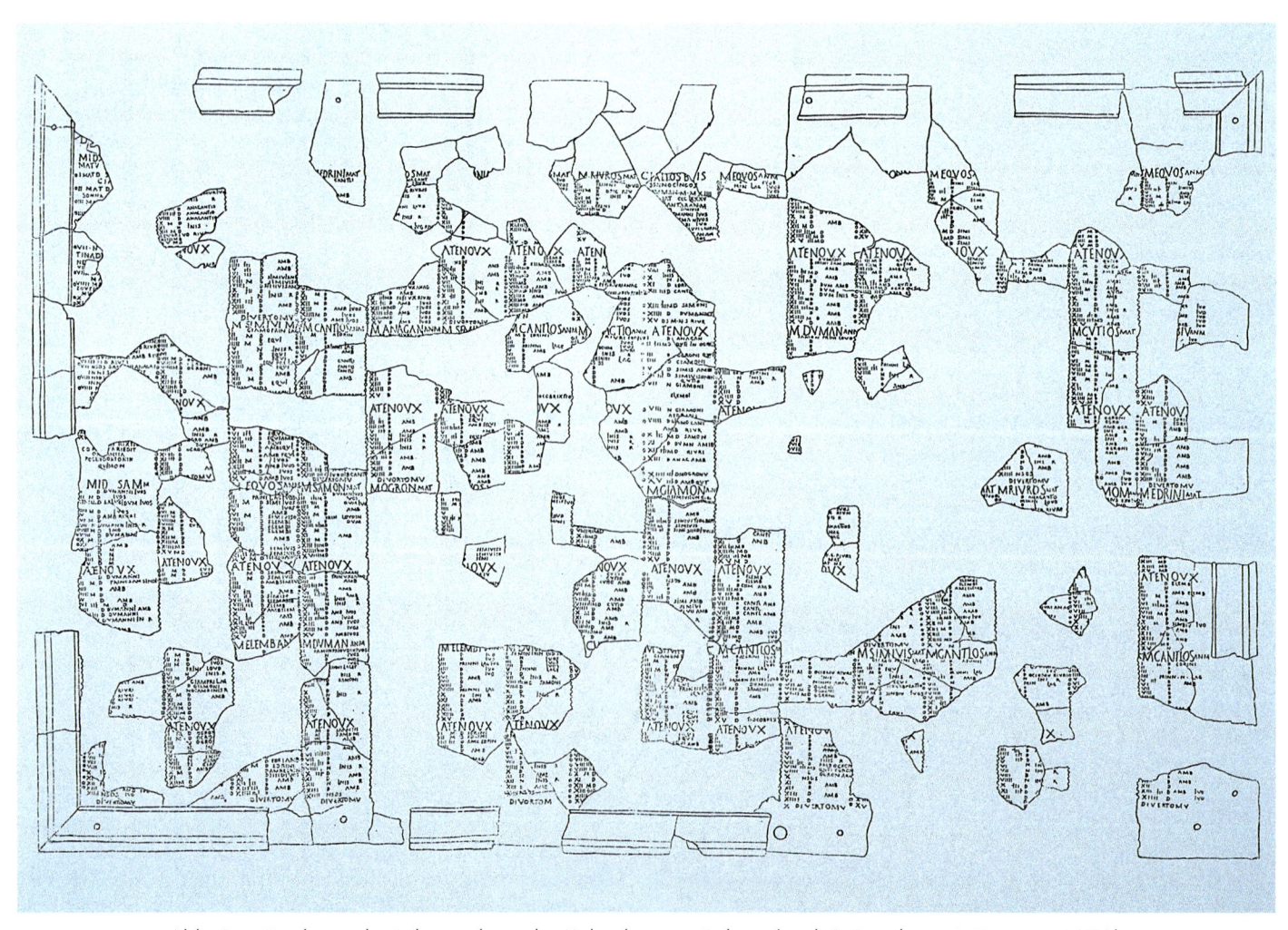

Abb. 2: Zeichnerische Rekonstruktion des Kalenders von Coligny (nach S. Boucher – S. Tassinari 1976).

Tagen umfassen, besteht zum Mondkalender mit 1831 Tagen eine Abweichung von 4,789 Tagen. Innerhalb von fünf fünfjährigen Mondphasen von je 1831 Tagen addieren sich folglich 23,945 Tage. In der ersten Fünf-Jahres-Phase ohne Schaltmonat mit 1801 Tagen gehen jedoch 25,211 Tage verloren, so dass sich für die gesamte Dreißig-Jahres-Periode eine Abweichung gegenüber der Sonnenzeit von 1,266 Tagen ergibt.

Der andere Weg zur Präzisierung des Kalenders war folgender: Um die Verspätung des Sonnenjahres gegenüber dem Mondjahr des Kalenders von 4,789 Tagen pro Fünf-Jahres-Zyklus auszugleichen, erhielt der Kalender interkalierte Tage, die mit einem N* markiert wurden (die sogenannten N-Marker). Die Zahl dieser Tage entsprach der Anzahl der Tage, an denen sich die Sonnenwenden eher ereigneten. Die Abkürzung N* steht daher für gallisch »noux«, das wiederum ein Kürzel für NS* = noux »sonno« (Sonnennacht) ist. Dadurch dass er einen Fünf-Tages-Sprung für jede Fünf-Jahres-Periode ansetzte, bewegte dieser ursprüngliche 1831-Tages-Kalender den noux-Tag einen Tag pro Monat vorwärts, um den annähernden Rückfall der Sonne von einem Tag pro Monat auszugleichen. Garrett Olmsted berechnete, dass ein derartiger Kalender in der Lage ist, Sonnenpositionen mit einer Genauigkeit von drei Tagen vorherzusagen und eine theoretische Ungenauigkeit gegenüber dem Sonnenjahr von einem Tag pro 113 Jahren besitzt[21].

In einem letzten Schritt, vielleicht bald nach der Wende vom 2. zum 1. Jahrhundert v. Chr. und eventuell noch im Rahmen der ausschließlich oralen Tradierung des keltischen Kalenders vom Typ Coligny, wurde ein 1832-Tages-Kalender entwickelt, wie G. Olmsted ingeniös erschlossen hat. Dies geschah durch die Hinzufügung eines zusätzlichen Tages beim Monat »Equos« im vierten Jahr des Zyklus. Damit hatte der auf den heutigen September fallende Monat in diesem Jahr 29 Tage, 28 Tage im zweiten Jahr, während die Jahre 1, 3 und 5 des Zyklus dreißig Tage besaßen. G. Olmsted konnte darüber hinaus feststellen, dass der komplette Kalenderzyklus dem Zeitraum entspricht, der nötig ist, um die interkalierten Sonnwenden durch einen Zyklus von vollen dreißig Tagen zu führen. Die Aufteilung in fünf sechstägige Abschnitte (sechs Tage für jeden fünfjährigen Zyklus) veranlasste G. Olmsted zu der Überlegung, nicht ein Dreißig-Jahres-Zyklus mit sechs Fünf-Jahres-Perioden, die fünf Tage auseinanderliegen, sondern ein 25-Jahres-Kalender, der aus fünf Fünf-Jahres-Perioden mit entsprechenden Sonnwenddaten aufgebaut ist, deren zeitlicher Abstand sechs Tage beträgt, stelle das letzte Entwicklungsstadium des Kalenders dar. Entsprechend diesem Kalendersystem würde die Sonne einen Tag bei jedem 25-Jahres-Zyklus zurückbleiben. Die Folge der Marken **TII**, **ITI** und **IIT**, die gewöhnlich in Blöcke von drei Tagen geordnet an aufeinanderfolgenden Tagen erscheinen, die durch sechstägige Intervalle getrennt sind, deutet, wie G. Olmsted plausibel argumentiert, eine Folge von drei 25-Jahres-Zyklen an. Der zeitliche Abstand von sechs Tagen zwischen diesen Blöcken würde schließlich dem Lauf der Sonne durch die fünf fünfjährigen Phasen des 25-Jahres-Zyklus gleichkommen. Mit entsprechenden Marken, die in einem sechstägigen Abstand gesetzt waren, konnte das Voranschreiten der Sonne von einem Tag pro 25-Jahres-Zyklus angekündigt werden. Gemäß dieser Überlegung würde die Einteilung in sechstägige Abschnitte die reguläre Sonnenvoranschreitung von sechs Tagen pro Fünf-Jahres-Zyklus darstellen. **TII**, **ITI** und **IIT** würden entsprechend die drei aufeinanderfolgenden Voranschreitungen der Sonne für drei aufeinanderfolgende 25-Jahres-Zyklen beschreiben. Die **TII** Marken zeigen damit den eintägigen Rückfall der Sonne in jeder Fünf-Jahres-Periode sowie das Voranschreiten des Mondes um fünf Tage in diesem Zeitraum an. Auf diese Weise würde dieses Kalendersystem das astronomische Sonnenjahr lediglich um 0,055 Tage pro 25-Jahres-Zyklus verfehlen. Dies entspricht einer Genauigkeit des Mond-Sonnen-Kalenders von Coligny mit einer Abweichung gegenüber dem astronomischen Sonnenjahr von einem Tag pro 455 Jahren, eine außerordentliche Präzision, die erst im Jahre 1582 durch die Kalenderreform Papst Gregor XIII. wieder erreicht werden sollte[22].

Im Kontext einer Ausstellung, in der den Zeugnissen der bronzezeitlichen Zeitrechnung eine besondere Bedeutung zukommt, sind Berechnungen über die theoretische Entstehungszeit des keltischen Kalenders von herausragendem Interesse. In der Tat dürfte der 1831-Tages-Kalender einfach genug gewesen sein, um auch mündlich innerhalb der Priesterschicht der Kelten[23] tradiert worden zu sein. Da wir von einer oralen Tradierung des Kalenders bis in die Zeit Cäsars auszugehen haben, spricht einiges dafür, dass das im 2. Jahrhundert n. Chr. in den Bronzekalendern von Coligny und vom Luc d'Antre festgehaltene lunisolare Kalendersystem um die Wende vom 2. zum 1. Jahrhundert v. Chr. von den Sequanern bei ihrer durch den Stamm der Helvetier[24] erzwungenen Abwanderung aus dem Schweizer Mittelland in den Jura und sein westliches Vorland mitgebracht worden ist. Dabei vermutet G. Olmsted[25], der 1831-Tages-Kalender wäre auch von den Kelten in Irland verwendet worden, das, wie Barry Cunliffe[26] jüngst betonte, zwischen dem 6.–2. Jahrhundert v. Chr. eine isolierte Entwicklung genommen hatte. Jedenfalls hatten sich in der Mitte des 5. Jahrhunderts n. Chr., als mit dem Christentum der Julianische Kalender in Irland Eingang gefunden hatte, die irischen Feste des Sommerendes und Mitwinters von Mitte September auf den 1. August bzw. vom 22. Dezember auf den 1. November vorverlegt. Lässt man unberücksichtigt, dass der Julianische Kalender die Wintersonnenwende auf den 25. Dezember fixierte, die aufgrund der Ungenauigkeit des Kalenders im 5. Jahrhundert bereits auf den 28. Dezember fiel, so ergibt sich für das Mitwinterfest eine Abweichung gegenüber dem Sonnenjahr von 52 Tagen. Bei einer Ungenauigkeit des 1831-Tages-Kalenders von einem Tag pro 24 Jahren lässt sich auf Basis dieser sehr unsicheren Vorgaben erschließen, dass dieser pagane irische Kalender ursprünglich um die Wende vom 9. zum 8. Jahrhundert v. Chr. konzipiert wurde, das heißt am Übergang der Urnenfelderzeit zur Hallstattzeit[27].

Einen wesentlich präziseren Ansatz zur Berechnung der Anfänge des Kalendersystems bietet Plinius d. Ä. Er nennt als Beginn des keltischen Dreißig-Jahres-Kalenderzyklus den sechsten Tag des Neumondes[28]. Legt man die von G. Olmsted erschlossene Kalendergenauigkeit mit einer theoretischen Abweichung von einem Tag pro 113 Jahren zugrunde und unterstellt man, dass Plinius' Wissen auf dem Gewährsmann Poseidonios beruhte, der um 100 v. Chr. schrieb, berücksichtigt man ferner, dass der dreißigjährige Mondkalender anfänglich am ersten Tag des Neumondes begann, so erhält man einen Zeitraum von 565 Jahren (5 mal 113 Jahre). Rechnet man diese 565 Jahre vom Jahre 100 v. Chr. zurück, so dürften die konzeptionellen Anfänge des keltischen Dreißig-Jahres-Kalenders in der 1. Hälfte des 7. Jahrhunderts v. Chr. liegen.

Bei einem Voranschreiten des Mondes um fünf Tage und unter Einbeziehung einer möglichen Datierung der Beobachtungen von Plinius in den Zeitraum 150–100 v. Chr. betrachtet G. Olmsted eine Entstehungszeit des Kalenders zwischen 1150 und 1100 v. Chr. als wahrscheinlich[29]. Ohne entwickelte astronomisch-kalendarische Kenntnisse der vorangegangenen Bronzezeit wäre die Entstehung eines derartigen Kalendersystems in der frühen Eisenzeit nicht möglich gewesen.

»In der Nacht der Zeit«, wie P.-M. Duval[30] es formulierte, ist das keltische Kalendersystem sicherlich nicht entstanden. Gewiss, der Ansatz mit der Verschiebung der irischen Feste und der Unterstellung, dass man in Irland im 5. Jahrhundert n. Chr. noch die erste Entwicklungsstufe des keltischen Kalender verwandte, ist mehr als fraglich und daher sehr hypothetisch.

Wesentlich plausibler scheint jedenfalls die hier vorgeschlagene Berechnung auf Grundlage des Berichts von Plinius d. Ä. zu sein. Dabei sind zwei Voraussetzungen zu machen: Zum einen dürfte Plinius die Nachricht vom Beginn des keltischen Kalenders am sechsten Tag des Neumondes einem Gewährsmann verdanken, aller Wahrscheinlichkeit nach dem um 100 v. Chr. schreibenden Poseidonios. Zum anderen entspricht die theoretische Abweichung von einem Tag pro 113 Jahren der Genauigkeit des Dreißig-Jahres-Kalenders. Offenkundig ist, dass dieses komplexe Kalendersystem, dessen verschiedene Stadien sich im Kalender von Coligny finden, nur von einer elitären Priesterschicht über Jahrhunderte hinweg tradiert und weiterentwickelt werden konnte. Vieles spricht dafür, dass diese Zeitrechnung, die auf dem Kalender von Coligny und in kleinsten Fragmenten am Lac d'Antre überliefert ist, von der Priesterschicht der Sequaner entwickelt und bis in die hohe Kaiserzeit elaboriert worden ist. Dieses Kalendersystem dürften die Sequaner in den Jura mitgebracht haben, als sie, an der Wende vom 2. zum 1. Jahrhundert v. Chr. von den Helvetiern verdrängt, den Jura nach Westen überschritten. Erst hier kam es offensichtlich zur endgültigen schriftlichen Fixierung des Kalenders. Man kann daher zu Recht den in Coligny gefundenen Kalender als einen keltischen Kalender bezeichnen.

Anmerkungen

1 Ausführlich zu Fundort und Fundbedingungen: Paul-Marie Duval – Georges Pinault: Recueil des Inscriptions Gauloises (R. I. G.). Bd. 3: Les Calendriers (Coligny, Villards d'Héria) (Gallia, Supplément, Bd. 45). Paris 1986, XI-XIII, 1–5. Vgl. allgemein die kurzen Beschreibungen des Kalenders bei André Pelletier: La civilisation gallo-romaine de A à Z. Lyon 1993, S. 73. Bernhard Maier: Lexikon der keltischen Religion und Kultur. Stuttgart 1994, S. 81–82. Venceslas Kruta: Les Celtes. Histoire et dictionnaire. Des origines à la romanisation et au christianisme. Paris 2000, S. 552.
2 Stéphanie Boucher – Suzanne Tassinari (Hrsg.): Musée de la Civilisation gallo-romaine à Lyon. Bronzes antiques, Bd. 1: Inscriptions, statuaire, vaisselle. Lyon 1976, Nr. 43, 354. Claude Rolley: Le Montmatre d'Avallon. In: Revue archéologique, Heft 1, 1978, S. 167–174. Vgl. P.-M. Duval – G. Pinault (Anm. 1), S. 35. Claude Rolley: Le Montmatre d'Avallon. Remarques préliminaires. In: Mémoire de l'Académie des Sciences de Dijon, Bd. 122, 1973-75, S. 95 ff., bes. S. 102, Anm. 4, S. 103, Anm. 1. Wichtig auch Jean Marcadé. In: Revue archéologique de l'Est et du Centre-Est, Bd. 33, 1982, S. 35–42.
3 François Martine (Hrsg.): Vie des Pères du Jura (Sources chrétiennes, Bd. 142). Paris 1968.
4 P.-M. Duval – G. Pinault (Anm. 1), S. 251–262.
5 Lucien Lerat: Le sanctuaire de Villards d'Héria. In: Revue archéologique, 1981-82, S. 185–192 (= Bulletin de la Société Française d'Archéologie Classique, Bd. 14, 1979–80, S. 37- 44).
6 P.-M. Duval – G. Pinault (Anm. 1), Taf. 1, 2, 3, 4.
7 Max Gschaid: Die römischen und gallo-römischen Gottheiten in den Gebieten der Sequaner und Amberrer. In: Jahrbuch des Römisch-Germanischen Zentralmuseums, Bd. 41, 1994, S. 327–329, Abb. 1.
8 Robert Marichal: 4. Gravure et Alphabet. In: Paul-Marie Duval – Georges Pinault (Hrsg.): Recueil des Inscriptions Gauloises. Bd. 3: Les Calendriers (Coligny, Villards d'Héria) (Gallia, Supplement, Bd. 45). Paris 1986, S. 24, 26. Vgl. P.-M. Duval – G. Pinault (Anm. 1), S. 30–37.
9 Rudolf Thurneysen: Der Kalender von Coligny. In: Zeitschrift für celtische Philologie, Bd. 2, 1899, S. 523–544, bes. S. 524.
10 P.-M. Duval – G. Pinault (Anm. 1), S. 358: »Cu. V M Gutios Mat«.
11 Garrett Olmsted: The Gaulish Calendar. Bonn 1992, S. 196–197.
12 Fritz Lochner von Hüttenbach: Die römerzeitlichen Personennamen der Steiermark. Herkunft und Auswertung. Graz 1989, S. 65–66.
13 John Rhys: The Coligny Calendar. In: Proceedings of the British Academy, Bd. 4, 1909-10, S. 207–318. Vgl. Pierre-Yves Lambert: La langue gauloise. Description linguistique, commentaire d'inscriptions choisies. 3. Aufl., Paris 1997, S. 111.
14 P.-M. Duval – G. Pinault (Anm. 1), S. 35, 37.
15 Jürgen Malitz: Die Kalenderreform Caesars. In: Ancient Society, Bd. 18, 1987, S. 103–131.
16 Ausführlich G. Olmsted (Anm. 11), S. 61–64.
17 Gaius Plinius Secundus, Naturalis Historia. Hrsg. von Roderich König und Gerhard Winkler. Darmstadt 1991, XVI, 250.
18 Zu »matu-/anmatu-« siehe G. Olmsted (Anm. 11), S. 171–172, 177, mit komplettem Glossar der Termini des Kalenders von Coligny (S. 171–205). Vgl. P.-Y. Lambert (Anm. 13), S. 113.
19 Diodorus Siculus: Griechische Weltgeschichte. Übers. von Gerhard Wirth. Stuttgart 1992, V, 32, 6. Zu Poseidonios ausführlich Gerhard Dobesch: Das europäische »Barbaricum« und die Zone der Mediterrankultur. Ihre historische Wechselwirkung und das Geschichtsbild des Poseidonios (Tyche, Supplementbd. 2). Wien 1995.
20 Es folgt eine knappe Zusammenfassung der ausführlichen Darstellung der Entwicklungsstadien des Kalenders durch G. Olmsted (Anm. 11), S. 15–25, 92–130. Erstaunlicherweise wurde G. Olmsteds ingeniöse Arbeit weder von B. Maier (Anm. 1) noch P.-Y. Lambert (Anm. 13) oder von V. Kruta (Anm. 1) rezipiert. Bei V. Kruta und P.-Y. Lambert fehlt das Werk auch bibliographisch.
21 G. Olmsted (Anm. 11), S. 63.
22 Ausführlich G. Olmsted (Anm. 11), S. 126–129 (»The Calendrical Reckogning and Precision«).
23 Stuart Piggott : The Druids. 2. Aufl., London 1982. Françoise Le Roux – Christian-J. Guyonvarc'h: Les Druides. Rennes 1978.
24 Vgl. Regula Frei-Stolba. In: Die Schweiz vom Paläolithikum bis zum frühen Mittelalter, Bd. 4: Eisenzeit. Basel 1999, S. 31–34, bes. S. 33.
25 G. Olmsted (Anm. 11), S. 90, 131.
26 Barry Cunliffe: The Ancient Celts. Oxford – New York 1997, S. 154–156.
27 G. Olmsted (Anm. 11), S. 131, nennt als mögliches Datum 850 v. Chr., mit einer möglichen Fehlerquote von +/- 300 Jahren. Aus der Evidenz der irischen Feste wäre der ursprüngliche Dreißig-Jahres-Kalender in Irland zu einem Zeitpunkt zwischen 1150–550 v. Chr. eingeführt worden.
28 G. Plinius Secundus (Anm. 17), XVI, 50: »Est autem rarum admodum inventu et repertum magna religione petitur et ante omnia sexta luina, quae principia mensum annorumque his facit, et saeculi post tricesimum annum, quia iam virium abunde habeat nec sit sui dimidia.«
29 G. Olmsted (Anm. 11), S. 133.
30 P.-M. Duval – G. Pinault (Anm. 1), S. 37.

Katalog

Der Katalog wurde erstellt von Tobias Springer
und Martin Baumeister.

Weitere Autoren:
Max Gschaid [M.G.]
Rupert Gebhard [R.G.]

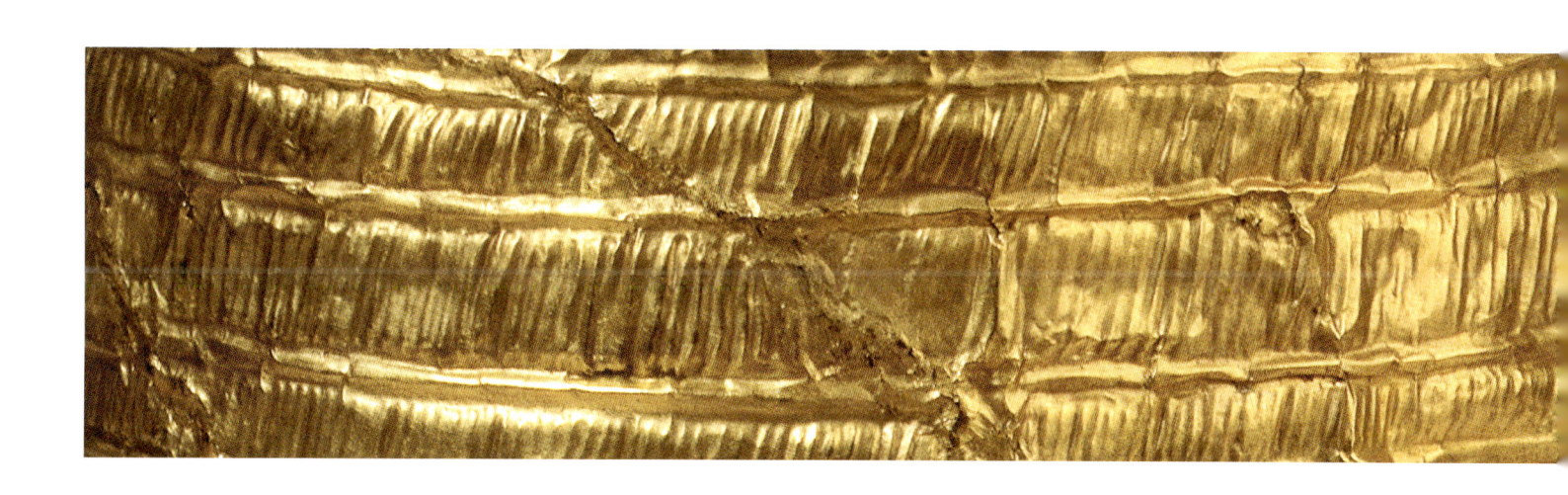

Gold und Kult der Bronzezeit – Katalog

(1)
Rasiermesser mit Darstellungen der Sonnenreise.

Die sieben mit mythologischen Schiffsdarstellungen verzierten Rasiermesser der Nordischen Bronzezeit stammen von verschiedenen Fundorten in Dänemark und Norddeutschland. Sie sind von länglich rechteckiger Form und besitzen einen kleinen Griff. Die Wiedergabe von Schiffen nimmt in der Kunst der nordeuropäischen Bronzezeit einen wichtigen Platz ein. In Dänemark, Südschweden und Nordwestdeutschland sind entsprechende bildliche Darstellungen vorrangig auf Rasiermessern gefunden worden. Das Schiffsmotiv hat hier in hohem Maße Symbolcharakter, gibt Hinweise auf religiöse Vorstellungen und sogar Rituale. Darüber hinaus vermitteln die Darstellungen auch ein Bild der bronzezeitlichen Lebenswelt, indem die gravierten Boote nicht nur wesentliche Konstruktionsmerkmale zeigen, sondern auch insgesamt die Bedeutung der Schiffahrt belegen.

a) Jütland (Dänemark), Fundort unbekannt.
Rasiermesser von langgezogener dreieckiger Form. Die gravierte Darstellung zeigt zwei Schiffe, das obere Schiff ist kleiner und schwimmt auf einer Wellenlinie nach rechts, das größere Schiff fährt unter dieser Linie in die entgegengesetzte Richtung. Eine Sonne und ein flunderartiger Fisch ergänzen die Darstellung. Die Szene erfasst jenen Moment in der Sonnenmythologie, in dem die Sonne, von einem Fisch gezogen, vom Schiff der Nacht auf das Schiff des Tages überwechselt.
L. ca. 11 cm; B. ca. 3 cm.

Datierung:
Jüngere Nordische Bronzezeit, Periode IV, 11.–10. Jh. v. Chr.

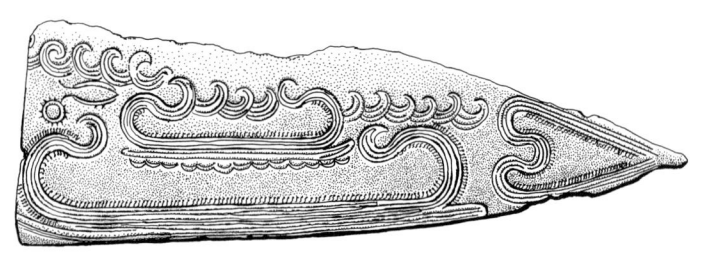

Kat. Nr. 1a

Verbleib:
Moesgård Museum, Højberg, Inv. Nr. FHM 4066A.

Literatur:
Flemming Kaul: Ships on Bronzes. A Study in Bronze Age Religion and Iconography (Publications from the National Museum, Studies in Archaeology and History, Bd. 3,1–2). Kopenhagen 1998, S. 218, Abb. 143, Kat. Nr. 378.

b) Neder Hvolris (Viborg Amt, Nord-Jütland, Dänemark).
Rasiermesser mit spiralförmig gebogenem Griff, der zugleich das Heck eines Schiffes bildet, das auf der Klinge abgebildet ist. Sein nach rechts gerichteter Bug ist als Pferdekopf gestaltet. Die Sonnenscheibe wird vom Schiff durch ein abspringendes Pferd hochgerissen, auf einen weiteren, nach links gerichteten Kopf zu, der als Schiffbug gestaltet ist.
L. 8,9 cm; B. 2,9 cm.

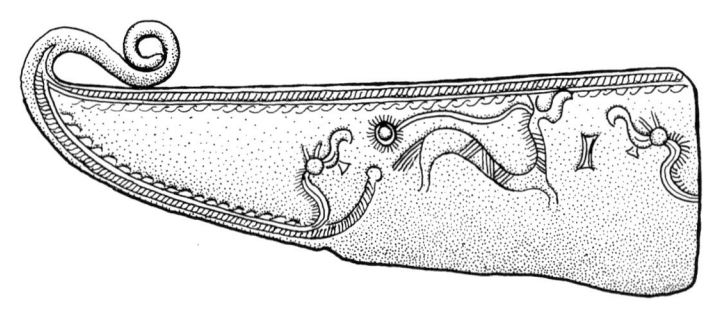

Kat. Nr. 1b

Datierung:
Jüngere Nordische Bronzezeit, Periode IV, 11.–10. Jh. v. Chr.

Verbleib:
Nationalmuseum Kopenhagen, Inv. Nr. B 17739.

Literatur:
Flemming Kaul: Ships on Bronzes. A Study in Bronze Age Religion and Iconography (Publications from the National Museum, Studies in Archaeology and History, Bd. 3,1–2). Kopenhagen 1998, S. 99, Abb. 133, Kat. Nr. 243.

c) Vandling (Haderslev Amt, Süd-Jütland, Dänemark).
Rasiermesser mit der Gravur eines auf einem Schiff landenden Sonnenpferdes.
L. 6,5 cm; B. 2,3 cm.

Datierung:
Jüngere Nordische Bronzezeit, Periode IV-V, 11.–8. Jh. v. Chr.

Verbleib:
Nationalmuseum Kopenhagen, Inv. Nr. B 13141.

Literatur:
Flemming Kaul: Ships on Bronzes. A Study in Bronze Age Religion and Iconography (Publications from the National Museum, Studies in Archaeology and History, Bd. 3,1–2). Kopenhagen 1998, S. 137, Abb. 126, Kat. Nr. 339.

Kat. Nr. 1c

d) Arnitlund (Haderslev Amt, Süd-Jütland, Dänemark).
Rasiermesser mit S-förmigem Griff, auf dem ein in Gold eingelegtes Sonnenschiff und eine dunkle, aus einer pechartigen Substanz eingelegte Schlange zu sehen sind.
L. 10,3 cm; B. 2,0 cm.

Datierung:
Jüngere Nordische Bronzezeit, Periode IV-V, 11.–8. Jh. v. Chr.

Verbleib:
Nationalmuseum Kopenhagen, Inv. Nr. B 7225.

Literatur:
Flemming Kaul: Ships on Bronzes. A Study in Bronze Age Religion and Iconography (Publications from the National Museum, Studies in Archaeology and History, Bd. 3,1–2). Kopenhagen 1998, S. 133, Kat. Nr. 329.

Kat. Nr. 1d

e) Jütland (Dänemark), Fundort unbekannt.
Rasiermesser mit Spiralgriff, auf dessen Klinge zwei Schlangenpferde abgebildet sind, die jeweils auf einem eigenen Schiff stehen und sich anblicken.
L. 9,8 cm; B. 2,9 cm.

Datierung:
Jüngere Nordische Bronzezeit, Periode IV-V, 11.–8. Jh. v. Chr.

Verbleib:
Nationalmuseum Kopenhagen, Inv. Nr. B 4548.

Literatur:
Flemming Kaul: Ships on Bronzes. A Study in Bronze Age Religion and Iconography (Publications from the National Museum, Studies in Archaeology and History, Bd. 3,1–2). Kopenhagen 1998, S. 146, Kat. Nr. 357.

Kat. Nr. 1e

f) Deutschland, Fundort unbekannt.
Rasiermesser mit Spiralgriff. Auf der Klinge sind eine auf der Rückenkante des Messers stehende Schiffsdarstellung und Wirbelmotive in feinen Linien graviert.
L. 10,9 cm; B. 3,1 cm.

Datierung:
Jüngere Nordische Bronzezeit, Periode V, 9.–8. Jh. v. Chr.

Verbleib:
Germanisches Nationalmuseum, Nürnberg, Inv. Nr. Vak 5588.

Literatur:
Alexandra Foghammar: Die Funde der nordischen Bronzezeit im Germanischen Nationalmuseum. Die Sammlung Estorff und andere Erwerbungen des 19. Jh. (Die vor- und frühgeschichtlichen Altertümer im Germanischen Nationalmuseum, Bd. 5). Nürnberg 1989, S. 134, Abb. 80,1, Kat. Nr. 72.

g) Granitz (Kreis Rügen, Mecklenburg-Vorpommern).
Rasiermesser von länglicher, leicht geschwungener Form mit stilisiertem Pferdekopfgriff.
L. 10,7 cm; B. 1,6 cm.

Kat. Nr. 1f (unten), Kat. Nr. 1g (oben)

Datierung:
Mittlere Nordische Bronzezeit, Periode III, 13.–12. Jh. v. Chr.

Verbleib:
Germanisches Nationalmuseum, Nürnberg, Inv. Nr. Vak 5587.

Literatur:
Alexandra Foghammar: Die Funde der nordischen Bronzezeit im Germanischen Nationalmuseum. Die Sammlung Estorff und andere Erwerbungen des 19. Jh. (Die vor- und frühgeschichtlichen Altertümer im Germanischen Nationalmuseum, Bd. 5). Nürnberg 1989, S. 104, Abb. 60,2, Kat. Nr. 44.

(2)
Die Reise der Sonne.

a) Harridslevgaard (Fünen, Dänemark).
Fibel mit zwei Endplatten und Verbindungsteil. Die Platten sind mit dünnem Goldblech überzogen. Als Verzierung zeigen die Platten 23 kleine Mondsicheln, bei einer Platte um eine kreisförmige Sonne mit Strahlen gruppiert, auf der anderen um eine konzentrische Kreisgruppe. Letztere könnte entweder die nächtlich verborgene Sonne oder den Vollmond darstellen.
L. 12,0 cm; B. 6,8 cm.

Datierung:
Nordische Bronzezeit, Periode V, 9.–8. Jh. v. Chr.

Verbleib:
Nationalmuseum Kopenhagen, Inv. Nr. B 3547.

Literatur:
Lars Jørgensen – Peter Vang Petersen: Guld, Magt og Tro. Gold, Power and Belief. Ausst. Kat. Nationalmuseum Kopenhagen. Kopenhagen 1998, S. 110–111.

Kat. Nr. 2a

Kat. Nr. 2b

b) Nors (Thy, Nordwest-Jütland, Dänemark).
Die vier von mehr als hundert Goldschiffchen, die in einem mit einem Stein bedeckten flachen Topf vergraben waren, wurden 1885 aufgefunden. Die vier kleinen Schiffe bestehen aus dünnem Goldblech mit Verstärkungen aus dünnen Kupferstreifen. Ihre Oberfläche ist zum Teil mit eingepunzten konzentrischen Kreismotiven verziert.
L. je ca. 11 cm; B. 1,8–2,0 cm.

Datierung:
Mittlere Nordische Bronzezeit, Periode III, 13.–12. v. Chr.

Verbleib:
Nationalmuseum Kopenhagen, Inv. Nr. B 3509.

Literatur:
Lars Jørgensen – Peter Vang Petersen: Guld, Magt og Tro. Gold, Power and Belief. Ausst. Kat. Nationalmuseum Kopenhagen. Kopenhagen 1998, S. 90–91.

c) Jütland (Dänemark), Fundort unbekannt.
Kleiner Stabaufsatz oder Amulett aus einer Bernsteinscheibe, die kreuzförmige Durchbohrungen aufweist, in einer ringförmigen Halterung, die unten in einer Art Griff oder Fuß ausläuft. Dieser besitzt eingeritzte Linien, die eine Umwicklung imitieren, und setzt sich in einer Zunge fort, die möglicherweise in einen Stab oder auch ein anderes Kultobjekt gesteckt werden konnte.
H. 7,0 cm (ohne Sockel); Dm. 3,4 cm.

Datierung:
Frühe Nordische Bronzezeit, Periode I/II, 17.–13. Jh. v. Chr. (?).

Verbleib:
Nationalmuseum Kopenhagen, Inv. Nr. B 1482.

Literatur:
Flemming Kaul: Ships on Bronzes. A Study in Bronze Age Religion and Iconography (Publications from the National Museum, Studies in Archaeology and History, Bd. 3,1–2). Kopenhagen 1998, S. 25, Abb. 16.

Kat. Nr. 2c

(3)
Rillaton (Cornwall, Großbritannien).

Der goldene Henkelbecher (»Rillaton Gold Cup«) wurde 1837 in einem überhügelten Steinkistengrab der Wessex-Kultur zusammen mit einem Bronzedolchfragment und einem Tongefäß gefunden. Das Keramikgefäß, in dem der Becher lag, ist nicht erhalten. Der glockenförmige Goldbecher besitzt einen kleinen Standboden, ein schwach gebauchtes Unterteil, einen leicht eingezogenen Hals und einen ausladenden Rand mit bandförmigem Henkel. Das Gefäß ist durchgehend mit kräftigen glatten Treibwülsten profiliert. Die Bodenverzierung besteht aus vier gratförmigen, konzentrischen Kreiswülsten um einen Zentralbuckel. Der bandförmige Henkel mit eingezogenen Seiten ist 2,7 cm breit und an den Rändern mit je vier Treiblinien ornamentiert. Seine Enden sind nach innen eingeschlagen. Drei Nieten mit rautenförmigen Unterlegscheiben halten ihn an der Randlippe und der Schulter des Gefäßes.
H. 8,2 cm; Dm. 8,3 cm.

Datierung:
Wessex II, 16.–14. Jh. v. Chr.

Kat. Nr. 3

Verbleib:
British Museum, London (als Leihgabe der Royal Collection, Inv. Nr. 69742).

Literatur:
Edward Smirke: Some Account of the Discovery of a Gold Cup in a Barrow in Cornwall, A.D. 1837. In: Archaeological Journal, Bd. 24, 1867, S. 189–195. Reginald A. Smith: The Rillaton Gold Cup. In: The British Museum Quarterly, Bd. 11, 1936–37, S. 1–4, Taf. 2a,b. Wilfried Menghin – Peter Schauer: Der Goldkegel von Ezelsdorf. Kultgerät der späten Bronzezeit (Die vor- und frühgeschichtlichen Altertümer im Germanischen Nationalmuseum, Bd. 3). Stuttgart 1983, S. 68.

(4)
Wachtberg-Fritzdorf (Rhein-Sieg-Kreis, Nordrhein-Westfalen).

Der Goldbecher wurde 1954 beim Ausheben einer Rübenmiete gefunden. Eine Nachgrabung ergab, dass der Fund isoliert in einem Tongefäß niedergelegt worden war, von dem außer einer runden Bodenverfärbung und wenigen Scherben nichts erhalten blieb. Die Fundstelle liegt in einer Gegend, aus der bis heute nur wenige vorgeschichtliche Funde bekannt sind. Der Goldbecher besitzt ein hohes, leicht eingezogenes Oberteil, ein scharf abgesetztes, kalottenförmiges Unterteil und einen angesetzten bandförmigen Henkel. Das Gefäß ist bis auf eine von außen in den leicht ausladenden Rand getriebene doppelte Perlpunktreihe unverziert. Die Seiten des Bandhenkels sind eingezogen und durch vier senkrechte Treiblinien konturiert, die Enden sind nach innen eingeschlagen und mit je vier Nieten über rautenförmigen Unterlegscheiben auf dem Rand und der Schulter befestigt. Der runde Gefäßboden zeigt einen Omphalos (Bodendelle).
H. 12,1 cm; Dm. 12,2; Gew. 221 g; Wandstärke 0,03–0,06 cm; B. Henkel 3,7 cm.

Datierung:
Mittlere Bronzezeit, Bz B-C, 1550–1300 v. Chr.

Verbleib:
Rheinisches Landesmuseum, Bonn, Inv. Nr. 55.9.

Literatur:
Raphael von Uslar: Der Goldbecher von Fritzdorf bei Bonn. In: Germania, Bd. 33, 1955, S. 319–323. Wilfried Menghin – Peter Schauer: Der Goldkegel von Ezelsdorf. Kultgerät der späten Bronzezeit (Die vor- und frühgeschichtlichen Altertümer im Germanischen Nationalmuseum, Bd. 3). Stuttgart 1983, S. 70.

Kat. Nr. 4

(5)
Eschenz (Kanton Thurgau, Schweiz).

1916 wurde bei Gleisbauarbeiten auf dem Gelände der Bahnstation Eschenz ein Goldbecher gefunden, der bis 1974 unbeachtet in Privatbesitz verblieb. Die genaueren Fundumstände sind unbekannt. Der Goldbecher ist insgesamt glockenförmig, mit leicht eingeschwungenem Oberteil, dessen Bauchung durch einen getriebenen Wulst betont wird, das kalottenförmige Unterteil hat einen kleinen Standboden. Der Rand ist glatt, das Gefäßoberteil leicht eingezogen, mit umlaufenden getriebenen Rippen profiliert und am unteren Rand durch ein einfaches Band aus Treibbuckeln begrenzt. Den Wandumbruch markieren ein kräftiger glatter Treibwulst und eine Buckelreihe. Auf dem Gefäßunterteil finden sich ein Band mit schrägen kurzen Rippen und drei umlaufende getriebene Rippen über einer Zone mit vier Feldern aus gegenläufigen Schrägrippen zwischen vertikalen Treibstegen.
H. 11,1 cm; Dm. 11,2 cm; Gew. 136 g; Wandstärke am Rand 0,08 cm.

Datierung:
Mittlere Bronzezeit, Bz B-C, 1600–1350 v. Chr.

Verbleib:
Amt für Archäologie des Kantons Thurgau, Frauenfeld, o. Nr.

Literatur:
Barbara Hardmeyer – Jost Bürgi: Der Goldbecher von Eschenz. In: Zeitschrift für Schweizerische Archäologie und Kunstgeschichte, Bd. 32, 1975, S. 109, Abb. 1, 3, 6, 12. Wilfried Menghin – Peter Schauer: Der Goldkegel von Ezelsdorf. Kultgerät der späten Bronzezeit (Die vor- und frühgeschichtlichen Altertümer im Germanischen Nationalmuseum, Bd. 3). Stuttgart 1983, S. 71. Peter Schauer (Hrsg.): Die Goldblechkegel der Bronzezeit. Ein Beitrag zur Kulturverbindung zwischen Orient und Mitteleuropa (Monographien des Römisch-Germanischen Zentralmuseums, Bd. 8). Bonn 1986, S. 30, 31, 35.

(6)
Gölenkamp (Grafschaft Bentheim, Niedersachsen).

1840 wurde beim Sandgraben auf dem Spöllberg (Gemeinde Gölenkamp) in rund 15 cm Tiefe ein Goldgefäß gefunden, das als Deckel über ein Tongefäß gestülpt war, welches weißen Sand enthalten haben soll. Die Keramik und ihr Inhalt sind erhalten. Auf dem Spöllberg gibt es acht Grabhügel; die wenigen wissenschaftlichen Grabungen, vor allem 1877, erbrachten Brandbestattungen in Urnen. Beim Goldbecher handelt es sich um ein steilwandiges Gefäß mit kalottenförmigem Unterteil mit kleinem Standboden, einem profilierten Wulst als Grenze zum leicht eingeschwungenen Oberteil und einem glatten Rand. Unter dem kurzen glatten Rand liegen umlaufend vier Treiblinien. Die Wandung ist durch drei Buckelreihen und drei glatte Teilwülste kräftig profiliert. Das Gefäßunterteil ist unverziert, der Standboden mit konzentrischen Kreisen konturiert.
H. 11,5 cm; Dm. 14,0 cm; Gew. 255 g.

Kat. Nr. 5

Kat. Nr. 6

Datierung:
Nordische Bronzezeit, Periode II, 15.–14. Jh. v. Chr.

Verbleib:
Privatbesitz

Literatur:
Ludwig Lindenschmit (Hrsg.): Die Alterthümer unserer heidnischen Vorzeit. Nach den in öffentlichen und Privatsammlungen befindlichen Originalen zusammengestellt und hrsg. von der Direktion des Römisch-Germanischen Centralmuseums in Mainz, 5 Bde., Bd. 3. Mainz 1881, Taf. 1,3. Carl Schuchhardt: Der Goldfund vom Messingwerk bei Eberswalde. Berlin 1914, S. 16, Abb. 12. Gustaf Kossinna: Der Goldfund vom Messingwerk bei Eberswalde und die goldenen Kultgefäße der Germanen (Mannus-Bibliothek, Bd. 12). Würzburg 1913, S. 19, Taf. 15,1. Wilfried Menghin – Peter Schauer: Der Goldkegel von Ezelsdorf. Kultgerät der späten Bronzezeit (Die vor- und frühgeschichtlichen Altertümer im Germanischen Nationalmuseum, Bd. 3). Stuttgart 1983, S. 72. Peter Schauer (Hrsg.): Die Goldblechkegel der Bronzezeit. Ein Beitrag zur Kulturverbindung zwischen Orient und Mitteleuropa (Monographien des Römisch-Germanischen Zentralmuseums, Bd. 8). Bonn 1986, S. 31, 34, 54. Siegfried Fröhlich: Das Grabhügelfeld auf dem Spöllberg, Fundstelle des goldenen Bechers (Schriftenreihe Kulturregion Osnabrück des Landschaftsverbandes Osnabrück e.V., Bd. 5). Bramsche 1992.

(7)
Fundort unbekannt (evtl. Murnau, Kreis Garmisch-Partenkirchen, Bayern).

Der Werkzeugfund besteht aus 27 Teilen, die nach der Form der Objekte und der Konsistenz der Patina zusammengehörig sind. Im Einzelnen handelt es sich um mehrere Sätze aus Stempeln und Gegenstempeln für Buckelornamente mit konzentrischen Kreisrippen, Kerbbänder und Hohlpunzen zur Verzierung von dünnwandigen Bronze- und Goldblechen. Bei den Stempelsätzen weisen die Matrizen jeweils eine Kreisrippe mehr als die Patrizen auf. Neben den Sätzen aus Stempeln und Gegenstempeln beinhaltet der Fund Einzelwerkzeuge, so eine astragalierte Bronzeblechröhre, ein Rollrädchen, einen Nadelkopf sowie einen Steckamboss aus stark zinnhaltiger Bronze, eine Bronzedüse für einen Blasebalg und zwei unterschiedlich große Treibhämmerchen.

a) Satz für Buckelscheiben
Patrize: Petschaft aus Bronze, Patina grün-schwarz. Mittelbuckel mit vier scharfgratigen konzentrischen Rippen. Der Stiel (Schaft) besitzt einen runden Querschnitt. Ab dem ersten Drittel nach oben elf umlaufende horizontale Riefen.
L. 36,0 mm; Dm. Stempelfläche 21,0 mm; H. 4,5 mm; Gew. 18,0 g.

Matrize: Petschaft aus Bronze, Patina grün-hellgrün. Stempelfläche mit fünf scharfgratigen konzentrischen Rippen um ein konkaves Zentrum. Der Schaft hat einen runden Querschnitt.
L. 33,0 mm; Dm. Stempelfläche 21,0 mm; H. 3,0 mm; Gew. 13,0 g.

b) Einzelwerkzeug
Patrize aus Bronze. Die Patrize ist meißelförmig mit leicht einziehender Stempelfläche. Im Querschnitt ist sie flach-rechteckig mit feinen Randleisten; Stempelfläche und verbreitertes Ende sind abflachend. Patina dunkelgrün-braun. Die Stempelfläche ist schmal-rechteckig mit fünf schräggestellten Rippen. Der Schaft ist flach-rechteckig mit verbreitertem Ende, mit diagonaler Nut.
L. 46,0 mm; B. max. 7,0 mm; Gew. 5,7 g.

c) Treibhämmerchen aus Bronze
Beidseitige Arbeitsflächen mit Gebrauchsspuren.
L. 20 mm; B. 7,0 mm; H. 5,0 mm; Gew. 4,0 g. Schlagflächen: 5,0 x 4,5 mm bzw. 6,0 x 5,0 mm.

d) Steckamboss
Der Steckamboss ist kreuzförmig mit zwei Arbeitsflächen und einem Dorn und aus stark zinnhaltiger Bronze gefertigt. Partiell grün patiniert. Der Steckdorn ist trapezförmig mit stumpfem Ende und Gussnähten auf den Schmalseiten und weist Ar-

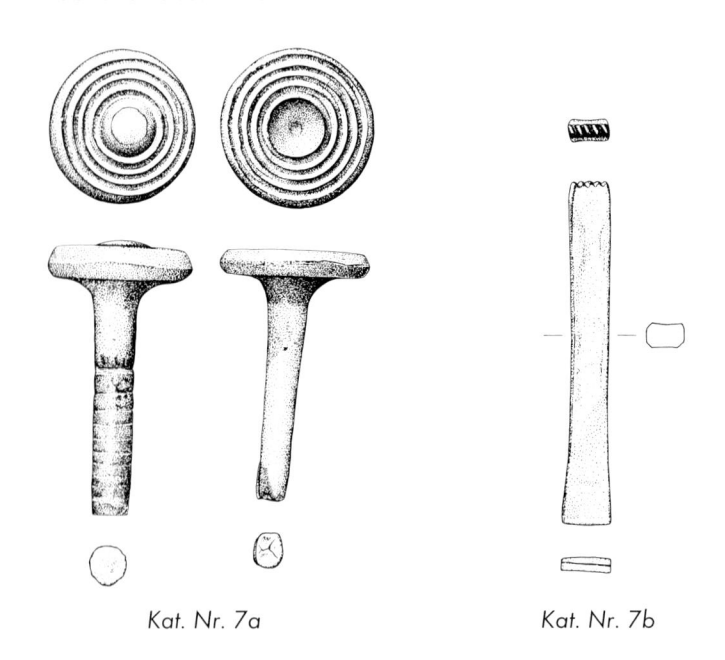

Kat. Nr. 7a   *Kat. Nr. 7b*

beitsspuren auf. Die Hauptarbeitsfläche ist spiegelglatt gefeilt und weist ebenfalls Arbeitsspuren auf. Auf der Oberseite des Zapfens befinden sich im Abstand von 6,0 mm zwei parallele Kerben. Der Dorn ist glatt gefeilt mit kleinen Gussfehlern an der Unterseite.
L. 97,0 mm; B. 88,0 mm; Gew. 349 g.

Datierung:
Bronzezeit bis Urnenfelderzeit 14.–9. Jahrhundert v. Chr.

Verbleib:
Museum für Vor- und Frühgeschichte, Staatliche Museen zu Berlin, Inv. Nr. MVF IIc 6296/1-27.

Literatur:
unpubliziert

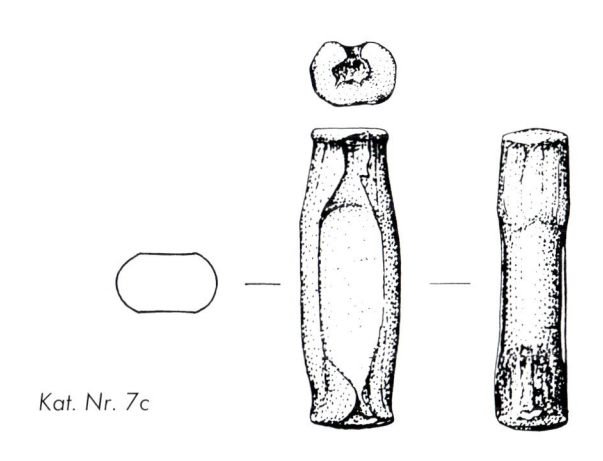

Kat. Nr. 7c

Kat. Nr. 7d

(8)
Werkzeuge bronzezeitlicher Schmiede.

a) Fundort unbekannt.
Stempel aus einer runden Platte mit stark reliefierten konzentrischen Kreisen als Muster, auf der Rückseite ein kräftiger vierkantiger Dorn als Handhabe oder zur Schäftung.
H. 2,3 cm; Dm. 2,4 cm.

Datierung:
Spätbronzezeit, Lausitzer Kultur, 13.–8. Jh. v. Chr.

Verbleib:
Germanisches Nationalmuseum, Nürnberg Inv. Nr. Vak 703/6266.

Literatur:
Johanna Mestorf: Katalog der im Germanischen Museum befindlichen vorgeschichtlichen Denkmäler (Rosenberg'sche Sammlung). Nürnberg 1886, S. 88. Michaela Reichel: Die archäologischen Funde der Lausitzer Kultur im Germanischen Nationalmuseum (Wissenschaftliche Beibände zum Anzeiger des Germanischen Nationalmuseums, Bd. 16). Nürnberg 2000, S. 88, Kat. Nr. 254, Taf. 78.

b) Rudolstadt (Kreis Rudolstadt, Thüringen).
Tüllenhammer und Bronzemesser aus einem Hortfund. Der Hammer ist sehr roh gestaltet, mit zylindrischem Körper und abgerundeter, satteldachförmiger, bis auf einige feine Kerben glatter Bahn. Vermutlich zusammen mit drei Messern gefunden, von denen sich eines im Germanischen Nationalmuseum befindet. Das Werkzeug wurde zum Dengeln der Schneide von Bronzegeräten benutzt.
Hammer: L. 6,3 cm; Dm. 2,8–3,0 cm. Messer: L. 21,9 cm.

Kat. Nr. 8a

Kat. Nr. 8b

Datierung:
Urnenfelderzeit, Lausitzer Kultur, Ha A2-Ha B1, 12.–11. Jh. v. Chr.

Verbleib:
Germanisches Nationalmuseum, Nürnberg Inv. Nr. Vak 107/632 (Hammer), Vak 6041/615 (Messer).

Literatur:
Klaus Simon: Ein Hortfund von Rudolstadt. Zu Bronzemessern der mittleren Urnenfelderzeit in Thüringen. In: Alt-Thüringen, Bd. 21, 1986, S. 136–163. Michaela Reichel: Die archäologischen Funde der Lausitzer Kultur im Germanischen Nationalmuseum (Wissenschaftliche Beibände zum Anzeiger des Germanischen Nationalmuseums, Bd. 16). Nürnberg 2000, S. 65, Kat. Nr. 44, 45, Taf. 16.

c) Garz a.d. Oder (Kreis Angermünde, Brandenburg).
Das aus Bronze gegossene Tüllenbeil wurde vor 1885 gefunden, die Fundumstände sind unbekannt. Das Beil besteht aus einer abgerundet vierkantig sich verjüngenden Tülle mit kleiner, senkrecht zur Schneidenebene stehender Öse und stark verbreiterter bogenförmiger Schneide. Die Tüllenbreitseite zeigt eine Lappenzier und dazwischen eingepunzte Kreisaugen. Detlev Ellmers (siehe seinen Beitrag in diesem Katalog) spricht den Gegenstand als Tüllendechsel und damit als wichtiges Werkzeug zum Aushöhlen von Einbäumen an, einem für die Bewohner flussnaher Gebiete unentbehrlichen Transportmittel.
L. 7,9 cm; Schneide B. 4,3 cm; Gew. 68 g.

Datierung:
Lausitzer Kultur, Ha B, 11.–9. Jh. v. Chr.

Verbleib:
Germanisches Nationalmuseum, Nürnberg Inv. Nr. Vak 667/6323.

Literatur:
Michaela Reichel: Die archäologischen Funde der Lausitzer Kultur im Germanischen Nationalmuseum (Wissenschaftliche Beibände zum Anzeiger des Germanischen Nationalmuseums, Bd. 16). Nürnberg 2000, S. 61, Kat. Nr. 15, Taf. 5.

(9)
Génelard (Dép. Saône-et-Loire, Frankreich).

Der Hortfund mit einer ungewöhnlich vollständigen Sammlung von Werkzeugen eines Bronze- und Goldschmiedes kam 1975 bei Ausschachtungen für ein Hausfundament zu Tage. Gefunden wurden zwei Treibhämmer – einer rechteckig und einer mit rundem Ansatz, beide mit anthropomorphen Darstellungen verziert (Armstümpfe und zwei Brüste auf jeder Seite) –, Glätthammer mit rundem Ansatz, zwei Ambosse – ein kreuzförmiger und ein rechteckiger, massiver, der einen breiten Sockel und ein Befestigungsloch aufweist – und ein konischer Pflock mit einem Befestigungszapfen. Des weiteren belegen ein gekehlter Block, eine Anzahl Pfrieme, Punkt- und Kreispunzen, ein Treibwerkzeug und ein Zirkel zum Vorzeichnen die Arbeit mit Metallblechen. Gefunden wurden überdies ein T-förmiges Instrument unklarer Verwendung, dessen Querarm hochstehende Rippen aufweist, einige konische Röhren, ein Teil eines ringförmigen Models aus Bronze, ein napfförmiger bronzener Trichter, ein Modelliermesser, zwei Messer mit Zapfen und identisch angeordneten Nietlöchern, eine Messerklinge, ein zerbrochener Messergriff, eine Lanzenspitze und mehrere Barren. Die Funde lassen vermuten, dass der Besitzer auch als Bronzegießer tätig war.

Datierung:
Urnenfelderzeit, Ha A, 12. Jh. v. Chr.

Verbleib:
Musée Vivant Denon, Chalon-sur-Saône, Inv. Nr. 85.2.1–85.2.50.

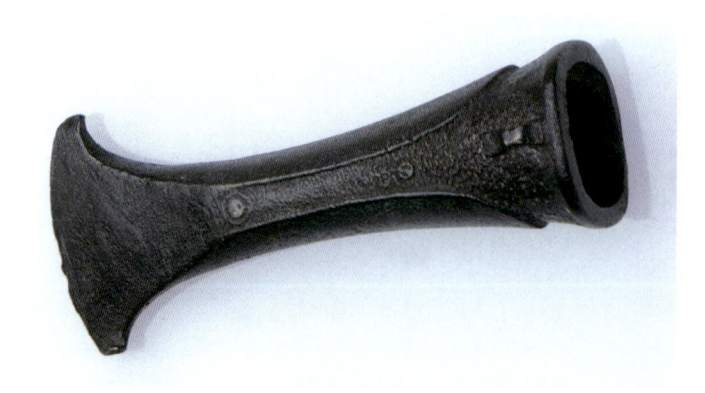

Kat. Nr. 8c

Kat. Nr. 9

Literatur:
Christiane Eluère: Werkzeuge. In: Götter und Helden der Bronzezeit. Europa im Zeitalter des Odysseus. Ausst. Kat. Nationalmuseum Kopenhagen u. a. Ostfildern-Ruit 1999, S. 240, Kat. Nr. 102, Abb. S. 32.

(10)
Nürnberg-Mögeldorf (Bayern).

1994 wurde bei einem Bauvorhaben an der Laufamholzstraße in Mögeldorf ein mit Bronzegegenständen dicht gepackter Keramiktopf geborgen, ein stark zerscherbtes, vermutlich zugehöriges Gefäß befand sich nur knapp einen halben Meter entfernt. Die Füllung des erstgenannten Gefäßes bestand aus 61 Gegenständen. Dank der methodischen Freilegung in der Restaurierungswerkstatt ist es möglich, das offensichtlich intentionelle Arrangement der Gegenstände im Topf nachzuvollziehen. Auf der Bodenmitte stand, eng umstellt von massiven Gusskuchenstücken, das wohl interessanteste Objekt aus dem Hort, ein Bronzestempel von 4 cm Durchmesser mit elf scharf geschnittenen, konzentrischen Ringen um einen Mittelbuckel. Ein vierkantiger Dorn auf der Rückseite diente sicher der Schäftung, d. h. dem Einpassen in einen Griff oder Schaft. Mit Punziergeräten dieser Art könnten die Verzierungen der bronze- und urnenfelderzeitlichen Goldschalen, Sonnenscheiben und Kegel hergestellt worden sein. Darüber folgten in mehreren Lagen Gusskuchen (Bronzestücke als Rohmaterial), Barrenstücke, Bruchstücke von Hals- und Armringen, zwei Schwertklingenfragmente, ein Punziermeißel, ein Bruchstück eines Randleisten(?)meißels, eine abgebrochene, stark profilierte Vasenkopfnadel sowie unterschiedliche Lappenbeile und Beilfragmente. Die etwa dreizehn Sicheln bzw. Sichel-

Kat. Nr. 10

bruchstücke zeigen eine große Formenvielfalt. Der Inhalt des Gefäßes wurde von drei noch voll elastischen Brillenspiralen abgedeckt.

Datierung:
Urnenfelderzeit, Ha A, 12. Jh. v. Chr.

Verbleib:
Bayerisches Landesamt für Denkmalpflege, Abt. Bodendenkmalpflege, Außenstelle Nürnberg, Inv. Nr. 154859-1, 2, 4-61.

Literatur:
Martin Nadler: Ein neuer Brucherzhort vom Beginn der Urnenfelderzeit aus Mögeldorf. In: Das Archäologische Jahr in Bayern, 1994 (1995), S. 67-79. Martin Nadler: Der Hortfund von Mögeldorf (Beiträge zur Archäologie in Mittelfranken, Sonderheft 3). Büchenbach 1998.

(11)
Trundholm (Seeland, Dänemark).

Bei der Urbarmachung des Moores von Trundholm, nahe Nykjøbing, wurde 1902 der sogenannte »Sonnenwagen von Trundholm« gefunden, der 300 m vom Rand des Moores entfernt niedergelegt worden war. Die Teile des absichtlich zerbrochenen Kultwagens lagen in einem Umkreis von 4 m verstreut rund 15 cm unter der Grasnarbe. Der Wagen besteht aus einem zweirädrigen Karren mit aufgesetzter Scheibe, welcher über eine Art Deichsel mit dem vollplastischen, auf einem vierrädrigen Gestell montierten Pferd verbunden ist. Am vorderen Rand der Scheibe und am Hals des Pferdes befindet sich je eine Öse, die ursprünglich durch einen Zaum miteinander verbunden waren. Kopf und Hals des Pferdes sind fein ziseliert, ebenso die Rückseite der Bronzescheibe (sichtbar bei nach links, d. h. nach Osten fahrendem Pferd als Symbol für die Sonne bei Nacht). Auf der Schauseite (bei nach rechts, d. h. nach Westen fahrendem Pferd) ist ein getriebenes Goldblech auf den Bronzekorpus appliziert, das die Sonne bei Tag symbolisiert und dessen Muster dem Ornament auf der Rückseite weitgehend entspricht. Die Goldscheibe ist in drei Zonen mit Kreis- und Scheibenmustern verziert, die durch Winkel- und quergeriefte Konturbänder voneinander abgesetzt sind. Die Kreise des mittleren Zierstreifens sind durch ein mäandrierendes Band eingefasst. Den Rand der Scheibe markiert ein radial gerippter Saum, den Mittelpunkt eine Gruppe konzentrischer Kreise.
H. 35 cm; L. 59,2 cm; T. 21,0 cm; Scheibe Dm. 25,6 cm; Goldauflage der Scheibe Dm. 21,0 cm.

Kat. Nr. 11

Datierung:
Nordische Bronzezeit, Periode II, 15.–14. Jh. v. Chr.

Verbleib:
Original und Kopie: Nationalmuseum Kopenhagen, Kopie o. Nr.

Literatur:
Sophus Müller: Solbilledet fra Trundholm. In: Nordiske Fortidsminder, Bd. 1, Heft 5, 1890–1903, S. 303. Karl Hermann Jacob-Friesen: Die Goldscheibe von Moordorf bei Aurich mit ihren britischen und nordischen Parallelen. In: Jahrbuch für prähistorische und ethnographische Kunst, 1931, S. 38, Abb. 27a-b, 28a-b. Wilfried Menghin – Peter Schauer: Der Goldkegel von Ezelsdorf. Kultgerät der späten Bronzezeit (Die vor- und frühgeschichtlichen Altertümer im Germanischen Nationalmuseum, Bd. 3). Stuttgart 1983, S. 136. Peter Schauer (Hrsg.): Die Goldblechkegel der Bronzezeit. Ein Beitrag zur Kulturverbindung zwischen Orient und Mitteleuropa (Monographien des Römisch-Germanischen Zentralmuseums, Bd. 8). Bonn 1986, S. 13, 17, 38.

(12)
Moordorf (Kreis Aurich, Niedersachsen).

Die goldene Sonnenscheibe wurde um 1910 von einem Bauern in einem abgetorften Moorgebiet, 900 m südwestlich der Kirche von Moordorf, in einer Grube von 1,50 m Tiefe und 2,30 m Länge gefunden. Der Fund gelangte in den Kunsthandel und konnte 1925 vom Niedersächsischen Landesmuseum erworben werden. Die runde Scheibe wurde aus einem Stück Gold getrieben. Am Rand befinden sich, diametral entgegengesetzt, zwei etwa 1,5 cm lange und 0,7 cm breite Laschen, ursprünglich mit je drei kleinen Löchern. Die Scheibe ist um einen gewölbten Mittelbuckel in vier Kreiszonen gegliedert. Von außen nach innen folgen auf den quergerieften Rand ein Dreiecksband mit Schrägschraffur und, zwischen zwei perlpunktgefassten Rippenbändern, eine glatte Zone, aus der in regelmäßigen Abständen acht Kreisbuckel herausgetrieben sind. Die flache Mittelwölbung ist im Zentrum mit einem und am Rand mit acht kleineren Kreisbuckeln verziert.
Dm. 14,5 cm; Gew. 36,17 g; Blechstärke 0,014 cm.

Datierung:
Nordische Bronzezeit, Periode II, 15.–14. Jh. v. Chr.

Verbleib:
Niedersächsisches Landesmuseum, Hannover, Inv. Nr. 25098.

Kat. Nr. 12

Literatur:
Karl Hermann Jacob-Friesen: Die Goldscheibe von Moordorf bei Aurich mit ihren britischen und nordischen Parallelen. In: Jahrbuch für prähistorische und ethnographische Kunst, 1931, S. 25, Taf. 1. Wilfried Menghin – Peter Schauer: Der Goldkegel von Ezelsdorf. Kultgerät der späten Bronzezeit (Die vor- und frühgeschichtlichen Altertümer im Germanischen Nationalmuseum, Bd. 3). Stuttgart 1983, S. 24. Peter Schauer (Hrsg.): Die Goldblechkegel der Bronzezeit. Ein Beitrag zur Kulturverbindung zwischen Orient und Mitteleuropa (Monographien des Römisch-Germanischen Zentralmuseums, Bd. 8). Bonn 1986, S. 40.

(13)
Glüsing bei Hennstedt
(Kreis Dithmarschen, Schleswig-Holstein).

Die Goldscheibe stammt aus einer großen, mit zwei Steinplatten überdeckten Grabkammer unter einem Hügel, die ein bronzenes Vollgriffschwert, zwei bronzene Absatzbeile und ein bronzenes Dolchblatt enthielt. Es handelt sich um eine Goldblechscheibe mit Resten der Bronzeunterlage, ursprünglich stark fragmentiert. Den Mittelpunkt der Scheibe bildet ein mit fünf Kreisrippen gefasster kleiner Buckel, von dem strahlenförmig sechs quergerippte Bänder ausgehen. Die Zwischenräume sind mit Buckelkreisen flächig gefüllt. An das Zentralmotiv, das durch drei konzentrische Kreislinien abgeschlossen wird, schließt ein quergerieftes Band an, auf das eine Zone mit radial angeordneten Gruppen konzentrischer Kreise folgt. Den äußeren Abschluss bilden zwei von Kreisrippen gefasste, quergeriefte Bänder. Der Rand der Goldscheibe und die Bronzeunterlage sind glatt.
Dm. 19,5 cm.

Datierung:
Nordische Bronzezeit, Periode II, 14. Jh. v. Chr.

Verbleib:
Original: Museum für Vor- und Frühgeschichte, Staatliche Museen zu Berlin (Kriegsverlust).
Kopie: Museum für Vor- und Frühgeschichte, Staatliche Museen zu Berlin, Inv. Nr. VIIa 1138.

Literatur:
Katalog der Ausstellung prähistorischer und anthropologischer Funde Deutschlands zu Berlin. Berlin 1880. Karl Hermann Jacob-Friesen: Die Goldscheibe von Moordorf bei Aurich mit ihren britischen und nordischen Parallelen. In: Jahrbuch für prähistorische und ethnographische Kunst, 1931, Abb. 25a-b. Wilfried Menghin – Peter Schauer: Der Goldkegel von Ezelsdorf. Kultgerät der späten Bronzezeit (Die vor- und frühgeschichtlichen Altertümer im Germanischen Nationalmuseum, Bd. 3). Stuttgart 1983, S. 140. Peter Schauer (Hrsg.): Die Goldblechkegel der Bronzezeit. Ein Beitrag zur Kulturverbindung zwischen Orient und Mitteleuropa (Monographien des Römisch-Germanischen Zentralmuseums, Bd. 8). Bonn 1986, S. 39.

Kat. Nr. 13

(14)
Worms (Rheinland-Pfalz).

a) und b) Die beiden kleinen, identischen Goldscheiben auf einer Bronzeblechunterlage mit Perldrahtfassung wurden aus dem Kunsthandel mit der Herkunftsbezeichnung »in den Weinbergen nördlich der Liebfrauenkirche bei Worms« erworben. Die Zugehörigkeit angeblicher Begleitfunde ist nicht gesichert. Die Verzierung der Scheiben beschränkt sich auf Gruppen konzentrischer Kreise und Perlbänder. Das Mittelornament besteht aus einem flachen Buckel mit vier konzentrischen Kreislinien und einem Perlkranz, an den eine Zone mit neun Gruppen konzentrischer Kreise mit Mittelbuckel und dazwischengesetzten Treibpunkten anschließt. Den äußeren Abschluss bildet ein dreifaches Perlbuckelband. Der glatte Rand ist aufgebogen und in regelmäßigen Abständen perforiert. Die Goldscheiben sind mit einem bronzenen Perldraht gefasst, der mit glatten, durch die Löcher geführten Drähten am Ornamentträger befestigt ist.
Dm. je 6,0 cm.

Datierung:
Urnenfelderzeit, Bz C-Ha B, 14.–11. Jh. v. Chr.

Verbleib:
Museum Wiesbaden, Sammlung Nassauischer Altertümer, Inv. Nr. 5353/1, 5353/2.

Literatur:
Gustav Behrens: Bodenurkunden aus Rheinhessen, Bd. 1. Mainz 1927, S. 25, Abb. 89,1. Gustav Behrens: Bronzezeit Süddeutschlands (Kataloge des Römisch-Germanischen Zentralmuseums, Bd. 6). Mainz 1916, S. 182, Nr. 435. Wilfried Menghin – Peter Schauer: Der Goldkegel von Ezelsdorf. Kultgerät der späten Bronzezeit (Die vor- und frühgeschichtlichen Altertümer im Germanischen Nationalmuseum, Bd. 3). Stuttgart 1983, S. 142. Peter Schauer (Hrsg.): Die Goldblechkegel der Bronzezeit. Ein Beitrag zur Kulturverbindung zwischen Orient und Mitteleuropa (Monographien des Römisch-Germanischen Zentralmuseums, Bd. 8). Bonn 1986, S. 34, 37, 38, 42.

(15)
Gönnebek (Kr. Segeberg, Schleswig-Holstein).

Bei Ausgrabungen im Grabhügel »Schwarzer Berg« am südöstlichen Ortsrand von Gönnebek im Jahre 1884 wurde auf halber Höhe des Hügelhanges unter einer großen Steindecke eine 2 m lange, 0,7 m breite und 1 m tiefe Grabkammer mit einer Brandbestattung angetroffen. Auf und neben der Leichenbrandschüttung fanden sich reiche Beigaben.

a) Die steilwandige Goldschale mit Wölbboden besitzt eine glatte, leicht eingeschnürte Randlippe. Die Gefäßwand ist mit einem Band aus senkrechten Riefen zwischen drei bzw. zwei kräftigen, schräggekerbten Treibwülsten verziert. Auf dem kalottenförmig eingezogenen Gefäßunterteil befinden sich drei Zonen mit vertikalen und quergerieften Stegen, die durch zwei gekerbte Treibwülste getrennt werden. Der mit einem glattgetriebenen Ring gefasste Boden zeigt einen Kranz von zehn konzentrischen Kreisgruppen mit Mittelbuckel und einen glatten Ringwulst.
H. 7,0 cm; Dm. 13,5 cm; Gew. 134 g.

b) Ein gegossenes Goldarmband mit offenen Enden, die Innenseite ist glatt, außen ist das Stück durch Riefen und Perlbänder verziert.
Dm. 7,0–5,6 cm; B. 2,0 cm; Gew. 106 g.

c) Fünf spiralig aufgerollte Golddrähte mit dreieckigem Querschnitt. Dm. 1,5–2,0 cm.

Kat. Nr. 14

Kat. Nr. 15

Kat. Nr. 15a

d) Ein Golddraht.

e) Sechs goldene Spiralröllchen.

f) Bronzenes Griffzungenschwert. L. 67,0 cm.

g) Bronzemesser mit geschweiftem Nacken und Vollgriff. L. 10,0 cm.

h) Bronzemesser mit eingezogenem Rücken und Pferdekopfgriff. L. 8,0 cm.

i) Bronzepinzette.

Datierung (alle):
Nordische Bronzezeit, Übergang Periode II/III, um 1350–1300 v. Chr.

Verbleib:
Archäologisches Landesmuseum Schleswig-Holstein, Schleswig, Schloss Gottorf, Inv. Nr. KS 5954 a-n.
Kat. Nr. 15 a) – i): Originale befristet bis 01.08.2003 in der Ausstellung, anschließend a) und b) in Kopie.

Literatur:
Johanna Mestorf. In: Mitteilungen des anthropologischen Vereins in Schleswig-Holstein, Bd. 4, 1891, S. 5, Abb. 1–3. Carl Schuchhardt: Der Goldfund vom Messingwerk bei Eberswalde. Berlin 1914, S. 16, Abb. 9. Gustaf Kossinna: Der Goldfund vom Messingwerk bei Eberswalde und die goldenen Kultgefäße der Germanen (Mannus-Bibliothek, Bd. 12). Würzburg 1913, S. 13, Abb. 2. Wilfried Menghin – Peter Schauer: Der Goldkegel von Ezelsdorf. Kultgerät der späten Bronzezeit (Die vor- und frühgeschichtlichen Altertümer im Germanischen Nationalmuseum, Bd. 3). Stuttgart 1983, S. 74–76. Peter Schauer (Hrsg.): Die Goldblechkegel der Bronzezeit. Ein Beitrag zur Kulturverbindung zwischen Orient und Mitteleuropa (Monographien des Römisch-Germanischen Zentralmuseums, Bd. 8). Bonn 1986, S. 14–17.

(16)
Albersdorf (Kreis Dithmarschen, Schleswig-Holstein).

Zwischen Grünthal und Albersdorf stieß im Jahre 1860 ein Arbeiter beim Kiesgraben »in ebener Erde, in uncultiviertem Boden, einige Fuß unter der Oberfläche« auf ein mit flachen Steinen umstelltes Tongefäß, das mit Asche gefüllt war. Es enthielt zwei Goldgefäße, eine Schale und ein Kegelhalsgefäß, wobei die Schale als Deckel über das Gefäß gestülpt war. Das Tongefäß ist nicht erhalten.

a) Das größere Goldgefäß zeichnet sich durch einen Kegelhals, einen Schrägrand, eine abgesetzte Schulter und ein spitzkonisches Unterteil aus. Hals und Boden sind unverziert, Treib- und Stempelornamente finden sich auf Gefäßschulter und -wandung. Zwischen einem bzw. zwei schräg gekerbten Wulstbändern auf der Schulter liegen drei umlaufende Winkelbänder, darunter, in zwei durch einfache Treibwülste gefassten Zonen, konzentrische Kreise mit dazwischengesetzten Kreisbuckeln.
H. 9,8 cm; Dm. 7,5 cm; Gew. 80 g.

Kat. Nr. 16

b) Die Goldschale besitzt ein konisches Unterteil und einen trichterförmigen Hals. Der Trichterrand wird durch ein enges Winkelband zwischen zwei gekerbten Treibwülsten verziert. Am Schulterumbruch verläuft eine einfache Perlbuckelreihe. Die Schalenwand ist durch drei Zonen mit Doppelperlreihen gegliedert, die durch mehrfach profilierte und gekerbte Treibwülste voneinander abgesetzt sind.
H. 6,0 cm; Dm. 9,5 cm; Gew. 26 g.

Datierung:
Nordische Bronzezeit, Periode III/V, 1300–750 v. Chr.

Verbleib:
Archäologisches Landesmuseum Schleswig-Holstein, Schleswig, Schloss Gottorf, KS 2811 a, b.

Literatur:
Klaus Groth: Alterthumsfunde. Eine goldene Urne von der Größe eines Straußeneis in Nordhasted. In: Berichte der Schleswig-Holstein-Lauenburgischen Gesellschaft zur Sammlung und Erhaltung vaterländischer Alterthümer, Bd. 18, 1860, S. 20–21, bes. S. 20, Abb. 2,23. Ludwig Lindenschmit (Hrsg.): Die Alterthümer unserer heidnischen Vorzeit. Nach den in öffentlichen und Privatsammlungen befindlichen Originalen zusammengestellt und hrsg. von der Direktion des Römisch-Germanischen Centralmuseums in Mainz, 5 Bde., Bd. 3. Mainz 1881, Taf. 1,4–5. Carl Schuchhardt: Der Goldfund vom Messingwerk bei Eberswalde. Berlin 1914, S. 21, Abb. 25. Gustaf Kossinna: Der Goldfund vom Messingwerk bei Eberswalde und die goldenen Kultgefäße der Germanen (Mannus-Bibliothek, Bd. 12). Würzburg 1913, S. 32, Abb. 10. Wilfried Menghin – Peter Schauer: Der Goldkegel von Ezelsdorf. Kultgerät der späten Bronzezeit (Die vor- und frühgeschichtlichen Altertümer im Germanischen Nationalmuseum, Bd. 3). Stuttgart 1983, S. 77–79. Peter Schauer (Hrsg.): Die Goldblechkegel der Bronzezeit. Ein Beitrag zur Kulturverbindung zwischen Orient und Mitteleuropa (Monographien des Römisch-Germanischen Zentralmuseums, Bd. 8). Bonn 1986, S. 34–36.

(17)
Terheide, Ostrhauderfehn (Kreis Leer, Niedersachsen).

An der Straße von Dornum nach Sandhorst wurden 1872 unter einer kurz vorher eingeebneten Sanddüne in geringer Tiefe zwei Goldschalen zusammen mit den Scherben eines Tongefäßes gefunden.

a) Die Goldschale zeichnet sich durch ein konisches Unterteil, eine scharf umgebrochene Schulter, einen Zylinderhals und einen ausgestellten Rand aus. Unterhalb des glatten Halses ist das Gefäß auf dem Schulterumbruch mit umlaufenden Perlbuckeln verziert. Die Gefäßwand trägt konzentrische Kreise zwischen zwei Bändern aus fünf bzw. vier glatten Treibwülsten und einer Perlbuckelreihe. Auf dem Boden findet sich ein Doppelkranz konzentrischer Kreisgruppen um ein zentrales Kreisbuckelornament.
H. 6,5 cm; Dm. 9,5–9,6 cm; Gew. 54,5 g.

b) Die zweite Goldschale ist in Form und Ornament identisch mit der ersten, in den Maßen allerdings leicht unterschiedlich.
H. 6,0 cm; Dm. 9,8–10,0 cm; Wandstärke 0,05 cm; Gew. 51 g.

Datierung:
Nordische Bronzezeit, Periode III/V, 1300–750 v. Chr.

Verbleib:
Niedersächsisches Landesmuseum, Hannover, Inv. Nr. 7527, 7528.

Literatur:
Paul Reinecke: Vorgeschichtliche Goldfunde im Provinzial-Museum zu Hannover. In: Jahrbuch des Provinzial-Museums zu Hannover, 1905–1906, S. 24, Taf. 6,3–4. Carl Schuchhardt: Der Goldfund vom Messingwerk bei Eberswalde. Berlin 1914, Abb. 24. Gustaf Kossinna: Der Goldfund vom Messingwerk bei Eberswalde und die goldenen Kultgefäße der Germanen (Mannus-Bibliothek, Bd. 12). Würzburg 1913, S. 33, Abb. 3. Wilfried Menghin – Peter Schauer: Der Goldkegel von Ezelsdorf. Kultgerät der späten Bronzezeit (Die vor- und frühgeschichtlichen Altertümer im Germanischen Nationalmuseum, Bd. 3). Stuttgart 1983, S. 83–85. Peter Schauer

Kat. Nr. 17

(Hrsg.): Die Goldblechkegel der Bronzezeit. Ein Beitrag zur Kulturverbindung zwischen Orient und Mitteleuropa (Monographien des Römisch-Germanischen Zentralmuseums, Bd. 8). Bonn 1986, S. 31–52.

(18)
Krottorf (Kreis Oschersleben, Sachsen-Anhalt).

Das Goldgefäß wurde 1909 in einem Acker zwischen Krottorf und Hordorf ausgepflügt und stark beschädigt. Nähere Fundumstände sind nicht bekannt. Der glatte Rand der kalottenförmigen Goldschale ist durch zwei einfache Treibwülste und eine Perlreihe von der flächig verzierten Gefäßwandung abgesetzt. Zwei Bänder aus Kreisbuckeln und eines mit Kreisen gliedern die Wandfläche in zwei mit fünf- bzw. vierfachen Perlreihen verzierte Zonen. Der Boden ist durch kreuzförmig angeordnete glatte Bänder in vier Sektoren geteilt, die mit Perlbuckeln gefüllt sind.
H. 6,0 cm; Dm. 13,0 cm; Wandstärke 0,017 cm; Gew. 68,7 g.

Datierung:
Urnenfelderzeit, Bz D/Ha B, 1300–1000 v. Chr.

Verbleib:
Landesmuseum für Vorgeschichte Sachsen-Anhalt, Halle/Saale, Inv. Nr. 61:184.

Literatur:
Jahresschrift für die Vorgeschichte der sächsisch-thüringischen Länder, Bd. 9, 1910, S. 75, Taf. 12b,1–2. Carl Schuchhardt: Der Goldfund vom Messingwerk bei Eberswalde, Berlin 1914, S. 19, Abb. 19–19a. Gustaf Kossinna: Der Goldfund vom Messingwerk bei Eberswalde und die goldenen Kultgefäße der Germanen (Mannus-Bibliothek, Bd. 12). Würzburg 1913, S. 34, Taf. 12. Wilfried Menghin – Peter Schauer: Der Goldkegel von Ezelsdorf. Kultgerät der späten Bronzezeit (Die vor- und frühgeschichtlichen Altertümer im Germanischen Nationalmuseum, Bd. 3). Stuttgart 1983, S. 86–87. Peter Schauer (Hrsg.): Die Goldblechkegel der Bronzezeit. Ein Beitrag zur Kulturverbindung zwischen Orient und Mitteleuropa (Monographien des Römisch-Germanischen Zentralmuseums, Bd. 8). Bonn 1986, S. 35, 37, 40, 42, 52.

(19)
Unterglauheim (Kreis Dillingen, Bayern).

1834 wurden bei Feldarbeiten in der Flur »Hinterfeld« zwei Goldbecher zusammen mit drei Bronzegefäßen und einem Golddraht gefunden. Die Becher lagen, angeblich aufeinandergestellt und mit dem Golddraht umwickelt, in einem mit Knochen und Asche gefüllten Bronzekessel, über den ein zweiter Kessel ähnlicher Art gestülpt war. Goldschalen und Bronzekessel waren in einem Bronzeblecheimer mit punzverziertem Deckel deponiert, der etwa 75 cm tief in den ebenen Boden eingegraben war.

a) Ein spitzkonischer Goldbecher mit schmaler Randlippe, dessen Boden zu einem kleinen Standring ausgebildet ist. Die Gefäßwandung ist in drei Zonen mit Kreisornamenten zwischen senkrecht gerieften Treibwülsten gegliedert. In der oberen sind es Gruppen aus drei konzentrischen Kreisen, in der mittleren einfache Ringe mit Mittelbuckel, in der untersten und schmalsten Ornamentzone einfache Buckel.
H. 7,0 cm; Dm. 8,5 cm; Gew. 51 g.

Kat. Nr. 18

Kat. Nr. 19

b) Ein in Form und Verzierung identischer Goldbecher.
H. 7,0 cm; Dm. 8,5 cm; Gew. 41 g.

c) Ein Bronzekessel mit leicht eingezogenem Oberteil und kreuzförmigen Befestigungen für die Ringhenkel, die mit Kegelnieten am Gefäß angebracht sind. Der Rand ist quergerieft.
H. 13,5 cm; Dm. 28,0 cm.

d) Kleinerer Bronzekessel mit leicht eingezogenem Oberteil, die Randverzierung besteht aus Querriefen mit hängenden Halbmonden. Die beiden kreuzförmigen Ringattaschen sind mit je drei Kegelnieten befestigt.
H. 12,5 cm; Dm. 27,0 cm.

e) Bronzeeimer mit eingezogenem Hals, aus zwei Wandungsteilen und einem gesondert getriebenen Bodenstück zusammengesetzt und vernietet. Die massiven Bronzehenkel sind mit je sechs Kegelnieten befestigt. Die Ornamentzone zwischen den Henkeln zeigt jeweils eine Barke mit Vogelköpfen an Bug und Heck sowie einer großen Sonnenscheibe (»Vogel-Sonnen-Barke«) in der Mitte und ist durch umlaufende Linien aus kleinen und großen Treibbuckeln begrenzt. Der Rand des Gefäßes ist dreifach gerieft.
H. 33,5 cm; Dm. 31,3 cm.

Datierung:
Mittlere Urnenfelderzeit, Ha B1, 1080–950 v. Chr.

Kat. Nr. 19e

Verbleib:
Römisches Museum der städtischen Kunstsammlungen Augsburg, Inv. Nr. VF 1 / 1, 2, 4, 5, 6.

Literatur:
Fund mehrerer Grabgefäße mit einer goldenen Vase bey Unterglauheim, Landgerichts Höchstädt. In: Jahresbericht des historischen Vereins im Oberdonau-Kreis, 1835 (1836), S. 12–14, Taf. 6, Abb. 62–65. Carl Schuchhardt: Der Goldfund vom Messingwerk bei Eberswalde. Berlin 1914, S. 18, Abb. 18. Gustaf Kossinna: Der Goldfund vom Messingwerk bei Eberswalde und die goldenen Kultgefäße der Germanen (Mannus-Bibliothek, Bd. 12). Würzburg 1913, S. 20, Taf. 15,2. Wilfried Menghin – Peter Schauer: Der Goldkegel von Ezelsdorf. Kultgerät der späten Bronzezeit (Die vor- und frühgeschichtlichen Altertümer im Germanischen Nationalmuseum, Bd. 3). Stuttgart 1983, S. 88–90. Peter Schauer (Hrsg.): Die Goldblechkegel der Bronzezeit. Ein Beitrag zur Kulturverbindung zwischen Orient und Mitteleuropa (Monographien des Römisch-Germanischen Zentralmuseums, Bd. 8). Bonn 1986, S. 8, 12, 36, 38, 39, 42, 47, 52, 54, 76.

(20)
Ladegård (Haderslev, Dänemark).

Die beiden Goldschalen wurden 1886 frei im Boden »wie eine Kugel zusammengestellt« gefunden. In ihnen wurde nach G. Kossinna »eine viereckige, zollgroße, gleich nach der Öffnung in Staub zerfallende Masse, wie der Teil einer Haarflechte oder wie ein Stück geflochtenes Zeug« beobachtet.

a) Die Goldschale besitzt eine steile Wandung, einen ausgestellten Rand und einen flachkonischen Boden. Auf der Wandung und dem Boden befinden sich sechs paarig angebrachte Nietlöcher, der zugehörige Henkel gelangte nicht mit in den Boden. Der Rand mit Wandung ist im Oberteil glatt, über dem Umbruch zum Boden verlaufen drei horizontale gekerbte Treibwulstbänder zwischen glatten Rippen, auf die eine Zone mit dreifach gefassten Kreisbuckeln folgt. Die Bodenzier besteht aus einem elfstrahligen Radialmuster mit Kerbwulstfassung mit zentralem, dreifach gefasstem Treibbuckel. Die Strahlen sind aus einfach gefassten Bändern mit Kreisbuckeln gebildet. Die Verzierung setzt im Bereich der ehemaligen Henkelansätze aus.
H. 5,9 cm; Dm. 10,3 cm; Gew. 59,9 g.

b) Goldschale mit steiler Wandung, ausgestelltem Rand und flachkonischem Boden. Die Form sowie die Verzierung und Anbringung der Nietlöcher sind identisch mit der ersten Schale.
H. 6,0 cm; Dm. 10,2 cm; Gew. 58,8 g.

Kat. Nr. 20

Datierung:
Nordische Bronzezeit, Periode IV (V), 1100–750 v. Chr.

Verbleib:
Haderslev Museum, Haderslev, Inv. Nr. 888+1, 888+2.

Literatur:
Ludwig Lindenschmit (Hrsg.): Das Römisch-Germanische Centralmuseum in bildlichen Darstellungen aus seinen Sammlungen, Mainz 1889, Taf. 43, Abb. 5. Gustaf Kossinna: Der Goldfund vom Messingwerk bei Eberswalde und die goldenen Kultgefäße der Germanen (Mannus-Bibliothek, Bd. 12). Würzburg 1913. Wilfried Menghin – Peter Schauer: Der Goldkegel von Ezelsdorf. Kultgerät der späten Bronzezeit (Die vor- und frühgeschichtlichen Altertümer im Germanischen Nationalmuseum, Bd. 3). Stuttgart 1983, S. 91–93. Peter Schauer (Hrsg.): Die Goldblechkegel der Bronzezeit. Ein Beitrag zur Kulturverbindung zwischen Orient und Mitteleuropa (Monographien des Römisch-Germanischen Zentralmuseums, Bd. 8). Bonn 1986, S. 11, 36, 39, 40, 42, 52, 54.

(21)
Smörkullen (Halland, Schweden).

1859 wurde beim Graben auf dem Hügel Smörkullen bei Falkenberg im Kirchspiel Skrea (Halland) in rund 15 cm Tiefe neben einem großen Stein ein Goldgefäß frei im Boden liegend gefunden. Das Gefäß besitzt einen linsenförmigen Körper, einen hohen Kegelhals sowie einen kurzen Kragenrand. Der Rand ist glatt, am Hals befinden sich, voneinander abgesetzt, drei umlaufende schräggeriefte Treibwülste. Auf der Schulter verläuft ein doppeltes Winkelband zwischen schräggekerbten Horizontalbändern. Der Gefäßboden ist in drei Zonen zwischen dreifachen Kerbwulstbändern mit dreifach gerippten Kreismotiven verziert. Den Mittelpunkt bildet ein kleiner Buckel, um den konzentrisch vier Kreiswülste gelegt sind.
H. 3,75 cm; Dm. 9,5–10,4 cm; Gew. 70 g.

Datierung:
Jüngere Nordische Bronzezeit, Periode IV/V, 1100–750 v. Chr.

Verbleib:
Statens Historiska Museum, Stockholm, SHM 2604.

Literatur:
Oskar Montelius. In: Hallands Fornminnes Föreningens Arsskrift, Bd. 2, 1869, S. 63, 2 Abb. Carl Schuchhardt: Der Goldfund vom Messingwerk bei Eberswalde. Berlin 1914, S. 24, Abb. 30. Gustaf Kossinna: Der Goldfund vom Messingwerk bei Eberswalde und die goldenen Kultgefäße der Germanen (Mannus-Bibliothek, Bd. 12). Würzburg 1913, S. 28, Abb. 7. Wilfried Menghin – Peter Schauer: Der Goldkegel von Ezelsdorf. Kultgerät der späten Bronzezeit (Die vor- und frühgeschichtlichen Altertümer im Germanischen Nationalmuseum, Bd. 3). Stuttgart 1983, S. 94. Peter Schauer (Hrsg.): Die Goldblechkegel der Bronzezeit. Ein Beitrag zur Kulturverbindung zwischen Orient und Mitteleuropa (Monographien des Römisch-Germanischen Zentralmuseums, Bd. 8). Bonn 1986, S. 34–36, 52, 54.

Kat. Nr. 21

(22)
Mjövik (Blekinge, Schweden).

Das kugelförmige Goldgefäß mit kurzem Trichterrand wurde unmittelbar am Meeresstrand bei Mjövik, nahe Carlskrona, im Sand gefunden. Während der Rand unverziert ist, wird der Ansatz des Gefäßkörpers durch drei glatte Horizontalwülste betont, die nach unten durch eine Reihe einfacher Treibbuckel begrenzt werden. Auf der Gefäßschulter verläuft ein Band mit einfach gefassten Kreisbuckeln zwischen zwei glatten Doppelwülsten. In der Gefäßmitte findet sich eine Zone mit dreifach konzentrischen Kreisgruppen mit Mittelbuckeln zwischen senkrecht gerieften Horizontalbändern, die mit glatten Rippen gefasst sind. Gegen den kugeligen Boden hin folgt eine zweite Zone mit dreifach gerippten Kreismotiven, der Boden selbst ist mit einer Kreisgruppe verziert, von der sechs zweizeilige, quergeriefte Bänder ausstrahlen.
H. 7,0 cm; Dm. 9,0 cm; Gew. 75 g.

Datierung:
Jüngere Nordische Bronzezeit, Periode IV/V,
1100–750 v. Chr.

Verbleib:
Statens Historiska Museum, Stockholm, SHM 1426.

Literatur:
Oskar Montelius: Führer durch das Museum vaterländischer Alterthümer in Stockholm. Hamburg 1876, S. 26, Abb. 30. Carl Schuchhardt: Der Goldfund vom Messingwerk bei Eberswalde. Berlin 1914, S. 24, Abb. 29. Gustaf Kossinna: Der Goldfund vom Messingwerk bei Eberswalde und die goldenen Kultgefäße der Germanen (Mannus-Bibliothek, Bd. 12). Würzburg 1913, S. 30, Abb. 8. Wilfried Menghin – Peter Schauer: Der Goldkegel von Ezelsdorf. Kultgerät der späten Bronzezeit (Die vor- und frühgeschichtlichen Altertümer im Germanischen Nationalmuseum, Bd. 3). Stuttgart 1983, S. 94. Peter Schauer (Hrsg.): Die Goldblechkegel der Bronzezeit. Ein Beitrag zur Kulturverbindung zwischen Orient und Mitteleuropa (Monographien des Römisch-Germanischen Zentralmuseums, Bd. 8). Bonn 1986, S. 11, 34, 36, 38–39, 47, 54.

(23)
Heroldingen-Huisheim (Kreis Donau-Ries, Bayern).

Nach der beim Ankauf angegebenen Fundüberlieferung wurde vor etwa 25 Jahren am Ostrand des Nördlinger Rieses das Gefäßensemble in der Nähe einer befestigten spätbronzezeitlichen Siedlung ausgegraben. Die beiden Schalen und die drei übrigen Gefäße wurden anschließend getrennt verkauft, doch gelang es vor einem abermaligen Weiterverkauf, den Komplex wieder zusammenzuführen. Die Zusammengehörigkeit lässt sich durch die gleichartige Bodenlagerung, die einen braunen Metalloxidniederschlag verursachte, und die gegenseitigen Abdrücke der ursprünglich ineinandergestellten Gefäße rekonstruieren. Da über die Auffindung nichts Näheres überliefert ist, kann man nur aufgrund der Zusammensetzung vermuten, dass die Gefäße als Weihung vergraben wurden. Das Ensemble stellt ein möglicherweise komplettes Service eines Ritualgeschirres dar, bestehend aus einem Schalenpaar, einem Becherpaar und einem Fläschchen. Ein solches Service war an die oberste fürstliche oder vielleicht priesterkönigliche Gesellschaftsschicht gebunden, die es im Rahmen besonderer Trank- und Spendezeremonien verwendete. Wie vergleichbare Funde von Mariesminde Mose und Borgbjerg (beide Dänemark) zeigen, weisen unterschiedliche Gefäßformen – dort breite Schalen, hohe Becher und Schöpfgefäße mit Henkel – auf vielschichtige Riten hin, bei denen es nicht nur um die einfache Aufnahme eines Getränkes ging. Denkbar sind Libationen (Trankopfer), aber auch die Darreichung fester Nahrungsmittel oder anderer organischer Substanzen, wie z. B. Harze oder ätherische Öle.

a) Eine Schale mit kurzem Zylinderhals und schmalem ausgestellten Rand, das Gefäßunterteil läuft konisch zu, der Boden fehlt. Der Gefäßkörper ist durch umlaufende Treiblinien in Zierzonen mit Buckelleisten, Kerbleisten und Kreisaugenreihen gegliedert. Die zum Zentrum zeigenden Kerbleisten der unteren Zierzonen symbolisieren Sonnenstrahlen.

Kat. Nr. 22

H. (ohne Boden) 7,4 cm; Rand Dm. 12,5 cm; Blechstärke am Rand 0,5 mm; Gew. (ohne Boden) 98,3 g.

b) Die Schale besitzt einen kurzen Zylinderhals und einen schmalen, ausgestellten Rand. Der Gefäßkörper hat eine konische Form mit Schulterumbruch, der Boden ist abgeplattet. Das Gefäß ist leicht oval verzogen und hat einen kleinen Ausbruch in der Wand. Wie bei der ersten Schale erfolgte die Gliederung des Gefäßkörpers durch Treiblinien in Zierzonen mit Buckelleisten, Kerbleisten und Kreisaugenreihen. Der zentrale, von konzentrischen Kreisen umgebene Buckel symbolisiert zusammen mit den radialen Kerbleisten die Sonne.
H. 6,9 cm; Rand Dm. 11,3–12,2 cm; Dm. max. 12,5 cm; Gew. 67,1 g.

c) Ein spitzkonischer Zylinderhalsbecher mit ausgestelltem Rand, der Gefäßkörper ist in Zierzonen gegliedert, welche jeweils gerahmt werden von Treiblinien, Zierzonen, Kerbleisten, Zickzacklinien und eine durch radiale Doppellinien getrennte Kreisaugenreihe. Die zentrale Bodenverzierung nimmt zusammen mit den radialen Doppellinien die Sonnensymbolik auf.
H. 6,1 cm; Rand Dm. 8,7–8,9 cm; Gew. 47,1 g.

d) Ein spitzkonischer Zylinderhalsbecher mit ausgestelltem Rand, die Gliederung des Gefäßkörpers besteht ebenfalls aus Zierzonen, die jeweils von Treiblinien gerahmt und mit Zickzacklinien, Kerbleisten und konzentrischen Treiblinien gefüllt sind. Den Boden ziert ein zentraler, von drei konzentrischen Linien umgebener Mittelbuckel.
H. 5,8 cm; Rand Dm. 9,1–9,2 cm; Gew. 54,1 g.

Kat. Nr. 23

e) Die Flasche besteht aus einem doppelkonischen Gefäßkörper mit hohem Zylinderhals und Trichterrand. Der Flaschenkörper ist bis auf den Zylinderhals und Spitzboden mit Treiblinien, Kerbleisten, Rippen und Buckelbändern in Zonen verziert. Unterhalb des Trichterrandes verläuft ein kräftiger Treibwulst. Die zwei Teile des Flaschenkörpers sind entlang des Umbruchs zusammengeschmiedet, oberhalb des Wandumbruchs befindet sich ein größeres Loch.
H. 9,9 cm; Dm. max. 8,6 cm; Rand Dm. 4,1 cm; Öffnung 2,5 cm; Blechstärke am Rand 9,5 mm; Gew. 53 g.

Datierung:
Urnenfelderzeit, Ha B, 10.–9. Jh. v. Chr.

Verbleib:
Archäologische Staatssammlung München, Inv. Nr. 2001, 407 a-e.

Literatur:
Rupert Gebhard: Votivschatz mit fünf Gefäßen. In: Ludwig Wamser – Rupert Gebhard (Hrsg.): Gold – Magie, Mythos, Macht. Gold der Alten und Neuen Welt. Ausst. Kat. Archäologische Staatssammlung München. Stuttgart 2001, S. 224, Kat. Nr. 24.
[R.G.]

(24)
Lienewitzer Forst bei Caputh (Land Brandenburg).

1889 wurde von den Königlich-Preußischen Kunstsammlungen in Berlin ein Schatzfund aus dem Kunsthandel angekauft, der aus einem Goldgefäß, zwei goldenen Armbändern mit spiralig aufgerollten Enden und zwei Goldspiraldrähten bestand. Die in der Literatur übliche Herkunftsbezeichnung »Werder a.d. Havel« dürfte falsch sein. Der Fund soll angeblich im Lienewitzer Forst bei Caputh nahe Potsdam »unter großen Steinen zusammen mit Topfscherben« ausgegraben worden sein.

a) Ein bauchiges Goldgefäß mit Kugelboden, Kegelhals und Trichterrand, der mit senkrechten Riefen verziert ist, darunter befinden sich zwischen glatten Treibwülsten Buckel- und Perlreihen. Auf dem Hals sieht man perlbuckelgefüllte, stehende Dreiecke. Der Schulterumbruch wird durch eine Perlbuckelreihe markiert, auf die eine Zone großer Kreisbuckel zwischen Doppelriefen folgt. Die Wandverzierung ist durch flächendeckende Perlreihen bestimmt, die von einem einfach gefassten Band mit Kreispunzen und einem zweiten mit einem prozessionsartigen Fries aus halbplastisch getriebenen Vogelsymbolen zwischen Doppelriefen in drei gleichbreite Zonen gegliedert wird. Das Bodenornament bildet ein achtstrahliger

293

Kat. Nr. 24

Stern mit zentralem Kreismuster im Buckelkranz. Die Kreissektoren sind mit Perlbuckeln gefüllt.
H. 10,5 cm; Dm. 10,3 cm; Gew. 91,3 g.

b) Armband aus Gold. Bandförmig, mit Mittelrippe und plastischer Verzierung, die Enden jeweils leicht verjüngend, aufgespalten und zu paarigen Spiralen aufgerollt.
Datierung:
Nordische Bronzezeit, Periode II/III, 14.–13. Jh. v. Chr.
Verbleib:
Original: Museum für Vor- und Frühgeschichte, Staatliche Museen zu Berlin (Kriegsverlust).
Kopien: Museum für Vor- und Frühgeschichte, Staatliche Museen zu Berlin, Inv. Nr. VIIa 1136 (Gefäß), VIIa 1137 (Armring).
Literatur:
Amtliche Berichte aus den Königlichen Kunstsammlungen Berlin, Bd. 11, 1890, S. 75. Albert Voß. In: Verhandlungen der Berliner Anthropologischen Gesellschaft, 1890, S. 298. Carl Schuchhardt: Der Goldfund vom Messingwerk bei Eberswalde. Berlin 1914, Abb. 20–22. Gustaf Kossinna: Der Goldfund vom Messingwerk bei Eberswalde und die goldenen Kultgefäße der Germanen (Mannus-Bibliothek, Bd. 12). Würzburg 1913, S. 27, Taf. 16. Wilfried Menghin – Peter Schauer: Der Goldkegel von Ezelsdorf. Kultgerät der späten Bronzezeit (Die vor- und frühgeschichtlichen Altertümer im Germanischen Nationalmuseum, Bd. 3). Stuttgart 1983, S. 116–118. Peter Schauer (Hrsg.): Die Goldblechkegel der Bronzezeit. Ein Beitrag zur Kulturverbindung zwischen Orient und Mitteleuropa (Monographien des Römisch-Germanischen Zentralmuseums, Bd. 8). Bonn 1986, S. 11, 31, 35, 37, 39, 40, 55.

(25)
Eberswalde (Kreis Eberswalde, Land Brandenburg).

1913 wurde auf dem Gelände des Messingwerkes bei Eberswalde am Nordufer des Finowkanals bei Schachtarbeiten in 1 m Tiefe ein 22,5 cm hohes und 23,0 cm breites Tongefäß mit flachem Deckel gefunden, das acht ineinandergesteckte und mit 73 Goldgegenständen gefüllte Goldgefäße im Gesamtgewicht von 2,54 kg enthielt. Eine planmäßige Nachgrabung am Fundplatz ergab keine weiteren Aufschlüsse.

a) Ein Goldgefäß mit kalottenförmigem Unterteil, Zylinderhals und kurzem Kragenrand. Hals und Schulter sind mit drei bzw. zwei Buckelreihen zwischen Horizontallinien verziert. Auf dem Gefäßrücken befinden sich vier senkrecht geriefte Treibwülste, darunter zwischen doppelten und einfachen Trennlinien fünf Bänder aus zweifach konzentrischen Kreisen mit Mittelbuckel. Der kleine Omphalosboden ist mit einem dreifachen Kreiswulst konturiert.
H. 7,5 cm; Dm. 9,5–9,7 cm; Gew. 57,1 g.

b) Ein in Form und Ornamentik nahezu identisches Goldgefäß, ebenfalls mit kalottenförmigem Unterteil, Zylinderhals und kurzem Kragenrand. Auf dem Hals umlaufend erkennt man eine doppelte Perlpunktreihe, die durch eine doppelte Horizontallinie von einem senkrecht gekerbtem Treibwulstband abgesetzt ist, dem auf der Schulter eine einfache Perlbuckelreihe und zwei glatte Treiblinien folgen. Der Gefäßrücken zeigt zwischen Horizontallinien vier gekerbte Treibwulstbänder. Das

Kat. Nr. 25

Gefäßunterteil ist in vier Zonen mit Reihen aus je zwei konzentrischen Kreisen um einen Mittelbuckel gegliedert. Am Boden befindet sich ein kleiner Omphalos, der durch drei konzentrische Kreiswülste und einen Perlbuckelkranz gefasst ist.
H. 6,8 cm; Dm. 9,5–9,7 cm; Gew. 57,0 g.

c) Ein weiteres Goldgefäß mit kalottenförmigem Unterteil, Trichterhals und kurzem Kragenrand, dessen Hals und Schulter jedoch unverziert sind. Auf der Wandung findet sich zwischen doppelten und einfachen Horizontalrippen ein senkrecht gekerbtes Treibwulstband, auf das drei gegenläufig schräggekerbte Wülste folgen. Das Gefäßunterteil ist glatt, mit einem Kranz aus doppelten konzentrischen Kreisen mit kleinem Mittelbuckel. Im Zentrum liegt ein dreifach kreisförmig gefasster Omphalos.
H. 5,3 cm; Dm. 7,3–7,4 cm; Gew. 52,74 g.

d) Ein Goldgefäß mit flachkugeligem Unterteil, Trichterhals und kurzem Kragenrand. Auf Hals und Schulter verlaufen zwei getriebene Winkelbänder zwischen doppelten Kerbwulstbändern. Die Gefäßwandung weist ein Band aus vierfach gerippten Kreisscheiben auf, welches beidseitig von je drei senkrecht und schräg gekerbten Wulstlinien gefasst ist. Der Gefäßboden zeigt umlaufend ein Winkelband, auf das, voneinander abgesetzt, vier gegenläufig gekerbte Treibwulstbänder folgen. Im Zentrum besitzt er einen kleinen Omphalos in einem dreifachen Kreiswulst.
H. 5,3 cm; Dm. 10,2–10,6 cm; Gew. 67,32 g.

e) Ein zum vorhergehenden in Form, Ornamentkanon und Abfolge der Zierbänder nahezu identisches Goldgefäß mit flachkugeligem Unterteil, Trichterhals und kurzem Kragenrand. Auf dem Hals befinden sich zwei gegenläufig gekerbte Treibwülste und ein glattes Winkelband, das sich auf der Schulter wiederholt und durch einen schräggekerbten Wulst von einem weiteren abgesetzt ist. Zwischen je drei gekerbten Treibwülsten liegt hier eine Zone mit vierfach gerippten Kreisscheiben. Auf dem Gefäßboden sind um den Omphalos drei voneinander abgesetzte glatte Kreiswülste, drei gegenläufig schräggekerbte Treibwülste und ein doppeltes Winkelband gelegt.
H. 6,1 cm; Dm. 9,9–10,3 cm; Gew. 67,35 g.

f) Eine flachkugelige Goldschale mit eingezogener Schulter und Trichterband. Der Rand der Schale ist glatt, auf der Gefäßschulter sind drei Perlbuckelreihen zwischen dreifachen Horizontalrippen zu sehen, auf die eine Zone mit Doppelkreisen folgt, welche durch einen dreifach konturierten, gekerbten Treibwulst von einem zweiten Kreismotivband abgesetzt ist. Daran schließen vier Bänder aus einfachen Perlbuckelreihen zwischen Horizontalrippen an. Um den dreifach profilierten Omphalos legen sich kranzförmig drei Ringe aus Perlbuckeln.
H. 5,0 cm; Dm. 9,7–10,0 cm; Gew. 80,53 g.

Kat. Nr. 25g

g) Bei dieser flachkugeligen Goldschale mit eingezogener Schulter und Trichterrand folgen auf den glatten Rand zwischen horizontalen Querrippen vier einfache Perlbuckelbänder und eine Reihe dreifach gerippter Kreisscheiben. Der kleine Standboden mit Omphalos ist mit einem fünffach gerippten Kreis konturiert. Das Gefäßunterteil ist durch acht breite Radialbänder aus dreifachen vertikalen, quergerieften Flachwülsten in perlpunktgefüllte Sektoren gegliedert.
H. 4,7 cm; Dm. 9,7–10,0 cm; Gew. 78,75 g.

Kat. Nr. 25h

h) Das Gefäßoberteil der flachkugeligen Goldschale mit kurzem Kragenrand ist unverziert. Auf der Gefäßwandung verlaufen zwischen Horizontalrippen zwei einfache Perlbuckelreihen im Wechsel mit gegenläufig schräggekerbten Treibwulstbändern. Das Gefäßunterteil ist durch eine dreifache Perlbuckelreihe abgesetzt. Das Bodenornament besteht aus einem achtstrahligen Stern in Radialfassung, dessen Mittelpunkt durch einen Buckel mit vier konzentrischen Kreisen markiert wird. Die Kreissektoren sind flächig mit Perlbuckeln gefüllt.
H. 6,0 cm; Dm. 12,0 cm; Gew. 94,47 g.

Datierung:
Nordische Bronzezeit, Periode II-IV, 13.–10. Jh. v. Chr.

Verbleib:
Originale: Museum für Vor- und Frühgeschichte, Berlin (Kriegsbeute).
Kopien: Institut für Vor- und Frühgeschichte der Eberhard-Karls-Universität Tübingen, Inv. Nr. WMF 2–8.

Literatur:
Carl Schuchhardt: Der Goldfund vom Messingwerk bei Eberswalde. Berlin 1914, S. 13, Taf. 2–10. Gustaf Kossinna: Der Goldfund vom Messingwerk bei Eberswalde und die goldenen Kultgefäße der Germanen (Mannus-Bibliothek, Bd. 12). Würzburg 1913, S. 3, Taf. 1–12. Wilfried Menghin – Peter Schauer: Der Goldkegel von Ezelsdorf. Kultgerät der späten Bronzezeit (Die vor- und frühgeschichtlichen Altertümer im Germanischen Nationalmuseum, Bd. 3). Stuttgart 1983, S. 98–115. Peter Schauer (Hrsg.): Die Goldblechkegel der Bronzezeit. Ein Beitrag zur Kulturverbindung zwischen Orient und Mitteleuropa (Monographien des Römisch-Germanischen Zentralmuseums, Bd. 8). Bonn 1986, S. 7–8, 11, 18, 35–37, 39, 42, 46, 54, 55, 98.

(26)
Rongères (Dép. Allier, Frankreich).

Bei Drainagearbeiten stieß 1911 ein Bauer auf seinem Feld nahe der Nationalstraße von Paris nach Lyon in freier Erde auf ein Goldgefäß, das ein gegossenes Goldarmband mit spiralig aufgerollten Enden und einen bandförmigen goldenen Fingerring mit zwei Doppeldrahtspiralen enthielt. Es handelt sich um eine halbkugelige Goldschale mit glattem ausladendem Rand. Auf der Wandung befindet sich ein Kreisbuckelband zwischen von zweifachen Rippen gefassten, gekerbten Treibwulstbändern. Der Boden ist mit einem Ring aus konzentrischen Kreisrippen und doppeltem Kreisbuckelkranz um einen Zentralkreis verziert.
H. 5,2 cm; Dm. 9,0 cm; Gew. 63,5 g.

Kat. Nr. 26

Datierung:
Bronzezeit, Bz C, 14. Jh. v. Chr.

Verbleib:
Musée des Antiquités Nationales, Saint-Germain-en-Laye, Inv. Nr. MAN 58031.

Literatur:
Joseph Déchelette: Les Trésors de Rongères et de Villeneuve-Saint-Vistre. In: Monuments Piot, Bd. 19, 1912, S. 8, Taf. 15. Carl Schuchhardt: Der Goldfund vom Messingwerk bei Eberswalde. Berlin 1914, S. 18, Abb. 16. Wilfried Menghin – Peter Schauer: Der Goldkegel von Ezelsdorf. Kultgerät der späten Bronzezeit (Die vor- und frühgeschichtlichen Altertümer im Germanischen Nationalmuseum, Bd. 3). Stuttgart 1983, S. 96. Peter Schauer (Hrsg.): Die Goldblechkegel der Bronzezeit. Ein Beitrag zur Kulturverbindung zwischen Orient und Mitteleuropa (Monographien des Römisch-Germanischen Zentralmuseums, Bd. 8). Bonn 1986, S. 11, 15, 22, 36, 38, 40, 42, 50, 54, 55.

(27)
Villeneuve-Saint-Vistre-et-Villevotte (Dép. Marne, Frankreich).

1910 stieß ein Bauer beim Pflügen in der Flur »Champ de Grès« in der Gemeinde Villeneuve-Saint-Vistre an der Straße von Anglure nach Sézanne auf einen großen Stein. Bei der Beseitigung des Hindernisses entdeckte er unter dem rückseitig ausgehöhlten Sandsteinblock zwei Goldgefäße sowie zwei bandförmige Goldarmbänder, drei verzierte goldene Fingerringe und ein Bündel Golddraht mit einem Gesamtgewicht von 251 g.

a) Ein eiförmiges Goldgefäß mit hohem Kegelhals und ausladendem Trichterrand, mit einer Verzierung aus radialen Rippen und Rillen, welche am Ansatz vier Treibwülste aufweist. Der Hals ist mit punktgefüllten, hängenden Dreiecken verziert. Auf dem leicht gebauchten Gefäßkörper finden sich zwischen glatten Doppelriefen schräggekerbte Treibwülste in dreifachem Wechsel mit Bändern aus konzentrischen Kreisen. Der konische Boden ist mit konzentrischen Kreiswülsten dekoriert.
H. 12,0 cm; Gew. 49 g.

b) Ein in der Form ähnliches Goldgefäß mit hohem Kegelhals und ausladendem Trichterrand. Der Rand zeigt eine Radialriefung, der Hals ist mit glatten und schräggekerbten Treibwülsten mehrfach gegliedert. Auf dem eiförmigen Gefäßkörper finden sich in drei Zonen konzentrische Kreisgruppen unterschiedlichen Umfangs, die durch Bänder aus schräggekerbten und glatten Wülsten voneinander abgesetzt sind. Der Wölbboden zeigt eine konzentrische Kreisgruppe.
H. 11,8 cm; Gew. 48,9 g.

Datierung:
Bronzezeit, Bz C, 14. Jh. v. Chr.

Verbleib:
Musée des Antiquités Nationales, Saint-Germain-en-Laye, Inv. Nr. MAN 81706, MAN 81707.

Literatur:
J. Chappée: Objets d'art découverts à Villeneuve-Saint-Vistre. In: Monuments Piot, Bd. 19, 1912, S. 1, Taf. 15. Wilfried Menghin – Peter Schauer: Der Goldkegel von Ezelsdorf. Kultgerät der späten Bronzezeit (Die vor- und frühgeschichtlichen Altertümer im Germanischen Nationalmuseum, Bd. 3). Stuttgart 1983, S. 119. Peter Schauer (Hrsg.): Die Goldblechkegel der Bronzezeit. Ein Beitrag zur Kulturverbindung zwischen Orient und Mitteleuropa (Monographien des Römisch-Germanischen Zentralmuseums, Bd. 8). Bonn 1986, S. 11, 22, 35, 37, 38, 42, 47, 52, 55.

(28)
Zürich-Altstetten (Kanton Zürich, Schweiz).

1906 wurde bei der Anlage eines Gleises in Zürich-Altstetten von einem Arbeiter eine Goldschale ausgegraben. Nachforschungen ergaben, dass die Goldschüssel in rund 80 cm Tiefe mit der Öffnung nach unten auf einem flachen Stein von 50 cm Durchmesser niedergelegt und durch ein übergestülptes graues Tongefäß vor dem umgebenden Erdreich geschützt worden war. Das Innere der Schüssel soll mit einer staubartigen weißlichen Masse (Asche?) gefüllt gewesen sein. Tongefäß und Schüsselinhalt wurden nicht aufbewahrt. Eine Nachgrabung am Fundplatz ergab keine weiteren Aufschlüsse. Es handelt sich um eine halbkugelige Goldschüssel mit abgesetztem Kragenrand. Der Rand des Gefäßes ist glatt, der Gefäßkörper flächig mit Perlbuckeln verziert. Auf der Wandung ist im Punzmuster eine prozessionsartige Reihe aus sieben gehörnten Tieren ausgespart, die oben von einem Kranz aus acht liegenden Mond- und Sonnensymbolen und unten von sieben Mondsymbolen begrenzt wird. Den Boden markieren konzentrisch zwei glatte Kreise.
H. 12,0 cm; Dm. 25,0 cm; Wandstärke 0,4 mm; Gew. 910 g.

Kat. Nr. 27

Kat. Nr. 28

Datierung:
Urnenfelderzeit, Ha B 10.–8. Jh. v. Chr.

Verbleib:
Schweizerisches Landesmuseum, Zürich, Inv. Nr. A-86063.

Literatur:
Jakob Heierli: Die goldene Schüssel von Zürich. In: Anzeiger für schweizerische Altertumskunde, N. F., Bd. 9, 1907, S. 1, Abb. 1–2; Taf. 1, 2 a-f. Carl Schuchhardt: Der Goldfund vom Messingwerk bei Eberswalde. Berlin 1914, S. 16, Abb. 13. Gustaf Kossinna: Der Goldfund vom Messingwerk bei Eberswalde und die goldenen Kultgefäße der Germanen (Mannus-Bibliothek, Bd. 12). Würzburg 1913, S. 34, Taf. 15,5. Wilfried Menghin – Peter Schauer: Der Goldkegel von Ezelsdorf. Kultgerät der späten Bronzezeit (Die vor- und frühgeschichtlichen Altertümer im Germanischen Nationalmuseum, Bd. 3). Stuttgart 1983, S. S. 125–126. Peter Schauer (Hrsg.): Die Goldblechkegel der Bronzezeit. Ein Beitrag zur Kulturverbindung zwischen Orient und Mitteleuropa (Monographien des Römisch-Germanischen Zentralmuseums, Bd. 8). Bonn 1986, S. 19, 54.

(29)
Villena (Prov. Alicante, Spanien).

1963 wurde in einem trockenen Bachbett, der »Rambla del Panadero«, 6 km nordöstlich vom Stadtkern von Villena, ein Hort von knapp 10 kg Gewicht, davon über 9 kg Gold, der Rest Silber, Eisen und Bernstein aufgefunden. Die Gegenstände waren in einem bauchigen Tongefäß mit eingezogenem Rand und Deckel von 32,3 cm Höhe und max. 12,2 cm Durchmesser deponiert. Das hohe Edelmetallgewicht, die seltenen Silbergegenstände, der Bernstein und zwei der frühesten Eisenobjekte der Iberischen Halbinsel lassen diesem spätbronzezeitlichen Schatzfund eine besondere Bedeutung zukommen.

41 von insgesamt 67 Objekten werden in der Ausstellung in Kopie gezeigt.

a) Elf halbkugelige Schalen aus Goldblech. Die Oberflächen sind mit Reihen von Kreisbuckeln, glatten Rippen und Wülsten verziert.
H. 5,5–12,1 cm; Dm. 10,5–25,3 cm.

b) Zwei bauchige Goldflaschen. Die Oberflächen sind mit Rippen verziert.
H. 121,0 cm; Dm. 50,0 cm; Wandstärke 0,5–1,0 mm.

c) 28 zylindrische Armringe aus Gold mit unterschiedlichen Profilen vom Typ Villena/Estremoz.
H. 11,0–30,5 cm; Dm. 47,0–73,0 cm.

Datierung:
Bronce final III, 10.–8. Jh. v. Chr.

Verbleib:
Museo Arqueológico »José María Soler«, Villena, Inv. Nr. 2–42.

Literatur:
José María Soler García: El Tesoro de Villena. In: Excavationes Arqueologicas en España, Bd. 36, 1965. José María Soler García: El oro de los tesoros de Villena (Servicio de Investigación Prehistorico. Trabajos varios, Bd. 36). Valencia 1969. Wilhelm Schüle: Der bronzezeitliche Schatzfund von Villena (Prov. Alicante). In: Madrider Mitteilungen, Bd. 17, 1976, S. 142, Taf. 19–29. Wilfried Menghin – Peter Schauer: Der Goldkegel von Ezelsdorf. Kultgerät der späten Bronzezeit (Die vor- und frühgeschichtlichen Altertümer im Germanischen Nationalmuseum, Bd. 3). Stuttgart 1983, S. 127–133. Peter Schauer (Hrsg.): Die Goldblechkegel der Bronzezeit. Ein Beitrag zur Kulturverbindung zwischen Orient und Mitteleuropa (Monographien des Römisch-Germanischen Zentralmuseums, Bd. 8). Bonn 1986, S. 19, 20.

Kat. Nr. 29

(30)
Axtroki (Prov. Guipúzcoa, Spanien).

Bei Aufräumungsarbeiten nach einem Erdrutsch in Axtroki, das an einer Privatstraße von Eskoriaza-Bolibar nach San Andrés de Erana liegt, wurden in den Erdmassen zwei ineinandersitzende Goldkalotten gefunden.

a) Bei dieser Goldschale von flachkugeliger Form ist zur Bildung des verdickten und schräggekerbten Randes das Blech nach innen zu einem Röhrchen gerollt. Die Wandung ist durch vier Doppelriefen in vier Zierzonen gegliedert. Unter dem Rand befindet sich ein breites Band aus dreifachen konzentrischen Kreisen mit Mittelbuckel, auf das ein schräggeriefter Treibwulst folgt. Daran schließt sich ein schmales Band mit stark stilisierten Vogelsymbolen an, das durch einen senkrecht gerieften Treibwulst vom Boden abgesetzt ist. Der kalottenförmige Boden mit kleinem Schlussdeckel ist durch eine Doppelriefe konturiert und von kreuzförmigen Bändern in vier punktgefüllte Sektoren gegliedert. Das kreuzförmige Ornament mit konzentrischen Kreisen im Mittelpunkt besteht aus aneinandergereihten Vogelsymbolen zwischen quergerieften Bändern.
H. 9,5 cm; Dm. 19,7 cm; Gew. 230 g; Wandstärke 0,04 cm.

b) Bei dieser kalottenförmigen Goldschale wird die Randlippe durch ein nach außen eingerolltes Blech gebildet. An einen schräggerieften Treibwulst zwischen dreifachen Horizontalriefen schließt sich ein Ornamentband mit stark stilisierten Vogelsymbolen an. Im Wechsel mit gekerbten Treibwulstbändern

Kat. Nr. 30b

folgen Zonen mit ein- und mehrfach gefassten Kreisbuckeln zwischen glatten Horizontalriefen. Der Boden ist durch einen vertikal gerieften Treibwulst zwischen Doppelriefen von der Wandung abgesetzt und mit Kreisbuckeln verziert, in deren Zentrum eine konzentrische Kreisgruppe liegt.
H. 10,5 cm; Dm. 21,3 cm; Gew. 244,3 g.

Datierung:
Späte Mittelbronzezeit bis mittlere Spätbronzezeit, 14.–12. Jh. v. Chr.

Verbleib:
Museo Arqueológico Nacional, Madrid, Inv. Nr. 73/77/1a, 73/77/2a.

Literatur:
Ignacio Barandiarán Maestu: Los cuencos de Axtroki (Bolibar-Eskoriaza, Guipúzcoa). In: Noticario Arqueológico Hispanico, Prehistoria, Bd. 2, 1973, S. 173. Ignacio Barandiarán Maestu: Zwei Hallstättische Goldschalen aus Axtroki, Prov. de Guipúzcoa. In: Madrider Mitteilungen, Bd. 14, 1973, S. 109, Abb. 1–2. Martin Almagro Gorbea: Orfebrería del Bronce Final en la Peninsula Iberica. In: Trabajos de Prehistoria, Bd. 31, 1974, S. 74, Abb. 5–6, Taf. 10. Wilfried Menghin – Peter Schauer: Der Goldkegel von Ezelsdorf. Kultgerät der späten Bronzezeit (Die vor- und frühgeschichtlichen Altertümer im Germanischen Nationalmuseum, Bd. 3). Stuttgart 1983, S. 121-124. Peter Schauer (Hrsg.): Die Goldblechkegel der Bronzezeit. Ein Beitrag zur Kulturverbindung zwischen Orient und Mitteleuropa (Monographien des Römisch-Germanischen Zentralmuseums, Bd. 8). Bonn 1986, S. 20, 31, 36–38, 40, 42.

Kat. Nr. 30a

(31)
Leiro, Rianxó, Bucht von Arousa (Prov. La Coruña, Spanien).

1976 wurde das aus einem Stück Goldblech getriebene Objekt in Form einer »Pickelhaube«, einer Kalotte mit herausragendem Mitteldorn, in einem unverzierten Tongefäß entdeckt. Die Verzierung besteht aus zwölf, den Mitteldorn umziehenden Zierzonen: sechs Bänder mit vier bzw. drei horizontalen Rippen, drei einfache Buckelbänder und drei Bänder mit Kreisbuckeln, zwischen die jeweils ein Paar kleiner, senkrecht untereinanderstehender Buckel gesetzt ist. Die Zonen mit Buckeln alternieren dabei mit den Rippenzonen. Die Kalotte hat einen schmalen glatten Rand, der nicht umgebogen oder gebördelt ist.
H. mit Dorn 12,5 cm; Dm. 19,5 cm; Wandstärke 0,9 mm; Gew. 270 g.

Datierung:
Frühe Spätbronzezeit, 14.–13. Jh. v. Chr.

Verbleib:
Museo Arqueológico La Coruña, Inv. Nr. 601-1.

Literatur:
Peter Schauer (Hrsg.): Die Goldblechkegel der Bronzezeit. Ein Beitrag zur Kulturverbindung zwischen Orient und Mitteleuropa (Monographien des Römisch-Germanischen Zentralmuseums, Bd. 8). Bonn 1986, S. 34, Taf. 40,3 María Ruiz-Gálvez: La orfebrería del bronce final. El poder y su ostentación. In: Revista de Arqueología, 1983, S. 46–57, Taf. S. 54. Volker Pingel: Die vorgeschichtlichen Goldfunde der Iberischen Halbinsel. Eine archäologische Untersuchung zur Auswertung der Spektralanalysen (Madrider Forschungen, Bd. 17). Berlin 1992, S. 309, Nr. N3, Taf. 98,13. Sabine Gerloff: Bronzezeitliche Goldblechkronen aus Westeuropa. Betrachtungen zur Funktion der Goldblechkegel vom Typ Schifferstadt und der atlantischen »Goldschalen« der Form Devil's Bit und Atroxi. In: Albrecht Jockenhövel (Hrsg.): Festschrift für Hermann Müller-Karpe zum 70. Geburtstag. Bonn 1995, S. 153–194.

(32)
Irland, Fundort unbekannt.

Die Fundumstände dieses Fragments eine goldenen Hutes sind unbekannt, möglicherweise besteht jedoch ein Zusammenhang mit dem schriftlich überlieferten Moorfund aus dem »Golden Bog of Cullen« vom Jahre 1739. Es handelt sich um ein konisch gewölbtes Goldblech mit erhabenem Mittelbuckel und fehlender Originalkante. Der Mittelbuckel ist von fünf Kreisrippen umzogen. Darunter sind zwei umlaufende Zierbänder, das eine mit neun, das andere mit siebzehn Kreisbuckeln, die jeweils durch feine Rippenbänder eingerahmt werden.
Dm. 11,3–12,5 cm; Gew. 25,01 g.

Kat. Nr. 31

Kat. Nr. 32

Datierung:
Bronzezeit, 16.–10. Jh. v. Chr.

Verbleib:
National Museum of Ireland, Dublin, Inv. Nr. W. 19.

Literatur:
William R. Wilde: A Descriptive Catalogue of the Antiquities of Gold in the Museum of the Royal Irish Academy. Dublin 1862, S. 30. Edmund. C. R. Armstrong: Catalogue of the Irish Gold Ornaments in the Collection of the Royal Irish Academy. Dublin 1920, S. 40, 89, Nr. 375. J. Wallace: The Golden Bog of Cullen, North Munster. In: Antiquaries Journal, Bd. 1, Heft 3, 1938, S. 92. Axel Hartmann: Prähistorische Goldfunde aus Europa, Bd. 2 (Studien zu den Anfängen der Metallurgie, Bd. 5). Berlin 1982, S. 95, Taf. 19. George Eogan: The Gold Vessels of the Bronze Age in Ireland and Beyond (Proceedings of the Royal Irish Academy, Bd. 81,14). Dublin 1981, S. 349, Nr. 1, Abb. 1,1–4,1. Sabine Gerloff: Bronzezeitliche Goldblechkronen aus Westeuropa. Betrachtungen zur Funktion der Goldblechkegel vom Typ Schifferstadt und der atlantischen »Goldschalen« der Form Devil's Bit und Atroxi. In: Albrecht Jockenhövel (Hrsg.): Festschrift für Hermann Müller-Karpe zum 70. Geburtstag. Bonn 1995, S. 153–194.

(33)
Schifferstadt (Kreis Ludwigshafen, Rheinland-Pfalz).

Der sog. »Goldene Hut« wurde 1835 beim Umgraben eines Ackers in der Flur »Griesgarten« gefunden, »etwa ¼ Stunde nördlich von der Gemeinde Schifferstadt«. Nach der protokollierten Auskunft des Finders war der Goldblechkegel aufrecht in den Boden eingegraben, so dass sich die Spitze nur rund 30 cm unter der Ackerkrume befand. Er stand angeblich auf einer Platte, die bei der Bergung zerfiel. Auf der im Fundzustand aufgebogenen Krempe sollen die mitgefundenen drei Bronzebeile aufrecht an den Schaft des Goldgegenstandes angelehnt gewesen sein.

a) Der gedrungene Goldkegel ist aus einem Stück getrieben, mit scharf abgesetztem Fuß und Krempenrand, der schon in der Zeit seiner Nutzung beschädigt wurde. Am Übergang vom Fuß zur Krempe befinden sich vier Löcher, die sich jeweils paarweise gegenüberliegen. Die abgerundete Kegelspitze ist glatt und durch vier Horizontalrlefen sowie eine Kreisbuckelreihe ornamental vom Schaft abgesetzt. Dieser wird durch drei gleich breite Bänder aus fünffachen Perlpunktreihen zwischen fünf umlaufenden Querriefen gegliedert. Die Freiräume sind oben mit zwei Reihen mandelförmiger Treibbuckel und unten in gleicher Anordnung durch gefasste Kreisbuckel gefüllt, die

Kat. Nr. 33a

jeweils durch fünffache Querriefung voneinander getrennt sind. Einfach gefasste Kreisbuckel finden sich auch, durch vierfache Querriefung voneinander abgesetzt, in drei Zonen auf dem ausbauchenden Kegelfuß. Die sehr dünn ausgetriebene, 4,3 cm breite Krempe ist mit zwei Bändern aus einfachen Kreisen mit kleinem Mittelbuckel verziert, die durch eine doppelte Perlpunktreihe voneinander abgesetzt sind. Am äußeren Rand befindet sich ein umlaufendes Band aus Schrägriefen.
H. 29,6 cm; Dm. am Fuß 18,1 cm; Gew. 350,5 g; Wandstärke 01,–0,25 cm.

b) Drei bronzene Absatzbeile. L. 19,7 bzw. 20,0 cm.

Datierung:
Übergang mittlere/späte Bronzezeit, Bz C 2/D, um 1300 v. Chr.

Verbleib:
Historisches Museum der Pfalz, Speyer, Inv. Nr. 1934/20 (Goldhut), 1934/20 a.b.c (Beile).

Kat. Nr. 33b

Literatur:
Ludwig Lindenschmit (Hrsg.): Die Alterthümer unserer heidnischen Vorzeit. Nach den in öffentlichen und Privatsammlungen befindlichen Originalen zusammengestellt und hrsg. von der Direktion des Römisch-Germanischen Centralmuseums in Mainz, 5 Bde., Bd. 1. Mainz 1881, Taf. 4. Georg Hager – Joseph A. Mayer, Die vorgeschichtlichen und römischen und merovingischen Altertümer (Kataloge des Bayerischen Nationalmuseums, Bd. 4). München 1892, S. 75, Taf. 7,7, 23,1. Wilfried Menghin – Peter Schauer: Der Goldkegel von Ezelsdorf. Kultgerät der späten Bronzezeit (Die vor- und frühgeschichtlichen Altertümer im Germanischen Nationalmuseum, Bd. 3). Stuttgart 1983, S. 62–65. Peter Schauer (Hrsg.): Die Goldblechkegel der Bronzezeit. Ein Beitrag zur Kulturverbindung zwischen Orient und Mitteleuropa (Monographien des Römisch-Germanischen Zentralmuseums, Bd. 8). Bonn 1986, S. 22–24, 29–31, 33–35, 93–95. Sabine Gerloff: Bronzezeitliche Goldblechkronen aus Westeuropa. Betrachtungen zur Funktion der Goldblechkegel vom Typ Schifferstadt und der atlantischen »Goldschalen« der Form Devil's Bit und Atroxi. In: Albrecht Jockenhövel (Hrsg.): Festschrift für Hermann Müller-Karpe zum 70. Geburtstag. Bonn 1995, S. 153–194.

(34)
Avanton (Dép. Vienne, Frankreich).

Der »Cône« oder »Carquois d'Avanton« wurde 1844 in Avanton bei Poitiers gefunden, die Fundumstände sind nicht überliefert. Es handelt sich um den Schaft eines Goldkegels, dessen Unterteil (Fuß) fehlt, die Spitze ist stark beschädigt. Verziert ist der aus einem Stück Gold getriebene Kegelschaft mit dreizehn Ornamentzonen aus Kreismotiven zwischen jeweils vier umlaufenden Querrippen in stereotypem Wechsel mit Zonen aus fünf gekoppelten Punktreihen. Bis auf die oberste Zierzone handelt es sich bei den einzelnen Ziermotiven um doppelt gerippte Kreise mit flachem Mittelbuckel. Die Spitze ist durch

Kat. Nr. 34

einen Kranz einfach gefasster Kreisbuckel abgesetzt und zeigte ursprünglich einen mehrstrahligen Stern auf perlpunktgefülltem Hintergrund. Am unteren Rand des erhaltenen Fragments deutet ein einfach gefasster, senkrecht gerieffter Treibwulst den Übergang zum verlorenen Kegelfuß an.

H. (bei Auffindung) 46,0 cm, (nach Restaurierung) 53,0 cm; Dm. max. 11,0 cm; Wandstärke 0,11–0,20 mm; Gew. 249 g.

Datierung:
Beginn der Urnenfelderzeit, Ha A, um 1200 v. Chr.

Verbleib:
Musée des Antiquités Nationales, Saint-Germain-en-Laye, Inv. Nr. MAN 21077.

Literatur:
Ludwig Lindenschmit (Hrsg.): Die Alterthümer unserer heidnischen Vorzeit. Nach den in öffentlichen und Privatsammlungen befindlichen Originalen zusammengestellt und hrsg. von der Direktion des Römisch-Germanischen Centralmuseums in Mainz, 5 Bde., Bd. 1. Mainz 1881, Taf. 4. Trésors archéologiques de l'Armorique occidentale. Rennes 1886, Taf. 4, Abb. 5. Joseph Déchelette: Manuel d'archéologie préhistorique, celtique et gallo-romaine, Bd. 2, Heft 1: L'Âge du Bronze. Paris 1910, S. 362, Abb. 144. Wilfried Menghin – Peter Schauer: Der Goldkegel von Ezelsdorf. Kultgerät der späten Bronzezeit (Die vor- und frühgeschichtlichen Altertümer im Germanischen Nationalmuseum, Bd. 3). Stuttgart 1983, S. 66. Peter Schauer (Hrsg.): Die Goldblechkegel der Bronzezeit. Ein Beitrag zur Kulturverbindung zwischen Orient und Mitteleuropa (Monographien des Römisch-Germanischen Zentralmuseums, Bd. 8). Bonn 1986, S. 4–6, 34–39, 44–47, 79–81, 98–101. Sabine Gerloff: Bronzezeitliche Goldblechkronen aus Westeuropa. Betrachtungen zur Funktion der Goldblechkegel vom Typ Schifferstadt und der atlantischen »Goldschalen« der Form Devil's Bit und Atroxi. In: Albrecht Jockenhövel (Hrsg.): Festschrift für Hermann Müller-Karpe zum 70. Geburtstag. Bonn 1995, S. 153–194.

(35)
Berliner Goldhut, Fundort unbekannt.

Der Goldkegel, der 1996 aus dem Kunsthandel erworben wurde, wurde vermutlich in der Schweiz oder in Süddeutschland gefunden, der genaue Fundort und die Fundumstände sind jedoch nicht näher bekannt. Der kegelförmige Hohlkörper mit ovaler Kalotte, hohem kegelförmigem Schaft und breiter Krempe mit verstärktem Rand aus papierdünn ausgetriebenem Goldblech ist als vierter und letzter seiner Gattung bekannt geworden und ist zugleich das am besten erhaltene Exemplar. Form und Verzierung belegen eindeutig, dass es sich bei derartigen Objekten tatsächlich um goldene Umhüllungen von Kopfbedeckungen handelt. Aus Verformungen und der Patinierung ergibt sich, dass der Berliner Goldhut, offensichtlich

Kat. Nr. 35

ebenso wie der »Goldene Hut von Schifferstadt«, aufrecht in humosem Boden vergraben war.

Der Schaft wird durch sechzehn stark profilierte, horizontale Treibwülste strukturiert und ist von der Kalotte durch einen 18 mm hohen, vertikal gefältelten Übergang abgesetzt. Im Falz zwischen Kalottenfuß und Krempe befindet sich ein Bronzeband von etwa 10 mm Breite und 20,3 x 17,5 cm Durchmesser. Der Umbruch zur leicht verformten Krempe mit einem Außenmaß von 30,7 x 29,5 cm wird durch die Fältelung des Goldblechs markiert. Im diagonal gerieften Krempenrand befindet sich ein jetzt mehrfach gebrochener, tordierter Vierkantdraht mit auffälligem Steckverschluss, um den das Goldblech nach oben umbördelt wurde. Die Spitze ist mit einem glattflächigen achtstrahligen Stern verziert. Die acht Dreiecksfelder zwischen den Strahlen sind mit einer Perlpunze in regelmäßigen horizontalen Reihen freihändig flächig gepunktet.

Der konische Schaft, die helmartige Kalotte und die Krempe sind in 21, durch Trennwülste bzw. -bänder klar voneinander abgesetzte, horizontale Zonen mit insgesamt siebzehn unterschiedlichen Punzen, Patrizen und Rollpunzen so verziert, dass es nirgends zu Überschneidungen der Scheiben- und Kreismotive sowie sonstiger Ornamente kommt. Sonderpunzen sind punktgefüllte liegende Halbmonde sowie ein Mandelaugenmuster. Die exakte Zählung der Ornamente ergab Zahlenkombinationen in deutlich erkennbarer Rhythmik mit kalendarisch-astronomischem Bezug. Ein ähnliches Verzierungsprinzip zeigen auch die Kegel von Schifferstadt, Avanton und Ezelsdorf.

H. 74,5 cm; Dm. des annähernd konischen Schaftes max. 12,5 cm; Dm. der Kalotte 10,0 cm; Breite der Krempe 5,2–5,5 cm; Stärke der Goldfolie durchschnittlich 0,06 mm; Gew. (mit Verstärkungen aus Bronze) 490 g.

Datierung:
Urnenfelderzeit, Ha A/B, 11.–9. Jh. v. Chr.

Verbleib:
Museum für Vor- und Frühgeschichte, Staatliche Museen zu Berlin, Inv. Nr. IIc 6068.

Literatur:
Wilfried Menghin: Der Berliner Goldhut und die goldenen Kalendarien der alteuropäischen Bronzezeit. In: Acta Praehistorica et Archaeologica, Bd. 32, 2000, S. 31–108. Sabine Gerloff: Bronzezeitliche Goldblechkronen aus Westeuropa. Betrachtungen zur Funktion der Goldblechkegel vom Typ Schifferstadt und der atlantischen »Goldschalen« der Form Devil's Bit und Atroxi. In: Albrecht Jockenhövel (Hrsg.): Festschrift für Hermann Müller-Karpe zum 70. Geburtstag. Bonn 1995, S. 153–194.

(36)
Ezelsdorf, Gemeinde Burgthann
(Kreis Nürnberger Land, Bayern).

1953 stieß ein Arbeiter beim Roden von Wurzelstöcken am Südhang des Brentenberges in der Flurgemarkung Ezelsdorf, einer sonst an prähistorischen Funden armen Gegend, in 0,8 m Tiefe auf einen Goldblechkegel, der hier an einer ursprünglich abgelegenen Stelle und offenbar hastig vergraben worden war. Es handelt sich um einen Goldkegel mit hohem, schlankem Schaft und abgesetztem, gebauchtem Fuß. Der Rand ist um einen etwa 1,8 cm breiten Ring aus flachem Bronzeblech geschlagen. Wahrscheinlich besaß das Objekt ursprünglich eine Krempe, die oberhalb dieses Bandes nach außen abknickte. Der Kegel ist in seiner gesamten Länge aus einem Stück Gold getrieben und gezogen. Die weitgehende Zerstörung bei der Auffindung machte aufwendige Restaurierungsarbeiten notwendig.

Der Kegel weist mindestens 21 verschiedene, wiederkehrende Ornamente auf. Bis auf die Spitze, die aus zehn glatten Rippen gebildete, vertikale Radialstrahlen auf perlpunzverziertem Untergrund zeigt, ist die Oberfläche ausschließlich in horizontale Zonen und Zierstreifen gegliedert. Die einzelnen Ornamentzonen sind durch einfache Rippen und gekerbte Treibwülste getrennt, häufig sind auch Rahmenbänder in gekoppelter Dreipunktreihung. In den Zierstreifen herrschen Kreismotive mit glattem Mittelfeld und ein- bis siebenfacher Einfassung sowie mäßig bis stark gewölbte Kreisbuckel vor, wobei sich die Ring- und Scheibenmotive in den Zierzonen der oberen Schafthälfte fast durchweg am Rand überlagern. Im Ornamentkanon jeweils nur einmal vertreten sind ein Band aus naturalistisch gestalteten achtspeichigen Rädern und ein schmaler Streifen mit einfach gefassten, mandelförmigen Buckeln. Zwei Zierreihen zeigen quergestreifte Kegelchen, die wie Miniaturen des Schmuckträgers selbst wirken. Eine rhythmische Abfolge der in den Zonen und Zierstreifen ständig wechselnden Motive auf dem Kegelschaft ist nicht zu erkennen. Der Schaft geht in einem breiten, senkrecht gerieften Band in den Kegelfuß über, der mit ähnlichen Motiven verziert ist. Als untere Versteifung diente ein Bronzeblechband, um das der Rand des Goldbleches gebogen wurde. Der Rand ist roh abgerissen. Ein bei der Nachuntersuchung gefundenes kurzes, mit Gold umbördeltes Stück Bronzedraht könnte der Rest der Krempenrandversteifung gewesen sein.

H. gesamt (nach der Restaurierung 1976) 88,3 cm; H. Fuß 15,0 cm; Dm. 21,0 cm; H. Schaft 73,3; Dm. 10,0 cm; Wandstärke 0,01 cm; Goldgew. 310 g.

Datierung:
Urnenfelderzeit, Ha A/B, 11.–9. Jh. v. Chr.

Verbleib:
Germanisches Nationalmuseum, Nürnberg, Inv. Nr. Vb 8001.

Literatur:
Georg Raschke: Ein Goldfund in der Bronzezeit von Etzelsdorf-Buch bei Nürnberg (Goldblechbekrönung). In: Germania, Bd. 32, 1954, S. 1, Taf. 1–5. Wilfried Menghin – Peter Schauer: Der Goldkegel von Ezelsdorf. Kultgerät der späten Bronzezeit (Die vor- und frühgeschichtlichen Altertümer im Germanischen Nationalmuseum, Bd. 3). Stuttgart 1983, S. 60. Peter Schauer (Hrsg.): Die Goldblechkegel der Bronzezeit. Ein Beitrag zur Kulturverbindung zwischen Orient und Mitteleuropa (Monographien des Römisch-Germanischen Zentralmuseums, Bd. 8). Bonn 1986, S. 22–24, 29–31, 37–39, 44–48, 79–84, 86–87, 92–98. Sabine Gerloff: Bronzezeitliche Goldblechkronen aus Westeuropa. Betrachtungen zur Funktion der Goldblechkegel vom Typ Schifferstadt und der atlantischen »Goldschalen« der Form Devil's Bit und Atroxi. In: Albrecht Jockenhövel (Hrsg.): Festschrift für Hermann Müller-Karpe zum 70. Geburtstag. Bonn 1995, S. 153–194. Tobias Springer: Der Goldkegel von Ezelsdorf-Buch – ein Meisterwerk bronzezeitlicher Goldschmiedekunst. In: Götter und Helden der Bronzezeit. Europa im Zeitalter des Odysseus. Ausst. Kat. Nationalmuseum Kopenhagen u. a. Ostfildern-Ruit 1999, S. 176–181.

(37)
Brudevælte (Seeland, Dänemark).

In Brudevælte auf Seeland wurden 1797 drei Paare von Luren, großen hornartig geschwungenen Blasinstrumenten aus Bronze, in einem Moor gefunden. Etwa achtzig originale Funde von Luren sind aus Dänemark, Schweden, den Niederlanden und Norddeutschland bekannt, etwa 35 davon alleine aus Dänemark. Häufig kommen sie paarweise vor, teilweise sogar in ganzen Sätzen. Als Musikinstrument sind sie auf acht bis neun, maximal vierzehn Töne (vier Oktaven) beschränkt, was jedoch zum Spielen einfacher, signalartiger Melodien ausreicht. Der Ton ist dröhnend, aber warm. Eine Verbindung dieser Geräte mit kultischen Handlungen wird durch ihre handwerkliche Qualität, den häufig rituell erklärbaren Fundkontexten, Darstellungen auf bronzezeitlichen Felsbildern wie auch die Sonnensymbolik der Ornamentik nahegelegt.

Datierung:
Nordische Bronzezeit, Periode V, 9.–8. Jh. v. Chr.

Verbleib:
Kopie: Museum für Vor- und Frühgeschichte, Staatliche Museen zu Berlin, Inv. Nr. VIIa 1103.

Literatur:
Hendrik Thrane: Placing the Bronze Age »Lurer« in their Proper Context. In: Albrecht Jockenhövel (Hrsg.): Festschrift für Hermann Müller-Karpe zum 70. Geburtstag. Bonn 1995. Joachim Schween: Luren – Musikinstrumente der Bronzezeit. In: Günther Wegner (Hrsg.): Leben – Glauben – Sterben vor

Kat. Nr. 36

3000 Jahren. Bronzezeit in Niedersachsen. Ausst. Kat. Niedersächsisches Landesmuseum, Hannover. Oldenburg 1996, S. 403–407.

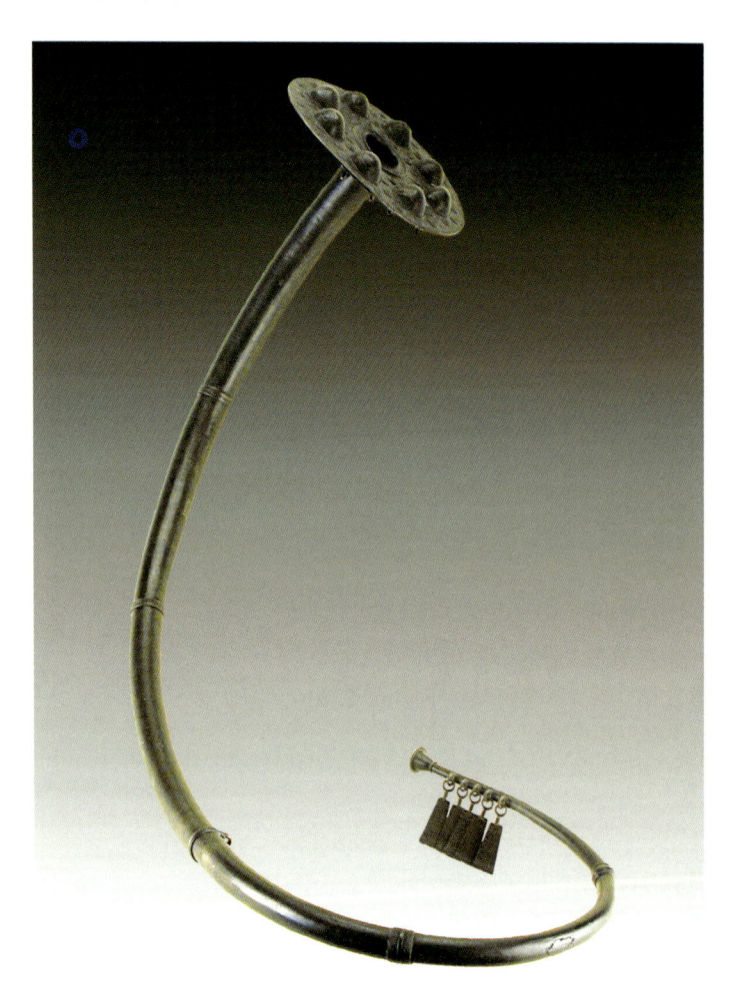

Kat. Nr. 37

(38)
Figurine eines bronzezeitlichen Priesters mit Kopie des Goldhutes von Ezelsdorf.

Um zu veranschaulichen, wie die Kopfbedeckung eines Magiers auf seine Mitmenschen gewirkt haben mag, ist der Goldkegel von Ezelsdorf (Kat. Nr. 36) mit einer nach den Zählungen und Überlegungen von Wilfried Menghin rekonstruierten Krempe ergänzt worden. Die Präsentation auf einer lebensgroßen Figurine veranschaulicht die imposante Gesamthöhe, die der Träger damit erreicht. Die Kleidung und der Stab mit einem Aufsatz (Kat. Nr. 2 c) orientieren sich an verschiedenen Funden der Bronzezeit und sollen die Ausstrahlung eines sol-

chen, durch sein Wissen über seine Zeitgenossen herausgehobenen Menschen erfahrbar machen. Das Wandbild der Ausstellung zeigt als Hintergrund die für dessen astronomischen Beobachtungen und kalendarischen Berechnungen wichtigen Gestirne – Sonne, Mond und die Pleiaden – über einer idealisiert dargestellten Landschaft.

Geschnitzte Büste auf Figurinenunterbau: Roland Ehmig, Bischofsheim. Gewand: Helga Schäfer, GNM. Wandbild: Doris Bordon, Nürnberg.

Verbleib:
Goldkegel von Ezelsdorf (Kopie): Germanisches Nationalmuseum, Nürnberg, Inv. Nr. 8007.

(39)
Bernstorf (Kreis Freising, Bayern).

Das Fundensemble von Goldblechen wurde im Bereich einer bronzezeitlichen Befestigungsanlage bei Rodungsarbeiten aus dem Boden gerissen. Die genaue Fundsituation ist nicht mehr zu rekonstruieren. Die Objekte waren in Umhüllungen aus einem Ton-Sand-Gemisch eingepackt gewesen, so dass es sich wohl um eine rituelle Deponierung gehandelt haben dürfte. Aus den verschiedenen Teilen lässt sich eine Art Zeremonialgewandung rekonstruieren, aufgrund der geringen Materialstärke war diese vielleicht für die Bekleidung eines Kultstandbildes gedacht. Das Material ist durchgehend sehr

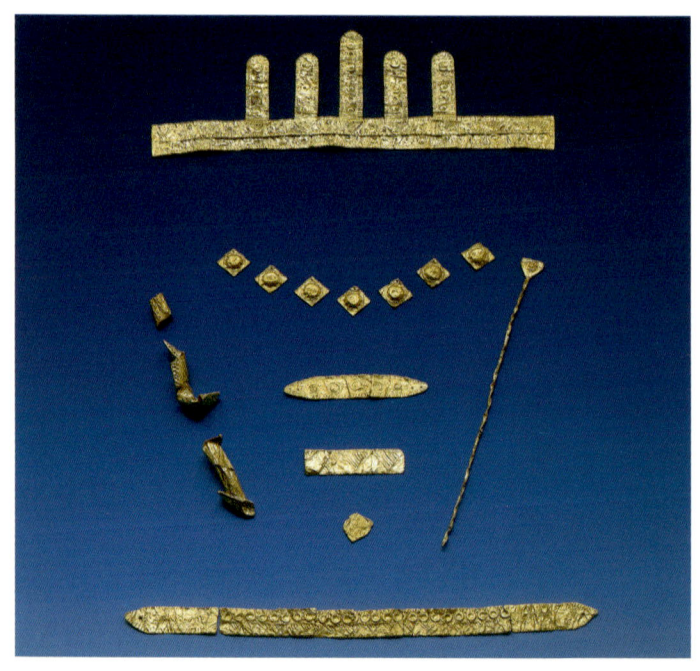

Kat. Nr. 39

reines Gold, welches in dünnste Bleche gehämmert worden war, die eine Anbringung der Verzierungen mit Stempeln oder Punzen aus organischem Material möglich machte.

a) Sechs Teile eines unvollständigen Blechgürtels aus Gold mit einem Befestigungsloch zum Aufbinden des Gürtels am Ende. Der Gürtel wurde vor seiner Deponierung zerschnitten. Die Verzierung besteht aus einer Reihe einfacher Kreispunzen und einer Reihe von hängenden, strichgefüllten Dreiecken, getrennt durch eine feine Punktreihe.
L. 49,8 cm; B. 2,5 cm; Gew. 17,6 g.

b) Ein längliches Goldblechstück mit spitz zulaufenden Enden, vermutlich ein Gewandverschluss oder Brustschmuck, das zusammen mit den sieben Anhängern c) in einem Erdbrocken gefunden wurde. Die Verzierung am Rand besteht aus spitzovalen kleinen Eindrücken, nach innen begleitet von einer eingedrückten Linie. An den Seiten befindet sich je ein Paar Befestigungslöcher. Die Innenfläche weist fünf einfache Kreispunzenverzierungen in drei unterschiedlichen Größen auf.
L. 13,5 cm; B. 2,5 cm; Gew. 5,1 g.

c) Bei den sieben rechteckigen Anhängern mit Mittelbuckel aus Goldblech befindet sich jeweils in einer Ecke eine Lochung zum Aufhängen. Der Mittelbuckel ist von einer Rille umgeben und von vorne eingedellt, so dass der Eindruck von Strahlen entsteht.
L. 2,5 cm; Gew. je 0,9 g.

d) Das Goldblechfragment (Armband?) ist mit großen strichgefüllten Dreiecken verziert und an beiden Seiten rechtwinkelig abgeschnitten. Der Rand ist wie bei dem Goldblech b) mit spitzovalen Eindrücken gesäumt, die von einer Linie begleitet werden, auch finden sich hier Befestigungslöcher.
L. 9,5 cm; B. 2,5 cm; Gew. 3,4 g.

e) Bei dem dick zusammengefalteten Goldblech ist an einer Stelle noch der Rest einer Punzverzierung erkennbar. Das aus dem Rahmen der übrigen Teile fallende Blech könnte als Votivgabe gedeutet werden und stellt dann wohl keinen Gewandbesatz dar.
L. 2,8 cm; Gew. 6,9 g.

f) Drei Goldblechteile, die wohl die Umwicklung eines Stabes darstellen. Ein eingerolltes Goldblechfragment ist flächig mit in Reihen angebrachten Punkten verziert, die anderen beiden Bleche sind jeweils an der Schauseite durch eine doppelte Punktreihe verziert. Im Inneren eines Stückes findet sich der Rest eines verkohlten, ursprünglich geschnitzten Eichenholzstabes.
L. 2,3 cm, 8 cm, 8,3 cm; Gesamtgew. 15,4 g.

g) Nadel aus Goldblech mit Plattenkopf, im Zentrum mit im Kreis angeordneten Einstichen verziert.
L. 33 cm; Gew. 8,9 g.

h) Das große bandförmige Diadem aus Goldblech mit fünf bandförmigen Aufsätzen ist aus sieben Blechstreifen hergestellt, am Reif und den Aufsätzen befinden sich jeweils sorgfältig angebrachte Befestigungslöcher. Bei der Auffindung war das Stück vollkommen zu einem Ballen zusammengefaltet. Der Reif ist in der oberen Zone alternierend mit hängenden, strichgefüllten Dreiecken und kleinen Kreispunzen verziert, in der unteren mit mittelgroßen Kreispunzen. Im mittleren Bereich sind jeweils auf der Höhe der Zwischenräume der Zacken sanduhrförmige Dreiecksmuster angebracht. Der Mittelfalz zwischen den beiden Blechen, die den Reif bilden, wurde durch eine Punktdellenreihe angedrückt. Die Aufsätze des Diadems sind alternierend mit einer großen Kreispunze und einer kleinen Punktdelle verziert. Der Reif und die Aufsätze sind umlaufend von einer Linie und nach außen mit senkrechten Strichen gesäumt.
L. 43 cm; Gew. 49,9 g.

i) Sechs durchbohrte Bernsteinstücke.
L. 2,4–4,7 cm.

Datierung:
Mittelbronzezeit, Hügelgräberkultur, Ha B/C, 15.–14. Jh. v. Chr.
Die C14-Datierung der Holzreste von f) ergab eine Datierungsspanne von ca. 1400–1100 v. Chr.

Verbleib:
Archäologische Staatssammlung München,
E-Nr. 1998/28–29; 38–40.

Literatur:
Rupert Gebhard: Der Goldfund von Bernstorf. In: Bayerische Vorgeschichtsblätter, Bd. 64, 1999, S. 1–18, Taf. 1–8. Rupert Gebhard: Goldbesatz und Schmuck eines Zeremonialgewandes. In: Ludwig Wamser – Rupert Gebhard (Hrsg.): Gold – Magie, Mythos, Macht. Gold der Alten und Neuen Welt. Ausst. Kat. Archäologische Staatssammlung München. Stuttgart 2001, S. 230–232, Kat. Nr. 40.
[R.G.]

**(40)
Bullenheimer Berg (Landkreis Neustadt a.d. Aisch-
Bad Windsheim/Landkreis Kitzingen, Bayern).**

Der Bullenheimer Berg ist nicht nur bekannt für eine hohe Anzahl von bedeutenden archäologischen Funden, sondern auch von illegalen Raubgrabungen. So musste auch dieses Ensemble mit dem Goldbesatz und Schmuck eines Zeremonialgewandes verstreut aus dem Kunsthandel angekauft werden, die Zusammengehörigkeit der Objekte ließ sich jedoch durch naturwissenschaftliche Analysen belegen. Der Hort war bei seiner Vergrabung offenbar in den Topf geschichtet worden, zuunterst die Bronzeobjekte und darüber die goldenen Gegenstände. Die Zeremonialkleidung wurde der Kreisornamentik nach im Kontext des Sonnenkultes getragen.

a) Langovales Blechstück, als Brustschmuck, Halskragen oder Diadem gedeutet. Auf der Rückseite finden sich Reste der ehemaligen Bronzeblechverstärkung, an den Enden je ein Paar Befestigungslöcher. Verziert mit flächigen Kreisaugen, am Rande verläuft eine feine Perlbuckelreihe zwischen zwei Rippen.
L. 19,5 cm; Gew. 4,08 g.

b) Langovales Blechstück, als Brustschmuck, Halskragen oder Diadem gedeutet. Auf der Rückseite befinden sich Reste der ehemaligen Bronzeblechverstärkung, an den Enden je ein Paar Befestigungslöcher. Die Verzierung besteht aus Perlbuckelreihen, durch Rippen in drei Zonen gegliedert, und Kreisaugen.
L. 19,9 cm; B. 4,4 cm; Gew. 5,55 g.

Kat. Nr. 40

c) Zwei größere Goldblechbuckel mit umlaufenden Befestigungslöchern, konzentrischen, gekerbten Treibwülsten und dazwischenliegenden Reihen von Kreisaugenverzierungen.
H. 2,3 cm; Dm. 6,2 und 6,5 cm; Gew. je 8,35 g.

d) Vier identische, etwas kleinere Goldblechbuckel.
H. 2,0–2,2 cm; Dm. 5,7–5,9 cm; Gew. 6,28–6,63 g.

e) Sechs Goldspiralringe (Schleifenringe) mit eineinhalb Windungen, am umgeschlagenen Ende ist der Draht tordiert, am anderen Ende plattgehämmert und zusammengedreht.
Dm. 6,9–8,2 cm; Gew. 7,13–12,75 g.

f) Das Tongefäß besitzt eine kugelige Form. Der Rand des Gefäßes fehlt, am Hals ist eine Reihe einfacher Eindrücke.

g) Verschiedene Bronzeobjekte, im Tongefäß unter den Goldfunden deponiert:
Armband mit feiner Strichverzierung. Dm. 9,6 cm; B. 3,7 cm.
Bruchstück eines Armbandes. B. 1,8 cm.
Fußring mit Rippenverzierung, an der Innenseite Zählmarkierung. L. 10,9 cm; B. 1,1 cm.
Bruchstück eines Fußringes. L. 9,7 cm.
Zwei Zungensicheln. L. 11,9 und 12,4 cm.
Tüllenmeißel. L. 11,5 cm.
Tüllenbeitel. L. 10,3 cm.
Gekehlter Tüllenmeißel. L. 9,4 cm.
Oberständiges Lappenbeil. L. 14,2 cm.
Dechsel. L. 11,2 cm.

Datierung:
Urnenfelderzeit, Ha A/B, 12.–9. Jh. v. Chr.

Verbleib:
Archäologische Staatssammlung München, Inv. Nr. 1990, 844–846, 1991, 504a-g.

Literatur:
Rupert Gebhard: Neue Hortfunde vom Bullenheimer Berg, Gemeinde Ippesheim, Mittelfranken und Gemeinde Seinsheim, Unterfranken. In: Das Archäologische Jahr in Bayern, 1990 (1991), S. 52–55. Rupert Gebhard: Goldbesatz und Schmuck eines Zeremonialgewandes. In: Ludwig Wamser – Rupert Gebhard (Hrsg.): Gold – Magie, Mythos, Macht. Gold der Alten und Neuen Welt. Ausst. Kat. Archäologische Staatssammlung München. Stuttgart 2001, S. 233, Kat. Nr. 43.
[R. G.]

(41)
Bronzefiguren mit spitzen Hüten aus Sardinien.

a) Abini, Teti (Nuoro) (Sardinien, Italien).
Bronzefigur eines Mannes mit kegelförmigem Hut und langen Zöpfen, mit einem enganliegenden Gewand und Umhang bekleidet. Die Hände sind möglicherweise im Opfergestus dargestellt, wobei die fehlende Linke ein Gefäß oder Attribut gehalten haben dürfte. Eine Deutung als Priester ist wahrscheinlich. Die Kopfbedeckung unterscheidet sich etwas in der Form von den Goldhüten. In der vergleichsweise späten Datierung spiegelt sich der Fortbestand älterer religiöser Traditionen der Bronzezeit auf Sardinien wider, während gleichzeitig nördlich der Alpen bereits ein Wandel erkennbar ist.
H. max. 11,0 cm.

Datierung:
Nuraghenkultur, 11.–9. Jh. v. Chr.

Verbleib:
Museo Archeologico Nazionale, Cagliari, o. Nr.

Literatur:
Jürgen Thimme: Kunst und Kultur Sardiniens vom Neolithikum bis zum Ende der Nuraghenzeit. Ausst. Kat. Badisches Landesmuseum, Karlsruhe. Karlsruhe 1980, S. 297, Kat. Nr. 133, Abb. 133.

b) Sardinien, genauer Fundort unbekannt.
Die kleine Bronzefigur mit kegelförmigem Hut und Zopffrisur wurde aus dem Kunsthandel erworben. Die Kleidung besteht aus einem auf der Brust mit Spiralornamenten und damit einem

Kat. Nr. 41a

Kat. Nr. 41b

typischen Sonnensymbol verzierten Gewand mit gefälteltem Rock und einem Umhang. Die rechte Hand ist in einem segnenden oder abwehrenden Gestus erhoben, die Linke hält ein Opfergefäß.
H. max. 12,5 cm.

Datierung:
Endbronzezeit, Nuraghenkultur, 11.–9. Jh. v. Chr.

Verbleib:
Sammlung von Bergmann

Literatur:
Jürgen Thimme: Kunst und Kultur Sardiniens vom Neolithikum bis zum Ende der Nuraghenzeit. Ausst. Kat. Badisches Landesmuseum, Karlsruhe. Karlsruhe 1980, S. 390.

(42)
Vogeldarstellungen aus Ton.

a) Mondschütz, heute Mojecice (Woj. Wrozlaw, Polen).
Darstellungen von Vögeln treten in der Bronzezeit häufig in kultischen Zusammenhängen auf. Das vogelförmige Gefäß aus Mondschütz (Mojecice) stammt aus einem Urnengräberfeld und wurde vor 1876 ausgegraben. Durch Baumwurzeln waren die Gräber stark zerstört und die meisten Grabbeigaben schlecht erhalten, so dass sie der Ausgräber in den Grabgruben liegen ließ. Das Objekt wurde möglicherweise als Rassel genutzt. Es ist im Schwanzbereich senkrecht gelocht, auf dem Rücken vom Kopf bis zum Schwanz befindet sich ein Band aus Rillen und eingestochenen Punkten, das von schraffierten Dreiecken begleitet wird, den seitlichen Abschluss bilden senkrechte Rillenbündel und Punktreihen.
H. 7,2 cm; L. 11,7 cm; B. 6,6 cm.

Kat. Nr. 42

Datierung:
Lausitzer Kultur, 11.–7. Jh. v. Chr.

Verbleib:
Germanisches Nationalmuseum, Nürnberg, Inv. Nr. Vak 4921/1245.

Literatur:
Michaela Reichel: Die archäologischen Funde der Lausitzer Kultur im Germanischen Nationalmuseum (Wissenschaftliche Beibände zum Anzeiger des Germanischen Nationalmuseums, Bd. 16). Nürnberg 2000, S. 25–26, 73–74, Kat. Nr. 124, Taf. 42.

b) Lerchenberg, heute Serby (Woj. Legnica, Polen).
Das Gefäß in Vogelform stammt aus einem Gräberfeld, welches mitten in einem Artillerieschießplatz bei Glogau lag. Die Funde wurden aus einem 1881 von Soldaten geöffneten Grabhügel geborgen.
H. 6,3 cm; L. 12,0 cm.

Datierung:
Lausitzer Kultur, 11.–9. Jh. v. Chr.

Verbleib:
Germanisches Nationalmuseum, Nürnberg, Inv. Nr. Vb 882.

Literatur:
Michaela Reichel: Die archäologischen Funde der Lausitzer Kultur im Germanischen Nationalmuseum (Wissenschaftliche Beibände zum Anzeiger des Germanischen Nationalmuseums, Bd. 16). Nürnberg 2000, S. 25–26, 76–77, Kat. Nr. 147, Taf. 48.

(43)
Kultwagen von Frankfurt/Oder (Land Brandenburg).

Der aus Bronze gegossene sog. Kultwagen von Frankfurt/Oder wurde in den sechziger Jahren des 19. Jh. unter nicht näher bekannten Umständen auf Gutsländereien bei Puppin ausgegraben, die hier gezeigte Kopie (ebenfalls in Bronze gegossen) des heute im Museum Neuruppin befindlichen Originals kam 1894 als Geschenk an das Germanische Nationalmuseum. Es handelt sich um einen dreirädrigen Wagen mit Gabeldeichsel und gelochter Tülle, die eventuell zur Aufnahme eines Holzstieles diente. Durch die Deichselenden ist eine Achse für drei vierspeichige Räder gesteckt. Die hochgebogenen Gabelenden der Deichsel sind als Stierköpfe ausgeführt. Hinter diesen Stierköpfen, auf den Deichselarmen und auf der Tülle stehen vier stilisierte Vögel. Eine Deutung als miniaturisierter Kultwagen ist aufgrund der dargestellten Tiere und vergleichbarer Funde wahrscheinlich.
H. 10,0 cm; L. 21,5 cm; B. 18,0 cm.

Kat. Nr. 43

Datierung:
Lausitzer Kultur, 11.–9. Jh. v. Chr.

Verbleib:
Kopie: Germanisches Nationalmuseum, Nürnberg,
Inv. Nr. V 717.

Literatur:
Michaela Reichel: Die archäologischen Funde der Lausitzer Kultur im Germanischen Nationalmuseum (Wissenschaftliche Beibände zum Anzeiger des Germanischen Nationalmuseums, Bd. 16). Nürnberg 2000, S. 25–26, 61, Kat. Nr. 13, Abb. 14.

(44)
Bredebaekgård (Nördliches Seeland, Dänemark).

Die Kultaxt besteht aus einem länglichen Körper mit schmaler Schneide, Schaftloch und hutförmig ausgebildetem Nacken. Das Stück ist reich verziert. Die Krempe des Nackens ist mit einem hakenartigen Muster (stilisierte Schiffe?) versehen, welches ein Sonnenbild umgibt. Auf der Oberseite des Beiles ist zur Schneide hin ein fächerförmiges Symbol über einem dreieckigen schraffierten Feld zu sehen. Auf der anderen Seite des Schaftloches, die zum Nacken hinweist, ist ebenfalls ein Dreieck erkennbar, über dem sich ein schlangenförmiges Zeichen befindet.
L. 29,7 cm; B. 11,4 cm; T. 5,4 cm.

Datierung:
Ältere Nordische Bronzezeit, Periode II, ca. 1400 v. Chr.

Verbleib:
Nationalmuseum Kopenhagen, Inv. Nr. B 17861.

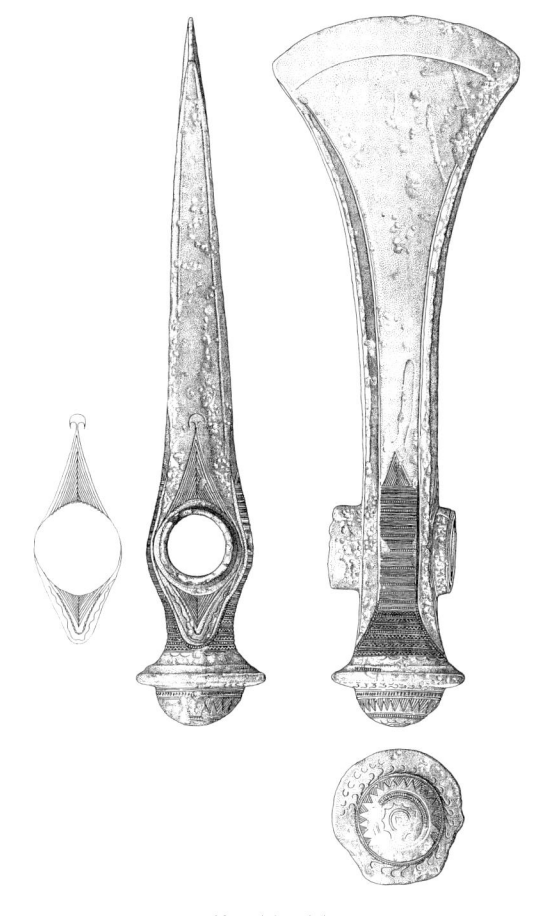

Kat. Nr. 44

Literatur:
Flemming Kaul: En sjælden kultøkse fra bronzealderen. In: Nationalmuseets Arbejdsmark, 2001, S. 30–59.

(45)
Kultgeräte aus Ton von der Höhenbefestigung auf dem Hesselberg bei Wassertrüdingen (Kreis Ansbach, Bayern).

a) Mondidol
Bei dem Keramikobjekt, das 1938 bei einer Grabung am Südwall auf dem Röckinger Berg (Hesselberg) gefunden wurde, handelt es sich um ein sog. Mondidol, Mondhorn bzw. Feuerbock. Es besitzt nach innen gezogene spitze Hörner, einen Standfuß und eine geglättete Oberfläche mit einseitiger Riefenverzierung. Auf den Flächen der Hörnerspitzen ist je ein Punkteindruck (Auge?) zu sehen. Die Flanke der Schauseite ist mit winklig gegeneinander geneigten Strichgruppen verziert und umrandet.
L. 26,0 cm; H. 16,3 cm.

311

Kat. Nr. 45

Datierung:
Urnenfelderzeit, Ha A/B, 12.–8. Jh. v. Chr.

Verbleib:
Germanisches Nationalmuseum, Nürnberg, ohne Inv. Nr.

Literatur:
Arthur Berger: Der Hesselberg. Funde und Ausgrabungen bis 1985 (Materialhefte zur Bayerischen Vorgeschichte, Reihe A, Bd. 66). Kallmünz 1994, S. 104, Taf. 56.

b) Mondhornfragment
Fragment eines weiteren Mondhornes, 1942 bei einer Grabung am Südwall auf dem Röckinger Berg (Hesselberg) gefunden. Die Verzierung besteht aus einem einseitig eingeritzten Winkel- und Tupfenmuster.
H. 8,2 cm; B. 6,0 cm.

Datierung:
Urnenfelderzeit, Ha A/B, 12.–8. Jh. v. Chr.

Verbleib:
Germanisches Nationalmuseum, Nürnberg, ohne Inv. Nr.

Literatur:
Arthur Berger: Der Hesselberg. Funde und Ausgrabungen bis 1985 (Materialhefte zur Bayerischen Vorgeschichte, Reihe A, Bd. 66). Kallmünz 1994, S. 104–105, Taf. 57,1.

c) Tonstempel
Stempel aus feinem Ton, ebenfalls 1938 bei der Südwallgrabung auf dem Röckinger Berg gefunden. Die Oberfläche ist mit eingetieften konzentrischen Kreisen und Punkten verziert. Es handelt sich nicht um ein Gerät für die Metallbearbeitung, vielmehr wurden wahrscheinlich organische Materialien damit verziert.
H. 4,0 cm; Dm. 6,5 cm.

Datierung:
Urnenfelderzeit, Ha A/B, 12.–8. Jh. v. Chr.

Verbleib:
Germanisches Nationalmuseum, Nürnberg, ohne Inv. Nr.

Literatur:
Arthur Berger: Der Hesselberg. Funde und Ausgrabungen bis 1985 (Materialhefte zur Bayerischen Vorgeschichte, Reihe A, Bd. 66). Kallmünz 1994, S. 97, Taf. 23,6.

(46)
Sonnensymbolik auf Schmuck und Trachtzubehör.

a) Kunersdorf, heute Kosobudz (Woj. Zielona Gorá, Polen).
Die Fundumstände dieser Fibel mit Spiralplatten, die als Gewandverschluss und Schmuck getragen wurde, sind unbekannt. Die Fibel besteht aus großen flachen Spiralplatten aus rundstabigem Draht, mit zwölf Windungen gewickelt, die Bügel sind tordiert. Die Kreuznadel der Fibel besitzt zwei Querbalken. Die Nadel ist mit Fischgrätdekor und Rillengruppen verziert. In einer Zeit, in der Kreisdarstellungen als Sonnensymbol allgemein eine hohe Bedeutung zukam, ist anzunehmen, dass die Menschen auch in den Spiralverzierungen solcher Fibeln, die im polierten Zustand golden leuchteten, ein Sonnenzeichen sahen.
L. 35,0 cm; B. 12,4 cm; Gew. 577 g.

Datierung:
Lausitzer Kultur, Bz D-Ha B1, 13.–10. Jh. v. Chr.

Verbleib:
Germanisches Nationalmuseum, Nürnberg,
Inv. Nr. Vak 5798/7713.

Kat. Nr. 46a

Literatur:
Michaela Reichel: Die archäologischen Funde der Lausitzer Kultur im Germanischen Nationalmuseum (Wissenschaftliche Beibände zum Anzeiger des Germanischen Nationalmuseums, Bd. 16). Nürnberg 2000, S. 72, Kat. Nr. 102, Taf. 37.

b) Bohlsen (Kreis Uelzen, Niedersachsen).
Diese sog. Lüneburger Radnadel wurde nach Aussage des Ausgräbers, Georg Otto Carl v. Estorff, »in einem Urnenhügel gefunden«. Die Nadel besteht aus einem einseitig profilierten, radförmigen Körper. Auf dem dreirippigen Felgenkranz befinden sich drei spitze Ösen. Vier Speichen treffen auf einen Innenring mit runder Innen- und viereckiger Außenseite. Eine Speiche setzt sich in die Nadel hinein fort. Die Gussnähte in den Ösen und Speichenzwischenräumen sind nicht abgearbeitet, es ist daher möglich, dass das Stück nie getragen wurde.
L. 14,8 cm; B. Rad 5,6 cm.
Datierung:
Ältere Nordische Bronzezeit, Periode II, 15.–14. Jh. v. Chr.

Verbleib:
Germanisches Nationalmuseum, Nürnberg, Inv. Nr. V 5763.

Literatur:
Alexandra Foghammar: Die Funde der nordischen Bronzezeit im Germanischen Nationalmuseum. Die Sammlung Estorff und andere Erwerbungen des 19. Jh. (Die vor- und frühgeschichtlichen Altertümer im Germanischen Nationalmuseum, Bd. 5). Nürnberg 1989, S. 50, Abb. 17.

c) Dörmte (Kreis Uelzen, Niedersachsen).
Das gegossene Bronzegefäß wurde vor 1846 auf einem Hügel von Schweinen zusammen mit weiteren Funden aus dem Boden gewühlt. An der Randlippe des Gefäßes befinden sich zwei gegenständige langrechteckige Henkelösen. Nach einem kurzen, schwach konischen Halsteil zieht die Gefäßwandung zur hochsitzenden Schulter aus, bricht dann scharf um und verläuft konisch zu einer abgestumpften Spitze. Hals und Schulter sind metopenartig mit vertikalen Dreierreihen feiner Punktpunzen verziert. Knapp unterhalb des Umbruchs verläuft ein horizontales, sehr feines Leiterband. Darunter befindet sich ein Band aus drei horizontalen Reihen schräg versetzter, rhombenförmiger Punzen, nach unten durch eine feine, unregelmäßig gezogene Ritzlinie abgeschlossen. Es folgt ein Girlandenmuster aus hängenden, fünffachen Bögen, die Spitzen sind mit gepunzten Punkten verziert. Nach einem weiteren, von Ritzlinien eingefassten Band schräg versetzter, rhombenförmiger

Kat. Nr. 46b, Kat. Nr. 46d

Kat. Nr. 46c

Punzen folgt wiederum ein Girlandenmuster. Der Boden trägt ein mittiges und fünf darum gruppierte Kreismuster, bestehend aus jeweils einer Punktpunze, umgeben von konzentrischen Kreisen. Die flachbodigen Bronzedosen der älteren Bronzezeit und die späteren Hängebecken mit gewölbtem Boden dienten nicht nur als Gürtelschmuck, sondern, mit einem Holzdeckel verschlossen, auch als Behältnisse, z. B. für Wertsachen oder unheilabwehrende Amulette.
H. 5,2 cm (davon Henkel H. 1,0 cm); Rand Dm. 9,8 cm.

Datierung:
Nordische Bronzezeit, Periode IV, 11.–10. Jh. v. Chr.

Verbleib:
Germanisches Nationalmuseum, Nürnberg, Inv. Nr. V 6050.

Literatur:
Georg Otto Carl von Estorff: Heidnische Alterthümer in der Gegend von Ülzen im ehemaligen Bardengaue (Königreich Hannover). Hannover 1846, S. 95, Taf. 11,1. Johanna Mestorf: Katalog der im Germanischen Museum befindlichen vorgeschichtlichen Denkmäler (Rosenberg'sche Sammlung). Nürnberg 1886, S. 99. Ernst Sprockhoff – Olaf Höckmann: Die gegossenen Bronzebecken der jüngeren nordischen Bronzezeit (Kataloge des Römisch-Germanischen Zentralmuseums, Bd. 19). Mainz 1979, S. 109, Taf. 293, Kat. Nr. 390. Alexandra Foghammar: Die Funde der nordischen Bronzezeit im Germanischen Nationalmuseum. Die Sammlung Estorff und andere Erwerbungen des 19. Jh. (Die vor- und frühgeschichtlichen Altertümer im Germanischen Nationalmuseum, Bd. 5). Nürnberg 1989, S. 52.

d) Kämmerzell bei Fulda (Hessen).
Radnadel aus Bronze, deren unterer Teil von einer langen Nadel gebildet wird, der Kopf besteht aus einem vierspeichigen Rad, nach vielen Parallelen ein Zeichen der Sonne. Über den praktischen Nutzen als Gewandbefestigung hinaus diente die Nadel auch als Schmuck und Symbol.
L. 23,5 cm.

Datierung:
Mittelbronzezeit (Hügelgräberkultur), Bz B-C, 16.–14. Jh. v. Chr.

Verbleib:
Germanisches Nationalmuseum, Nürnberg, Inv. Nr. Vak 5760/V 1107.

Literatur:
Johanna Mestorf: Katalog der im Germanischen Museum befindlichen vorgeschichtlichen Denkmäler (Rosenberg'sche Sammlung). Nürnberg 1886, S. 90.

e) Waizenhofen (Kreis Hilpoltstein, Bayern).
Zwei Anhänger in Form eines vierspeichigen Rades, als Sonnensymbol zu interpretieren, das in diesem Fall von Frauen als Trachtschmuck getragen wurde.
Dm. 4,2 cm.

Verbleib:
Germanisches Nationalmuseum, Nürnberg, Inv. Nr. Vb 2105–2106.

Datierung:
Mittlere Bronzezeit (Hügelgräberkultur), 16.–13. Jh. v. Chr.

Literatur:
unpubliziert

f) Hessen, genauer Fundort unbekannt.
Die Armspange oder Armberge aus Bronze wurde vor oder um 1909 in Hessen zusammen mit einem ähnlichen Stück sowie einer irdenen Urne gefunden. Es handelt sich um ein breites, gebogenes Band, das an beiden Enden in Spiralen ausläuft. Grob längsschraffierte, mandelförmige Streifen in der Mitte und anschließende zart schraffierte Zacken verzieren das Band. An den Spiralwindungen sind Zacken und diagonale Schraffuren graviert.
Band max. B. 7,5 cm; Dm. ca. 10 cm; Spiralen Dm. ca. 7 cm.

Datierung:
Mittlere Bronzezeit (Hügelgräberkultur) Bz B-D, 16.–13. Jh. v. Chr.

Verbleib:
Germanisches Nationalmuseum, Nürnberg, Inv. Nr. Vb 1952.

Literatur:
Wilfried Menghin: Kelten, Römer und Germanen. Archäologie und Geschichte. München 1980, S. 53, Taf. 6.

Kat. Nr. 46e

Kat. Nr. 46f

Kat. Nr. 46f

g) Illschwang (Kreis Amberg-Sulzbach, Bayern).
Der Altfund ohne nähere Angaben umfasste neben den hier gezeigten vier kreisrunden getriebenen Bronzescheiben, sog. Stachelscheiben, weitere vier Armreife und zwei Gewandnadeln. Die Scheiben mit Spitzen in der Mitte sind von zwei konzentrischen Kreisen umgeben, ihr Rand ist mit Punzpunkten verziert. Die Scheiben wurden als Halsschmuck getragen.
Dm. je 7,0 cm.

Datierung:
Mittlere Bronzezeit (Hügelgräberkultur) Bz A-D, 16.–13. Jh. v. Chr.

Verbleib:
Germanisches Nationalmuseum, Nürnberg,
Inv. Nr. Vak 6006–6009/V 1096–1099.

Literatur:
Wilfried Menghin: Kelten, Römer und Germanen. Archäologie und Geschichte. München 1980, S. 48, Abb. 49–50.

Kat. Nr. 46g

h) Schutzendorf bei Thalmässing (Kreis Roth, Bayern).
Bei den sieben runden, getriebenen Stachelscheiben aus Bronze handelt es sich um einen Altfund aus den achtziger Jahren des 19. Jh. Zu dem Fund gehören außer den gezeigten Scheiben noch zwei Armringe mit Ösen und ein Satz Armringe mit Strichverzierung, 21 kleine Blechbuckel sowie eine Nagelkopfnadel. Die Spitzen in der Mitte der Scheiben sind von drei

315

Kat. Nr. 46h

konzentrischen Kreisen umgeben, der äußere Rand ist mit Punzpunkten verziert. Die Stücke sind teilweise am Rand beschädigt.
Dm. je 7,4 cm.

Datierung:
Mittlere Bronzezeit (Hügelgräberkultur) Bz B-D, 16.–13. Jh. v. Chr.

Verbleib:
Germanisches Nationalmuseum, Nürnberg,
Inv. Nr. Vb 2042–2048.

Literatur:
Wilfried Menghin – Rainer Hofmann: Die vor- und frühgeschichtliche Sammlung des Germanischen Nationalmuseums (Die vor- und frühgeschichtlichen Altertümer des Germanischen Nationalmuseums, Bd. 1). Stuttgart – Nürnberg 1983, S. 96–97, Abb. 43.

Brillenspiralen

Brillenspiralen, d. h. doppelte Spiralen aus Bronze, wurden in der Mittleren Bronzezeit als Gürtelschmuck der weiblichen Tracht verwendet, in Gräbern werden solche Stücke meist satzweise und in Hüfthöhe gefunden. Sie bestehen aus zwei spiralförmigen Enden mit mehrfachen Windungen, die durch ein teilweise verbreitertes Mittelteil verbunden werden.

i) Eitting (Kreis Mallersdorf, Bayern).

Fundumstände unbekannt. L. 26,0 cm.

Datierung:
Mittlere Bronzezeit (Hügelgräberkultur) Bz B-D, 16.–13. Jh. v. Chr.

Verbleib:
Germanisches Nationalmuseum, Nürnberg,
Inv. Nr. 815/5791.

Literatur:
Johanna Mestorf: Katalog der im Germanischen Museum befindlichen vorgeschichtlichen Denkmäler (Rosenberg'sche Sammlung). Nürnberg 1886, S. 91.

Kat. Nr. 46i

j) **Untermainbach-Hirtenacker (Kreis Fürth, Bayern).**
Der genaue Fundzusammenhang der drei Brillenspiralen ist unklar, sie stammen entweder aus einem Depotfund oder einem Grab. Sie sind mit feinen, ziselierten Mustern verziert. B. ca. 12,0 cm.

Datierung:
Ende der Mittleren Süddeutschen Bronzezeit (Hügelgräberkultur) Bz C/D, 14.–13. Jh. v. Chr.

Verbleib:
Germanisches Nationalmuseum, Nürnberg, Inv. Nr. V 2235, 2236, 2238.

Literatur:
Wilfried Menghin: Kelten, Römer und Germanen. Archäologie und Geschichte. München 1980, S. 52, Taf. 7.

Kat. Nr. 46k

k) **Cadolzburg (Kreis Fürth, Bayern).**
Die Fragmente stammen von drei Brillenspiralen. Die Spiralenden weisen jeweils vierzehn Windungen auf.
H. 18,0 cm; B. max. 23,5 cm.

Datierung:
Ende der Mittleren Süddeutschen Bronzezeit (Hügelgräberkultur), Bz C/D, 14.–13. Jh. v. Chr.

Verbleib:
Germanisches Nationalmuseum, Nürnberg,
Inv. Nr Vb 8173 a-d.

Literatur:
unpubliziert

(47)
Bullenheimer Berg (Landkreis Neustadt a.d. Aisch-Bad Windsheim/Landkreis Kitzingen, Bayern).

Der ungewöhnlich große sog. »Depotfund 11« wurde 1981 auf der Höhenbefestigung des Bullenheimer Berges gefunden und konnte sachgemäß und vollständig geborgen werden. Der Vergrabungsort lag offenbar vor der ehemaligen Hausfront eines unmittelbar hinter dem bronzezeitlichen Wall gelegenen Gebäudes. Der Hort umfasst einen Satz von dreißig, in fünf verschiedenen Größen auftretenden Zierscheiben, sog. Phaleren. Diese bestehen aus dünnem, im Querschnitt

Kat. Nr. 46j

317

mehrfach getrepptem und auf der Oberseite mit kleinen Punzen verziertem Bronzeblech. An einer zentralen Ringöse hängen teilweise ein bis zwei anthropomorphe Anhänger. Weiterhin gehören zu dem Hortfund elf sog. Schaukelfußringe sowie bronzene Ringgehänge und Wagenteile.
H. mit Ring max. 7,0 cm; Dm. 4,0–27,8 cm; Gew. max. 418 g.

Datierung:
Späte Urnenfelderzeit, Ha B, 11.–9. Jh. v. Chr.

Verbleib:
Germanisches Nationalmuseum, Nürnberg,
Inv. Nr. V 8170–8172.

Literatur:
Georg Diemer – Walter Janssen – Ludwig Wamser: Ausgrabungen und Funde auf dem Bullenheimer Berg, Gmd. Ippesheim, Mfr. und Gmd. Seinsheim, Ufr. In: Das Archäologische Jahr in Bayern, 1981, S. 94–95, bes. S. 94. Georg Diemer: Urnenfelderzeitliche Depotfunde und neue Grabungsbefunde vom Bullenheimer Berg: Ein Vorbericht. In: Archäologisches Korrespondenzblatt, Bd. 15, 1985, S. 55–65, bes. S. 55. Georg Diemer: Der Bullenheimer Berg. Ausgrabungsergebnisse und Analyse von Siedlungs- und Depotfunden der Bronze- und urnenfelderzeitlichen befestigten Höhensiedlung und ihre Stellung im Siedlungsgefüge der Urnenfelderkultur Mainfrankens (ungedr. Diss. phil., Würzburg 1987). Walter Janssen: Der Bullenheimer Berg. In: Das keltische Jahrtausend. Ausst. Kat. Prähistorische Staatssammlung München. Mainz 1993, S. 75–82, 380.

(48)
Wehringen (Kreis Augsburg, Bayern).

Im Winter 1960/61 wurden in der Flur »Hexenbergle«, 2 km nordöstlich von Wehringen, neun Grabhügel der Hallstattzeit ausgegraben. Im Hügel 8, einem Wagengrab mit Brandbestattung, fand sich neben einem beigegebenen Bronzeschwert und 21 Tongefäßen im Tongefäß 12 eine goldene Schale.

a) Die Schale, die aus einem Stück Gold getrieben wurde, ist sehr dünnwandig und war ursprünglich vielleicht als Futter in ein Holzgefäß eingepaßt. Die kalottenförmige, flache Schale zeigt in acht horizontalen Zonen zwischen einfachen, getriebenen Riefen umlaufend Kreisringe mit scheibenförmigem Zentrum. Der leicht ausgestellte Rand ist mit dreifach gekoppelten Perlpunkreihen verziert. Den Boden markiert ein kleiner Omphalos in dreifach gerippter Kreisfassung.
H. 3,5 cm; Dm. 9,1 cm; Gew. 3,772 g.

Weitere Beifunde:

b) Stufenschale

c) hutförmige Schale

d) graphitierte Schale

e) verzierte graphitierte Schale

f) Kegelhalsgefäß

g) zwei Spitzbodenbecher

h) zwei verzierte graphitierte Schalen

i) Keramikdeckel mit Ösengriff

j) Bronzeschwert mit Flügelortband

k) vier zylindrische Radnaben aus Bronze

l) drei Zierscheiben aus Bronze

Kat: Nr. 47

Kat. Nr. 48

Datierung:
Hallstattzeit, Ha C1a, dendrochronologisch 778 +/- 5 v. Chr.

Verbleib:
Römisches Museum der Städtischen Kunstsammlungen Augsburg, ohne Inv. Nr.

Literatur:
Günther Krahe: Eine Grabhügelgruppe der mittleren Hallstattzeit bei Wehringen, Ldkr. Schwabmünchen, Schwaben. In: Germania, Bd. 41, 1963, S. 100–101, Taf. 13,1–3. Wilfried Menghin – Peter Schauer: Der Goldkegel von Ezelsdorf. Kultgerät der späten Bronzezeit (Die vor- und frühgeschichtlichen Altertümer im Germanischen Nationalmuseum, Bd. 3). Stuttgart 1983, S. 134. Peter Schauer (Hrsg.): Die Goldblechkegel der Bronzezeit. Ein Beitrag zur Kulturverbindung zwischen Orient und Mitteleuropa (Monographien des Römisch-Germanischen Zentralmuseums, Bd. 8). Bonn 1986, S. 38. Hilke Hennig: Gräber der Hallstattzeit in Bayerisch-Schwaben (Monographien der Archäologischen Staatssammlung, Bd. 2). Stuttgart 2001, S. 48–53, 259–268, Taf. 4, 107–114.

(49)
Klein-Klein/Kröll-Schmiedkogel (Steiermark, Österreich).

Bei dem Objekt, einem runden, flach kegelförmigen Deckel aus Bronzeblech mit am Rand hängenden dreieckigen Klapperblechen, handelt es sich um den Verschluss einer sog. Ziste, eines zylindrischen Bronzeblechgefäßes. Erkennbar sind auf der Oberseite zwei markante Zierzonen, eine innere mit omegaförmigen Motiven (die stilisierte Sonnenbarke) und eine äußere mit Radmotiven (das Sonnenrad).
Dm. ca. 31 cm.

Datierung:
Hallstattzeit, Ha C/D, um 600 v. Chr.

Verbleib:
Germanisches Nationalmuseum, Nürnberg,
Inv. Nr. V 635–638.

Literatur:
Alfred Reichenberger – Klaus Dobiat: Kröll-Schmiedkogel, Beiträge zu einem Fürstengrab der östlichen Hallstattkultur in Kleinklein (Steiermark) (Kleine Schriften aus dem vorgeschichtlichen Seminar Marburg, Bd. 18). Marburg 1985.

(50)
Klein-Klein/Kröll-Schmiedkogel (Steiermark, Österreich).

a) Bei diesem Bronzeblechfragment vom Rand der Ziste VIII mit figürlichen Darstellungen ist der Rand mit einem 5 cm breiten Band verziert, dessen Mittelzone einen vereinfachten Hakenmäander zeigt, der darüber von einer Zeile von Kreispunzen mit 4 cm Durchmesser und darunter von einer Reihe von Doppelkreispunzen mit ca. 1 cm Durchmesser flankiert wird. In einer 6 cm breiten Zierzone sind umlaufend nach

Kat. Nr. 49

Kat. Nr. 50

rechts schwimmende Fische dargestellt. Ein Fisch ist im Begriff, einen Menschen zu verschlingen, dessen Kopf er schon im Maul hält. Der Fischkörper ist mit Punzpunktlinien gezeichnet, die Innenfläche ist mit kleinen Punzbuckeln, die von kreisförmig darum herum angeordneten Punzpunkten begleitet werden, jeweils paarig gefüllt. Die Flossen sind zudem mit Punzbuckeln konturiert, der Körper des Menschen ist ebenfalls mit Punzpunkten gezeichnet und die Körperfläche mit Punzpunkten gefüllt. Die freien Flächen, die diese strichmännchenhafte Zeichnung umgeben, sind mit Kreispunzen gefüllt. Rechts im Bild ist die Schwanzflosse eines weiteren Fisches zu erkennen. Ein Band von Kreispunzen zwischen zwei Punzpunktreihen schließt die Bildzone nach unten ab. Unter diesem Band ist erkennbar, dass als weitere bandförmige Zierzone wieder eine Reihe Doppelkreispunzen mit 1 cm Durchmesser folgt. Auf dem im Museum Joanneum in Graz aufbewahrten größeren Rest der Ziste sind ebenfalls menschenverschlingende Fische dargestellt. Damit kann ein Bild rekonstruiert werden, bei dem abwechselnd Fische mit menschlichem Oberkörper und menschlichem Unterkörper dargestellt werden.
L. 25 cm; B. 13,2 cm.

b) Bei diesem Wandungsfragment der Ziste VII, das sehr unregelmäßig ausgebrochen ist, sind in einer 5 cm breiten Zierzone kleine Böckchen abgebildet, die Körper sind mit Punzpunkten konturiert und mit Punzbuckeln ausgefüllt. Die Köpfe der Böckchen blicken teilweise über die Schulter zurück, andere sind nach vorne gewandt. Freie Flächen zwischen den Beinen und Köpfen der Tiere sind mit punzpunktgefüllten, hängenden und stehenden Dreiecken verziert. Die im Museum Joanneum in Graz erhaltenen weiteren Reste der Ziste lassen erkennen, dass über der Zone mit den Böckchen zwei stark stilisierte Menschen, durch eine Punzbuckelreihe getrennt, Rücken an Rücken dargestellt sind. Die Figur rechts, durch einen Phallus als Mann gekennzeichnet, trägt einen Schild (?), die Figur links ein Trinkhorn (?). Wie auf dem Blech im Germanischen Nationalmuseum zu erkennen, folgt nach diesen Figuren links ein kleiner Hund (?), links vom Hund sind Füße eines weiteren Menschen zu sehen. Unter der Zone mit den Böckchen sind die spitzen Ohren und die Rückenlinie eines Fuchses (?) auszumachen. Die drei Zierzonen sind durch 7 mm breite punzpunktflankierte Bänder mit Punzbuckelreihen voneinander getrennt.
L. 17,5 cm; B. 8,5 cm.

Datierung:
Hallstattzeit, Ha C/D, um 600 v. Chr.

Verbleib:
Germanisches Nationalmuseum, Nürnberg, Inv. Nr. V 638.

Literatur:
Alfred Reichenberger – Klaus Dobiat: Kröll-Schmiedkogel, Beiträge zu einem Fürstengrab der östlichen Hallstattkultur in Kleinklein (Steiermark) (Kleine Schriften aus dem vorgeschichtlichen Seminar Marburg, Bd. 18). Marburg 1985.

(51)
Bronzegegenstände mit kalendarischem Bezug.

a) Herzsprung (Landkreis Ostprignitz-Ruppin, Land Brandenburg).

Diese für den sog. Typ Herzsprung namengebenden runden Bronzeschilde wurden 1844 in einem Moor gefunden. Die geringe Materialstärke lässt sie für eine praktische Verwendung nicht in Frage kommen, es handelt sich somit wohl um Zeremonialwaffen. Einen sakral-rituellen Kontext legt, neben der Art der Deponierung, auch die jeweilige Dekoration der Oberfläche nahe, die aus mehrfachen konzentrischen Kreisen von Punzbuckeln und getriebenen Wülsten besteht, die z. T. halbmondförmige Aussparungen aufweisen. Diese sowie ein oval-mandelförmiger zentraler Buckel sind wahrscheinlich als kalendarische Darstellung zu interpretieren.
Dm. je ca. 70,0 cm.

Kat. Nr. 51a

Datierung:
Nordische Bronzezeit, Periode III-V, 13.–9. Jh. v. Chr.

Verbleib:
Landesmuseum für Vorgeschichte Sachsen-Anhalt, Halle/Saale, Inv. Nr. 61:99, 1–2.

Literatur:
Ernst Probst: Deutschland in der Bronzezeit. Bauern, Bronzegießer und Burgherren zwischen Nordsee und Alpen. München 1999, S. 343. Jens May – Reiner Zumpe: Kalendarien in der jüngeren Bronzezeit im nördlichen Mitteleuropa. Ein Beitrag zur Interpretation buckelverzierter Amphoren und Schilde. In: Bernhard Hänsel (Hrsg.): Mensch und Umwelt in der Bronzezeit Europas, Kiel 1998, S. 571–574.

b) Dänemark, genauer Fundort unbekannt.

Der runde Bronzeschild gehört zum sog. Typ Pilsen und ist im Gegensatz zu anderen bronzezeitlichen Schildtypen relativ schwer. Das dicke Material weist eine einfachere Oberflächenverzierung auf. In der Regel stammen solche Schilde aus Zusammenhängen, die eine Deutung als Votiv oder Opfer nahelegen. Die ursprüngliche Verwendung dürfte im zeremoniellen Bereich gelegen haben, wenn auch dieses Exemplar mit seiner höheren Stabilität im Gegensatz etwa zu den Schilden aus Herzsprung im Kampf praktisch einsetzbar gewesen wäre. Die Schildoberfläche ist mit zwei konzentrischen Kreisen aus Punzbuckeln verziert, die wiederum drei konzentrische getriebene Wülste umgeben, die an einer Stelle eine leichte Einziehung aufweisen. Die Mitte des Schildes wird von einem flachen Buckel eingenommen. Sichtbar sind auf der Vorderseite auch die Nieten der Schildgriffbefestigung. Die Ornamentik kann im Sinne einer Kalenderdarstellung gedeutet werden.

Dm. 60,5–69,0 cm.

Datierung:
Mittlere bis Jüngere Nordische Bronzezeit, Periode III/IV, 13.–11. Jh. v. Chr.

Verbleib:
Nationalmuseum Kopenhagen, Inv. Nr. 8111.

Literatur:
Peter Schauer: Der Rundschild der Bronze- und frühen Eisenzeit. In: Jahrbuch des Römisch-Germanischen Zentralmuseums, Bd. 27, 1980, S. 196–248. Bernd-Rudiger Goetze: Die frühesten Schutzwaffen. In: Bayerische Vorgeschichtsblätter, Bd. 49, 1984, S. 25–53, bes. S. 25. Jørgen Jensen: Schild. In: Götter und Helden der Bronzezeit. Europa im Zeitalter des Odysseus. Ausst. Kat. Nationalmuseum Kopenhagen u. a. Ostfildern-Ruit 1999, S. 255, Kat. Nr. 150.

(52)
Coligny (Dép. Ain, Frankreich).

Die Bruchstücke dieses Bronzekalenders in gallischer Sprache aus dem 2. Jh. n. Chr. wurden 1897 zusammen mit den Fragmenten einer 174 cm großen Marsbronze in der Flur »En Chataignerat«, Gemeinde Coligny, aufgefunden. Die 153 geborgenen Fragmente sind heute in einer Art Zick-Zack-Puzzle an ihrem ursprünglichen Platz angeordnet. Mit 2021 Zeilen und etwa sechzig Wörtern ist der Kalender eines der bedeutendsten Zeugnisse in gallischer Sprache, wenn auch kein zusammenhängender Text feststellbar ist. In römischer Kapitalinschrift in die Bronzetafel eingraviert und in sechzehn Spalten angeordnet, handelt es sich um einen fünf Jahre umfassenden lunisolaren Kalender. Er weist sechzig reguläre Monate und zwei namenlose Schaltmonate auf, die am Beginn und in der Mitte, d. h. nach zweieinhalb Jahren, eingefügt sind und auf dem Schriftfeld etwa den doppelten Raum eines regulären Monats einnehmen. Die Monatsnamen lauten: Samon-, Dumann-, Riuros, Anagantio-, Ogronn-, Cutios, Giamoni-, Simiuissona-, Equos, Elembiu-, Edrini-, Cantlos. Eine Einteilung in Wochen sowie Tagesnamen existiert nicht. Die ersten sechs Monate weisen dreißig Tage auf und tragen die Bezeichnung matu-, was günstig oder vollständig bedeutet, während die sechs Monate der zweiten Jahreshälfte mit Ausnahme des Monats Equos (seine Tageszahl variierte offensichtlich innerhalb des Jahrfünfts) mit dem Antonym anmatu- gekennzeichnet sind und 29 Tage aufweisen. Entsprechend besaß das reguläre Jahr 355 Tage. Unterteilt sind die Monate jeweils in zwei Abschnitte von 15 + 15 bzw. 15 + 14 Tagen. Bei Monaten, deren zweite Hälfte nur vierzehn Tage zählt, steht an deren Ende divertomu, was wohl »getilgt« bedeutet. In Anpassung an römische Gewohnheiten werden die Tage aller fünf Jahre mit römischen Zahlen gekennzeichnet: I-XV für die erste Monatshälfte, I-XV

Kat. Nr. 52

bzw. I-XIIII für die zweite. Dabei weist das Bronzeblech am Beginn jeder Tageszeile ein Loch auf, so dass durch das entsprechende Einstecken eines Stiftes das jeweilige Tagesdatum angezeigt werden konnte. Die römerzeitliche Verschriftlichung des Kalenders steht am Ende einer langen Entwicklung des keltischen Kalendersystems, das, auf dem astrologischen Wissen der Bronzezeit fußend, in der frühen Eisenzeit entstanden sein dürfte.

H. 90,0 cm; B. 148,0 cm (einschließlich der 5,3 cm breiten Rahmenleiste).

Verbleib:
Original: Musée de la Civilisation gallo-romaine, Lyon.
Kopie: Musée des Antiquités Nationales, Saint-Germain-en-Laye.

Literatur:
Paul-Marie Duval – Georges Pinault: Recueil des Inscriptions Gauloises, Bd. 3: Les Calendriers (Coligny, Villards d'Héria) (Gallia, Supplement, Bd. 45). Paris 1986. Garrett Olmsted: The Gaulish Calendar. Bonn 1992.
[M.G.]

(53)
Nebra (Sachsen-Anhalt) (Bilddokumentation).

Die Himmelsscheibe von Nebra zeigt die älteste bekannte konkrete Himmelsdarstellung der Menschheitsgeschichte. Sie wurde Anfang 2002 zusammen mit Beifunden polizeilich sichergestellt, nachdem sie bereits 1998 oder 1999 von Raubgräbern innerhalb eines verschliffenen Ringwalles auf dem Mittelberg bei Nebra, südöstlich des Harz, ausgegraben worden war. Die Bronzescheibe war in einer kleinen Grube aufrechtstehend deponiert worden. Zusammen mit ihr hatte man zwei kostbare Bronzeschwerter, zwei Bronzebeile, einen Bronzemeißel und zwei Armspiralen niedergelegt. Auf der runden Scheibe aus Bronze sind in dünner Goldfolie astronomische Darstellungen eingelegt. Auf der Bronzescheibe waren 32 kleine Goldblättchen angebracht, die als Sterne zu interpretieren sind. Sieben davon stellen mit allergrößter Wahrscheinlichkeit das Siebengestirn, die Plejaden, dar. Auch die Goldauflagen in Form einer Scheibe und einer Mondsichel sind als astronomische Objekte zu deuten. Sie sind jedoch mehrdeutig: die Scheibe kann die Sonne, aber auch den Vollmond darstellen, die Mondsichel auch eine partielle Mond- oder Sonnenfinsternis. Die beiden ursprünglich angebrachten, seitlichen goldenen Randbögen, von denen jedoch nur einer erhalten ist, können als östliche und westliche Horizontbögen aufgefasst werden, die den Lauf der Sonnenauf- und Sonnenuntergangspunkte im Jahreslauf darstellen. Deren Winkel von etwa 82 Grad entspricht dem Sonnenlauf für die frühe Bronzezeit auf der geographischen Breite Sachsen-Anhalts. Das gefiederte sichelförmige Element kann als mythische Sonnenbarke, die zwischen Sonnenaufgang und -untergang hin- und herfährt, gesehen werden. Die winzigen Striche zu beiden Seiten dieser Sonnenbarke sind als Ruder zu interpretieren, was einen Eindruck davon geben kann, wie riesig groß sich der Schöpfer der Himmelsscheibe von Nebra diese Sonnenbarke vorgestellt hat.

Dm. Scheibe ca. 30,0 cm.

Datierung:
Frühe Bronzezeit, ca. 1600 v. Chr.

Verbleib:
Landesmuseum für Vorgeschichte Sachsen-Anhalt, Halle/Saale.

Literatur:
Bis auf Presse- und Vorberichte unpubliziert.

Kat. Nr. 53

Anhang

Literaturverzeichnis

Luciana Aigner Foresti: Amphore und Glockenhelm im Badischen Landesmuseum zu Karlsruhe. In: Archäologischer Anzeiger, 1981, S. 21–43

Martin Almagro-Gorbea: Orfebreria del Bronce Final en la Península Ibérica. El tesoro de Abía de la Obispalía, la orfebrería tipo Villena y los cuencos de Axtroki. In: Trabajos de Prehistoria, Bd. 31, 1974, S. 39–100

Martin Almagro-Gorbea: La introducción del hierro en la Península Ibérica. Contactos precoloniales en el Período Protoorientalizante. In: Complutum, Bd. 4, 1993, S. 81–94

M. Almeida – Maria J. Boveda – I. Vilaseco: Galicia Different Place: Da cronoloxía do ouro precastrexo e outros tópicos. In: Historia Nova. Contribución dos Xóvenes Historiadores de Galicia, Bd. 3. Santiago de Compostela 1994, S. 25–33

Oscar Almgren: Kung Björns hög och andra fornlämningar vid Håga (Kungelike Vitterhets Historie och Antikvitets Akademien, Monografier, Bd. 1). Stockholm 1905

Oscar Almgren: Nordische Felszeichnungen als religiöse Urkunden. Stockholm 1934

Ekkehardt Aner – Karl Kersten: Frederiksborg und Københavns Amt (Die Funde der älteren Bronzezeit des nordischen Kreises in Dänemark, Schleswig-Holstein und Niedersachsen, Bd. 1). Kopenhagen – Neumünster 1973

Ekkehard Aner – Karl Kersten: Holbæk, Sorø und Præstø Amter (Die Funde der älteren Bronzezeit des nordischen Kreises in Dänemark, Schleswig-Holstein und Niedersachsen, Bd. 2). Kopenhagen – Neumünster 1976

Ekkehard Aner – Karl Kersten – Karl-Heinz Willroth: Thisted Amt (Die Funde der älteren Bronzezeit des nordischen Kreises in Dänemark, Schleswig-Holstein und Niedersachsen, Bd. 11). Neumünster 2001

Barbara Regine Armbruster: Rotary Motion – Lathe and Drill. Some New Technological Aspects Concerning Late Bronze Age Goldwork from Southwestern Europe. In: Giulio Morteani – Jeremy P. Northover (Hrsg.): Prehistoric Gold in Europe. Dordrecht 1993, S. 399–423

Barbara Regine Armbruster: Instruments rotatifs dans l'orfèvrerie de l'Âge du Bronze de la Péninsule Ibérique. Nouvelles connaissances sur la technique des bracelets du type Villena/Estremoz. In: Trabalhos de Antropologia e Etnologia, Bd. 33, Heft 1–2, 1993, S. 265–283

Barbara Regine Armbruster: Traditionelles Goldschmiedehandwerk in Westafrika und bronzezeitliche Metallverarbeitung in Europa. Technologien im ethnoarchäologischen Vergleich. In: Beiträge zur Allgemeinen und Vergleichenden Archäologie, Bd. 5, 1995, S. 111–201

Barbara Regine Armbruster: Zur Technik der Goldflaschen aus dem bronzezeitlichen Schatzfund von Villena (Alicante). In: Madrider Mitteilungen, Bd. 36, 1995, S. 165–171

Barbara Regine Armbruster: Zu den technologischen Aspekten der Goldfunde aus dem bronzezeitlichen Schatzfund von Caldas de Reyes (Prov. Pontevedra). In: Madrider Mitteilungen, Bd. 37, 1996, S. 60–73

Barbara Regine Armbruster: Techniques d'orfèvrerie préhistorique des tôles d'or en Europe atlantique des origines à l'introduction du fer. In: Béatrice Cauuet (Hrsg.): L'or dans l'antiquité. De la mine à l'objet (Aquitania, Supplément, Bd. 9). Bordeaux 1999, S. 237–249

Barbara Regine Armbruster: Goldschmiedekunst und Bronzetechnik. Studien zum Metallhandwerk der Atlantischen Bronzezeit auf der Iberischen Halbinsel (Monographies Instrumentum, Bd. 15). Montagnac 2000

Barbara Regine Armbruster: Metallguß. In: Reallexikon der Germanischen Altertumskunde, Bd. 19. Berlin – New York 2001, S. 622–642

Barbara Regine Armbruster: Zu bronzezeitlichen Werkzeugen der plastischen Verformung im nördlichen und westlichen Europa. In: Willy H. Metz – Ben L. van Beek – Hannie Steegstra (Hrsg.): Patina. Essays Presented to Jay Jordan Butler on the Occasion of his 80th Birthday. Groningen 2001, S. 7–26

Barbara Regine Armbruster – Alicia Perea: Tecnología de herramientas rotativas durante el Bronce Final Atlántico. El depósito de Villena. In: Trabajos de Prehistoria, Bd. 51, Heft 2, 1994, S. 69–87

María Luisa Ruiz-Gálvez Priego: La orfebrería del bronce final. El poder y su ostentación. In: Revista de Arqueología, 1983, S. 46–57

Edmund C. R. Armstrong: Catalogue of the Irish Gold Ornaments in the Collection of the Royal Irish Academy. Dublin 1920

Hans-Gert Bachmann: Zur Metallurgie der römischen Goldgewinnung in Três Minas und Campo de Jales in Nordportugal. In: Heiko Steuer – Ulrich Zimmermann (Hrsg.): Montanarchäologie in Europa. Sigmaringen 1993, S. 123–152, 153–160

Lothar Bakker: Ein Vollgriffschwert der ausgehenden Urnenfelderzeit aus Pfaffenhofen a. d. Zusam. In: Das Archäologische Jahr in Bayern 1989, S. 82–83

Ignacio Barandarián Maestu: Los cuencos de Axtroki (Bolibar-Eskoriaza, Guipúzcoa). In: Noticiario Arqueológico Hispánico, Bd. 2, 1973, S. 173–209

Ignacio Barandiarán Maestu: Zwei hallstattzeitliche Goldschalen aus Axtroki,

Prov. Guipúzcoa, In: Madrider Mitteilungen, Bd. 14, 1973, S. 109–120

Helmut Becker: Kultplätze, Sonnentempel und Kalenderbauten aus dem 5. Jahrtausend vor Chr. Die mittelneolithischen Kreisanlagen in Niederbayern. In: Archäologische Prospektion, Luftbildarchäologie und Geophysik (Arbeitshefte des Bayerischen Landesamtes für Bodendenkmalpflege, Bd. 59). München 1996, S. 101–122

Gustav Behrens: Bodenurkunden aus Rheinhessen, Bd. 1. Mainz 1927

Gustav Behrens: Bronzezeit Süddeutschlands (Kataloge des Römisch-Germanischen Zentralmuseums, Bd. 6). Mainz 1916

José Maria Bello – Antonio de la Peña Santos: Galicia na Prehistoria (Historia de Galicia, Bd. 1). La Coruña 1995

Arthur Berger: Der Hesselberg. Funde und Ausgrabungen bis 1985 (Materialhefte zur Bayerischen Vorgeschichte, Reihe A, Bd. 66). Kallmünz 1994

François Bertemes – Karl Schmotz – Wolfgang-Rüdiger Thiele: Das Metallurgengrab 9 des Gräberfeldes der Glockenbecherkultur von Künzing, Lkr. Deggendorf. In: Archäologische Arbeitsgemeinschaft Ostbayern, Bd. 9, 2000, S. 53–60

Ulf Bertilsson: The Rock Carvings of Northern Bohuslän. Spatial Structures and Social Symbols (Stockholm Studies in Archaeology, Bd. 7). Stockholm 1987

Adalbert Bezzenberger – Felix Ernst Peiser: Die Bronzefigur von Schernen, Kreis Memel. In: Sitzungsbericht der Altertumsgesellschaft Prussia, Bd. 22, 1900–1904, S. 424 ff.

Jörg Biel: Der Keltenfürst von Hochdorf. 3. Aufl., Stuttgart 1985

Jörg Biel: Katalog. In: Dieter Planck (Hrsg.): Der Keltenfürst von Hochdorf. Methoden und Ergebnisse der Landesarchäologie. Ausst. Kat. Landesdenkmalamt Stuttgart. Stuttgart 1985, S. 135–161

Anna-Maria Bietti Sestieri: Rivoli Veronese. In: Alessandra Aspes – Giampaolo Rizzetto – Luciano Salzan (Hrsg.): 3000 anni fa a Verona: dalla fine dell'età del bronzo all'arrivo dei romani nel territorio veronese. Ausst. Kat. Museo Civico di Storia Naturale. Verona 1976, S. 103–110

Kurt Bittel: Die Hethiter. Die Kunst Anatoliens vom Ende des 3. bis zum Anfang des 2. Jahrtausends vor Christus. München 1976

Miguel Angel de Blas Cortina: La prehistoria postpaleolítica cantábrica: de la percepción de similaridades neolíticas a la irregularidad documental en las estapas metalúrgicas. In: Actas do 3° Congresso de Arqueología Peninsular, Bd. 4. Vila Real 2000

Eberhard Bönisch: Siedlungen der Lausitzer Kultur. In: Archäologie in Deutschland, Heft 1, 1999, S. 24–29

Waltraud Bohm: Die Vorgeschichte des Kreises Westprignitz. Leipzig 1937

A. Bonilla – A. Parga – A. Torres: Prospección intensiva de grabados rupestres en el Ayuntamiento de Rianxó (A Coruña). In: Boletín del Museo Provincial de Lugo, Bd. 7, Heft 2, 1995–96, S. 71–103

Hermann Born: Archäologische Bronzen im Röntgenbild. In: Hermann Born (Hrsg.): Archäologische Bronzen, antike Kunst, moderne Technik. Berlin 1985, S. 112–125

Hermann Born: Zu den Herstellungstechniken der Bronzen des Gefäßdepots aus dem Saalegebiet. Mit einem Beitrag von Thomas Schmidt-Lehmann. In: Acta Praehistorica et Archaeologica, Bd. 29, 1997, S. 69–96

Hermann Born – Svend Hansen: Antike Herstellungstechniken: Ein urnenfelderzeitlicher Bronzehelm aus der Waffensammlung Zschille. In: Acta Praehistorica et Archaeologica, Bd. 24, 1992, S. 339–356

Hermann Born – Svend Hansen: Helme und Waffen Alteuropas (Sammlung Axel Guttmann, Bd. 9). Berlin – Mainz 2001

Hermann Born – Ursula Seidl: Schutzwaffen aus Assyrien und Urartu (Sammlung Axel Guttmann, Bd. 4). Berlin – Mainz 1995

Stéphanie Boucher – Suzanne Tassinari (Hrsg.): Musée de la Civilisation gallo-romaine à Lyon. Bronzes antiques, Bd. 1: Inscriptions, statuaire, vaisselle. Lyon 1976

Fermín Bouza Brey: O puñal do Museu Antropolóxico de Madrid. In: Nós, Bd. 61, 1928, S. 2

Fermín Bouza Brey: El tesoro prehistórico de Caldas de Reyes (Pontevedra) (Informes y Memorias de la Comisaría General de Excavaciónes Arqueológicas, Bd. 2). Madrid 1942

Jan Bouzek: Syrian and Anatolian Bronze Figurines in Europe. In: Proceedings of the Prehistoric Society, N. F., Bd. 39, 1972, S. 156–169

Jan Bouzek: The Aegean, Anatolia and Europe. Cultural Interrelations in the Second Millennium BC (Studies in Mediterranean Archaeology, Bd. 29). Göteborg – Prag 1985

Richard Bradley: Invisible Warriors – Galician Weapon Carvings in their Iberian Context. In: Ramón Fábregas (Hrsg.): A Idade de Bronce en Galicia: novas perspectives (Cadernos do Seminario de Estudos de Sargadelos, Bd. 77). La Coruña 1998, S. 243–258

Dirk Thomas Brandherm: Zyprische Griffangelklingen aus West- und Mitteleuropa? Zur Problematik einer Quellengruppe der frühen und mittleren Bronzezeit. Freiburg 2000

Rolf Breddin: Der Aunjetitzer Bronzehortfund von Bresinchen, Kr. Guben. In: Veröffentlichungen des Museums für Ur- und Frühgeschichte Potsdam, Bd. 5, 1969, S. 37–38

Hansjörg Brem – Daniel Steiner – Rolf Kesselring: Neues aus Tasgetium. In: Archäologie der Schweiz, Bd. 22, 1999, S. 123–134

Erhard Brepohl: Theophilus Presbyter und die mittelalterliche Goldschmiedekunst. Wien – Köln – Graz 1987

Wolfgang Brestrich: Die mittel- und spätbronzezeitlichen Grabfunde auf der Nordstadtterrasse am Hohentwiel (Forschungen und Berichte zur Vor- und Frühgeschichte in Baden-Württemberg, Bd. 67). Stuttgart 1998

Jacques Briard: Les Tumulus d'Armorique (L'Âge du Bronze en France, Bd. 3). Paris 1984

Jacques Briard: Chalcolithique et Âge du Bronze en France (Poterie et civilisations, Bd. 2). Paris 1989

Sabina Brodbeck-Jucker: Mykenische Funde von Kephallenia im archäologischen Museum. Neuchâtel 1986

Johannes Brønstedt: Nordische Vorzeit, Bd. 2: Bronzezeit in Dänemark. Neumünster 1962

Jean-Louis Brunaux: Wer waren die Druiden? In: Hans-Ulrich Cain – Sabine Rieckhoff (Hrsg.): Fromm – Fremd – Barbarisch. Die Religion der Kelten. Ausst. Kat. Universitätsbibliothek Leipzig. Mainz 2002, S. 2–6

Heinz Burmester: Weltumseglung unter Preußens Flagge. Die Königlich Preußische Seehandlung und ihre Schiffe. Hamburg 1988

Ralf Busch (Hrsg.): Gold der Skythen. Schätze aus der Staatlichen Eremitage St. Petersburg (Veröffentlichungen des Hamburger Museums für Archäologie und die Geschichte Harburgs, Helms-Museum, Bd. 67). Neumünster 1993

Jay Jordan Butler – Jan Derik van der Waals: Bell Beakers and Early Metalworking in the Netherlands. In: Paleohistoria, Bd. 12, 1966, S. 41–139

Francisco Calo Lourido: Casco de Leiro. In: Galicia no Tempo. Ausst. Kat. Xunta de Galicia. Santiago 1991, S. 143–144

Francisco Calo Lourido – Xose Maria González Reboredo: Estación de arte rupestre de Leiro (Rianxó, A Coruña). In: Gallaecia, Bd. 6, 1980, S. 207–216

Torsten Capelle: Polytechniker? In: Hammaburg, N. F., Bd. 12, 1998 (= Festschrift für Hans Drescher), S. 125–132

Mário Cardozo: Valioso achado arqueológico em Espanha. In: Revista de Guimaraes, Bd. 86, 1976, S. 173–178

Béatrice Cauuet (Hrsg.): L'or dans l'antiquité. De la mine à l'objet (Aquitania, Supplément, Bd. 9). Bordeaux 1999

Benvenuto Cellini: Abhandlungen über die Goldschmiedekunst und die Bildhauerei. Übers. v. Max Fröhlich u. Ruth Fröhlich. Basel 1974

Aleksandrina Cermanovic: Zur Deutung der Funde von Ezelsdorf bei Nürnberg. In: Zivika Antika, Bd. 8, 1958, S. 129–347

J. Chappée: Objets d'art découverts à Villeneuve-Saint-Vistre. In: Monuments Piot, Bd. 19, 1912, S. 1

Kjeld Christensen: Jahrringdatierung bronzezeitlicher Eichenbaumsärge aus Dänemark. In: Götter und Helden der Bronzezeit. Europa im Zeitalter des Odysseus. Ausst. Kat. Nationalmuseum Kopenhagen u. a. Ostfildern-Ruit 1999, S. 110–113

David V. Clarke – Trevor G. Cowie – Andrew Foxon: Symbols of Power at the Time of Stonehenge. Edinburgh 1985

André Coffyn: Le Bronze Final Atlantique dans la Péninsule Ibérique. Paris 1985

John Coles: Images of the Past. A Guide to the Rock Carvings and Other Ancient Monuments of Northern Bohuslän (Skrifter utgivna av Bohusläns museum och Bohusläns hembygdsförbund, Bd. 32). Udevalla 1990

Beatriz Comendador: Los inicios de la metalurgia en el noroeste de la península ibérica (Monografías Museo Arqueolóxico, Bd. 11). La Coruña 1999

Izak Cornelius: The Iconography of the Canaanite Gods Reshef and Baal. Fribourg – Göttingen 1994

Fernando Javier Costas Goberna – Pablo Novoa Alvarez: Los grabados rupestres de Galicia (Monografías Museo Arqueolóxico, Bd. 6). La Coruña 1993

Eva Čujanová-Jílková: Zlaté předměty v hrobech českofalcké mohylové kultury (Gegenstände aus Gold in Gräbern der böhmisch-oberpfälzischen Hügelgrabkultur). In: Památky Archeologické Bd. 66, 1975, S. 74–132

Barry Cunliffe: The Ancient Celts. Oxford – New York 1997

Wolfgang David: Zu den Beziehungen zwischen Donau-Karpatenraum, osteuropäischen Steppengebieten und ägäisch-anatolischem Raum zur Zeit der mykenischen Schachtgräber und Berücksichtigung neuerer Funde aus Südbayern. In: Anodos. Studies of Ancient World, Heft 1, 2001, S. 51–80

Joseph Déchelette: Les Trésors de Rongères et de Villeneuve-Saint-Vistre. In: Monuments Piot, Bd. 19, 1912, S. 8

Joseph Déchelette: Manuel d'archéologie préhistorique, celtique et gallo-romaine, Bd. 2, Heft 1: l'Âge du Bronze. Paris 1910

Claudia Derrix: Schilde und Fibeln. Bemerkungen zur bronzezeitlichen Kriegerverehrung in Nord- und Westeuropa. In: Cornelia Becker (Hrsg.): Chronos. Beiträge zur prähistorischen Archäologie zwischen Nord- und Südosteuropa. Festschrift für Bernhard Hänsel. Espelkamp 1997, S. 515–526

Georg Diemer: Urnenfelderzeitliche Depotfunde und neue Grabungsbefunde vom Bullenheimer Berg: Ein Vorbericht. In: Archäologisches Korrespondenzblatt, Bd. 15, 1985, S. 55–65

Georg Diemer: »Tonstempel« und »Sonnenscheiben« der Urnenfelderkultur in Süddeutschland. In: Ludwig Wamser (Hrsg.): Aus Frankens Frühzeit. Festgabe für Peter Endrich (Mainfränkische Studien, Bd. 37). Würzburg 1986, S. 37–63

Georg Diemer: Der Bullenheimer Berg. Ausgrabungsergebnisse und Analyse von Siedlungs- und Depotfunden der Bronze- und urnenfelderzeitlichen befestigten Höhensiedlung und ihre Stellung im Siedlungsgefüge der Urnenfelderkultur Mainfrankens (= ungedr. Diss. phil., Würzburg 1987)

Georg Diemer: Der Bullenheimer Berg und seine Stellung im Siedlungsgefüge der Urnenfelderkultur Mainfrankens (Materialhefte zur bayerischen Vorgeschichte, Bd. A 70). Kallmünz 1995.

Georg Diemer – Walter Janssen – Ludwig Wamser: Ausgrabungen und Funde auf dem Bullenheimer Berg, Gmd. Ippesheim, Mfr. und Gmd. Seinsheim, Ufr. In: Das Archäologische Jahr in Bayern, 1981, S. 94–95

Diodorus Siculus: Griechische Weltgeschichte. Übers. v. Gerhard Wirth. Stuttgart 1992

Gordana Divac – Zbyněk Sedláček: Hortfund der altbronzezeitlichen Dolche von Praha 6-Suchdol (Fontes Archaeologici Pragenses, Supplementbd. 1). Prag 1999

Gerhard Dobesch: Das europäische »Barbaricum« und die Zone der Mediterrankultur. Ihre historische Wechselwirkung und das Geschichtsbild des Poseidonios (Tyche, Supplementbd. 2). Wien 1995

Gerhard Dohrn-van Rossum: Uhr, Uhrmacher. In: Lexikon des Mittelalters, Bd. 8. Stuttgart u. a. 1997, S. 1182

Hans Drescher: Untersuchungen der Technik einiger bronzezeitlicher Rasiermesser und Pinzetten. In: Die Kunde, N. F., Bd. 14, 1963, S. 125–142

Paul-Marie Duval – Georges Pinault: Recueil des Inscriptions Gauloises, Bd. 3: Les Calendriers (Coligny, Villards d'Héria) (Gallia, Supplement, Bd. 45). Paris 1986

Martin Eckoldt: Schiffahrt auf kleinen Flüssen Mitteleuropas in Römerzeit und Mittelalter (Schriften des Deutschen Schiffahrtsmuseums, Bd. 14). Oldenburg 1980

Martin Eckoldt: Schiffahrt auf kleinen Flüssen, Teil 4: Nebenflüsse der Elbe. In: Deutsches Schiffahrtsarchiv, Bd. 10, 1987, S. 7–35

Martin Eckoldt (Hrsg.): Flüsse und Kanäle. Die Geschichte der deutschen Wasserstraßen. Hamburg 1998

Felix Eckstein: Handwerk. Die Aussagen des frühgriechischen Epos (Archaeologia Homerica, Bd. 2). Göttingen 1974

Margaret R. Ehrenberg: The Anvils of Bronze Age Europe. In: The Antiquaries Journal, Bd. 61, 1981, S. 14–28

Otto Eisfeldt: Kanaanäisch-ugaritische Religion. In: Handbuch der Orientalistik, Abt. 1: Der Nahe und Mittlere Osten, Bd. 8,1. Leiden u. a. 1964, S. 85

Detlev Ellmers: Der Nachtsprung an eine hinter dem Horizont liegende Gegenküste. Die älteste astronomische Navigationsmethode. In: Deutsches Schiffahrtsarchiv, Bd. 4, 1981, S. 153–167

Detlev Ellmers: Die Archäologie der Binnenschiffahrt in Europa nördlich der Alpen. In: Herbert Jankuhn – Wolfgang Kimmig – Else Ebel (Hrsg.): Untersuchungen zu Handel und Verkehr der vor- und frühgeschichtlichen Zeit in Mittel- und Nordeuropa, Bd. 5. Göttingen 1989, S. 291–350

Detlev Ellmers: Celtic Plank Boats und Ships 500 BC-AD 1000. In: Robert Gardiner (Hrsg.): Conway's History of the Ship, Bd. 1: The Earliest Ships. London 1996, S. 52–71

Detlev Ellmers: Handelsschiffahrt. In: Reallexikon der Germanischen Altertumskunde. 2. Aufl., Berlin 1999, S. 595–608

Detlev Ellmers: Hafen. In: Reallexikon der Germanischen Altertumskunde. 2. Aufl., Berlin 1999, S. 312–322

Christiane Eluère: Réflexions à propos de »boucle d'oreilles« torsadées en or des types connus de l'Âge du Bronze. In: Antiquités Nationales, Bd. 12–13, 1980–81, S. 34 ff.

Christiane Eluère: Les ors préhistoriques (L'Âge du Bronze en France, Bd. 2). Paris 1982

Christiane Eluère: Das Gold der Kelten. München – Fribourg 1987

Christiane Eluère: Werkzeuge. In: Götter und Helden der Bronzezeit. Europa im Zeitalter des Odysseus. Ausst. Kat. Nationalmuseum Kopenhagen u. a. Ostfildern-Ruit 1999, S. 240

Christiane Eluère: Génelard. In: Götter und Helden der Bronzezeit. Europa im Zeitalter des Odysseus. Ausst. Kat. Nationalmuseum Kopenhagen u. a. Ostfildern-Ruit 1999, S. 240

Christiane Eluère – Jean-Pierre Mohen: Problèmes des enclumes et matrices en bronze de l'Âge du bronze en Europe occidentale. In: Christiane Eluère (Hrsg.): Outils et ateliers d'orfèvre des temps anciens. Saint-Germain-en-Laye 1993, S. 13–22

George Eogan: The Accomplished Art. Gold and Gold-Working in Britain and Ireland During the Bronze Age (c. 2300–650 BC) (Oxbow Monographs, Bd. 42). Oxford 1994

George Eogan: The Gold Vessels of the Bronze Age in Ireland and Beyond (Proceedings of the Royal Irish Academy, Bd. 81,14). Dublin 1981

Georg Otto Carl von Estorff: Heidnische Alterthümer in der Gegend von Ülzen im ehemaligen Bardengaue (Königreich Hannover). Hannover 1846

T. Franklin Evans: Hammered Metalwork. London 1937

Ramón Fábregas – Félix de la Fuente Andrés: La laja decorada de Os Campiños. In: Seminario O Megalitismo no Centro de Portugal (Mangualde, 1992). Viseu 1994, S. 305–310

Walter Fasnacht: Zehn Jahre Kupfer- und Bronzeguss im Experiment – oder die wiederholte Erfindung des Rades. In: Zeitschrift für Archäologie und Kunstgeschichte, Bd. 58, Heft 1, 2001, S. 67–72

Maiken Fecht: Handwerkstechnische Untersuchungen. In: Peter Schauer (Hrsg.): Die Goldblechkegel der Bronzezeit. Ein Beitrag zur Kulturverbindung zwischen Orient und Mitteleuropa (Monographien des Römisch-Germanischen Zentralmuseums, Bd. 8). Bonn 1986, S. 80–103

Rosemarie Feger – Martin Nadler: Beobachtungen zur urnenfelderzeitlichen Frauentracht. Vorbericht zur Ausgrabung in Grundfeld, Ldkr. Lichtenfels, Oberfranken (mit einem Beitrag von Eberhard Voß). In: Germania, Bd. 63, 1985, S. 1–16

J. A. Fernández Castro – P. Piñeiro Hermida – R. Ces Castaño: Un complexo de gravados rupestres en Rianxo-A Coruña. In: Brigantium, Bd. 8, 1993–94, S. 199–244

Moses I. Finley: Die Welt des Odysseus. 2. Aufl., München 1979

Calista Fischer: Innovation und Tradition in der Mittel- und Spätbronzezeit. Gräber und Siedlungen in Neftenbach, Fällanden, Dietikon, Pfäffikon und Erlenbach (Monographien der Kantonsarchäologie Zürich, Bd. 28). Zürich – Egg 1997

Franz Fischer – Jörg Biel: Frühkeltische Fürstengräber in Mitteleuropa. In: Antike Welt. Zeitschrift für Archäologie und Urgeschichte, Bd. 13, 1982

Ulrich Fischer: Ein Grabhügel der Bronze- und Eisenzeit im Frankfurter Stadtwald. In: Schriften des Frankfurter Museums für Ur- und Frühgeschichte, Bd. 4, 1979

Alexandra Foghammar: Die Funde der nordischen Bronzezeit im Germanischen Nationalmuseum. Die Sammlung Estorff und andere Erwerbungen des 19. Jh. (Die vor- und frühgeschichtlichen Altertümer im Germanischen Nationalmuseum, Bd. 5). Nürnberg 1989

Ernst Foltz: Einige Beobachtungen zu antiken Gold- und Silberschmiedetechniken. In: Archäologisches Korrespondenzblatt, Bd. 9, 1979, S. 213–222

John Elof Forssander: Der ostskandinavische Norden während der ältesten Metallzeit Europas. Lund 1936

Marie-Louise von Franz: The Process of Individuation. In: Carl G. Jung: Man and his Symbols, London 1964, 159–229

Regula Frei-Stolba. In: Die Schweiz vom Paläolithikum bis zum frühen Mittelalter, Bd. 4: Eisenzeit. Basel 1999, S. 31–34

Michael Friedrich: Dendrochronologische Untersuchung der Hölzer des hallstattzeitlichen Wagengrabes 8 aus Wehringen, Lkr. Augsburg. In: Hilke Hennig (Hrsg.): Gräber der Hallstattzeit in Bayerisch-Schwaben. Stuttgart 2001, S. 137–144

Michael Friedrich – Hilke Hennig: Dendrochronologische Untersuchung der Hölzer des hallstattzeitlichen Wagengrabes 8 aus Wehringen, Lkr. Augsburg und andere Absolutdaten zur Hallstattzeit. In: Bayerische Vorgeschichtsblätter, Bd. 60, 1995, S. 289–300

Siegfried Fröhlich: Das Grabhügelfeld auf dem Spöllberg, Fundstelle des goldenen Bechers (Schriftenreihe Kulturregion Osnabrück des Landschaftsverbandes Osnabrück e. V., Bd. 5). Bramsche 1992

Siegfried Fröhlich (Hrsg.): Luftbildarchäologie in Sachsen-Anhalt. Begleitband zur Sonderausstellung im Landesmuseum für Vorgeschichte Halle. Halle/Saale 1997

Maria Antonietta Fugazzola: Vulci – tomba dei bronzetti sardi. In: Mauro Cristofani (Hrsg.): Civiltà degli etruschi. Ausst. Kat. Florenz. Mailand 1985, S. 64–66

John Gage: A Letter From John Gage, Esq. F. R. S., Director, to Sir Henry Ellis, K. H., F. R. S. Secretary, Accompanying a British Gold Corselet Exhibited to the Society, and since Purchased by the Trustees of the British Museum. In: Archaeologia, Bd. 26, 1836, S. 422–431

Milutin Garašanin: Les dépôts de la Serbie et de la Voivodine, Bd. 1. Belgrad 1975

Milutin Garašanin: Les dépôts préhistoriques de la Serbie et de la Voivodine, Bd. 2. Belgrad 1994

Rupert Gebhard: Neue Hortfunde vom Bullenheimer Berg, Gemeinde Ippesheim, Mittelfranken und Gemeinde Seinsheim, Unterfranken. In: Das Archäologische Jahr in Bayern, 1990 (1991), S. 52–55

Rupert Gebhard: Der Goldfund von Bernstorf. In: Bayerische Vorgeschichtsblätter, Bd. 64, 1999, S. 1–18

Rupert Gebhard: Magie, Mythos, Macht – Gold der Alten und Neuen Welt. In: Ludwig Wamser – Rupert Gebhard (Hrsg.): Gold – Magie, Mythos, Macht. Gold der Alten und Neuen Welt. Ausst. Kat. Archäologische Staatssammlung München. Stuttgart 2001, S. 10–27

Rupert Gebhard: Votivschatz mit fünf Gefäßen. In: Ludwig Wamser – Rupert Gebhard (Hrsg.): Gold – Magie, Mythos, Macht. Gold der Alten und Neuen Welt. Ausst. Kat. Archäologische Staatssammlung München. Stuttgart 2001, S. 224

Rupert Gebhard: Goldbesatz und Schmuck eines Zeremonialgewandes. In: Ludwig Wamser – Rupert Gebhard (Hrsg.): Gold – Magie, Mythos, Macht. Gold der Alten und Neuen Welt. Ausst. Kat. Archäologische Staatssammlung München. Stuttgart 2001, S. 230–232

Marek Gedl: Die Vorlausitzer Kultur (Prähistorische Bronzefunde, Abt. 21, Bd. 2). München 1992

Marek Gedl: Die Bronzegefäße in Polen (Prähistorische Bronzefunde, Abt. 2, Bd. 15). Stuttgart 2001

Armin W. Geertz: Definitions as Analytical Strategy in the Study of Religion. Historical Reflections. New York 1999

Armgart Geiger: Treibverzierte Bronzerundschilde der italischen Eisenzeit aus Italien und Griechenland (Prähistorische Bronzefunde, Abt. 3, Bd. 1). Stuttgart 1994

Sabine Gerloff: The Early Bronze Age Daggers in Great Britain (Prähistorische Bronzefunde, Abt. 6, Bd. 2). München 1975

Sabine Gerloff: Bronzezeitliche Goldblechkronen aus Westeuropa. Betrachtungen zur Funktion der Goldblechkegel vom Typ Schifferstadt und der atlantischen »Goldschalen« der Form Devil's Bit und Atroxi. In: Albrecht Jockenhövel (Hrsg.): Festschrift für Hermann Müller-Karpe zum 70. Geburtstag. Bonn 1995, S. 153–194

José Gomez de Soto: Agris et Mold. Exemples de dinanderie dans la culture des Duffaits. Contribution à la datation de la cape de Mold. In: Revue archéologique de l'Ouest, Supplément 9, 2001, S. 181–185

José Gomez de Soto – Michel Gruet – Jean-P. Patreau: La période du Bronze final IIb-IIIa en Centre-Ouest. In: Patrice Brun – Claude Mordont (Hrsg.): Le groupe Rhin-Suisse-France orientale et la notion de civilisation des Champs d'Urnes. Actes du colloque international de Nemours 1986. Nemours 1988, S. 517–525.

Bernd-Rüdiger Goetze: Die frühesten europäischen Schutzwaffen. In: Bayerische Vorgeschichtsblätter, Bd. 49, 1984, S. 25–53

John Gray: The Canaanites. London 1964

Eva M. Grela Caínzos: Un puñal inédito del Bronce. In: Brigantium, Bd. 9, 1995-96, S. 9–12

Jacob Grimm: Ueber das Verbrennen der Leichen. In: Jacob Grimm: Kleinere Schriften, Bd. 2. Berlin 1865, S. 211–313

Alfred Grimm – Sylvia Schoske: Das Geheimnis des goldenen Sarges. Echnaton und das Ende der Amarnazeit. München 2001

Beate Grimmer-Dehn: Die Urnenfelderkultur im südöstlichen Oberrheingraben (Materialhefte zur Vor- und Frühgeschichte in Baden-Württemberg, Bd. 15). Stuttgart 1991

Klaus Groth: Alterthumsfunde. Eine goldene Urne von der Größe eines Straußeneis in Nordhasted. In: Berichte der Schleswig-Holstein-Lauenburgischen Gesellschaft zur Sammlung und Erhaltung vaterländischer Alterthümer, Bd. 18, 1860, S. 20–21

Uwe Grünwald: Fundkarte zur Spätbronzezeit (Urnenfelderkultur, ca. 1350–750 v. Chr.). In: Willi Alter (Hrsg.): Pfalzatlas. Speyer 1993, Karte 165

Max Gschaid: Die römischen und gallo-römischen Gottheiten in den Gebieten der Sequaner und Amberrer. In: Jahrbuch des Römisch-Germanischen Zentralmuseums, Bd. 41, 1994, S. 327–329

Oliver Robert Gurney: The Hittites. London 1962

Volker Haas: Geschichte der hethitischen Religion. In: Handbuch der Orientalistik, Abt. 1: Der Nahe und Mittlere Osten, Bd. 1,15. Leiden u. a. 1994, S. 321–332

Georg Hager – Joseph A. Mayer: Die vorgeschichtlichen und römischen und merovingischen Altertümer (Kataloge des Bayerischen Nationalmuseums, Bd. 4). München 1892

István Hahn: Sonnentage – Mondjahre. Über Kalendersysteme und Zeitrechnung. Leipzig – Jena – Berlin 1989

Svend Hansen: Studien zu den Metalldeponierungen während der älteren Urnenfelderzeit zwischen Rhônetal und Karpatenbecken (Universitätsforschungen zur Prähistorischen Archäologie, Bd. 21). Bonn 1994

Barbara Hardmeyer – Jost Bürgi: Der Goldbecher von Eschenz. In: Zeitschrift für Schweizerische Archäologie und Kunstgeschichte, Bd. 32, Heft 2, 1975, S. 109–120

Axel Hartmann: Prähistorische Goldfunde aus Europa. Spektralanalytische Untersuchung und deren Auswertung (Studien zu den Anfängen der Metallurgie, Bd. 3). Berlin 1970

Axel Hartmann: Prähistorische Goldfunde aus Europa. Spektralanalytische Untersuchung und deren Auswertung (Studien zu den Anfängen der Metallurgie, Bd. 5). Berlin 1982

Andreas Hauptmann – Thilo Rehren – Ernst Pernicka: The Composition of Gold from the Ancient Mining District of Verespatak/Rosia Montana, Romania. In: Giulio Morteani – Jeremy P. Northover (Hrsg.): Prehistoric Gold in Europe. Dordrecht 1995, S. 369–381

Christopher Hawkes: On Some Buckets and Cauldrons of the Bronze and Early Iron Age. In: The Antiquaries Journal, Bd. 37, 1957, S. 160–165

Christopher Hawkes: Gold Earrings of the Bronze Age. East and West. In: Folklore, Bd. 72, 1961, S. 444 ff.

Inger Hedengran: Skeppet i kretsen. In: Fornvännen, Bd. 85, 1990, S. 237

Jakob Heierli: Die goldene Schüssel von Zürich. In: Anzeiger für Schweizerische Altertumskunde, N. F., Bd. 9, Heft 1, 1907, S. 1–7

John Basil Hennessy: Excavation of a Bronze Age Temple at Amman. In: Palestine Exploration Quarterly, Bd. 98, 1966, S. 155–167

Hilke Hennig: Zur Frage der Datierung des Grabhügels 8 »Hexenbergle« von Wehringen, Lkr. Augsburg, Bayerisch-Schwaben. In: Biljana Schmid-Sikimic – Philippe Della Casa (Hrsg.): Trans Europam. Festschrift für Margarita Primas. Zürich 1995, S. 129–145

Hilke Hennig (Hrsg.): Gräber der Hallstattzeit in Bayerisch-Schwaben (Monographien der Archäologischen Staatssammlung, Bd. 2). Stuttgart 2001

Richard Hennig: Terrae incognitae. Eine Zusammenstellung und kritische Bewertung der wichtigsten vorcolumbischen Entdeckungsreisen an Hand der drüber vorliegenden Originalberichte, Bd. 1. Leiden 1944

Fritz-Rudolf Herrmann: Eine irische Goldlunula aus Hessen. In: Fritz-Rudolf Herrmann (Hrsg): Festschrift für Günter Smolla, Bd. 1 (Materialien zur Vor- und Frühgeschichte von Hessen, Bd. 8). Wiesbaden 1999.

Joachim Herrmann (Hrsg.): Archäologie in der Deutschen Demokratischen Republik, 2 Bde. Leipzig 1989

Olaf Höckmann: Beiträge zur Datierung des Brandgrabes mit gegossenem Bronzebecken von Winzlar, Kr. Nienburg. In: Jahrbuch des Römisch-Germanischen Zentralmuseums, Bd. 34, 1987 (1989), S. 235–259

Markus Höneisen (Hrsg.): Frühgeschichte der Region Stein am Rhein. Archäologische Forschungen am Ausfluss des Untersees (Antiqua, Bd. 26). Basel 1993

Homer: Ilias. Übers. v. Roland Hampe. Stuttgart 1979

Fritz Horst: Zur Entwicklung der Produktivkräfte in den jungbronzezeitlichen Siedlungsgebieten des Weser-Oder-Raums. In: Karl-Heinz Otto (Hrsg.): Moderne Probleme der Archäologie. Berlin 1975, S. 129–140

Fritz Horst: Die Stämme der Lausitzer Kultur und des Nordens in der jüngeren Bronzezeit. In: Joachim Herrmann (Hrsg.): Archäologie in der Deutschen Demokratischen Republik, Bd. 1. Leipzig 1989, S. 98–105

Paul Hugger – Alfred Mutz: Der Ziseleur (Schweizerische Gesellschaft für Volkskunde, Abt. Film, Reihe Altes Handwerk, Bd. 40). Basel 1976

Christina Jacob: Metallgefäße der Bronze- und Hallstattzeit in Nordwest-, West- und Süddeutschland (Prähistorische Bronzefunde, Abt. 2, Bd. 9). Stuttgart 1995

Gernot Jacob-Friesen: Zwei bemerkenswerte Bronzen der Urnenfelderzeit »aus dem Rhein bei Mainz«. In: Jahrbuch des Römisch-Germanischen Zentralmuseums, Bd. 19, 1972, S. 45–62

Karl Hermann Jacob-Friesen: Die Goldscheibe von Moordorf bei Aurich mit ihren britischen und nordischen Parallelen. In: Jahrbuch für prähistorische und ethnographische Kunst, 1931, S. 25–44

Karl Hermann Jacob-Friesen: Einführung in Niedersachsens Urgeschichte, Bd. 2: Bronzezeit (bearb. v. Gernot Jacob-Friesen). 4. Aufl., Hildesheim 1963

H. James: Note on a Block of Tin, Dredged up in Falmouth Harbour. In: Archaeological Journal, Bd. 28, 1871, S. 196 ff.

Peter Jankavs (Hrsg.): Laångt borta och nära. Gudaoffer och vardagsting från bronsåldern (Skrifter från Skaraborgs Länsmuseum, Bd. 21). Nossebro 1995

Walter Janssen: Der Bullenheimer Berg. In: Hermann Dannheimer – Rupert Gebhard (Hrsg.): Das keltische Jahrtausend. Ausst. Kat. Prähistorische Staatssammlung München. Mainz 1993, S. 75–82

Bart Jaski: Early Irish Kingship and Succession. Dublin 2000

Jørgen Jensen: Et rigdomscenter fra yngre bronzealder på Sjælland (Aarbøger for nordisk Oldkyndighed og Historie, 1981). Kopenhagen 1983

Jørgen Jensen: Man skal ikke spå… Om danefæ fra bronzealderen. In: Nationalmuseets Arbejdsmark, 1994, S. 163–171

Jørgen Jensen: Fra Bronze- til Jernalder (Nordiske Fortidsminder, Serie B, Bd. 15). Kopenhagen 1997

Jørgen Jensen: Schild. In: Götter und Helden der Bronzezeit. Europa im Zeitalter des Odysseus. Ausst. Kat. Nationalmuseum Kopenhagen u. a. Ostfildern-Ruit 1999, S. 255

Jørgen Jensen. Gönnebek. In: Götter und Helden der Bronzezeit. Europa im Zeitalter des Odysseus. Ausst. Kat. Nationalmuseum Kopenhagen u. a. Ostfildern-Ruit 1999, S. 261

Albrecht Jockenhövel: Eine Bronzeamphore des 8. Jahrhunderts v. Chr. von Gevelinghausen, Kr. Meschede (Sauerland). In: Germania, Bd. 52, 1974, S. 16–47

Albrecht Jockenhövel: Ein reich verziertes Protovillanova-Rasiermesser. In: Hermann Müller-Karpe (Hrsg.): Beiträge zu italienischen und griechischen Bronzefunden (Prähistorische Bronzefunde, Abt. 20, Bd. 1). München 1974, S. 81–88

Albrecht Jockenhövel: Zu den ältesten Tüllenhämmern aus Bronze. In: Germania, Bd. 60, 1982, S. 459–467

Albrecht Jockenhövel: Schutz und Repräsentation: Burgenbau – Eine Neuerung im Siedlungswesen. In: Albrecht Jockenhövel – Wolf Kubach (Hrsg): Bronzezeit in Deutschland. Stuttgart 1994, S. 22–26

Albrecht Jockenhövel – Wolf Kubach (Hrsg.): Bronzezeit in Deutschland. Stuttgart 1994

Lars Jørgensen – Peter Vang Petersen: Guld, Magt og Tro. Gold, Power and Belief. Ausst. Kat. Nationalmuseum Kopenhagen. Kopenhagen 1998

Friedrich Just: Das Hügelgrab von Neu Grebs, Kr. Ludwigslust. In: Bodendenkmalpflege in Mecklenburg, 1968, S. 191–210

Katalog der Ausstellung prähistorischer und anthropologischer Funde Deutschlands zu Berlin. Berlin 1880

Flemming Kaul: Sandagergård. A Late Bronze Age Cultic Building with Rock Engravings and Menhirs from Northern Zealand, Denmark. In: Acta Archaeologica, Bd. 56, 1985 (1987), S. 31–54

Flemming Kaul: Ships on Bronzes. A Study in Bronze Age Religion and Iconography (Publications from the National Museum, Studies in Archaeology and History, Bd. 3,1–2). Kopenhagen 1998

Flemming Kaul: Solsymbolet. In: Skalk, Bd. 6, 2000, S. 28–31

Flemming Kaul: En sjælden kultøkse fra bronzealderen. In: Nationalmuseets Arbejdsmark, 2001, S. 30–59

Geoffrey Keating: The General History of Ireland. Faithfully Translated from the Original Irish Language, with Many Curious Amendments Taken from the Psalters of Tara and Cashel and Other Authentic Records by Dermod O'Connor. Dublin – London 1723

Die Kelten in Mitteleuropa. Kultur, Kunst, Wirtschaft. Ausst. Kat. Salzburger Landesausstellung im Keltenmuseum Hallein. Hrsg. v. Amt der Salzburger Landesregierung. Salzburg 1980

Tibor Kemenczei: Die Spätbronzezeit Nordostungarns (Archaeologia Hungarica, S.n., Bd. 51). Budapest 1984, S. 78–79

Thomas Downing Kendrick: The Druids. A Study in Keltic Prehistory. London 1927

Karl Kersten: Zur älteren nordischen Bronzezeit (Veröffentlichungen der Schleswig-Holsteinischen Universitätsgesellschaft, Reihe 2, Bd. 3). Neumünster 1935

Kurt Kibbert: Die Äxte und Beile im mittleren Westdeutschland, Bd. 1 (Prähistorische Bronzefunde, Abt. 9, Bd. 10). München 1980

Imma Kilian-Dirlmeier: Gürtelhaken, Gürtelbleche und Blechgürtel der Bronzezeit in Mitteleuropa (Prähistorische Bronzefunde, Abt. 12, Bd. 2). München 1975

Wolfgang Kimmig: Die Urnenfelderkultur in Baden (Römisch-Germanische Forschungen, Bd. 14). Berlin 1940

Wolfgang Kimmig: Neufunde der frühen Urnenfelderzeit aus Baden. In: Badische Fundberichte, N. F., Bd. 18, 1948–50, S. 80–95

Wolfgang Kimmig: Seevölkerbewegung und Urnenfelderkultur. In: Raphael von Uslar – Karl J. Narr (Hrsg.): Studien aus Alteuropa, Kurt Tackenberg gewidmet, Bd. 1. Köln 1964

Wolfgang Kimmig: Die frühen Kelten und das Mittelmeer. In: Kurt Bittel (Hrsg.): Die Kelten in Baden-Württemberg. Stuttgart 1981, S. 249–278

Wolfgang Kimmig: Edelmetallschalen der späten Hallstatt- und frühen Latènezeit. In: Archäologisches Korrespondenzblatt, Bd. 21, 1991, S. 241–253

Wolfgang Kimmig, Die »Wasserburg Buchau«, eine spätbronzezeitliche Siedlung. Forschungsgeschichte, Kleinfunde (Materialhefte zur Vor- und Frühgeschichte in Baden-Württemberg, Bd. 16). Stuttgart 1992

Anita Knape – Hans-Åke Nordström: Der Kultgegenstand von Balkåkra. Stockholm 1994

Kurt E. Kocher: Der Diskos von Phaistos. Kalenderwerke der Vorgeschichte, Analysen mit Analogien. Dannstadt-Schauernheim 1987

Hamit Zübeyr Kosay: Alaca Höyük Kazisi. Ankara 1951

Harald Koschik: Die Bronzezeit im südwestlichen Oberbayern (Materialhefte zur bayerischen Vorgeschichte, Reihe A, Bd. 50). Kallmünz 1981

Georg Kossack: Studien zum Symbolgut der Urnenfelder- und Hallstattzeit Mitteleuropas (Römisch-Germanische Forschungen, Bd. 20). Berlin 1954

Georg Kossack: Südbayern während der Hallstattzeit (Römisch-Germanische Forschungen, Bd. 24). Berlin 1959

Georg Kossack: Bronzezeitliches Kultgerät im europäischen Norden. In: Cornelia Becker (Hrsg.): Chronos. Beiträge zur prähistorischen Archäologie zwischen Nord- und Südosteuropa. Festschrift für Bernhard Hänsel. Espelkamp 1997, S. 497–514

Georg Kossack: Religiöses Denken in dinglicher und bildlicher Überlieferung Alteuropas aus der Spätbronze- und frühen Eisenzeit (9.-6. Jahrhundert v. Chr.) (Bayerische Akademie der Wissenschaften, Philosophisch-Historische Klasse, Abhandlungen, N. F., Bd. 116). München 1999

Gustaf Kossinna: Der Goldfund vom Messingwerk bei Eberswalde und die goldenen Kultgefäße der Germanen (Mannus-Bibliothek, Bd. 12). Würzburg 1913

Hans Krähenbühl: Bonanza in Surselva. In: Bergknappe. Zeitschrift über Bergbau in Graubünden und der übrigen Schweiz, Bd. 3, 2001, S. 33

Günther Krahe: Eine Grabhügelgruppe der mittleren Hallstattzeit bei Wehringen, Ldkr. Schwabmünchen, Schwaben. In: Germania, Bd. 41, 1963, S. 100–101

Rüdiger Krause: Die endneolithischen und frühbronzezeitlichen Grabfunde auf der Nordstadtterrasse von Singen am Hohentwiel (Forschungen und Berichte zur Vor- und Frühgeschichte in Baden-Württemberg, Bd. 32). Stuttgart 1988.

Dirk Krauße: Hochdorf III. Das Trink- und Speiseservice aus dem späthallstattzeitlichen Fürstengrab von Eberdingen-Hochdorf (Kr. Ludwigsburg) (Forschungen und Berichte zur Vor- und Frühgeschichte in Baden-Württemberg, Bd. 64). Stuttgart 1996

Bernhard Kremer: Das Bild der Kelten bis in augustäische Zeit. Studie zur Instrumentalisierung eines antiken Feindbildes bei griechischen und römischen Autoren. Stuttgart 1994

Kristian Kristiansen: From Villanova to Seddin. The Reconstruction of an Elite Exchange Network During the Eighth Century BC. In: Chris Scarre (Hrsg.): Trade and Exchange in Prehistoric Europe (Oxbow Monographs, Bd. 3). Oxford 1993, S. 143–151

Kristian Kristiansen: The Emergence of the European World System in the Bronze Age. Divergence, Convergence and Social

Evolution During the First and Second Millennia BC in Europe. In: Kristian Kristiansen – Jørgen Jensen (Hrsg.): Europe in the First Millennium BC (Sheffield Archaeological Monographs, Bd. 6). Sheffield 1994, S. 1–30

Venceslas Kruta: Die Anfänge Europas von 6000 bis 500 v. Chr. (Universum der Kunst, Bd. 38). München 1993

Venceslas Kruta: Les Celtes. Histoire et dictionnaire. Des origines à la romanisation et au Christianisme. Paris 2000

Wolf Kubach: Die Nadeln in Hessen und Rheinhessen (Prähistorische Bronzefunde, Abt. 13, Bd. 3). München 1977

Bernhard Kukatzki: »Hat Aehnlichkeit mit den Tyrolerhüten«. Der Fund des »Goldenen Hutes« 1835. In: Schifferstadt: Geschichte und Geschichten. Schifferstadt 1998

Brigitte Kull: Tod und Apotheose. Zur Ikonographie in Grab und Kunst der jüngeren Eisenzeit an der unteren Donau und ihre Bedeutung für die Interpretation von »Prunkgräbern«. In: Bericht der Römisch-Germanischen Kommission, Bd. 78, 1997, S. 197–468

Olga Kytlicová: Bronzemetallurgie in Böhmen in der Jung- und Spätbronzezeit. In: Archeologia Polski, Bd. 27, 1982

Olga Kytlicová: Die Bronzegefäße in Böhmen, mit einem Anhang von Anita Siegfried-Weiss (Prähistorische Bronzefunde, Abt. 2, Bd. 12). Stuttgart 1991

Pierre-Yves Lambert: La langue gauloise. Description linguistique, commentaire d'inscriptions choisies. 3. Aufl., Paris 1997

Paul-Ferdi Lang – Volkmar Herre: Die Reliefs des Nowgorodfahrer-Gestühls in St. Nikolai, Stralsund. Stralsund 1992

Ursula Lappe: Bemerkung zur Deutung der Vogelplastiken in der Lausitzer Kultur anhand eines Grabes von Kötitz, Lkr. Meißen in Sachsen. In: Arbeits- und Forschungsberichte zur sächsischen Bodendenkmalpflege, Bd. 41, 1999, S. 27–35

Benner Larsen: SEM-Identification and Documentation of Tool Marks and Surface Textures on the Gundestrup Cauldron. In: James Black (Hrsg.): Recent Advances in the Conservation and Analysis of Artifacts. London 1987, S. 393–394

Thomas B. Larsson: Materiell kultur och religiösa symboler (Arkeologiska studier vid Umeå Universitet, Bd. 4). Umea 1997

Gerhard Lehrberger – Jan Fridrich – Rupert Gebhard – Jiří Hrala (Hrsg.): Das prähistorische Gold in Bayern, Böhmen und Mähren: Herkunft – Technologie – Funde (Památky Archeologické, Supplementum, Bd. 7). Prag 1997

Majolie Lenerz de Wilde: Iberica Celtica. Archäologische Zeugnisse keltischer Kultur auf der Pyrenäenhalbinsel. Stuttgart 1991

Lucien Lerat: Le sanctuaire de Villards d'Héria. In: Revue archéologique, 1981–82, S. 185–192

Françoise Le Roux – Christian-J. Guyonvarc'h: Les Druides. Rennes 1978

Giovanni Lilliu: Sculture della Sardegna nuragica. Cagliari 1966

Giovanni Lilliu: Die Nuraghenkultur. In Jürgen Thimme (Hrsg.): Kunst und Kultur Sardiniens vom Neolithikum bis zum Ende der Nuraghenzeit. Karlsruhe 1980, S. 40–85

Ludwig Lindenschmit (Hrsg.): Die Alterthümer unserer heidnischen Vorzeit. Nach den in öffentlichen und Privatsammlungen befindlichen Originalen zusammengestellt und hrsg. von der Direktion des Römisch-Germanischen Centralmuseums in Mainz, 5 Bde. Mainz 1858–1911

Ludwig Lindenschmit (Hrsg): Das Römisch-Germanische Centralmuseum in bildlichen Darstellungen aus seinen Sammlungen. Mainz 1889

Mary Aiken Littauer – Joost H. Crouwel. Wheeled Vehicles and Ridden Animals in the Ancient Near East. Leiden u. a. 1979

Fritz Lochner von Hüttenbach: Die römerzeitlichen Personennamen der Steiermark. Herkunft und Auswertung. Graz 1989

Ebbe Lomborg: Et tøjstykke fra Hvidegårdsfundet. Det skabende menneske, Teil 1. In: Robert Egevang (Hrsg.): Kulturhistoriske skitser tilegnet P. V. Glob. Kopenhagen 1981, S. 64–84

Fritz Loosli – Herbert Merz – Alexander Schaffner: Modell-Lehrgang für Goldschmiede. Vereinigung Schweizerischer Juwelen- und Edelmetallbranchen. Lausanne 1980

Fulvia Lo Schiavo: La Sardaigne et ses relations avec le Bronze final atlantique. In: L'Âge du Bronze atlantique. Actes du 1er Colloque du Parc archéologique de Beynac. Beynac 1991, S. 213–226

Fulvia Lo Schiavo: Doro Levi e i bronzi nuragici. In: Omaggio a Doro Levi. Ozieri 1994, S. 61–81

Fulvia Lo Schiavo: Zur Herstellung und Distribution bronzezeitlicher Metallgegenstände im nuraghischen Sardinien. In: Bernhard Hänsel (Hrsg.): Mensch und Umwelt in der Bronzezeit Europas. Kiel 1998, S. 193–216

Fulvia Lo Schiavo: Die Bronzestatuetten der Nuraghen-Kultur Sardiniens. In: Götter und Helden der Bronzezeit. Europa im Zeitalter des Odysseus. Ausst. Kat. Bonn 1999, S. 123–124

P. R. Lowery – R. D. A. Savage – Robert L. Wilkins: Scriber, Graver, Scorper, Tracer: Notes on Experiments in Bronzeworking Technique. In: Proceedings of the Prehistoric Society, Bd. 37, 1971, S. 167–182

Geneviève Lüscher: Hallstattzeit. Zentren des Reichtums und der Macht. In: Andres Furger – Felix Müller (Hrsg.): Gold der Helvetier. Ausst. Kat. Schweizerisches Landesmuseum. Zürich 1991, S. 59–69

Pavol Mačala: Depot bronzvých předmetov z Přestavlk, okr. Přerov. In: Slovenská Archeológia, Bd. 33, 1985, S. 165–202

Bernhard Maier: Lexikon der keltischen Religion und Kultur. Stuttgart 1994

Ferdinand Maier: Gedanken zur Entstehung der industriellen Großsiedlung der Hallstatt- und Latènezeit auf dem Dürrnberg bei Hallein. In: Germania, Bd. 52, 1974, S. 326–347

Jürgen Malitz: Die Kalenderreform Caesars. In: Ancient Society, Bd. 18, 1987, S. 103–131

Mats Malmer: A Chronological Study of North European Rock Art (Kungelike Vitterhets Historie och Antikvitets Akademien Handlinger, Antikvariska Serien, Bd. 32). Stockholm 1981

Jean Marcadé. In: Revue archéologique de l'Est et du Centre-Est, Bd. 33, 1982, S. 35–42

Robert Marichal: 4. Gravure et Alphabet. In: Paul-Marie Duval – Georges Pinault (Hrsg.): Recueil des Inscriptions Gauloises.

Bd. 3: Les Calendriers (Coligny, Villards d'Héria) (Gallia, Supplement, Bd. 45). Paris 1986

Sverre Marstrander: Østfolds jordbruksristninger. Trondheim 1963

Sverre Marstrander: Zur Holzschnitzkunst im bronzezeitlichen Norwegen. In: Acta Archaeologica, Bd. 50, 1980, S. 61–88

François Martine (Hrsg.): Vie des Pères du Jura (Sources chrétiennes, Bd. 142). Paris 1968

Herbert Maryon: Some Prehistoric Metalworker's Tools. In: The Antiquaries Journal, Bd. 18, Heft 3, 1938, S. 143–250

Herbert Maryon: Metalworking in the Ancient World. In: American Journal of Archaeology, Bd. 53, Heft 2, 1949, S. 93–125

Herbert Maryon: Metalwork and Enamelling. 5. Aufl., New York 1971

Herbert Maryon – Harold James Plenderleith: Fine Metal-Work. In: Charles Singer – Eric John Holmyard – A. Rupert Hall (Hrsg.): A History of Technology. Oxford 1958, S. 623–683

Dirce Marzoli: Die Bronzeflaschen in Italien (Prähistorische Bronzefunde, Abt. 2, Bd. 4). München 1989

Jens May: Das Königsgrab von Seddin. In: Archäologie in Deutschland, Bd. 18, Heft 3, 2002, S. 8–15

Jens May – Klaus-Jürgen Schmidt: Ein jungbronzezeitliches Metallgefäßdepot von Herzberg, Kr. Neuruppin. In: Ausgrabungen und Funde, Bd. 38, 1993, S. 73–80

Jens May – Reiner Zumpe: Kalendarien in der jüngeren Bronzezeit im nördlichen Mitteleuropa. Ein Beitrag zur Interpretation buckelverzierter Amphoren und Schilde. In: Bernhard Hänsel (Hrsg.): Mensch und Umwelt in der Bronzezeit Europas, Kiel 1998, S. 571–574

Jens May – Reiner Zumpe: Mondkalender der jüngeren Bronzezeit und frühen Eisenzeit in Nord- und Mitteleuropa. In: Heinrich Beck u. a. (Hrsg.): Reallexikon der germanischen Altertumskunde, Bd. 20. Berlin – New York 2002, S. 171–177

Florin Medeleț: Die Bronzesitula von Remetea Mare (Kr. Timis), in: Dacia, N. S., Bd. 18, 1974, S. 95–102

Michael Meier: Zur Herstellung und zum Gebrauch eines bronzenen Rasiermessers aus Liebenau, Landkreis Nienburg. In: Die Kunde, N. F., Bd. 43, 1992, S. 115–128

Gonzalo Meijide Cameselle: Las espadas del Bronce Final en la Península Ibérica (Arqueohistórica, Bd. 1). Santiago de Compostela 1988

Wilfried Menghin: Kelten, Römer und Germanen. Archäologie und Geschichte. München 1980

Wilfried Menghin: Der Berliner Goldhut. Ein Zeremonienhut der Späten Bronzezeit. In: MuseumJournal, Bd. 11, Heft 2, 1997, S. 76–78

Wilfried Menghin: Ein Hut aus Gold. Ein neues Zeremonialgerät europäischer Bedeutung in Berlin. In: Antike Welt, Bd. 28, Heft 3, 1997, S. 261–265

Wilfried Menghin (mit einem Anhang von Hermann Born, Josef Riederer, Christiane Eluère und Sylvie Colinart): Der Berliner Goldhut und die goldenen Kalendarien der alteuropäischen Bronzezeit. In: Acta Praehistorica et Archaeologica, Bd. 32, 2000, S. 31–108

Wilfried Menghin: Der Berliner Goldhut. In: Ludwig Wamser – Rupert Gebhard (Hrsg.): Gold – Magie, Mythos, Macht. Gold der Alten und Neuen Welt. Ausst. Kat. Archäologische Staatssammlung München. Stuttgart 2001, S. 56–63

Wilfried Menghin – Rainer Hofmann: Die vor- und frühgeschichtliche Sammlung des Germanischen Nationalmuseums (Die vor- und frühgeschichtlichen Altertümer des Germanischen Nationalmuseums, Bd. 1). Stuttgart – Nürnberg 1983

Wilfried Menghin – Peter Schauer: Magisches Gold. Kultgerät der späten Bronzezeit. Ausst. Kat. Germanisches Nationalmuseum, Nürnberg. Mainz 1977

Wilfried Menghin – Peter Schauer: Der Goldkegel von Ezelsdorf. Kultgerät der späten Bronzezeit (Die vor- und frühgeschichtlichen Altertümer im Germanischen Nationalmuseum, Bd. 3). Stuttgart 1983

Gero von Merhart: Studien über einige Gattungen von Bronzegefäßen. In: Festschrift des Römisch-Germanischen Zentralmuseums in Mainz zur Feier seines hundertjährigen Bestehens, Bd. 2. Mainz 1952, S. 1–71

Gero von Merhart: Über blecherne Zierbuckel (Faleren). In: Jahrbuch des Römisch-Germanischen Zentralmuseums, Bd. 3, 1956, S. 28–116

Johanna Mestorf: Katalog der im Germanischen Museum befindlichen vorgeschichtlichen Denkmäler (Rosenberg'sche Sammlung). Nürnberg 1886

Johanna Mestorf. In: Mitteilungen des Anthropologischen Vereins in Schleswig-Holstein, Bd. 4, 1891, S. 5ff.

Carola Metzner-Nebelsick: Vom Hort zum Heros. Betrachtungen über das Nachlassen der Hortungstätigkeit am Beginn der Eisenzeit und die besondere Bedeutung des Königsgrabes von Seddin. In: Gaben an die Götter. Schätze der Bronzezeit Europas (Bestandskataloge Museum für Vor- und Frühgeschichte Berlin, Bd. 4). Berlin 1997, S. 93–99

Kristina Miholovic: The Hajdúböszörmény-Type Vessel from Pizzughi. In: Alessandra Giumlia-Mair (Hrsg.): Ancient Metallurgy Between Oriental Alps and Pannonian Plain. Workshop Trieste, 29–30 October 1998. Triest 2000, S. 71–75

Kristina Miholovic u. a.: Rovinj i okolica prije Rima. Rovinj und seine Umgebung vor den Römern. Kiel 2002

Jean-Pierre Mohen: Zwei kluge und prestigeträchtige Erfindungen: Metallurgie und Goldschmiedekunst. In: Götter und Helden der Bronzezeit. Europa im Zeitalter des Odysseus. Ausst. Kat. Nationalmuseum Kopenhagen u. a. Ostfildern-Ruit 1999, S. 31–34

Luis Monteagudo: Orfebreria del noroeste hispánico en la Edad del Bronce. In: Archivo Español Arqueologico, Bd. 26, 1953, S. 269–312

Luis Monteagudo: La religiosidad *callaica*: estela funeraria romana de Mazarelas (Oza dos Ríos, A Coruña), cultos astrales, priscilianismo y outeiros. In: Anuario Brigantino, Bd. 19, 1996, S. 11–118

Oskar Montelius. In: Hallands Fornminnes Föreningens Arskrift, Bd. 2, 1869, S. 63

Oskar Montelius: Führer durch das Museum vaterländischer Alterthümer in Stockholm. Hamburg 1876

Oscar Montelius: Minnen från vår forntid, Bd. 1: Stenåldern och bronsåldern. Stockholm 1917

Ceth Mortimer – M. Stoney: A Methodology for Punchmark Analysis Using Electron Microscopy. In: Anthony Sinclair – Elisabeth Slater – John Gowlett (Hrsg.): Archaeological Sciences 1995. Proceedings of a Conference on the Application of Scientific Techniques to the Study of Archaeology (Oxbow Monographs, Bd. 64). Oxford 1997, S. 118–122

Václav Moucha: Böhmen am Ausklang des Äneolithikums und am Anfang der Bronzezeit. In: Praehistorica, Bd. 15, 1989, S. 213–218

Amalia Mozsolics: Rekonstruktion des Depots von Hajdúböszörmény. In: Prähistorische Zeitschrift, Bd. 59, 1984, S. 81–93

Sophus Müller: Zur Bronzealter-Frage. Notizen zu den Gegenbemerkungen der Herren Professoren Genthe, Lindenschmitt und Hostmann. In: Archiv für Anthropologie, Bd. 10, 1878, S. 27–40

Sophus Müller: Solbilledet fra Trundholm. In: Nordiske Fortidsminder, Bd. 1, Heft 5, 1890–1903, S. 303

Valentin Müller: Frühe Plastik in Griechenland und in Vorderasien. Augsburg 1929

Hermann Müller-Karpe: Beiträge zur Chronologie der Urnenfelderzeit nördlich und südlich der Alpen (Römisch-Germanische Forschungen, Bd. 22). Berlin 1959

Hermann Müller-Karpe: Bronzezeitliche Heilszeichen. In: Jahresbericht des Institutes für Vorgeschichte der Universität Frankfurt a. M. 1978–79, Frankfurt 1980, S. 9–28

Hermann Müller-Karpe: Handbuch der Vorgeschichte, Bd. 4: Bronzezeit. München 1980

Martin Nadler: Der Hortfund von Mögeldorf (Beiträge zur Archäologie in Mittelfranken, Sonderheft 3). Büchenbach 1998

Martin Nadler: Ein neuer Brucherzhort vom Beginn der Urnenfelderzeit aus Mögeldorf. In: Das Archäologische Jahr in Bayern, 1994 (1995), S. 76–79

Patrick Nagy: Technologische Aspekte der Goldschale von Zürich-Altstetten. In: Jahrbuch der Schweizerischen Gesellschaft für Ur- und Frühgeschichte, Bd. 75, 1992, S. 101–116

Juan Naveiro – José Manuel Caamaño: El depósito subacuático del río Ulla. El material romano. In: Finis Terrae, Homenaje a Balil. Santiago de Compostela 1992, S. 257–295

Stuart P. Needham: A Bronze Age Goldworking Anvil from Lichfield, Staffordshire. In: The Antiquaries Journal, Bd. 73, 1993, S. 125–132

Stuart P. Needham: The Development of Embossed Goldwork in Bronze Age Europe. In: The Antiquaries Journal, Bd. 80, 2000, S. 27–65

Jindra Nekvasil – Vladimír Podborský: Die Bronzegefäße in Mähren (Prähistorische Bronzefunde, Abt. 2, Bd. 13). Stuttgart 1991

Jean-Pierre Nicolardot – Gilles Gaucher: Typologie des objets de l'Âge du Bronze en France, Bd. 5: Outils (Société Préhistorique Française, Commission du Bronze). Paris 1975

Gérard Nicolini: Techniques des ors antiques. La bijouterie ibérique du VIIe au IVe siècle. Paris 1990

Martin P. Nilsson: Die Entstehung und religiöse Bedeutung des griechischen Kalenders. In: Scripta Minora, Bd. 1, 1960–61

Nofretete – Echnaton, Ausst. Kat. Haus der Kunst, München. München 1976

Maria Novotná: Bronzegefäße in der Slowakei (Prähistorische Bronzefunde, Abt. 2, Bd. 11). Stuttgart 1991

Maria Novotná: Stand und Aufgaben der Urnenfelderforschung in der Slowakei und angrenzenden Gebieten. In: Beiträge zur Urnenfelderzeit nördlich und südlich der Alpen. Ergebnisse eines Kolloquiums (Monographien des Römisch-Germanischen Zentralmuseums, Bd. 35). Mainz 1995, S. 373–387

Hugo Obermaier: Impresiones de un viaje prehistórico por Galicia. In: Boletín de la Comisión Provincial de Monumentos Históricos y Artísticos de Orense, Bd. 7, Heft 149, 1923, S. 25–47

Sylvester O'Halloran: An Introduction to the Study of the History and Antiquities of Ireland. London 1772

Andreas Oldeberg: Det nordiska bronsåldersspännets historia (Kungelike Vitterhets Historie och Antikvitets Akademien, Handlinger, Bd. 38, Heft 3). Stockholm 1933

Andreas Oldeberg: Die ältere Metallzeit in Schweden, Bd. 1. Stockholm 1974

Garrett Olmsted: The Gaulish Calendar. Bonn 1992

Christine Osterwalder – Peter-Andrew Schwarz: Chronologie. Archäologische Daten der Schweiz (Antiqua, Bd. 15). Basel 1986

Barbara Ottaway: Earliest Copper Ornaments in Northern Europe. In: Proceedings of the Prehistoric Society, Bd. 39, 1973, S. 294–331

Helmut Ottenjann: Die nordischen Vollgriffschwerter der älteren und mittleren Bronzezeit (Römisch-Germanische Forschungen, Bd. 30). Berlin 1969

Christopher F. E. Pare: Der Zeremonialwagen der Bronze- und Urnenfelderzeit: seine Entstehung, Form und Verbreitung. In: Vierrädrige Wagen der Hallstattzeit. Untersuchungen zu Geschichte und Technik (Monographien des Römisch-Germanischen Zentralmuseums, Bd. 12). Mainz 1987, S. 25–67

Christopher F. E. Pare: Wagenbeschläge der Bad-Homburg-Gruppe und die kulturgeschichtliche Stellung des hallstattzeitlichen Wagengrabes von Wehringen, Kr. Augsburg. In: Archäologisches Korrespondenzblatt, Bd. 17, 1987, S. 467–482

Christopher F. E. Pare: Wagon and Wagon-Graves of the Early Iron Age in Central Europe (Oxford University Committee for Archaeology Monographs, Bd. 35). Oxford 1992

Christopher F. E. Pare: Weights and Weighing in Bronze Age Central Europe. In: Eliten in der Bronzezeit. Ergebnisse zweier Kolloquien in Mainz und Athen (Monographien des Römisch-Germanischen Zentralmuseums, Bd. 43). Mainz 1999, S. 421–514

Hermann Parzinger: Hornstaad – Hlinsko – Stollhof. Datierung eines vor-Baden-zeitlichen Horizontes. In: Germania, Bd. 70, 1992, S. 241–250

S. Parga Pondal: Nota sobre un vaso de la colección Parga. In: Crónica del III° Congreso Nacional de Arqueología (Galicia, 1953). Zaragoza 1955, S. 406–408

Pál Patay: Die Bronzegefäße in Ungarn (Prähistorische Bronzefunde, Abt. 2, Bd. 10). München 1990

Pál Patay: Einige Worte über Bronzegefäße der Bronzezeit. In: Tibor Kovács (Hrsg.): Studien zur Metallindustrie im Karpatenbecken und den benachbarten Regionen. Festschrift für Amália Mozsolics zum 85. Geburtstag. Budapest 1996, S. 405–419

Ludwig Pauli: Der Münsterberg im überregionalen Verkehrsnetz. In: Helmut Bender – Ludwig Pauli – Ingo Stork: Der Münsterberg in Breisach, Bd. 2: Hallstatt- und Latènezeit. München 1993, S. 110–170

André Pelletier: La civilisation gallo-romaine de A à Z. Lyon 1993

Antonio de la Peña Santos: Nuevas armas de la Edad del Bronce dragadas en el río Ulla (Pontevedra). In: Actas II Coloquio Galaico-Minhoto, Bd. 2. Santiago 1985, S. 313–318

Alicia Perea: Orfebrería prerromana. Arqueología del oro. Madrid 1991

Renato Perini: Scavi archeologici nella zona palafitticola di Fiavé-Carera II. Campagne 1969–1976. Resti della cultura materiale metallo, osso, litica, legno (Patrimonio storico e artistico del Trentino, Bd. 9). Trient 1984

Ernst Pernicka: Gewinnung und Verbreitung der Metalle in prähistorischer Zeit. In: Jahrbuch des Römisch-Germanischen Zentralmuseum, Bd. 37, (1990) 1995, S. 21–129

Pierre Pétrequin (Hrsg.): La Grotte des Planches-près-Arbois (Jura). Paris 1985

William Matthew Flinders Petrie: Ancient Gaza, Bd. 2. 7. Aufl., London 1932

Artur Pietzsch: Rekonstruktionen getriebener Bronzegefäße. In: Arbeits- und Forschungsberichte der Sächsischen Bodendenkmalpflege, Bd. 18, 1968, S. 105–127

Stuart Piggott: The Druids. 2. Aufl., London 1982

Volker Pingel: Bemerkungen zu den Schatzfunden von Caldas de Reyes (Prov. Pontevedra). In: Madrider Mitteilungen, Bd. 26, 1985, S. 29–44

Volker Pingel: Die vorgeschichtlichen Goldfunde der Iberischen Halbinsel. Eine archäologische Untersuchung zur Auswertung der Spektralanalysen (Madrider Forschungen, Bd. 17). Berlin 1992

Volker Pingel: Das Goldblech von Gandul und die Anfänge der Goldmetallurgie auf der Iberischen Halbinsel. In: Heiko Steuer – Ulrich Zimmermann (Hrsg.): Montanarchäologie in Europa. Sigmaringen 1993, S. 57–66

Volker Pingel: s. v. Goldgefäße. In: Reallexikon der Germanischen Altertumskunde, Bd. 12. 2. Aufl., Berlin – New York 1998, S. 327–333

Jean-François Piningre: Le dépôt d'Évans (Jura – France) et les dépôts de vaisselle métallique de l'Âge du Bronze final en France. In: Archäologisches Korrespondenzblatt, Bd. 32, 2002, S. 59–66

Peter Plichta: Gottes geheime Formel. Die Entschlüsselung des Welträtsels und der Primzahlencode. München 1999

Gaius Plinius Secundus: Naturalis Historia. Hrsg. v. Roderich König u. Gerhard Winkler. Darmstadt 1991

Terence Powell: The Gold Ornament from Mold, Flintshire, North Wales. In: Proceedings of the Prehistoric Society, Bd. 19, 1953, S. 161–170

Margarita Primas: Stand und Aufgaben der Urnenfelderforschung in der Schweiz. In: Beiträge zur Urnenfelderzeit nördlich und südlich der Alpen. Ergebnisse eines Kolloquiums (Monographien des Römisch-Germanischen Zentralmuseums, Bd. 35). Mainz 1995, S. 201–223

Margarita Primas – Ernst Pernicka: Der Depotfund von Oberwilflingen. In: Germania, Bd. 76, 1998, S. 25–65

Ernst Probst: Deutschland in der Bronzezeit. Bauern, Bronzegießer und Burgherren zwischen Nordsee und Alpen. München 1999

Gerlinde Prüssing: Die Bronzegefäße in Österreich (Prähistorische Bronzefunde, Abt. 2, Bd. 5). Stuttgart 1991

Ingeborg von Quillfeldt: Die Vollgriffschwerter in Süddeutschland (Prähistorische Bronzefunde, Abt. 4, Bd. 11). Stuttgart 1995

Klavs Randsborg: Kivik. Archaeology and Iconography. In: Acta Archaeologica, Bd. 64, Heft 1, 1993, S. 1–147

Klavs Randsborg: Oak Coffins and Bronze Age Chronology. In: Steen Hvass – Birger Storgaard (Hrsg.): Digging Into the Past. 25 Years of Archaeology in Denmark. Aarhus 1993, S. 164–165

Georg Raschke: Ein Goldfund der Bronzezeit von Etzelsdorf bei Nürnberg (Goldblechbekrönung). In: Germania, Bd. 32, 1954, S. 1–6

Nuria Reboredo Canosa: Ourivaría castrexa. In: Historia del Arte Gallego, Bd. 14. Madrid 1999, S. 214–215

Michaela Reichel: Die archäologischen Funde der Lausitzer Kultur im Germanischen Nationalmuseum (Wissenschaftliche Beibände zum Anzeiger des Germanischen Nationalmuseums, Bd. 16). Nürnberg 2000

Alfred Reichenberger – Klaus Dobiat: Kröll-Schmiedkogel, Beiträge zu einem Fürstengrab der östlichen Hallstattkultur in Kleinklein (Steiermark) (Kleine Schriften aus dem vorgeschichtlichen Seminar Marburg, Bd. 18). Marburg 1985

Hartmann Reim: Ein Halskragen aus Kupfer von Dormettingen, Zollern-Alb-Kreis (Baden-Württemberg). In: Albrecht Jockenhövel (Hrsg.): Festschrift für Hermann Müller-Karpe zum 70. Geburtstag. Bonn 1995, S. 237–248

Hartmann Reim: Die spätbronzezeitliche Höhenburg auf dem »Berg« über Ennetach. In: Archäologie im Umland der Heuneburg. Neue Ausgrabungen und Funde an der oberen Donau zwischen Mengen und Riedlingen (Archäologische Informationen aus Baden-Württemberg, Bd. 40). Stuttgart 1999, S. 29–34

Paul Reinecke: Vorgeschichtliche Goldfunde im Provinzial-Museum zu Hannover. In: Jahrbuch des Provinzial-Museums zu Hannover, 1905–1906, S. 21–25

Paul Reinecke: Rezension zu Ernst Sprockhoff. In: Germania, Bd. 15, 1931, S. 195–198

Johann Nepomuk von Raiser: Fund mehrerer Grab-Gefäße mit einer goldenen Vase bey Unter-Glauheim, Landgerichts Höchstädt. In: Jahrs-Bericht des historischen Vereins im Oberdonau-Kreise, Bd. 1, 1835, S. 12–14

John Rhys: The Coligny Calendar. In: Proceedings of the British Academy, Bd. 4, 1909–1910, S. 207–318

Will Richter: Die Landwirtschaft im homerischen Zeitalter (Archaeologia Homerica, Kap. H, Bd. 2). Göttingen 1968

Sabine Rieckhoff – Jörg Biel: Die Kelten in Deutschland. Stuttgart 2001

Josef Riederer: Die Beurteilung der Zusammensetzung des Berliner Goldhutes. In: Wilfried Menghin: Der Berliner Goldhut und die goldenen Kalendarien der alteuropäischen Bronzezeit. In: Acta Praehistorica et Archaeologica, Bd. 32, 2000, S. 106–108

Karl-Friedrich Rittershofer: Der Hortfund von Bühl und seine Beziehungen. In: Bericht der Römisch-Germanischen Kommission, Bd. 64, 1983, S. 139–415

Otto Rochna: Verzierte Scheiben- und Ruderkopfnadeln der frühen Bronzezeit in Manching. In: Germania, Bd. 43, 1965, S. 295–319

Claude Rolley: Le Montmatre d'Avallon. In: Revue archéologique, Heft 1, 1978, S. 167–174

Claude Rolley: Le Montmatre d'Avallon. Remarques préliminaires. In: Mémoire de l'Académie des Sciences de Dijon, Bd. 122, 1973–75, S. 95 ff.

Maria Ruiz-Gálvez: El tesoro de Caldas de Reyes. In: Trabajos Prehistoricos, Bd. 35, 1978, S. 165–192

Maria Ruiz-Gálvez: Breve esquema para la revisión cronológica del tesoro de Caldas de Reyes. In: XV Congreso Nacional de Arqueología. Zaragoza 1979, S. 573–580

Maria Ruiz-Gálvez: El Bronze Antiguo en la fachada atlántica peninsular: un ensayo de periodización. In: Trabajos Prehistoricos, Bd. 36, 1979, S. 151–172

Maria Ruiz-Gálvez: La orfebrería del Bronce Final. El poder y su ostentación. In: El Oro en la España prerromana (Monográfico de la Revista de Arqueología). Madrid 1989, S. 46–57

Maria Ruiz-Gálvez: Depósitos del Bronce Final: ¿Sagrado o Profano? ¿Sagrado y, a la vez, profano? In: Maria Ruiz-Gálvez (Hrsg.): Ritos de Paso y Puntos de Paso. La Ría de Huelva en el Mundo del Bronce Final Europeo. Madrid 1995, 21–32

Maria Ruiz-Gálvez: La Europa Atlántica en la Edad del Bronce. Barcelona 1998

Maria Ruiz-Gálvez: Weight Systems and Exchange Networks in Bronze Age Europe. In: Christopher F. E. Pare (Hrsg.): Metals Make The World Go Round. Oxford 2000, S. 267–279

Elisabeth Ruttkay: Zwei verzierte Goldplättchen aus dem frühbronzezeitlichen Gräberfeld von Hainburg-Teichtal. In: Mitteilungen der Anthropologischen Gesellschaft Wien, Bd. 118–119, 1988–1989 (= Festschrift Wilhelm Angeli), S. 135–150

Heinrich Schäfer: Amarna in Religion und Kunst (Sendschrift der deutschen Orient-Gesellschaft, Bd. 7). Leipzig 1931

Claude F. A. Schaefer: Les tertres funéraires préhistoriques de la forêt de Haguenau, Bd. 1: Les tumulus de l'Âge du Bronze. Haguenau 1926

Peter Schauer: Die Bewaffnung der »Adelskrieger« während der späten Bronzezeit und frühen Eisenzeit. In: Ausgrabungen in Deutschland, Ausst. Kat. Mainz, Bd. 1,3. Mainz 1975, S. 306–311

Peter Schauer: Spuren minoisch-mykenischen und orientalischen Einflusses im atlantischen Westeuropa. In: Jahrbuch des Römisch-Germanischen Zentralmuseums, Bd. 31, 1984, S. 137–186

Peter Schauer: Spuren orientalischen und ägäischen Einflusses im bronzezeitlichen Nordischen Kreis. In: Jahrbuch des Römisch-Germanischen Zentralmuseums, Bd. 32, 1985, S. 123–195

Peter Schauer: Der Rundschild der Bronze- und frühen Eisenzeit. In: Jahrbuch des Römisch-Germanischen Zentralmuseums, Bd. 27, 1980, S. 196–248

Peter Schauer (Hrsg.): Die Goldblechkegel der Bronzezeit. Ein Beitrag zur Kulturverbindung zwischen Orient und Mitteleuropa (Monographien des Römisch-Germanischen Zentralmuseums, Bd. 8). Bonn 1986

Bernd Scheel: Egyptian Metalworking and Tools. Aylesbury 1989

Kurt Schier: Skandinavische Felsbilder als Quelle für die germanische Religionsgeschichte? Einige einführende Überlegungen über Möglichkeiten und Grenzen der religionswissenschaftlichen Felsbildinterpretation. In: Reinhard Bech – Herbert Jankuhn – Reinhard Wenskus (Hrsg.): Germanische Religionsgeschichte. Quellen und Quellenprobleme. Ergänzungsbände zum Reallexikon der Germanischen Altertumskunde. Berlin 1992, S. 162–228

Jens-Peter Schmidt: Studien zur jüngeren Bronzezeit in Schleswig-Holstein und dem nordelbischen Hamburg (Universitätsforschungen zur Prähistorischen Archäologie, Bd. 15). Bonn 1993

Karl Schmotz: Der bronzezeitliche Bestattungsplatz von Deggendorf. In: Ostbayerische Grenzmarken, Bd. 26, 1984, S. 16–59

Mogens Schou Jørgensen: Oldtidsguld. In: Mogens Schou Jørgensen (Hrsg.): Guld Fra Nordvestsjælland. Holbæk 1975

Carl Schuchhardt: Der Goldfund vom Messingwerk bei Eberswalde. Berlin 1914

Wilhelm Schüle: Die Meseta-Kulturen der Iberischen Halbinsel. Mediterrane und eurasische Elemente in früheisenzeitlichen Kulturen Südwesteuropas (Madrider Forschungen, Bd. 3). Berlin 1969

Wilhelm Schüle: Der bronzezeitliche Schatzfund von Villena (Prov. Alicante). In: Madrider Mitteilungen, Bd. 17, 1976, S. 142–159

Gustav Schwantes: Vorgeschichte Schleswig-Holsteins. Neumünster 1939

Joachim Schween: Luren – Musikinstrumente der Bronzezeit. In: Günther Wegner (Hrsg.): Leben – Glauben – Sterben vor 3000 Jahren. Bronzezeit in Niedersachsen. Ausst. Kat. Niedersächsisches Landesmuseum, Hannover. Oldenburg 1996, S. 403–407

David A. Scott: Metallography and Microstructure of Ancient Historic Metals. London 1991

Helga v. Seeden: The Standing Armed Figurines in the Levant (Prähistorische Bronzefunde, Abt. 1, Bd. 1). München 1980

Jürgen Settgast (Hrsg.): Tutanchamun. Ausst. Kat. Ägyptisches Museum Berlin. Mainz 1980

Andrew Sherratt: What Would a Bronze Age World System Look Like? Relations between Temperate Europe and the Mediterranean in Later Prehistory. In: Journal of European Archaeology, Bd. 1, Heft 2, 1993

Klaus Simon: Ein Hortfund von Rudolstadt. Zu Bronzemessern der mittleren Urnenfelderzeit in Thüringen. In: Alt-Thüringen, Bd. 21, 1986, S. 136–163

Edward Smirke: Some Account of the Discovery of a Gold Cup in a Barrow in Cornwall, AD 1837. In: Archaeological Journal, Bd. 24, 1867, S. 189–195

Reginald A. Smith: The Rillaton Gold Cup. In: The British Museum Quarterly, Bd. 11, 1936–37, S. 1–4

José Maria Soler García: El Tesoro de Villena. In: Excavationes Arqueologicas en España, Bd. 36, 1965

José Maria Soler García: El oro de los tesoros de Villena (Servicio de Investigación Prehistorico. Trabajos varios, Bd. 36). Valencia 1969

Lothar Sperber: Untersuchungen zur Chronologie der Urnenfelderkultur im nördlichen Alpenvorland von der Schweiz bis Oberösterreich (Antiquitas, Reihe 3, Bd. 29). Bonn 1987

Lothar Sperber: Speyer, Historisches Museum der Pfalz: Die Vorgeschichte. Ostfildern 1995

Lothar Sperber: Zu den Schwertträgern im westlichen Kreis der Urnenfelderkultur: profane und religiöse Aspekte. In: Eliten in der Bronzezeit. Ergebnisse zweier Kolloquien in Mainz und Athen (Monographien des Römisch-Germanischen Zentralmuseums, Bd. 43). Mainz 1999, S. 605–659

Lothar Sperber: Zum Grab eines spätbronzezeitlichen Metallhandwerkers von Lachen-Speyerdorf, Stadt Neustadt a.d. Weinstraße. In: Archäologisches Korrespondenzblatt, Bd. 30, 2000, S. 383–402

Lothar Sperber: Die Pfalz in der Vorgeschichte. In: Karl-Heinz Rothenberger – Karl Scherer – Franz Staab – Jürgen Keddigkeit (Hrsg.): Pfälzische Geschichte. Kaiserslautern 2001, S. 1–38

Tobias Springer: Der Goldkegel von Ezelsdorf-Buch – ein Meisterwerk bronzezeitlicher Goldschmiedekunst. In: Götter und Helden der Bronzezeit. Europa im Zeitalter des Odysseus. Ausst. Kat. Nationalmuseum Kopenhagen u. a. Ostfildern-Ruit 1999, S. 176–181

Ernst Sprockhoff: Zur Handelsgeschichte der germanischen Bronzezeit (Vorgeschichtliche Forschungen, Bd. 7). Berlin 1930

Ernst Sprockhoff: Niedersachsens Bedeutung für die Bronzezeit Westeuropas. In: Berichte der Römisch-Germanischen Kommission, Bd. 31, 1941 (1942), S. 48

Ernst Sprockhoff: Nordische Bronzezeit und frühes Griechentum. In: Jahrbuch des Römisch-Germanischen Zentralmuseums, Bd. 1, (1953) 1954, S. 28–110

Ernst Sprockhoff: Das bronzene Zierband von Kronshagen bei Kiel. In: Offa, Bd. 14, 1955, S. 1–120

Ernst Sprockhoff – Olaf Höckmann: Die gegossenen Bronzebecken der jüngeren nordischen Bronzezeit (Kataloge des Römisch-Germanischen Zentralmuseums, Bd. 19). Mainz 1979

Ute Steffgen: Bayern. In: Gerhard Lehrberger – Jan Fridrich – Rupert Gebhard – Jiří Hrala (Hrsg.): Das prähistorische Gold in Bayern, Böhmen und Mähren: Herkunft – Technologie – Funde (Památky Archeologické, Supplementum 7). Prag 1997, S. 209

Frauke Stein: Katalog der vorgeschichtlichen Hortfunde in Süddeutschland (Saarbrücker Beiträge zur Altertumskunde, Bd. 24). Bonn 1979

Berta Stjernquist: Ciste a Cordoni. Produktion – Funktion – Diffusion (Acta Archaeologica Lundensia, series in 4°, Bd. 6). Lund 1967

Wilhelm Sydow – Helgard Rodrigues: Die Höhensiedlung auf dem Breitegg, Osttirol. In: Archaeologia Austriaca, Bd. 65, 1981, S. 89–118

Josef Szombathy: Altertumsfunde aus Höhlen bei St. Kanzian im österreichischen Küstenlande (Mitteilungen der Prähistorischen Kommission der Kaiserlichen Akademie der Wissenschaften, Bd. 2,2). Wien 1913

Joan J. Taylor: Bronze Age Goldwork of the British Isles. Cambridge 1980

Jean-Paul Thévenot: L'Âge du Bronze en Bourgogne. Le dépôt de Blanot (Côte-d'Or) (Revue archéologique de l'Est et du Centre-Est, Supplementbd. 11). Dijon 1992

Jean-Paul Thévenot: Un outillage de bronzier: Le dépôt de la Petite Laugère, à Génelard (Saône-et-Loire, F). In: Claude Mordant – Michèle Pernot – Valentin Rychner (Hrsg.): L'Atelier du bronzier en Europe du XXe au VIIIe siècle avant notre ère, Bd. 2. Paris 1998, S. 123–144

Jürgen Thimme (Hrsg.): Kunst und Kultur Sardiniens vom Neolithikum bis zum Ende der Nuraghenzeit. Ausst. Kat. Badisches Landesmuseum, Karlsruhe. Karlsruhe 1980

Henrik Thrane: The Earliest Bronze Vessels in Denmark's Bronze Age. In: Acta Archaeologica, Bd. 33, 1962

Henrik Thrane: Dänische Funde fremder Bronzegefäße der jüngeren Bronzezeit (Periode IV). In: Acta Archaeologica, Bd. 36, 1965, S. 157–207

Henrik Thrane: Europæiske forbindelser. Bidrag til studiet af fremmede forbindelser i Danmarks yngre broncealder (Periode IV-V) (Nationalmuseets Skrifter, Arkæologisk-historisk række, Bd. 16). Kopenhagen 1975

Henrik Thrane: Fremde Bronzegefäße in südskandinavischen Funden aus der jüngeren Bronzezeit (Periode V). In: Acta Archaeologica, Bd. 49, 1978, S. 1–35

Henrik Thrane: Lusehøj ved Voldtofte – en sydvestfynsk storhøj fra yngre broncealder (Fynske Studier, Bd. 13). Odense 1984

Henrik Thrane: Bronzealderbarbering. In: Fynske Minder, 1987, S. 13–31

Henrik Thrane: De 11 guldskåle fra Mariesminde – vidnesbyrd om en broncealder-helligdom? In: Fynske Minder, 1989, S. 13–30

Henrik Thrane: Ships with Crews. In: Oldtidens Ansigt, Faces of the Past, Til Hendes Majestæt Dronning Margrethe II, 16. april 1990. Kopenhagen 1990, S. 84–85

Hendrik Thrane: Placing the Bronze Age »Lurer« in their Proper Context. In: Albrecht Jockenhövel (Hrsg.): Festschrift für Hermann Müller-Karpe zum 70. Geburtstag. Bonn 1995

Rudolf Thurneysen: Der Kalender von Coligny. In: Zeitschrift für celtische Philologie, Bd. 2, 1899, S. 523–544

Dieter Timpe: Griechischer Handel nach dem nördlichen Barbaricum. In: Klaus Düwel – Herbert Jankuhn – Harald Siems – Dieter Timpe (Hrsg.): Untersuchungen zu Handel und Verkehr der vor- und frühgeschichtlichen Zeit in Mittel- und Nordeuropa, Bd. 1. Göttingen 1985, S. 181–213

Wladimir P. Tolstikow – Michail J. Trejster: Der Schatz von Troja. Schliemann und der Mythos des Priamos-Goldes. Ausst. Kat. Puschkin-Museum. Stuttgart 1996

Walter Torbrügge: Ein Goldschatz aus dem Untermaingebiet. Prähistorische Staatssammlung München. München 1990

Trésors archéologiques de l'Armorique occidentale. Rennes 1886

Gustaf Trotzig: Craftsmanship and Function. A Study of Metal Vessels Found in Viking Age Tombs on the Island of Gotland, Sweden (The Museum of National Antiquities Stockholm Monographs, Bd. 1). Stockholm 1991

Oppi Untracht: Metal Techniques for Craftsmen. New York 1968

Oppi Untracht: Jewelry Concepts and Technology. London 1982

Christoph Unz: Die spätbronzezeitliche Keramik in Südwestdeutschland, in der Schweiz und in Ostfrankreich. In: Prähistorische Zeitschrift, Bd. 48, 1973, S. 1–124

Raphael von Uslar: Der Goldbecher von Fritzdorf bei Bonn. In: Germania, Bd. 33, 1955, S. 319–323

Helle Vandkilde: From Stone to Bronze. The Metalwork of the Late Neolithic and Earliest Bronze Age in Denmark (Jutland Archaeological Society Publications, Bd. 32). Århus 1996

Helle Vandkilde: Material Culture and Scandinavian Archaeology: A Review of the Concepts of Form, Function and Context. In: Deborah Olausson – Helle Vandkilde (Hrsg.): Form, Function and Context. Material Culture Studies in Scandinavian Archaeology (Acta Archaeologica Lundensia, Series in 8°, Bd. 31). Lund 2000, S. 3–49.

Roberto Vázquez Rozas: Petroglifos de las Rías Baixas Gallegas. Análisis artístico de un arte prehistórico. Pontevedra 1997

José Manuel Vázquez Varela: Arte Prehistórico. In: Historia del Arte Gallego, Madrid 1982, S. 1–52

José Manuel Vázquez Varela: A ouriveria da Idade do Bronce. In: Galicia Arte, Bd. 9: Arte Prehistórica e Romana. La Coruña 1992, S. 170

José Manuel Vázquez Varela: Ritos y creencias en la prehistoria gallega. Laracha 1994

José Manuel Vázquez Varela: Imagen y sociedad en la Edad del Bronce de Galicia. In: Actas del 1° Congreso Peninsular de Arqueología, Porto 1993 (Trabalhos de Antropología e Etnología, Bd. 35,3). Porto 1995, S. 287–301

Ivan J. Venedikov: The Vulchitrun Treasure. Sofia 1988

Stéphane Verger – Jean-Paul Guillaumet: Les tumulus de Saint-Romain-de-Jalionas (Isère). Premières observations. In: Les princes celtes et la Méditerranée. Paris 1988, S. 231–240

Stéphane Verger: Du dépôt métallique à la tombe fastueuse. In: Les premiers princes celtes (2000 à 750 ans avant J.-C.). Autour de la tombe de Saint-Romain-de-Jalionas (Isère). Grenoble 1990, S. 53–69

Stéphane Verger: L'incinération en urne métallique: un indicateur des contacts aristocratiques transalpins. In: Patrice Brun – Bruno Chaume (Hrsg.): Vix et les éphémères principautés celtiques. Les VIe et Ve siècle avant J.-C. en Europe centre-occidentale. Actes du Colloque de Châtillon-sur-Seine (27–29 octobre 1993). Paris 1997, S. 223–238

Emily Townsend Vermeule: Götterkult (Archaeologia Homerica, Kap. V, Bd. 4). Göttingen 1974

Verzeichnis derjenigen Sachen, mit welchen das Museum der Alterthümer seit Johannis 1835 ist vermehrt worden. In: Bericht der Schleswig-Holstein-Lauenburgischen Gesellschaft für die Sammlung und Erhaltung vaterländischer Alterthümer, Bd. 1, 1836, S. 46

Ksenjia Vinski-Gasparini: Kultura polja sa žarama u sjevernoj Hrvatskoj (= Die Urnenfelderkultur in Nordkroatien). Zadar 1975

Albert Voß. In: Verhandlungen der Berliner Anthropologischen Gesellschaft, 1890, S. 298

Alexander Vulpe: Die Äxte und Beile aus Rumänien (Prähistorische Bronzefunde, Abt. 9, Bd. 2). München 1970

Jürgen Wahl: Três Minas. Vorbericht über die archäologischen Ausgrabungen im Bereich des römischen Goldbergwerks. In: Madrider Mitteilungen, Bd. 29, (1986–87) 1988, S. 221–244

Joseph Walker: An Historical Essay on the Dress of the Ancient and Modern Irish Adressed to the Right Honourable Earl of Charlemont, to Which is Subjoined a Memoir on the Armour and Weapons of the Irish. Dublin 1788

J. Wallace: The Golden Bog of Cullen, North Munster. In: The Antiquaries Journal, Bd. 1, Heft 3, 1938, S. 92

Ludwig Wamser: Ein Grabhügel der Bronze- und Eisenzeit bei Weinsfeld, Gde. Meckenhausen, Lkr. Roth. In: Abhandlungen der Naturhistorischen Gesellschaft Nürnberg, Bd. 39, 1982, S. 163–196

Ludwig Wamser – Rupert Gebhard (Hrsg.): Gold – Magie, Mythos, Macht. Gold der Alten und Neuen Welt. Ausst. Kat. Archäologische Staatssammlung München. Stuttgart 2001

Bartel Leenert van der Waerden: Die Astronomie der Griechen. Eine Einführung. Darmstadt 1988

Eugène Warmenbol: Le neuf chez les Anciens. Une autre approche des dépôts de l'Âge du Bronze final. In: La Préhistoire au Quotidien. Mélanges offerts à Pierre Bonenfant. Grenoble 1996, S. 238–274

Ulrike Wels-Weyrauch: Die Anhänger und Halsringe in Süddeutschland und Nordbayern (Prähistorische Bronzefunde, Abt. 11, Bd. 1). München 1978

Ulrike Wels-Weyrauch: Die Anhänger in Südbayern (Prähistorische Bronzefunde, Abt. 11, Bd. 5). Stuttgart 1991

Christer Westerdahl: The Maritime Itinerary of the Tax Register of King Valdemar Sejr of Denmark (1202–1241). In: Deutsches Schiffahrtsarchiv, Bd. 13, 1990, S. 325–376

William R. Wilde: A Descriptive Catalogue of the Antiquities of Gold in the Museum of the Royal Irish Academy. Dublin 1862

Helga Willinghöfer (Hrsg.): Die Hethiter und ihr Reich. Das Volk der 1000 Götter. Ausst. Kat. Bonn. Stuttgart 2002

René Wyss: Bronzezeitliches Metallhandwerk. Bern 1967

Abbildungsnachweis

Frontispiz: GNM.

Katalogbeiträge (sofern nicht in den Beiträgen selbst nachgewiesen):

Zu T. Springer, Gold und Kult:
Nr. 1, 3, 5, 6, 7: GNM; Nr. 2: The Royal Collection, c 2003, Her Majesty Queen Elizabeth II; Nr. 4: Bayerisches Landesamt für Denkmalpflege, Abt. Bodendenkmalpflege, Außenstelle Nürnberg; Nr. 8: RMN (Loïc Hamon); Nr. 9: RMN (J. G. Berizzi); Nr. 10, 11, 12: GNM (J. Musolf).

Zu F. Kaul:
Nr. 1, 5, 8, 13, 15a, 16, 18, 19a: Dänisches Nationalmuseum, Kopenhagen; Nr. 7, 17, 20b: F. Kaul; Nr. 10: Vitenskapsmuseet, Trondheim; Nr. 12b: F. Kaul/Milstreu.

Zu W. Fasnacht:
Nr. 1, 2, 3, 7: Schweizerisches Landesmuseum, Zürich.

Zu B. R. Armbruster:
Alle: B. R. Armbruster.

Zu H. Born:
Nr. 1, 6, 9, 11, 13, 15: C. Plamp; Nr. 2, 5, 7, 8, 10, 12, 14, 16–18: Hermann Born; Nr. 4: C. Goedicke.

Zu S. Koch:
Nr. 1: GNM (J. Musolf); Nr. 2–5, 8–12: S. Koch; Nr. 6–7: J. Pröll.

Zu A. Jockenhövel:
Nr. 2,1: A. Jockenhövel

Zu U. Leuzinger:
Nr. 1: Schweizerisches Landesmuseum, Zürich, V. Annen; Nr. 3, 5–6: AATG, D. Steiner.

Zu B. Stoll-Tucker:
Nr. 1, 5: E. Hunold, LfA; Nr. 3–4: Archiv des LfA.

Zu S. Wirth:
Nr. 1: Harald Hollo, Augsburg; Nr. 2–3: Städtische Kunstsammlungen Augsburg, Abt. Römisches Museum/Stadtarchäologie; Nr. 4: GNM.

Zu I. Ullén:
Nr. 1: Christer Åhlin, SHM; Nr. 2–3: Ulf Bruxe, SHM.

Zu R. Gebhard:
Nr. 1–2: Archäologische Staatssammlung, München, Museum für Vor- und Frühgeschichte (Manfred Eberlein).

Zu H. Hennig:
Nr. 3, 4: Archäologische Staatssammlung, München (Manfred Eberlein).

Zu D. Ellmers:
Nr. 1: GNM; Nr. 2: Museum für Vor- und Frühgeschichte, Berlin, SMPK.

Zu B. Comendador Rey:
Nr. 1–7, 10, 12, 13, 15, 16: B. Comendador Rey.

Zu S. Gerloff:
Nr. 3: National Museum of Ireland, Dublin.

Zu L. Sperber:
Nr. 1: Historisches Museum der Pfalz, Speyer (Kurt Diehl); Nr. 8: Hans Stoltz.

Zu W. Menghin:
Nr. 1, 2a-c: C. Plamp; Nr. 3a, 4a, 5: RGZM Mainz; Nr. 6: GNM.

Zu T. Springer:
Nr. 1–8, 10,1–10: GNM; Nr. 11–12: J. Pröll.

Zu J. May / R. Zumpe:
Nr. 1: Juraj Lipták, Landesamt für Archäologie Sachsen-Anhalt.

Zu M. Gschaid:
Nr. 1: Ch. Thioc, Musée de la Civilisation gallo-romaine, Lyon (France).

Katalog
Die Abbildungsvorlagen wurden, soweit nicht anders genannt, von den leihgebenden Personen und Institutionen zur Verfügung gestellt.

Nr. 1a, b, 44: Zeichnungen Bjørn Skaarup; Nr. 1d: F. Kaul; Nr. 3: The Royal Collection, © 2003, Her Majesty Queen Elizabeth II; Nr. 6, 15, 20–22, 24, 25g, h, 30a, b: GNM; Nr. 7a-d: Zeichnungen Daniela Hinz, MVF; Nr. 9: MVF, Berlin; Nr. 18: E. Hunold, LfA; Nr. 19: Harald Hollo, Augsburg; Nr. 25: Museum für Vor- und Frühgeschichte, Berlin, SMPK; Nr. 26, 34: RNM (J. G. Berizzi); Nr. 27: RNM (Loïc Hamon); Nr. 28: Schweizerisches Landesmuseum, Zürich (Inv. Nr. A-86063); Nr. 31: nach V. Kruta 1993; Nr. 35: C. Plamp; Nr. 36, 42–43, 45, 46a-k, 49–50: GNM (J. Musolf); Nr. 39–40: Archäologische Staatssammlung, München (Manfred Eberlein); Nr. 41b: Lothar Schnepf, Köln; Nr. 48: nach H. Henning 2001; Nr. 51a: Juraj Lipták, Landesamt für Archäologie Sachsen-Anhalt; Nr. 52: Ch. Thioc, Musée de la Civilisation gallo-romaine, Lyon.

Zeittafel

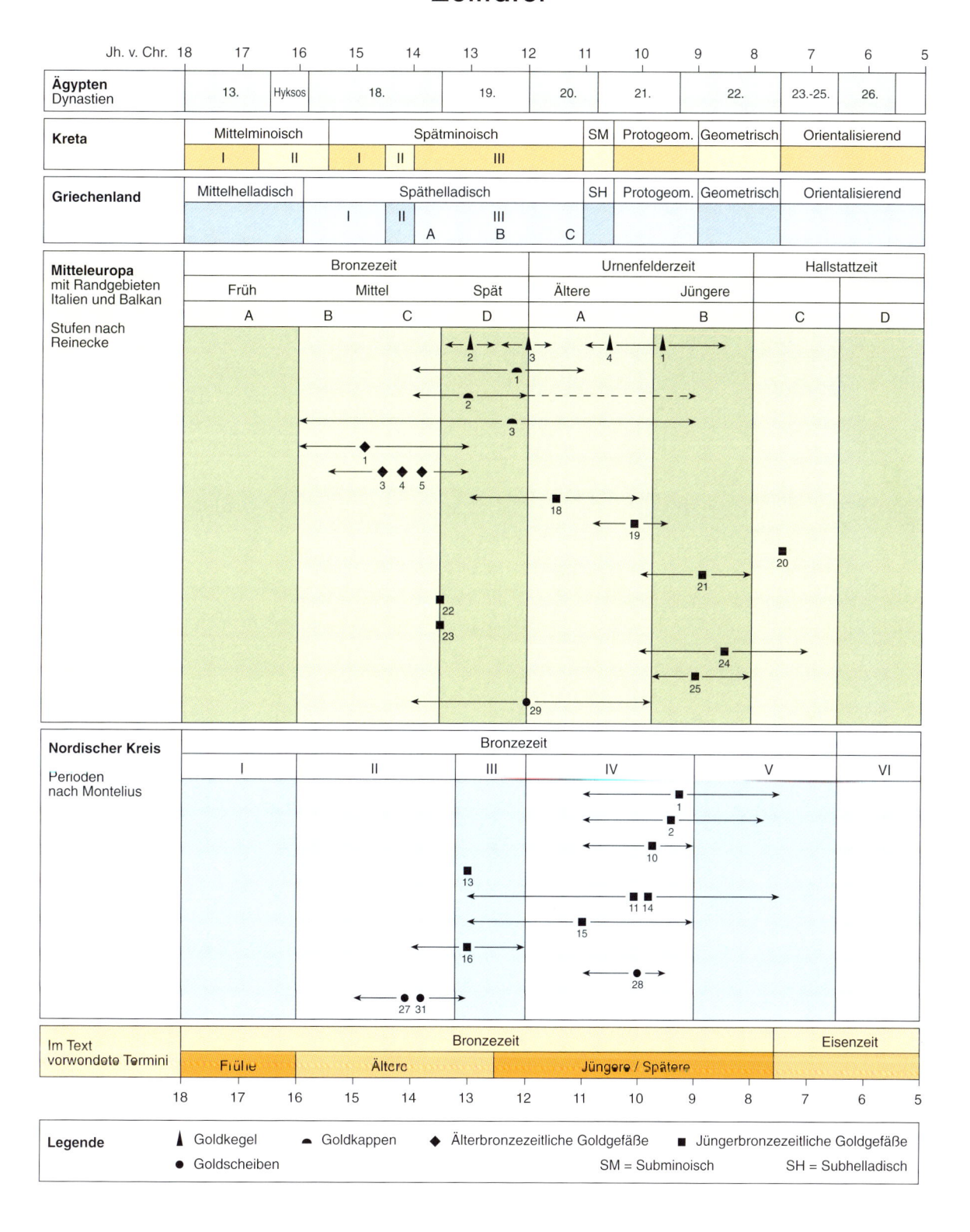

Jh. v. Chr.	18	17	16	15	14	13	12	11	10	9	8	7	6	5
Ägypten Dynastien		13.	Hyksos	18.		19.	20.	21.		22.		23.-25.	26.	
Kreta		Mittelminoisch		Spätminoisch				SM	Protogeom.	Geometrisch		Orientalisierend		
		I	II	I	II	III								
Griechenland		Mittelhelladisch		Späthelladisch				SH	Protogeom.	Geometrisch		Orientalisierend		
				I	II	III A B C								

Mitteleuropa mit Randgebieten Italien und Balkan Stufen nach Reinecke	Bronzezeit			Urnenfelderzeit		Hallstattzeit	
	Früh	Mittel	Spät	Ältere	Jüngere		
	A	B	C	D	A	B	C	D

Legende:
- ▲ Goldkegel
- ◠ Goldkappen
- ◆ Älterbronzezeitliche Goldgefäße
- ■ Jüngerbronzezeitliche Goldgefäße
- ● Goldscheiben

SM = Subminoisch SH = Subhelladisch

Nordischer Kreis Perioden nach Montelius	Bronzezeit					
	I	II	III	IV	V	VI

Im Text verwendete Termini	Bronzezeit			Eisenzeit
	Frühe	Ältere	Jüngere / Spätere	

| | 18 | 17 | 16 | 15 | 14 | 13 | 12 | 11 | 10 | 9 | 8 | 7 | 6 | 5 |

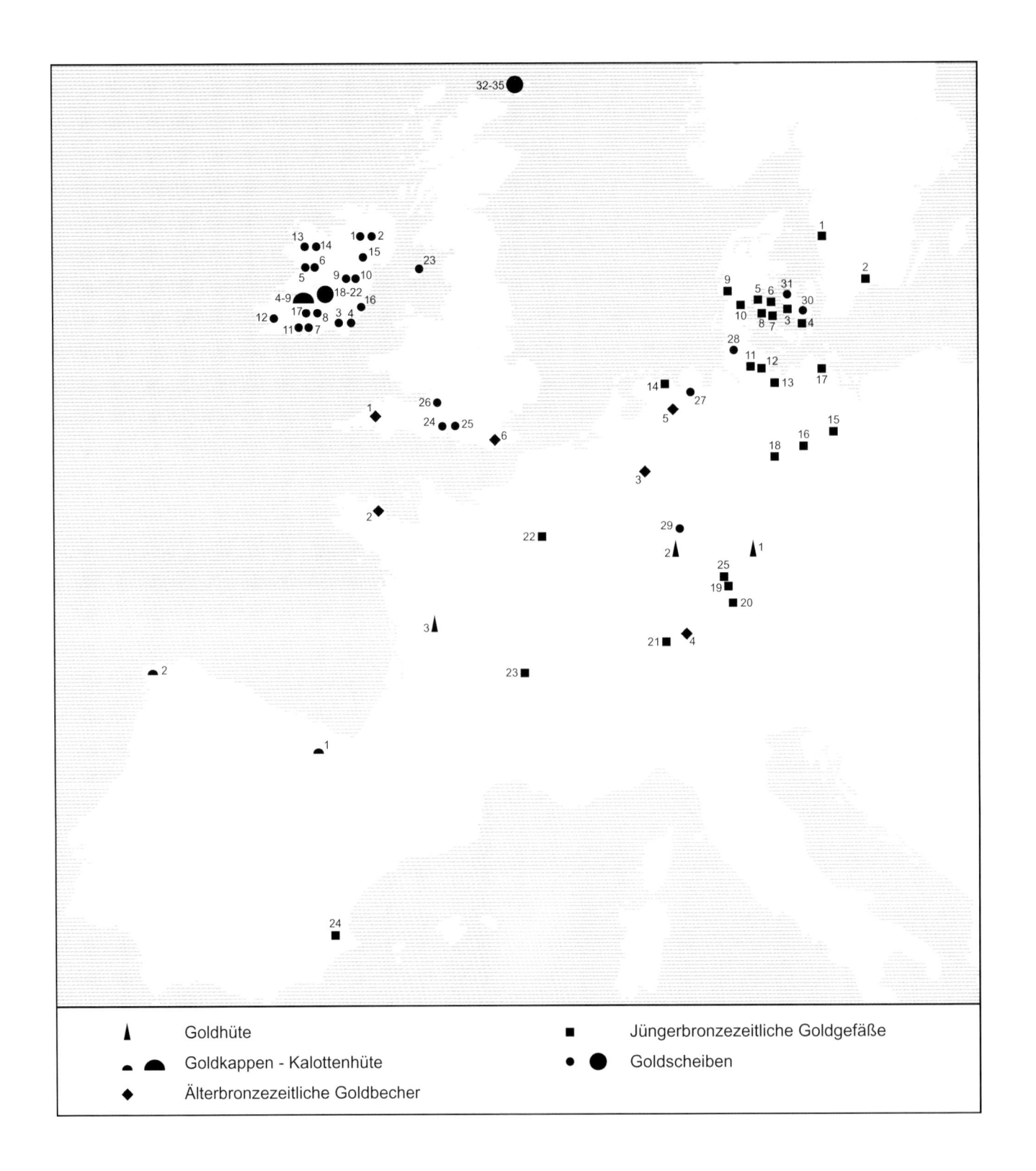

▲ Goldhüte	■ Jüngerbronzezeitliche Goldgefäße
◗ Goldkappen - Kalottenhüte	● ⬤ Goldscheiben
◆ Älterbronzezeitliche Goldbecher	

340

Karte 1: Goldene Sakralgeräte

(Hinweis: die in der Ausstellung gezeigten Objekte erscheinen fett gedruckt)

Goldhüte

1. **Ezelsdorf, Kr. Nürnberg-Land, Bayern**	(Kat. 36)
2. **Schifferstadt, Rheinland-Pfalz**	(Kat. 33)
3. **Avanton, Dép. Vienne, Frankreich**	(Kat. 34)
4. **Berliner Goldhut, Fundort unbekannt**	(Kat. 35)

Goldkappen – Kalottenhüte (nach S. Gerloff 1995)

1. **Axtroki, Guipúzcoa, Spanien (2 Kalotten)** (Kat. 30)
2. **Leiro, Rianxó, Bucht von Arousa, Prov. La Coruña, Spanien** (Kat. 31)
3. **Fundort unbekannt, Irland** (Kat. 32)
4. Bearnán Eile (Devil's Bit) Co. Tipperary, Irland
5. Cullen, Co. Tipperary, Irland (evtl. identisch mit Nr. 3)
6. Cullen, Co. Tipperary
7. Co. Limerick (?), Irland
8. Kilpeacon, Co. Limerick, Irland
9. »Gut von Mr. Stafford«, Irland

Älterbronzezeitliche Goldbecher
(nach P. Schauer und W. Menghin 1983 mit Ergänzung)

1. **Rillaton, Cornwall, England (Grabfund)** (Kat. 3)
2. Ploumilliau, Bretagne, Frankreich (verschollen)
3. **Wachtberg-Fritzdorf, Nordrhein-Westfalen (mit Tongefäß)** (Kat. 4)
4. **Eschenz, Kanton Thurgau, Schweiz** (Kat. 5)
5. **Gölenkamp, Niedersachsen (mit Tongefäß)** (Kat. 6)
6. Ringlemere, Woodnesborough Parish, Kent, England

Jüngerbronzezeitliche Goldgefäße (nach P. Schauer und W. Menghin)

1. **Smörkullen, Halland, Schweden** (Kat. 21)
2. **Mjövik, Blekinge, Schweden** (Kat. 22)
3. Vimose Overdrev (bekannt unter Kohave), Seeland, Dänemark (2 Gefäße in einem Tongefäß)
4. Borgbjerg bei Sklelskor (bekannt unter Boeslunde), Seeland, Dänemark (6 Gefäße)
5. Eilbylunde, Fünen, Dänemark (3 Gefäße in einem Tongefäß)
6. Midskov, Fünen, Dänemark (7 Gefäße und Griffbruchstücke)
7. Mariesminde Mose (bekannt unter Lavindsgaard), Fünen, Dänemark (11 Gefäße in einem Bronzeeimer)
8. Insel Avernako südlich Svendborg, Dänemark (6 Gefäße)
9. Gjerndrup, Ribe, Jütland, Dänemark (3 Gefäße)
10. **Ladegård, Jütland, Dänemark (2 Gefäße)** (Kat. 20)
11. **Albersdorf, Schleswig-Holstein (2 Gefäße in einem Tongefäß)** (Kat. 16)
12. Depenau, Schleswig-Holstein (2 Gefäße)
13. **Gönnebek, Schleswig-Holstein (Grabfund)** (Kat. 15)
14. **Terheide, Niedersachsen (2 Gefäße in einem Tongefäß)** (Kat. 17)
15. **Eberswalde, Brandenburg (8 Gefäße in einem Tongefäß)** (Kat. 25)
16. **Lienewitzer Forst bei Caputh (bekannt unter Werder), Brandenburg (mit Tongefäß)** (Kat. 24)
17. Langendorf, Pommern (2 Gefäße)
18. **Krottorf, Sachsen (1 Gefäß)** (Kat. 18)
19. **Unterglauheim, Bayern (2 Gefäße zusammen mit 2 Bronzekesseln in einem Bronzeeimer)** (Kat. 19)
20. **Wehringen, Bayern (Grabfund)** (Kat. 48)
21. **Zürich-Altstetten, Schweiz (mit Tongefäß)** (Kat. 28)
22. **Villeneuve-Saint-Vistre-et-Villevotte, Marne, Frankreich (2 Gefäße)** (Kat. 27)
23. **Rongères, Allier, Frankreich** (Kat. 26)
24. **Villena, Alicante, Spanien (11 Schalen in einem Tongefäß)** (Kat. 29)
25. **Heroldingen-Huisheim, Kr. Donau-Ries, Bayern** (Kat. 23)

Goldscheiben (nach K. H. Jacob-Friesen, mit Ergänzungen durch W. Menghin und P. Schauer)

1. Tedavnet, Irland
2. Tedavnet, Irland
3. Wexford, Irland
5. Ballina, Irland
4. Wexford, Irland
6. Ballina, Irland
7. Cloyne, Irland
8. Cloyne, Irland
9. Ruscommon, Irland
10. Roscommon, Irland
11. Ballyvourney, Irland
12. Ballydehob, Irland
13. Ballyshannon, Irland
14. Ballyshannon, Irland
15. Lattonon, Irland
16. Kilmuckridge, Irland
17. Treasure, Irland
18. bis 22. Fundort unbekannt, Irland
23. Kirk Andrews, Isle of Man
24. Mere Down, England
25. Mere Down, England
26. Landsdown Links, England
27. **Moordorf, Niedersachsen** (Kat. 12)
28. **Glüsing, Schleswig-Holstein (Grabfund)** (Kat. 13)
29. **Worms, Rheinland-Pfalz** (Kat. 14)
30. Jägersborg, Seeland, Dänemark (Grabfund)
31. **Trundholm, Seeland, Dänemark** (Kat. 11)
32. bis 35. Orkney (4 Scheiben)

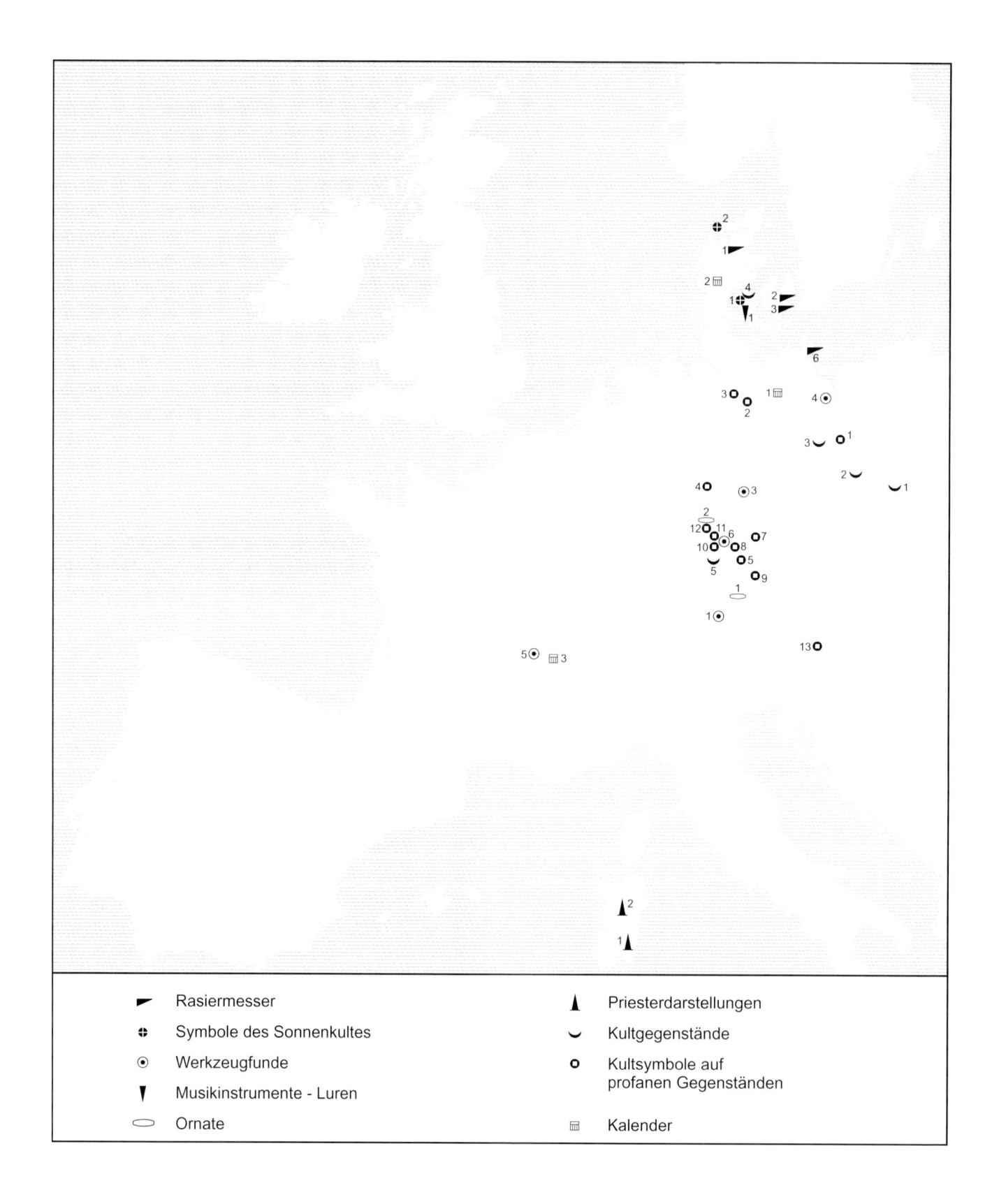

	Rasiermesser		Priesterdarstellungen
⊕	Symbole des Sonnenkultes	⌣	Kultgegenstände
⊙	Werkzeugfunde	o	Kultsymbole auf profanen Gegenständen
▼	Musikinstrumente - Luren		
⌢	Ornate	▥	Kalender

Karte 2: Kultgerät, Werkzeuge und profane Gegenstände
(ergänzende Funde, die in der Ausstellung gezeigt werden)

Rasiermesser

1. **Neder Hvolris**, Viborg Amt, Nord-Jütland, Dänemark (Kat. 1b)
2. **Vandling**, Haderslev Amt, Süd-Jütland, Dänemark (Kat. 1c)
3. **Arnitlund**, Haderslev Amt, Süd-Jütland, Dänemark (Kat. 1d)
4. **Jütland**, Dänemark (Fundort unbekannt) (Kat. 1e)
5. **Deutschland** (Fundort unbekannt) (Kat. 1f)
6. **Granitz**, Kr. Rügen, Mecklenburg-Vorpommern (Kat. 1g)

Symbole des Sonnenkultes

1. **Harridslev**, Fünen, Dänemark (Fibel) (Kat. 2a)
2. **Nors**, Thy, Nordwest-Jütland, Dänemark (Votivschiffchen) (Kat. 2b)
3. **Jütland**, Dänemark, Fundort unbekannt (Stabaufsatz) (Kat. 2c)

Werkzeugfunde

1. **Westliches Oberbayern** (Kat. 7)
2. **Fundort unbekannt** (Kat. 8a)
3. **Rudolstadt**, Kr. Rudolstadt, Thüringen (Kat. 8b)
4. **Garz a.d. Oder**, Kr. Angermünde, Brandenburg (Kat. 8c)
5. **Génelard – Chalon-sur-Saône**, Frankreich (Kat. 9)
6. **Nürnberg-Mögeldorf**, Bayern. (Kat. 10)

Musikinstrumente – Luren

1. **Brudevælte**, Seeland, Dänemark (Kat. 37)

Ornate

1. **Bernstorf**, Kr. Freising, Bayern (Kat. 39)
2. **Bullenheimer Berg**, Lkr. Neustadt a.d. Aisch-Bad Windsheim/ Lkr. Kitzingen, Bayern (Kat. 40)

Priesterdarstellungen

1. **Abini**, Teti (Nuoro), Sardinien, Italien (Kat. 41a)
2. **Sardinien**, genauer Fundort unbekannt (Kat. 41b)

Kultgegenstände

1. **Mondschütz**, heute Mojecice, Woj. Wrozlaw, Polen (Vogelrassel) (Kat. 42a)
2. **Lerchenberg**, heute Serby, Woj. Legnica, Polen (Vogelgefäß) (Kat. 42b)
3. **Frankfurt/Oder**, Brandenburg (Kultwagen) (Kat. 43)
4. **Bredebaekgård**, Nördliches Seeland, Dänemark (Kultaxt) (Kat. 44)
5. **Hesselberg**, bei Wassertrüdingen, Kr. Ansbach, Bayern (Kultgerät aus Ton) (Kat. 45)

Kultsymbole auf profanen Gegenständen

1. **Kunersdorf**, heute Kosobudz, Woj. Zielona Gorá, Polen (Fibel) (Kat. 46a)
2. **Bohlsen**, Kr. Uelzen, Niedersachsen (Radnadel) (Kat. 46b)
3. **Dörmte**, Kr. Uelzen, Niedersachsen (Gürteldose) (Kat. 46c)
4. **Kämmerzell** bei Fulda, Hessen (Radnadel) (Kat. 46d)
5. **Waizenhofen**, Kr. Hilpoltstein, Bayern (Radanhänger) (Kat. 46e)
6. **Hessen**, genauer Fundort unbekannt (Armspange) (Kat. 46f)
7. **Illschwang**, Kr. Amberg-Sulzbach, Bayern (Stachelscheiben) (Kat. 46g)
8. **Schutzendorf** bei Thalmässing, Kr. Roth, Bayern (Stachelscheiben) (Kat. 46h)
9. **Eitting**, Kr. Mallersdorf, Bayern (Brillenspiralen) (Kat. 46i)
10. **Untermainbach-Hirtenacker**, Kr. Fürth, Bayern (Brillenspiralen) (Kat. 46j)
11. **Cadolzburg**, Kr. Fürth, Bayern (Brillenspiralen) (Kat. 46k)
12. **Bullenheimer Berg**, Lkr. Neustadt a.d. Aisch-Bad Windsheim/ Lkr. Kitzingen, Bayern (Phaleren- und Schaukelringhort) (Kat. 47)
13. **Klein-Klein/Kröll-Schmiedkogel**, Steiermark, Österreich (verzierte Fragmente von Blechgefäßen) (Kat. 49, 50 a,b)

Kalender

1. **Herzsprung**, Kr. Uckermark, Brandenburg (Bronzeschild) (Kat. 51a)
2. **Dänemark**, genauer Fundort unbekannt (Bronzeschild) (Kat. 51b)
3. **Coligny**, Dép. Ain, Frankreich (Gallischer Kalender auf einer Bronzetafel) (Kat. 52)

Ortsregister

Adria 21, 150
Ägäis 31, 149, 210
Ägypten 22-23, 33, 50, 71, 149-150, 152, 197-198, 227, 255
Agris 195, 202
Ain 267, 319
Alaca Höyük 81
Albersdorf 137, 193, 285
Albini 307
Ålborg 255
Alicante 13, 65, 78, 179, 296
Aller 172
Allier 194, 294
Alpen 31, 58, 70, 144, 163, 307
Alsleben (Großalsleben) 129-130
Altmark 138
Alto da Pedisqueira 184
Amarna 23, 33
Amberg-Sulzbach 313
Amman 196
Ampertal 18
Anatolien 50, 69, 81, 150, 197-198, 200
Anden 164
Angermünde 12, 280
Anglure 191, 294
Ansbach 309
Antiochia 196
Antre, Lac d' 267, 269-270
Arbois 111
Arnitlund 40-41, 273
Arousa, Ría de 177, 181, 186, 298
Aspeberget 47
As Silgadas 185
Augsburg 20, 134, 136, 155, 246, 288, 316-317
Augsdorf 111
Aunjetitz 129-130
Aurich 282
Avanton 14, 17, 28, 30, 87-88, 91, 100, 114, 179, 194, 205, 223, 225, 228-229, 232-234, 240, 246, 300, 302
Axtroki 15-16, 25, 29-30, 72, 79, 81, 112, 179-180, 192-193, 297

Baden 111
Bad Homburg 155
Bad Windsheim 18, 306, 315
Balkåkra 145
Barby 127
Barcelos 184
Bayern 12, 24, 27, 107, 111, 149-150, 179, 202, 239, 278, 281, 287, 290, 302, 304, 306, 309, 312-316
Bentheim, Grafschaft 11, 69, 122, 277
Berlin 14, 17, 19, 27-28, 30, 87-88, 90-92, 94-96, 100-101, 108-109, 114-115, 129, 194, 205, 210, 221, 223-227, 229-234, 239-241, 244, 246, 248, 279, 283, 291-292, 294, 301-303
Bernstorf 18, 31, 111, 149-150, 152-153, 210, 304
Besançon 267
Biskaya 165
Bjärsjöholm 115
Blanot 111
Blekinge 143, 146, 169, 290
Bode 127, 129-130, 172
Bodensee 124
Böhmen 19, 31, 107-108, 111
Bördekreis 127
Börssum a.d. Oker 172
Boeslunde 49
Boglösa 145-146
Bohlsen 20, 32, 311
Bohuslän 37, 47, 206, 216
Bonn 276
Borgbjerg 49, 72, 290
Borgwallsee 171
Bornholm 169
Bosnien 135
Botsorhel 76,
Bourg-en-Bresse 267
Braga 180
Brandenburg 12, 27, 29, 135, 138, 254, 280, 291-292, 308, 318
Bredebækgård 19, 31, 49-50, 309
Brentenberg 239
Breslau (Wrozlaw) 308
Bretagne 76, 78, 111, 195
Brincovenesti 244

Britzgyberg 164
Brocken 22, 33
Brudevælte 18, 31, 303
Buch 239
Bugey 138
Bullenheimer Berg 18-19, 21, 31-32, 111, 149-150, 152-153, 306, 315
Burg 19
Burgenland 24
Burgthann 239, 302
Burgund 111
Byblos 196

Cadolzburg 20, 315
Cagliari 31, 307
Caldas de Reyes 65, 73, 75-78, 80, 185
Camelot 201
Cangas do Morrazo 184
Caputh 291
Carlskrona 290
Cevennen 163
Chalon-sur-Saône 280
Champagne 191
Charente 195
Chaves 180, 184
Chile 164
Colchester 202
Coligny 22, 32, 263, 267-270, 319
Cork 195
Cornwall 11, 69, 122, 163-165, 275
Corruncho dos Porcos 178
Cortegada 185
Côte-d'Or 164

Dänemark 11, 15, 18, 21, 26, 29, 32, 37, 44-46, 48-49, 66, 68-69, 72, 114-115, 137, 144-146, 201, 255-256, 258, 262, 272-275, 282, 288, 290, 303, 309, 319
Dambecker See 169
Dauphiné 136
Depenau 193
Deutschland 14-16, 18, 26, 28-29, 31, 37, 46-47, 66, 139, 146, 179, 210-211, 272-273, 301, 303
Devil's Bit 112, 191
Dillingen 15, 133, 287

Disentis 59
Dithmarschen 137, 193, 283, 285
Dörmte 20, 32, 311
Donau 33, 111, 133–134, 144, 149
Donau-Ries 290
Donauwörth 133
Donji Petrovci 111
Dornum 286
Dresden 70
Dublin 192, 299

Eberswalde 12, 15–16, 25, 27, 29–30, 114, 130, 163, 165, 168, 171–172, 226, 248, 292
Ebla 197
Eitting 20, 32, 314
Elbe 12, 27, 127, 163, 169, 171–172
England 107, 195
Ennetach 214
Eschenz 11, 26–27, 55, 69, 76–77, 121–122, 124, 277
Escoriaza-Bolibar 297
Etrurien 138
Etschtal 138
Ezelsdorf 11, 14, 17–18, 24, 26, 28, 30, 87–88, 91, 96, 99–102, 104, 108, 114–115, 179, 194, 205, 223–225, 228, 233–234, 239–241, 244, 246, 248, 302, 304

Falkenberg 289
Finistère 76, 195
Finnischer Meerbusen 168
Finow 171–172, 292
Foxa Vella 181
Franken 111, 239
Frankfurt/Main 202
Frankfurt/Oder 19, 31, 169, 308
Frankreich 14, 16, 19, 28, 31, 47, 66, 72, 94, 194–196, 225, 280, 294, 300, 319
Frauenfeld 121, 277
Freising 149, 304
Fresné-la-Mère 107
Friedrichsruhe 111
Fritzdorf 69, 72, 76–78
Fröslunda 109
Fuchsstadt 111
Fünen 46, 72, 136–137, 274
Fürth 315
Fulda 20, 312

Galicion 29, 177–178, 180–181, 184–185
Galizien 24, 135
Gallien 163, 165, 172, 201
Garlstedt 18, 31
Garmisch-Partenkirchen 278

Garonne 196
Garz a.d. Oder 12, 27, 167, 280
Gatemarken 206–207, 216
Gaza 196
Génelard 13, 27, 74, 75, 93, 111, 246, 280
Gevelinghausen 15, 109–110, 138, 255, 263
Gironde 196
Gislum 255
Glogau 308
Gölenkamp 11–12, 26–27, 69, 77, 122, 277
Gönnebek 15, 28, 111, 246, 284
Glüsing 14, 28, 47, 283
Gotland 68
Granitz 273
Graz 21, 318
Grevensvænge 37
Griechenland 33, 50, 152, 196, 198
Gröningen 127
Grünthal 285
Gühlen-Glienicke 169
Gündlingen 155
Guidoiro Areoso 181
Guipúzcoa 72, 179, 192, 297
Haderslev 137, 272, 288

Håga 46
Haidlfing 24
Hainburg-Teichtal 110
Hajdúböszörmény 110–111, 136, 138–139
Halberstadt 127–128
Halland 143, 145–146, 289
Halle/Saale 127, 129, 287, 319–320
Hallein 165
Hallstatt 44, 144, 146
Haltingen 111
Hannover 282, 286
Harridslevgaard 46–47, 274
Harz 22, 33, 127, 320
Hauterive-Champréveyres 111
Havel 169, 171–172
Hennstedt 283
Héria 267
Heroldingen-Huisheim 15, 29, 290
Herzberg 254, 263
Herzsprung 21, 32, 109, 254–255, 263, 318–319
Hesselberg 19, 31–32, 309–310
Hessen 20, 32, 312
Hiddensee 169
Hilpoltstein 312
Hinzerberg 138
Hío 184
Hochdorf 20, 112, 158, 165
Hochsauerland 109, 138

Höchstädt 133
Hohenasperg 20
Hohenheim 155
Holstein 144
Hordorf 128–129, 287
Horoztepe 81
Hove 77
Hvidegård 37
Hvirring 201
Ictis (St. Michael's Mount) 163–164

Ill 164
Ille-et-Vilaine 72
Illschwang 20, 32, 313
Irland 17, 30, 107, 112, 191–192, 195, 269–270, 298
Isorna 185
Issyk 149
Istrien 136, 150
Italien 58, 70, 263, 307

Jægersborg 37, 47, 226
Jægerspris 45
Jenišovice 111
Jura 74, 111, 136, 138, 267, 269–270
Jütland 11, 18, 26, 31, 40, 44, 47, 110, 136–137, 255, 272–273, 275

Kämmerzell 20, 32, 312
Kärnten 111
Kamminke 169, 171
Kanes 197
Karpaten 135–137
Kasachstan 149
Kaukasus 69, 81
Kephallenia 196
Kitzingen 18, 306, 315
Kivik 19, 31, 200, 205–207, 210, 215–216
Klein-Klein 21, 32, 317
Knuthenborg 40
Kogehoj 47
Kopenhagen 11, 26, 272–275, 282, 309, 319
Kratzeburg 167–169
Kreta 50, 69, 150
Kröll-Schniedkogel 317
Krottorf (Crottorf) 15, 28, 127, 129–130, 172, 287
Kültepe 197
Künzing 107
Kulpenberg 22
Kunersdorf (Kosobudz) 20, 32, 310
Kunisowce 111
Kykladen 150
Kyffhäuser 22, 33

Lachen-Speyerdorf 107, 109
La Coruña 13, 65, 68, 75, 177, 179, 193, 298
La Gudiña 180
Ladegård 15, 29, 73, 137, 288–289
Langendorf 12, 16, 27, 163, 171
Langvad 110
Lanrivoaré 195
Larnaud 74–75, 111
Leer 286
Legnica 308
Leiro 13, 16, 27, 29–30, 177–181, 184–186, 298
Lerchenberg (Serby) 19, 31, 308
Lichfield 107
Lienewitzer Forst 12, 15–16, 27, 29–30, 112, 163, 165, 172, 193, 291
Lismore 195
Lissabon 196
Litauen 198
Lolland 40
London 276
Lons-Le-Saunier 267
Lossow 169, 172
Love 48
Lubin 169
Ludwigshafen 194, 240, 299
Ludwigslust 255
Lübtheen 255–256, 258–259, 262
Lüneburg 20, 311
Lukmanier 59
Lusmagh 107
Lyon 267, 294, 320

Madrid 297
Mähren 111
Mälar-Tal 143
Magdeburg 127
Maikop 69, 81
Mainz 65, 88, 99, 133, 223, 225, 228, 239
Mallersdorf, Kreis 314
Mariesminde 72, 111, 114, 290
Marne 81, 294
Massilia (Marseille) 163–164
Masterton 244
Mecklenburg-Vorpommern 255, 273
Melfort 244
Mengen 214
Meschede 15
Mesopotamien 196–197, 255
Michałków 24, 114
Migdale 244
Milavče 111
Miño 177
Mittelberg 22, 33
Mittelmeer 33, 50, 69, 138, 149–150, 163, 185–186, 196, 198, 255, 257

Mjövik 15, 29, 143, 169, 289
Moesgård 11, 26, 272
Mokondonja 150
Mold 153, 194–196, 226, 244
Møn 137, 169
Mondschütz (Mojecice) 19, 31, 308
Moselund 45
Monte da Pena 181
Monte da Saia 180
Monte Liora 180
Monte Sa Idda 184
Mont Lassois 164
Montmatre d'Avallon 267
Moordorf 14, 28, 282
Morvan 136
München 136, 291, 305–306
Müüsbach 124
Murnau 278
Mykene 22, 31, 33, 50, 122, 149–150, 152–153
Myritz 169

Neble 49
Nebra 22, 33, 320
Neder Hvolris 40, 272
Neubrandenburg 169, 171
Neuchâtel 196
Neu Grebs 263
Neulingen 138
Neumarkt 239
Neuruppin 308
Neustadt-Aisch 18, 306, 315
Niederlande 303
Niederösterreich 110
Niedersachsen 137–138, 277, 282, 286, 311
Nienburg 127
Nördlinger Ries 15, 290
Norderdithmarschen 47
Nordrhein-Westfalen 138, 276
Normandie 107
Nors 11, 26, 44, 275
Norwegen 37, 43
Nová Ves 107
Nowgorod 168
Nürnberg 91, 96, 100, 133, 194, 223–224, 273–274, 279–281, 303–304, 308–318
Nürnberg-Mögeldorf 13, 27, 75, 94, 111, 246, 281
Nürnberger Land 239, 302
Nuoro 307
Nyíség 135–136
Nykjøbing 282

Oberpfalz 239
Očkov 111
Oder 12, 27, 163, 169, 171–172

Ödenburg 24
Österreich 165, 317
Olsberg, Gemeinde 109
O Rial 181
Orontes-Tal 196
Orsleben 129
Os Campiños 180
Oschersleben 127, 129, 287
Osterholz-Scharmbeck 18
Ostrhauderfehn 286
Ostsee 169, 172, 198
Ourense 180

Padrón 177
Paimpont 72, 111
Palästina 196
Paris 87–88, 294
Peene 169, 171
Pfalz 211
Plön 193
Pilsen 319
Poitiers 194, 223, 228, 300
Poitou 205
Polen 136, 308, 310
Pontecesures 177
Pontevedra 184–185
Porcieu-Amblagnieu 107
Portugal 11, 26, 58, 70, 180, 184
Postbauer-Heng 239
Potsdam 171–173, 193, 291
Prag-Suchdol 108
Praia das Cunchas 181
Přestavlky 111
Prignitz 138, 169
Puerto de Copiapo 164
Punta Fradiño 185
Punta Grandoiro 178
Punta Palleiro 178
Puppin 308
Pyrenäen 163

Quattro Fontanili 15, 138
Quedlinburg 172

Reesberge 130
Rhein 59, 121, 124, 164, 179, 194
Rheinland-Pfalz 107, 299
Rhein-Sieg-Kreis 11, 69, 122, 276
Rhin 169, 171–172
Rhône 138, 163–164
Rial, Bucht 178
Rias Baixas 181, 284
Rianxó 25, 68, 72, 79, 81, 177, 180–181, 193–195, 298
Riesa-Gröba 71
Rillaton 11, 26, 69, 72, 77, 122, 275
Rivoli Veronese 138
Röckinger Berg 309–310

Rongères 16, 29, 111, 194, 294
Rørbæk 21, 32, 255, 259, 262–263
Rørby 37
Roth 202, 313
Rudolstadt 12, 27, 279
Rügen 169, 171, 273
Rumänien 244

Saale 127, 172
Sachsen 128
Sachsen-Anhalt 22, 33, 127, 130, 287, 320
Saint-Germain-en-Laye 294–295, 301
Saint-Romain-de-Jalionas 138
Sálvora 177
San Andrés de Erana 297
Sandhorst 286
Santiago de Compostela 177
Saône-et-Loire 13, 74, 93, 246, 280
Sardinien 31, 198, 205, 207, 210, 214, 307
Sarkischla 200
Schernen 198
Schifferstadt 14, 17, 28, 30–31, 87–88, 91, 100, 114, 179, 194–196, 199–200, 205, 210–211, 214, 221, 223, 225, 228, 232–234, 240–241, 244, 246, 248, 299, 302
Schleswig 285–286
Schleswig-Holstein 15, 111, 283–285
Schonen 19, 33, 115, 145, 198, 200
Schottland 195, 244
Schutzendorf 20, 32, 313
Schweden 14–15, 28–29, 37, 46–48, 109, 130, 143–146, 169, 198, 216, 272, 289–290, 303
Schweiz 13–14, 19, 27–29, 31, 55, 58–60, 66, 70, 81, 111, 269, 277, 295, 301
Seddin 138, 254, 262–263
Seeland 37, 39, 45, 47–49, 169, 282, 303, 309
Segeberg 15, 246, 284
Segovia 79
Seine 163–164
Sepúlveda 79
Sequeade 184
Serbien 111
Sézanne 294
Siebenbürgen 135
Siem 111, 115
Šimanovci 111
Skallerup 137
Skrea 289
Smörkullen 15, 29, 143, 289
Solhøj 47
Somerset 201
Sopron 24

South Cadbury 201
Spanien 14–16, 28–30, 66, 72, 75, 112, 177, 192, 195, 296–298
Speyer 299
Spišský Švrtok 150
Spöllberg 277
Spree 169, 172
Spree-Neiße 19
Steiermark 21, 24, 32, 317
Stettin 167
Stockheim 111
Stockholm 289–290
Stockhult 198–199, 206
Stonehenge 22, 32–33, 199
Stralsund 171
Strelasund 171
Strettweg 24
Stuttgart 20, 56
Surselva 59
Sussex 77
Sutherland 244
Svensmark 137
Syrien 197

Tanum 47
Tell el-'Ajjul 196
Tell el-Judeideh 196
Tell Mardikh 197
Terheide 286
Teti 307
Thalmässing 313
Theben 67, 74
Theiss 135–136
Thisted 110
Thurgau 11, 27, 55, 69, 121, 277
Thüringen 279
Thürlesberg 134
Thy 47, 275
Tipperary 191
Toén 180
Tollense 169
Tornow-See 169
Torres do Oeste 184
Torupgårds Mark 39
Troja 78, 150, 214
Trondelag 37
Trondheim 43
Trundholm 11, 14, 26, 28, 39, 47, 115, 145, 255, 282
Tübingen 294

Uckermark 318
Uelzen 311
Ukraine 111
Ulla 16, 29, 177–178, 180, 184–186
Ungarn 33, 135
Unterglauheim 15, 19, 28, 31, 114, 133, 136–139, 287

Untermainbach 20, 32, 315
Uppland 46, 145
Ural 165
Urdiñera 180
Usedom 169, 171

Valcamionica 24
Vandling 40, 272
Vejo 15, 138, 255, 263
Vester Skjerninge 137
Viborg 272
Vienne 179, 240, 300
Vigo 184
Vila Real 180
Villanova 44
Villards d'Héria 267
Villena 13, 16, 25, 28–29, 59, 65, 73–74, 76, 78–81, 83, 114, 179–180, 185–186, 296
Villeneuve-Saint-Vistre-et-Villevotte 16, 29, 81, 294
Voel 44
Voldtofte 46, 137
Vulci 207

Wachtberg-Fritzdorf 11, 26, 122, 276
Waizenhofen 20, 32, 312
Wales 194–195, 244
Wallersdorf 24
Warthe 169
Wasserträdingen 309
Waterford 195
Wehringen 20 155, 157–158, 246, 248, 316
Weinsfeld 202
Werd 121
Werder a.d. Havel 291
Weser 172
Wiesbaden 284
Winzlar 138
Wochow 168
Worms 14, 28, 193, 284
Württemberg 112, 165
Wollin 169

Yonne 267

Zielona Gorá 310
Zürich 55, 57–58, 65, 70, 121, 277, 296
Zürich-Altstetten 13, 16, 27, 29, 55–56, 58–59, 65, 68, 70, 73, 79, 81, 295
Zweistromland 152, 255
Zypern 196, 198